アメリカの校長の
リーダーシップ

生徒一人ひとりの学力とウェルビーイングを高める

津田昌宏──［著］

東京大学出版会

Leadership for American School Principals:
Promote the Academic Success and Well-being of Each Student
Masahiro Tsuda
University of Tokyo Press, 2025
ISBN 978- 4- 13- 056243- 0

はじめに

　本書では，現代アメリカの「校長職のリーダーシップ基準」に関して，その成立と変遷について，それぞれの背景と文脈とを分析している．分断される社会に翻弄される子ども，急変する学力・能力観，それに伴い矢継ぎ早になされる制度改革，教員改革の中にあって「校長」とは何の役割を担い，何をなしうるのだろうか．本書は現代アメリカの初等中等教育における学校「校長」のリーダーシップを，歴史的に分析しつつ，現在の実像に迫ろうとするものである．

　日本においては，いわゆる 55 年体制における校長とは，「管理された学校」の末端管理職であった．そのため校長のリーダーシップも，行政の教育意思をどう実現するかという機能主義的な側面から語られてきた．しかし，1998 年の中央教育審議会答申の「今後の地方教育行政の在り方について」を契機に，学校経営政策が大きく転換されることとなった．公教育経営の中央集権化をあらため，学校の裁量権限を拡大し，校長にも権限の拡大・強化とリーダーシップの発揮が求められるようになったのである．以後，校長には教育の専門家であることと同時に，学校経営を担うという，それまでとは異なる資質能力が問われるようになり，現在に至っている．

　2017 年施行の教育公務員特例法等の一部改正によって，任命権者である教育委員会が校長の資質向上に関する指標と研修計画を策定することとなった．それに先立ち 2009 年には日本教育経営学会が，本書の中心的な研究対象としているアメリカの『学校管理職の基準』をモデルとして，『校長の専門職基準』を策定している．しかし校長の資質向上に関する指標と研修計画の策定にあたって，学会が作成したこの基準を教育委員会が参照した形跡はほぼ見あたらない．また，そもそも教育委員会，学会ともに校長のリーダーシップを主として機能主義的な側面から捉える傾向が続いてきたのではないだろうか．

　しかし，今，校長には新たなリーダーシップが求められようとしている．

　2015 年に国連サミットで採択された「持続可能な開発のための 2030 アジェ

ンダ」（SDGs）では，「最も脆弱な人々のニーズが満たされる，公正で，衡平で，寛容で，開かれており，社会的に包摂的な世界」を目指し，その過程で「誰一人取り残さない」ことを日本も世界に誓った．このような流れの中で，2023 年度から始まる 5 年間の「教育振興基本計画」が閣議決定され，「日本社会に根差したウェルビーイングの向上」という，従来の政策文書としては異例な，子どもの主観に係る目標が謳われた．今や校長には倫理的・道徳的な要素にかかわるリーダーシップが求められているのである．校長には，このような社会的な要請に応えるリーダーシップの発揮が求められるが，それはわが国の校長像を根本的に問い直す研究の必要性が高まってきたということを意味する．

　しかしそれに対して，現在の教育研究，教育行政，教育実践は有効な対策や議論の枠組みを提示できているとは考えられない．中でもこれまで議論されることが少なかった「倫理的・道徳的なリーダーシップ」に関する研究の蓄積と実践の試みが進められねばならないと考えるものである．このことが本書をアメリカの校長を論じつつ，日本の校長の今後を論じるためのプラットフォームとして提供したいと筆者が考える理由である．

　アメリカにおいても，校長の新しいリーダーシップが形になっていったのは，比較的最近のことではある．1983 年に連邦教育庁長官あてに提出され，その後の教育改革に大きな影響を与えた文書となる『危機に立つ国家』が述べているように，当時アメリカの校長には，国家経済の発展に資する質の高い人材を育成するために教職員や関係者をマネジメントし指導することが求められてきた．そこでは子どもの貧困などの問題は，福祉の問題であり，教育に係る問題とは考えられていなかった．2002 年に法制化され，多くの批判にさらされて改定されることになる「NCLB 法（どの子も置き去りにしない法）」においても「計量可能な学力」の増進を実現できる校長の役割が求められており，子どもに寄り添い，子どもを中心とする考え方は見られなかった．

　しかし，子どもの教育に係る研究者の間では，1960 年代頃からすでに「リスクのある生徒」の問題に関する膨大な研究が蓄積されてきた．1980 年代初めには，全ての子ども一人ひとりに寄り添うことによって，「すべての子どもは学べる」という発見がされており，この知見は 1990 年代には政治家や実践家たちの間にも広がっていった．当時のアメリカでは，社会や教育をめぐる問

題，とりわけ格差・貧困の深刻化やリスクを有する子どもの増加によって，「リスクのある生徒」に手を差し伸べる必要性が高まっていった．その結果，上記の「すべての子どもは学べる」という知見に関わる研究の成果が着目されるようになり，これを踏まえて校長に新しいリーダーシップが政策としても求められるようになってきたと考えられる．

　本書の分析は，このような動向を歴史的に把握し，その内容をより詳細に知ろうとする目的をもってスタートしている．校長のリーダーシップ基準の策定過程や，その基準の改訂過程を詳細に分析することによって，求められるリーダーシップが，当時の社会変化に伴って，管理的な学力向上に対する説明責任から踏み出し，学業上の成功とウェルビーイングの向上を目指す校長の責務へと転換する過程を明らかに出来るだろうと考えた．

　新しい校長の職務へと転換する過程では，アメリカにおいても，校長のリーダーシップ研究はややもすれば経済や政治の論理から議論されがちであった．しかし，従前からの機能主義的な考え方に対して，1980年代には倫理や道徳を重視する主観主義的な新しい考え方が興隆してきて，両論の間で激しい論争が展開されたことを本書では指摘し，議論の内容を考察している．そしてその論争の成果として，上述の新しいリーダーシップが生成され，提示されてきたことを明らかにしようと考えている．

　本書が日本における校長のリーダーシップ研究では不十分であったと考えられる部分をいささかなりとも補い，本書をプラットフォームとしてさらなる議論が展開されることを切に願うものである．

目　次

はじめに　i

序章　本書の目的と方法……………………………………………1

第1節　問題の所在，研究の目的………………………………1
第2節　研究課題の設定…………………………………………3
　　1. 先行研究の検討　3／2. 研究課題　11
第3節　研究方法…………………………………………………12
第4節　本書の構成………………………………………………14
第5節　用語の解説………………………………………………18
　　1.「実証主義」と「主観主義」の定義　18／2.「スタンダード」
　　の定義と用法について　22／3.「ウェルビーイング」の定義　23

第I部　教育改革の波の時代に求められた校長像

第1章　教育改革の波と校長職………………………………31

第1節　『危機に立つ国家』発表前夜の校長の職責………………32
第2節　『危機に立つ国家』のインパクトと教育改革の第1，第2の波………34
　　1.『危機に立つ国家』の与えたインパクトと教育改革の第1の
　　波　34／2. 教育改革の第2の波　42
第3節　学校管理職の改革（改革の第3の波）……………………52
　　1. NCEEA の活動　53／2. 報告書『アメリカの学校のためのリ
　　ーダー』　63／3.「報告書」に対する批判と「報告書」の意義　65
小括………………………………………………………………70
　　1.『危機に立つ国家』が与えたインパクト　70／2. 複数パラダイ
　　ムの提唱　71／3. 討議の場と連携の構築　72

第2章 「リスクのある生徒」の抱える問題への取り組みと 「効果のある学校」研究 …………………………77

第1節 「リスクのある生徒」の抱える問題への取り組み…………………78

1.『危機に立つ国家』以前の連邦政府の対応 78 ／ 2. 改革の第1 の波における問題 81 ／ 3. 改革の第2の波における州政府の支援 の動き 83 ／ 4. 1987年，1988年における支援提言 84 ／ 5.「リ スクのある生徒」への実践的取り組み 92

第2節 「効果のある学校」研究の展開………………………………………92

1.「効果のある学校」研究の発展段階 93 ／ 2.「効果のある学校」 を生み出す要因の研究 99 ／ 3. 学校改善に関する研究 104 ／ 4. 「効果のある学校」研究の影響と効果 106

小括 ……………………………………………………………………………109

1.「リスクのある生徒」が抱える問題 109 ／ 2.「効果のある学 校」研究と校長の職務 110 ／ 3. 教授的リーダーシップの持つ二 面性 112

第Ⅱ部 校長のリーダーシップのリストラクチャリング
―― 『学校管理職の基準』の作成

第3章 リストラクチャリング …………………………………………119

第1節 リストラクチャリングの実践展開…………………………………120

1. リストラクチャリング定義（1980年代末期） 120 ／ 2. リスト ラクチャリング運動の新たな展開 121

第2節 リストラクチャリングの理論………………………………………134

1. リストラクチャリングの概念把握 135 ／ 2. リストラクチャリ ングの全体像 141 ／ 3. リストラクチャ活動について検討すべき 課題 149

第3節 連邦政府が主導するリストラクチャリング ………………………152

1. 教育サミット―ブッシュ大統領のめざすもの 152 ／ 2. クリン トン政権下の教育政策の展開 158 ／ 3. クリントン政権下でのリ ストラクチャリングの状況 167

小括 ……………………………………………………………………… 179

　1．リストラクチャリングの進展の理由と内容　179 ／ 2．リストラ
クチャリングが校長のリーダーシップにもたらした影響　180 ／ 3.
ブッシュ政権下でのリストラクチャリングの展開と「基準」への影
響　181 ／ 4．クリントン政権下でのリストラクチャリングの展開
と「基準」への影響　181

第4章　『学校管理職の基準』の作成 ……………………………… 189

第1節　校長職のリストラクチャリング ……………………………… 189

　1．校長職の変革への圧力　189 ／ 2．校長職の専門職性の確立に向
けて　191

第2節　「学校管理職の基準」の作成 ………………………………… 211

　1．「基準」作成のための組織について　212 ／ 2．「基準」の構造と
原理　214

第3節　「基準」の受け入れ——州，学会・団体，実践の場 ……………… 235

　1．州による受け入れ　236 ／ 2．学会や専門職団体による受け入
れ　241

第4節　「基準」に対する批判 ………………………………………… 244

　1．第1の批判：調査データの不足　245 ／ 2．第2の批判：調査に
基づかない信念　246 ／ 4．ヘンウィック・イングリッシュのポス
ト・モダニズムからの批判　250

小括 ……………………………………………………………………… 251

　1．「基準」の作成が可能になった要因　251 ／ 2．「基準」が示した
リーダーシップ像　252 ／ 3．「基準」の残した課題　253

第Ⅲ部　校長の専門職基準

第5章　アカウンタビリティと社会正義の相剋——「基準」の改訂へ … 263

第1節　アカウンタビリティ政策の展開と社会正義 ………………… 263

　1．政策の拡大　263 ／ 2．アカウンタビリティ制度の事例（カリフ
ォルニア州）　265 ／ 3．アカウンタビリティ・システムに対する批
判　268 ／ 4．アカウンタビリティを前向きに捉える実践の出

現　270 ／ 5. 社会正義論の教育経営・行政学への挑戦　278

第 2 節　NCLB 法制下でのアカウンタビリティの強化と社会正義論 ············290

1. NCLB 法の目指すもの　290 ／ 2. NCLB 法の問題点　296 ／ 3.
一般市民の NCLB 法に対する態度　300 ／ 4. NCLB 法制下での社
会正義リーダーシップ論の理論と実践　301

第 3 節　「性向」をめぐる全面戦争 ···312

1. NCATE の 2008 年版基準の改訂をめぐる出来事　312 ／ 2. コ
ロンビア大学の教員養成プログラムに対する批判　316 ／ 3.「性
向」をめぐる全面戦争の「基準」に与える影響　318

第 4 章　「2008 年基準」の作成 ···319

1. CCSSO による「基準」改訂の提案　320 ／ 2.「2008 年基準」
の内容と特徴　323 ／ 3.「2008 年基準」の教育史上における存在
意義　326

小括 ···328

1.「基準」が「2008 年基準」に改訂された背景と「2008 年基準」の
特徴　328 ／ 2. アカウンタビリティと社会正義の相克から社会正
義リーダーシップ論への到達　328 ／ 3. 社会正義への攻撃　329 ／
4. 欠損思考（DT）と「すべての生徒が学べる」という言説　329

第 6 章　『エデュケーショナル・リーダーの専門職基準』の
作成過程と内容分析 ···337

第 1 節　「専門職基準」の作成過程 ··337

1. 政権移行期における初等中等教育法の改定活動　337 ／ 2. オバ
マ政権の教育政策　342 ／ 3.「すべての生徒が成功する法」の成
立　354 ／ 4.「2008 年基準」の改訂の概況　356 ／ 5.「2014 年版
ドラフト」に示されたリーダーシップの理念　358 ／ 6.「2015 年
版ドラフト」の作成背景とその特徴　364 ／ 7.「専門職基準」の完
成へのプロセス　366

第 2 節　「専門職基準」のリーダーシップ像 ···367

1.「専門職基準」のリーダーシップ像　368 ／ 2. 校長が実践すべ
き教授的リーダーシップ——新しく取り組まれた 4 つの学習理論
385

第3節 教育長の養成基準の作成
　　　──エデュケーショナル・リーダーシップ理念の浸透 ……………… 401
　 1. 学区教育長の基準の作成──その内容と「専門職基準」との比
　較 401 ／ 2. エデュケーショナル・リーダーシップの理念の浸透
　と課題 405
小括 …………………………………………………………………………… 407
　 1. NCLB 法の改定活動 407 ／ 2.「2008 年基準」の改訂過程 408 ／
　 3. 新しい校長のリーダーシップ像 409 ／ 4. エデュケーショナ
　ル・リーダーシップの浸透 410

終　章 ……………………………………………………………………………… 417

第1節 本書をふりかえって ……………………………………………… 417
　 1. 子どものためのリーダーシップはいかにして生成してきた
　か 418 ／ 2. 一人ひとりの生徒のためのリーダーシップとは何か
　421
第2節 本書から展開する課題 …………………………………………… 430
　 1. エデュケーショナル・リーダーシップ論への示唆 431 ／ 2.
　「リスクのある生徒」が抱える問題研究の拡充 432 ／ 3. 学校管理
　職の基準，指標，スタンダード策定方法の検証 433

資料 エデュケーショナル・リーダーのための専門職基準（2015 年）………… 439

参照・引用文献　457

おわりに　497

索　引　（人名索引　501 ／事項索引　507 ／略語索引　514）

序章　本書の目的と方法

第 1 節　問題の所在，研究の目的

　本書は，現代アメリカにおける校長のリーダーシップ像を解明し，その根幹となるリーダーシップが，一人ひとりの生徒の学力とウェルビーイングを高めようとする，生徒のためのものであることを明らかにすることを目的とする．

　アメリカでは 1996 年に，アメリカはもとより世界に先駆けて，学校管理職のあるべき姿を提示する『学校管理職の基準』（以下，「基準」と称す）が策定されていた．本書ではまず，「基準」が必要になった理由と背景，策定までのプロセス，策定された「基準」の内容を明らかにし，次に，どのような背景と経緯のもとで 2 度（2008 年，2015 年）の改訂が行われたかを通時的・包括的に分析する．この分析を通じて，アメリカにおいては倫理的・道徳的で社会正義を追求するリーダーシップという新しい領域のリーダーシップ論が研究され，提示されてきたことを明らかにする．特に，2015 年の改訂においては，『エデュケーショナル・リーダーの専門職基準』（以下，「専門職基準」と称す）が策定され，一人ひとりすべての生徒の学業上の成功とウェルビーイングを促進することがエデュケーショナル・リーダーに求められていることを明らかにする．

　「基準」を研究対象とする理由は，「基準」には従来の「あるべき校長のリーダーシップ像」から決別した新しい「あるべき校長のリーダーシップ像」が示されているからである．詳細は以下の各章で明らかとなるが，この新しいリーダーシップ像では，貧困やその他の理由から学習困難に陥っている「リスクのある生徒」に手を差し伸べることを校長に求めている．従来のリーダーシップ像が，国家経済の発展に資する質の高い人材を教育するために，教職員や関係者をマネジメントし，指導する行動を求めるものであったことに鑑みると，こ

れはアメリカにおける校長のリーダーシップ像をめぐる「大転換」といわねばならない.

翻って，2000 年以降，わが国においては校長の強いリーダーシップのもとで，自律的な学校経営が求められてきたことは記憶に新しい．そこで示されたリーダーシップ像はまさにアメリカが経験した機能主義に基づくリーダーシップ像と呼べるものである．全中学生 325 万人のうち，文部科学省が公表した約 10 万人の不登校の生徒に加え，約 33 万人の「不登校傾向にある」生徒がいると調査報告された[1]ことに見られるように（日本財団，2018），多様な困難を抱えた生徒が増加していることを考えれば，アメリカが経験した「大転換」は今日のわが国でこそ求められている転換といわねばならない.

アメリカとの類似性を確認するために，ここで日本国内の校長のリーダーシップ像をめぐる議論・政策動向を概観しておこう.

諸外国と同様に，日本でも学校改革における校長のリーダーシップの重要性が唱えられ，その資質能力に関心が高まっている．そのため，2009 年に日本教育経営学会により『校長の専門職基準』が策定された．その後，2016 年の教育公務員特例法の一部改正により，任命権者である教育委員会は校長の「資質向上に関する指標」，および同指標を踏まえた研修計画を策定することとなり，各教育委員会において指標が作成されてきた.

『校長の専門職基準』に対しては，「法令遵守」の立場に立ち，倫理的な視点が不十分であることが指摘されており（山崎，2016，50-51 頁），「指標の改善可能性」が要請されている（露口 2019b，50 頁）．また，「資質向上に関する指標」については，浜田博文が「『教職の専門性』を正当化するための新たなガバナンス装置は不可欠である．研究者，実践者，市民，行政という多様な主体が参加して，どの主体も『支配者』『被支配者』にならない『社会的合理性』を担保しうる公共的空間を構想する必要がある」と指摘している（浜田，2017，52 頁）.

校長の専門職基準に直接的ではないが質的に大きな転換を迫るものとして，中央教育審議会から提言され 2023 年度から始まった「教育振興基本計画」に「日本社会に根差したウェルビーイングの向上」が謳われたことがあるが，それは本章第 5 節で詳述する.

合理的権威（論理や科学的研究）に代わって，道徳的権威（広く共有された価値，理念，理想から生じる責務）に基礎づけられた道徳的リーダーシップ論を主張する」（河野，1995，278-279 頁）．

〈1990 年代末期から 2000 年代初期までの研究〉 以上の大野論文や河野の議論以降の 1990 年代末期から 2000 年代初期における，1）主観主義的パラダイムに関する研究と，2）組織文化論および文化的リーダーシップの研究についての展開を見ておこう．1990 年代中期にすでに手薄になっていたこれらのテーマが，次の時代にどのように変化しているかを見るためである．

1）主観主義的パラダイムについて

グリフィスはその後，実証主義と主観主義を一体的に捉える複数パラダイムへの転換を促した（Griffiths, 1988a）．そしてこの複数パラダイムの展開によって，アメリカでの議論が活発化し，その環境下で新しいリーダーシップ論が展開されて「基準」を作成する環境が出来上がったと考えられるだけに，グリフィスの主張は重要であった．一方日本においては実証主義的パラダイムに基づく機能主義的なリーダーシップ論が主流となり，そこから転換する内容を持った研究はほとんど行われてこなかった．例えば，「学校の自律性」確立において必要とされる校長の役割を解明した浜田博文は，その著書『「学校自律性」と校長の新たな役割』で，同書が「構造─機能主義的な立場に依拠」していると明記している（浜田，2007，3 頁）．

2）組織文化あるいはそれを形成する文化的リーダーシップの展開について

岡東壽隆は，「学校におけるリーダーシップ行動と組織文化の『変革』に焦点を当てた研究や議論はない（中略）教職員のものの考え方や見方の差異性を尊重しつつ，合意領域を拡大して行く管理者の文化変革的なリーダーシップ研究が期待されているはずである」（岡東・福本，2000，iv-v 頁）と述べていた．しかし小島弘道は文化的リーダーシップ論について，「これらのリーダーシップ論にはリーダー自らメッセージを発し，学校づくりのビジョンと戦略，つまり学校づくりを方向づけ，その実現を戦略的に構想し，実施運営するという機能が，表に出てこない，もしくは背後に追いやっているという感は否めなかった」（小島．2010a，28 頁）と述べて，リーダーシップにおける機能性を擁護し

ている．2 人の議論から，2000 年以降 10 年間は，文化変革的なリーダーシップ論が展開されることがなかったといえる．

以上を整理すれば，1980 年代初期から 2000 年初期にいたるまでの校長のリーダーシップに関する研究は，「行政制度の末端の管理職として，行政の教育意思を確実に実現する機能に限定して位置づける秩序」から離れて議論するような展開はなかったと考えられる．また，河野（1995）が示した「価値リーダーシップ」の議論をもとに，主観主義的な議論が行われることもなく，展開されることはなかったといえる．岡東が指摘するように，「学校経営の世界では価値観，倫理と道徳は濾過され，無視され，不適切なものとして扱われる傾向が強い」（岡東，1994，200 頁）とされ，価値，道徳，理念の観点からリーダーシップを重視する研究者は管見の限り極めて限定的であったといえよう．

21 世紀に入ってからの校長のリーダーシップに関する議論の展開は日米の違いがより明確になってくる．

アメリカでは，リーダーシップ論において，時代を画すると考えられる講演が，教育経営大学協議会（University Council for Educational Administration）（以下，UCEA[5]と称す）の 2002-2003 年度総会で会長就任演説としてゲール・ファーマン（Furman, G.）によって行われた．演説の全文は，*UCEA Review* 45 (1) の巻頭言となっているが，その内容は，「われわれは今，リーダーシップ論において，一種の大転換（sea change）を経験しつつある」とした（Furman, 2003, pp. 1-6）．ファーマンによれば，リーダーシップ論の分野で，次の 4 つの大きな変化が起こっているとされる．第 1 に，エデュケーショナル・リーダーシップはますます，そのリーダーシップが何のためのものであるかに注目されていること．第 2 に，議論の中心となっているのは，エデュケーショナル・リーダーシップの道徳的な目的となったこと．第 3 に，道徳的目的に向かうトレンドは，幾つかの理論，すなわち道徳的リーダーシップ，批判的人道主義リーダーシップ，構成主義的リーダーシップ，分散型リーダーシップが一つの理論に収斂していくことを示唆していること．第 4 に，実践面では，コミュニティの倫理において道徳的目的と理論の収斂が行われることである．ファーマンは収斂して新しく示されるリーダーシップに名前を付けていないが，本書ではそれが社会正義リーダーシップであると判断し，その後の議論を展開して

いる.

上記講演と同時期の 2002 年頃から教育関係のジャーナルが社会正義リーダーシップ論（Leadership for Social Justice）に関する特集を組むことが続いた. 2002 年の *Journal of School Leadership,* Vol 12 による特集は，第 1 に，研究者が社会正義リーダーシップをどのような意味で捉えているか，その思想的立場やイデオロギーを明らかにすること，第 2 に，抽象的な議論を超えて，どのように活動すべきかを考える目的を持った（Grogan, 2002, p. 112）特集であった. また，2004 年の *Educational Administration Quarterly,* 38（2）の特集は，1）学力格差，2）教育長にマイノリティが少ない問題，3）カリキュラムが解放よりも特権化している問題，4）不利な状態にある子どもたちの問題，5）社会正義リーダーシップを実現するための促進要因と阻害要因，の 5 点に焦点を当てた研究が発表された. さらに，2006 年には，キャサリン・マーシャル（Marshall, C.）とマリセラ・オリバー（Oliva, M.）によって，「教育に抜本的改革（revolution）を起こす」と称して，あらゆる種類の周縁化した子どもたちのニーズに寄り添うという趣旨の論文集が発行された（Marshall & Oliva, 2006）. 2009 年には，ウィリアム・アイヤーズ（Ayers, W.）らによって，多様な周縁化された子どもたちのために民主主義を取り戻すという趣旨のハンドブック（Ayers et al., 2009）が刊行されている. このように，2000 年代初期には，多数の倫理，多様性，公平性，社会正義に関する論文が刊行されていることがわかる.

一方，日本におけるリーダーシップ研究のトレンドを，小島ら（2010）に見ることができる. 小島によれば，「リーダーシップは，事業のビジョンや戦略を作り事業を方向づけ，教職員を動機づけ，組織目標を達成する過程において必要な先見性，企画力，分析力，判断力，決断力，表現力，コミュニケーション力だと捉えることができる」（小島, 2010, 45 頁）と述べており，リーダーシップは主として組織上の機能的な関係で論じられている. 同時期の 2009 年に作成された『校長の専門職基準』も，校長を「教育の『組織化リーダー』という位置づけで」作成されたことが，作成委員の一人であった元兼正浩によって説明されている（元兼, 2015, 11 頁）. ファーマンがいうところの「リーダーシップが何のためのものであるか」という観点から見れば，日本のリーダーシッ

プは，組織のためのものであるといえ，上記のようなアメリカの子どもたちのためのリーダーシップを訴えるものとは焦点が異なっていると考えられる．

またスクールリーダーシップの教育的リーダーシップ（本書では教授的リーダーシップ）の「解釈論的アプローチ」を考察している露口健司においても，アメリカで行われた解釈論に係る議論など，主観主義的なリーダーシップ論に関する議論は行われていない（露口，2010，97-107頁）．ただし，露口においては，近年，本書でも参照文献として取り上げるウェルビーイングに関する議論（露口，2017）や，社会正義リーダーシップ論に着目する論文を発表しており，「近年の教育組織を対象とするリーダーシップ研究の焦点は，社会正義リーダーシップ（social justice leadership）に集まっている」（露口，2021a，54頁）と述べていることが注目される．

以上のように，2000年代に入って，アメリでは主観的なリーダーシップ論が台頭してきているが，日本では，一部に露口のような研究が見られるとはいえ，全体としては機能主義的なリーダーシップ論が主流になっていると見受けられる．

以上の結果から，本書の目的とするリーダーシップの根幹となる理念を明らかにするための考察には，従来の研究では手薄となってきた校長のリーダーシップをめぐる議論の背後にある主観主義的パラダイム，および複数パラダイムを視座において，子どものためのリーダーシップに焦点化した検証を行うことが必要と考えられる．

(2) 「基準」に関する先行研究

本書における研究の主対象は，「基準」，その第2版「2008年基準」，および第3版「専門職基準」である．「基準」は，序文，主旨文，本文から構成されており，本文には6つの基準と，その下部構造に6基準の内容を詳しく示した，「知識（knowledge）」43項目，「性向（disposition）」43項目，「行動（performance）」96項目の合計182項目の指標を持つ構造となっている．中でも，「性向」は，「基準」においては「中心的な位置を占める」（「基準」，p.8）とされ，倫理的・道徳的な校長のあるべき姿を示しているものである．

「基準」に関する先行研究についていえば，浜田（1999）は，「基準」が公表

されてから3年足らずでそれに着目した日本での先駆的研究であり，「基準」の全文を翻訳し，発表している．浜田は，「基準」に頻出する，「再構築（Restructuring）」，「効果的学校」研究，変換的リーダーシップ，学校を基盤とした教育経営（School-Based Management）（以下，SBM と称す）などについて，説明を施しているが，それらの活動がどのような経過で始まり，「基準」に何をもたらしたかについては，紙幅の関係もあったと考えられるが，考察されていない．しかし，上記したようなキーワードに関する研究が必要になることを示してくれた貢献が大きいと考えている．

　大竹晋吾は，「基準」の研究を促進させた第一人者であると思われる．大竹（2000）は「基準」が，教育経営の卓越性に関する全米委員会（National Commission on Excellence in Educational Administration）（以下，NCEEA と称す）の議論から始まり，UCEA や全米教育行政政策委員会（National Policy Board for Educational Administration）（以下，NPBEA と称す）における研究活動を経て作成されたことを説明しているが，NCEEA や NPBEA で行われたパラダイム論争の考察にはいたっていない．また「基準」の内容に踏み込んだ考察をしているものの，上記した「性向」に関しては着目されていない．本書では，「性向」に関する考察により，「基準」の理解を深める必要があると考えている．

　さらに大竹（2015）は「基準」と「2008年基準」の考察を行っており，基準が作成されるについての NPBEA の学会としての役割を分析しており，示唆となる研究である．しかし，「基準」が「Standards for School Leaders」であったのに対して，「2008年基準」は「Educational Leadership Policy Standards: ISLLC 2008」となっていることに関して，educational leadership や policy standards が何を意味し，リーダーや，教員，子どもにいかなる影響を与えるのかなどの考察が行われていない．

　山崎雄介は，「基準」が策定された要因を，「基準」の序文から次の3点であると把握している．その3点とは，「第1に，より多くの生徒に教育上の成功をもたらすための学びと教え，さらにそれにまつわる知識，知性，アセスメント，授業といった概念の再定義である．第2に，階層性，官僚制を特徴とする学校組織に対抗した，コミュニティに焦点化し，ケアリングを中心とした学校教育の構想の急速な台頭である．第3に，保護者，企業セクター，地域リーダ

ーといった，校舎の外のステイクホールダーの学校運営上の役割の増大である」（山崎，2011，280頁）と述べ，「基準」が示す方向を明らかにしている．一方で，アメリカ国内に「基準」に対する批判があることも指摘している．しかし，山崎においても，「性向」については関心が払われていない．また山崎は，「基準」から2015年の「専門職基準」までをレビューし，いずれにおいても倫理的な視点が重視されていること（山崎，2011：2012：2016）を見出したうえで，「コンプライアンスとは相対的に区分される『倫理的判断』が重要な要素とされていることは，日本でのスタンダードの導入や運用を考えるうえで注目される」（山崎，2016，50頁）と述べている．また山崎は，「基準」が倫理を重視している根拠として，アメリカで「基準」を基にした養成や研修の教材として使用されている2文献によるケーススタディ（Hanson, 2001とMidlock, 2011）を取り上げており（山崎，2011），次の点で注目される．

　山崎は，これらのケースで，「連邦政府や州レベルの政策と，スクールリーダーや学校スタッフの教育的信念・判断との間にかなりの緊張関係が想定されていること」を指摘し，養成・研修のプロセスでこうした緊張関係が積極的に取り上げられ，政策への批判的思考が奨励されている点を軽視できないとしている（山崎，2011，284頁）．アメリカのケーススタディに対して，日本の『校長の専門職基準』でも，ケーススタディ方式のテキストが刊行されている．しかし山崎（2016）によれば，そのテキストでリーダーや教職員の倫理的判断と政策の対立が扱われるのは「国旗・国歌」をめぐる対立のみであるとし，「しかもそのケースについての解説は『国歌は関係法令でも学校行事の中で指導するように規定されており，その規定は特定の教育思想を強制するものではない（日本教育経営学会実践推進委員会，2014，198頁）』と，もっぱら『法令遵守』の立場に立っている」（山崎，2016，50-51頁）と指摘しており，『校長の専門職基準』では倫理的な視点が不十分であることを示唆している．

　『校長の専門職基準』の編纂者の一人であった元兼正浩は，『校長の専門職基準』においては，「『基準』が『能力基準』（できる）というよりも『行動基準』（する）という内容になって」いる（元兼，2015，11頁）との理解を示している．この段階で「基準」の把握から，「知識」および「行動」と一体をなすとされる（「基準」，p. 8）「性向」（倫理的・道徳的で，誰のために，何のために，どう

あるべきか）という要素が抜け落ちている．そのため，「基準」が期待するような内容には理解されず，そのため，『校長の専門職基準』には反映されていないと考えられるのである．元兼は，「『仕事』（行動基準）自体を標準化（スタンダード化）した場合，『人間性』という観点はあまり表に出てこないが，校長にはリーダーとしての職業倫理観や広い視野，豊かな識見はもとより不可欠である．これらは表面に顕在化しにくいものである」（元兼，2015，11-12頁）と説明し，『校長の専門職基準』には「人間性」という観点が表面に出ていないが，出ていないだけであり，当然に，専門職である校長の資質の根底には存在すると主張していると考えられる．

　本書では，表面に顕在化しにくいとされる「人間性」を表面化させている「基準」や「専門職基準」を，それらに示されている「性向」など，倫理的・道徳的な要素に焦点化し，考察することによって，それらの基準がめざしたリーダーシップ像を明らかにすることができると考えるものである．

2. 研究課題

　以上の先行研究の考察から，本書の目的とする現代アメリカにおける校長のリーダーシップを解明し，その根幹となるリーダーシップが，一人ひとりの生徒の学力とウェルビーイングを高めるものであることを明らかにするためには，次の2つの問いを立てることが必要と考えるにいたった．

　第1は，主観主義的パラダイムあるいは複数パラダイムを視座において，つまり，学力だけではなく多様な価値を認める子どものためのリーダーシップがいかなる過程を経て生成してきたかに焦点を当てた考察を行うことである．具体的には，「リスクのある生徒」の抱える問題に教育政策はいかに対応しようとしてきたかを検証する．また，「リスクのある生徒」問題に取り組もうとしてきた「効果のある学校」研究や，リストラクチャリング運動の詳細を検証し，いかなるリーダーシップが追求されてきたかを考察する．上記のような教育政策や，研究，運動を経て，「基準」が策定されることになるので，「基準」が策定される過程と「基準」の内容を分析する．「基準」の分析については，その倫理的・道徳的な要素に焦点を当てて考察し，特に「性向」に埋め込まれた倫理的・道徳的なリーダーシップ像を見出す．

第2は,「基準」が運用されるについて教育現場で直面した課題に着目し,どのように課題を乗り越え,進化してきたかを考察する.さらに「基準」の進化の結果として「専門職基準」に到達するのであるが,「専門職基準」で示されたリーダーシップの内容を分析することである.

「基準」は1996年に作成され,その後,全米の40州以上で,州の管理職基準のモデルとなって運用されていくが,その時代は,一方で連邦政府のリーダーシップの下で,学力向上に力点を置いたアカウンタビリティ政策が強力に推進された時代でもある.「基準」と「アカウンタビリティ」とは相容れない要素があり,「基準」は困難に直面することになる.その困難を乗り越えることで,子どもたちの学業上の成功とウェルビーイングを促進しようとするリーダーシップ論がより明確に,より強固なものとして,確立していく.それが「専門職基準」である.本書では「専門職基準」で示されている社会正義リーダーシップやコミュニティ・リーダーシップなど,新しい概念のリーダーシップの内容を把握し,それらが,一人ひとりの子どもにどのように対応しようとするリーダーシップなのかを明らかにする.

第3節　研究方法

本書では次の3つの研究方法をとった.先行研究では示されてこなかった一次資料の考察と,「基準」作成の当事者への聞き取りによって,上記の研究課題に答えるものである.

第1は,文献研究である.本書は,「基準」から始まり,「専門職基準」にいたるまでの研究であるので,それらに関連する下記文献を一次資料として考察対象とした.

① Interstate School Leaders Licensure Consortium (1996) *Standards For School Leaders.*

② Council of Chief State School Offices (2008a) *Educational Leadership Policy Standards: 2008.*

③ Council of Chief State School Offices (2014) *2014 ISLLC Standards Draft for Public Comment.*

④　Council of Chief State School Offices（2015a）
　　ISLLC 2015: Model Policy Standards for Educational Leaders.
⑤　National Policy Board for Educational Administration（2015）
　　Professional Standards for Educational Leaders.
⑥　文献⑤の作成にあたり参照し，研究したとされる 69 本の論文.
　また，文献⑤の作成経緯や，⑤で示そうとしたリーダーシップ論について⑤の主要執筆者たちが論じた次の 3 つの文献が重要であると考えて考察した.
　ⓐ　Murphy, J.（2017）*Professional Standards for Educational Leaders:* The Empirical, Moral and Experimental Foundations, Corwin.
　ⓑ　Orr, M. T., Murphy, J., Smylie, M., & McCarthy, M.（2015）Setting Standards for School Leaders: New Expectations and an Essential Process for Their Development, *UCEA Review,* 56（3）, pp. 32-33.
　ⓒ　Murphy, J. & Smylie, M.（2016）Professional Standards for Educational Leaders（PSEL）2015: Answers to Key Questions, *UCEA Review,* 57（2）, pp. 19-21.
　第 2 は，主要執筆者との面談である. まず，上記文献のうち①，③，⑤の主筆を務めたジョセフ・マーフィー（Joseph Murphy）とは，2013 年 5 月 9 日を皮切りに，バンダービルト大学構内で合計 3 度の面会を行った.「基準」の設立経過，執筆に参画した専門職団体との関係,「基準」の文言の意味の確認などを行った. もう一人は，文献②の主筆であった，リチャード・フラナリー（Richard A. Flanary）で，同氏とは首都ワシントンのホテルで面会した. 2014年 9 月 8 日であった. その面会を通じて文献②が,「An Act to Close the Achievement Gap with Accountability, Flexibility, and, Choise, so that No Child Left Behind」法（以下，NCLB 法と称す）のもとで，生徒の成績を上げることが関係学会に要求され，葛藤しながら執筆したという背景を詳しく知ることができた. そのような環境下での執筆であったが，多数の研究者の支援を背景に，基準 5 に「社会正義」を含意した用語を組み込むことができたことを，研究者として誇らしく思っていると語っていた.
　第 3 として，現地視察を行った. 2014 年 9 月 9 日から 4 日間，ウィスコン

シン州マディソンを訪問し，学区管理者協会専務理事ジョン・ベールス（Jon R. Bales），州学校教育局「効果」部長キャサリン・レイニー（Katharine Rainey）らと面談し，ウィスコンシン州が「基準」の 2008 年版を州の管理職基準として取り入れた歴史，背景，進展状況を調査した．また，ベールス氏の紹介で，マディソン郡の小学校，中学校，高等学校それぞれ 1 校を訪問し，管理職基準の運用状況を調査した．匿名希望であったため，学校名を書けないが，もともと学習障害児診断システムおよび指導システムとして開発が進んでいる「介入への応答（Response to Intervention: RTI）」が一般児童にも使用され，つまずく危険のある子どもの早期把握，早期支援を実践している学校現場で，RTI の判定会議に出席して指導している校長を観察することができた．校長たちは，「基準」が求めているように，すべての子どもの（学業上の）成功の促進を支援しようとしていることが確認できた．3 校とも，校長は子どもの名前をすべて覚えているようであり，手法はそれぞれ異なるが，子どもたちのケアに大変関心が高いこと，教師への指導を通じて子どもの学業に深く関わろうとする校長の姿を確認できた．

第 4 節　本書の構成

　本書は，3 部構成となっている．リーダーシップの変容を歴史的に捉えるべく，第 I 部は，1970 年代から 1980 年代まで，第 II 部は 1980 年代から 1990 年代まで，第 III 部は 2000 年から 2020 年頃までを対象としている．各部，各章の相互関係は図序-1 の通りである．

　第 I 部と第 II 部は，研究解題 1 に対応するものであり，子どものためのリーダーシップが生成する過程を考察し，その結果として作成された「基準」でいかなるリーダーシップ像が提示されたかを分析・考察するものである．

　第 I 部は，1983 年に『危機に立つ国家――教育改革への至上命令（*A Nation at Risk: The Imperative for Educaional Reform*）』（以下，『危機に立つ国家』と称す）と題する連邦教育省の諮問機関から公表された報告書を契機として，第 1，第 2，第 3 の「波」に譬えられる教育改革が展開されたが，その状況を考察する．その状況下であるべき校長のリーダーシップ像を求めて，誰が

序章　本書の目的と方法　　15

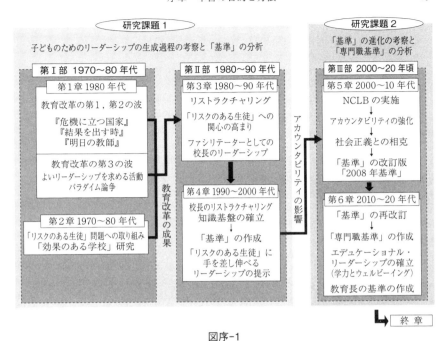

図序-1

どのような苦闘をし，リーダーシップ像はいかなる変容を遂げたかを明らかにする．

　第1章は，教育改革の「波」について整理する．第1の「波」では国家経済の発展に資する質の高い人材を育てるために，生徒の成績を上げる制度改革が州政府を中心として行われた．第2の「波」では，生徒の成績を上げるための教員の専門職化を図る重要性が議論された．それらの「波」の中で，校長はするべきことをやっていないと批判され，校長不要論まで出ていた．そこで，校長のあるべきリーダーシップ像を求めて，教育経営・行政の専門家たちが全国規模で2年間にわたる議論を展開した．これを第3の「波」と呼んでいる．議論は，長年，リーダーシップ論の中核となってきた実証主義パラダイムと，それを批判する新興の主観主義的パラダイムの二項対立をめぐって行われた．この章では，このパラダイム論争の内容を明らかにするとともに，二項対立を解消するために提唱され，以後の教育改革に大きな影響を与えることになる，多

様な考え方を取り入れようとする複数パラダイムについて考察する.

第2章は,「リスクのある生徒」が抱える問題に焦点化して考察する. 1980年代中期の教育改革で, 全国知事会 (National Governors' Association) (以下, NGAと称す) が「学習を困難にするような負の条件を抱えた」生徒が1200万人に上ると推定し,「学業基準が高まれば, 生徒によっては高い基準によって, 許されざる障壁を課されることになる」(『結果を出す時』, p. 96) との見解を示したことで,「リスクのある生徒」問題が教育行政・政策の重要課題として改めて認識されるようになった. この問題を掘り下げる.

教育行政・政策に理論的情報を提供したのが, 1970年頃から始まっていた,「効果のある学校」研究である. 中でもロナルド・エドモンズ (Edmonds, R.) は, 都市部の貧困地域での学校研究を通じて, 学校の違いが学業成績の要素になることを明らかにし, 強力な校長のリーダーシップなしにはよい学校教育を作ることも維持することも絶望的であることを指摘し, さらに校長には「リスクのある生徒」の成功を促進するという重要な職務があることを示した. エドモンズの一連の研究 (Edmonds, 1979; 1980; 1981; 1982; 1986) を背景に, 校長のリーダーシップとは, 教師と強固な結びつきを持ち, その上で, 学校目標の設定や教師の評価, カリキュラムの調整などの職責を担い, カリキュラムの作成や, 授業活動などの専門職性は教師に任せるとする「教授的リーダーシップ」であることが提唱された.

第Ⅱ部は, 1980年中期から1990年代中期にかけて展開されたリストラクチャリング運動に関する考察である. 第Ⅰ部で述べた教育改革の効果や影響が一挙に押し寄せ, 教育システム全体に及ぶ根底的な構造改革が展開された. 校長のリーダーシップを含め, 教育の姿を全面的に変えてしまうものであった. 第Ⅱ部では, リストラクチャリングの全体像を捉え, それが「リスクのある生徒」の抱える問題にどのように取り組もうとしたのかを把握し, また, 校長のリーダーシップにいかなる影響を与えたのかを考察する. その上で,「基準」を作成させていく過程を考察し, 作成された「基準」の内容分析を行う.

第3章では, リストラクチャリング運動に考察を加える. 日本では, リストラクチャリングは学校選択, 教師への権限委譲, SBMとして捉えられてきたが, その全体像はそれよりも幅広いものであり, 第Ⅰ部で述べた諸改革や研究

の成果や効果が一挙に押し寄せ，教育システム全体に影響を与える根底的な構造改革であった．この章では，リストラクチャリングの全体像を把握し，再定義する．

リストラクチャリングは，次の時代に以下3点の成果を残したことを明らかにする．第1は，校長の職務がピラミッドの頂点からのコントロールから，フラットな人間関係の中での専門性に基づくファシリテーターに変換され，教師と生徒の関係は，教師中心から学習者中心の授業法に転換したことである．第2は，「すべての生徒は学べる」という「効果のある学校」研究から抽出された知見が，研究者や実践者の間に広まったことである．第3は，生徒の学習には単に記憶を増すのではなく，情報を頭に持続させ，合成し，意味のある方法で社会に適応させていく，構成主義的な学習法が採り入れられたことである．

第4章は，校長のリストラクチャリングに焦点化して考察する．校長のリストラクチャリングは，時代が要求する校長の職務に関する知識基盤（knowledge-base）を確立させていくことを中心に行われた．この章では，知識基盤が策定されていく過程を分析し，その結果として「基準」が作成されていくことを確認する．

「基準」に示されたリーダーシップ像は，スクールリーダーが道徳的な行為主体となり，生徒の学習を中心として，1）あるべき教育の目標に向けて，親，教師，生徒が一体となって教育実践を行う，2）不利な状態にある生徒に傾注して手を差し伸べる，3）教授的リーダーシップを重視する，4）歴史的に不利益を受けてきた子どもたちを含め，すべての子どもたちの学習上の成功を保障しようとする，5）学校を，子どもたちをケアするコミュニティにする，という内容である．本書ではこれらが，教育の「大転換」に当たると考えるものである．

第III部は，研究課題2に対応するもので，「基準」がさらなる進化を遂げ，専門職による専門職のための「専門職基準」が策定されていくが，その過程を考察し，策定された「専門職基準」の内容を分析し，考察する．

第5章は，「基準」の改訂版である「2008年基準」が作成されるにいたる背景と経緯を究明し，そこで示されたリーダーシップ像を明らかにする．

2002年から施行されたNCLB法の下で，徹底したアカウンタビリティが追

求されたが，アカウンタビリティ政策によって求められた実証的なデータは，皮肉にも人種や社会階級による学力格差の拡大を誰の目にも明らかにした．学力格差の問題は社会正義論の高まりを生み，教員養成に社会正義論の講義を組み込む大学が全国に広がった．また校長主導の学校運営において社会正義の実践も行われた．大学の社会正義論教育に対しては，学問の自由を侵害すると考える人たちからの反対運動が激化し，「全面戦争」と比喩されるような状況となった．このような環境下で「2008 年基準」は，アカウンタビリティの強化方針に沿って，社会正義を追求するよりも，学力の向上を求めるものになっていった．

　第6章では，NCLB 法が改定される過程を考察し，また「2008 年基準」が改訂される過程を分析する．それらの過程を経て，これまで「基準」には「専門職」という言葉がなかったが，2015 年改訂版で「専門職基準」という用語が採用されることとなった．その経緯と意味を明らかにする．「専門職基準」で示されているリーダーシップは，従来の「教育上のリーダーシップ」とは異なる新しいリーダーシップであると考えており，それを「エデュケーショナル・リーダーシップ」と呼ぶこととし，その内容を明らかにする．

　「エデューケーショナル・リーダーシップ」で示されたリーダーシップ像は，激変する社会環境の中で，ますます多様化する生徒たちを教育活動の中心に置き，一人ひとりすべての生徒の学業の成功と，ウェルビーイングを促進するエデュケーショナル・リーダーである．

　新しく作成された教育長の基準「NELP 基準」についても，そこで示されるリーダーシップの理念を明らかにし，「専門職基準」と同じエデュケーショナル・リーダーシップであることを明らかにする．

第5節　用語の概説

　本書においてキーワードとなっている3つの用語，すなわち第1に「実証主義」と「主観主義」の定義を，第2に「スタンダード」の定義と本書における用法について，第3に，ウェルビーイング（well-being）について，その意味するところと，「専門職基準」における意義を述べておく．

1.「実証主義」と「主観主義」の定義

アメリカ教育行政・経営の学界では，1950年代から60年代にかけて，従来の「いわゆる『這い回る経験主義』に堕し，方法論的反省を欠いていた」（皇，1962，iii頁）とされる教育経営研究を排して，「自然科学」をモデルとして教育行政・経営を科学的に研究しようとする「理論運動」が展開されていた．「理論運動」の理念はジャック・カルバートソン（Culbertson, J. A.）によって，次の6点にまとめられている（Culbertson, 1986, p. 15）．これが実証主義理論の神髄であるといえる．

イ．教育経営者や組織が，何をなすべきかについて述べることは，科学ないしは理論の中には含まれない．

ロ．科学理論はあるがままの現象を扱う．

ハ．有効な研究は理論に始まり，理論によって導かれる．

ニ．仮説―演繹の体系は，理論の最善の手本となる．

ホ．社会科学の活用は，理論開発や訓練・養成にとって極めて重要である．

ヘ．教育経営は，すべての種類の組織に適応できる包括的な概念である．

この「理論運動」のリーダーともいうべき立場にいたのが，「理論運動」を体系的に論じた『教育行政の理論（*Administrative Theory*）』（グリフィス，1962）を著したグリフィスである．

この「理論運動」に対して，1973年にグリーンフィールドが解釈学の旗印のもとに批判を展開した（Greenfield, 1973）．両者の論争はグリフィス―グリーンフィールド論争（以下，G-G論争と称す）と呼ばれている（河野，1992；川島，1988；曽余田，1991）．河野，川島，曽余田の論文を整理すれば，両論の理念の相違は下記の通りである．本書では「理論運動」は「実証主義（positivism）」を基礎とする理論であり，グリーンフィールドによる理論は「主観主義（subjectivism）」を基礎とする考え方であったと捉えている[6]．

この2つの理論間の二項対立が，統合の努力がなされていくものの，現れたり消えたりしながらも現代にまで続いているといわねばならない．両論の関係がそのような状態にあることは，「基準」の改訂プロセスで，一度提案されたドラフトとは思想の異なる新たなドラフトが突然提出されるという事態が起こったことから判断することができる．

グリフィスの「実証主義」とグリーンフィールドの「主観主義」の考え方は次のように整理できる．これらをもって本書における両論の定義とする．

「実証主義」は，第1に，組織のリアリティ（現実）をあるがままの現象として扱うがゆえに，組織が，個人の認識の外側に〈物〉のように客観的に存在すると仮定する．

第2に，研究者は対象から距離を置いた価値中立的な〈観察者〉になることができ，その視点から客観的で価値を考慮しない科学的研究が可能だと信じる．

第3に，量的に検証できて，「こうである」という事実問題（"is" 問題）は科学的研究によって真偽を決定できるが，「こうあるべきだ」という価値問題（"ought" 問題）は主観的な好みの問題であるので研究の対象から排除すべきである．

これに対して「主観主義」の主張は次の通りである．

第1に，組織をまるで物事の前提となるような固定的な〈物〉のように重視するのをやめ，意志の力で行為し，理性的行動ができる人間としての個人を強調する．

第2に，組織とは，個人の主観的な意識，個人の意志，意図，価値を表現したものであり，人々がどのような行為をするべきか，互いにどのように関わるべきかを規定する一連のルールや信念である．

第3に，複雑な人間社会におけるリアリティや価値の一元性を否定し，それらの多元性を認め，人道的な組織や経営をめざす．

両用語が教育行政・経営上の用語として使用される時には，それぞれの用語は以下のような意味で使用されていると理解できる．この理解は，グリーンフィールドの整理（Greenfield, 1988, pp. 150-153）に依拠するものである．

「実証主義」は教育行政・経営において次のような意味を持つ．

第1に，組織は1つのシステムであるというシステム理論が教育経営・行政研究に浸透している．システムのメタファーによれば，組織は統合され，コントロールされた存在であり，その組織内に存在する人々やその行為を含むすべての者に，その様式やパターンを押し付ける．個々人は，常により大きなコントロールの支配下にある．

第2に，そのシステムにおいては，管理者（administrator）の業務は，シ

ステムが持つ機能を妨げる妨害物——主として人間——を取り除くことである．そのために管理者には権限が与えられる．

第3に，システム理論では人間が抱く関心事は，問題として取り上げられない．

第4に，教育経営・行政の理論は実効性を重視する．実効性が上がるという状態は，組織における行為者の個性が組織に求められる役割と一致し，組織に貢献する時である．

第5に，行為者として，意志を持ち，責任を持った主体者としての個人は，この組織論では消え去っている（Greenfield, 1985, p. 5246）．

一方，「主観主義」は教育行政・経営において次のような意味を持つ．

第1に，組織は〈物〉ではなく，組織には存在論的な現実はない．実証主義の理論では，あたかも非人間的な組織と，その非価値（de-valued），非人間的（nonhuman）な環境が，人間の行動を引き起こすように説明しているが，主観主義の理論では，自由な意思による手段を個人に認め，その代わりに個人の行動に対する責任を個人に求める．

第2に，主観主義理論では，組織と管理（administration）とを説明する新たなメタファーを必要としている．盆栽と庭師のメタファーが最も適切であると考えられる．庭師は若木に，その持てる力を発展させることを認めず，木が庭師の好みの形になるまで，刈り込みを続ける．庭師とリーダーとの違いは，木は決して学ぶことはないが，人々は学ぶことである．

第3に，組織と管理は，個人の意志，意図，経験，価値観を反映したものである．新しい教育行政・管理理論の構築は，この現実を理解できるかどうかにかかっている．管理者を研究する適切な方法や手段は，われわれの管理に対する見方を反映する意思であり，意志こそがわれわれが管理者をどのように見，彼らが何をしているかを理解する力となる．

第4に，諸組織には特有の葛藤が存在する．個人やグループが対立する価値を持っている時，あるいは彼らがすでに認められた価値と相容れない価値との間で選択しようとする時，葛藤は生じる．行政・経営の科学が実践の世界に有意義な発言をするためには，葛藤の複雑さを理解しなければならない．それができた時，行政・経営の科学は葛藤から生じる個人的な摩擦を管理者が理解し，

対処するのを支援することができるだろう．

第5に，実証主義の立場にいるハーバート・サイモン（Simon, H.）なら，「人はどうすれば合理的になれるのか」と質問するだろう[7]．これは管理者を技術者に仕立てることになる．これに対して主観主義の立場からは，「管理者はいかにして道徳的になれるのか」と質問が出るだろう．われわれはリーダーが道徳的な存在であり，価値の代弁者であり，価値を創造し，価値の仲介をする存在であることを認めなければならない．

第6に，実証主義理論の経営管理科学が組織の現実に課してきた調和，楽観，合理性などのメタファーからわれわれが解放される時，管理（administration）とは一組の倫理的な課題であるとみなす時代がやってくる．倫理的な知識を持つことによって，管理者はその責務を，明確な責任感をもって遂行することができる．

本書ではこの2つの対立する理論が，校長の専門職基準が作成される過程で，各時代の教育政策に大きな影響を及ぼしてきたことを論述し，その間に，2つのパラダイムを統合しようとする試みが積極的に行われてきたことを論証しようとしている．

2.「スタンダード」の定義と用法について

本書においては，1996年に発表された『Standards For School Leaders』を「学校管理職の基準」と訳して，「スタンダード」を「基準」と表記して使用しているが，ほぼ同時期の1990年代中葉から強化されていった連邦政府主導のスタンダードとテストによるアカウンタビリティを論じる場合には，「基準」とせずに「スタンダード」を使用している．この違いを明らかにしておきたい．

本書で，基準と訳したのは，ビジョンを描く旗印としてのスタンダードであり，対象とする教師や学校管理職がその職務遂行にどのような知識を持ち，どのように職務に向かい合っていくべきかを示したものである．基準は専門職団体によって作成される．教育を執行する責任者である州は，専門職団体によって作成された基準をモデルにして，州の基準案が作られ，多くの州では州議会の審議を経て州法として「基準」が策定される．そこには州知事が承認するプロセスも含まれるので，策定プロセス全体として民主主義のルールに則り，民

意を反映したものであるといえる.

　一方，連邦主導のスタンダードとテストによるアカウンタビリティを追求する政策において，「スタンダード」は，州が連邦から補助金を獲得するために，連邦の検証のもとで，生徒が学習すべき内容を州が策定する内容スタンダード（contents standards）である．達成状況を把握するための評価スタンダード（performance standards）は連邦政府が定めることになっている．ラビッチは1995年の段階で，スタンダードの設定における連邦政府の役割の強化が，貧困の子どもたちを学習上の失敗に陥れたり，学校を中退に追い込む危険をはらんでいるのではないかとの懸念を示している（Ravitch, 1995, pp. 18-19）.

3.「ウェルビーイング」の定義

　「基準」の2008年改訂版を再改訂する過程で提案された2014年の改訂案で，教育上のリーダーの使命として，「すべての生徒（every student）の成功とウェルビーイングを促進する」ことが示された．そして，2015年の「専門職基準」において，「一人ひとり（each）の生徒の成功およびウェルビーイングを促進する」ことが，エデュケーショナル・リーダーの使命であるとされた．しかし，いずれの基準においても，ウェルビーイングの定義は示されていないので，「専門職基準」の分析から内容を定義付けておく必要がある．以下，ウェルビーイングに関する教育政策の動向を見ておき，次に「専門職基準」においてどのように扱われているかを考察し，定義を見出すこととする.

（1）　ウェルビーイングに関する政策動向

　日本においては，2023年度から5年間の，教育政策の羅針盤となる「次期教育振興基本計画」（閣議決定，2023年）（以下，「基本計画」と称す）におけるコンセプトとして，「2040年以降の社会を見据えた持続可能な社会の創り手の育成」とともに，「日本社会に根差したウェルビーイングの向上」が取り上げられた（「基本計画」，9頁）．増谷文生は新聞の教育関係ページの囲み記事で「ウェルビーイングが教育界の最重要ワードに躍り出た」（増谷，2021）と述べている．このような現状を勘案し，まず「ウェルビーイング」について「基本計画」が策定されるまでの政策動向を整理しておこう.

露口健司は，「個人の幸福に対する関心が世界レベルで高まっている．経済成長（代理指標としての GDP）が人々の幸福に寄与していないという実態が明らかにされたことにより，幸福とは何かを問い直し，またその決定要因を見極めようとする機運が広がっている」（露口，2017，171 頁）とウェルビーイングが重視されてきた経緯を説明している．

経済協力開発機構（Organization for Economic Co-operation and Development，以下，OECD と称す）では，2011 年から「より良い暮らしイニシアチブ（Better Life Initiative）」のプロジェクトが進められており，2 年ごとにレポートが発行されている．同プロジェクトでは，「所得，雇用，健康，技能，住居から市民参加，環境まで，人々の幸福の 11 側面にわたって社会の進歩を測ることを目的としている．主観的幸福（subjective well-being），つまり人々が自分のことをどのように考え，感じているのかということは，このイニシアチブの枠組み全体の重要な要素の 1 つである」（OECD, 2015, 3 頁）とされる．OECD の 2013 年レポートでは，生活評価，感情，自己実現（eudaimonia）の 3 点から主観的幸福を測ることが提言されている（OECD, 2015, 14 頁）．また OECD は，2015 年に実施した「生徒の学習到達度調査（PISA）」で，生徒のウェルビーイングに焦点を当てて 2017 年にレポートを出しており，日本では PISA 調査を基にしたデータを検討し，『生徒の well-being（生徒の「健やかさ・幸福度」）』として公表されている（国立教育政策研究所，2017）．そこでは，「ウェルビーイングには『心理的』『社会的』『認知的』『身体的』の 4 つの大きな特徴があり，それらの特徴が相互に密接に関連し，相互作用の結果として well-being の状態がある」（国立教育政策研究所，2017，「はじめに」）と捉えられている．

これらの資料をベースにしたものと考えられるが，前述の通り，「基本計画」が策定され，その基本的コンセプトの 1 つとして，「日本社会に根差したウェルビーイングの向上」が取り上げられた．「基本計画」によれば，自尊感情や自己効力感が高いことが人生の幸福をもたらすとする，欧米での獲得的な幸福とは異なり，日本の社会に根差したウェルビーイングは，「人とのつながりや思いやり，利他性，社会貢献意識などを重視する協調的な幸福感がウェルビーイングにとって重要な意味を有しており，獲得的幸福と協調的幸福とのバラン

スを取り入れた日本発のウェルビーイングの実現を目指すことが求められる」
（「基本計画」，8頁）としている．

「基本計画」が示すウェルビーイングの要素は，次のように示されている．

- 子供たち一人ひとりが幸福や生きがいを感じられる学びを保護者や地域の人々と共に作っていくことで，学校に携わる人々のウェルビーイングが高まる
- 幸福感，学校や地域でのつながり，利他性，協調性，自己肯定感，自己実現等の要素が含まれ，協調的幸福と獲得的幸福のバランスを重視
- 日本から発信する調和と協調のある（Balance and Harmony）ウェルビーイング
（「基本計画」，9-11頁）

この「基本計画」で，重要と考えられる2点がある．第1は，これまで，教育政策には主観的な要素は受け入れられないと筆者は考えてきたが，若干の発想の転換が見られることである．第2は，次のような記載があることである．「組織や社会を優先して個人のウェルビーイングを犠牲にするのではなく，個人の幸せがまず尊重されるという前提に立つことが必要である」（「基本計画」，10頁）とされており，大きな発想の転換であると考えられる．

(2) 「専門職基準」におけるウェルビーイングの定義

「専門職基準」では，「ウェルビーイング」の定義はされておらず，「一人ひとりの生徒の学業上の成功とウェルビーイングを促進する」となっていることから，「一人ひとりの生徒にとっての良い状態（each student's well-being）」がウェルビーイングの定義と考えてよいだろう．「専門職基準」が問題としているのは，そのウェルビーイングを促進するために，エデュケーショナル・リーダーがどうあるべきかである．次のような要点が示されている．

① 一人ひとりの生徒にとって，それぞれに異なる学業上の成功とウェルビーイングが両立して達成されることが前提となっており，10の基準のいずれもがそれを達成するために，校長に求められるリーダーシップである．例えば，以下のような要素が示されている．

② 一人ひとりの生徒を教育の中心において，彼らが学業上の成功とウェルビーイングを達成することに対して，エデュケーショナル・リーダーが責任を負う（基準2のc)項）．

③ そのために，一人ひとりの生徒が，公平に，敬意をもって，生徒の文化や環境に対する理解をもって扱われることを保障する（基準3のa)項).

④ グローバル社会の多様な文化環境の中で生徒が，生産的に生き，貢献するように，養成をしなければならない（基準3のf)項).

1) 文部科学省の「不登校」の定義は30日以上欠席している生徒である．日本財団が「不登校傾向にある生徒」としたのは，①30日未満の欠席の子ども，②学校の校門・保健室・校長室などには行くが，教室には行かない「教室外登校」の子ども，③遅刻早退などが1か月に5回以上の「部分登校」の子ども，④月2〜3回以上，または1週間続けて基本的には教室で過ごすが，皆とは違うことをしている「仮面登校A：授業不参加型」の子ども，⑤毎日基本的には教室で過ごし，皆とは同じことをしているが，心の中では学校に通いたくない・学校が辛い・いやだと感じている「仮面登校B：授業参加型」の子ども，の合計である．

2) 河野の原文では，「解釈主義」となっているが，本書ではこれを主観主義と表現した．根拠は次の通りである．認識論によれば，実証主義に対比する立場は，「解釈主義」とされているが（野村，2017，15-46頁)，解釈主義に立つ代表的な論者であるグリーンフィールドが，自らの立場を「主観主義」と述べている（Greenfield, 1985, pp. 5246-5247）ことから，本書でも実証主義の対抗概念として主観主義を使用する．実証主義と主観主義の相違点などは，本章の第5節で述べる．

3) 議論の詳細は，本章の第5節を参照願いたい．

4) 河野によれば，サージオバニ（Sergiovanni, Thomas J.）は，教育行政学者で，教師の動機付け研究の権威者として知られる（河野，1995，134頁)．河野が道徳的リーダーシップについて考察しているのは，Sergiovanni (1992) である．サージオバニの著書『校長論（*The Principalship: A Reflective Practice Perspective*)』は1987年の初版から2006年の5版まで版を重ねた教科書的な存在となっている．そこで強調されているのは，学校は組織ではなく，コミュニティであるという主張である（Sergiovanni, 2006, pp. xi-xiv).

5) UCEAとはいかなる団体かを述べておく．UCEAのメンバーは，個人ではなく大学となっており，学長，学部長などが大学を代表して出席する形態をとっている．UCEAの機関誌 UCEA Review の2022年夏号によれば，89大学がメンバーとして，21大学が準メンバーとして登録されている．UCEAは，1950年代から現代にいたるまで，教育経営・行政学の理論構築と実践に注力してきた．1957年にはシカゴ大学との共催セミナーで論理実証主義に基づく行動理論（理論運動と呼ばれる）による教

育経営・行政学の確立に貢献した（Forsyth, 1999）．1979 年のウィスコンシン大学との共催セミナーでは，理論運動を擁護する立場と，それを批判する立場との論争の場を提供した（*UCEA Review*, 1980, 21 (3), pp. 11-13）．1983 年には，カンザス大学との共催セミナーで，理論運動を批判し，実証主義パラダイムに対する「パラダイム革命」を引き起こす場面を提供した（Lincoln ed, 1985）．このように，UCEA は各時代における教育経営に関わる有力な理論に関する論争の場面を提供してきた専門職団体である．

6) Positivism および subjectivism の用語は，Greenfield（1985）pp. 5246-5247 で使用されている．

7) H. A. サイモン／松田ら訳（1965）は，「管理行動における合理性」を論じている（78-101 頁）．前述の理論運動は，論理実証主義（logical positivism）哲学の強い影響を受けて，サイモンを中心とする研究者たちによって展開されたとされる（Greenfield, 1988, pp. 135-136）．

第 I 部
教育改革の波の時代に求められた校長像

　1980 年代のアメリカでは，経済的な困難を抱えてグローバルな競争に打ち勝つために，すべての子どもたちを卓越性に向けて教育しなければならないと考えられていた．第 I 部はこの時代が対象である．卓越した人材の養成のために，解決すべき教育の諸問題が分析され，また多様な改善策が提示された．いわゆる，教育改革の「波」の議論が展開されてきたのである．一方，容易には解決できない「リスクのある生徒」が抱える問題に取り組む必要があることも強く認識されるようになり，その対応策として「効果のある学校」研究が多くの研究者の間で展開され，「リスクのある生徒」が抱える問題と，「効果のある学校」研究は，波よりも波長の広い「うねり」とも言うべき状態として存在していた．第 I 部では，1980 年代の教育改革に関わる「波」と「うねり」の歴史を検証することを通じて，この時代に求められた校長像を明らかにしようとするものである．また第 I 部は，本書を通じて明らかにしようとする校長像，リーダーシップ像の変容の出発点と位置づけることができる．

第1章　教育改革の波と校長職

　『危機に立つ国家』と題する報告書は，当時の連邦教育省テレル・ハワード・ベル長官（Bell, T. H.）がその諮問機関とするために組成した，教育における卓越性に関する全国協議会（The National Commission on Excellence in Education）によって発表された．この報告書の諸提言を契機として，多数の多様な改革が提案され実行されていくが，その様子は打ち寄せては引いていく波に譬えて，第1の波，第2の波，第3の波などと呼ばれている．それぞれの波の時期区分は論者によって多少の相違があるが[1]，本書では，1982年から1985年頃までの，各州政府を中心とする行政からのトップダウン的な改革を第1の波，1986年頃から1988年頃までの，学校教育の質の改善を前提条件として「学校の構造的変革及びその鍵を握る（と認識されている）教職の構造的改革とを重視する」（今村，1987b，13頁）ボトムアップ的な改革を第2の波と呼び，さらに1988年前後の「学校管理職養成の改革」を第3の波とする．

　本章では教育改革の第1の波，および第2の波の中で校長を取り巻く環境がどのように変化し，それが校長の職務にどのような変化を与えたのかを明らかにする．さらに改革の第3の波によって校長のあるべきリーダーシップ像がどのように議論され，方向づけされたのかを明らかにする．これは「基準」を20世紀末における校長のリーダーシップ研究の1つの到達点と捉え，そこにいたる出発点としての校長像を明らかにするものである．

第1節 『危機に立つ国家』発表前夜の校長の職責

　本書を通して，校長職が改革の中でどのように変化していくのかを常に念頭に置いて分析を進めていくので，その出発点としての1980年代初頭の校長職の内容を同定する作業が必要となる．1980年代初頭の校長像に関する研究は極めて少ないが[2]，本書ではウィリアム・ロウとテルベルト・ドレイク（Roe & Drake, 1980）およびその続版であるテルベルト・ドレイク（Drake, 1986）を参照した．ロウとドレイクは，全米中等学校長協会（National Association of Secondary School Principals）（以下，NASSPと称す）が公表している職務記述書（NASSP, 1976, pp. 20-21）を分析し，校長の職務の特徴を以下の4点で示している．

　第1点は，職務記述書の「職務目標」では，「一人ひとりの生徒を責任ある重要な人間として能力を全開させるようにスキルと意欲を可能な限り発展させることをめざす」となっており，各個人を重視する表現になっている．ここに示されていた考え方に対して，『危機に立つ国家』以後の改革では，社会的効率主義が席巻し，すべての生徒の学業成績を上げることが教育の主目的となるので，教育の目的をめぐって大きな変化が生まれることになる．

　第2点は，職務記述書の上位2項目において，第1位に「学校内外の活動の監督」とあり，マネジメント的な業務が重視されている．第2位は，「教師の評価」となっており，また後順位ではあるが「プログラム開発」や，「教職員のレベルアップのための効果の評価を行う」ことが示されていることから，これらは，『危機に立つ国家』以降の教育改革で議論されることになる教授的リーダーシップ[3]に類似する内容であるように見える．しかし教職員に刺激を与え，動機づけをするというような，後年に教授的リーダーシップの職務とみなされるようになる内容は含まれていない．

　第3点は，学校のあるべき姿や学校目標を提示したり，決定するという内容の職務は見当たらず，その点でも1990年代には一般的にみられるようになるリーダーシップの核心的な機能が認められない．第2点，第3点から，教授的リーダーシップ概念が未発達で，校長の職務とリーダーシップとの関係が明確なものになっていなかったと考えられる．

第1章　教育改革の波と校長職　　33

　第4点は，校長は学区や州の教育長に諸提案を行う立場にあり，行政官に近い立場にいたことが推察される．

　これらの校長職の特徴は，1980年代中頃まで変わることなく「長い間，組織上の地位を確保して」（Bredeson, 1985, p. 29）きたとみなされ，また「1980年代の中頃にいたるまで，校長職の重要性は軽視されてきた」（Darling-Hammond et al., 2006, p. 2）という見方もされている．

　しかし，1970年代にはアラブとイスラエルの対立を引き金とする石油危機が勃発し，1980年代初期のアメリカの経済は1929年の大恐慌以来最悪の不況状態にあったとされ（Lugg et al., 2002, p. 21），特にフロリダやテキサスなど南部諸州では危機感が高まっていた．南部諸州の知事や企業の代表者や州議会議員などをメンバーとする全米教育協議会（Education Commission of the States）（以下，ECSと称す）は，『卓越性に向けた行動：わが国の学校を改善する総括プラン（*Action for Exellence: A Comprehensive Plan to Improve Our Nation's School*)』（ECS, 1983a）と題する提言書を1983年に出し，不況の克服には子どもたちを基本的なスキル以上に思考力が高く，問題解決力を持った大人に育成する必要があると考え，そのための教育改革を提言した．

　ECSの提言には8項目が含まれているが，そのうちリーダーシップ機能を含め，その後の改革運動に影響を与えたと考えられる3点を挙げておこう．第1は，改革には具体的な目標設定，時間枠の設定が必要であるとしたことである．企業経営の手法を色濃く反映しているが，この項目がその後の一連の教育改革運動にも影響を与え，教育内容，教師，校長に基準を設定するという考え方につながっていったものと考えられる．第2は，校長には，リーダーシップ機能として，学校のリーダーであり，かつ教授的プログラムの管理者とする教授的リーダーシップが求められ，同時にマネジメント機能として人事や財務計画に十分な裁量が与えられて，学校内のモラル，しつけ，学業の質を維持することが求められたことである．第3には，教師の採用・訓練などの校長に固有の職務に対して高い能力基準を設定すべきであるとしたことである（ECS, 1983a, p. 40）．

　校長のあるべき姿が議論されるようになり，校長のための基準の必要性が提言されるのは，管見ながら，ここから始まるものと考えられる．

第2節 『危機に立つ国家』のインパクトと教育改革の第1, 第2の波

1. 『危機に立つ国家』の与えたインパクトと教育改革の第1の波

1980年代の教育改革は一般的に卓越性運動（excellence movement）といわれており，特に第1の波の時代には，卓越性の向上に関心が向けられていた．

卓越性運動としての第1の波の時代には多数の提言書が発表され，諸提言が試行され，その上で法制化されるというプロセスがあった．本項では，多数の提言書が発出される状況を述べ，次に諸提言の中でも論争を呼び起こす原動力となった『危機に立つ国家』の内容把握を通じて，いかなる校長像が求められていたのかを明らかにする．

（1）第1の波

教育の改革運動の第1の波は，前節で述べた経済環境に大きな影響を受けた南部諸州から始まっている．マーフィーによれば，第1の波は，多数の委員会（commissions）からの提言書によって形成された．アメリカは高度に分権化された教育システムを採っているために，権力と権威が広く分散しており，改革を検討して実施していくためには行政の上位にいる人々だけではなく，地方の行政官，教師，保護者を含む多くの階層の人々の同意と連携が不可欠であった（Murphy, 1990, pp. 22-25）．すでに1983年には，同意と連携を形成するために，16の全国レベルの改革委員会と175の州レベルのタスクフォースが組成され，教育改革に向けて一斉に取り組んでいたことがECSのレポート（ECS, 1983b）に掲載されている，とプランクとギンズバーグ（Plank, D. N. & Ginsberg, R.）が報告している（Plank & Ginsberg, 1990, p. 122）．

またクリス・ピポ（Pipho, C.）は教育誌 *Phi Delta Kappan* で，1982年にミシシッピ州が先導を切り，その後1983年には，カリフォルニア州，フロリダ州，アーカンソー州など南部諸州が教育改革法を成立させていった状況を詳述している（Pipho, 1986, pp. K1-K8）．

ピポによれば，諸州の改革に共通していることは，第1に，知事のリーダーシップによって教育改革に関わる法制化が進んだこと，第2に，卒業に必要な教育課程を増やすこと，就学時間の延長，教師資格や評価の強化など，政策試

行で効果が立証された政策が取り上げられていることである．さらにピポは教育改革法の成立にリーダーシップを発揮した州知事の事例としてミシシッピ州のウィンター知事の次の発言を取り上げている．同知事は「ミシシッピ州を他の南部諸州に対して競争力のある州にする」と述べ，教育と経済のレベルを上げることを強調している（Pipho, 1986, p. K2）．教育改革の目的が，学力格差の是正など子どもを中心とするのではなく，州の「競争力の向上」であることが明言されていることに注目しておきたい．

(2) 『危機に立つ国家』のインパクト

1980年代の一連の教育改革は，『危機に立つ国家』が発表されたことによって弾みをつけた．キャサリン・ラグ（Lugg, C. A.）らが，『危機に立つ国家』は経済の逼迫と教育の質の低下を結び付けている（Lugg et al., 2002, p. 21）と述べているように，『危機に立つ国家』は「アメリカは社会における教育基盤が押し寄せる凡庸性（mediocrity）によって蝕まれつつあり，アメリカとその国民の将来を脅かしている」（『危機に立つ国家』, p. 5）との危機感を訴えた．『危機に立つ国家』はさらに国民に向けて次のように訴えた．「わが国は今，『危機』に直面している．かつてわが国は商業，工業，科学，技術革新の分野で比類なき卓越した力を持っていた．しかし今や，世界中の競争相手がアメリカに追いつき，追い越そうとしている」（『危機に立つ国家』, pp. 6-7）と述べ，アメリカの生産性が日本の自動車産業の生産性や，韓国の製鉄の生産性，ドイツの工作機械の生産性よりも下回っているだけでなく，知識，学習，情報，訓練でも劣後し始めたと述べた．それらの原因が教育の凡庸性にあるとして，その改革を強く求めたのである（『危機に立つ国家』, pp. 6-7）．

この報告書は，教育を経済活動における人的資源を育成する手段とする考え方に基づいており，テオドール・シュルツ（Schultz, T. W.）の『教育の経済的価値』（Schultz, 1963）や，ゲーリー・ベッカー（Becker, G.）の『人的資本──教育を中心とした理論的・経験的分析』（ベッカー，1976）などによって唱えられた人的資本論[4]に見られる考え方である．

『危機に立つ国家』は，アメリカ経済の状況分析に基づいて，学校で何が，どのように，誰によって教えられるべきかに焦点化した下記5項目の推奨事項

を示し，その遂行を校長と教育長に求めた．

推奨事項 A：「教育内容」では各州，各学区が定める卒業資格要件を厳しくし，卒業をめざすすべての学生が，「新基礎五科目」（4 年間の国語，3 年間の数学，理科，社会，1 年半のコンピューター・サイエンス）における基礎を身に付けることを推薦する．

推奨事項 B：「基準と目標」では，学校，単科大学，総合大学に，学生の学力と品行の両面において，厳格で測定可能な基準を採用し，高い目標を設定することを推薦する．

推奨事項 C：「時間」では「新基礎科目」の学習には今よりはるかに多くの時間を割くことが必要であり，そのため就学時間の延長，年間授業日数の増加を推薦する．

推奨事項 D：「授業」については教師の養成教育を改善し，教職をより報酬の高い，尊敬される専門職とするための以下 7 項目，①教職にふさわしい高い教育上の基準の設定，②優れた教師は報いられ，劣る教師には改善か退職しかないような効果的な評価の実施，③カリキュラムや専門性開発に必要な 11 か月の雇用契約の実行，④初任教師，経験ある教師，熟練教師（master teacher）を区分するような教職歴段階制度の開発，⑤数学や科学の教員不足を解消するために，大学卒業者や大学院生など外部人材の活用，⑥教員専門職の確保のための，奨励金やローンの実施，⑦熟練教師による教師養成プログラムの開発と教師の監督，を推薦する．

推薦事項 E：「リーダーシップと財政面のサポート」では，『危機に立つ国家』全体を通じて提案している改革に対して，学校内や地域内から支持を取り付けるために校長や教育長が重要なリーダーシップの役割（crucial leadership role）を果たさねばならない．また教育委員会は，校長や教育長が指導的役割を効果的に発揮できるように，専門的・職業的な能力の育成などを支援していく必要がある．リーダーシップ・スキルとは，説得力，目標設定力，地域内の多様な意見をまとめていく力であり，管理的（managerial）あるいは監督者的（supervisory）なスキルとは異なるものであることを強調する．なお財政の管理に関しては，教育委員会，州知事，州議会議員を含めた州政府や地方政府の職員が，直接の責任を持つべきである（『危機に立つ国家』，pp. 23-33）．

第1章　教育改革の波と校長職　　37

『危機に立つ国家』は連邦政府から教育に関する権限を持つ州への推奨事項となっていたが，州レベルの政策立案者たちは直ちに「押し寄せる凡庸性」からの回復をめざして，教育の質向上に向けて法の整備を進めた．全米最大の教員組合である全米教育協会（National Education Association）（以下，NEAと称す）の会長であったメリー・フットレル（Futrell, M. H.）によれば，すでに改革の気運が高まっていた州では，『危機に立つ国家』が発表されると直ちに自主的に行動を起こし，1983年から85年の間に全州で700件もの教育関連の法律を制定し，何を教えるべきか，どのように教えるべきか，誰によって教えられるべきかを定めていった．その結果，全国的に，学習内容の基準，教師の資格基準がそれぞれの州において州法として整備されていった（Futrell, 1989, p. 11）．

(3) 『危機に立つ国家』が提起した論点

『危機に立つ国家』は，「トップダウン式の改革」という特徴のほかにも，以後の諸改革に影響を与え，議論を引き起こす多くの論点を提示していたとされるが[5]，本書ではいずれの論点においても，その基底において深く関わっていると考えられる次の3つの論点，すなわち，①学校教育における公平と卓越性について，②リーダーシップについて，③「all children can learn」という言説，について考察する．

①　学校教育における卓越性と公平性（equity）について

『危機に立つ国家』における「教育における卓越性」は次のように定義されている．

個人の学習レベルでは，テストし，テストで示される個人の限界を押し返して各個人が持てる能力の限界まで，学校や職場で実力を発揮することを意味している．学校や大学における卓越性は，すべての学習者に対して高い期待と目標を設定して，生徒や学生がその目標を達成するために，あらゆる可能な支援を行おうとすることで特徴づけられる．また社会にとっての卓越性は，以上のようなポリシーを採用する社会として特徴づけられ，そのような社会では，教育やスキルを通じて，急速に変化する世界からの挑戦に即応する準備が整っている．わが国民と学校や大学は，以上のような意味の卓越性を達成することにコミットしなければならない（『危機に立つ国家』, p. 12）．

また公平性（equity）の定義について次のように述べている.

> われわれの目標は，すべての人の能力をそれぞれの最高点にまで開発していくものでなければならない．その目標を達成するために，われわれはすべての生徒に彼らの能力の限界まで努力することを期待し支援することが求められる．われわれは学校に，最低限のスタンダードではなく，真に高いスタンダードを持つことを期待し，保護者には子どもたちがその才能と能力を全開するように支援し励ますことを期待する（『危機に立つ国家』，p. 13）.

この定義から『危機に立つ国家』における公平性は，社会が（あるいは学校が）すべての子どもに公平に高いスタンダードを求めることを含意するものであり，子どもたちに公平に学習機会を与える（分配する）意味を持った公平性[6]ではないといえよう．これらの定義のもとに，『危機に立つ国家』では公平と卓越性の関係は対峙する概念ではなく，両方とも同時に達成すべきものとし，次のように述べている.

> 公平性と高クオリティの学校教育の双子の目標は，われわれの経済と社会に深く，かつ実践的な意味を持つものであり，原理においても実践においてもいずれか片方を他の片方に優先させることを認めるわけにはいかない（『危機に立つ国家』，p. 13）.

以上の議論は，生徒の学習可能性を信じ，生徒の最善の努力を引き出し，適切な支援をすれば，公平性と高いクオリティとは両立させることができるものであり，両立させることができて初めて，卓越した教育であるといえると主張しているものである.

② リーダーシップについて　1983年から85年の間に全州で700件もの教育関連の法律が制定され，何を教えるべきか，どのように教えるべきか，誰によって教えられるべきかなど，学習内容の基準，教師の資格基準が州ごとに州法として整備されていった．この結果，ジョー・ネイサン（Nathan, J.）は，校長など学校管理職たちはこれまで学区の指導をうけ，学区と協働しながら学校運営を行ってきたが，1980年代中頃には新州法の規定によって州の指示の下で業務を遂行し，州の中央からリモート・コントロールされていると現場の校長たちは感じ取っていたことを明らかにしている（Nathan, 1986, p. 199）.

校長が州法によって管理されるようになることには，次の2点の意味がある

と考えられる.

　第1は,州法によって求められ,コントロールされている職務を,責任をもって実現する「重要なリーダーシップの役割（crucial leadership role）」が,すべての校長に求められるようになることである.すべての校長にリーダーシップが求められるという意味で,リーダーシップの新しい時代が始まったということができよう.それでは「重要なリーダーシップの役割」とはいかなるリーダーシップなのか,ネイサンの論文（Nathan, 1986）から考えてみよう.ネイサンは,NGA が 1985 年の秋と 1986 年の冬に 19 回にわたって各地で行った多数の校長とのヒアリングの結果を検証し,校長から出された批判を整理している.その詳細は下記の第2の通りであるが,そこから,校長が置かれた状況を考えてみようとするものである.結論から言えば,『危機に立つ国家』が「管理的あるいは監督者的なスキルとは異なるスキル」と述べていた「リーダーシップ・スキル」（『危機に立つ国家』, p. 32）は,州政府や地方政府の行政職員が企画し,法制化された政策を実践する代理執行者としてのスキルであり,自律性はなく,専門職的な能力を必要としないスキルであったとされる（Nathan, 1986, p. 199）.それは ECS (1983a) が述べていた教授的リーダーシップ（instructional leadership）でもないと考えられる.結局『危機に立つ国家』の言う「重要なリーダーシップ」は,行政当局から認められた権威を背景に,国家の経済力を向上させるために与えられる諸目標を学校で実現させることのできるマネジメント力であったといえよう.少なくとも後年,「専門職基準」で重視されるようになる,子どもの学習の向上やウェルビーイングの達成のためのリーダーシップではなかったことは明白であろう.

　しかし,『危機に立つ国家』は関係者に,以下に述べるように「リーダーシップ」とは何かを考えさせる契機になったという積極的な意義を見出すこともできる.

　第2は,「リーダーシップスキル」に目覚める校長がいたと推察される反面,リーダーシップに枠をはめられると感じる校長もいた.州法の改革は多数の規制や制度を学校に押し付けることになり,教師や校長の権限を取り上げ,彼らの意欲を削ぐことになった.そのため効率を損ねているとの批判が教育関係者から高まった.前述したネイサンによる NGA 主催でのヒアリングの結果報告

によれば，出された意見には以下 4 点があったとされる（Nathan, 1986, p. 199）．これらの意見は州法によるトップダウンの統治の実態を言い当てていると同時に，教師や校長のリーダーシップの在るべき姿について新たな改革の必要性を求めているものである．

＊多くの教育者（educator）は教育システムの改善の必要性については同意しているものの，現在の改革の進め方には大いに不満である．

＊その理由として，教育者のスキルや才能，さらにはやる気を十分活用していない．

教師たちは，十分ではない給与で，不適正な労働条件の下で，一般人が教師を支持しているという感覚もない状況の下で，学校の運営に関する重要な決定には参画できないことに不満をつのらせている．

＊校長たちに期待されるもの（時には自分の意見とは異なること）が増え，その一方で人事や予算についてはほとんど権限がないことに不満がつのっている．

＊官僚的なルールの押し付けがあり，また子どもの教育にはこれが最善と考えられる判断に従うことがますます妨げられるようになったために教育現場は混乱に陥り，校長や教師は大変な重荷を背負っている．

これらの発言は，学校のリーダーたちが，自らのリーダーシップのあるべき姿を追求する必要性を感じ始めていることを示唆するものと見ることができよう．このようにして，リーダーシップを見直そうとするエネルギーが蓄積し，教育改革の第 3 の波につながっていくという理解ができる．

③ 「All children can learn」という言説 『危機に立つ国家』は，「われわれの推奨事項は，すべての人は学ぶことができる，また，すべての人は学びたいという意欲を持って生まれてきており，その意欲は大事に育てることができる，という信念に基づいている」（『危機に立つ国家』, p. 24）と述べている．ここでは「all children can learn」という言説[7]が出てくる背景と意義を考えておきたい．「言説」は，ロナルド・エドモンズ（Edmonds, R.）が多数の実証的研究の結果をもとに表明したとされる（Edmonds, 1981）[8]．エドモンドと同じく，1981年には，Mastery Learning（完全習得学習）を提唱するベンジャミン・ブルー

ム（Bloom, B. S.）が『すべての子どもにたしかな学力を（*All Our Children Learning*）』（Bloom, B. S., 1981/ 稲葉ら訳，1986)[9]を出版し，「すべての子どもたちはすべてのことを学習できる可能性を秘めているという新しい考え方を提唱している」と述べている（ブルーム，1986，11 頁）．また翌 1982 年に発表された第 1 の波の主要な提言の 1 つであったパイデェイア提言（The Paideia Proposal）で，アドラー（Adler, M. J.）が「教えることのできない子どもはいない．いるのは子どもたちにうまく教えられない学校と教師だけである」（アドラー，1984，7 頁）と述べており，「言説」は多くの研究者に受け入れられつつあったといえよう．

　もしも，「すべての子どもが学ぶことができる」という言説が正しければ，ロバート・スラビン（Slavin, R. E.）らが言うように，「学業成績の責任は子どもにはなく，学校にあるということになり」（Slavin et al., 1989, p. 357），さらに「学校の失敗は，予防し治療が可能な病気を，子どもたちの間に蔓延させるのと同じだとみなされることになるだろうから，政治的に凝り固まった教育上の考え方は変更されることになろう」（Slavin et al., 1989, p. 357）ということになる．このように学業成績の責任は子どもにはない，という意味につながる「言説」を連邦政府系の委員会の提言書である『危機に立つ国家』が採り上げたことは，従来の教育政策を根本的に転換することにもつながるものであり，その影響は大きかったと考えられる．

　ただし，原聡介が指摘するように，「教育可能性は一方的に生徒の側にその属性であるとして帰属され，その結果，生徒はますます操作性や抑圧性のもとにおかれたと考えるべき」（原，1996，12 頁）という見方がある．事実，2002 年に施行された NCLB 法では，生徒を取り巻く環境を考慮することなく，すべての子どもにある種の基準を達成するように求めたものであり，「抑圧性」が最も鋭く表面化したものと考えられる．

　『危機に立つ国家』のこの「言説」を分水嶺として，スタンダードとテストで生徒を学習に向かわせようとする教育行政と，スラビンらによる「Success for All」の実践のように一人ひとりの子どもに手をかけて学習促進を支援していこうという各種の草の根的な実践とが，交差することなく進行していくことになる．その結果，「言説」が，あたかも諸刃の剣のような状態をもたらすこ

とになるが，その状況を鋭く指摘している論調を見ておこう．

ネル・ノディングズ（Noddings, N.）は，教育におけるケアのアプローチを提唱している学者であるが，彼女は，「すべての子どもたちは学ぶことができる」という言説に対して次のように警鐘を鳴らしている．

　私たちは，しばしば，前述したような[10]「すべての子どもは学ぶことができる」といった聞こえのいいスローガンを前提にする．この言葉は，良心的な人々によって生み出された．そうした人々は，教師がすべての生徒に対して高い期待を持つように望み，また人種，民族，性別，経済的地位などを根拠に，あるグループの子どもがいま取り組んでいる教科を学習する能力がないなどと決めつけることがないように願っている．そこまでは私も同意する．しかし私は，すべての子どもが，私が教えたいと思うことをすべて学べるわけではないと考える．さらに，このスローガンに包含された善意は，生徒の興味や目的を無視するような極めて操作的で独裁的な方法に陥りかねない（ノディングズ，2007，49-50頁）．

この指摘は，その後の教育改革の多様な場面で議論されたうえで，「基準」の重要なテーマとなっていくことになる．「基準」では，基準1で「すべての生徒の教育可能性」，基準2では「すべての生徒は学べるという仮説」を，それぞれの基準の説明項目の1つとして述べることになるが，それらの項目には上記のような議論が根底にあったことを記憶に留め，今後の議論を展開していこう．

2. 教育改革の第2の波

第2の波[11]では，第1の波のトップダウン式の教育改革から派生する問題点を踏まえて，ボトムアップ式の改革が提言されることになる．第1の波の教育改革は，既に述べたように多数の法令となって施行されていたため，その後に新しい改革が提言されてもすぐに実現することはなかった．しかし第2の波はその後の改革に大きな影響を与える議論を提起し，改革を促すという役割をもった改革であった．本書では第2の波を1986年に公表された下記3件のレポートを中心として展開された多様な議論の総体であると捉えている．以下，それぞれのレポートについて，概要と，教育改革に与えたインパクトを考察しておく．

（1）『結果を出す時』

　第1の波で主導権を握って改革を進めたのは，各州の知事であったが，その改革に問題点を見出し，新しい方向性を示したのも，ほかならぬ知事たちであった．

　『結果を出す時（*Time for Results: The Governors' 1991 Report on Education*）』は NGA が 1986 年に発表したもので，NGA の会長であるテネシー州知事ラーマー・アレキサンダー（Alexander, L.）がプロジェクトリーダーとなり，7 名の知事たちが以下 7 項目についてのタスクフォースのリーダーとなり，全知事がいずれかのタスクフォースにメンバーとして参加して取りまとめられた．1991 Report となっているのは，1986 年から 5 年間で提言事項を実現したいという希望の現れである．7 項目は，1）授業，2）リーダーシップとマネジメント，3）保護者の参画と選択，4）学業準備，5）テクノロジー，6）学校設備，7）大学の質，である．

　『結果を出す時』の目的について，アレキサンダーは以下のように明瞭に述べている．

> 良い学校はより良い職業を意味する．各州が 7 項目の課題に取り組まなければアメリカ人は高い生活水準を維持できないだろう．他国の労働者との厳しい競争に打ち勝つために，以前にもましてわれわれは自身を教育し，子どもたちを教育しなければならない（『結果を出す時』，p. 2）．

　このように，『結果を出す時』の目的は『危機に立つ国家』と同様に世界の競争相手に打ち勝つために，教育を充実することであり，そのための戦略を提言することである．

　以下で，『結果を出す時』の上記 7 項目に通底するガバナンス改革と，7 項目のうちの 2）リーダーシップについて考察する．

　① 『結果を出す時』が提唱するガバナンス改革　プロジェクトリーダーのアレキサンダーは，『結果を出す時』の前書き（『結果を出す時』，pp. 2-7）でこのレポートの狙いを次のように述べている．1）知事たちが優秀な学校を作ることは不可能であり，作れるのはコミュニティ（学校のリーダー，教師，保護者，そして市民）である．2）学校や学区が結果に対して説明責任をとるなら，わ

れわれ知事は，州による多数の教育上のコントロールを，法律を変更してでも放棄する用意がある．3）保護者に学校選択を認める．4）上記に提言する改革については，教師，スクールリーダー，学校，学区に対して，成功すれば報酬を，失敗すれば責任を求めることになる（『結果を出す時』，p. 4）．

　これは，第1の波の改革で，多くの州で法制化された州政府からの強いコントロールを放棄して学校運営を地方に任せ，その代わりにアカウンタビリティを要求するという新しいガバナンスへの転換も可能であることを示唆する重要な発言である．また，1980年代後半から盛んに採用されるようになる，学校を基盤とした教育経営（SBM）を許容する先駆けとなった発言であり，さらに保護者に学校選択を認めようという意図も明記されている．

　アレキサンダーの発言は下記2点の提言として整理できるだろう．それぞれの提言の意義や問題点は次の通りである．

第1点　学校を基盤とした教育経営（SBM）の推進について　浜田博文はSBMを次のように定義付けている．

> 学区教育行政当局の下にあった学校経営に関わる諸権限（人事・予算・カリキュラム等）と責任を各学校へ移行し，学校現場（school-site）ごとに自律的な教育経営を行うこと，あるいはそのための教育経営制度（浜田，2007，2頁）．

　学校内の改善を進めるためには，自立的で自律性を持った学校経営を可能にする学校統治方法の変革が不可欠であるとして，SBMを州政府に求める活動が，カリフォルニア州やニューヨーク州では州法改正運動として，またミシガン州ランシング，ケンタッキー州ルイヴィルなどでは学区の活動として展開された（浜田，2007，49頁）．これらの要求に対して知事たちは前述の通り，学校により大きな自律性を与える，その代わりに結果に対してより大きなアカウンタビリティを求めることを提案したのである．SBMが校長に与える影響について浜田は，「校長は権限行使や意思決定を校内で共同化し，教職員の協働化を図るという戦略あるいは方法を強く意識することになった」（浜田，2007，96頁）としている．

　なお日本の研究では，浜田（2007）のようにSBMを1つの単独の教育改革と捉える研究が主流となっていると考えられるが，マーフィーとベック

（Murphy, J. & Beck, L. G.）が，SBM の以前にもガバナンス共有という形で
SBM の政治手法が採られていたことを説明し，SBM を「現状のリストラクチ
ャリングにおける SBM」（Murphy & Beck, 1995, p. 133）と捉えているように，本
書では SBM を，第 3 章で論じることになるリストラクチャリングという大き
な潮流とも言うべき教育改革群の 1 つの改革として捉えようとしている．
SBM をリストラクチャリングの 1 つとして捉えることによって，「SBM は，
学校の現場だけではなく，学校を含む学区のほとんどの役割，すなわち，教育
長，学校委員会，生徒，教師，両親，コミュニティについて伝統的な態度や行
動に変化をもたらすものである」（Murphy & Beck, 1995, p. 133）という理解が可
能になる．なお，マーフィーとベックは，これらのプレーヤーのうち，「校長
については，劇的な変化が見られるが，教師の責任の変化については，まだは
っきりしてきていない」（Murphy & Beck, 1995, p. 135）と述べており，教師の職
務に変化が現れるのは，リストラクチャリングが展開する中でのことになる．

第 2 点　親の学校参加と学校選択　『結果を出す時』が学校選択を提言する理由
と論理は明快である．第 1 に，特定の分野の能力（外国語，芸術，科学，数学
等）を伸ばすカリキュラムを持った学校を認めることができ，その結果，生徒
の選択肢が広まる．第 2 に，義務教育で入学する学校を選択できるようになる．
第 3 に，親は子の選択を通じて学校への関心を強め，その学校経営に積極的に
参加するようになる．第 4 に，学校側は，選ばれる学校になるために，競争原
理に立った自己改善を図る．また，選択を制度的に受け入れる一方で，当局か
らの規制緩和を期待できる．第 5 に，学校選択に必要な情報の提供や通学費用
の補助などの規定を設けることによって，この制度が経済的に下層階級の人々
の不利益とならないよう配慮されている（『結果を出す時』, pp. 85-88）と『結果
を出す時』は考えて，学校選択を提言したのである．

　これまで義務教育で入学する公立学校は，日本と同様に近隣の学校に限られ
ていたが，ミネソタ州では，1985 年から子どもの就学する学校を親が選択で
きる制度を導入した．その制度によれば，選択された学校へ人数相当分の財源
が移管される．『結果を出す時』がミネソタ州で行った調査の結果，選択を行
った 1700 名の生徒の 96％ がこのプログラムに強い同意を示していた（『結果を

出す時』, p. 72）．『結果を出す時』は，ミネソタ州の成功事例や，教員組合アメリカ教員連盟（American Federation of Teachers）（以下，AFT と称す）のアルベルト・シャンカー（Shanker, A.）会長の推薦意見（『結果を出す時』, p. 71），NEA のフットレル会長の厳しい条件付きながらも賛同するとの意見を取り上げた（『結果を出す時』, p. 72）．さらにマサチューセッツ州教育局長チャールス・グレン（Glenn, C.）が「選択は，学校をより効果的にすることを通じ，また最小限の適応性しか持たないすべての生徒を受け入れられるように専門化することなどを通じて，平等を推進することができることが明らかになった」（Glenn, 1986, p. 73）とする論文を NGA のタスクフォースに提示し，学校選択を推進すると宣言したことを取り上げている（『結果を出す時』, p. 72）．

　後年，学校選択が「公共性」，「私事化」，「市場万能主義」などの批判的な観点から議論されるようになる[12]が，常に民主主義的立場に立っている NEA のフットレル会長がなぜ格差を生み出しかねない学校選択を推薦したのか，その推薦の付帯条件を見ておこう．学校選択にはこれだけの問題点が含まれていることを示すものであり，フットレル会長は「公共性」や「私事化」，あるいは「市場万能主義」と批判されない枠組みを考慮に入れて，このような条件付きではあるが学校選択に賛同意見を出したものと考えられる．

　フットレル会長が提示した学校選択を認める条件を，『結果を出す時』は次のように引用している．

　学校選択を拡大するプログラムには以下の付帯条件が求められる．すなわち，授業と学習の質を改善し，生徒，親，コミュニティのニーズに基づいたものでなければならないこと；すべての子どもの教育機会の平等を促進するもので，そのプログラムを実施するために強力なアカウンタビリティ手段が含まれること；人種的，社会的，経済的差別を行わないこと；適法で，憲法に沿い，司法判断に沿ったものであり，連邦や州および学区の規則に沿っていること；学校選択のいかなるプログラムもその開発，実施，評価に際して，親，教育者，官僚，コミュニティの役割と責任を注意深く明記していること；現存する教職員と学校管理者との団体契約への影響を考慮に入れていること；学区のための書類上の仕事や規則を増加させず，教職員の事務負担を増やさないこと；親や教育者らに真の権限を付与するような仕組みになっていること；現存する子ども支援プログラムを廃止したり，公立学校への支出を削減したりするものでないこと；現存する子ども支援プログラムと比較して提言されるプログラムの利点と

不利点とを点検できること：過去の同様のプログラムから得た経験を考慮に入れ，学校選択が狙う教育目標を達成するために，他のより良い手段がないかどうかを検証することが求められる（『結果を出す時』，p. 72）．

学校選択が校長などスクールリーダーに与える影響は，『結果を出す時』の学校選択に関する「知事が採るべき行動アジェンダ」から推測することができる．第1は，学校は選ばれる学校になる努力が必要になる．すなわち，生徒や保護者に選ばれる学校にする責任が校長に求められることになる．第2は，親の関与が深まることから，校長はじめスクールリーダーたちは，親と適切に対応するスキルを学ばねばならなくなる．第3は，生徒に関する情報管理や学校に関する情報を適切に発信することが求められる．これらの職務は，校長だけでは実行できないものであり，教員のリーダーたちとの共同が不可欠となるとされる（『結果を出す時』，p. 84）．このように学校選択は，そのメカニズムから子どもや親を主体に置くリーダーシップの必要性をもたらすことになったと考えられる．

　② 『結果を出す時』のリーダーシップ論　『結果を出す時』の7テーマのうち2）リーダーシップとマネジメントについては，『危機に立つ国家』などの第1の波の諸提言でも詳しく示されてこなかったテーマである．このテーマのタスクフォースのリーダーは，アーカンソー州知事で後に大統領となるビル・クリントン（Clinton, B.）である．このタスクフォースのレポートのポイントは次の2点である．

　第1点は，「効果のある学校」研究を重視し，それらの研究で示された「効果のある学校」には「効果のあるリーダー」が存在するという結果を政策に反映しようとしていることである．クリントンらは，「効果のある学校」には次の6点の特徴があることが研究で示されたとしている．a）学校改善を促進・維持する権限を持った校長または教師のグループによる強力なリーダーシップ，b）教職員の関心事を学校の特定の授業あるいは組織上のニーズに結び付けるような機会の開発，c）校長による授業の監督と評価，d）学業上の成績の重要性についての学校全体での認識，e）学習時間の最大化，f）保護者の参画と支援（『結果を出す時』，p. 52），の6点である．a）は学校改善を推進する経営的

なリーダーシップを，b），c），d），e），f）は教授的リーダーシップを示していると考えられる．このうち，a）の「学校改善」の内容が具体的に示されていないが，これは『結果を出す時』の発表とほぼ同時期に「効果のある学校」研究から派生する研究として「学校改善」研究[13]が急速に進み，政策として取り込まれることになるので，その先駆けとして述べられたものと考えられる．

　ここで示されたリーダーシップ像は，前述した『結果を出す時』の目的からわかるように，経済力強化のためのリーダーシップであり，一人ひとりの子どもの学業上の成功やウェルビーイングのためのリーダーシップではなかったが，子どもや親を重視するリーダーシップの必要性が示され始めたことが注目される．

　なお，上記項目a）で「校長または教師のグループによる」となっており，校長でなくても教師のグループによっても実行できるとみなされている．これは，校長と教師との間で職務分担と責任をめぐってコンフリクトを生む要因を孕んだ認識である．

　第2点は，教師の中でも，「管理教師（managing teacher）」が最も高いクオリティを認められた教員の中から選任され，その「管理教師」が学校のマネジメントの責任を校長と分担（share）するという考え方を示していることである（『結果を出す時』，p. 55）．さらに，教師たちは校長の現状の仕事ぶりを批判して，「校長はそのほとんどの時間を leading（正しい事をすること doing the right things）よりも，managing（物事を正しくやること doing things right）に時間を費やしている」と指摘している（『結果を出す時』，p. 53）．ここに示されたマネジメントに関する指摘については，次のような幾つかの疑問点が議論されずに残されている．つまり，leading とはいかなる仕事なのか，「管理教師」と分担できる仕事なのか，具体的には上記のa）からf）の職務を「管理教師」が行えるのかどうか，あるいはマネジメントが成功しなかった場合や，問題が発生した時の責任の配分はどうなるかなど，幾つかの重要な疑問点が議論されずに残されている．

　以上のように，『結果を出す時』は，強力なリーダーシップの必要性を説きながら，校長の職務としては，教員との共同的なリーダーシップを提言するなど，校長と教師とのコンフリクトを生む原因となるような指摘を行っていることの

とに注目しておきたい．なぜなら，後述するように現実にコンフリクトが発生することになるからである．

(2) 『明日の教師』と『備えある国家——21世紀の教師』による教師のエンパワメントの提言

『明日の教師（*Tomorrow's Teacher: A Report of the Holmes Group*)』は大学院博士課程を持つ総合大学の教育学研究科長17名で発足したホームズ・グループ（Holmes Group, Inc）が1986年に発表した提案書である．これは学校内の改善（in-school reform），特に教師の能力向上と学校内での権限の強化（教師への empowerment）を提言し，教職を単なる職業から専門職へ転換させるために教職の構造的変革を提言したものである．第2の波では，第1の波における改革の主要な対象領域であったカリキュラムおよび教師を含め，学校教育の構造自体が改革の新たな対象とされている．そして，学校教育の構造・運営の立て直しにおいては，教育に関する諸決定の分権化および教師の専門職化が主要な争点として浮かび上がってきたとされる（今村，1990，383頁）．

『明日の教師』では，教員免許を3段階制にすることが提言されている．第1段階は「Instructor」で，授業経験のない者向けの仮免許．第2段階は「Professional」で，修士号を持ち，上司の指導下での1年以上の授業経験を条件とする免許．第3段階が「Career Professional」で，継続的研究を重ね，専門的業績を示した「professional」な教師に与えられる資格である．提言によれば，「Career Professional」の職務は，授業のほかに，カリキュラム改善，テスト・測定の実施，教育実習生や初任教師に対する研修指導，家庭との連携作り，実践研究の指導などとなっており，それらはこれまで校長のものと考えられてきた職務と重複していると考えられる．さらに「Career Professional」教師による集団的運営によって学校を自律的に遂行することが提案されている（『明日の教師』，p. 13）．この集団的運営の中で，校長と「Career Professional」の職務分担（例えば，校長は「教師の長」なのか，あるいはリーダーとして教師たちとは違った校長職務が考えられているのか）や，職務分担に伴う責任の所在については明確な説明がない．『明日の教師』の執筆者の一人であるフランク・マレイ（Murray, F. B.）によれば，ホームズ・グループは，「教師と校

長の，より適切な権限分割のモデルを開発するつもりである」（Murray, 1986, p. 31）と述べており，間接的ながら校長の権限がすでに揺らいでいることを示唆している．

　一方『備えある国家——21 世紀の教師（*A Nation Prepared: Teachers for the 21st Century*)』（以下，『備えある国家』と称す）はカーネギー財団が設置した教育と経済に関するタスク・フォース（Carnegie Forum on Education and the Economy）による 1986 年の提言書である．タスク・フォースの委員長には International Business Machines Corp.: IBM の副社長であったルイス・ブランコウム（Branscomb, L. M.）が就任，政財界，教育界から合計 13 名が委員となった．委員の中には，アメリカ教員連盟（AFT）の会長アルバート・シャンカー（Shanker, A.）と NEA のフットレル会長も参加していた．

　『備えある国家』の提案要旨には，「アメリカの世界市場で競争するための力が腐食されつつある．（中略）スキルをほとんど要しない職業は自動化されるか，海外に移転され，高度なスキルが求められている一方で，教育を受け，スキルを持った人たちの総数は減少しつつあり，雇うことのできない人たちの溜りが増加している．（中略）われわれはアメリカの学校をもう一度，進歩，生産性，繁栄の推進者にするという緊急感を共有している」（『備えある国家』, p. 2）と述べられている．そのために，よりクオリティの高い教師のための基準の作成を行う，教師の専門職基準の全国委員会（National Board for Professional Teaching Standards: NBPTS）の設立や，専門職のための環境を提供するための学校のリストラクチャリングが必要であり，さらに専門職にふさわしい専門職性が必要であると認識されている（『備えある国家』, p. 2）．その具体的措置の 1 つとして，先導教師（Lead Teacher）の設置が提案され，先導教師の役割は次のように提起された．

①教師たちには専門職としての仕事に不可欠な自由裁量と自律性が与えられるべきである．州と学区は学校に対して明白な目標を提示し，その代わりに学校内での進め方については官僚的な規制を大幅に減少させるべきである．教師たちは学校の目標設定に参画し，同意した基準を達成する責任を持たねばならない．

②学区は学校における意思決定や授業に関して同僚性のスタイルを取るように指導しなければならない．そしてその学校では先導教師が中心的な役割を果たす．学校運

営の改善に当たる教員委員会の会長には先導教師が当たる（『備えある国家』，pp. 45-51）.

　先導教師が中心的な役割を果たすなら校長の役割は何か，『備えある国家』は次のように，校長を排斥しようとしているとも見える考えを示している.

　授業を持たない校長は学校の長（head）として，われわれが提案する同僚性タイプの学校教育を支援する働きができる. しかしもっといろいろなモデルが試行されねばならない. 試行モデルの中には，先導教師が率いる委員会によって運営される学校もあるだろう. そこでは，一人の委員（引用者註：暗に校長を指していると考えられる）は専門職的で管理職的なパートナーということになる. そのような学校では，校長が教師を採用するのではなく，教師たちが校長を採用するということになる（『備えある国家』，p. 61）.

　しかしこのような教師へのエンパワメントを実施している学校では，教師と校長との学校経営上のヘゲモニー争い，すなわち校長自身の責任と権限をめぐるコンフリクトを引き起こすことになる. カール・グリックマン（Glickman, C. D.）によれば，校長には学校の責任者としての法的権限があるが，教師に権限を付与した結果，学校全体の改善に関する意思決定を行う場合，校長には会議での1票の投票権があるだけで，最終決定者は先導教師であり，校長には拒否権もない. したがって校長は，教師たちの判断にしたがって，「浮いたり沈んだり」しているのが実情である（Glickman, 1990, pp. 68-75）とされる. これは，校長にとってはそのリーダーシップがどうあるべきかを問う以前の自身の立場の存続に係る状況であり，その改善や解決が校長にとって極めて重要な課題となっていたと考えられる.

　教師へのエンパワメントが進められ，その権限をさらに求めようとすれば当然に校長と衝突することになる. 『教師への権限付与（*The Empowerment of Teachers*）』を発表したジーン・マエロフ（Maeroff, G. I.）は校長組合と教員組合の対立の事例を取り上げている. それによれば，校長の組合である The Council of Supervisors and Administrators は，上級教師（master teacher[14]）に新人教師の訓練をさせようとした学校での提案に，1986-87年度の組合大会で厳しく反対した. それは教師による校長の監督職務権への侵害に当たると考えたもので，上部団体であるアメリカ労働総同盟・産業別組合会議（AFL-

CIO）に対して，同じ AFL-CIO の下部組織である教員組合との裁定請求をした（Maeroff, 1988, p. 84）とされる．またステファン・ジェイコブソン（Jacobson, S. L.）も，ニューヨーク州ロチェスターで校長組合が教員組合を提訴し，校長側が敗訴したと述べている．ジェイコブソンによれば，この訴訟の訴因は，教師指導プログラムは伝統的に校長に帰属していた権利であるが，それを「権限を付与された（empowered）」教師に取り上げられるのを防ぐというものであった（Jacobson, 1990, p. 31）．要するに，当時の校長には，リーダーシップを発揮するような職務が与えられていなかったと考えられる．

第3節 学校管理職の改革（改革の第3の波）

次の2つの指摘に象徴される校長職への厳しい批判と挑戦とが，校長職を構造改革しなければならないと関係者が強く意識し，改革が行われる動機になったと考えられる．

1986年，全国知事会（NGA）が発表したレポート『結果を出す時』のうち，リーダーシップとマネジメントに関するタスク・フォースのレポートは次のように述べている．

> われわれタスク・フォースが行った聴聞会では，次のような証言があった．学校の伝統的組織は，教師に授業の準備あるいは生徒の作品の吟味のための時間を認めない．教師たちには同僚性を構築する機会がほとんどない．学校が必要としていることが系統的に説明されない．校長たちは教師に期待するものを明確にしないし校長はそのほとんどの時間を leading よりも managing に費やしている．多くの校長は，すべきことを行うように訓練されていない（『結果を出す時』，p. 53）．

また前述のように，カーネギー財団のレポート『備えある国家』の1節で，「校長が教師を採用するのではなく，教師たちが校長を採用することになる」（『備えある国家』, p. 61）と指摘されている．前者は校長を頂点とする現在の学校組織を強く批判し，後者は校長不要論を唱えているということができよう．すでに述べたように，校長組合が，その権益を守ろうと教員組合を訴えた事例もあったが，あえなく敗れている．

校長や校長の専門職性に関わる団体や研究者は，校長が学校改革で不可欠な

第 1 章　教育改革の波と校長職　　53

存在であることを主張し，校長のリーダーシップの内容を明確にして，教師との差別化を図ろうとした．本書ではこの一連の活動を教育改革の第3の波として把握し，政治家，研究者，教育者たちが協働して，校長職のありようを検討した活動の内容とその歴史的な意義を考察する．

1. NCEEA の活動

　本項では教育経営研究を行う博士課程を持つ研究系の50大学が連合した組織で，1950年代から30年以上にわたって大学間で協働し，学校経営者養成教育の改善を行ってきた教育経営大学協議会（UCEA）が，校長の果たすべき職務やその校長を養成するためのプログラムの在り方を再検討するために1985年に設立した，教育経営の卓越性に関する全米委員会（NCEEA）で行われた活動と議論を考察する．NCEEA はこれまでの学校管理職の実態とリーダーシップ論の根底にある認識論を徹底的に検証し，その上で新しいリーダーシップ像を提示することを目的とする組織である．ここでは NCEEA の活動に多くの紙幅を割くことになるが，その理由は，ここでの議論が1990年代以降のリーダーシップ論に重要な影響を与えると考えており，またこのような議論が，少なくとも公共の空間では行われてこなかった日本のリーダーシップ研究の今後のありように示唆をもたらすのではないかと考えるからである．

(1)　第1と第2の波が校長のリーダーシップをめぐって引き起こした課題

　『危機に立つ国家』が，その全体を通じて提案している改革に対して学校内やコミュニティ内から支援を取り付けるために，「校長と教育長が重要なリーダーシップの役割を果たさねばならない」（『危機に立つ国家』，p. 32）とし，また校長や教育長に求めているリーダーシップ・スキルとは「説得力や目標設定力，コミュニティ内の多様な意見をまとめていく力であり，管理的あるいは監督者的なスキルとは異なるものであることを強調する」（『危機に立つ国家』，p. 32）ことは前述の通りである．

　全国知事会（NGA）による『結果を出す時』では，校長と教師とがリーダーシップを共有することが推薦され，ホームズ・グループの『明日の教師』とカーネギー財団の『備えある国家』では，校長不要論とも読める提案がなされ

た．校長の組合が，校長の既得権を侵害するとして教員組合を提訴して，敗訴になるということも起こってきた．校長たちは，極めて厳しくその存在意義を問われてきたのである．後年，NCEEA の委員長になったグリフィスは，アメリカ教育学会（American Educational Research Association）（以下，AERA と称す）の講演で，学校管理職に迫ってくる危機を次のように述べている．

> 私は徹底し，かつ完全に確信しているが，根底的（radical）な改革運動が展開され，成功を収めなければ，この会場にいるほとんどの人が，専門職としての教育行政職の末路を見ることになるだろう（Griffiths, 1988b, p. 1）．

学校管理者の存在意義を問う厳しい状況を受けて，教育経営に関わる専門家団体である UCEA がとった対応策が，NCEEA の設立によって学校管理者のあるべき姿を研究し，その成果を世に問うという活動であった．NCEEA は 1985 年に設立され，以下のようなプロセスを経て，1987 年に報告書『アメリカの学校のためのリーダー（*Leaders for America's Schools*）』を公表した．

(2) NCEEA の委員長と委員の選任について

NCEEA の設立にいたるまでに，その構想の作成と委員の選択とに重大な考慮が払われた（UCEA, 1985, p. 1）．構想の作成と委員の人選が NCEEA の活動の成否を，ひいては学校管理職のありようを決定づけることになると考えられたからである．1985 年 5 月，UCEA の役員会は，グリフィスを NCEEA の委員長に選任した．選任理由は，UCEA の機関紙 *UCEA Review* によれば，「グリフィスは教育行政を社会科学として確立する運動に多大な貢献をしてきたが，最近では教育行政研究のパラダイムの大元はどこにあるべきかをめぐる論争の最中に身を置いているからである」（UCEA, 1985, p. 1），と説明されている．ここで言われている「パラダイムの大元はどこになるべきかをめぐる論争」とは，教育経営学者ジャック・カルバートソン（Culbertson, J.）が「今日，学問としての教育経営学は，論争（ferment）の段階に入った」（Culbertson, 1981, p. 25）と述べているところであるが，1970 年代に行われたグリフィスとグリーンフィールドとの論争，いわゆる G-G 論争と呼ばれる教育行政学に関する論争が，1980 年代に入って，改めて多くの研究者によって，多様な場面で議論されるようになってきたことを指していると考えられる．G-G 論争については，序

章の第5節で述べた「実証主義」と「主観主義」の定義に関する記述を参照願いたいが，グリフィスは「実証主義」と「主観主義」とのパラダイム論争の渦中にいるとみなされたのである．NCEEA において，リーダーシップのありようや校長の養成などを徹底的に議論するためには，パラダイムの違いの議論を避けて通れない，したがって，その議論の中心的な立場にいるグリフィスを委員長に選任することが適切であると UCEA が考えたのである．

こうして NCEEA の委員長に選任されたグリフィスは，委員の人選を行い，1985 年8月に 26 名の委員を招集した．メンバーは委員長を含め，総勢 27 名で，大学関係者以外からも登用が行われたことが特徴である（表 1-1 参照）．

大学関係者は学長・学部長・教授が合計 15 名であるが，それ以外には当時アーカンソー州知事であったビル・クリントンを含む州および地方政府の行政責任者，教育専門職団体の幹部，私企業の専門家から構成された．

表 1-1 において，27 名のメンバーの教育行政（経営）に関する認識論の立場について，特に G-G 論争に関係してどちらの立場にいる人たちかを，公表されている彼らの論文から検証を試みた．

参照すべき論文が見当たらない委員も多く，検証の目的は必ずしも十分に達成できたとは言えないが，大学関係者のうちグリフィスを含む4名が，実証主義と主観主義の二項対立から抜け出て，新たなパラダイムを探求すべきと考えている人たちであり，ポーラ・シルバー（Silver, P.）を含む2名は実証主義的立場を堅持しており，ローランド・バース（Barth, R.）を含む3名は主観主義的な立場をとっていると理解できることから，教育の将来を見据え，改革の根底にあるパラダイムを議論し，探究する場としてバランスを保った適材が選任されたと考えられる．

その他の委員には，第2の波における説明で既出の，アーカンソー州知事ビル・クリントン，ホームズ・グループ会長のジュディス・レーニア（Lanier, J.）や，教員組合 AFT の委員長アルバート・シャンカー（Shanker, A）など，教育改革に発言力のある人材が登用された．

なお，上記委員の人選と併せて，専従の作業チームの編成が行われた．アリゾナ大学の教育行政学部教授であるロバート・スタウト（Stout, R. T.）を研究主任とし，他2名が人選された．また非専従ではあるが，UCEA の専務理事

56   第Ⅰ部　教育改革の波の時代に求められた校長像

表 1-1　NCEEA のメンバー 27 名の一覧

氏名・思想的立場	所属	参照文献
学者・研究者		
代替パラダイム探求		
Daniel E. Griffiths	NCEEA 委員長	1983 pp. 201-221
Robin Farquhar	President, Univ. of Winnipeg	1981 pp. 192-204
Martha McCarthy	Professor, Indiana Univ.	1987 pp. 2-6
Donald J. Willower	Professor, Pennsylvania State Univ.	1980 pp. 1-25
実証主義		
Paula Silver	Professor, Univ. of Illinois	1983
Cecil Miskel	Dean, Univ. of Utah	Hoy & Miskel 1978
主観主義		
Roland Barth	Co-director, Harvard Univ.	1988 pp. 185-192
Barbara L. Jackson	Professor, Fordham Univ.	1988 pp. 305-316
Richard, L. Andrews	Professor, Univ. of Washington	1991 pp. 270-278
その他		
Luvern, L. Cunningham	Professor, Ohio State Univ.	1986 pp. 207-213
William Dill	President, Babson College	
Judith Lanier	Dean, Michigan State Univ.	1986 pp. vii-ix
W. Ann Reynolds	Chancellor, Calif. State Univ.	
Richard A. Rossmiller	UCEA　会長，Professor, Univ. of Wisconsin-Madison	
Max Weiner	Dean, Fordham Univ.	
行政職		
Bill Clinton	Governor, State of Arkansas	1986a pp. 208-210
Alonzo Crim	Superintendent, Atlanta Public Schools	
Eleanor McMahon	Commissioner of Higher Education State of Rhode Island	
Thomas Payzant	Superintendent, San Diego Public Schools	
Nathan Quinones	Chancellor, New York City Board of Education	
専門職団体		
Edna May Merson	President, NAESP[15]	
Richard D. Miller	Executive Director, AASA[16]	
Robert O' Reily	President, National Conference of Professor of Educational Administration	
Thomas A. Channon	Executive Director, National School Board Association	
Robert St, Clair	President, NASSP	
教員組合		
Albert Shanker	President, AFT	1988 pp. 366-373
企業団体		
John C. Sawhill	Managing Director, McKinsey & Company	

出典：人名と所属は NCEEA（1988），p. ix．該当論文は筆者が調査作成．

パトリック・フォーシス（Forsyth, P. B.）がコーディネーターとして資金調達や，委員たちとの交渉，NCEEA の作業の進捗管理を行うこととなった．

(3) NCEEA で議論の前提として集められた 26 本の論文

① **概況**　教育経営・行政の在り方に関する幅広い議論の参考資料とするべく 26 本の論文がスタウトなどの作業チームからの依頼により執筆された．26 本の論文は以下の 5 部構成でまとめられ，NCEEA の総合報告書（NCEEA, 1988）に収録されている．第 1 部は「教育行政（経営）学批判」の 4 本の論文，第 2 部は「教育経営における理論と研究」の 3 本の論文，第 3 部は「教育経営の実践の現状分析と課題」としてグリーンフィールドを含む 5 本の論文，第 4 部は「養成プログラムの現状の批判的分析，改革の提言，政策上の問題」としてグリフィスの 2 本の論文を含む 11 本の論文，第 5 部は「国際的視点」の 3 本の論文である．

26 本の論文の要旨は，作業チームによって各部ごとにまとめられている．その内容は以下の通りであるが，これらの論文の特徴は，下記③のイ）およびロ）の 2 点に整理することができる．その第 1 は，実証主義批判と新しい学問の確立への要求であり，第 2 は，教育経営の管理者養成に関わる実践的課題の現状分析と，あるべき姿の提示である．

② **26 本の論文の要旨**　以下は，作業チームが 5 部のそれぞれの冒頭で，各部に含まれている論文の全体像を総括し，要旨としてまとめたもので，論文の主要なポイントを記述したものになっている．

第 1 部の総括は以下の通りである．

　各論者は異なった観点から現状批判をしているが，次のような改革が必要であるという点で一致している．学校管理者の能力レベルを引き上げるため，管理者教育の内容は，教育の専門職としてのニーズ，すなわち価値や倫理問題に向き合い協働を達成すること，を反映しなければならない．そのためには，大学教授自身が自己改革に向かって先進的な立場をとらねばならない（NCEEA, 1988, p. 40）．

第 2 部の総括は以下の通りである．

　教育経営・行政の教授たちは次のような問題に立ち向かわねばならない．それは，

実証主義（positivism）や，価値を考慮しない（value-free）科学は現状の諸問題の理解に役立たないばかりか，理解不能となっていることである．組織における重要な変数，あるいは諸問題に大きな影響をもたらす価値問題に積極的に取り組めるような一連の新しい理論を構築しなければならない（NCEEA, 1988, p. 110）．

第3部の総括は以下の通りである．

　教育上のリーダーになるための十分な能力と道徳的な素質をすべての人が持っているわけではない．リーダーになろうという人は自覚を持ち養育されねばならないが，その養育の内容は，学校は学習者のコミュニティであるというビジョンに裏付けされたものでなければならない（NCEEA, 1988, p. 184）．

第4部の総括は以下の通りである．

　管理者のトレーニングは，現在の One Best Model と言われるようなシステムを修正し，トレーニング内容がより明確で，より関心と興味をそそられるもので，より現実の学校問題に取り組めるものでなければならない（NCEEA, 1988, p. 250）．

第5部の総括はヨーロッパ諸国の管理職の状況分析である．

③　**主要な議論**　26本の論文には，下記の2点に整理することのできる主要な議論が含まれている．

イ）主要な議論の第1は，実証主義批判と新しい学問の確立への要求である．
　26本の論文に一貫しているのは伝統的な教育経営・行政学への批判と，新しい学問の確立への強い要求である．実証主義が，組織は人間から独立して客観的に存在するという組織論と，社会科学的な命題の中から価値判断を削除すべきとする考え方を主張するのに対して，グリーンフィールドは主観主義の立場から，次の4点の実証主義批判を展開している．
　第1は，経営科学[17]はテクニック重視であるという批判である．
　経営科学は，価値を考慮しない経営が可能であるとしており，価値を取り除くことによって，組織行動はテクニカルなものに限定される．意思決定の本質は重要ではなく，それを利用する方法が重要と考えられている．リチャード・ベイツ（Bates, R. J.）が指摘しているように，経営科学のこのようなアプローチは，学校経営の問題と教育の分離をもたらす．例えば，子ども一人ひとりの成功を支援することよりも，学校全体としての運営を重視する考え方に導くこ

第1章　教育改革の波と校長職　　　59

とになる（Bates, 1983, p. 8）と考えられる（Greenfield, T. B. 1988, pp. 143-144）.

　第2は，教育経営のテキストには本質的な議論がないという批判である.

　教育経営科学のテキストを見ればわかることだが[18]，それらのテキストでは，いかに組織をリードし，動機付けをし，コミュニケートし，モラルを伸ばし，組織を動的な平衡状態に保つか，などの教育行政・経営や組織に関する議論が行われているが，現場で判断を要するような教育上の問題に関する議論が見当たらない. 例えば，学校教育の構造やカリキュラムを進歩的なものにするか，保守的なものにするか，授業に関連して言語や宗教の問題をどう考えるか，私立学校と公立学校での美徳（virtue）の捉え方の違い，学級，文化的偏見，組合，女性，しつけ，服装規準，その他多数の教育を取り巻く問題に対して彼らは価値面から何の議論もせず，最も重要な経営科学の意味（meaning）に関する議論もない（Greenfield, T. B. 1988, p. 146）.

　第3は，経営科学に隠された価値観—現状維持に関する批判である.

　経営科学は通常，現状維持的な立場をとる. 物事を現状のままで見てなぜそうなのかを問うが，どうあるべきかという観点から見ないので，現状維持となるわけである. 例えば，州とか学区の存在を，それらの組織に内在する問題点を問うことのできない客観的存在と見なすことになれば，それでは校長，教師はもとより生徒たちは，可能な限りのスキルと献身の心でそれらの組織に奉仕するより他に採るべき道がないことになる. 校長，教師はもとより生徒たちは，主権者（sovereign）の絶対意思（general will）の僕となる（Greenfield, T. B. 1988, pp. 145-147）.

　第4は，エリート後継者の育成にウエイトを置くという批判である.

　以上のような経営科学を推進するために，大学での養成プログラムは極度に教育経営のエリート幹部育成プログラムとなる傾向がある. プログラムの学生は注意深く選別され，長期間をかけて養成される. 適当な期間を経て見習い管理者となる人は，学校を経営する社会科学の知識を持った専門家として認証され，教育の権力機構で職務を遂行できるように適切な指導者が付けられる. このようにして，経営科学に奉仕する養成プログラムの修了者として社会的価値が与えられていくのである（Greenfield, T. B. 1988, pp. 147-149）.

　グリーンフィールドの議論のうち，最も重要であると考えるのが，3番目の

「経営科学に隠された価値観―現状維持に関する批判」であると考えられ，その文の中でも，特に「校長，教師はもとより生徒たちは，主権者の絶対意思の僕となる」という認識は重要である．このような現状維持の堅固な壁がある限り，根本的な改革は極めて困難であり，多様な意見を取り入れることになる教育改革や，なかでも現状を変えなければならないという意思を持った「基準」の作成は容易ではなかったことが推測される．

なお同じ主観主義の立場から，ウィリアム・フォスター（Foster, W.）は26本の論文の1つで，教育経営学研究における実証主義理論はその有効性がすでに失われており，新たなパラダイムが必要であると述べている．新しいパラダイムにおける教育経営は道徳的であるべきと考え，これからの管理職は公平性と民主主義に関わる諸問題に取り組まねばならないと主張して（Foster, 1988, pp. 68-81），グリーンフィールドの理論を補強している．

グリーンフィールドの批判に対してグリフィスは26本の論文の1つ「教授職再考（The Professorship Revisited）」（Griffiths, 1988a）で反論し，次の2点の見解を示しており，複数パラダイムを提唱していることが重要であると考えられる．

グリフィスの第1の見解は次の通りである．教育行政学の教授たちは，教育行政学だけでなく教育や学校の諸問題のすべてについて，すなわち，何が教えられ，どのように研究されているのかについて批判されてきた．言い換えれば，教授たちがよって立つところの，実証主義の弱点が批判されているのである．しかし，現在のところ実証主義者たちに代わる世代が到来しているわけでもないことも認識している（Griffiths, 1988a, pp. 281-282）．

グリフィスの第2の見解では，組織理論の研究で最も重要で，前向きな分析を行っているのは，ギブソン・バーレル（Burrell, G.）とガレス・モーガン（Morgan, G.）であろう．彼らは，組織理論研究は，それぞれ固有の仮説と方法論を伴った4つのパラダイムに分類することができるとしている[19]．その上で，彼らは組織研究は1つのパラダイムではなく，すべてのパラダイムを使用してお互いが協力して行うべきだとしているが，われわれも複数パラダイム（multiple paradigm）の時代を歓迎するものである（Griffiths, 1988a, p. 282）．

また26論文の1つであるグリフィスほか2名の共著論文「教育管理者の養

成」（Griffiths, Stout, & Forsyth, 1988）では，組織を理解するためには，今や伝統的（the now-traditional）と見られるようになった機能主義理論などの，マネジメントの観点から組織を見る理論と，組織のメンバーの立場から組織を見る理論の両方の立場から組織を見る必要があり，加えて組織を考える新しいメタファーおよびパラダイムの多様性（paradigm diversity）としてのあらゆるアイデアを探求することが有用である（Griffiths, Stout, & Forsyth, 1988, pp. 284-304）と述べている．

　以上のようにグリフィスらは，上述の第1論文で「複数パラダイム」を提唱し，第2論文で「多様性パラダイム」の重要性を示唆していた．

　このようなパラダイム転換論者はグリフィスらだけではない．NCEEA の議論が進行した時代の1986年度の UCEA 会長に選出された，NCEEA のメンバーでもあるマーサ・マッカーシー（McCarthy, M. M.）は会長就任演説で，「組織の性質に関する新興の視点（emerging perspectives）が伝統的な実証主義パラダイムに取って代わるという考え方はわれわれの学校に関する理解を進める明るい見通しを提供している」（McCarthy, 1987, p. 5）と述べており，UCEA 全体として，パラダイム転換を感じ取っていたと考えられる．

ロ）主要な議論の第2は，教育経営の管理者養成に関わる実践的課題である．

　管理職養成の指導理論が伝統的な実証主義的なものに偏り，新しい理論が管理職養成の現場で活用されていないことが，ブルース・クーパーとウィリアム・ボイド（Cooper, B. S. & Boyd, W. L.）から指摘されている（Cooper & Boyd, 1988, pp. 251-272）．

　またマーサ・マッカーシーは，指導者の問題を指摘している．管理者養成を行う教授層が年配の白人層によって占められており，彼らは比較的高給で現状の地位と管理職養成現場の状況に満足している．そのため，彼らは現状維持を重視し，社会の変化に対応できる管理職の養成に重点を置いていない（McCarthy, 1988, pp. 317-331）とした．バーバラ・ジャクソン（Jackson, B.）は黒人の管理職養成教授の立場から（Jackson, 1988, pp. 305-316），またキャロル・シェークシャフト（Shakeshaft, C.）はフェミニストの立場から，学校管理者の行動基準には倫理，道徳，ケアリング倫理などの価値的側面が不可欠であり，大学教授陣には価値的側面からの指導に注力するよう求めている（Shakeshaft, 1988, pp.

403-416).

リーダーシップ論については，ウィリアム・グリーンフィールド（Green-field, W. D.）が，学校管理者には道徳的想像力（moral imagination）を持ち，学校には何が望まれており，学校では何をなすべきかという価値を重視する視点を持った道徳的リーダーシップが求められているとした．その観点から，道徳的リーダーシップ論が管理者養成のプログラムに組み込まれるべきであると主張している（Greenfield, W. D. 1988, pp. 207-232）．なお，26 本の論文中で，具体的にリーダーシップ論に言及したのはグリーンフィールドだけである．そのためであろうか，後述するように，NCEEA の改善提案の 1 つとして「良好な教育上のリーダーシップがない」という指摘になっていくものと考えられる．

しかし，以上の議論を総合的に勘案すれば，研究者たちは，リーダーシップを論じる前にリーダーシップ論の基礎をなす哲学上の議論が重要であると考えたといえるだろう．

④　NCEEA の研究プロセス　人選と同様に，研究プロセスが重視されたと考えられ，UCEA の機関紙である *UCEA Review* には研究プロセスが詳述されている（UCEA, 1985; 1986a; 1986b; 1986c; 1986d; 1987a; 1987b; 1987c）．特に UCEA (1986b) は，ニューヨーク，ヒューストンなど全国 6 か所で開かれた公開セミナー[20]，大学教授の委員による研究会，学部長・学長の研究会，全国知事会（NGA）のタスク・フォースとの協議会，NCEEA の 4 回の全体会合[21]，2 回の UCEA 年次総会の日程と議題が記されている．NCEEA のコーディネーターであったパトリック・フォーシス（Forsyth, P. B.）によれば，公開セミナーのあと，NCEEA の総合報告書のドラフトが作成され，委員たちの間で，検討され，ドラフトは 6 回[22]更新されたことが記録されている．さらに NCEEA の全体会合は 1985 年 12 月に行われたが，そこでは今後の活動の方向性を決めるための課題として以下 6 点が採択された．

1. 現在と将来の挑戦に対応するために，校長と教育長の職務をいかに概念化すべきか．
2. 公立の初等・中等学校はより効果的な教育のためにいかに組織化されるべきか．
3. 教育管理者の高クオリティの専門職的養成プログラムの内容はいかにあるべきか．

4. いかにすれば最高レベルの人材を教育管理職に引き付けることが可能か.
5. 教育管理者が引き続き有能であり続けることをいかにして保証することが可能か.
6. 教育行政学の教授の役割とは何か.

これらの課題は，学校管理職のリーダーシップのあり方とその養成に関する議論であったと考えられる．これらの議論を基に，さらに全国セミナーや委員たちの研究会が行われ，作業チームによってドラフトが作成され，それをめぐって全体会合が行われるというプロセスが6回にわたって繰り返された（Forsyth, 1999, pp. 74-75）.

2. 報告書『アメリカの学校のためのリーダー』

1987年10月，以上のような経緯を経て，報告書『アメリカの学校のためのリーダー（*Leaders for America's Schools*）』（NCEEA, 1987）（以下，「報告書」と称す）が発表された．この「報告書」は研究の成果として，教育行政に関する現状認識として10点の欠陥を示し，またそれらに対して8点の改善案を提起した．表1-2は欠陥と改善案を対応させたものである.

表1-2で最も重要であると考えられていたのが，リーダーシップの再定義が必要であるという項目であった．前述のように，長時間に及ぶ，かつ多数の研究者・実践家の議論への参画にもかかわらず，「報告書」で示された26本の論文を含め，リーダーシップの前提となる現状把握と哲学的な議論が中心となり，具体的なリーダーシップの議論が行われなかったことを指摘している．リーダーシップの再定義が必要であるという指摘は，本書にとっても極めて重要なものと考えている．その理由は，第1に，この指摘を基礎において，リーダーシップのあるべき姿を探求し続け，「基準」が作成されていくと考えられるからである．また第2に，日本のリーダーシップ研究にとっても，リーダーシップの定義の再検討が重要な課題であることを示唆していると考えるからである.

NCEEAは，議論の結論として「良好なリーダーシップ」を示せなかったが，学校とそのリーダーの変革の必要性が深刻であると訴え，「将来の教育上のリーダーシップに何が求められるのかについての国民的理解を構築する」ために，「いまのところ校長のあるべき姿のすべてをカバーする全体像が定着していないので，既に始まっている学校の実践を参考として示す」（NCEEA, 1987, p. 4）

表 1-2　NCEEA の示す，教育行政に関する欠点と改善案

教育行政・経営分野にある欠陥	NCEEA が提言する改善案
良好な教育上のリーダーシップの定義がない	教育上のリーダーシップの再定義が必要である
学校にリーダー採用のプログラムが少ない	
学区と大学の間に協働関係が少ない	校長の養成には公立学校が全面的に連携すべきである
教育上のリーダーにマイノリティや女性が極めて少ない	マイノリティや女性の採用および配置計画が大学，学校委員会，州や連邦政府および民間企業で推進されねばならない
校長のための系統的な専門職開発システムが少ない	校長養成プログラムは他の職業のプロフェッショナルスクールを模範とする
養成プログラムを受けようとする優秀な候補者が少ない	
学校管理という職務に結び付いた養成プログラムが少ない	少なくとも 300 大学がその校長養成プログラムを中止すべきである
養成プログラムに連続性や現代的文脈，臨床的経験が少ない	専門職開発活動が，教育行政学の教授や管理実践者の経歴を構成する不可欠の要素にならねばならない
卓越性を推進するような免許システムが少ない	免許状の発行プログラムが徹底的に改善されねばならない
学校リーダーを養成するための国家的協力体制が少ない	全米教育行政政策委員会が設立されねばならない

出典：NCEEA（1987），p. xvi および p. xiii の記述を作表したもの.

として，今後の学校とその校長のあるべき姿として適切であるかどうかの検証が必要な 4 つのビジョンを試案として下記の通り提示した．

　ビジョンの第 1 は，学校の共同体的性格を強調し，学校は「学習する共同体（コミュニティ）」であるべきとしている．共同体のあるべき姿の目標は高く，それを生徒と教職員が理解しなければならない．学校は大学と協働して教師と校長の養成活動に参画するとともに，学校の教職員には常に専門職としての自己改革に取り組ませるべきである．

　ビジョンの第 2 は，同僚性の促進である．校長と教師とは協働で計画・実施・評価を行い，協働で学習する．校長は管理者ではなくリーダーであり，促進者（facilitator）となって，教育現場で必要とされる知識と提供可能な情報との引き合わせを行い，干渉が必要な時には適切に干渉し，生徒と教職員のニーズに応えるべくいつも準備しているべきである．

　ビジョンの第 3 は個人化された教授（instruction）である．生徒に対して個

人別の授業を行うために，構造上や官僚的な理由ではなく[23]，健全な教育上の理由と適切な評価によって授業上のグループ分けを行う．学習を妨げる問題を抱えた子どもにも，多様なクラスを多数提供する．そのために外部の資源を使い，個人化した授業活動の成功のための努力をする．

ビジョンの第4は，親を含む学校関係者の積極的な学校経営への参画である．良い学校というものは，多くの構成員のものであり，彼ら自身が目標の設定を行い，プログラムを作成し，その進行状況を検証するのである．教育の専門職者としては，親を子どもにとって最初の最も重要な教師と考えて尊敬し，学習プロセスの重要なパートナーとして支援する．近隣の住民，ビジネスの指導者，退職した人々らも学習共同体に参画する．校長はこのような環境を作り出すだけでなく，その共同体の中で子どもたちの代弁者となり，子どもたちのニーズを充足するのに必要な資源を調達する（NCEEA, 1987, pp. 4-5）．

これらのビジョンでは，議論されてきた倫理，道徳，ケアリングなどの要素を含んだリーダーシップ像が描かれていない．しかし，コミュニティを重視するリーダーシップ，教授的リーダーシップなど，新しい学校像，リーダーシップ像を示しているものであって，リーダーシップがこれまでの，組織や国家経済の要請に応えるための存在から，子どもたちの学習のためのものへと転換していく始まりを感じさせるものである．その転換によって，「基準」のリーダーシップ観へと昇華していくものと考えられる．

3. 「報告書」に対する批判と「報告書」の意義

膨大な時間と人員を動員したNCEEAの主要な結論が，「教育上のリーダーシップの再定義が必要である」と指摘するだけであったため，「報告書」に対する評価が二分されることになった．まず，批判についてみておこう．

(1) 「報告書」に対する批判

管見の限りではあるが，以下のような批判が存在する．それらに対して，グリフィスをはじめ，UCEAサイドからの反批判は出ていない．議論・討議そのものを重視し，異見を聞こうとするグリフィスらのスタンスによるものであろう．

批判の第1点として，NCEEA の有力な2人の委員が「報告書」の最終案に署名しなかったことが，UCEA の専務理事であり，作業チームのコーディネーターであったパトリック・フォーシスによって明かされている．フォーシスによれば，反対したのはホームズ・グループのレーニア会長と，教員組合 AFT のシャンカー委員長であった．2人はともに，「報告書」が「なまぬるい」と考えたからであるとされる（Forsyth, 1999, p. 75）．レーニアは，教師が校長に取って代わって学校をリードすべきとする『明日の教師』を提起したホームズ・グループの会長であり，シャンカーは誘因をもって競争を引き起こして教育改革を進めようとする立場[24]であり，2人から見れば，「校長のリーダーシップを再定義すべき」とするあいまいともとれる「報告書」が「なまぬるい」と感じられたものとみられる．

第2の批判は，週刊教育誌 *Education Week* に掲載された，ペンシルバニア大学大学院の准教授であったリチャード・ギボニー（Gibboney, R. A.）によるものであった．ギボニーによれば，「報告書」の内容は管理職の伝統的な職務概念を包装し直したものに過ぎず，教育の本来の目的と内容を犠牲にして，教育管理職の既成の支配層の生き残りを確かなものにしようとする試みに過ぎないという．ギボニーはその例として，「報告書」は「スキル」という言葉であふれているが，新興の力となりうるアイデアが見当たらない，という．例えば，公立学校への推薦事項の中に，校長をめざす人や管理職の実践家のスキルとは何かを明確にし，その評価を行うための「assessment center」の設立提案があるのに，アイデアを評価する「idea-assessment center」がなぜ無いのか（Gibboney, 1987, p. 28），とギボニーは問うているのである．

第3の批判はステファン・ジェイコブソン（Jacobson, S. L.）によるものである．ジェイコブソンは，「報告書」が大学の学長や副学長に向けた推薦事項のなかに，「本報告書で述べた卓越性の精神を受け入れられない大学は管理職養成コースをやめるべきである」という表現があり，表1-2 に見られるように，「少なくとも 300 の大学がその校長養成プログラムを中止すべき」であるとしていることを厳しく批判している．すなわち，UCEA のメンバー大学では常勤の管理職養成コースの教員が平均で8名いるが，指摘された 300 の大学では5名以下であることがわかっていることから，中小の大学の管理職養成コース

を排除しようとする意図が見える（Jacobson, 1990, p. 37）としている．さらにジェイコブソンは，ホームズ・グループが形成された動機にも同じ意図が見えるが，「報告書」の推薦事項は，ジョエル・スプリング（Spring, J. H.）が指摘しているような「知識ブローカー」[25]（Spring, 1988, p. 18）による政治力学（power politics）の発揮に過ぎず，教育管理者養成に対する独占的な統制力を得ようとする試みである，と批判している（Jacobson, 1990, p. 37）．

(2) 「報告書」の意義

上記のような批判はあったものの，「報告書」には次のような重要な意義があったと考えられる．

第1点は，パラダイム転換の必要性が強調されたことである．マーフィーは1980年代中頃の状況を振り返り，当時の教育行政・経営に関わる学会や実践家の間では実証主義的な社会的取り決めから抜け出すことが極めて困難であったことを，次のように述べている．

> われわれは，1950年代半ばから1980年代半ばにいたるまで，学校アドミニストレーションの専門職を縛ってきた理論運動による束縛としきたりを緩めるために苦闘（struggling）してきた（Murphy, 1999, p. 4）．

その理論運動を指導してきたグリフィス自身も，次のように述べて現状を危惧している．

> 論理実証主義（logical positivism）には極めて欠陥があることが衆知となっているが，実証主義（positivism）[26]に代わる次世代への新しいアプローチが開発されてきたという明らかな兆しがない（Griffiths, 1983, p. 207）．教育行政に関する教科書の筆者たちは，いまなお，厳格に実証主義理論を信奉しており，その伝統的なパラダイムの上で，教科書を書いている（Grifftiths, 1983, p. 216）．

「報告書」は，実証主義と主観主義の二項対立から抜け出して，グリフィスなどが示唆している「複数パラダイム」や「多様性パラダイム」から新たな理論を見出し，その理論の上に立って，人々にその正当性を主張することができ，専門職の人たちにも納得のいくようなリーダーシップ像を構築し，理論化しなければならないことを訴えようとしたものであり，教育思想史において大きな意義を持つものと考えられる．因みに，新しいパラダイムの意義について次の

2人の思想家の議論を取り上げておこう.

批判理論で知られるウィリアム・フォスター（Foster, W.）は，代替の視点（alternative perspectives）である批判理論の立場から，次のように論じている.

> 批判理論では，気後れすることなく，解放や公平のような価値を支持している．同時に，社会科学の新たな役割にも着目している．社会科学の役割とは組織を運用するためのより効果的な統治システムを提言しようとするものではなく，支配的な統治システムの存在を認識しようとする自己省察の行為であり，その行為によって真に民主主義的な体制に向かう可能性を高めていることである（Foster, 1988, p. 68）.

もう一人，NCEEAのメンバーではないが，多文化教育学者クリスティン・スリーター（Sleeter, C. E.）の次の文を参照しておこう.

> 平等，社会正義，民主主義の理想に向けて学校を変革しようとしている多くの人たちと同様に，私は2種類の極めて異なる学校管理者を，精神的に区別している．1）活動的で，省察的な学者や実践家のような変革的な知性を持ち，また解放的な性格の事柄に政治的に参画する人，2）通常出会う人で，現状維持を行うことを誓っているような専門技術者として機能している人，の2種類である（Sleeter, 1993, p. ix）.

これらの意見を重ね合わせると，教育経営・行政の主流にいる人々は，実証主義に基礎を置いた教育を受け，現状維持の政策を堅持するべく配置されていたと考えられる．マーフィーが言うように，彼らが，教育改革を行おうとする人にとっては改革の障害となる「束縛としきたり」を守り続け，また「気後れすることなく」ものを言えない状況を作り出していたことが想像される．このような状況下で，複数パラダイムを受け入れることが提案されたことは，極めて大きな改革提案であったと考えられる.

複数パラダイムが受け入れられることによって，多様な意見を交換することが可能となり，新しい知識基盤が作られていくこととなり，「基準」の作成を可能にする環境を醸成することにつながっていくと考えられる．その意味で，NCEEAの「報告書」は，教育改革の第3の波と評価するにふさわしい，意義を持つものであったといえるだろう.

「報告書」が持つ重要な意義の第2点は，リーダーシップの再定義のために教育経営に関心を持つ公立学校，専門職団体，大学，州の政治家，連邦の政治

家，民間の6セクターが連携を持たねばならないとされたことである．「報告書」はこれら6セクターそれぞれに対して，実践すべき事項合計35項目[27]を提言している．主要な提言としては，第1に，公立学校には学校と学区が大学と協働して専門職養成のプログラムを開発し，それを実施することを求めている．第2に，専門職団体には全米教育行政政策委員会の設立を求め，大学には，理論と臨床の両面での管理職養成プログラムの構築を促している．州の政治家には管理職の免許に関わる管理組織の構築を促し，連邦の政治家には管理職養成に関わる資金の提供を求めている．第3に，民間団体には産学協働による管理職養成のプログラムの構築を求めている．グリフィスは，「本報告書の求めるところは，将来における教育上のリーダーシップのために必要なものについての全米的な認識の再構築に他ならない」（UCEA, 1987b, p. 3）と述べており，関係者・関係機関の意見の相違や利害を克服して連携する契機としてNCEEAの提言を機能させたいと考えていたものと考えられる．

教育に関わるすべてのセクターを総動員するという試みは，さらに2つの重要な意味を持っていたと考えられる．

第1は，本書の第II部で議論することになるリストラクチャリング（restructuring）では体系的改革が進められるが，NCEEAの議論は，その体系的改革に影響を及ぼしたと考えられるのである．なぜなら，長嶺宏作が指摘しているように，アメリカでは連邦，州，学区，専門職団体，大学らが，それぞれ独自の考え方と権限を持っており，そのため利害対立関係を含んだ「分権というアメリカ制度構造」が存在するが，その「非統合性」（長嶺, 2009, 73頁）を乗り越えることが困難ではあるが重要である．NCEEAの6セクターへの提言は分権的な構造を乗り越えて，大きな目標に向けて協働することを提言したものであり，それが可能であるという前提で提言されたものと考えられるからである．

第2は，研究者と実践者との密接な連携が進んだことである．「基準」の執筆責任者となるマーフィーとNCEEAのコーディネーターであったフォーシスは，研究者と実践者との間には，教育上の価値や目的，倫理に関する考え方，新しい知を生み出すことなどに関連して，「深刻な分断と分離」（Murphy & Forsyth, 1999, p. 18）があり，知識基盤が確立していない原因がそこにあることを指

摘していた（Murphy & Forsyth, 1999, p. 15）．研究者と実践者の多数の専門職団体が協働体制を構築せよという提言は，両者の意見の交換にとどまらず，知識基盤の構築を進める動機を提供するものとなったと考えられる．

　「報告書」が持つ重要な意義の第 3 点は，討議を喚起したことの重要性である．グリフィスは「報告書」の公表前の NCEEA 総会で，「『報告書』は UCEA にとって極めて重要な意味を持つ．ここで討議された内容は UCEA にとって向こう 10 年の課題を決めてしまうことになる」（UCEA, 1986d, p. 2）と述べ，討議することの重要性を語っている．討議の結果，NCEEA は 8 つの提案を行い，その 1 つとして全米教育行政政策委員会（NPBEA）が設立された．後述することになるが NPBEA を中心に校長の専門職基準を策定する研究が進められていくのである．

　「基準」の執筆責任者となるマーフィーは，「校長のリーダーシップに関する学術的な議論が，『報告書』から始まった」（Murphy, 1999, p. 2）としている．

小括

1. 『危機に立つ国家』が与えたインパクト

　1980 年代以前には，「長い間，組織上の地位を確保してきた」とみられてきた校長職に激変ともいえる変化が生じた．アメリカ経済の不況の原因が人々の「凡庸性」にあるとされ，それを解消するために『危機に立つ国家』は諸方策を推薦し，それらを実施する責任者という立場を校長や教育長に求めた．教育改革の第 1，第 2 の波の中では，校長はするべきことをやっていないと批判され，不要論まで出ていた．そこで，NCEEA を中心とする教育経営・行政の専門家たちの間で，全国規模で，2 年にわたって校長のあるべき姿をめぐる激しい議論が展開された．結局，具体的なリーダーシップ像には到達できず，「良好な教育上のリーダーシップの定義」の必要性と，学校リーダーを養成するための国家的協力体制の構築を行うことで一致をみるにとどまった．しかしその結果，本書で議論していくことになるが，リーダーシップ研究がより真剣に進められ，1996 年の「基準」作成へとつながっていく．

　このような活動と並行して，『危機に立つ国家』で提言された次の 4 点が，

それ以降の教育改革の大きなテーマとなっていくこととなった．第1は，すべての生徒の学力を向上させ，卓越性を追求しなければ，他国の経済力に打ち勝つことはできないという問題意識である．その根底にあるのは，教育を経済活動のための人的資源を育成する手段とする考え方である．第2は，卓越性と同時に，公平性も達成しなければならないとされたことである．しかし，『危機に立つ国家』がいう「公平性」は，すべての子どもに公平に高いスタンダードを求めることを意味しており，子どもたちに公平に学習機会を与える（分配する）意味を持ったものではなかった．第3は，上記の目的を達成するためには，「強いリーダーシップ」が必要であることが確認されたことである．ただし，ここで求められたリーダーシップは，国家の経済力強化を図るために子どもの学力を向上させ，スキルをつけさせるために活動するものであり，本書の最終章で議論することになる，一人ひとりの子どもの学業上の成功やウェルビーイングを促進する子どものためのリーダーシップではなかったことを押さえておく必要がある．第4は，「すべての生徒は学べる」という言説が提起されたことである．この言説は，「リスクのある生徒」たちの一人ひとりに手をかけて育成しようとする立場と，やらせればできるのだから，生徒を取り巻く環境や条件を考慮することなく，政策の力で学力をつけさせようとする立場の違いを生み，これらの立場の違いは交わることなく，それ以降の教育改革に影響を与えていくことになる．

2. 複数パラダイムの提唱

NCEEA において2年にわたって議論された内容は多岐にわたるが，重要なポイントは，第1に，これまで学者の間で議論されてきた実証主義と主観主義の議論を公開の場で議論する必要があり，それを避けてはリーダーシップの議論はできないという認識が得られたことである．このような議論が展開された結果として，「専門職をしばってきた理論運動による束縛としきたり」から解放され，価値を重視しない科学から抜け出す必要性が指摘され，また同時に教育における複数のパラダイムが理論的にも実践的にも，取り入れられるようになってきたのである．フォスターが言うように，「気後れすることなく，解放や公平のような価値を支持している」（Foster, 1988, pp. 76-77）と述べることの

できる環境も生まれてきたと考えられる．複数パラダイムを取り入れることは，次章以降で考察することになる，価値を重視する問題として「リスクのある生徒」が抱える問題への人道的で道徳的な取り組みにつながること，また1980年代中盤から始まる多様な価値観と実践を伴ったリストラクチャリングへと継承されること，さらには主観主義と実証主義を兼ね備えた「知識基盤」を作成しようとする動きが出てきて，これらが「基準」を作る源流になっていくなど，教育改革に重要な意味を持つものである．

　以上の経緯は，日本のリーダーシップ研究においても，NCEEAで時間をかけて行われたような，哲学的（認識論的）な議論が必要になるだろうとの示唆を与えるものである．

　重要なポイントの第2は，校長が変わらない，変わろうとしない原因が，校長の養成システムにあるのではないかと指摘されたことである．管理者養成を行う教授層が年配の白人層によって占められており，人種問題や，倫理，道徳，ケアリングを教授する訓練を受けていなかったこと，そして管理職養成の指導理論が伝統的な実証主義的なものに偏り，新しい理論が管理職養成の現場に持ち込まれていないことが明らかにされた．グリフィスが指摘するように，「教育行政に関する教科書の筆者たちは，いまなお，厳格に実証主義を信奉しており，その伝統的なパラダイムの上で，教科書が書かれている」(Griffiths, 1983, p. 216) ことが指摘されている．これでは校長が変わるはずがなかったと考えられる．

3. 討議の場と連携の構築

　NCEEAは，全国各地で公開の討論会を行っており，教育政策に結び付くような重要な課題が公共の場で議論され，一般市民を含め，課題を共有した意義は大きかったと考えられる．

　これまで限られた専門家にしか知られていなかったと考えられる教育行政・経営に関わる大学教授の実態が明らかにされ，改善策が提言されたことは，教育改革の第3の波というにふさわしい出来事であったと考えられる．

　さらに，教育経営に関連を持つ公立学校，専門職団体，大学，州の政策立案者，連邦の政策立案者，民間の6セクターが連携しなければならないとされた

ことは，日本に置き換えて考えても，連携という事業は困難であるが，極めて重要なことであると考えられる.

　連携の促進によって，UCEA など多数の専門職団体が協働し，「基準」を作り上げることに成功していくことになる. このことは，日本で 2009 年に公表された日本教育経営学会が作成した『校長の専門職基準』のさらなる高度化や，2016 年の法律改正により，任命権者である教育委員会が作成しなければならなくなった校長の「資質向上に関する指標」の改善を考える際，恰好の先行事例になると考えられる.

1)　例えば，第 1 の波の始まりを 1980 年とするもの（Farrar, 1990），あるいは 1982 年とするもの（Pipho, 1986; Murphy, 1990）がある. 日本では 1983 年とするもの（橋爪，1999；今村，1990）などがある. 第 2 の波については，多くの論者が 1986 年頃としている. 第 3 の波についても，多様な時期区分がされているが，本書では，ステファン・ジェイコブソン（Jacobson, S.）の論文に依拠している（Jacobson, 1990）.

2)　「Principal」を主題としている以下の文献を参照した. ① Lipham & Hoeh（1974），② Blumberg（1980），③ Roe & Drake（1980），④ Drake（1986）.

3)　『危機に立つ国家』が公表された 1983 年の翌年，1984 年に NASSP が発表した論文では教授的リーダーシップの内容が詳述されており（Keefe & Jenkins, 1984），1983 年から 1984 年にかけてリーダーシップ研究が進展したものと考えられる. NASSP が発表した教授的リーダーシップ（instructional leadership）の主要点はテルベルト・ドレイク（Drake, T. L.）によって 13 項目に整理されている. ①校長は生徒や教職員と協働し，学校の目的を明らかにし，その目的を達成するための長期計画を作成する，②強い学問上の使命感とすべての生徒と教職員に対する高い期待をもって学校環境を徐々に作り上げる手助けをする，③生徒の学業上のプログラムを強化し，展開するようなコミュニティサービスについての知識を得て，サービスに参画する，④教職員に刺激を与え，動機づけをして授業や学級管理に最善の結果をもたらす，などである（Drake, 1986, pp. 20-21）. ⑤以下を省略する.

4)　人的資本論については，経済学者の神野直彦が「人的資本論では，人間を機械設備などの生産するための物的資本と同様に，生産するためのストックとしての人的資本として把握する. つまり，教育は生産のための人的資本への投資と考えられている」（神野，2007，41 頁）と説明している. 一方，神野は経済学者の宇沢弘文を引用して，教育の目的は人的資本論とは異なって「一人一人の子どもがもっている多様な先天的，

後天的資質をできるだけ生かし，その能力をできるだけ伸ばし，発展させ，実り多い，幸福な人生を送ることが出来る一人の人間として成長することを助けるものだ」（宇沢，2000，125頁）とし，つまり，教育の目的は，「人間として成長することを助けるもの」（神野，2007，40頁）であるべきと主張している．

5) フットレルは以下のような教育上の論点を示している．①非識字，②卒業基準と子どもの基礎技能習得点の低下，③科学エリートと，とどまることを知らない科学技術の進歩にとまどう一般市民との間に深い溝が見られる社会の恐ろしさ，④民族的多元主義の挑戦とそれが公平という理想に与える脅威，⑤子どもの中退率の増加と教員不足，⑥内容の薄められた教科課程，⑦つまらない教科書，⑧規律上の問題，⑨教員養成，連邦政府の指導性，親の責任に関する問題，⑩低く評価され，給料が少なく，社会からの批判に取り囲まれている教員についての記述の少なさ（Futrell, 1989, pp. 10-11）である．

6) Equity という概念の定義は，時代とともに変化していると考えており，公平の概念の変容については本書で検討を加えていくことになる．『危機に立つ国家』において求められているすべての子どもに高いスタンダードを求める公平性と，すべての子どもたちに公平な機会を分配する公平性の意味とを比較する目的で，1993年にマーフィーが示した公平性の定義として以下3点を参照しておきたい．これらが分配する公平性の意味を持つ概念であると考えるものである．①学校教育へのアクセス，特にマイノリティの子どもたちやハンディキャップのある子どもたちの教育へのアクセスを問題とする，②生徒に配分される資源の総額の平等，③配分される資源の総額の中には，時間，授業の質，教科課程でカバーされるコース内容，宿題が含まれる（Murphy, 1993, pp. 113-114）．なお，この定義では，第1に，個々の子どもではなく，「マイノリティ」や「ハンディキャップ」のある子どもたちをグループとして捉え，グループ間の格差に焦点化するものであり，第2に，分配の公平性が重視されている点に注意が必要と考えられる．

7) 同様の表現として「every child can learn」や「each children can learn」などがあるが，本書では，これらはいずれも同じ内容を持つものであると考えており，以下でこれらを総称して「言説」と表現する．

8) 「Success for All」という実践運動を展開しているロベルト・スラビンらの論文による（Slavin et al., 1989, p. 357）．スラビンらは，エドモンズが「every child can learn」という言説を単なるスローガンや行動計画ではなく，実践研究で証明したとしている．

9) ブルームの taxonomy（教育目標の分類学）や「完全習得学習」については，石井（2011）が詳述している．

10) ノディングズは，リベラル・エデュケーションが，今日の子どもたちにとって時

第 1 章　教育改革の波と校長職　　　75

代遅れで危険な教育モデルであると論じる中で，この言説を持ち出している（ノディングズ，2007，13-14 頁）.

11)　教育の第 2 の波の報告書として，今村令子は，ECS の「State Education Leader」（Fall, 1986）に基づき，本項で示す『結果を出す時』，『明日の教師』，『備えある国家』の他に 5 件のレポートを含めている（今村，1987b，133 頁）．また橋爪貞雄は，第 2 の波の代表として，『今こそ結果を示す時期』（本書では『結果を出す時』）を挙げている（橋爪，1992，214 頁）.

12)　例えば，F. M. ヘス，C. E. フィンの『格差社会アメリカの教育改革：市場モデルの学校選択は成功するか』が学校選択を批判的に考察している.

13)　「学校改善」研究については，次章で論じている.

14)　制度上の役職ではない．同僚や生徒から最も優れているとみなされている教師である.

15)　全米初等学校長協会（National Association of Elementary School Principals）の略称，以下 NAESP と称す.

16)　アメリカ学校管理職協会（American Association of School Administrators）の略称，以下 AASA と称す.

17)　経営科学とは，「理論運動」（序章の第 5 節参照）の基礎となる実証主義的な科学的思考を基礎に置いた経営に関する科学的研究を指すものである.

18)　グリーンフィールドは Hoy & Miskel（1982）の *Educational Administration* を教育行政・経営に関する教科書の事例として挙げている．入手可能な 1978 年の初版，1999 年版，2008 年版を考察しても，グリーンフィールドの指摘を確認できる.

19)　バーレルとモーガンは 4 つの社会学パラダイムをグラフで示している．横軸左には主観的，右に客観的，縦軸上部には急進・変化の社会学，下部に既存の社会学で 4 象限を作り，第 1 象限には，ラディカル構造主義（現代地中海マルクス主義，コンフリクト理論，ソビエト社会理論），第 2 象限にはラディカル人間主義（フランス実存主義，アナーキー的個人主義，批判理論），第 3 象限には解釈社会学（現象学，解釈学），第 4 象限には機能主義的社会学（社会的行為理論，統合的理論，社会システム理論，客観主義）を配している（バーレルとモーガン，1986，36 頁）.

20)　6 回のセミナーのうち，ニューヨーク（UCEA, 1986a），ヒューストン（UCEA, 1986b），コロンバス（UCEA, 1986c）での会議の議事録がバージニア大学内にある UCEA 本部への訪問（2014 年 3 月 26 日，および同年 9 月 9 日）で発見できたが，手書きの速記録であり，読解困難であった．東京大学大学院教育学研究科の修士取得者である，アメリカ人マリサ・ミラー氏（Maryssa Miller）に解読を依頼した．そのご支援を記して深謝するものである．6 回の総動員数は 1300 名とされている（UCEA,

1987a, p. 1）が，その参加者について，グリフィスは激しい口調で次のように批判している．彼によれば参加者の大部分が白人の男性，アングロサクソンであったが彼らの反応は鈍く非生産的であったとしている．なぜ，彼ら白人は多様な人種構成の社会に対応しようとしないのか（Griffiths, 1988, p. 7）との批判である．これが当時の学校管理職の実態であり，問題点であることを批判しようとしたものと考えられる．

21) NCEEA の全体会議の議事録は残存しないことを上記註 20 と同日の調査で確認した．

22) ドラフトは第 3 ドラフトまで（NCEEA, 1986a, 1986b, 1986c）のコピーを入手できたが，最終公表のものと骨格では大きな相違はないと判断し，それらに関する記載は省略した．

23) 構造上や官僚的な理由で行われる個人の選別の事例がトラッキングである．生徒の進路選択を陸上競技のトラックに譬えた概念で，複線型学校システムのように法制的に生徒の進路を限定することはないにしても，実質的にどの学校に入るかがその後の進路選択の機会と範囲を限定することを指す．トラッキングは Ravich (2007) によれば，アメリカでは授業上の実践として一般的に行われているとされる（p. 220）制度であるが，ビジョンの 3 は，このトラッキング制度の中止を提言しているものである．

24) Shanker (1990) は，「公立学校のリストラクチャリングのための誘因利用の提案」を論じている．

25) 研究社『新英和大辞典』によれば，broker は米語として，「黒幕〔権力者〕としてまとめる〔牛耳る〕」とある（第 6 版，323 頁）．

26) グリフィスは論理実証主義と実証主義を同義として扱っている．日本の先行研究（河野，1995）でも，「論理実証主義の精神を色濃く反映し，（中略）仮説—演繹理論として把握される」教育行政の理論として「実証主義パラダイム」という表現を使用し，「実証主義パラダイム」に対抗する理論として，1970 年代に現れた現象学，エスノメソドロジー，批判理論を「代替的パラダイム」と言い表している（河野，1995，210-211 頁）．認識論の議論においては，「実証主義」の対抗概念は「解釈主義」である（野村，2017，15-46 頁）とされるが，本書においては，序章第 5 節で述べたようにグリーンフィールドに依拠して「主観主義」を使用する．

27) 6 セクターへの提言の細目については，川島（1993）を参照されたい．

第2章 「リスクのある生徒」の抱える問題への取り組みと 「効果のある学校」研究

　第1章では教育改革の第1，第2，第3の波について考察してきたが，本章ではそれらの波と同時期に存在し，しかし波よりも波長が長い（時間幅がある）「うねり」ともいえるような2つの運動を把握しようとしている．それら2つの運動は，1980年代以前から大きなテーマとして存在してきたが，1987〜88年頃に1つのピークを迎える．そのピークを捉えて，教育改革の第3の波と呼ばれることもある[1]．

　第1の「うねり」，つまり長い時間軸による取り組みとは，容易には解決できない大きな問題である「リスクのある生徒」が抱える問題への取り組みであり，第2は「リスクのある生徒」が抱える問題に向き合うことからスタートし，その後，校長のリーダーシップと児童生徒の学力成果との因果関係に関する研究や「効果のある学校」を生み出す要因の研究，さらには学校改善に関する研究へと展開した，総体として「『効果のある学校』研究」と呼ばれる多数の蓄積がある研究群である．

　それらの「うねり」は，これまで考察してきた第1，第2の波と相互に影響を与えあってきたと考えている．例えば，「リスクのある生徒」が抱える問題は，教育現場に困難をもたらす要因の1つであるが，その問題に対応し，「リスクのある生徒」を支援しようとする努力が教育改革を推進するインセンティブとなり，第1，第2の波に影響を与えたのではないかと考えている．また，「効果のある学校」研究は，第1章でみたように，第2の波として把握される『結果を出す時』に影響を与えていた．

　本章の目的は，これまで先行研究でも考察されることがなかった「うねり」を，第1，第2の波と関係付けながら検証し考察することによって，「うねり」と校長のリーダーシップとの関連を明らかにすることである．「うねり」の考

察は次のように行う．まず第1に，「リスクのある生徒」が抱える問題と「リスクのある生徒」への支援について考察し，この問題が極めて大きな教育問題であることを明らかにする．第2に，それらの問題を解決しようとして始められた「効果のある学校」研究について考察し，その研究がリーダーシップ像に重要な影響をもたらすことになったことを明らかにする．

第1節 「リスクのある生徒」の抱える問題への取り組み

1.『危機に立つ国家』以前の連邦政府の対応

本書における「リスクのある生徒」とは，現在すでに困難を抱えている子どもだけではなく，これから何かしらの問題に直面するかもしれないリスクを抱えた子どもを含めた子どもたち，と定義し，彼らが抱えている問題に取り組み，支援しなければならないという立場で論じようとしている．もともと「リスク」とは，経済・実業界でよく使われる言葉であり，国語辞典[2]によれば，「（事業をするのに見込まれる）危険」とあり，将来起こりうることを含意した用語として日本語でも日常的に使用されている．

ラリー・キューバン（Cuban, L.）によれば，アメリカ社会において「リスクのある生徒」の存在は200年以上にわたる社会的問題であり，貧困状態にある子どもたちで，多くの場合非白人で保護者やコミュニティではコントロールできない非行のために，社会から脅威と考えられた子どもたちの問題として捉えられていた．福祉や刑務所費用の増大を恐れて，その解決手段として学校への出席を強制されてきたのが「リスクのある生徒」たちであった．公教育の始まりから彼らの低い学業成績や逸脱行為の原因は，子どもたち自身，あるいはその家族にあるとされてきた（Cuban, 1989, p. 781）．

しかし，「リスクのある生徒」の問題は，1965年に「リスクのある生徒」が抱える問題として捉え直しが行われ，大きな転換をみる．第36代大統領リンドン・ジョンソン（Johnson, L. B.）は，いわゆる偉大な社会プログラム（Great Society Program）の一環としての「貧困との闘い（War on Poverty）」を推進しようとした．教育面でその目的の実現を図るべく1965年に成立した法律が初等中等教育法（The Elementary and Secondary Education Act）（以下

第2章 「リスクのある生徒」の抱える問題への取り組みと「効果のある学校」研究　79

ESEA と称す）である．ESEA は，当該政策予算の約8割を占める ESEA 第1
条に基づく，いわゆるタイトル I 資金で，「教育的に剥奪された子どもたちが
集中する地域の地方教育当局に対して財政援助をする」(Sec. 201) ことが目的
とされた．つまり，大桃敏行が指摘するように，「貧困と教育剥奪との関係が
とらえられ，貧困家庭の集中する地域の教育当局への財政支援が定められたの
である」（大桃，2012，25頁）．大桃によれば，同法制定後，補助金の対象が広
がるとともに，補助金額も大きく増えていくことになる．対象の拡大について
大桃は次のように説明している．なお大桃は「障害」ではなく「障がい」とし，
「害」ではないとの理解を示していることに注目しておく．

> 1965年の修正（P. L. 89-313）で障がいのある子どもたちの教育のための州機関への
> 援助の新しいプログラムが認められ，1966年の修正（P. L. 89-750）で障がいのある
> 子どもたちへの援助が新たにタイトル IV になった．1966年の修正ではまた，移住者
> の子どもたちや養育を放棄された子どもたちへの州プログラムへの援助も認められた．
> 1970年の修正（P. L. 91-230）により，タイトル IV は障がい者教育法（Education of
> the Handicapped Act）となり，同法は1975年に全障がい児童教育法（Education for
> All Handcapped Act, P. L. 94-142）となった[3]．英語の習得が限られた子どもたちへの
> 援助が加えられ，1968年の修正（P. L. 90-247）により ESEA のタイトル VII として
> バイリンガル教育法（Bilingual Education Act）が成立した．同修正ではまたドロッ
> プアウト防止プログラムへの援助なども定められた（Congressional Research Service
> 1987, pp. 11-12, 157: McGuinn 2006, 38）（大桃，2012，25-26頁）．

　ESEA が施行されてその実効性が検証される前に，「ESEA の理論的な基礎
を掘りくずした最初の調査」(Jeffrey, 1978, p. 144) とされるのが，ESEA 発効の
前年1964年に始まり1966年に発表された，アメリカ連邦政府によって実施さ
れた「教育機会均等調査（Equality of Educational Opportunity Study）」であ
る．教育機会均等調査は公民権法第402条の規定で，アメリカにおける全段階
の公共教育機関において，人種，肌の色，宗教，国籍を理由として，個人に対
する均等な教育機会が欠如していないかどうかを調査し，大統領および議会へ
の報告書提出を求められていることから連邦教育局全米教育統計センターが主
体となり，ジョンズ・ホプキンス大学のジェームス・コールマン（Coleman,
J.）らによって研究が行われた（Coleman et al. 1966）もので，報告書は「コール
マン・レポート」と通称されている．

ダイアン・ラビッチ（Ravitch, D.）は「コールマン・レポート」の内容の説明と評価を述べているが（Ravitch, 2007, pp. 49-50），その要点は次の通りである．1）調査は特に資源の配分と，学校における人種構成と授業の効果との関係を調査した，2）調査の結果が，使われた資金は学業成果にほとんど関係がないことを示したことから，「学校は違いを生まない」と解釈する分析家がいる，3）また別の分析家によれば，黒人生徒の成功を見極める際に，学校の人種的構成や社会的構成が，カリキュラム，教授法，資源など他の要素よりもより重要である，とされた．この考え方によれば，ある学校が主として裕福な家庭からの生徒で構成されておれば，彼らからの学業上の影響や彼らの持つ熱気（aspiration）がすべての生徒に良好な学習風土を生み出すということになる．4）教師の口頭による指導のスキルが，人種に関係なく，生徒の成績にとって最も重要な要素となる，5）生徒が不利な状態を克服するためには，学校外で過ごす時間が重要であることが示された．学校は，校内での指導と併せて校外での指導も考えなければならなくなった．

また鍋島祥郎もコールマン・レポートの意義を次のようにまとめており，「こうした理解は 1970 年以降，多くの研究者に共有されている」と述べている．

> 通称「コールマン・レポート」は，子どもたちの学力を規定する要因の大部分が家族と子どもの仲間集団，すなわち地域であることを報告し，世界的な規模のショックを巻き起こした．貧しい家庭に生まれた子どもたちが再び貧しくなる確率は極めて高い．システム万能の時代にあって「偉大なる平等化の装置」と期待された学校の実像は，階層の継承を支え正当化している「不平等の再生装置」にすぎなかった（鍋島, 2003, 8 頁）．

ラビッチや鍋島は，間接的ではあるがコールマン・レポートが，ESEA が行っている学校に資金を投入して貧困を救い，学力を増進しようとする政治的企画の実効性を実証的に否定したことになった，と述べているのである．

なお，新井郁男が指摘するように，「コールマン報告は短期間に実施されたもので調査の内容・分析は必ずしも十分であったとはいえないことから，その後，クリストファ・ジェンクス（Jencks, C.）などによって再分析が行われ，教育の不平等に関する調査研究に新たな展開の道を開く契機となった」（新井, 2007, 102 頁）．

2. 改革の第1の波における問題

(1) 『危機に立つ国家』が「リスクのある生徒」に与える影響

デボラ・ランド（Land, D.）らによれば，『危機に立つ国家』とその後の調査や提言，さらには州での政策展開の結果として，「リスクのある生徒」が抱える問題に対する注目度が低下したとされる（Land & Legters, 2002, pp. 2-3）．すなわち，単に社会的・経済的に不利な状態にある生徒だけに焦点化されるのでなく，ほぼすべての生徒が学生生活のある時点でリスクありと分類される可能性があると認識されるようになったのである．なぜなら，『危機に立つ国家』が問題にしたのは，人種問題でも，貧困問題でもなく，「アメリカにおける教育基盤が押し寄せる凡庸性（mediocrity）によって蝕まれつつあり，そのことがアメリカとその国民の将来を脅かしている」（『危機に立つ国家』, p. 9）という現状認識であったからである．このような認識の下で，『危機に立つ国家』においては，一方では理念としての公平性も標榜しながら，政策上は全生徒の「凡庸性」問題を強調していたために，「リスクのある生徒」が抱える問題は，「凡庸性」からの脱却という課題に吸収されて注目度が低下した可能性がある．

(2) 基準を上げることで高まる中退の可能性

注目度の低下傾向の中でも，次のような議論が行われていた．

エドワード・マックディル（McDill, E. L.）らのグループは，第1の波の諸提案書で求められる学習基準を上げることによって，中退の可能性が高まることに次の3点の懸念を指摘している．1）要求されるカリキュラムが限定的なものになることから，生徒の選択肢が減少し，学業上の階層化がより進む．2）学業成績を上げるために授業および学習の時間が長時間となり，学校活動に必要となる時間と，生徒がパートタイムの仕事などのために学校外で求められる時間との間で葛藤が生じる．3）多くの生徒が，すぐ手の届く救済措置がないままに求められる成績基準が上がることで，卒業テストに不合格となる経験をすることになり，これらの要因から，中退せざるを得ない子どもが増えてくる可能性がある（McDill et al., 1985, p. 424）．

『危機に立つ国家』と同年に発行されたアーネスト・ボイヤー（Boyer, E. L.）[4]の『アメリカの教育改革（*High School: A Report on Secondary Education*

in America)』（ボイヤー，1984）でもこの「中退問題」を取り上げている．ボイ
ヤーは「中退問題」での学校の無力さを認識しつつも，学校は貧困な環境の持
つ否定的側面の一部を救うことはできる（ボイヤー，1984，274 頁）とし，その
ために「特別な個別指導を行い，教師と一人ひとりの生徒の間に精神的な扶助
の関係が成立するような工夫が，リスクのある生徒のために開発されるよう勧
告する」（ボイヤー，1984，276 頁）として，具体的には，次のような対策を提案
している．第 1 に，言語能力の育成が特に強調される必要がある．絶えず，生
徒の進歩の状況を把握し，熟達した生徒相談の機能を活用して対応する．第 2
に，ESEA のタイトル I による対策によって，最も不利な環境にある子どもの
学業成績にも進歩がみられることが証明されている．連邦政府補助の恩恵に浴
する資格のある生徒を把握し，彼ら全員に対して援助の手を差し伸べる．第 3
に，高校入学前に，読み書きをする力に欠陥のある生徒は，夏季の特別補修授
業や第 1 学年の指導のなかで十分その力を補えるように指導しなければならな
い．第 4 に，既に中退してしまった生徒への気配りである．中退してしまうと
学校から忘れ去られるのが常である．中退した者は浮浪者となり，社会的には
見放され，手助けをしてもらえる場合がほとんど，もしくは全くない人間にな
ってしまう．彼らに対する対策として，ノースカロライナ州ではコミュニテ
ィ・カレッジが積極的に関与しており，「中退者のための情報とサービスの全
米モデル」と呼ばれている．このモデルによれば，9 つのコミュニティ・カレ
ッジを通じて，20 以上の学区で当該問題に対処できるとされる．高校を中退
したらすぐに彼らの名前を把握し，彼らと電話や手紙や個人的な連絡関係を通
じて接触が保たれる．彼らは，個別学習から，高校の成人向け講座，さらに高
校卒業と同等を証明するテストのための特別指導まで広汎な選択肢を与えられ
ている（ボイヤー，1984，267-275 頁）．

　ボイヤーは，このような対策を実施することは教師の職務に含まれておらず，
したがって教師だけでは解決できないが，校長がリーダーとなって教師と連携
することで効果が生まれるとし（ボイヤー，1984，246-257 頁），校長のリーダー
シップの発揮を期待している．

3. 改革の第2の波における州政府の支援の動き

『結果を出す時』は，全州知事を7つのグループに分けて7つの重要課題を検証し，州知事として何をいかに取り組むべきかを議論しているものである．そのうち，学業準備に関するグループのレポートで，グループのリーダーであったサウスカロライナ州知事リチャード・ライリー（Riley, R.）は「学業基準が高まれば，生徒たちの成績が上がることが期待されているが，生徒によっては高い基準によって，許されざる障壁を課される（下線引用者）ことになる．追加の戦略がなければ，そのような生徒たちは公教育から利益を得る前に失敗してしまうリスクがある」（『結果を出す時』，p. 96）と述べている．改革の第1の波で，高い基準を設定してきた知事たちの間にこの認識が生じていることに着目しておきたい．この認識が次節で考察することになる「効果のある学校」研究から派生した「学校改善研究」と結び付いて，「追加の戦略」が議論される下地になったものと考えられる．

このレポートは，将来，高い学業基準によって学校から押し出されてしまうかもしれない「教育上不利な状態にある（educationally disadvantaged）」生徒を，「家族，生活環境，肉体的・精神的なハンディキャップやその他学習を困難にするような負の条件を抱えた」子どもたちとして幅広く捉えようとし，その総数が1982年現在で生徒数4000万人の30％にあたる1200万人である（『結果を出す時』，p. 98）とした[5]．そのうち，高校卒業前に中退する可能性のある生徒を「リスクのある生徒」と定義し，その中退率は25％で，総数1000万人にのぼるとした（『結果を出す時』，p. 100）．また「リスクのある生徒」の特徴を次のように示している（『結果を出す時』，p. 100）．

- 学業成績の低さ ― 学年基準より成績が低い者，学齢よりも高齢である者，低トラックにいる者，あるいは課程で単位を取れなかった者．
- 家庭での困難な条件 ― 片親家庭（主として母子家庭），低所得家庭，子どもへの虐待やネグレクトのある家庭，低教育経験の保護者家庭や教育を勧めない家庭．
- 個人的経済的理由 ― 貧困あるいは低所得家庭で適切な支援や環境がない子どもたちは，自尊心が低く，成績が低い．

このレポートは，「リスクのある」傾向を持つ多数の生徒の在籍する学校は，学業成績も出席率も低い傾向があるとしながらも，そうではない学校があり，

その良好な実践と政策が違いを生じさせているという「効果のある学校」研究の，次のような調査結果を認めている．すなわち，効果のある学校では，強力な教授的リーダーシップ，すべての生徒への高い期待，学校・保護者・コミュニティとの強いつながり，すべての生徒のための理にかなっており教科を超えて統合されたカリキュラム，「リスクのある生徒」が他の生徒とチームで活動する協働的な学習，などが存在する．ニューヨーク州やカリフォルニア州など8州[6]では校長や教師が効果的な実践方法を開発し，実践する学校および学級改善プログラムが始まりつつある[7]（『結果を出す時』，p. 101）としている．

4. 1987 年，1988 年における支援提言

　「リスクのある生徒」が抱える問題と，「リスクのある生徒」への支援を取り上げた調査・提言書が 1987 年，88 年に集中して公表されている．この中には，ウィリアム・ウィルソンの『アメリカのアンダークラス：本当に不利な立場におかれた人々（*The Truly Disadvantaged: the Inner City, the Underclass, and Public Policy*）』（Wilson, W. J., 1987／平川ら訳，1999）のように主として貧困を取り上げた研究もあるが，ここでは，影響力の大きいと思われる団体からの，より幅の広い不利な立場にある子どもたちに関する調査・提言書を 4 件考察する．ここで，4 件の報告書を相当の紙幅を割いて採り上げる理由は次の通りである．第 1 は，「リスクのある生徒」が抱える問題が，これまでの，人種，階級や，英語の能力が熟達していないなど，一部のマイノリティの人々に対するアメリカ全体から見た分配上の公平さ（equity）の問題から，もはやマイノリティとしての問題だけではなく，多様で多数の不利な立場に置かれた人々の一人ひとりの社会正義の問題として認識されるようになってきたのではないかと考えられることである．第 2 は，「リスクのある生徒」が抱える問題に限って言えば，第 1 の波で州政府が施行した学業基準を上げる政策は，その後の改革で取り下げられることはなく，累積的に負の効果を増してきている（McDill et al., 1985, p. 424）．そのために，「リスクのある生徒」への支援がより重要になりつつあり，教育制度・政策・構造の根本的な改革が強く求められる背景となってきていることである．第 3 は，この 4 件のレポートが，例えば既述の『卓越性に向けた行動』を発表した全米教育協議会（ECS）のように，これまで教育と経済とを

結び付けて改革を提唱してきた団体を含めて，複数の団体によって調査・提言されていることから，まさしく大きなうねりとしてアメリカ社会の社会経済に影響を及ぼすようになってきたのではないかと考えるからである．なお，第3章のリストラクチャリングの実践として述べることになる州教育長協議会（CCSSO）による「リスクのある生徒」の抱える問題への取り組みとその強い支援意思表明は，4件の調査・提言書と時期を同じくしており，互いに影響しあったものと考えられる．

(1) 『忘れられた半数』に見る「リスクのある生徒」への支援提言

『忘れられた半数（*The Forgotten Half: Pathway to Success for America's Youth and Young Families*)』は，仕事，家族と市民性に関するウィリアム・T・グラント財団委員会（The William T. Grant Foundation Commission on Work, Family and Citizenship）によって，1988年に発表された．16歳から24歳の若者のうちで，その半数約2000万人の大学に進めない若者たちを「忘れられた半数」と捉えた報告書である．委員会のメンバーは，学者を中心に，行政の代表者，同じ問題に関心のある諸団体の代表をメンバーとする委員会である．彼らの問題意識は以下のように表明されており，若者に経済成長に貢献することを求めるのではなく，若者たちがその才能を発揮することに価値を見出そうとしているところに特徴がある．

* わが国の若者の半数が，彼らが社会に完全に参画し彼らの持つ才能を完全に発揮するメリットを否定するような巨大な縛りに閉じ込められている危険性がある（『忘れられた半数』, p. 1).
* 世界は変わったが，われわれの諸制度は若い家族やその子どもたちが自らの新しい生活基盤を築くのを支援するのに必要な弾力性を持った対応をしてこなかった（『忘れられた半数』, p. 3).

このレポートの重要性は，まだそうではないかもしれないが，「巨大な縛りに閉じ込められている危険性がある」生徒を将来のリスクを見据えて広く把握しようとしているところにあると考えられる．

そのような危険な状況に陥った原因と対応策は以下4点の推薦事項で述べられている（『忘れられた半数』, pp. 5-7). 推薦事項は，忘れられた若者たちが未

来への希望を取り戻し，成功裏に大人社会に入っていく「成功への道」である（『忘れられた半数』，p. 5）とされる．

* より大きな財政的支援および，民間セクターによる家族生活を必要としている者への理解が重要である．特に，ビジネスと学校は，働く親を理解し，若者・その親・その他の人たちとの関係を強化し，コミュニティへのより大きな支援を行う．
* 学校とコミュニティが協働し，コミュニティを基礎とする活動を強化する．その活動により，若者の発達上のニーズ，若者の意見，およびアイデアに対応し，若者のためのプログラムに参画し，実施する．
* 学校とコミュニティは，高校卒業の単位として認められるコミュニティ活動が含まれる魅力的なサービスを作り上げ，すべての若者が参加できるようにする．
* 若者やその家族がアクセスできるような一連の発達，予防，矯正上のサービスを確保すべく，コミュニティ，公共機関，民間企業の協力による包括的で協働的なシステムを開発する．（『忘れられた半数』，pp. 5-7）

これらの対策は，身近で実践可能と考えられる提言だと考えられるが，反面で学校とコミュニティの協働による支援活動に期待し，社会全体で解決すべき問題として捉えることを避けようとしているともいえる．「財政支援」について具体的な提言をしていないからである．

(2) 『国民の3分の1』に見る「リスクのある生徒」への支援提言

『国民の3分の1（*One-Third of a Nation*）』[8]は，全米教育協議会（ECS）とアメリカ教育協議会（American Council on Education: ACE）とが共同して設立し，政・財・学界の代表者をメンバーとする，マイノリティの教育とアメリカ生活への参画に関する委員会（The Commission on Minority Participation in Education and American Life）によって1988年に発表された報告書である．

『国民の3分の1』によれば，1988年には黒人，ヒスパニック，アメリカインディアン，アジア系アメリカンが「国民の3分の1」になる．また彼らはいわゆるマイノリティを形成するが，その多くが貧困[9]と欠乏に苦しめられている．17歳以下の子どもたちでこのグループに属する者がアメリカ国民の20%に達し，2000年までには学齢期の子どもの3分の1がこのグループに属することになると同委員会は試算する（『国民の3分の1』，p. 2）．同委員会の関心事は，「マイノリティの人々がアメリカの生活と繁栄に完全に参画できるように

なるための努力が，進歩するのではなく，後退していることである．多くの分野で進歩もみられるが，教育，就職，収入，健康，長寿，およびその他の個人的・社会的ウェルビーイングにおいてはマジョリティの人々との格差は縮まらず，分野によっては拡大している」（『国民の3分の1』，p. vii）としており，「このような不均衡が続くことを認めれば，アメリカは，不可避的に生活の質の低下に妥協してより低い生活水準に陥ることになるだろう．社会的な衝突が激しいものになるであろう」（『国民の3分の1』，p. 1）と指摘している．

　この報告書の重要な点は，第1に，『危機に立つ国家』のように，人間を経済のための資本とみる考え方から，各個人のウェルビーイングの重要性に目配りをする視点が生まれてきたことであり，第2に，「国民の3分の1」が抱える問題を社会全体で取り組むべきとする考え方が示されたことである．この報告書は，次の7点をマイノリティ問題解決の戦略として提示した．トップダウンとボトムアップの両面からの施策を提言していることが注目される．

- ・アメリカの高等教育機関がマイノリティの入学，在籍の維持，卒業を増加させるための努力を継続し，強化する．
- ・国家のリーダーが経済成長を刺激し，国家の資力を確保すべく努力する．
- ・選出された議員たちが先導してマイノリティの進歩を保障するための努力をする．
- ・民間，ボランティア組織が，率先してマイノリティの参画と達成を促進すべくデザインされた現状のプログラムを拡大更新する．
- ・広い国民のコンセンサスが形成されるような積極的優遇措置の新しいビジョンに向けて社会の主要なセクターが貢献する．
- ・マイノリティの役人，機関，ボランティア組織が彼らのリーダーシップ役割を拡大する．
- ・教育上のリーダーたちがあらゆるレベルやシステムにおいて共同し協力する関係を促進する．（『国民の3分の1』，pp. 21-29）

　上記の施策のうちでも，2番目のマイノリティ問題の解決のために「経済成長を刺激し，国家の資力を確保すべく努力する」という提言は，『危機に立つ国家』以来，経済成長のために人々の凡庸性を改善しなければならないとしてきた考え方からの大きな発想の転換であると捉えることができるであろう．

　以上，『忘れられた半数』と『国民の3分の1』の問題意識と解決への戦略案をみてきた．いずれのレポートも問題の深刻さを認識してはいるが，いずれ

もコミュニティ，ボランティアなどの努力に期待するものが大きく，マイノリティ自身で解決せよと述べているようにも見える．しかしこれらの報告書は，これから何かしらの問題に直面するかもしれないリスクを抱えた「半数」あるいは「3分の1」の人たちだけの問題としてではなく，社会全体の問題として取り組むべきであるとする考え方の萌芽的なものと理解できる．

(3) ビジネス社会からの「リスクのある生徒」への支援提言

　経済開発のための委員会の調査政策委員会（The Research and Policy Committee of the Committee for the Economic Development）（以下，CED と称す）は，金融から製造業までの幅広い業種の企業の代表者たちをメンバーとする委員会である．CED は子どもに関する2つのレポートを1985年と1987年に発表しているが，それらにはそれぞれ改革の第1の波と第2の波の特徴を象徴するような転換が見られるので考察しておこう．

　その違いは，CED（1985）を自己批判した内容を含んでいる CED（1987）による次のような目的声明に見ることができる．

　　CED（1985）は高い教育上の基準を要求し，不利な子どもたちがその基準を達成するために特別の支援が必要であることを認識するにとどまっていた．しかしこの CED（1987）では，われわれの社会の社会的，政治的，経済的生活に参加するための基礎的なスキルが十分でない若者のために，絶望の潮流を変えるのに必要なプログラムは何かを明らかにしている（CED, 1987, p. x）．

　この点を確認したうえで，CED（1985）の内容を考察してみよう．

　そのタイトルは『子どもたちへの投資（*Investing in our Children*）』（CED, 1985）となっており，そこに示された4点の改革戦略の提言を整理すると次のようになる．1）労働力として，あるいは高等教育での成功のためには，知的，行動特性が最も重要であることを認識し，これを「雇用され得る能力（employability）」と称する，2）生徒にも社会にも最大の利益をもたらす教育への投資を増加させる戦略を提言する，3）教師の専門職性と教育上のマネジメントのクオリティを向上させるプログラムを開発する，4）ビジネスと学校がどのように効果的なパートナー関係を構築するのか，そのプログラムを開発する（CED, 1985, p. xiii）．

第2章 「リスクのある生徒」の抱える問題への取り組みと「効果のある学校」研究　89

　この戦略は，『危機に立つ国家』に見られた人的資本論的な考え方，すなわち，教育水準が上がると職務遂行能力が高まり，生産性も上昇して，経済成長に貢献する，また個人にとっても生産性が向上すれば個人所得も増加し幸せを得られる（神野，2007，41頁）という考え方の典型であると考えられる．このような考え方の中で，「リスクのある生徒」に対していかなる見方をしていたのか，明確に示された次の説明を見ておこう．

> すべての生徒の基準を上げる努力とともに，受け入れられないほど高い比率のアメリカの学校の中退率を減少させるべく，低い成績の生徒の成績を上げるためにより一層の努力を強く求めるものである．すべての生徒のためのより高い基準には，最も困難な成績のマイノリティを適切なレベルの学業成績にするための努力が伴わなければならない（CED, 1985, p. 24）．

　誰が，なぜ高い中退率を「受け入れられない」のだろうか．CEDを構成する経済人にとって，教育の失敗は社会的なコストになる（CED, 1985, p. vii）と考えられているからである．ここには，「リスクのある生徒」に向き合って，一人ひとりに寄り添うという姿勢はなく，また『結果を出す時』が述べているような，成績を上げることが「許されざる障壁を課されることになる」という認識も見えず，ひたすら強く学業成績のアップをするための努力を求めている．

　以上のようなCED（1985）に対して，1987年のレポートは，『困っている子どもたち（*Children in need*）』と題しており，その目的声明では次のような考え方を示している．

> われわれは改革の第3の波[10]に乗り出そうと呼びかけるものである．そこでは不利な状態のある子どもたちの人生において，早期から持続可能な介入を行うことを最優先課題とするのである（CED, 1987, p. 3）．

　不利な状態にあり，「困っている子どもたち」の定義は，次のように例示されている．将来に起こりうる問題をふくめ，これまでにはなかった広い定義を採用していることが注目される．

・貧弱な早期教育しか受けておらず，公式の教育を受けるには未発達な子ども．
・子どもの教育に関心がない親を持つ子ども．
・親になる準備ができていない10代で，親となった子ども．
・未診断ではあるが[11]，学習障害，感情的問題，身体的ハンディキャップがあるかも

しれない子ども.

・言語に問題があるか，外国語を使用する家庭の子ども.

・人種，部族に対する偏見の経験がある子ども.

・低クオリティの学校にしか行けない子ども.（CED, 1987, p. 8）

これらは『結果を出す時』が「リスクのある生徒」として例示したものとほぼ同じ内容であるが，異なっているのは就学前の子どもを含めていることで，「困っている子ども」として「未診断ではあるが，学習障害，感情的問題，身体的ハンディキャップがあるかもしれない子ども」が例示されている．早期にリスクのある生徒を見出し，適切に支援することによって，リスクは回避できる可能性があることを示唆していると考えられる．さらに，不利な状態にある子どもたちが彼らの教育上の見通しを改善するのを支援するためにデザインされたプログラムや政策は，学校，家庭，そしてコミュニティの文脈の中ですべての子どもたちのニーズに応じて仕立てられねばならない（CED, 1987, p. 11），と述べている．

以上の CED（1987）の考え方は，不利な状態にある子どもたちを中心とするものであり，これまでの第1，第2の波の諸レポートから大きく転換をした考え方である．本書でいう「大きなうねり」が一段と大きくなったものとして考えている．

（4）『危機の世代』における「リスクのある生徒」への支援提言

1988年，カーネギー教育財団（Carnegie Foundation for the Advancement of Teaching）は，『危機の世代（*An Imperiled Generation*）』を発表した．これは同財団の主任研究員であるジーン・マエロフ（Maeroff, G.）を中心とするチームがニューヨークなど全国7都市において，都市内の学校を訪問調査したレポートであり，同財団の取締役会で内容を承認されたものであるので，同財団の考え方を代表しているものと考えてよい．『結果を出す時』が，成績を上げることが「生徒によっては高い基準が許されざる障壁を課されることになる」と述べていたことは前述の通りであるが，『危機の世代』でも次のような認識が示されている．

教育における卓越性は，最終的には最も不利な立場にある生徒たちの学習に何が起き

第2章 「リスクのある生徒」の抱える問題への取り組みと「効果のある学校」研究　91

ているのかによって判断されねばならない．これまでのところ，改革運動は最も深い
問題を抱えた学校を通り過ぎてきた（『危機の世代』，p. xii）．

　すべての生徒への教育の質向上を目標とする教育改革が，多くの生徒にとっ
ては，特に黒人やヒスパニックにとっては無関係のものとなっている．すべて
の大都市で中退率が高くなり，モラルが低下し，設備は極度に悪く，スクール
リーダーたちは規則の網の目のなかで何もできないでいる．要するに，改革の
目標と現実とは驚くほどの差があるということである．『危機の世代』は「こ
れほど多くの子どもたちが学校で貧困なサービスしか受けていないことは，世
界で有数の大国であるわが国にとって恥ずべきことである」（『危機の世代』，p.
xii）と述べて，実態を以下のように例示している（『危機の世代』，pp. xiii-xvi）．

＊クリーブランドのある高校は，かつてのオフィスビル街にあるが，そのビル群は壊
　　されて更地となり，残された学校はまるで忘れられた軍隊の前線基地の様相である．
　　広々としたグラウンドはガラスが散らばって使用できない．校内に入れば，トイレ
　　には電球がなく，ドアがなく，トイレットペーパーもない．生徒には周りの環境と
　　同じように希望が見えない．
＊シカゴの高校では，10年生になる生徒のうち10％しか読みがよくできない．75％
　　の生徒の読みの平均点が全国平均以下である．
＊ニューオリンズの高校の読みの力は全国平均の80％である．
＊ヒューストンの小学校では50％が学力不足で留年する．
＊ロサンゼルスのある高校では1918人の生徒のうち，229人が読みの学年基準に達し
　　ていない．
＊ボストンの調査では，12学年に達するまでに44％が中退し，12年に上がった生徒
　　の30％が標準テストに達していない．彼らは卒業できるかもしれないが，機能的
　　非識字といわざるを得ない．
＊ニューヨークでは，大学受験を目指す高いレベルの学校でも，欠席率は25％，4つ
　　の高校では，欠席率が30％を超えていた．

　このような状況から『危機の世代』が出した結論は，「アメリカでは都市の
学校が緊急の危機に直面している．大胆で積極的な行動を取らねば，市民とし
て準備ができておらず，経済的にも力不足な巨大な人口のセグメントを放置し
ておくことになる」（『危機の世代』，p. xvi），との指摘である．そこで以下の4
点が，学校として取り組むべき，また取り組み可能な優先事項として提言がな

されている.

第1優先事項：すべての生徒の成功を確かなものにすることである.
第2優先事項：都市の学校のために，効果的な統治上の取り決めを構築せねばならない．教育目標と，なによりも生徒のニーズに沿うように，また創造的な対応をするためにすべての学校に自由と弾力性が必要である.
第3優先事項：すべての学校に次のような総合的な改善プログラムが必要となる．すべての子どもの読解力を優先した入学前教育，すべての都市の学校を小さなサイズの学校内学校にする，社会的・市民的責務に応える能力をつけるための目標とカリキュラム，弾力的な学業計画の策定，良い設備，である.
第4優先事項：学校を取り巻くコミュニティによる支援体制の構築が不可欠である.

　このうち第2優先事項の統治上の問題や，第3優先事項に含まれる学校の小さなサイズの問題は，スクールリーダーだけでは解決できるものではない．しかし，他の項目は，スクールリーダーシップの発揮で取り組み可能となると考えられる．特に，「すべての生徒の成功を確かなものにする」という目標が第1優先事項とされていることに注目したい．この考え方は，後年，「基準」のすべての基準で，教育上のリーダーに求めた「すべての生徒の成功を促進する」という考え方と軌を一にするものである.

5.「リスクのある生徒」への実践的取り組み

　以上，「リスクのある生徒」の抱える問題にいかに取り組んでいくかを提言した文書を見てきたが，実践的な取り組みは，CCSSO のような行政に関わる団体や，研究者・研究者団体によって 1980 年代後半を中心に行われ始めた．その詳細については，第3章のリストラクチャリングで考察する.

第2節　「効果のある学校」研究の展開

　「効果のある学校（effective school）」とは，人種・階層的背景による学力格差を克服しうる力を持つ学校をさすが，その研究は，「学校効果（school effects）」研究，「効果のある学校（effective school）」研究，および「学校改善（school improvement）」研究の3つに分類することができる（Reynolds et al., 2000a）．3つの研究の総体が「効果のある学校」研究（school effectiveness research）（以下，SERと称す）と呼ばれており，本節ではその研究の展開を考察する．

議論を進める前に，ここで「効果のある学校」研究に言及する意味を確認しておきたい．

本節の目的は，第1や第2の波よりも波長が長い（時間幅がある）「うねり」ともいえるような，容易には解決できない大きな問題である「リスクのある生徒」が抱える問題に向き合いながら，より広い階層の子どもたちの学力の向上に係る問題にも長いスパンで取り組んできた研究活動を考察することである．すなわち，「効果のある学校」研究を取り上げて，第1，第2の波にどのような影響を及ぼしてきたか，また今後の教育改革でどのような影響を与えることになるのか，その展開を考察し続ける必要があると考え，その出発点としての状況を把握しようとするものである．

これまでにも，「効果のある学校」研究が『結果を出す時』に与えた影響をみてきたが，その後も教育改革に大きな影響を与え続けることになり，その結果，「基準」が読者にあてた声明で「基準とその諸指標は，効果的な学校のリーダーの重要性と責務の両面の大きさを反映するものである」（「基準」，p. 3）と述べているように，「効果のある学校」研究が「基準」に大きな影響を与えていくことになる．

1.「効果のある学校」研究の発展段階

図2-1はアメリカにおけるSERの段階的展開を示したものである．デイビット・レイノルズら（Reynolds et al., 2000a）がSERを下記の4段階に時代区分したものである．

第1段階　インプット―アウトプットパラダイム

図2-1の1Aタイプが第1段階の研究である．1960年代中期から1970年代前期にかけての研究で，学校の資源要因（例えば生徒一人当たりの経費，学校の設備，図書館の図書数）と生徒の社会経済状況（socio-economic status）（以下，SESと称す）を投入要因（input）とし，生徒の標準化されたテストの成

段階	モデル
段階1：（1960年代中期→1970年代前期） 投入－効果 経済的研究 *Type 1A Studies (Input-Output)	
段階2：（1970年代） プロセス変数の追加 効果と産物に焦点化 *Type 2A Studies (Process-Product) *Type 1A-1B Studies (Input-Process-Output)	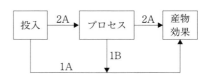
段階3：（1970年代後期→1980年代中期） 学校改善研究の導入 *Type 3A Studies	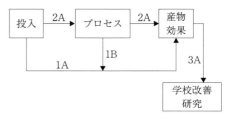
段階4：（1980年代後半→2000年） 文脈変数の追加 *Type 1C-1A-1B Studies (Context-Input-Process-Output) *Type 2B-2A Studies (Context-Input-Process-Product) *Type 2B-2A-3A Studies (Context-Input-Process-Product-Input)	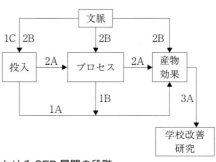

図2-1 アメリカにおけるSER展開の段階

出典：Reynolds et al.（2000a）p. 5.

第2章 「リスクのある生徒」の抱える問題への取り組みと「効果のある学校」研究　95

績を効果として経済学的に研究するものである。

　前節で述べた「教育機会均等調査（Equality of Educational Opportunity Study）」に基づくコールマン・レポートでは，資源要因による効果は5-9%に過ぎず，このことから学校の要素よりも家庭環境や，家庭における教育への関心が，学力と深く関わっていると結論付けていた（Coleman et al., 1966, p. 325）。

　1972年当時，ハーバード大学の教官であったクリストファー・ジェンクス（Jencks, C.）は同僚たちとコールマンらが「教育機会均等調査」のために集めた資料の再分析を行った（ジェンクスら，1978）。その結果は，不平等な社会における学校とは，不平等を再生産する装置に過ぎないと指摘し，次のように述べている。

> 教育の機会を均等化することは黒人・白人・貧者・富者，および一般の人々を平等化するための重要な一歩になるであろうという考え方がある。われわれは調査の結果，その考え方は誤っていると確信するにいたった。（中略）経済的成功はテストの得点とはそれほど大きな関係がないこと，また，経済的成功とテストの点数との関係はその大部分が，標準テストは学校を修了するのに有益な技能を測定するけれども，学校を卒業した後でよい結果を生む技能を測定しない事実に由来していることである（ジェンクスら，1978，81頁）。
>
> 階層移動としての学校の機能は，まったく無効とはいえないまでも，極めて偏った，限られたものになってしまう。すなわち，学校教育は恵まれた階層の子弟のために一層の階層上昇を保証し，恵まれない階層の子弟にはこれを辛うじてもとの階層に留めるか，（上位階層との比較においてみれば）逆に階層下降をもたらすものになる（ジェンクスら，1978，380頁）。

　コールマンやジェンクスの研究に対しては，次のような欠点が指摘された。その欠点とは学校の社会的・心理学的環境や，資源要因以外の学校に関わる要素と教室に関わる要素とが検討に加えられていないことであり，これらの要因を排除することによって学校効果の影響が低く評価されることにつながっているのではないかというものであった（Reynolds et al., 2000a, p. 6）。

第2段階　プロセス変数の導入と追加のアウトカム

　第2段階は，1970年代で，いわゆる「効果のある学校」研究が始まった時期である。図2-1では，2Aタイプが第2段階の研究である。第1段階で批判

された点に関して，2つの研究方法上の改良が行われた．第1点は，学校で実際に行われるプロセス，すなわち強いリーダーシップ，高い期待，良い環境，子どもの成長への注意深い観察，教室でのプロセス（教師の能力，性格等）などのプロセス要因を加えたこと，第2点は，学業成績（output）に加えて，産物（product）として生徒の態度や行動の変化を計測したことである．第2段階の代表的な研究として，ジョージ・ウエーバー（Weber, G.）の研究（Weber, 1971）が挙げられる（Edmonds, 1979; Reynolds et al., 2000a）．ウエーバーは，都市内の貧困地区の4つの小学校で，明らかに成功しているとみられる学校の特徴を調査した．これらの学校の成功によって，コールマンやジェンクスによって打ち立てられた見方，すなわち学校はほとんどあるいはまったく学業上の違いを生み出さないという見方を払いのけることができたと考えられる．やや長くなるがウエーバー論文の結論部分のうち，特に重要と考えられる部分を引用しておきたい．

> 都市内のほとんどすべての学校で，低学年の読み（reading）の成績は，相対的にも絶対的にも低いが，本プロジェクトは，例外的な4校を確認した．彼らの成功から判明したことは，都市内の学校での典型的な読みの初期学習の失敗は，子どもや彼らの家庭背景のせいではなく，学校のせいである，ということである．いかなる学校の成功も一夜にして達成されることはなく，通常3〜9年が必要である．4校の成功を説明すると考えられる要因は，学校の強いリーダーシップ，高い期待，良い環境，読みの強調，読みのための人材追加，フォニックス学習法（phonics)[12]の使用，生徒によって個別化した指導，生徒の進歩に対する注意深い評価である．一方で，学校改善の重要な要素であるとされてきた以下の要素は，4校の成功に不可欠なものではなかった．すなわち，少数学級，成績別のグループ分け，高クオリティの授業，生徒と同じ民族の教職員，幼児教育，物理的な立派な施設，である（Weber, 1971, p. 30）.

この結論に対して，ロナルド・エドモンズ（Edmonds, R.）は，上記要素のうち，人材追加，フォニックス学習法，生徒によって個別化した指導については，後続の研究で妥当性が認められていないが，他の要素については同意できるとし，ウエーバーの研究コンセプトもデザインも正しいものであるとの評価をしている（Edmonds, 1979, p. 16）.

第3段階　公平の強調と学校改善研究の登場

第3段階は，1970年代後半から1980年代中盤までの時期である．図2-1では，3Aタイプが第3段階の研究である．第2段階で行われた研究方法がベースとなっているが，この時期の研究の特徴は，公平性（equity）意識が研究の誘因になっていることである．Edmonds（1977; 1979; 1980; 1981; 1982; 1986）が，都心の貧困地域の学校研究を通じて，学校の違いが学業成績の要素になることを明らかにした．エドモンズは，公平とは「われわれの社会秩序を特徴づけている，基本財と基本的サービスの分配において公正（fairness）であるという単純な感覚（sense）である」（Edmonds, 1979, p. 15）と述べたうえで，「効果的な学校」とは「貧困な子どもたちにも，中流階級の子どもたちにとっては最低限度のレベルと考えられるような基礎的な技術を習得させる学校」と定義した（Edmonds, 1979, p. 16）．公平は，分配上の公正さを意味する概念として定義されているのである．

このような「効果的な学校」の定義の下で，エドモンズの調査[13]が行われ，「効果のある学校」の要素として，次の5点が見出された．

① 　強力な校長のリーダーシップ（strong administrative leadership）なしには良い学校教育（good schooling）を作ることも維持することも絶望的であること，
② 　子どもの学業に対して，いかなる子どもも最低限に必要な学力水準以下にはさせないという期待感があること，
③ 　学校の雰囲気は，厳格すぎることなく，押し付けがましくもない，学習活動を促す秩序あるものであること，
④ 　学校活動を他の活動よりも優先して，基本的な技術の獲得を強調すること，
⑤ 　生徒の進歩を絶えず注視すること（Edmonds, 1979, p. 22）．

エドモンズやその同僚は，研究だけを目的とするのではなく，特に都心の貧民を救うために，効果的な学校を創造したいと望んだといわれており，純粋に「good science」をめざす研究者と，エドモンズのようなリベラルな改革派とは研究方法をめぐって対立を引き起こしたと指摘されている．両者の対立は，調査対象となる学校現場に混乱を引き起こすことになった（Reynolds et al., 2000a, p. 10）．現実には，エドモンズは図2-1の第3段階の3Aにみられるように，学校改善（improvement）研究（後述）に向かうことになる．なおエドモ

ンズは，1978年から81年までニューヨーク市の校長指導責任者をしていたが，1983年にミシガン州立大学の教授として赴任し，その後死去している．

　レイノルズによれば，この時期のSERは総じて学校が存在する社会的環境（context）を無視していると批判されている．また公平性（equity）を重視した結果，学校のサンプリングは低社会階層から行われる傾向があった．低社会階層だけでなく，広く各階層からサンプリングを行うべきであるとの批判があったとされる（Reynolds et al., 2000a, p. 11）．

第4段階　文脈要素の導入と研究理念の変容

　第4段階は，1980年代後半から現在（2000年）までの時期である．この段階の研究では，第3段階の欠陥を補正するために環境の要素が加えられた．図2-1の2Bタイプが第4段階の研究である．具体的には，例えば，低社会階層から中社会階層など各階層に研究対象を拡大し，また都心だけでなく郊外型に関する諸要素というような多面的な要素が加えられるなど複雑で高度な研究が行われることとなった．

　レイノルズらによれば，研究対象の拡大に伴って第3段階で強調された公平理念（equity ideal）から，第4段階では効率性理念（efficiency ideal）への価値変化があったとされる．またその新しい価値の基底にはインクルーシブの理念があるという．というのは，その研究はあらゆるタイプの生徒のあらゆるタイプの文脈に奉仕する学校の研究を含むものであり，あらゆる文脈を超えて学校改善を強調するからであるとされる（Reynolds et al., 2000a, p. 11）．なぜあらゆる文脈を超えて学校改善を強調することが公平ではなく効率なのか，レイノルズらは次のように説明している．研究者が，都会の貧困者のために効果的な学校を作ることにもっぱらの関心を払う時，彼らの価値志向は公平性である，すなわち経済的に不利な状態にある生徒のためにいかにすればより良い学校を作れるのかという研究になるからである．しかし，研究者が多数のあらゆるすべて（any and all）の生徒[14]のために，どうすればより良い学校を作れるのかに関心があれば，その価値志向はインクルーシブでかつ財政的な観点から効率的にならざるをえないということになるからである（Reynolds et al., 2000a, p. 11）．

　「効果のある学校」研究は，これまでの研究の経緯が示すように，もともと

第 2 章　「リスクのある生徒」の抱える問題への取り組みと「効果のある学校」研究　99

平等や公平性を追求する運動であったし，学校改善研究も同じ目的を持って進められた経緯がある．本書では「効果のある学校」研究を，教育に平等，公平性，社会正義（social justice）を達成しようとする教育改革の流れとして把握しようとしている[15]．

　この流れに対して，第 4 段階では公平理念（equity ideal）から，効率性理念（efficiency ideal）への価値変化があったと指摘されている点については，指摘の通り「効果のある学校」研究の理念が修正される流れになっていたのではないかと考えられる．詳細は本節第 3 項の「学校改善に関する研究」で述べることとなるが，1986 年から ESEA による教育的に剥奪された子どもたちの支援を行うための資金が，学校改善の実施のために，つまり効果的に教育目標を達成するために使用することが認められたことと符合しており，当然に効率性が求められることになっていたと考えられるからである．

2.「効果のある学校」を生み出す要因の研究

　第 4 段階に属する研究であるが，ハリンガー（Hallinger, P.）とマーフィー（Murphy, J.）は，論文「効果のある学校の社会的文脈（*The Social Context of Effective School*）」で，これまで「効果のある学校」研究で批判されてきた社会的文脈要素の欠如の改善を意識した研究（Hallinger & Murphy, 1986, pp. 328-355）を行っている．それはレイノルズらに「新しく，方法論的により高度化して，初めて文脈を導入した SER の時代の始まりを告げる」（Reynolds et al., 2000a, p. 11）と評価された研究で，図 2-2 にみるように「学校の効果（school effectiveness）」を生み出す要因として 14 の因子を発見している（Hallinger & Murphy, 1986, p. 330）．

　サンプルには，カリフォルニア州の公式テストプログラム California Assessment Program（CAP）を使用し，1978 年から 1981 年までの 3 年間にわたり，カリフォルニア全州で 3100 校以上を調査の対象とし，それらの学校の 3 学年と 6 学年を調査した結果から抽出したものである．読みと数学の平均値が期待値帯（expectancy band）を超える学校を「効果のある学校」として抽出し，抽出された学校と同じ社会経済階級，人種，主言語を特徴とする学校で期待値帯を超えない学校とを比較して特徴を抽出した．結果として，低経済階

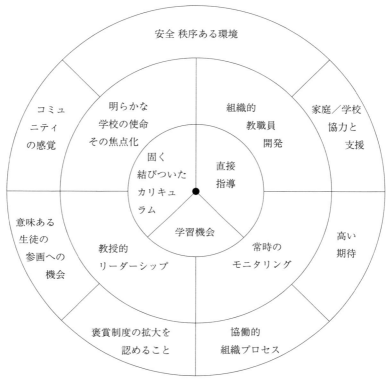

図 2-2 学校効果の枠組み

出典：Hallinger & Murphy (1986), p. 330.

層から2校，中低層から2校，中層から2校，中上位層から2校の合計8校が「効果的な学校」として抽出された．これら8校の分析結果が以下の通りで，「効果のある学校」の持つ特徴のうち，特に顕著な14因子を発見したものである．

　図2-2は，14の因子が複雑に関係しあっていることを示している．例えば，「学習機会」は「教授的リーダーシップ」と「常時のモニタリング」に因果関係が深く，それら2つの因子を通じて，「高い期待」，「協働的組織プロセス」，「褒賞制度の拡大を認めること」，「意味ある生徒の参画への機会」と関連している．14因子のなかでも下記7項目は，「効果的な学校」への影響が大きいものとされる（Hallinger & Murphy, 1986, p. 330）．

① 明らかな学校の使命（Clear School Mission）

効果のある学校では，学校の使命，学校目標を明確にし，学校の教職員はそれらを共有し，それらの達成のための活動を推進している．学校使命と目標の共有によって教職員が，官僚組織のもとで感じていた孤独な存在ではなく，その組織の一員であるという価値観を持つことができる（Hallinger & Murphy, 1986, p. 331）．

② 固く結びついたカリキュラム（Tightly coupled curriculum）

効果的な学校は，十分に調整されたカリキュラムを持っている．校長はカリキュラムをめぐって教師間で相互活動をすることを強く薦めるとともに，教室間および学年間のカリキュラムの調整の役目を行っている（Hallinger & Murphy, 1986, pp. 331-332）．

③ 学習機会（Opportunity to learn）

学習機会とは，学ぶ時間，内容，成功機会の3要素をいう．学業成績が上がるように授業時間が確保され，生徒たちは，平均よりも多くの学業内容を学び，平均よりも高い学業目標達成を経験している（Hallinger & Murphy, 1986, p. 332）．

④ 教授的リーダーシップ（Instructional leadership）

「効果的な学校」には次の4点で示される強力な教授的リーダーシップが存在する．ただしその逆が成り立つかどうかは定かでない，という研究結果が出ている．1) 教授上のリーダーは全校的な教育プログラムを調整し，クラス間での方針と実践との統一性を推進する．2) 校長は，生徒の学習に対する高い期待感を反映させるような全校的な規範を促進することによって教授上の効果を促進する．校長が生徒の学習に関する責任を引き受け，教師に評価の信任を与える．3) 都心にある効果のある小学校の校長は強力な業務志向性を維持している．彼らの主たる関心事は，人間関係に関わるマネジメントや活動ではなく，カリキュラムや授業法の開発である．4) 教授上のリーダーたちは明確な学校の使命を開発し，システム的に生徒の進歩をモニターし，積極的にカリキュラムの調整を行い，授業時間を確保するべくその妨げになる要素を排除し，教師と生徒の高い基準を維持するなどの行為を展開する（Hallinger & Murphy, 1986, pp. 332-333）．

ここで注目しておかねばならないのは,「教授上のリーダーたち」と「校長」を明確に区分していることである.上記のように,「教授上のリーダー」には「明確な学校の使命を開発し,システム的に生徒の進歩をモニターし,積極的にカリキュラムの調整を行い,授業時間を確保し,教師と生徒のための高い基準を維持する」機能があることが示唆されているが,「教授上のリーダー」は校長とは限らず,教師のリーダーたちによっても行われていたと推測される.ハリンガーとマーフィーは,教授的リーダーシップは校長の独占的な責務ではなく,校長はむしろ全校的な授業活動の改善において鍵となるアクターである (Hallinger & Murphy, 1983, p. 3) としている.

⑤　家庭と学校の協力と支援 (Home-school cooperation and support)

　　家庭と学校の関係が生徒の学業に及ぼす影響については,学者によって見解がまちまちである.しかし低い階層地域にある学校で効果のある学校では,全体としては親の関与度は低いが,少数の親が頻度高く学校に接触してくることが知られた (Hallinger & Murphy, 1986, p. 333).

⑥　褒賞制度の拡大を認めること (Widespread Student Rewards)

　　都心の貧困地域の学校においては,学業成績や態度の改善に対して褒賞を与えたり,改善を認識できるシステムの存在によって,学びを前向きに捉える気持ちが高まることがわかった.大規模な褒賞制度が良好な学校エトスを作りだす場合がある (Hallinger & Murphy, 1986, p. 333).

⑦　高い期待 (High Expectation)

　　効果のある学校の教職員は効果の上がらない学校の教職員よりも,生徒に対して高い期待を示すことがわかった.高い期待は,通常管理職や教員から,各種の書面や授業を通じて生徒に伝えられる (Hallinger & Murphy, 1986, pp. 333-334).

　以上のように,効果を生み出す要素として,教授的リーダーシップはその一部に過ぎず,他の多くの要因が存在することが示された.

　なお,この研究は「効果のある学校」を生み出す要因を抽出する研究であるため,校長のリーダーシップが重要な役割を果たしていることまでは推定できるが,次の点が明らかでない.1) 教授的リーダーシップを実行するリーダーは誰なのか.また校長と教師との関係が明確でない.2)『備えある国家』が主

張する教師によるリーダーシップが，実際にはすでに行われていたと考えてよいのか．これらの点については同じ2人の研究者ハリンガーとマーフィーによって校長の教授的マネジメント行動を評価する研究が行われている（Hallinger & Murphy, 1985）．

　1980年代初頭の研究では，校長が教授的リーダーシップを発揮することによって，学校の生産性に目に見えた効果をもたらすことが明らかにされていた（Hallinger & Murphy, 1983, p. 89）．しかし，それらの研究では校長がカリキュラムや授業に関して何を行うのかが説明されていない．これに回答を出したのがハリンガーとマーフィーである．露口健司によれば，彼らは校長の教授的リーダーシップ行動を測定する道具（露口，2008，22頁）として，3つの次元，11の行動群[16]，合計71項目の行動細目から構成される PIMRS（Principal Instructional Management Rating Scale）を開発した．この研究の重要性は，モデルの開発を行ったことに加えて，校長の教授的リーダーシップにおける職務を明確にしたことである．ハリンガーとマーフィーは授業上で効果を示す校長は，目標・技術・成果に関して教師と強硬な結び付きを維持していると述べており，学校目標の設定や，教師の評価，カリキュラムの調整という職務は校長が確保し，その一方でカリキュラムの作成など，狭い意味の授業に関わる専門性の高い職務は教師に任せて調整機能を果たす（Hallinger & Murphy, 1985, pp. 227-232）という方策を取っていると考えられた．これは本質的には，ヒエラルキカルな管理手法ではなく，リーダーシップの共有を構想していると考えられる．先に挙げた教授的リーダーシップのリーダーは誰なのかという疑問そのものが，階層的な関係を想定するものであったが，実態的には校長と教師の間には階層的な関係はなく，フラットでリーダーシップを共有する関係にあることを示している．また，『備えある国家』が主張する，教師によるリーダーシップが実際にはすでに行われていたと考えてよいのかという疑問に対して，ハリンガーとマーフィーは，校長は生徒との関係で，間接的な教授的リーダーシップを行い，直接的な教授的リーダーシップは教師によって行われ，リーダーシップの分担が行われていたと述べている（Hallinger & Murphy, 1986, p. 332）．

3. 学校改善に関する研究

学校改善（school improvement）に関する研究は，図2-1の3Aに該当する研究である．1983年からOECDが主催する学校改善に関する国際共同研究（International School Improvement Project）に日本を代表する委員として参加した中留武昭によれば，アメリカでは学校改善という用語は多様なイメージを持って語られているが，一般的な教育改革（education reform）とか学校改革（school reform）などの意味を超えて，「個々の各学校」に焦点を当てた改善だという認識が1960年代からより鮮明になってきているとされる．また学校改善研究は，学校改善への自覚と研究の深化によって「効果のある学校（effective school）」研究と不可分の関係になった．すなわち学校が効果における違いを作るのであるが，その「過程」と「効果」を改善していくことを狙いにした研究が学校改善であると一般的には考えることができるとされる（中留，1991，126頁）．学校改善に関する国際共同研究による学校改善の定義は次のようにされている．

> 教育目標を効果的に達成するという究極の目標をもって，教育条件やその他の付帯的条件の変革をめざした系統的で持続可能性のある努力の体系である．（Reynold et al., 2000b, p. 210 が van Velzen et al., 1985 を引用したもの）

アメリカにおける学校改善は，学校改善に関する国際共同研究と同じ考え方で展開されているが，若干の違いがあり，それは，教育改革の波の中で，政策的に実践を指向する傾向が強いことである（中留，1991，129頁）．またアメリカにおける学校改善については，スチュアート・パーキー（Purkey, S.）とマーシャル・スミス（Smith, M.）が次のように説明している．すなわち，「効果のある学校」研究から得られたデータをもとに，効果の上がらない学校に対して学校改善施策を施して，その効果を検証する研究が1970年代後半から始まっている．例えば，教育長―校長―教師のヒエラルキカルではあるが緩やかに結合された組織を，固くむすばれたヒエラルキカルな組織構造（tightly structured hierarchical）に改造してその効果をみるもの，校長の職責を有力な教師に分配してみるもの，共同的な意思決定組織にしてみるもの，組織文化を変更してみるものなど，多数の，しかしほとんどは小規模の研究が行われた．これらの研究の実施には多くの困難が伴ったとされる．特に教師の抵抗，教員組合

第 2 章　「リスクのある生徒」の抱える問題への取り組みと「効果のある学校」研究　105

との協定に違反するとの抗議，教師が改善運動についていく自信がないとする抵抗，などである（Purkey & Smith, 1983, pp. 427-440）.

　これらの学校改善運動は，主として州や学区における実践として積み重ねられてきたが，連邦政府も積極的に不利な状態にある子どものために学校改善運動に取り組もうとした．1985 年に新任の連邦教育省長官となったウィリアム・ベネット（Bennett, W.）自身も，最貧の地区にありながら中退率が低く，学業成績も高い全国の 70 校を訪問して行った調査の結果を，連邦教育省を通じて報告書として 1988 年に発表している．そのタイトルは，「効き目のある学校：不利な状態にある子どもたちを教育する（*School That Work: Educating Disadvantaged Children*）」（U. S. Department of Education, 1988）である．調査の結果が合計 16 の推薦事項[17]としてまとめられている（U. S. Department of Education, 1988, p. ix）．その内容は，例えば「すべての生徒は学業目標を達成することができるというビジョン」を持つなど，基本的に「効果のある学校」研究から抽出された諸要素を含んでいるが，さらに，「個人別の授業戦略を立てる」や，「不利な状態にある子どもたちに成功のチャンスを増やす取り組みを幼年期から行う」など，不利な状態にある生徒に焦点化した推薦事項も提案されている．

　この報告書は，推薦事項を実践するための資金をどうするのか，教師や校長の養成をどうするのかなど，実施にいたるには課題が多いが，教育省長官が自ら調査し，不利な状態にある生徒たちに注意を払うようになった結果，下記のように連邦政策に影響を与えることになったと考えられる．

　「効果のある学校」研究成果を踏まえて，小規模の学校改善運動の実践が，主として州および学区の財政資金で行われてきたが，1986 年から連邦政府の Chapter I[18]資金を学校改善の実施のために使用することが認められ「Effective school program」と呼ばれる研究運動が始まっている．Chapter I 資金は，不利な状態にある子どもたちに使われるべき資金であるので，不利な状態にある子どもたちの救済を「効果のある学校」研究の成果をもって実践しようとする学校改善運動と結び付いたのである．多くの州が積極的にこれを州主導のプロジェクトとして取り上げるようになった．ウィリアム・ファイアーストーン（Firestone, W. A.）によれば，連邦政府が 1988 年に，Chapter I 資金の学校改

善運動への使用制限を緩める法律改正を行った[19]ことで，学校改善運動はさらに拡大することになった．使用制限の緩和は，Chapter I 資金を，困難な状態にある生徒向けだけに限らず，そのような生徒が 75% を占める学校では Chapter I 資金を一般財源として使用することが認められ，その一部で学校改善運動を行うことが奨励されたのである（Firestone, 1991, p. 17）．その結果学校改善運動は急拡大した．国家会計局（The General Accounting Office）の 1987-88 年の調査によれば，全国 6500 学区の 41% で実施され，幼・小・中学校の約 3 万 8000 校が運動に参加していたと報告されている（General Accounting Office, 1989, p. 2）.

ファイアーストーンによれば，運動は学校改善を実践する目的と並行し，その 92% が教授的リーダーシップに関する研究，89% が子どもの学業のモニター，76% が学校の安全管理の推進に関する研究を伴っていた．この結果，教授的リーダーシップに関する研究が飛躍的に進展した（Firestone, 1991, pp. 15-17）.

ただ，Chapter I 資金の流用ともいえる行政手法は 2 つの大きな影響を以後の教育運営に及ぼすことになった．第 1 は，その本来の目的であった「教育的に剥奪された子どもたちが集中する地域の地方教育当局に対して財政援助をする」という ESEA の目的から離れることにつながる可能性への懸念である．第 2 は，ジャック・ジェニングス（Jnenings, J.）によれば，「1990 年代初めに連邦議会の連邦支持者が，スタンダードとテストによるアプローチを承認していく土台を築くものであり」（ジェニングス，2018，50 頁)，「1965 年の最初の ESEA の目的からの重要な変更を象徴するものであった」（ジェニングス，2018，52 頁).

4. 「効果のある学校」研究の影響と効果

(1) 「効果のある学校」研究が政治に及ぼした影響

1986 年全国知事会（NGA）は『結果を出す時』を公表して，教育改革の第 2 の波の先導を切ったが，その『結果を出す時』のテーマの 1 つに「リーダーシップとマネジメント」がある．そのテーマの検討委員長であった当時アーカンソー州知事であったビル・クリントン（Clinton, B.）は，*Phi Delta Kappan*

に掲載した論文で，校長に求められる資質として次の4点を示しており，「効果のある学校」研究から得た知見を反映するものとなっている．①これまで州指導で学校教育により高い基準を設定してきたが，次の段階では高い基準を達成するために強力なリーダーシップが不可欠である．②「効果のある学校」研究から，効果のある学校には，強力なリーダー，意思決定の分担，明確な目標，効果的な授業法，学習のための十分な時間，などの要素があることがわかっている．③強力なリーダーを育成するために，効果的な校長が必要とするスキルと知識の標準を州ごとに見直し，さらに効果的な校長に必要な養成・育成のプログラムを作る必要がある．④効果的に校長を評価するシステムを構築せねばならない（Clinton, 1986a, p. 208）．

　『結果を出す時』には上述のクリントン論文と同様に，effective school, effectiveness, better school など「効果のある学校」の研究から学んだと考えられる表現が頻出する．その理由を，今村令子は次のように分析している．「既に実施されてきた改革路線をそのまま継続しても真の改革は達成されないのではないかという，疑念の高まりがある．真の改革とは，定義は多様だが『有効な学校』の実現と表現されている」（今村，1987a，164頁）．すなわち，『結果を出す時』はその目標とする具体的な学校像を「効果のある学校」研究の成果に求めていると指摘しているのである．クリントンらが求める校長像も effective school 研究に示された「強力なリーダーシップ」を持った校長であるといえよう．ただし，「強力なリーダーシップ」とは，ヒエラルキー的なものが想定されていたのではなく，「教師と校長が協働して，効果的な学校を構築する」（『結果を出す時』，p. 51）と指摘されるように，教師と校長はフラットな関係で，リーダーシップを共有する関係が構想されていたといえる．またリーダーシップの目的は，「高い基準を達成するため」とされており，生徒たちのためではなかったことを確認しておかねばならない．

(2) 「効果のある学校」研究のこれまでの評価と今後の課題

　「効果のある学校」研究に対する政治家の評価は，『結果を出す時』の次の表現に見ることができる．それは，「すべての生徒のニーズに応える新しい教育システムが求められている．（中略）授業条件は学校がリストラクチャされ，

意思決定が関係者間でシェアーされるようになるまでは変わらないだろう．教師と校長とは協働して効果的な学校を構築していくことになるだろう」（『結果を出す時』，p. 51）．すなわち，「効果のある学校」研究は，1）子どもたちのニーズに応える必要性を明らかにしたこと，2）リストラクチャリング運動へと展開されることが必要であると指摘しているのである．

研究者からの評価を，「基準」の執筆責任者であるマーフィーによる SER に関する評価から見ておこう．彼は SER の歴史的な意義を以下の4つの観点で示している（Murphy, 1992a, pp. 166-169）．これらの観点はいずれも，「基準」の重要な要素になっていく．

第1に，SER が「すべての生徒は学習可能だ（All students can learn）」という発見をもたらしたことである．学校には歴史的に正規分布（曲線）にしたがって，生徒を組織化し，頭を使って働く子どもと，手足で働く子どもに分類する機能を果たしているという，人々に刻みこまれた信念のようなものがあった．「効果のある学校」研究はこの考え方からの重要な離脱を意味した．今や基本的な信念は，適切な条件を与えれば，すべての生徒は学べるということである（Murphy, 1992a, p. 166）．

第2に，歴史的に，教育の質は学校の設備，教師の質などと子どもの社会経済的ステイタスに規定されてきた．良い学校は社会経済的ステイタスの高い地域にあり，悪い学校は社会経済的ステイタスの低い地域に存在した．しかしSER は社会経済的ステイタスの低い地域にも良い学校が存在することを明らかにした．今や教育の質を判断する基準は，生徒の学業成績と学習の指標であり，「成功」の定義は金銭的なものではなく，教育プロセスで生徒が身に付けた付加価値であることが明らかとなった．SER 研究者は，効果（effectiveness）とは学校のすべての生徒に公平な学習成果を分配することであると主張する．この考え方が，将来に向けて重要な学校教育の目標となる（Murphy, 1992a, pp. 166-167）．

第3は，学校教育の責任者は誰かという問題である．公教育が始まって以来，学業成績の悪さや行動の悪さは子ども個人やその家族の責任であるとされてきた．ラリー・キューバン（Cuban, L.）によれば，この考え方を歴史上初めて否定したのは SER 研究者たちである（Cuban, 1989, p. 784）．学校自体の短所の責

任を生徒に負わせ，生徒に起こっている問題の責任の一端を学校が負おうとしない学校の行動が批判されることになった（Murphy, 1992a, p. 167）.

　第4は，学校コミュティ全体の統一性への着目である．教師たちの世界は極めて緩やかな結び付きの組織である（loosely coupled）とされてきた[20]．しかし，SERの成果のうちで最も力強く，継続的に効果のある発見は，良い学校ほど構造的にも，象徴的にも，文化的にも教職員が強く結び付いていることである．また組織全体でも，特に授業と学習の構成に関して統一性がある．教職員，親，生徒は方向性感覚を共有しており，カリキュラムの構成―目標，教材，評価戦略に関して強い連携を持っている．これらの特徴が明日の学校を定義付けるものであることを確信する（Murphy, 1992a, p. 167）.

　マーフィーは，以上の意義の理解に加え，将来への課題を次のように指摘している．①SERが提供した効果と学校との関係に関する知識を，学校をより効果的にする学校改善活動に活用する努力が要請される．なお，この指摘は，学校改革を効率的に行うという研究動向や，連邦政府の補助金を貧困な子どもたちの支援だけではなく，学力向上のための一般財源として使用することを認める政策動向と同じ方向性を持っているように見えるが，マーフィーのいう「効果的」とは生徒が教育プロセスで身に付ける付加価値において，すなわち生徒のための効果であると理解しなければならないだろう．②SERにはこれまで不足していた個別の教室内のプロセスの研究，特にカリキュラムと授業の関係，授業と学習の関係に深い考察が必要とされる．③SERの原点に戻って，公平性の問題，すなわちすべての生徒の成功を助けるために必要な情報が求められる（Murphy, 1992a, pp. 180-187）.

小括

1.「リスクのある生徒」が抱える問題

「リスクのある生徒」が抱える問題は200年以上にわたる問題であるとキューバンは述べている．教育改革の第1の波の諸提言で求められた学習基準を上げ，卒業条件を引き上げるなどの政策が遂行された結果，政策上は「凡庸性」がより重視され，「リスクのある生徒」が抱える問題への意識は薄れたと考え

られた．しかし，第2の波において，学習基準を挙げた当事者である知事たちが，「学業基準が高まれば，生徒によっては高い基準によって，許されざる障壁を課されることになる」との認識を示し，「リスクのある生徒」が抱える問題に取り組む必要性を提言した．『結果を出す時』は，「学習を困難にするような負の条件を抱えた」生徒が1200万人に上ると推定したが，その後1987年，1988年に「リスクのある生徒」が抱える問題は，各種の団体の報告書によって重要視されるようになってきた．

　各種の報告書で示された重要なポイントは次のようなものであった．

　第1に，「リスクのある生徒」の抱える問題が，一部のマイノリティの人々に対するアメリカ全体から見た分配上の公平さ（equity）の問題から，もはやマイノリティとしての問題だけでなく，膨大な人数の「不利な立場に置かれた人々の」一人ひとりの社会正義の問題として認識されるようになってきた．このことが，今後のリーダーシップ論を考察する新しい視点を与えることになると考えられる．

　第2は，「リスクのある生徒」の定義が広がり，「貧弱な早期教育しか受けておらず，公式の教育を受けるには未発達な子ども」や「親が子どもの教育に関心がない子ども」など，これまで考えられてこなかった範疇の「リスクのある生徒」の定義が示された．その上で，「教育における卓越性は最終的に最も不利な立場にある生徒たちの学習に何が起きているかによって判断されねばならない」（『危機の世代』，1988, p. xii）という考え方も示されたことである．

　第3は，人間を経済のための資本とみる考え方から，一人ひとりのウェルビーイングの重要性に目配りする視点が生まれていた．

　第4は，不利な状態にある子どもたちが，彼らの教育上の見通しを改善するためにデザインされるプログラムや政策は，学校，そしてコミュニティの文脈の中で，すべての子どもたちのニーズに応じて仕立てられねばならない，との提言があった．

2.「効果のある学校」研究と校長の職務

　1970年頃から「リスクのある生徒」が抱える問題に立ち向かって「効果のある学校」研究が行われてきたが，「効果のある学校」研究は，特にエドモン

ズによる都市部での貧困地域の学校研究を通じて，学校の違いが学業成績の要素になることを明らかにし，「強力な校長のリーダーシップなしにはよい学校教育を作ることも維持することも絶望的である」とした．さらに，貧困など問題を抱えた地域の学校でも，学業上の成果を上げている学校があり，その成功要因が多数抽出された．授業上で効果を上げる校長は，目標・技術・成果に関して教師と強固な結び付きを持ち，そのうえで，学校目標の設定や，教師の評価，カリキュラムの調整などの職務は校長が確保し，カリキュラムの作成など狭い意味の授業に関わる専門職性は教師に任せるというスタイルの教授的リーダーシップ像が浮かび上がってきていた．またマーフィーらの研究では，「校長は，生徒の学習に対する高い期待感を反映させるような全校的な規範を促進することによって授業上の効果を促進することができる．この職務は，校長が生徒の学習に関する責任を引き受け，生徒の進歩に関して教師が行う評価に信任を与えることによって達成される」，という知見を見出している．

「効果のある学校」研究の教育改革における重要性を，マーフィーは下記4点で指摘している（Murphy, 1992a, pp. 166-167）．①「すべての生徒は学習可能だ（All students can learn）」という発見がされた．②効果（effectiveness）とは学校のすべての生徒に公平な学習成果を分配することであり，この考え方が，将来に向けて重要な学校教育の目標となる．③学校教育の責任者は学校自身であることが示された．④良い学校ほど構造的にも象徴的にも文化的にも教職員が強く結び付いている．さらに教職員，親，生徒は共有した方向感覚を持ち，カリキュラムの構成―目標，教材，評価戦略に関して強い連携を持っている．

さらに，マーフィーはSERの今後の課題として，次の3点を提起している．1）効果と学校との関係に関する知識を学校をより効果的にするために活用すること，2）特にカリキュラムと授業の関係，授業と学習の関係に深い考察が必要とされること，3）SERの原点に戻って，すべての生徒の成功を助けるために何をすべきかを考えること，である．

なお，マーフィーの考え方のうち，教育改革の重要性の②「公平な学習成果を分配すること」，今後の課題の3）「すべての生徒の成功を助ける」，などの表現は，「公平な分配」に重点を置いた見方となっているが，そのことが『国民の3分の1』で見たような，個人的・社会的ウェルビーイングをもたらすの

かどうかについては言及していない．この点は，今後の変化を考察していくために，押さえておきたい．

3. 教授的リーダーシップの持つ二面性

　学校改善に関する研究は，「教育目標を効果的に達成するという究極の目標」（Reynold et al., 2000b, p. 210）を持つと指摘されている．連邦政府は 1988 年に，Chapter I の資金の一部を一般財源として使用することを認めており，本来貧しい子どもたちに回るべき資金が，教授的リーダーシップの研究のために，すなわち，教育目標を効果的に達成する方策を見出すために使用されたという事実を確認しておきたい．

　「すべての生徒は学べる」という言説が，だから生徒を学ばせるようにすればよいという立場と，一人ひとりの生徒をケアしながら，その子の持つ能力の限界まで伸ばしていこうとする立場が生まれたように，教授的リーダーシップも，生徒の成績を上げることに主眼を置く立場と，一人ひとりの生徒に十分な支援をしながら，生徒の能力を伸ばしていこうとする立場との違いが生じてきたことを確認しておく必要がある．

1）　この「うねり」を第 3 の波と捉える論者には，今村令子や佐藤三郎がいる．いずれも「恵まれない子どもたち」への対応を主題としている．しかし，今村（1990）も佐藤（1997）も「効果のある学校」研究をこの波の中には入れていない．

2）　新明解国語辞典（1996）三省堂，1466 頁．

3）　「障がい者教育法」が 1970 年に，「全障がい児童教育法」が 1975 年に次々と法制化された背景には，連邦議会の調査の結果，アメリカでは障害のある子どもの 800 万人以上は教育上の必要が十分に満たされておらず，そのうちおよそ 400 万人が，教育の機会均等を保障するような適切な教育サービスを受けていないことが明らかになったことによるとされている（エセックス，2009，102 頁）．なお，「全障がい児童教育法」はさらに 1990 年に，障害のある者の教育に関する法律（Individuals with Disabilities Education Act: IDEA）と改称されている．IDEA は，3 歳から 21 歳までの障害のある子どもに対し，公立学校における無償で適切な教育を受ける権利を保障している．また，障害のある子どもに，個別の教育プログラム（Individual Education Program: IEP）の作成を義務付けたのも IDEA である．なお IEP については，ライトら

第 2 章 「リスクのある生徒」の抱える問題への取り組みと「効果のある学校」研究　113

（2012）を参照されたい.

4)　ボイヤーは，カーネギー教育財団（Carnegie Foundation for the Advancement of Teaching）の理事長であり，同財団で教育改革に関する研究の中心的存在であった.

5)　なお，この数字は，『結果を出す時』のタスク・フォース独自の調査によるものではなく，Levin（1985）に基づいていると説明されている（『結果を出す時』, p. 98）.

6)　その他の州は，アーカンソー州，コロラド州，コネチカット州，ミネソタ州，ペンシルベニア州，サウスカロライナ州である.

7)　「Effective school program」と呼ばれる「効果のある学校」研究を実践に生かす活動である. 1986 年からは，「effective school program」に連邦資金援助が行われるようになり，この運動は全国に拡大して 1989 年の調査では全国の学区の 41% で実施されていた（Firestone, 1991, p. 16）.

8)　今村令子は，「これまでに達成された改革運動の成果を分析して，今後さらに重点的に取り組むべき問題点を明確化する作業が政府・民間を問わず多様な機関や個々の研究者の間で行われるようになった. そのなかで，共通の関心事として浮かび上がってきたのは，いわゆる『恵まれない（disadvantaged）』生徒たちへの対応策である」としてその一例として『アメリカ国民の三分の一』（本書では『国民の 3 分の 1』として取り上げている）を挙げ，これらの運動の全体像を捉えて，改革の「第 3 の波」としている（今村, 1990, 329 頁）.

9)　1988 年の国勢調査（U. S. Bureau of the Census. "Statistical abstract of the United States. 1988", Table 713-433）によれば，1978 年ではアメリカ人の 11.4% が，1986 年では 13.6% が公式に「貧困」とされていた.

10)　CED は不利な状態にある子どもたちのための教育改革を改革の第 3 の波と捉えている. しかし，本書では，これらの「リスクのある生徒」問題は，改革の波とは別の大きなうねりとして捉えている. この問題は立っては消えていく波のような政策・行政的な課題ではなく，長期の波長をともなった多くの人々による改革課題であると考えるからである.

11)　通常，kindergarten に入学してから学習障害などの有無の診断が行われるが，何らかの事情で診断が予定通りに行われていない子どもが存在することを示唆している.

12)　フォニックスとは，Robinson et al., （1996, pp. 46-95）によれば，英語において綴り字と発音の間に規則性を見出し，正しい読み方の学習を促進する方法である. ロバート・ロスマン（Rothman, R.）によれば，1980 年代，識字学習（literacy education）の方法をめぐって，文脈に沿って単語を理解する whole language 法と発音と文字との対応を重視するフォニックス法とが，激しい理論闘争を行った. いわゆる「偉大な議論（the Great Debate）」である. Whole language は構成主義的な考え方をベース

とし，一方フォニックスは実証主義的で，科学を重視する考え方を基底に持っている（Rothman, 1990）と考えられている.

13) 調査方法については，鍋島祥郎が詳述している（鍋島，2003，65-69 頁）ので，本書では省略した．その要点は，次のようにまとめられている．「各学年における履修内容の基本的な部分を完全にマスターした場合，学力テストにおいて何点ぐらいの得点をとることができるかということを見積もり，その得点を『完全習得基準』とした．そしてこの得点を超えている者の割合（通過率）を全校および校内の各集団ごとに算出し，通過率の全校平均が州や全国平均より高く，かつ，人種間，階層間において通過率に差がない学校を効果のある学校の基準としたのである」（鍋島，2003，64頁）．

14)「あらゆるすべての生徒」には，例えば中産階級の子どもたちで，経済的には問題ないが，学業に問題を抱えた子どもたちも含まれる．そうなれば支援対象の人数が増加する一方で，財政的には限界があることから，「効率」概念を導入して効率的に資金を活用しなければ，インクルーシブも実現が難しくなると考えられた.

15) 川口俊明によれば，『学校の効果』を研究する研究者たちの中に，政策的な提言を多く行い，政策に係る研究者たちが増えつつある（川口，2010）．一方，政策と学校効果研究が結び付き，学校効果研究の結果が，安易に政策に利用されていることを批判する研究者も増えている．例えば，ウィッティ（Whitty, 2002）やサラップ（Thrupp, 2001）などは，その代表的な論客であり，学校効果研究に係る研究者たちの態度を痛烈に批判している．彼らは，『学校の効果』に目を向けることは，それ以前の段階での不平等の軽減策（貧困や地域の医療など）という本質的な問題から目を背ける行為である，と批判しているのである（川口，2010，167 頁）．日本においても両方の立場が見られるが，「効果のある学校」研究を日本の教育現場に適応していく実証的な研究を行っている志水宏吉が後者のアプローチをしていると考えられる．志水は，「社会的に不利な状況のもとにある層を，積極的・重点的にサポートしていこう」とする考え方を「社会的公正主義」と呼び，social justice に「社会的公正」の訳を当てている（志水，2009，9 頁）．本書では，social jusitce を文字通り「社会正義」と訳すこととする.

16) 3 つの次元と，11 の行動群は以下の通りである．なお，71 項目については，露口（2008，23-25 頁）を参照されたい.

次元Ⅰ 学校の使命を定義付けること

① 学校目標の設定

② 学校の教育目標を関係者に伝えること

次元Ⅱ 授業プログラムのマネジメント

第 2 章 「リスクのある生徒」の抱える問題への取り組みと「効果のある学校」研究　115

　　③　教師の授業を監督し，評価すること

　　④　カリキュラム作成に関わる調整

　　⑤　生徒の学習進展状況の把握

　次元 III　学習環境の整備・促進

　　⑥　授業時間の確保

　　⑦　教師の専門職開発促進

　　⑧　生徒や教師に対して目に見える存在（visibility）であること

　　⑨　教師に対する動機付け

　　⑩　学習基準の開発と定着

　　⑪　学習成果に対する動機付け

17)　16 の推薦事項は以下の通りである．① すべての生徒は学業目標を達成すること
　ができるというビジョンをもって，生徒，教職員，保護者が結集する，② 行動と出
　席に関する高い基準を設定し，秩序ある安全な学校環境を創造する，③ 生徒が学校
　とそのあとの人生で成長するのに必要な習慣と態度を身に付けるように支援する，④
　挑戦的な学業上のカリキュラムを提供する，⑤ 不利な状態にある子どもたちのニー
　ズに沿った個人別の授業戦略を仕立てる，⑥ 英語が苦手の子どもたちをできるだけ
　早く，読み書き話す，で熟達の状態にする，⑦ 不利な状態にある子どもたちに成功
　のチャンスを増やす取り組みを幼年期から行う，⑧ 子どもたちを養育するために，
　保護者たちに支援の手を差し伸べる，⑨ 子どもたちが学校や生涯で成長するために
　必要なさまざまな価値を教え込む，⑩ 子どもたち各自にそのベストの目標を達成す
　ることを求め，子どもたちの成長を見守りながらここに述べた関心事を進めていく，
　⑪ 保護者たちを子どもたちの学校と学外教育に参画させる，⑫ 不利な状態にある子
　どもたちの教育と将来に投資をする，⑬ 教育改革が不利な状態にある生徒たちに違
　いを生じさせないようにする，⑭ 地方の教育関係官僚に素早く，決定的に，そして
　創造的に学校を改善するように行動できる十分な権限を付与し，結果の責任を負って
　もらう，⑮ 改革の不利な状態にある生徒へのインパクトに特に注意を払い，学校の
　実践を評価する，⑯ 補習的・補助的なプログラムとリーダーシップと研究を通じて
　不利な状態にある生徒たちのための改善された教育を支援する．

18)　ESEA の第 1 章は Title I と表記されていたが，1981 年に，ESEA が改定され，第
　1 章は，Chapter I と表記されるようになった．貧困な子どもたちを援助する性格は
　変わっていない．「Chaper I」は，1994 年の ESEA 改定まで使用された．

19)　1988 年の初等中等教育法（ESEA）の修正法であるホーキンス・スタッフォード
　修正法（The Augustus F. Hawkins-Robert T. Stafford Elementary and Secondary
　School Improvement Amendments of 1988: P. L. 100-297）によって，ChapterI 資金の

5% までを，学校改善に使用してもよいとの改定が行われたもの．ジャック・ジェニングス（Jennings, J.）によれば，この修正法は満場一致の支持を得たが，支持を得た主要因は，「タイトルⅠの新しいアカウンタビリティ機能にあった．タイトルⅠはもはや追加のサービスを提供するための学区への単なる連邦補助金ではなく，生徒の成績を改善するための補助金となり，改善が見られない場合は改革がなされなければならなかった．民主党議員も共和党議員もこの新しいアプローチを支持した」（ジェニングス，2018，51頁）．またそれは「1965年の最初のESEAの目的からの重要な変更を象徴するものであり」（ジェニングス，2018，52頁），「1990年代初めに連邦議会の連邦支持者が，スタンダードとテストによるアプローチを承認していく土台を築くものであった」（ジェニングス，2018，50頁）とされる．

20) 勝野正章は，カール・ウエイク（Weick, K.）が1976年の論文「緩やかに結合されたシステムとしての学校組織」において次の点を指摘したと説明している．勝野によれば，ウエイクは「目標の多義性・多様性，技術の不確実性，成果の予測と評価の困難性という特徴をもった教育活動を予めプログラム化することは困難を極める．そのような場合でも，あくまで組織活動の効率性を追求して，調整・統制の極大化をはかることは効率的なのであろうか．むしろ諸活動，諸関係が緩やかに結合された状態（loosely coupled）の方がかえって組織として効果的であるということもありうる」「そうだとすれば，『緩やかな結合』は病理的状態なのではなく，むしろ有効な組織構造である」と指摘した（勝野，2008，145-146頁）．

第 II 部
校長のリーダーシップのリストラクチャリング
―――『学校管理職の基準』の作成

　リストラクチャリングはもともと経済界における用語で，1980 年代初期からアメリカの企業がその企業価値を高めることを目的に，組織改革，財務構造改革，人事構造改革を行ったもので，具体的には主として職の削減，部門のダウンサイジングが行われた．日本でも，少し遅れて 1980 年代後半から企業活動の再構築が行われてきたが，その主たる内容は人員や部門の削減であり社会的に大きな影響を及ぼすことから，人員削減をイメージさせる「リストラ」という用語で日本社会に定着している．

　本書で取り上げるリストラクチャリングは，『結果を出す時』で提案された，学校選択，教師への権限委譲，SBM など主としてガバナンスの面で 1980 年代半ば以降展開されてきた教育改革である．1980 年代後半から 1990 年代半ばにかけては，今まで述べてきた教育改革の波や，うねりの効果や影響が一挙に押し寄せ，教育システム全体に及ぶ根底的（ラディカル）な構造改革（リストラクチャリング）が展開されることになった時代である．そのリストラクチャリングは校長のリーダーシップを含め，教育の姿を全面的に変えてしまうものであったと理解してよいだろう．

　第 II 部では，第 3 章でリストラクチャリングの全体像を捉えるとともに，連邦政府が地方でのリストラクチャリングの推進を認めて推奨しながら，それを連邦教育システムに取り込むことを通じてスタンダードとテストに基づくアカウンタビリティ制度を構築していく過程を考察する．その考察は，

校長が職務を遂行する学校教育の変容や，学校を取り巻く環境に係る諸課題を理解するために必要なものであると考えている．

　良好な教育上のリーダーシップを導き出すために校長のリストラクチャリングといえる研究活動が行われ，「学校管理職の基準」の作成にいたることになるが，第4章では，その作成過程で行われた議論を考察するとともに，「基準」の内容を分析し，いかなるリーダーシップ論が導き出されたかを明らかにする．

第3章　リストラクチャリング

　リストラクチャリングは，1980年代中葉に始まった学校を基盤とした教育経営（SBM），親の学校経営への参画，学校選択に見られる学校教育に関する諸決定の地方への委譲（分権化），および教員のエンパワメントに見られる教員の専門職化（自律性とアカウンタビリティ）を主軸とする改革運動で，主としてガバナンスや制度に関わる運動として展開されてきた．しかし，ほぼ同時期に，すべての子どもたち，中でも「リスクのある生徒」と不利な立場に置かれている生徒への授業と学習を，伝統的な方法から根本的に転換しようとする草の根的なリストラクチャリング運動が全国で点から面へと拡大していった．州教育長協議会（Council of Chief State Officers）（以下，CCSSOと称す）[1]がそれを積極的に支援したことが知られている．

　本章においては，上記のような多様な活動を含むリストラクチャリングの内容を整理・分析することを通じて，リストラクチャリングが校長のリーダーシップにいかなる影響を与えたのかを考察し，次の2点について明らかにしたい．第1は，リストラクチャリングから生成するいかなる要素が校長の「基準」を作り上げていくことになるのかであり，第2は，スタンダードとテストに基づくアカウンタビリティ制度が構築され，国家や国家経済のために子どもの成績を押し上げることが重視される環境下で，それとは対照的に，一人ひとりの子どものために，その学習を支援することを重視する「基準」の作成が可能になった背景はどのようなものであったかを明らかにすることである．

第1節　リストラクチャリングの実践展開

1. リストラクチャリングの定義（1980年代末期）

　教育においてのリストラクチャリングの定義は多義的で，時代とともに変化している．デービット・コンレイ（Conley, D. T.）は，多様な教育改革活動を再生活動（renewal activities）と改革指向活動（reform-driven activities）とに分類し，それらの比較を行いながら，そのうち，改革指向活動をリストラクチャリングとして定義付けしている（Conley, 1993）．本書での1980年代末期から1990年代初頭におけるリストラクチャリングの定義として，コンレイの定義を採用することとしたい．

　コンレイによれば，renewal activities は，組織ですでに行っていることをより良く，より効率的に行うための支援活動である．たいていの学校改善プロジェクトや，学区が提供する教職員の開発プログラムの多くはこの範疇に入る．これらのタイプのプログラムは，それを実施するだけであり，基本的な仮定を変更したり実践を検証することがない．

　これに対して reform-driven activities は，組織が新しい環境や条件下で機能するようにその環境に適応させるべく，現状の手続き，ルール，要件を変更しようとする活動である．Reform-driven activities には2つの特徴がある．第1は，変更は次の面に集中して行われることである．すなわち，現在のシステムの中で，すべての参加者のための基本的な「ゲームを行うルール」を決定付けている手続き上の要素，政策，手続きの変更に集中することである．第2は，改革への弾みが，ほとんどどの場合にも，外的な力，例えば，教育委員会，州教育局，教育改革者から来ることである．外部圧力を受けて改革のための委員会が設立され，現状の実践が検証され，学校において新しい要請や期待に沿えるように実践していく活動が行われる（Conley, 1993, p. 8）．

　コンレイは，改革指向活動としてのリストラクチャリングには次の3点の特徴があるとしている．1）すべての生徒の学習成果が改善され修正されることを目標とし，2）そのために基本的な仮定，実践，および組織内関係を変換し，3）さらに組織間および外界との関係を変換する活動である．これらの活動にとって重要な要素は生徒の学習であり，学習への焦点化によって変化が起こる

ように，基本的な諸仮定が変化されねばならないという改革理念である．1）の「学習成果が改善され，修正される」という意味は，現在多くの生徒，教師，管理者，親，政治家が考えているような，単に事実に関する教材を短く記憶することではなく，次のような能力が改善され，修正されることを意味しているとされる．すなわち，概念的に複雑な情報を頭に持続させ，合成し，意味のある方法で，挑戦的な内容，複雑な概念やシステム，洗練された学習方略，実世界などの諸問題を理解できる能力を修得することである（Conley, 1993, pp. 8-9）．

コンレイによる 1980 年代中葉におけるリストラクチャリングの定義は，SBM など主として制度的な内容であったそれまでのものと比べて，「生徒の学習」に焦点化していることが大きな特徴である．

2. リストラクチャリング運動の新たな展開

第 2 章で，改革の波とは別に大きなうねりともいえる大きな波の運動として，「リスクのある生徒」が抱える問題を考察してきた．そのうねりは 1987 年，1988 年にはいっそう強まり，同章で述べた『忘れられた半数』や『国民の 3 分の 1』など提言書が集中して公表された．

この時代には「リスクのある生徒」が抱える問題を学校のリストラクチャリングによって取り組もうとする実践が開始されていた．

本項ではそれらの実践を把握しておくことがリストラクチャリングの全体像を理解するうえで必要と考え，(1)項で，研究者や専門職団体が主導して展開された「リスクのある生徒」が抱える問題への取り組みをテーマとした運動を，(2)項で CCSSO を中心とする各州で行われたリストラクチャリング活動を把握する．

(1) 研究者や専門職団体が主導するリストラクチャリング運動

CCSSO の 1989 年のレポート「新世紀におけるすべての生徒の成功：教育のリストラクチャリングに関する CCSSO 報告（*Success for All in a New Century: A Report by the Council of Chief State School Officers on Restructuring Education*）」（CCSSO, 1989）では，全国的に展開する団体あるいは研究者主導のプロジェクトで，一人ひとりの子ども，中でも「リスクのある生徒」が抱え

122　第Ⅱ部　校長のリーダーシップのリストラクチャリング

る問題を研究し，あるいは取り組んでいる 9 件の実践を挙げている．表 3-1 の通りである．このように多数の州で，リストラクチャリング運動として捉えることのできる「リスクのある生徒」の学習の強化をめざした実践が行われ，リストラクチャリング運動が全米に拡大していたといえる．

　このうち，文献の露出の多い[2]エッセンシャル・スクール連盟（The Coalition of Essential Schools）の活動を代表的なものとして取り上げ，それらのめざすところを考察しておきたい．大規模なリストラクチャリングを展開したのが，『ホレスの妥協（*Horace's Compromise: The Dilemma of the American High School*）』[3]の著者として教育界で著名なテオドール・サイザー（Sizer, T. R.）が 1984 年に結成した，主として中等学校，中でもリスクのある生徒が多く在籍する学校の改革を対象とする組織，エッセンシャル・スクール連盟（The Coalition of Essential Schools）（以下，CES と称す）である．その運動の目的は，1）あまりに複雑化し，機械的に管理された学校経営のもとで教師と生徒の関係が疎遠なものになり，生徒の学習が抑圧されていると批判し，2）学校を本来の本質的な学習の場に単純化しようとしたことである．

　CES の哲学は，『ホレスの妥協』に 9 つの原理（通常「共通原理（Common Principles）」と呼ばれている）として述べられているが，それらは CCSSO（1989）で以下のように整理されている．

第 1 原理　学校は，生徒が「精神の習慣（habit of mind）」を十分に活用することを学ぶように支援することに焦点化しなければならないし，知的目的を犠牲にして包括性をめざしてはならない．

第 2 原理　学校の目的はシンプルでなければならない．それはそれぞれの生徒が，限られた本質的な技能と知識を身に付けることである．「少なく学ぶことは多くを学ぶこと（less is more）」を旨として，単に与えられたカリキュラムを消化することに努力するのではなく，生徒がマスターし，達成するということを目標にしたカリキュラムでなければならない．

第 3 原理　学校の目的はすべての生徒にとって同じであるが，それを達成する方法は生徒に応じて多様であるべきである．学校活動はすべてのグループやクラスのニーズに沿って，個々に適したものでなければならない．

第 4 原理　授業と学習は可能な限りそれぞれの生徒に応じて多様でなければならない．そのため，どの教師も 80 名を超えて生徒を担任してはならない．

第3章　リストラクチャリング　　　123

表 3-1　研究者・専門職団体が主導して全国展開するリストラクチャリング運動

	活動主体	共同活動団体	活動内容
①	アメリカ教育連盟（AFT）	Urban District Leadership Consortium	ニューヨーク，ロサンゼルスなど19大都市でのリストラクチャリング・センターでの活動
②	カーネギー・フォーラム		『備えある国家―21世紀の教師』の提案内容の普及活動
③	エッセンシャル・スクール連盟		上記参照
④	全米教育協議会（ECS）	エッセンシャル・スクール連盟	「共通原理」による6州（アーカンソー，デラウェア，イリノイ，ニューメキシコ，ペンシルベニアおよびロードアイランド）での州教育システム再デザイン活動
⑤	ジョイニング・フォース運動（Joining Forces）	全米州教育委員会協会（National Association of State Boards of Education）	教育と福祉の接続を通じて，不利な状態にいる，あるいはリスクのある生徒を支援する活動
⑥	全米教職専門職基準委員会（National Board for Professional Teaching Standards）		5つの教師専門職基準を策定[4]
⑦	全米教育協会（NEA）	NEAに加盟の26州の教員組合	学習研究室を設立し，互いにネットワークを構築して研究や技術的支援を行う
⑧	学習の改善のための全国ネットワーク（National Network for Educational Renewal）	15州（アリゾナ，アーカンソー，カリフォルニア，コロラド，コネティカット，ハワイ，インディアナ，メイン，マサチューセッツ，ミシガン，ニューヨーク，ユタ，バージニア，ワシントン，ワイオミング）の115学区	教師の養成養育などの分野での提携
⑨	パイデェイア提言		ノースカロライナ大学内に，The National Paideia Center at the Frank Porter Graham Child Development Centerを設立し，パイデェイア提言の中核となるカリキュラムの実践を100以上の学校で実行中

出典：CCSSO（1989），pp.41-50 をもとに筆者が作成.

第Ⅱ部　校長のリーダーシップのリストラクチャリング

第5原理　学校の実践における生徒は，譬えていえば，作業する人（worker）である．生徒が学習者のコミュニティの一員として作業し，学習の方法を理解し，互いに教え合えるようになるために，指導方法はコーチングが優先される．

第6原理　中等学校に進学する生徒は，言語と数学での能力を示すことのできる者である．能力がついていない者には集中指導が行われる．最終的な卒業認定は，卒業に値する学習の習熟度を，「学習発表（exhibition）」を通じて評価することによって行われる．

第7原理　校風は明白に，かつ意識的に，過剰すぎない程度の期待を持って，信頼の価値，行儀のよさの価値（公平で，心が広く，忍耐強い）を強調するものである．家族は学校コミュニティの活動メンバーであるべきである．なぜなら，家庭と学校の緊密な協働（collaboration）が，相互の尊敬と理解を生み出すからである．

第8原理　校長と教師はまず自分たちがジェネラリスト（一般教養の教師であり，かつ研究者）であると認識し，次に特定の分野を専門とする専門職であると認識すべきである．教職員には多様な職務（教師，カウンセラー，マネージャーなど）があり，学校全体に対して献身（commitment）する気持ちを持っていることが必要となる．

第9原理　学校予算には，1人の教師が担当する子どもの人数を80名以内にすること，相当な時間が教師の協働計画立案に費やされることを計算に入れておくこと，またどこにも負けない給与が支払われることを前提とするが，1人の生徒当たりのコストが一般的な学校の場合と比べて10%以上多くならないように考慮することが重要である．

(CCSSO, 1989, pp. 42-43)

　CES の理念は上記9つの原理から読み取ることができるが，特に強調して実践されている考え方は次の3点であるといえよう．

　第1は，CES 運動は「学習者中心主義」であることである．生徒は作業する人であり（第5原理），「授業と学習は可能な限りそれぞれの生徒に応じて多様でなければならない」（第4原理）とされる．これまでの伝統的な教育観においては，教師が主たる作業する人であり，教育の生産性とはどのように学習が進んだかのプロセスではなく，生産した（教え込んだ）量とみなされていた（Murphy, 1991, p. 51.）.「生徒は作業する人」という捉え方は従来の教育観からの大きな転換を意味し，リストラクチャリングの中核となる考え方である．

第2は，第1原理に述べられたように，「精神の習慣（habit of mind）」を重視する実践である．Mind とは，サイザーによれば，見る・読む・書く・話すなどのスキルのことであり，このスキルを，「観察」・「分析と解答」・「応用」という活動において用いることを「活用（using）」と呼ぶが，「活用」を習慣付けるための「問い」の方法を指導している（Sizer, 1984, pp. 99-106）．「問い」の内容は，どのようにしてそれを知ったのか（証拠），誰がそれを言ったか（視点），何が，何をもたらしたか（関連），どうすれば別の結果になったか（推論），誰にとって重要なのか（重要性），である．生徒はこれらの質問をあらゆる場面で活用するように指導される．それぞれの生徒は，自分の経験・知識・興味・関心などに基づいて，「精神の習慣」を活用することを学んでいき，「精神の習慣」を自分の財産とする．第3原則にあるように，生徒が「習慣」を身に付ける方法は，それぞれの生徒について個別仕立てでなければならないと考えられている．この点でも，「学習者中心主義」となっている．

第3は，生徒間・教師間・学校と家庭間・学校間の協働である．生徒間と学校と家庭間についてはそれぞれ，第5原理と第7原理に書かれている．問題は教師間と学校間である．この問題については後藤武俊の次のような考察がある．CES では教師間の同僚性を重視するのはいうまでもないが，教師間のさまざまな葛藤に対処するために，「トレック（TREK）」と呼ばれるワークショップで研修と演習を行うようになっている．またトレックでは，他の学校の教師との知見の共有や相互訪問を行い，教師間に「批判的友人関係（critical friendship）」を構築する研修が行われている．学校間では，CES 加盟校に対してアクション・リサーチを行うことがあるが，その過程において研究者と加盟校の人々が情報を共有し，ともに改革を推し進めていく協働的探求の実践が行われている（後藤，2002，25頁）．

エッセンシャル・スクール連盟（CES）は12の参加校でスタートしたが，1988年には52校になっており，また同年，全米教育協議会（ECS）と5年契約で「共通原理」を使ったプログラムを6州（アーカンソー，デラウェア，イリノイ，ニューメキシコ，ペンシルベニア，ロードアイランドの各州）の学校に提供することになった（表3-1の④参照）（CCSSO, 1989, p. 43）．

CCSSO（1989）によれば，「生徒は作業する人」という理念の実践度合いに

126　　　第Ⅱ部　校長のリーダーシップのリストラクチャリング

ついていえば，この時点では，「道半ば（mixed）」であり，学校全体のリストラクチャリングの進行度合いもまだ限定的である（CCSSO, 1989, p. 44）．しかしCCSSO では取り上げられていないが，CES に関した多くの事例研究が行われており[5]，エッセンシャル・スクールの典型例であると考えられるセントラルパーク・イースト中等学校の事例を見れば，その完成度は下記のように「道半ば」よりも進んでいると考えられる．同校の設立者であり，初代校長であったデボラ・マイヤーと二代目校長ポール・シュワルツ（Deborah Meier & Paul Schwarz）の論文「セントラルパーク・イースト中等学校：困難なのはそれを実現していくことだ（"Central Park East Secondary School: The hard part is making it happen"）」（1999）によれば，1985 年に設立された同校は，公立のオルターナティブ・ハイスクール[6]であり，同校に通う生徒たちの大半が近隣地区（イースト・ハーレム）の住民である．生徒の 85% は，アフリカ系アメリカ人あるいはラテン系アメリカ人で，また 20% 強の生徒が連邦の特別な教育サービスを受ける要件を満たしている．同校の開校以来の追跡調査によれば生徒の 94.8% がハイスクールを卒業し，3 分の 2 の生徒が大学に進学したことが報告されており，市街地にある多くの他の学校の状況とは格段の差があることがわかる（Bensman, 2000, p. 10）．なお，同校については，第 3 節で，「学習者中心の学び」の側面から再度取り上げることとする．

(2) 州教育長協議会（CCSSO）のリストラクチャリング運動

「リスクのある生徒」が抱える問題を解決するために，CCSSO 自体がリストラクチャリング運動に取り組んでいる（CCSSO, 1989, p. 1）．「リスクのある生徒」の抱える問題に取り組む CCSSO の方針を明確に示したレポートが CCSSO（1987a; 1987b; 1988; 1989）である．これらのレポートは次の 2 点から CCSSO にとって重要度の高いものであったといえるだろう．第 1 は，1 年に数本のレポートしか発表していない[7]CCSSO が 3 年連続でリストラクチャリングに関わる内容のレポートを出したことから考えれば，リストラクチャリングは CCSSO が重視して取り組んだ課題であったといえるからである．第 2 は，1991 年に全国知事会（NGA）から出されるリストラクチャリングに関する報告書（NGA, 1991）の基礎的な資料になった[8]と考えられ，また州によって度合

いは異なるが各州の教育政策に反映されていったと考えられるからである.

　以下で, 1987 年, 1988 年, 1989 年のレポートについて考察し, それらに示された CCSSO のリストラクチャリングに関する取組みや, その考え方を把握する.

　① **CCSSO の 1987 年レポート**　CCSSO は 1987 年の総会で政治声明「リスクのある生徒の学校での成功を保証する (Assuring School Success for Students At Risk)」(1987a) を採択した[9]. その内容は, 社会・政治・経済上の激しい変化の中で全国民が, 読み書きができ, よい教育を受けることが社会・経済・政治上の効率性のために不可欠であり,「国民にとっての至上命令である」(p. 1) との認識のもと, 学校に支援と誘因を与えて,「リスクのある生徒」の成功のために教育プログラムを変化させなければならないと決断したとするものである. そして, 実質的にすべての生徒が高校を卒業することを全国的な目標にしようという強い意志を CCSSO は示している. 声明のタイトルが「保証する (assuring)」という表現になっているのはその意思の表れである.

　この政治声明を実現するためには, 州によっては州法を変える必要があると考えられ,「リスクのある生徒」に効果的な支援を提供するのに必要となる州法のモデルを提供するために,「危機にある生徒に教育上の権利を与えるための州法モデルの要素 (Element of A Model State Statute to Provide Educational Entitlement for At-Risk Students)」(CCSSO, 1987b) が作成された. これは上記の政治声明と一体となっている.

　CCSSO (1987b) は, 次のような観点から考察することができる重要な文書であると考えられる. ⓐ 州教育長たちは, リスクのある生徒の問題に関してどのような考え方を共有しているのか, ⓑ「リスクのある生徒」の定義は何か, ⓒ その子どもたちはどのような状態にあると教育長たちは認識しているのか, ⓓ「リスクのある生徒」が抱える問題解決にいかなる立法が必要と考えられているのか, ⓔ 州によっていかなる考え方の相違が存在するのか, などの観点である. ⓐ～ⓔの観点からの考察結果は以下の通りである.

ⓐ　**教育長たちが共有する考え方**

　州法モデルの基底となる 2 つの信念があるとされる. その第 1 は, この法律

は，最も貧困な環境からくる子どもたちも学習し，成功することができるという強い信念に基礎を置くものである，第2は，州の立法府は公教育を成功に導く法的な枠組みを構築するについて，中心的な役割を演じる責任がある，という信念に基づいている（CCSSO, 1987b, p. 1）.

ⓑ 「リスクのある生徒」の定義

　州教育長たちが考える「リスクのある生徒」の定義は，次の2点である．ただし，その定義はあくまで「示唆される表現（suggested language）」となっており（CCSSO, 1987b, pp. 8-9），メンバーの間に異論があることを前提に書かれているものと考えられる．

　第1の定義：幼稚園から3学年に在籍する子どもで，次の3点に該当すればリスクがあるとみなされ，特別の取り扱い（special measures）の対象となる．1）過去10年間の資料に基づく国勢調査庁が「貧困」としたレベル以下の収入の家庭の一員である子ども．2）生徒の年齢で適切と考えられる基本的なスキルをマスターする過程で十分な進歩の見られない子ども．3）親または後見人との相談の上で校長がリスクがあると判断した子ども．校長の判断は子どもに精通した職員とともに行うもので，判断の基準は，子どもが学校で成功するのを妨げている健康上の，また社会的・家庭的な問題を抱えているかどうかである．

　第2の定義：4学年から12学年に在籍する子どもで，次の4点に該当すればリスクがあるとみなされ，特別の取り扱いの対象となる．1）州全体で使用される観点別テストで，成功裏に高校を修了できると期待されるレベルよりも低い点の生徒．州全体で使用される基準に基づくテストで，州が設定した適切なレベルよりも低い点の生徒．州全体で使用される進学または卒業のための能力テストで不合格となった生徒．2）州のテストでは満足な成績だったが，1年以上留年している生徒．3）学校を中退してしまった，あるいは理由なく20日以上欠席している生徒．4）親または後見人との相談の上で校長がリスクがあると判断した生徒．

　以上のように，幼稚園から12学年までの義務教育期間を通して一人ひとりの子どもたちを注視していくことが前提となっている．注目点として，最終的に「リスクのある生徒」であると判断する校長の職務が示されていることである．それは専門職としての，新たで重要な職務であると考えられる．

ⓒ　上記の定義に該当する「リスクのある生徒」たちの状態

　「リスクのある生徒」とはどのような状態にある子どもたちか，CCSSO（1987b）には次のような4点の認識が示されている．1）6歳以下の子どもたちのうち4人に1人は貧困ラインで暮らしている．2）1983年に生まれた子どもが18歳になるまでに，その60%が，ひとり親と暮らしていることになるだろう．またひとり親のうち90%が，女性が家主であり，またその家庭の年収が1万ドル以下である．3）他国からの移民の親の子どもが増えており，その子どもたちは英語が熟達せずに入国している．若者の4分の1以上が高校を修了していない．4）17歳でまだ学校に在籍している生徒の13%が機能的非識字である．また中退した生徒のうち，60%が機能的非識字である（CCSSO, 1987b, p. 4）．

ⓓ　「リスクのある生徒」が抱える問題解決に対する立法案

　州は以上のような状況を考え，CCSSO（1987b）には問題解決のために，学校教育の実践上の責任者である学区が次の3点についての責務を負う，という内容の州法の法案が示されている．1）学区が運営する学校に在籍する一人ひとりの生徒は，高校を成功裏に終了するように指導されるべく，合理的な教育と関連サービスを受ける権利がある．2）各学区は，定められた基準に基づき，適時に高校教育を修了できないリスクのある生徒を特定する義務がある．3）各学区は，リスクがあると特定された生徒に対して，特別の手段を開始する義務がある．特別の手段とは，以下3つの施策である．イ．成功の道筋が見えている教育実践の採用．ロ．有効な教育が実現できる学校環境を利用可能にする規定の策定．ハ．生徒の教育上のニーズと学校におけるシステミックな問題を明らかにし，学校全体の計画をデザインするための開発と再構成のニーズのために個々の生徒の授業・学習の個人別計画（Individual Teaching and Learning Plans）[10]の開発（CCSSO, 1987b, p. 8）．

　ここでは，生徒には権利があり，学区には責任があるとされたことが重要と考える．

ⓔ　州によって異なる考え方

　1987年のCCSSO政治声明はCCSSOのメンバー間での総意を得て発表されたものであるが，総意を得ることは容易ではないと考えられ，逆に総意を得ら

れた事項は，全州が何らかの関心を持っていることを示しているといえよう．しかし，CCSSO (1987b) からは，州によってリスクのある生徒問題に関しては考え方に相当の幅があることが読み取れる．例えば，リスクのある生徒問題の範囲を，「もっと限定的，あるいは否定的に捉える」州が存在することが示唆されている (CCSSO, 1987b, p. 1)．また，現実的な対策をとっている州もある一方で，総意を得るだけでは真の正義の実施には不十分である，と考える州もあると述べられている (CCSSO, 1987b, p. 1)．

② **CCSSO の 1988 年レポート**　CCSSO (1988) は，「リスクのある生徒の学校での成功（School Success for Students At Risk）」と題する，リスクのある生徒が抱える問題がいかに重大な問題であり，学校はリストラクチャリングする必要性に迫られているのだという現実を厳しく指摘した報告書である．CCSSO (1988) の前文は，リスクのある生徒の抱える問題や中退問題など，リストラクチャリングが不可欠となる背景を，賃金の下落や，貧困の増加などの観点から述べたうえで次のように指摘している．

> 普遍的に無料の公教育を行う壮大な試みによって，わが国は比較的有効なシステムを構築してきた．しかしそれは白人で，強い学習動機を持ち，生活が安定した中間階層から上層階級の家族にとってのものであった．生徒が規準から逸脱すればするほど，そのシステムは彼らに対するサービスを減らしてきた．（中略）生徒たちがシステムに適合しないことを非難するのではなく，われわれは適切な教育と関連するサービスをリスクのある生徒に提供できるように新しい構造を設計し，実施しなければならない (CCSSO, 1988, p. 5)．

CCSSO (1988) の前文は以上のような認識のもと，以下 4 点の重要な信念を持つにいたったとしている．第 1 点は，すべての子どもは学ぶことができる，ということである．第 2 点は，一人ひとりの生徒が学ぶ内容は，挑戦的で共通のものでなければならない，ということである．第 3 点は，こどものなかで何時，どこで，どのように学習が起き，誰が授業を行うのが最も有効かは子どもによって異なる，ということである．第 4 点は，多様な環境からくる子どもたちが成功する方法はわかっている．しかし成功は容易ではなく，時に極めて難しいが，成功への道は神秘的ではない，ということである (CCSSO, 1988, p. 6)．

これらの信念に基づき，学校で挫折するリスクのある生徒を成功に導くために支援し，従来とは根本的に異なる約束をすることが道徳的であるとした．そして，リスクのある生徒に対して，高校卒業を果たすのに必要な教育上，健康上，そして社会的なサービスを提供することを，CCSSO（1987a）で示されていた「assuring」よりもより強い表現で，「保証（guarantee）する」と宣言した（CCSSO, 1988, p. 6）．前文の最後は次のように締めくくられている．

> 本文は，リストラクチャリングの知的枠組みを提供すべくデザインされており，初
> 等・中等教育に対する憲法上の責務を果たすという意味で，州がすべての子どもたち
> の成功のために必要なリーダーシップを発揮しようとするものである（CCSSO, 1988,
> p. 9）．

CCSSO（1988）は，多様なリスクを抱えた生徒の背景，問題点，政策的提言を 13 名の学者が論じる形をとっている．本書では，前記した前文が全体像を示していると考え，それら諸論には触れないこととする．

③ CCSSO の 1989 年レポート―アカウンタビリティの問題浮上　CCSSO（1987a; 1987b; 1988）が，政治的声明であったのに対して，CCSSO（1989）は，各州でリストラクチャリングがどのように実践されているかを調査したレポートである．リストラクチャリングの全体像を概観できるように，以下の構成となっている．1）州の学校リストラクチャリングの主要な 4 つの戦略（選択，SBM，教師への権限委譲，理解のための授業）についてコロラド，メイン，マサチューセッツ，バージニアなどの 7 州の実践を中心にまとめられている．2）学区におけるリストラクチャリングの取り組みの実践例が，ニューヨーク第 4 学区など，多数の学区について紹介されている．3）CES など，全国規模の個人または団体が主導するリストラクチャリング実践が述べられている．

注目されるのは，州によるリストラクチャリング運動が進展する一方で，連邦政府サイドからのアカウンタビリティの強化要請の問題が浮上してきた[11]ことを同レポートが指摘していることである．1987 年に CCSSO が，リスクのある生徒の問題を解決する手段として取り組んできたリストラクチャリング運動であるが，アカウンタビリティの強化が要求されるようになれば，今までとは逆にリスクのある生徒に負担を強いる結果になるのではないかと懸念を示して

いる（CCSSO, 1989, p. 30）．そこで，アカウンタビリティが CCSSO や研究者からどのように捉えられていたか，考察しておきたい．

a. アカウンタビリティの状況に関する CCSSO の見解　CCSSO（1989）は，「現在のアカウンタビリティ手法は，すべての生徒を生産的で責任ある大人として適切に養成するような学校教育の種類とクオリティをもたらしていない」（CCSSO, 1989, p. 30）と認めている．そのため，生徒の成績報告書[12]や個人の評価について，新しいタイプのアセスメント手法を取り入れている州がいくつか出てきたと述べている（CCSSO, 1989, p. 30）．

CES の研究部長であり，いくつかの州でアカウンタビリティ手法の策定を指導しているグラント・ウィギンス（Wiggins, G.）の指摘を CCSSO（1989）は次のように引用している．

> 学校のテストは，演奏会，科学プロジェクト，土曜日の運動会，あるいは，討論会のように，本当の知的な実演パフォーマンスによって行われるべきだ．現在のテストは典型的な非真正のものである．なぜならテストは，よく訓練された知的な演技者ではなく，消極的で口先だけの観察者を高評価するからである．テストは真正の（authentic）[13]知的な挑戦とならねばならない（Wiggins, 1989, p. 31）．

CCSSO（1989）は，バーモント州，カリフォルニア州，ミズーリ州などの新しい「真正」と考えられるアセスメント手法を事例に挙げているが，ここではバーモント州の事例を取り上げ，同州の「教育のクオリティ保証プログラム」（CCSSO, 1989, p. 31）の概要を記しておきたい．

バーモント州のプランは，批判的思考力と高次の学習を奨励するパフォーマンスをもとにした学習クオリティ保証プログラムである．2 つのアセスメントを統合するもので，1 つはバーモント州が開発した基準に基づくテスト，もう 1 つは生徒が制作した作文と数学に関係する作品の作品集（portfolio）に対する評点システムである．4 年生と 11 年生の生徒は教師と相談し，本人が「最もよい」と考える作品を 3〜4 個選び，アセスメント・センターに提出する．バーモント州は人口が少なく，生徒数も少ないので，個々の生徒の発達をモニターすることができると考えられている．しかしそれでも，この評価法には次のような課題が存在すると州は自覚している．1）評価する作品集の選択の課

題，2）生徒の最善の作品を提示することが，最善の授業を奨励することにつながるかという課題，3）作品集は広い次元の能力を反映しているかという課題，4）作文と数学の作品集で示される能力が，より広い一般化した能力として把握できるかという課題，5）基準に基づくテストと作品集の評価との関係が明確かという課題である（CCSSO, 1989, P. 31）.

バーモント州では，現在これらの問題に答えることを含めて，システムの改訂版を策定中であり，1990年にこのプロセスによる試行活動を行い，1991年には州全体の試行結果を報告しこれらの問題に解答を出すとしている（CCSSO, 1989, P. 31）.

b. アカウンタビリティ手法に関する研究者の見解　アメリカの教育専門誌 *Phi Delta Kappan* は1991年11月号で，「改革戦略としてのアカウンタビリティ（Accountability As a Reform Strategy）」と題した特集を組み，5名の研究者が見解を示した．その一人，ミルベリー・マクローリン（McLaughlin, M. W.）が総括しているように，「5名の論文はいずれもテストすることやアカウンタビリティには反対していないが，彼らの関心事は，テストの性格であり，テストがどのように使われるかである」（McLaughlin, 1991, p. 248）と考えられていた．

そこで，5名の研究者の一人であるリンダ・ダーリング＝ハモンド（Darling-Hammond, L.）の見解を見てみよう．彼女は，最近の政策が，「テストを使って，個々の学校に説明責任を持たせている」と考え，テストを見直すべきだとの考え方から現状分析を行っている．彼女は，アメリカのテストには以下6つの問題があると指摘している（Darling-Hammond, 1991, pp. 220-223）.

第1は，テストが民間の出版社や，学校に関係のない機関によって管理されており，その内容は廉価で効率的に生徒を格付けするように設計され，問題が起きてから対応するというものになっている．受験者が課題を作り出し，アイデアを創造し，問題解決するというような内容の対極にあるようなものである.

第2は，標準学力テスト（criterion-referenced test）による能力の測定方法は貧弱で，生徒の高次の認知能力の測定や，現実の社会の課題に取り組む生徒の能力を測定できないという点である.

第3は，学校が「テストのために教える」ことを始めたという点である.

第Ⅱ部　校長のリーダーシップのリストラクチャリング

第4は，高次の思考力の評価点は実態上すべての分野で確実に低下してきている[14]ことである.

第5は，基礎的な能力テストの使用は，テストが本来助けようとしている生徒たちに最も被害をもたらしている点である．最も低いレベルのトラックにいる子や，補修プログラムを受けている子どもたちは，多選択肢テスト向けの授業ばかりを経験することになるからである.

第6は，公平性に関わる問題である．テストは，生徒の卒業の決定，生徒のトラックの決定，進級決定に使用されているが，テストの使用は，すべての生徒が高く，厳格な教育を追求するのを支援するものではなく，結果的にそれを妨害することになっている.

ダーリング＝ハモンドは結論として次のように述べている．教育上役に立ち，根拠がしっかりした学習法に投資をすることなしには，アセスメントは建設的な改革の方策となりえない．生徒の実際のパフォーマンスに対する真正の評価（authentic assessment)[15]を創造することが長期的にはより大きな利益を生み出す潜在力を持った戦略となる（Darling-Hammond, 1991, pp. 220-223).

以上が，CCSSO のリストラクチャリングに関連する考察である.

時代は，スタンダードとテストに基づくアカウンタビリティ政策が推進されようとする転換点に差し掛かり，この政策に研究者たちが立ち向かおうとする現象が見られる.

第2節　リストラクチャリングの理論

1986 年に発表された NGA のレポート『結果を出す時』で，NGA のアレキサンダー会長は，「学校や学区が結果に対して説明責任をとるなら，われわれは多数の州において，教育の管理監督を，法律を変更してでも放棄する用意がある」（『結果を出す時』, p. 4）と述べていた．そのころから，既述の通り州の法令の規制緩和に基づく SBM，教師への権限委譲（teacher empowerment)，学校選択などのリストラクチャリングが実践されてきた．しかしそれらの改革は，リストラクチャリングの一部に過ぎないと考えられる.

本節では，リストラクチャリングの全貌を把握することにより，リストラク

チャリングを通して生成されていく新しいリーダーシップの要素を把握しよう
とするものである．それらの要素が校長のリストラクチャリング活動に生かさ
れ，「基準」として結実していくと考えるからである．

1. リストラクチャリングの概念把握

本書でリストラクチャリングを特に重視して考察しようとする理由は次の通
りである．第1は，本書の中心的な研究対象である「基準」がその序文で，
「過去25年以上にわたって，非常に重要な変化がわが国を作り変えてきた．同
時に，新しいいくつかの観点によって，21世紀に向けて教育の何をリストラ
クチャすべきかが明らかになってきた．（中略）本文書において読者は，それ
らの取り組みの中の1つの成果を見ることになる」（「基準」，p. 5）と述べてお
り，これまで考察してきた教育改革の波とともに，リストラクチャリングの考
察が必要であることを示唆しているからである．その考察を通じて，「基準」
で示される諸要素がどのように生成してきたかを理解できるものと考えられる．
第2は，日本におけるリストラクチャリングに関する研究が，例えば今村令子
が「リストラクチャリングの定義や具体的な実践形態については，まだ，全国
的な合意は生まれていない」（今村，1990，384頁）としたうえで，「学校教育に
関する諸決定の地方への権限委譲（分権化）および教員の専門職化（自律とア
カウンタビリティ）を主軸とする根底的な改革である」（今村，1990，384頁）
と説明するにとどまっているので，若干の追加的な考察が必要と考えられるか
らである．

前節でデービット・コンレイによるリストラクチャリングの定義（Conley,
1993, pp. 8-9）を示したが，コンレイによれば，リストラクチャリングはダイナ
ミックな概念であり，多くの人が多くの意味で展開している概念であるため，
その全体像を把握するのは極めて困難であるとされる（Conley, 1993, pp. 4-5）.
因みにリストラクチャリングの議論は，ERIC（アメリカ連邦教育省がスポン
サーとする教育研究に関するデータベース）では，2018年末現在で，12,263
件（うち，2000年以前のもの7295件）が掲載されており，その内容は，テス
トを論じたもの（Haney & Madaus, 1989, Neil & Median, 1989など），カリキュラム
について論じたもの（Apple, 1990, Murphy et al., 1987など），生徒の学習について

論じたもの（Dillon, 1989, Wiggins, 1991 など），アカウンタビリティについて論じたもの（Lieberman, 1991），SBM について論じたもの（Conley & Bocharach, 1990, David, 1989a; 1989b など），家族との関係を論じたもの（Epstein, 1991, Warner, 1991）など多岐のテーマにわたっているが，全体像を把握しようとする研究者は少ない．それはリストラクチャリング活動が今なお流動的であり，新しいものが出現しているからである．

　そこでコンレイは，全体把握の方法として，常時その内容を改訂していく必要があるという前提で，現時点で明確に認識でき，入手可能な最良の証拠をもとに全体像を記載する方法を取っている（Conley, 1993, p. 5）．コンレイ以外にも同じ方法でリストラクチャリングの全体像を論じている 2 つの著書がある．リチャード・エルモア（Elmore, R.）らによる『学校のリストラクチャリング：次世代の教育改革』（Elmore et al. 1990）と，ジョセフ・マーフィ（Murphy, J）による『学校のリストラクチャリング』（Murphy, 1991）である．本書では，主としてマーフィーの論述（Murphy, 1991）に依拠してリストラクチャリングの促進要因と内容を把握し，教育改革における意義や課題を考察しようと思う．なお，Murphy（1991）の考察に加えて，Elmore & Associates.（1990），Conley（1993）などを参照して考察を補強する．

　リストラクチャリングの考察のために，Murphy（1991）を選択した理由は次の通りである．1）すでに述べたように，本書の主題である「基準」の研究には，その主筆であるマーフィーが，リストラクチャリングからの影響を受けて「基準」を作成したと述べていることから，マーフィーによるリストラクチャリングの考察が不可欠であると判断した．2）マーフィーは Murphy（1991）の序文の冒頭で，次節で述べることになる 1989 年の教育サミットについて報告した *Education Week* のジュリー・ミラー記者による次の記事を引用している（Murphy, 1991, p. 1）．

　　ブッシュ大統領と全国の知事は，国家教育目標を構築すること，およびアメリカの教育の根本的な（ラディカルな）リストラクチャリングを設計することに合意し，教育サミット会場から退出した（Miller, 1989, October 4, p. 1）．

　これは，マーフィーが教育サミットで合意されたリストラクチャリングの設計に関心があり，設計のためにあるべきリストラクチャリング像を情報提供し

なければならないとの意図をもって論述されたものと考えられるが，実際にもこの時期のマーフィーは，後述するように，1990年代初頭のリストラクチャリングの全体像を多くの情報源[16]から把握しようとしたことがわかっており，このような状況からもマーフィーによるリストラクチャリングの研究の考察が不可欠と判断した.

（1）　リストラクチャリングを促進する要因

　Murphy（1991）は，リストラクチャリングを促進する要因を，地方分権と，学校に関連する要素に大別して説明している（Murphy, 1991, pp. 1-14）．その要点は下記の通りである．これらの要因は，これまでの教育改革を総括し，教育改革がもたらした負の遺産や教育改革に不足していたものを明らかにするとともに，教育改革のこれまでの流れとリストラクチャリングとの関連性を明らかにし，さらにこれから行われていく新しい教育改革の方向性を示していると考える．なおエルモアらとコンレイも同じ内容の論述をしているが，若干の違いがあるので，その点については後述する.

①　地方分権がもたらすリストラクチャリングの促進要因

a．政治的要因

　リストラクチャリングを推進する人たちは下記のように常に公教育の改革を求めており，そのために SBM に代表される地方分権を求めている.

　第1，地方分権の応答性について；

＊学校に従来よりも大きな権限を与えることが，より多様な提言をもたらし，イノベーションを奨励し，コミュニティのニーズに応答し，学校システム内での多様な代替案を提供することになる（Carlson, 1989, p. 10）.

＊学校への権限の根底的な委譲が，学校による民主主義的かつ平等主義的な自治への取り組みをもたらす（Watt, 1989, p. 20）.

＊学校の利害関係者を代表する学校委員会によって行われる意思決定への参画によって生まれる当事者意識（sense of ownership）が，委員会での決定事項に対してより積極的な関与と協働をもたらすことになり，究極的に利害関係者たちのより大きな満足をもたらすことになる（Lindquist & Muriel, 1989, p. 405）.

　第2，参加と参画について；

＊SBM 委員会から発信される情報によって，学校コミュニティは学校の組織や学校

の活動をよく知ることができる．SBM の活動は，学校の意思決定への保護者の参画を促進するように働きかけてきたし，学校活動に関する学校コミュニティが持つ知識を増加させる（Clune & White, 1988, p. 23）．

第3，学校内部の変化について：

＊教師と校長により大きな権限を付与し，より大きな責務を持たせることによって，SBM は教職員全体の専門職化に貢献し，専門職化した教職員は学校の卓越性に向けて互いにコミットし合い，また助け合うようになる（Carlson, 1989, p. 2）．

（以上 Murphy, 1991, pp. 1-4）

b. 経済的要因

地方分権的な組織の提唱者は，権限の委譲が，これまで守られてきた学校の独占的地位に競争をもたらすと主張する．競争はイノベーションをもたらし，SBM の実施に伴うコスト増を相殺し（Clune & White, 1988, p. 29），官僚的になりつつあるシステムに強い刺激を与える（Elmore, 1988b, p. 95），などの経済的合理性をリストラクチャリングにもたらす（Murphy, 1991, pp. 4-6）とされる．

② 学校に関連したリストラクチャリングの促進要因

われわれの住む世界は急速に変化し，脱工業化社会に向かうにつれて，社会に関する諸前提の再検討が始まっている．学校は社会の増大する要求と期待に対して，学校が組織され統治されている方法を全面的に見直しをすることによって応答しなければならないという考え方が広がっている．次のような圧力が集合し，学校改革への要求が強まる（Murphy, 1991, p. 6）．

第1は，学校におけるニーズの変化が学校改革を求めることになる．

学校は根本的にその運営方法（イデオロギーと核となる技術）の再設計を求められるようになった（Murphy, 1991, pp. 6-8）．さらに，変化する人口構成が，不利な立場にある子どもたちのために成功してこなかった学校組織に対して，教育のリストラクチャリングを強く求めている（Murphy, 1991, p. 8）．

第2は，基準引き上げ運動の影響への関心の高まりである．

1980 年代初期から中期にかけて，教育改革の諸提言は主として中央集権を強化することによって基準の引き上げに焦点化してきたが，基準引き上げ運動は，教育プロセスにおいて最も基本的な要素である教師と生徒の関係性や，生徒が学習プロセスに活発に取り組む姿勢が後退することを考慮に入れてこなか

った．このような政策への関心や批判の高まりが，アメリカの教育をリストラクチャリングに向かわせている（Murphy, 1991, p. 9）．

第3は，学校の官僚化への不満の高まりである．

教育における官僚制批判は新しいものではないが，これまでと異なるのは，批判が議論の中心となり，不満の限界が近づいていることである．専門家からの批判には次のようなものがある（Murphy, 1991, pp. 9-11）とマーフィーは指摘する．

　イ．官僚制に伴って蓄積されてきた改革を阻害する要因のために，学校の先進的取り組み，創造性，専門職的な判断がすべて無力化してしまう（Chubb & Moe, 1990）．

　ロ．官僚的なマネジメントによる，教育プロセスでの受け入れ難いねじれが，アメリカの教育を無力化し，子どもたちの学習に立ちふさがってきた（Wise, 1989a, p. 301）．

　ハ．官僚制は実践的ではなく，教職員たちの心理的，個人的なニーズに適合せず，学校の教育者たちのニーズに逆効果をもたらしている（Clark & Meloy, 1989, p. 293）．

　ニ．官僚制とは本質的に学校教育の核となる技術とはかけ離れたところに注意を向ける活動の形態である（Chubb & Moe, 1990）．

　ホ．厳格な官僚制は保護者や市民による学校統治や改革の能力を妨げている．これに対して新しい価値と原理に基づく代替の学校運営方法への要求が強まっている（Weick & McDaniel, 1989, p. 350）．

　ヘ．教職のより強い専門職化が，非官僚制化とともに，求められている（Murphy, 1991, pp. 11-12）．

以上のような学校に関連する要因が，リストラクチャリングを促進していると考えられたものである．

(2)　エルモアとコンレイの指摘する促進要因

以上，マーフィーが把握している他の論者の議論を整理したが，マーフィーと，エルモアらおよびコンレイとの違いを以下に検討する．表現は若干異なるが，エルモアらは Elmore & Associates. (1990, pp. 2-3) で，コンレイは，Conley

（1993, pp. 18-20）でマーフィーとほぼ同じ内容の説明をし，さらに以下2点を提示している．マーフィーの理解に追加すべき見解である．

第1に，エルモアらは，子どもたち一人ひとりの立場からものごとを考えるという視点がリストラクチャリングには存在する（Elmore and Associates, 1990, p. 2）と述べている．

第2に，コンレイは，リストラクチャリングの促進要因として，コミュニティの価値や道徳を捉えようとする教育者たちの「精神の習慣（habit of heart and mind）」の必要性が高まったことを指摘し，リストラクチャリングの諸議論から収集した下記の6つの「精神の習慣」を示している．なお，ここでいう「精神の習慣」は前節で述べた CES で重視されている「精神の習慣」と同じ原理ではあるが，ここでは大人である教育者が以下の見解とそこに含まれている諸価値を注意深く考慮し，理解することを「精神の習慣」と捉えており，それによってリストラクチャリングの目標を明確にすることができる（Conley, 1993, p. 43）と述べているものである．コンレイが示す6つの「精神の習慣」は次の通りである（Conley, 1993, p. 43）．

1）基本的にすべての生徒は相当の機能にまで教育することができる．しかしこれまで多くの教育実践は，疑問視されることもなく深く信じられてきた正規分布曲線の概念，すなわち，ある者はより良く学べ，ある者は学べないという考え方に基づいて行われてきた．そのような考え方に基づく教育実践の事例がトラッキング，基準に基づくテスト，学級分け，才能児か英才児かの区分，補習教育の決定などである．

2）学習する子どもたちを教育プロセスの対象とするのではなく，学習の結果として子どもが何ができるようになったかが問われている．

3）教育はすべての生徒と社会に経済的効用をもたらす．

4）学習者は，彼ら自身の教育に多様な方法で積極的に参加するものである．

5）親，コミュニティのメンバーには，コミュニティの若者の教育に関して，学校では行うことが不可能な教育を行う責務があり，また同時に，教育に関する重要な決定に参画する権利を持つ．

6）学校は若者に，本物のコミュニティ意識を育てられる唯一の場所であり，そこで働くだけの工場のようなものではなく，コミュニティとして機能

しなければならない.

さらにコンレイは次の点を指摘している. 生徒が所属意識を充足できる場所として, かつては教会などのコミュニティが存在したが, このような機関がもはや彼らのニーズに合わなくなっている. その結果, 若者たちは小売業者やメディア, あるいはそれより大きな機関, 時にはギャングや反社会的な徒党によってつくられた大衆文化へ放出されている. 若者の人生に関わって積極的な役割を担う大人の存在感が減少していることが問題である.

この問題を解決する1つの戦略として, 学校を人間的な場所に戻すことが考えられる. 小規模学校や学校内学校など, コミュニティのいろいろな場所に存在する学校においては, 多数の大人がいろいろな役割を持ち, そこではコミュニティの人々にとって意味があり, 関心がある行事が行われている. これらの意味ある活動が, 学校内で本物の強力なコミュニティ感を子どもに与えることのできる戦略となる (Conley, 1993, pp. 51-53).

コンレイは以上のように論じ, 「これらの6つの新しい『精神の習慣』が, 教育者たちが行うべき変革の基礎となる前提であり, これらの変化はすでに社会で起こっている. これらの『精神の習慣』を前提とする変化とともに, 新しいプログラムと, 『精神の習慣』の前提が持つ価値に基礎をおいた公立学校の内部構造と新しいプログラムとを開発することは実現可能であろう」(Conley, 1993, p. 54), と結んでいる.

2. リストラクチャリングの全体像

以下は, Murphy (1991) に基づく1990年代初頭におけるリストラクチャリングの全体像である. なお, リストラクチャリングの内容は, 時代の変化とともに変化していくことを念頭に置いておかねばならない.

(1) リストラクチャリングに伴う教育の根本的変化の見通し

リストラクチャリングとは, 概して言えば, 次の要素の複数を包含する体系的な変革である. すなわち, 作業の役割や組織環境, 組織あるいは統治の構造, 学校と学校を取り巻く環境との関係, 核となる技術, さらに, 教育プロセスに関わるプレーヤーたちの関係の基本的な変革を意味する (Murphy, 1991, p. 13).

142 第Ⅱ部　校長のリーダーシップのリストラクチャリング

　マーフィーは，リストラクチャリングの展開に伴って，教育において，以下のような根本的ともいえる変化を予測している（Murpy, 1991, pp. 17-20）．

① 学校が独占的存在から陥落する．

② 学校におけるコントロールは権限委譲へと変化する．

　階層的で官僚的な組織構造は，地方分権化し，専門職的に管理されるシステムである「学校マネジメントの新しいパラダイム」（Wise, 1989a, p. 303）が到来する．そこでは伝統的な関係が変化し，権限の流れは非階層的になり，固定的な役割は弾力的なものになる．

③ すべての学習者に平等な機会と成功を保障する．

　一部の少数の人々だけが良く教育されるという考え方から，すべての人々が学べるという考え方へ，「人間の教育可能性」（Purpel, 1989, p. 10）に関する考え方が根本的に変化することによって，すべての学習者に平等な機会と成功を保障（ensure）するようになる（Purpel, 1989, p. 19）．

④ 知識に関するパラダイムの転換．

　知識は内面的で，主観的なものであり，人の内部で作用している価値に依存するものである．文脈依存的な考え方に基づいて行われる教室での授業は，伝統的な，内容を網羅し基礎的なスキルを暗記するものから，課題をより深く考える高次の思考力へと変化する（Carnegie Council on Adolescent Development, 1989, p. 43）．

⑤ ケアリングを中心とする授業と学習．

　授業と学習の技術的な次元では，学校教育の個人化したニーズを強調する新しい考え方に道を譲っている（Dokecki, 1990, p. 163）．

　これらすべての変化を総括してマーフィーは，リストラクチャリングには教育の神聖な（sacred）価値，すなわち教育上の公平さの観点からすべての子どもの結果の平等を検証することが求められ，あらためて結果に対するアカウンタビリティとは何かを問う再検討が必要となる（Murphy, 1991, p. 20-21）と述べている．

　すべての学習者に平等な機会と結果を保障するという考え方は，「基準」の「すべての生徒の成功を促進する」という最も重要なメッセージとして受け継がれていくと考えられる．

第3章　リストラクチャリング

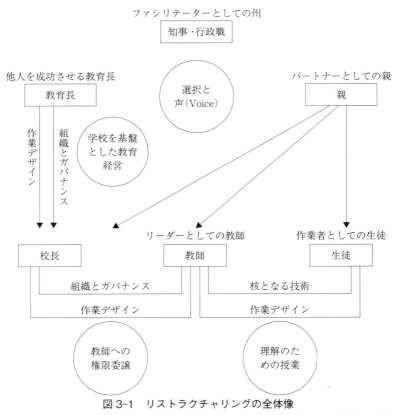

図3-1　リストラクチャリングの全体像

出典：Murphy (1991), p. 16.

(2) リストラクチャリングの全体像

マーフィーは，図3-1によって，リストラクチャリングの全体像を説明している．図3-1で示した4つの円の部分は，学校を基盤とした教育経営（SBM），選択，教師への権限委譲，理解のための授業で，学校リストラクチャリングで採られる最も重要な戦略を示す．

図3-1の6つの四角形はリストラクチャリングの中心的アクター，すなわち知事など州の役人，教育長，校長，教師，生徒および親である．人物間を結んだ実線は，リストラクチャリング活動の重要な要素，すなわち①「作業デザイ

表 3-2　リストラクチャリングの要素

	項目	小項目	新しい職務
①	作業デザイン	イ．教育長	他人を成功させる人
		ロ．校長	専門職グループのファシリテーター
		ハ．教師	何らかのリーダーシップ職務 教師間の同僚性
②	組織とガバナンス	ニ．SBM	構造的非中央集権または権限委譲
		ホ．権限委譲	権限委譲しリーダーシップの発揮
		ヘ．法的環境	規則と規定という制限
③	核となる技術	ト．生徒	作業者としての生徒
		チ．カリキュラム	核となる教科の取り入れ 学問分野間の関連性 内容の深さ 高次の思考力 原典の使用 評価システムの充実 教師の選択の拡大
		リ．授業	学習者中心の授業法
		ヌ．教師の裁量	教師の裁量拡大
		ル．個人化	一人ひとりに最適のプログラム
		オ．協同学習	チーム／小グループでの学習

出典：Murphy（1991），pp. 22-71 をもとに筆者作成．

ン」，②「組織とガバナンス」，および③「核となる技術」を説明しようとしている．これら3項目の要素を一覧にしたものが表3-2である．①，②，③の3項目の内容を以下に述べている．なお，人物の上部に記載した「リーダーとしての教師」などはそれぞれの人物の職務を特徴付けるメタファーである．

　以下に，Murphy（1991, pp. 22-35）の論述に依拠して，①，②，③の3項目の内容を述べておこう．

　①　作業デザイン　学校リストラクチャリングの鍵となる要素の1つは，専門職スタッフの職務の再定義である．図3-1の「作業デザイン」の線で示したもので，教育長，校長，教師の職務が以下の通り再デザインされる．総じていえば再デザインされた学校においては，個人が占める社会的地位・位置から生じる役割（role）[17]に依存することが少なくなり，専門職的な能力依存となり，専門職の知識（professional expertise）が重要となる．作業デザイン上は，各人が専門職として捉えられている．教育長，校長，教師の職務の変化は表3-2

の右端，「新しい職務」に整理されている．以下のイ．からオ．は，表3-2の同記号に対応させている．

イ．教育長

「指示者（director）」であり，「コントロールする人（controller）」であった教育長は，校長や学校委員会の人々を助け，彼らの仕事を成功に導く「他人を成功させる人（enabler）」へと変化する（Murphy, 1991, pp. 22-25）．

ロ．校長

校長はリストラクチャリング遂行の中で，学校を代表して自律性の権限とアカウンタビリティの責務を引き受け，それを教師たちに転移するといういわば結び目の職務を果たすことになる．当然に，責務を転移する校長と，責務を実行しなければならない教師との間の確執あるいは緊張が高まる場面も想定される．SBM システム下の校長は対中央では学校活動の責任者として中心的な役を演じる人に位置付けられるが，学校内では自律的な教育上のリーダーとして中心的な職務を行うのではなく，むしろ専門職グループのファシリテーターとなる．また授業をコントロールする人ではなく，授業機能をサポートする人となる．要するに，ピラミッドの頂点からではなく，クモの巣状の人間関係と機能のネットワークの中の可変的な位置に存在し，変化の代理人とみなされる．

マーフィーは，校長の「より複雑に，より求められるものが多くなった」新しい責任を次の3点で説明している．1）核心的な技術の運営について，地方分権と権限委譲の結果としてカリキュラム・リーダーとしてのカリキュラムに関するマネジメント上の責務．2）人事マネジメントについて，分権化した統治の仲介者として，教職員たちに今までより，さらに近く接する責務．3）学校を取り巻く環境との関係において，管理職として教職員の参画と協働の促進と，個人間のコミュニケーションを重視する責務で，次のものが含まれる．第1に，教職員たちと仕事をするための成人教育や，戦略および技術について理解を深める責務．第2に，コミュニティの関係者，学区の役人を含むより広い外部関係者との関係を構築し，深める管理職としての職務（Murphy, 1991, p. 27）である．

ここで，述べられた校長の職務は，篠原岳司が論じる「分散型リーダーシップ（distributed leadership）」に通じるものがある．篠原によれば，分散型リ

ーダーシップは，「校長など個別のアクターを対象に静的に捉えようとするものではなく，教師を中心に複数のアクターの複雑な関係性に着目し，それらによって編まれている実践の枠組みを動的にとらえようとするものである」（篠原，2015，72頁）．次のハ．で述べる教師における「リーダーシップの職務は分担され，多様な場面で実践されねばならない」（Sergiovanni, 1989, p. 221）という説明とも符合するものである．

ハ．教師

　教職は専門職（profession）であり，官僚的なルールや規則よりも，専門職的な規範（canons）によって遂行されるべきである．また授業活動は2つの重要な前提に基づいている．第1に，教職は道徳的なものであり，教師は自律する必要がある（Bolin, 1989）．第2に，教職は知的なものであり，学校教育の性格や目的に関する議論においては，主導的な立場に立たねばならない．第3に，多くのメンバーが何らかのリーダーシップの職務を果たさねばならない，すなわち，リーダーシップの職務は分担され，多様な場面で実践されねばならない（Sergiovanni, 1989, p. 221）．

　マーフィーは多様な教師間関係の存在を紹介している．1）『結果を示す時』（NGA, 1986）で述べられている教師間の同僚性である[18]．2）Carngie Forum（1986）やHolmes Group（1986）で示されたlead teacherなどの多段階教職制度に基づく関係である．そのほかにも学校内学校（small house）での教師のありようや，個人化された学校での教師のありようなど，多様な形態の教師関係に基づく教育実践が行われている（Murphy, 1991, p. 59）．

　以上の職務は，校長がファシリテーターとして活動することを前提としたものであり，また分散型リーダーシップを発揮する職務であると考えている．

　② **組織とガバナンス**　図3-1で教育長，校長，教師をつなぐ実線で示された関係である．

　学校での分権問題はリストラクチャリングを検討する中で，重要な要素の1つであるとして，マーフィーは地方分権のタイプについて以下の3点からの考察を行っている（Murphy, 1991, pp. 36-49）．

ニ．学校を基盤とした教育経営（SBM）

SBM の基礎的な概念は権限の委譲であるが，へ．で述べるように法的に大きな制限があり，学校で行えることは，公平に関する事項，よりよい教育を行って生徒の成績を上げること，学校の教職員や利害関係者のより大きな満足を得ることなどであるとマーフィーは述べている．つまり，SBM の重要性は認めつつも，そこでの校長や教職員の自律性には限界があると述べているのである[19]．

ホ．権限委譲

マーフィーは，本物の学校改善は校長が教師に権限委譲し，教師たちに教授的リーダーシップを発揮させられるかどうかにかかっているとする（Murphy，1991，p. 40）．

ヘ．学校とその法的環境

学校が享受できる自由の程度は，組合との契約および州および連邦の法規によって厳しく制限されている（Murphy，1991，p. 41），とマーフィーは述べている．つまり，SBM などリストラクチャリングによる改革は，組合との契約や州法が制限する範囲内で行われているという認識である．

③　**核となる技術**　リストラクチャリングの多様な教育改革戦略のうちで，マーフィーが最も重視しているとみられるのが，授業と学習のリストラクチャリングである．マーフィーによれば，授業と学習に関する調査研究や，州，学区，学校での実践はこれまであまり注目されてこなかった（Murphy，1991，p. 50）．CCSSO も同じ見解を示しており，「学校教育はより改善した学びのためのリストラクチャリングに挑戦しなければならない」（CCSSO，1989，p. 18）と述べている．マーフィーは授業と学習に関する核となる技術には，以下のような，重要なポイントがある（Murphy，1991，pp. 50-71）としている．

ト．作業する人としての生徒

マーフィーは，リストラクチャされた教育過程の核心は生徒であるとし，「作業する人としての生徒」[20]という概念は，これまで伝統的に主流となってきた教師が作業する人であり生徒はその産物である，という概念とは根本的に異なった教育上の意味を持つものであって，リストラクチャされた学校のすべてのカリキュラムや授業は，学習に真剣に取り組む学校とそこで作業する生徒に

148 　　　第Ⅱ部　校長のリーダーシップのリストラクチャリング

向けてデザインされる，と述べている（Murphy, 1991, p. 52）．

チ．カリキュラム

　マーフィーは，リストラクチャされた学校のカリキュラムはより高度に洗練され，より一貫性のあることが特徴であるとし，少なくとも以下，7項目のカリキュラム上の改革が期待されていると述べている（Murphy, 1991, pp. 52-57）．7項目は，**a.** 核となる教科（core curriculum）の取り入れ，**b.** 学問分野間の関連性の重視，**c.** カリキュラム内容の深さ，**d.** 高次の思考力につながるもの，**e.** カリキュラムには原典を使用すること，**f.** 評価システムの充実，**g.** 教師が行う選択（teacher choice）の拡大，である．

　このうち，リストラクチャされた学校でのカリキュラムと評価システムとの関係についてのマーフィーの考え方は次の通りである．

　中核となる知識，統合的なカリキュラム，問題解決スキルを重視する結果として，次の2点の観点を踏まえた生徒の成長を判断する新しい評価システムを構築し，活用しなければならない．

　第1は，テストされる対象の選択である．リストラクチャされた学校では，生徒の読み，数学，言語などの点数だけで成績が評価されることはなく，よく考えられた評価が，カリキュラムのあらゆる側面から行われなければならない．

　第2に，評価されるスキルのタイプに関連する変化である．評価は現行の基礎的なスキルと事実に関する知識への過度の依存から抜け出し，リストラクチャされたカリキュラムにおける高次の思考力に関わる評価へと移行する（Rothman, January 24, 1990, Rothman, February 14, 1990）．マーフィーは，将来，リストラクチャされた学校においての生徒たちは，1）現在の多選択肢テストのみならず，2）成果の展示，作文の実行，ポートフォリオの編集などのより真正な活動，および3）クラス外での生徒のチームによる問題解決などによって評価が行われることになるだろうとしている（Murphy, 1991, pp. 56-57）．

リ．学習者中心の授業法

　マーフィーは，教育プロセスがリストラクチャされた学校における授業上の変化は，包括的で根本的（radical）なものになるだろうとみる．教師中心から学習者中心（learner-centered）の授業法へのシフトが最も基本的な見直しである．それは知識伝達システムではなく，生徒が自身の学習をコントロールす

ることを重視するものとなるだろう（Murphy, 1991, p. 57），と述べ，このリストラクチャリングの要点としてエルモアの次の説明を引用している（Murphy, 1991, p. 58）．

学校での「正常な実践」とされる支配的な概念では，教えるとは告げること（telling）であり，知識とは事実の積み重ねであり，学習とは記憶することである．この概念は今や，より強力な理念に取って代わらねばならない．その新しい概念によれば，教師の職務は，生徒が自身の学習をコントロールし，生徒自身の知的，道徳的な発達に責任を持てるように，生徒に自由度を与え（empowering），生徒が自由さを活用できるように指導することである（Elmore, 1988a, p. 1）．

ヌ．教師の裁量拡大

生徒の理解のための授業を強調する時，教師は伝統的な学級と違ってより多様なアプローチをすることになり，テキストの選択やカリキュラム開発に決定権を持つようになる（Murphy, 1991, p. 58）．

ル．個人化

授業は誰にも共通するものではなく，より個人化したものになり，コーチングによる授業や個々人の理解を深める授業，また個人化した授業などが常に重視される（Murphy, 1991, p. 58）．

オ．協同学習（cooperative approach to learning）

生徒のチーム単位での協同学習を強調する（David, 1989a）．教室での授業は学力と社会的背景の異なる4～6人の生徒が同じテーブルについて行われる（Viadero, 1989, p. 18），としている（Murphy, 1991, p. 58）．

以上が授業と学習におけるリストラクチャリングで，核となる技術と言われるものにおける変化である．

3. リストラクチャ活動について検討すべき課題

(1) リストラクチャリングと公平性（equity）の問題

公平性を実現するについて，次の2つの問題が提起されているとマーフィーは指摘する．公平性のために学校教育を改善する問題と，公平性のために学校教育と外部との連携を拡充する問題である（Murphy, 1991, pp. 61-62）．

① **学校教育の改善の問題**　マーフィーによれば，官僚化が進んだ教育システムに強い刺激を与えるイノベーションと，生徒の潜在力に対する信念へのシフトから生じる新たな関心によって，「リスクのある生徒」に対するより効果的なサービスを提供する方法が開発されてきた．その目的に向けた多様なアプローチが行われてきたが，その中で顕著なものが，「効果のある学校」研究，Accelerated Schools[21] (Levin, 1987)，Success for All[22] (Slavin, 1988; 1990)，およびCES運動（Watkins & Lusi, 1989）などである．これらの実践に共通しているのは，すべての生徒の教育可能性への信念に加えて，「リスクのある生徒」を不利な状態にしている学校に見られる多くの慣行を改革するためのデザイン化戦略である（Murphy, 1991, p. 61）．特徴的なデザイン化戦略として次の5点があるとされる（Murphy, 1991, pp. 61-62）．すなわち，イ）トラック制度の廃止，ロ）中核となる知識の獲得，ハ）多様な能力の生徒たちによる協同学習の促進，ニ）「連れ出し（pull out）[23]」プログラムの中止，ホ）教職員とリスクのある生徒との社会的絆の強化である．

② **外部との連携の拡充問題**　公平性の問題は学校内に留まらない．若者たちが成功するために必要とするサービスを提供する複雑な網の目のような社会的システムの構築が不可欠である．教育改革の文献には公平性を拡大するための教育と社会との相互に関連する3つの課題が見られる．

第1は，早期教育とヘルスケアのサービスである．5歳までのリスクのある子どもに対する早期教育とヘルスケアのサービスは，次節で述べることになる1989年の教育サミットの議題にも取り上げられている．そこでは，ヘッド・スタート・タイプのプログラムやサービス[24]の拡大と，初等中等教育法（ESEA）に基づく完全な[25]資金の提供に関心が寄せられた．

第2は，サービス提供の拡大である．生徒にサービス提供できる時間を，例えば午前7時から午後6時までというように拡大することによって，子どもたちが特別指導教育を受けたり，レクリエーションを行ったりするというようなサービスの拡充である．

第3は，子どもへの教育的・社会的サービスの提供である．子どもへの教育サービス条件と社会的サービス条件の間に架け橋をつくる必要があるという主

張である．学校と他の社会的なサービスとの間の調整と協働の改善に焦点化している．

　この3つは，一人の子どもに対する全人格（the whole child）的なサービス提供を行う努力によって公平性を促進しようとする新たな関心事に青信号を送るものである．

(2)　リストラクチャリングの課題

　マーフィーはリストラクチャリングの実施に関連して以下2つの課題を指摘している．

　第1は，全国知事会（NGA）が指摘しているように，「改革の提言書のほとんどが，教育上のプロセスすなわち，何がいかに教えられるのかについて語っていない」（NGA, 1989, p. 1）ことが問題であるとしている．リストラクチャリングといえば，教師への権限委譲，SBM，選択の問題が一番大きなテーマとして取り上げられるのが一般的であり，理解のための授業という重要なテーマが見過ごされていること，さらに，これらの3つの大きなテーマが生徒の学習改善の手段としてではなく，目的化していることが問題である（Murphy, 1991, p. 72-73）とマーフィーは指摘している．

　第2は，アーサー・E・ワイズ（Wise, A. E.）が指摘しているように，「多くの『解決案』を示している提案書には，理論的・実証的な根拠が示されていないことがある」（Wise, 1989b, p. 36）．中でも，マーフィーが指摘するのは，リストラクチャリングの諸要素と生徒の教育成果との関係が確固として明確になっていないことである．特に，SBMのような最近のリストラクチャリング実践を系統的にモニターしている例は極めて少ない（Murphy, 1991, p. 75），とマーフィーは指摘している．この課題は，マーフィー自身の自覚であり，戒めとして述べているものと考えられる．後日，マーフィーが主筆となった「基準」が，データの裏付けがないと批判されることになるが，マーフィーはデータに注意を払っていたことがわかる．

第3節 連邦政府が主導するリストラクチャリング

第1節，第2節では，州，学区，学校，研究者が推進するリストラクチャリングを考察してきたが，教育の第1の波以来の，連邦が唱道し，州が生徒の学力を上げようとしてきた政策がリストラクチャリング運動に変換されたわけではなく，第1の波で法制化された学力を促進するという政策は継続的に実行されてきたことを確認しておく必要がある．

第3節では，第41代大統領ジョージ・ブッシュと第42代大統領ウィリアム・クリントンの教育政策を，リストラクチャリングとの関連で捉えようとするものである．ブッシュ，クリントン両大統領とも，スタンダード・テスト・アカウンタビリティの政策を構築しようとしたが，リストラクチャリングを否定したわけではなく，両大統領とも州にはリストラクチャリングを推進することを推奨しつつ，連邦としてはリストラクチャリングを取り込む形で，『危機に立つ国家』以来の学力を上げるという国家目標をスタンダード・テスト・アカウンタビリティで実現しようとしたと理解される．このような理解のもとに，第1項でブッシュ大統領の，第2項でクリントン大統領の教育政策の展開と特徴を把握する．

1. 教育サミット－ブッシュ大統領のめざすもの

1989年1月に就任した第41代大統領ジョージ・ブッシュ（George H. W. Bush）は，1989年9月にバージニア州シャーロットに全米の州知事を集めて教育サミットを開催した．アメリカ史上初の教育サミットで合意された事項を下記に考察するが，教育サミットの重要性を吉良直は以下の2点で説明している．2点ともに，その後の教育改革動向に大きな影響をもたらすものであったと考えられる．

> 第1に初めて連邦レベルの教育目標を立てること，第2にスタンダードとテストに基づくアカウンタビリティ制度を構築することに関して合意に達したことに集約される（吉良，2012，35頁）．

本項では（1）で，大統領がめざすものをサミットの合意内容から概観し，その特徴と問題点を把握し，次に（2）で国家教育目標をいかにして，いかな

第3章　リストラクチャリング　　153

る内容で設定しようとしたか，また（3）で，国家教育目標の内容を検証する．
さらに，（4）でブッシュ政権下の教育政策における公平性について考察する.

（1）　教育サミットの合意内容

「教育サミット」で合意した内容の連邦政府のプレス・リリース（Bush, 1989）
と，教育専門週刊誌 *Education Week* のジュリー・ミラー記者（Miller, J. A.）
の特集記事（Miller, October 4, 1989）から，大統領の狙いや，問題点を明らかに
する.

プレス・リリースによれば，「教育サミット」での合意内容は以下の通りで
ある.

第1に，国家教育目標（National Education Goals）を創り，1990年早々に
発表する[26].

第2に，全州知事には新しいアイデアや戦略が存在する主要なリストラクチ
ャリングの推進に取り組むことを認めるが，各州には結果に焦点化したアカウ
ンタビリティ・システムの構築を求める．また教師と学校には学校運営に係る
意思決定の権限を与える代わりに，教師と学校には，国家目標を達成するとい
う責務を明確化する.

第3に，国家教育目標は，競争力のある労働力を保障するために必要な学習
のレベルを示すものである.

ミラー記者によれば，プレス・リリースのあと，記者会見においてブッシュ
大統領は，プレス・リリースにも書かれているが，次の点を強調したとされる.

第1点は，この「教育サミット」の合意は，「社会契約（social compact）」
であり，アメリカ国民がこの「改革運動（crusade）」に参画するよう呼び掛け
るものである.

第2点は，この契約はただの約束ではなく，各項目が挑戦であり，伝統から
の根本的（radical）な変革への新出発である（Bush, 1989, p. 1）.

このような内容に対して知事たちは容易に合意することができたのであろう
か．その点について，ミラー記者は，知事たちが合意にいたるまでには，クリ
ントン・アーカンソー州知事ら NGA 幹部役員たちの徹夜の協議があったこと
を報告している．そのような協議の結果を踏まえてクリントン知事は，知事た

ちの間で共有された3つの懸念を表明し，大統領に善処を求めたとされる（Miller, 1989, pp. 10-11）.

第1の懸念は，国家目標達成のために行われる「規制緩和（deregulation）」によって，学区が，連邦援助の対象となる生徒たちを無視することにならないか，すなわち連邦援助を受ける子どもたちに回るべき資金が学力増強のための一般財源に流用されることによって，援助資金が減額することにならないかとの懸念である．その懸念を持つ知事や教育関係者に配慮し，クリントンは不利な状態にある生徒やハンディキャップのある生徒への特別の支援を確保するために，連邦政府が「指導的役割」を担うことを求めたと，ミラー記者は報告している（Miller, 1989, p. 10）.

第2の懸念は，「合意内容」が，国家目標の遂行状況を年度ごとに，学校は学区に，学区は州に，州は連邦に報告する「レポート」システムをつくると述べていることについて，大都市学校協議会（Council of the Great City School）の理事長サミュエル・フスク（Husk, S. B.）が，「『レポート・カード』[27]は基準テストに過重に依存するものであり，大都市の生徒に不公平になる」のではないかと表明した懸念である（Miller, 1989, p. 11）.

第3の懸念は，この合意書が地方の抵抗を呼ぶことにならないかとの懸念である．合意によって，学校改革の計画そのものは学区レベルで策定されることになるが，州や連邦からの圧力的な説得によって，地方を無視した方向に進まざるを得なくなるのではないかとの懸念がある（Miller, 1989, p. 11）からである．

これら3つの懸念は，いずれもブッシュ大統領以降の政策を検証するうえで重要な視点であると考えるが，ここでは結果だけを述べておきたい．第1点は，考慮されなかったといえるし，2点目は，「レポート・カード」が懸念されるような内容で実施されることになった．第3点については，むしろ次期大統領となるクリントンの政権で，基準，テスト，アカウンタビリティが一体となった，連邦主導のガバナンスへと展開されていくことになる．

ミラー記者は記事の最後に教育サミットの合意に2つの問題点が考えられると指摘している．

第1は，アカウンタビリティとリストラクチャリングが同時に語られており，リストラクチャリングがアカウンタビリティ強化の手段としてシステムに取り

込まれていくことが予想される．それに伴って，リストラクチャリングの草の根的な性格が，失われていくことも予想される．

第2は，「リスクのある生徒」が抱える問題が無視される懸念である．この点は前述したようにクリントン・アーカンソー州知事ら NGA 幹部役員も懸念していた問題点である（Miller, 1989, p. 11）．

これらの懸念や問題点の指摘があったものの，合意はなされ，国家教育目標が設定されることになるのでその詳細を検討する．

(2) 国家教育目標の設定

1989 年の「教育サミット」で大統領と全州の知事との間で合意された教育改革の理念を実現する方策について，NGA のタスクフォースで具体的な戦略が練られた．タスクフォースの結果報告である NGA（1990）の内容は，NGA 会長による前書きおよび序文で示された次の3点に集約される．

第1は，わが国は『危機に立つ国家』や『結果を出す時』の時代よりもはるかに教育上の危機に直面しており，いまが卓越性の基準を設定する好機である．

第2は，教育目標を設定することは，単なる学業上の課題ではなく，経済的なグローバルな戦いでわが国が成功するために不可欠である．われわれはビジネス界からの高まる要請とコミットメントを現実化しなければならない．

第3に，そのために，高等教育機関，労働組合，従業員の努力と，早期教育，健康，社会サービスに携わる専門職の貢献，そしてリスクのある生徒への支援を含む，連邦政府の責任が求められている（NGA, 1990, pp. 5-9）．

以上のように，教育は，国家と国家経済のために貢献すべきものであるという道具的な考え方が，『危機に立つ国家』よりもより明確に示されたわけである．

このタスクフォースの結論をもとに，NGA の代表知事たちと，連邦教育省の上級職員らによって「教育サミット」の理念は文書化され，1991 年4月に『2000 年のアメリカ：教育戦略（America 2000: An Education Strategy）』（以下，『2000 年のアメリカ』と称す）として連邦教育省の公式文書として発表された．その特徴とめざすところは次の文章に凝縮されている．ただし，『2000 年のアメリカ』は法律になっていないことを確認しておく必要がある．

『2000年のアメリカ』は国家的（national）戦略であって，単なる連邦政府のプログラムではない．地方の統制を尊重し，地方の発意に依存し，教育のための支出においては各州と地方を上級のパートナー（senior partners）と認め，民間セクターを強力なパートナーとみなす．真の教育改革は，コミュニティごと，学校ごとに行われるものであり，人々が自分のため，子どもたちのために何をなすべきかを理解し，それに取り掛かる時にはじめて実現するものと認識するものである（『2000年のアメリカ』，pp. 1-2）．

上記の文章の意味するところを，教育サミットに大きな影響を与えた（Schwartz, 2003, p. 140）とされるマーシャル・スミス（Smith, M.）とジェニファー・オデイ（O'Day, J）は，次のように述べている．

われわれが提案したことは，中央集権的な調整を通した統合性の増加と，学校での専門職的な裁量の増加との間の，双方向的でダイナミックな関係である（Smith & O'Day, 1991, p. 254）．

これは，「国家的戦略」という大義を後ろ盾として，州，学区，学校それぞれのレベルで行われているリストラクチャリング実践と連邦教育政策とを結び付け，連邦政府によって統制しようとするシステミックな教育改革の方向性を示そうとしたものと考えられる．

(3) 『2000年のアメリカ』の内容

『2000年のアメリカ』[28]の序文は，「国家として，教育に国防よりもより大きな投資を行う」と大きな見出しで述べている．その理由として，国際的な競争国や貿易相手国では，教育改善に真剣な努力がはらわれているが，アメリカの学生は国際競争でいえば最下位に近いところにいるとし，もし根底的な変化をしなければ，そのままになってしまうであろう（『2000年のアメリカ』，p. 5）と指摘している．

その上で，西暦2000年までに達成すべき以下の6項目の「アメリカの教育目標」が示された．

〈アメリカの教育目標〉
西暦2000年までに，
1. アメリカのすべての子どもは学習への準備をして入学する．

2. 高校の卒業率を少なくとも 90% まで上げる.
3. 児童生徒は第 6, 8, 12 学年で上級に進む際に, 英語, 数学, 理科, 歴史, 地理をはじめとする教科に対する実力を示すようにする.
4. アメリカの児童生徒が, 理科・数学の成績において世界で一番となる.
5. 成人はすべて識字能力を持ち, 世界経済において競争相手に立ち向かえるようにする.
6. 学校は薬物使用, 暴力行為から解放され, 学習を奨励する規律正しい環境となる.

(『2000 年のアメリカ』, p. 9)

　これらは, 基本的に, 教育サミットに関連して発表されたプレス・リリースの内容を踏襲している.
　これらの 6 つの目標を達成するために, 次のようなテスト戦略が提示されたことが注目される. それには, 新設された全国教育目標委員会 (the National Education Goals Panel) と知事たちとが連携して「新しい世界的スタンダード (new world standards)」を作成し, 自由参加であるが, 新しい全国的テスト体制 (American Achievement Test) をつくること (『2000 年のアメリカ』, p. 11), テストの結果を生徒と保護者だけでなく, 各学校, 各学区, 各州および全国レベルの明確で比較可能な情報を公開する制度として成績報告書 (report card on results) のシステムをつくること (『2000 年のアメリカ』, p. 12), また成績報告書によって保護者が学校を選択することのできる包括的な選択制を確立すること, さらに学校は改革 (reform) の場となること (『2000 年のアメリカ』, p. 13), などが述べられている. ここに, スタンダード・テスト・アカウンタビリティを一体とする体制の構築がめざされることとなった.

(4) 『2000 年のアメリカ』における公平性

　『2000 年のアメリカ』の作成目的は, ホワイトハウス発表の大統領コメントの, 「もしわれわれが世界のリーダーとして, あるいは世界の善のための力 (a force for good in the world) として存在し続けたいのであれば, 教育改革の道を先導すべきである」(The White house Office of the Press Secretary, 1991, p. 38) という発言から読み取れる. それは, 教育は国家と国家経済のために貢献すべきものであるという考え方であり, 『危機に立つ国家』以来の思想であると考え

られる．それなら，公平性については，『2000 年のアメリカ』はいかなる考え方を持っているのであろうか．公平性に関してはこれまでの流れに対する反動を感じさせる部分がある．『危機に立つ国家』以来，「卓越性」と「公平」を均衡に保とうとされ，「公平」を重視する意見も徐々に増加してきていると考えてきたが，その方向性とは異なる考え方が見られる．具体的には，『2000 年のアメリカ』でも子どもの惨状を見過ごすことなく記載されているが（『2000 年のアメリカ』，pp. 6-7），これらの問題に対して，「政府だけで解決できるものは極めてまれだし，学校だけで解決できるものは何一つとしてない（中略）コミュニティや家庭で欠けたものを学校が代わるわけにはいかない」（『2000 年のアメリカ』，p. 7）と述べて，これらの問題は行政や学校の問題ではなく，コミュニティや家庭によって解決すべきであると突き放した表現になっている．

　サミット合意に対して各界から意見表明が行われたが，その中で，経済中心の考え方をする団体であるビジネス・ラウンドテーブルが，「一人ひとりの子どもはすべて（every）保護し，支援する人が必要である」とし，「家庭で支援を得られない子どもには，近親を含めた拡大家族（extended family）や，若者支援組織，学校からの相談員などを見つけなければならない」（Business Roundtable, 1989, p. 5）という提言をし，子どもたちを重視する姿勢を見せていたことが注目される．しかし，それに対して，『2000 年のアメリカ』は応えることなく，意見が反映されることはなかった．この『2000 年のアメリカ』の記述から，子どもを重視するトレンドが消えたと見ることは危険であろうが，少なくとも連邦教育政策においては，子どもを重視する姿勢に関わる公平性や社会正義に関わる問題意識は薄れていたといえる．

2．クリントン政権下の教育政策の展開

（1）　クリントン大統領の思想信条

　1992 年の大統領選挙で民主党から出馬したウィリアム・ジェファーソン・クリントン（Clinton, W. J.）が勝利し，第 42 代大統領となり，12 年ぶりに民主党政権となった．政権の中核を担ったのはニュー・デモクラットと称する人たちで，彼らは民主党の伝統的なリベラルから離れて「大きな政府」でも「小さな政府」でもない「第 3 の道」を指向した（大桃，2013，14 頁）．クリントン

大統領の思想信条を明確に示しているのが，民主党指導者評議会のシンクタンクであるアメリカ民主党・進歩的政策研究所（Progressive Policy Institute）が提言する『変革への提言（*Mandate for Change*）』（以下，『変革への提言』と称す）であった．クリントンの思想信条を理解するために，Progressive Policy Institute が示している「発想とその底を流れる原則」（『変革への提言』，11 頁）を見ておこう．そこでは，進歩派を標榜する（しかし実態は「第 3 の道」の考え方の）人たちの政策提案を明確に示す以下 5 つのテーマが示されている．すなわち，機会，責任，コミュニティ，民主主義，そして起業家精神に富む政府である（『変革への提言』，11-13 頁）．

> 機会―万人に平等な機会を確保するための前提条件として，自由市場で生み出される経済成長を重視する（11 頁）．
> 相互の責任―政府が成長を喚起し，機会均等を実現し，社会的流動性を高める責任を果たす一方，市民は，勤労，家族の支援，規則の順守，コミュニティと国に対する貢献という形で報いなければならない（11-12 頁）．
> コミュニティ―アメリカ人の人格と価値観が形成される家族とコミュニティにアメリカの究極的な強みがあると信じている．あらゆる公的問題を政府の規定か市場の競争かの選択という枠にはめず，コミュニティにおける自発的な連合と制度，すなわちアメリカの「第 3 セクター」に力点を置く（12 頁）．
> 民主主義―自由な政治制度と市場の普及を粘り強く促進する一方で，アメリカの力を維持するという，現実的で意志の強い政策を支持する．民主主義と自由な企業は，安定を実現する何よりの力だ（12 頁）．
> 起業家精神に富む政府―革新的で非官僚主義的な統治をめざす．中央集権的で，トップダウン方式をとる旧来の統治スタイルから脱却する．そして，公共部門に選択，競争，市場のインセンティブを導入することを支持する（13 頁）．

これらのテーマは，「徹底した競争原理の導入」，「業績／成果による評価」，「政策の企画立案と執行の分離」などの内容を示すものであり，大桃敏行が指摘する NPM 手法[29]（大桃，2013，12-13 頁）が説明するものに該当すると考えられる．そのなかでもクリントンの教育政策の中核になっていると考えられる提言の文章を『変革への提言』から引用しておきたい．

> 現在は大統領が州法改正のイニシアティブをとるチャンスだといえるだろう．合衆国憲法のどこにも，大統領は連邦議会に提案するのみで州に対する提案は禁じられてい

るとは書かれていない．実際，新政権が進歩的な政策を進めるには，国家の指導力と州の立法者の力を結合することが必要なのである．（中略）あまりにも長い間，公立校と私立校の間の利権争いや左右のイデオロギー論争のせいで，国家ができることと言えば，校長に小切手を送ったり父兄に証明書を送ったりすることでしかなかった．しかしそれではいけない．第3の道があるのだ．本質的な原則を維持し，わが国の民主主義にとって不可欠な教育の機会や多様性，コミュニティといった価値を守りつつ，改革と改善に必要なダイナミズムを公教育の場に導入することは可能なのだ（『変革への提言』，211頁）．

　上記5つのテーマのなかで「中央集権的で，トップダウン方式をとる旧来の統治スタイルから脱却する」とし，上記で「国家の指導力と州の立法者の力を結合する」としていることから，これがクリントン政権がとるシステミックな考え方[30]であると考えられる．これは政治上の権力を中央官庁に集中することを意味する一般的な中央集権とは違った「第3の道」ともいえる型の中央集権を実行しようとする意向を示したものである．

(2)　クリントン政権下の教育政策の展開

　1993年1月に誕生したクリントン政権がまずめざしたのは，クリントン自身がNGAの代表として参画し，ブッシュ前大統領が招集した教育サミットでの合意事項としてまとめることはできたが，法律制定にはいたらなかった『2000年のアメリカ』に修正を加えた『2000年の目標——アメリカを教育する法（Goals 2000: Educate America Act）』（以下，Goals 2000と称す）を法制化することであった．法案は1994年3月に成立し，Public Law 103-227となった．同法の目的は，その冒頭に下記のように掲げられている．

　　教育改革の全国的な枠組み（下線は引用者，以下同）を提供することによって授業と
　　学習の改善を行うこと，すべての生徒に公平な教育機会と高いレベルの教育上の成果
　　を保障するために必要となる研究，合意形成，システミックな改革を促進すること，
　　すべての連邦関係教育プログラムの再改定作業の枠組みを提供すること，また自主的
　　で全国的なスキル・スタンダードと免許状の開発と適用を促進することなどである．

　上記のように，「教育改革の全国的な枠組みを提供することによって授業と学習を改善する」と明言しているが，「制度」や「スタンダード」といった強

い用語ではなく,「枠組み」というソフトな言葉が2度使用されていることが注目される.「枠組み」という用語に象徴されるように,ソフトな手段・システミックな方法で中央集権化を図ろうとするものではないかと考えられるからである.これに伴い,スタンダードと免許状についても,各州において,また州間で連携して自主的にスタンダードが作成されるように促進するという表現になっている.『なぜ全国的なスタンダードとテストか?(*Why National Standards and Tests?*)』を著したジョン・ジェニングス(Jennings, J. F.)は「枠組み」を繰り返し使用している理由として,Goals 2000 の戦略は,他の別個に存在する複数の連邦プログラムを再構成してすべてのプログラムを統合された大きな「枠組み」としての1つの新しいスキームに取り込もうとする狙いがあると分析している(Jennings, 1998, p. 112).またジェニングスは,その結果,州が連邦資金を獲得するためには,その「枠組み」が求めるスタンダードを持ち,テスト体制を整備して,アカウンタビリティ制度を構築しなければならなくなった(Jennings, 1998, p. 115)と論じている.吉良直によればこれは「米国教育史上初めて」のことであった(吉良,2012,36頁).

Goals 2000 で示された国家目標は次の通りである.Goals 2000 の第Ⅰ章(Title 1)では,「2000年までに」との表現で始まる以下8目標が述べられている.

① アメリカのすべての子どもは,学校生活を始められるように準備をする.
② 高校の卒業率を少なくとも90%にまで引き上げる.
③ アメリカの生徒は,第4,第8,第12年から進級する際に,英語,数学,科学,外国語,公民,経済,美術,歴史,地理をはじめとする教科にチャレンジし,それらに対する実力を示すことになる.
④ この国の教師には,その専門職のスキルを継続的に改善するプログラムと,アメリカの生徒を教え,次世紀を担う準備をさせるのに必要な知識とスキルとを獲得する機会に接することができるように教師教育と専門職開発を行う.
⑤ アメリカの生徒は,理科,数学の成績が世界で一番となる.
⑥ すべての成人が識字能力を持ち,世界経済の中で戦える知識とスキルを持ち,市民としての権利と責任を行使する.
⑦ 学校は薬物使用と暴力行為から解放され,学習を奨励する規律のある環境となる.
⑧ 子どもの社会的,情動的,学問的な成長を促進することに,親が取り組み,参画するように,すべての学校は親とのパートナーシップを促進する.

これらの項目のうち，④と⑧以外はブッシュ政権時代の『2000年のアメリカ』の6項目を引き継ぐものであり，④と⑧はリストラクチャリング運動から得られた知見に基づいたものと考えられる．

またクリントン政権下で Goals 2000 とならんで重要な教育政策は，ESEA法の改定法となった「アメリカ学校改善法（Improving America's Schools Act of 1994）」（以下，IASA と称す）の法制化である．これまでの5年ごとのESEA の改定では，不利な状態にある生徒に対するインプット重視の平等保障がめざされてきたが，IASA では，「すべての生徒に対するスタンダードを引き上げ，学校レベルの結果を求めるという，アウトカム重視の政策転換が浮き彫りになっている」（吉良，2012，37頁），また「厳しいアセスメント，成果に対する責任，実施機関や実施者への広範な権限の付与など NPM 理論と符合するもの」（大桃，2013，16頁）と指摘されている．本書では，これらの指摘とともに，コロンビア大学の教育学部機関誌 *Teachers College Record* 96（3）号（1995）で行った特集「クリントン政権での教育」の論文を参照しながら，IASA がいかなる特徴を持つもので，いかなる影響をアメリカの教育にもたらしたかを考察してみたい．

IASA の特徴の第1は，平等の DNA が見られることである．

IASA は大桃が，「平等の DNA」（大桃，2013，17頁）と述べたように，1965年に ESEA 法が制定されて以来の平等の理念を引き継いでいると考えられる．吉良がすでに引用しているが（吉良，2012，38頁），重要なポイントであると考えるので，再引用し，法律の趣旨を確認しておきたい．これは IASA の冒頭 section1001（a）で，これがアメリカの政策であると連邦議会が宣言している文章であり，教育における公正で平等な機会を謳ったものである．

> すべての個人に対する質の高い教育とそのような教育を受ける公正（fair）で平等な機会は，社会的善であり，道徳的命題であり，すべての個人の生活を改善する．なぜなら，私たちの個々の生活の質が，究極的には他者の生活の質に依存するからである．

IASA の特徴の第2は，リストラクチャリング運動からの影響である．IASA の第1章 section 1001（c）で，「1988年以降に学んだこと」として，a）すべての子どもは，挑戦的な内容や複雑な問題解決スキルを学ぶことができる，b）学校外での学業に負の影響を与える，飢えや安全ではない生活条件を解消

するために社会的サービスが必要である，c）学校のカリキュラムと適合しない低レベルのテストは不適切である，など合計 12 項目で示されている．

　連邦教育省の次長になり，Goals 2000，IASA など関連法律の実質的作成責任者になっていたマーシャル・スミスは，ブレット・スコール（Scoll, B.）との共著による *Teachers College Record* に掲載の論文で，Goals 2000 や IASA の理論的支柱となっている理念を簡潔に整理すると，次の 5 点になると述べている（Smith & Scoll, 1995, p. 395）．

　　a）生徒が何を知り，何をできなければならないかについて，明確なビジョンを持つこと．
　　b）そのビジョンは挑戦的なものであること．
　　c）教師を，その生徒たちに挑戦的な基準を達成することを教えられるように養成し，また教師たちに首尾一貫した支援を提供できるように教育システムの他の部分との調整を行うこと．
　　d）アカウンタビリティと学校改善の目的のために，生徒たちが何を学ぶように期待されているかを判断することができ，かつ，優良な授業の実践の模範を示している評価手法を使用すること．
　　e）授業と学習の支援のために可能な限りの資源を学校に委ね，可能な限りの弾力性を学校レベルに提供すること．

　以上のように，IASA のめざすところは，子どもとその学習を中心として教育を把握することであり，本章でこれまで考察してきたリストラクチャリングの理念を政策実施に生かしていこうとする考え方であるとスミスは主張しているものと考えられる．

　Goals 2000 ではソフトではあるものの，教育をスタンダードとテストによるアカウンタビリティ体制で中央集権化し，「世界経済の中で戦える」（国家目標の⑥）市民を育成しようとする国家中心の考え方が見て取れたが，一方，IASA では個人中心で教育における公正で平等な機会を謳っている．そこに矛盾はないのだろうか．その点を，クリントン大統領は子どもをどのように見ていたのかという観点から検証しておこう．

（3）　クリントン政権の人材資本課題
　教育省の官僚としてスミスとスコールは *Teachers College Record* に「クリ

ントンの人材課題（The Clinton Human Capital Agenda）」と題する論文を発表し，クリントン大統領が子どもたちをどのように見ているかを論じている．

スミスとスコールは，新しい ESEA プログラム（すなわち IASA）は，すべての子どもたち，特に貧困率の高い地域の子どもたち，英語能力が限定的な子どもたち，移民の子どもたちなど特別の教育上の支援を必要としている子どもたちに，他の子どもたちと同じ内容スタンダードと，成績スタンダードに対して指導が行われることを保障することに焦点化している（Smith & Scoll, 1995, pp. 397-398）と指摘し，それを阻害する要因として IASA を含むこれまでの ESEA のタイトル I に内在しており改善すべき点として，次の2点を主張している．本書では，彼らの主張を批判的に見なければならないと考えるものである．

スミスとスコールの主張の第1は，次のようなものである．ESEA のタイトル I を通じてサービスが提供される子どもたちに，特別（時には低レベル）の基準を設けることは，彼らに大きな負の影響を与える．低い基準に基づいて行われる低いスキルを持った子どもたちの連れ出し（pull out）プログラムや，多肢選択を中心とする集団基準準拠テストを行うことは，タイトル I 対象の子どもたちを他のクラスメイトからさらに引き離すことになる．したがって基準を高くし，これらのプログラムやテストを見直さなければならない（Smith & Scoll, 1995, p. 398）．

「基準を高く」することついては，かつて NGA のレポート『結果を出す時』が，「学業基準が高まれば，生徒によっては高い基準によって，許されざる障壁を課されることになる」と述べていたことが今や，考慮されていないことを暗に意味するものと考えざるを得ない．またこの考え方が導入されることで，結果的に連邦による統制が強まる可能性があり，現実に NCLB 法に見られるように連邦政府による統制の強化を可能にする道を切り開いたことになる．

第2の主張は，特別の教育上の支援を必要としている子どもたち向けのプログラム（categorical program）をつくることは，そこに入る子どもたちに汚名を着せることになり，またついていけない子の連れ出しプログラムの人数増加につながる．したがって，このようなプログラムにタイトル I の資金が自動的に支給されるのではなく，申請によって本当に困っている子どもに資金が回る

ように確認する必要がある（Smith & Scoll, 1995, p. 398）と述べている.

これは各学校の在籍者における低所得家庭の生徒の構成比が 50% 以上であれば，学校全体の教育改善のため，「学級規模を縮小するための教員の雇用や，タイトルⅠの対象者だけではなくすべての生徒へのコンピューターの購入，すべての教員の職能向上に当たるリーディングと数学の専門家の雇用など」（ジェニングズ／大桃訳，2018, 53 頁）を行う「全校プロジェクト」への使用を認めようとする政策を後押しする議論であると考えられる. この問題は，前章から指摘してきたものであり，学校改善には資するが，困っている子に回る資金の総額の減少につながらないかとの懸念が残るものである.

以上から，クリントン政権においては，「リスクのある」生徒の抱える問題などについては，連邦は公正で平等な機会を保障する方針を打ち出していると主張しているものの，スミスとスコールの説明のように，むしろ支援を必要としている子どもたちを考慮しない考え方が潜んでいるのではないかと考えられる. これらの懸念を含めて，クリントン政権の教育政策に疑問を持ち，批判しているピーター・クックソン（Cookson, Jr. P. W.）の *Teachers College Record* に掲載されている論文（Cookson, 1995, pp. 405-417）を見ておこう.

（4）　クリントン政権の教育政策への批判

80 年代から 90 年代初期にかけて，連邦政府は共和党のレーガン，ブッシュ両政権のもとで新連邦主義に基づく政策展開を行ってきた. この新連邦主義は外に向けては「強いアメリカ」を，内に向けては「小さな政府」を求めるものである. 財政の縮減や規制緩和などを，教育についていえば，連邦補助金の削減，連邦規制の緩和，連邦教育省の廃止，親の選択の自由などを求めるものであった（大桃，2013, 12 頁）.

クックソンは，クリントン政権においてはレーガン・ブッシュ時代の新連邦主義とは異なる，教育上の「新連邦主義（"new federalism"）」[31] を採っているとし，その性格を明らかにして批判を展開しようとしている. クックソンによれば，Goals 2000 はアメリカ教育史上重要な転換ポイントになったものであり，連邦政府は公教育を統括する権限がないにもかかわらず，臆面もなく全国的な教育改革のマネジメントに対する権限を主張している，とされる. また大統領,

議会，教育省が一体となって，連邦政府を事実上の教育改革の主たるプレーヤーにすることに成功したとされる．Goals 2000 は，世界的な基準なくしてはアメリカの生徒たちは，競争が激化する世界経済の中で能力を発揮できないという政治的なコンセンサスを代表するものであり，そのコンセンサスも連邦の支援と指揮がなければ達成できない，という考え方がクリントン政権の教育上の「新連邦主義」の核心的な信念であるとクックソンは指摘している（Cookson, 1995, p. 406）．

クックソンの指摘によれば，教育上の新連邦主義は明らかに以前の教育政策からの重要な転換である（Cookson, 1995, p. 405）．Goals 2000 の執筆者たちは，連邦政府を教育上のセーフティ・ネットとみるのではなく，50 州の教育は自主性を標榜しているが，連邦政府が工夫を凝らし，形づくりをすることによって，ある程度統制できるものとみている．政治力，個性，世間からの注目，抜け目のない議会主義を総動員して，クリントン政権の教育改革者たちは学校の運営方法に変更をもたらす変革を行い，超党派の支援を得て法制化に成功したが，裕福な学区と貧困な学区との格差を無視した大規模な改革は，ほんの一部でしか成功しないであろう，なぜなら高い基準が高い成績を生み出すという考え方はまだ検証されていない理論であり教育者たちが疑問を持つ点である（Cookson, 1995, p. 414），というのがクックソンのクリントン政権に対する評価である．

さらにクックソンは，「アメリカの子どもたちが必要としているもの」にIASA は答えていないと批判する（Cookson, 1995, pp. 414-416）．クックソンは，アメリカの教育の歴史は基本的に，協調的で民主主義的な精神を持った市民をつくるか，あるいは経済競争に勝てる人材を育成するかの論争であったが，現在は，子どもを早期に経済の戦士に養成することが求められる時代になっている．教育目標の背後に隠されて表明されていない目標は，作業場の規律であり，経済的な競争性である．新連邦主義者が使用する用語は，目標，基準，評価，実績，分類，証明であり，政治家たちの辞書から，養育，コミュニティ，公平などが失われてしまった（Cookson, 1995, p. 415）と批判する．さらにクックソンはクリントン大統領は，次のような現実を見るべきとして，*Time* 誌の Nancy Gibbs の記事を引用している（Cookson, 1995, p. 416）．

学校日の8秒に1名の子どもが中退し，26秒に1名が家庭から逃げ出している．47秒ごとに虐待か無視を被っている．67秒ごとに10代の子どもが出産し，1分ごとに子どもが麻薬で逮捕され，36分ごとに銃で殺されるか負傷している．毎日，13万5千人の子どもが銃を持って学校に来る（Gibbs, 1990, p. 42）．

クックソンが求めるものは，Goals 2000で作られた教育改革の枠組みによって失われていくと考えられるより良い学校，すなわち，毎夜20万人の生徒がホームレスの状態で放置されないような社会を作るための介入を行える学校である．クリントン政権は，子どもたちが世界クラスの教育から利益を得られるために必要とされる前提条件について真面目に検討を始めなければならない（Cookson, 1995, p. 416），とクックソンは主張している．

スミスらの議論と，クックソンの議論とは嚙み合わないものである．それは，クリントン政権の「第3の道」が多様な思想を包含したものであることを反映したものであると言わざるを得ない．したがって，現実にクリントン政権下でどのような教育実践が行われたかを見る必要があると考えるので，次項で検証してみよう．

3. クリントン政権下でのリストラクチャリングの状況

クリントン政権下で，NPM型の新連邦主義といえる政策による連邦と州の関係が進められたと述べてきた．この政策の下でも連邦政府，各州政府ともに州や，学区・学校でのリストラクチャリングを推奨していたので，多様なリストラクチャリング運動が展開されていた．この時代の状況をフレッド・ニューマン（Newmann, F. M.）は次のように述べている．

1994年，合衆国議会はクリントン大統領から熱烈なサポートを受けて，Goals 2000として知られる国家目標を定めた法令を施行した．だがこうした連邦政府主導の教育改革の前から，州政府，財団，専門組織，大学が教育の危機を感じ取り，行動をとってきた．彼らは新しいカリキュラムスタンダード，新しい学習評価形態，学校経営の脱中央集権化，公立学校のより公平な財政支援，学校教育の決まりきったルーティーンの見直しといった改革を促してきた（ニューマン，2017，15頁）．

本項においては，アン・リーバーマン（Lieberman, A.）を中心とするコロンビア大学の National Center for Restructuring Education, Schools, and

Teaching（NCREST）の研究者たちによるケンタッキー州，フロリダ州，インディアナ州，サウスカロライナ州，メイン州における合計5件のリストラクチャリングに関するケーススタディのレポート（Lieberman ed., 1995）と，ダーリング＝ハモンドを中心とするNCRESTの研究者たちによるニューヨーク市を中心とする4校のアカウンタビリティに関わる調査レポート（Darling-Hammond et al., 1993a），およびマーフィーとハリンガーによる西海岸，東海岸における合計8件のリストラクチャリングに関わるケーススタディのレポート（Murphy & Hallinger eds., 1993）に基づいて1990年代初期のリストラクチャリング運動の状況を整理する．クリントン政権下での教育実践の実態を把握することが目的である．

（1）　クリントン政権下におけるリストラクチャリング運動の特徴

上記3つのケーススタディが出している研究成果から，当時のリストラクチャリング運動の特徴を整理すると次のようになる．

第1の特徴はシステミックな政策が展開されていることである．

リストラクチャリング運動の実践者たちは，リストラクチャリングはシステミックでなければならない，したがってリストラクチャリングは議会から学校までのいずれのレベルをも区分することはできない，すなわち教育システム全体が一体となった体系的（システミック）な運動であると理解されていたとマーフィーとハリンガーは観察している．組織のすべての重要な部分が同時に統合的に，相互依存的に作業しなければならない．すなわち，教育システムのすべてのレベル，すなわち議会から学校までの各レベルが，より大きな連携性を持つことが重要であると考えられてきたとされる（Murphy & Hallinger, 1993, pp. 256-257）．このことから，スミスとオデイの考え方に理論的根拠を持ったシステミックなリストラクチャリングが実際に展開されていたと考えられる．

第2の特徴はトップダウンの支援と，ボトムアップの力が働いていたことである．

以下は，コロンビア大学のNCRESTのケーススタディでのダーリング＝ハモンドの論述（Darling-Hammond, 1995, pp. 157-166）に基づくものである．州からはトップダウンの支援があり，学区・学校からのボトムアップの改革がある

第 3 章　リストラクチャリング　　　169

という基本形が，ダーリング＝ハモンドのケーススタディから示されており，
特に学区・学校でのリストラクチャリングには州による支援的な政策（トップ
ダウンの支援）が不可欠であることが示されている．

　リストラクチャリングに成功していない州においては，教師たちがカリキュ
ラムを掘り下げて研究しようとしても，州の政策は深さよりも広さを重視する
内容のカリキュラムを求めている．また，州がそのテスト政策で補助金をひも
付きにしようとする政策をとることが，生徒がより深く理解するように支援し
ようとする教師たちのカリキュラム改革に支障をもたらしている．なぜなら，
ひも付きの補助金を得るために得点だけを上げようとする力が働き，表面的な
理解しか求めず，高次の思考や実演スキルを損なうことになるからである．リ
ストラクチャリングに成功していない州においてはこのような政策と実践の不
一致が生じていることが観察された（Darling-Hammond, 1995, p. 163）．

　これに対して，成功している州のリストラクチャリングにおいては，改革運
動の目的が子どもとその学習であることを明確にしている．なぜリストラクチ
ャリングを行うかを考えることなく，何をいかに達成するかという課題に注力
していれば，組織の変更や授業技術などのテクニカル重視に陥り，そこに教師
による本源的なモチベーションが生まれてこない（Darling-Hammond, 1995, pp.
157-159）．しかし，リストラクチャリングを「学習者中心」に焦点化すること
によって，その効果が発揮されていることが見て取れる．「学習者中心」に焦
点化するとは，第 1 に，一人ひとりの生徒にとっての「最善の，成功を生み出
す」ような，従来とは根本的に異なる環境を提供することである．その環境下
では，子どもたちは学習に深く関わり，わくわくしながら学習しており，第 2
に，教師たちは，州や学区の命令内容を充足するだけではなく，子どもたちが
成功するような弾力性を持った指導法が認められ，変化を生じさせるための本
源的なモチベーションを維持している状態にいる，とダーリング＝ハモンドは
考察しているのである（Darling-Hammond, 1995, pp. 161-163）．

　このような状態について，ある教師はその心の動きを次のように説明してい
る．これが「ボトムアップ」が生じている状態であるといえる．

　　変化は勝手にやってくるのではない．一生懸命努力して今までやってきたことをすべ
　　て転換させねばならない．改革状態に入るために自分の能力や潜在力を点検し，最も

重要なことは自分自身の内から突き上げるプレッシャーを生じさせることである．プレッシャーは外部からやってくるのではなく，より良い改革を作り上げようとする自分自身の内面からくるのである（Darling-Hammond, 1995, p. 162）．

第3の特徴は，学校ごとに異なるアプローチの重要性である．

マーフィーとハリンガーは，リストラクチャリング実践の前提として構成主義的学習観があり，知識は文脈依存であると考えた．彼らが行った8件のケーススタディのすべてで，「改革努力もまた文脈依存である」ことが確認された．すなわち，リストラクチャリングの課題は，一つひとつの学校のニーズに沿って仕立てられねばならないし，その学校のコミュニティにとって重要なものに焦点化しなければならない．ある学校で有効であった手法が他の学校で有効とは限らない．また，同じ学校でも，異なる時期には異なるし，異なる価値観や関心を持った実施者によっても異なる．ケーススタディから得た重要な知見は，有効であると証明された方法を輸入したり輸出することではなく，学校を取り巻く状況に適応するリストラクチャリング課題を作り出し，それを実践するために個々の学校のコミュニティの能力を開発することである（Murphy & Hallinger, 1993, p. 256）．

第4の特徴は，生徒からの「逆向き設計（backward mapping）」[32]である．

マーフィーとハリンガーによれば，先進的なリストラクチャリングでは「逆向き設計」が行われているとされ，事例として前述のロバート・スラビン（Slavin, R. E.）が指導する Success for All を挙げている．「逆向き設計」とは，リストラクチャリングの実施に関する設計を作りそれを実行していくのではなく，まず学校が生徒に求めるものを明らかにし，それを達成するために必要な方策を構想して，その構想をもとに全体の設計を作成していくという手法である．Success for All の場合，一人ひとりの子どもについての，具体的な到達目標を決めて，それを達成するために予防策と介入策を決めていく．「One good system」を作り，それをすべての子どもに適応させようとすることでは，真の意味の「学習者中心」は実現できないという考え方である（Murphy & Hallinger, 1993, pp. 254-255）．

クリントン政権の教育政策について，政権側のスミスとコールの考え方に対して，クックソンの批判があったが，教育現場においては，以上のように，ク

第3章　リストラクチャリング　　　171

リントン政権下でのリストラクチャリングは，学習者を中心として，関係者が努力し合い，協働し合って，実施して成功している事例がケーススタディから明らかにされており，学区と学校に教育の実践を委ねる政策が成功裏に進んでいたと考えられる．このような教育実践の下地があって，学習者中心の考え方を持つ「基準」が作成されたものと言えるだろう．

(2)　評価とアカウンタビリティ

前項では，リストラクチャリングの実践において，評価とアカウンタビリティは，州からのトップダウン支援と教育現場からのボトムアップ改革を結び付ける結節点として重要な役割を果たしている状況をみてきたが，そこには矛盾する問題点が無いのだろうか．本項ではこの点を明らかにする．

①　**官僚的アカウンタビリティの出現とそれへの批判**　ダーリング＝ハモンドによれば，1990年代初期のアカウンタビリティの理念はすべての生徒に高いレベルの学校教育を保障することを求める社会の要請に応えようとするものであり，ある者だけが成功し，多くが失敗するという伝統的な学校教育のためのものではないと考えられていた．学校が学習成果に関係なく，形式的に「教育を提供した」，「授業を行った」ことで責任を果たしているとみなすのではなく，多様な学習者に効果的に届くような教育の手段を見つけなければならないという理念を持ったものであった．現実にそれらの理念を実現しようとする努力が行われていた（Darlig-Hammond & Snyder, 1993b, p. 1）．

しかし，教育現場に対してアカウンタビリティ政策を指揮・指導するのは官僚であるため，結局，いわゆる「官僚的アカウンタビリティ」ともいえる状態が進行しつつある（Darlig-Hammond & Snyder, 1993b, p. 1）と指摘されている．ダーリング＝ハモンドは，官僚的な政策実施プロセスを以下のように分析している．官僚がめざすところは，統一し基準化した手順を開発することを通じて平等の教育を保障することにあるが，このアプローチによる学校への影響は，学校は政府の代理人として階層制度によって行われた意思決定に基づいて管理されることである（Darling-Hammond & Snyder, 1993b, pp. 6-7）．

具体的なメカニズムは，政策がシステムのトップで作成され，その政策が規

則や手続きに翻訳する管理者に下げ渡される．管理者が作った規則や手続き（学校のスケジュール，カリキュラムの指針，教科書，教師の昇進のルールなど）に即して，教師たちは，その処方が学級の状況や個々の生徒にとって適切であろうとなかろうと，忠実に実施する責務を負うことになり，生徒はこれらのルールに従って処理されていく（Darling-Hammond & Snyder, 1993b, p. 6）．また規則や手続きは法規と行政監察システム（Regulatory and Inspection System）によって維持管理される．行政監察は実践ルールを実行可能なものにすると考えられており，それは不可能であるとしても，その考え方に基づいて，行政監察システムに多額の投資をすることになり，「監視者（over-seers）」に「監視者」を重ねるということにつながるのである．行政監察の問題は，「監視者」が子どもたちやその家族に責任を負うのではなく，従うべきルールを保障することに責任を負うことである（Darling-Hammond & Snyder, 1993b, p. 7）．

　以上のようなプロセスの結果，公正で平等な機会をめざす基本理念から離れて，ルールが自動的に増殖し，システムの実施そのものが目的化することになり，官僚的アカウンタビリティともいえるシステムが構築され，実施されることになっていたのである．

　官僚的アカウンタビリティはすべての生徒に平等な教育を提供するための「唯一最善の方法（one best system）」を見出そうと努力するものではあるが，結果として，基準化されたテストの点を重視することを通じて学習が遠隔操作されることになり，基準化されたテストでの多選択肢テストを重視することが，高次の思考スキルや，生来持っている能力の開発をめざした授業を封じることにつながっていくことになる（Darling-Hammond & Snyder, 1993b, p. 7）とダーリング＝ハモンドは批判している．

　② **新しいアカウンタビリティをめざす活動**　連邦政府主導のスタンダードとアカウンタビリティの強化が進められていく中で，ダーリング＝ハモンドの指摘のように，官僚的アカウンタビリティが強まり，その反作用として，それを批判する勢力も強くなる．しかしアカウンタビリティの強化に抗うだけではなく，新しいアカウンタビリティを模索する活動が活発化していた．エルモアは，「学校は内部アカウンタビリティ問題の解決に依拠しながら，外部アカウンタ

ビリティの要求への対応の仕方で多様性を示すという仮説を設定する」(エルモア，2006，142頁) とした．エルモアはさらに次のように述べている．

> 強力な内部アカウンタビリティ・システムを有する学校，つまり組織の構成員の中で，彼らの仕事を形成する規範，価値，期待について高度な水準で一致している学校は，外部アカウンタビリティの圧力の下でより効果的に機能するということである (エルモア，2006，142頁)．

あるべきアカウンタビリティの手法を模索する運動は，エルモアが述べているように，内部アカウンタビリティを強固なものにしようとする運動として展開されていたと考えられる．それは新しい授業と学習および評価をめざすものであり，新しいアカウンタビリティをめざした新しいリストラクチャリング運動の展開と位置付けることができるだろう．以下で，内部アカウンタビリティを強化しようとする2つの研究グループによる，リストラクチャリング運動を考察する．

a．真正の学び／真正の学力 (authentic achievement) の展開

「真正の学習」については，CCSSO (1989) で取り上げられていることを述べた．そして，その特徴を石井 (2011) から引用した (本章の註13参照)．その後，ウィスコンシン大学のフレッド・ニューマン (Newmann, F. M.) を中心とする Center on Organization and Restructuring of Schools (CORS) によって，1990年から5年間にわたって24の被実験学校で，「真正の学び」プログラムの導入実験が行われ，その結果が研究報告として発表されている (ニューマン，2017)．

ニューマンによれば，「真正」とは，リアルな／正真正銘の／本当の何か，という意味である．真正ではない学びを批判し，ニューマンは次のように述べている．

> 子どもたちが学校の学位や単位，テストの高得点を稼ぐために要求されるような類の学びは，これまでしばしば子どもたちにも大人たちにも，トリビアな，そして不自然で意味のないものと捉えられてきたし，その意味の欠落が子どもたちの学課活動への参加を低下させる原因とされてきた (ニューマン，2017，35頁)．

「真正の学び」はこれまで伝統的になってきた「学び」とは全く異質の学びを追求しようとするものであった．ただし，ニューマンは，重要なことは「学

校からあらゆる形態の真正とは言えない学びを廃絶することにあるのではなく，理想として価値づけられた目的としての観念の中に，はっきりと真正の学びを保持していくことにある」（ニューマン，2017，40頁），と述べており，伝統的な学びを批判はするが否定するものではないと言明することが，「真正の学び」が既存のシステムに受け入れられるために不可欠であると考えていたと思われる．

ニューマンの「真正の学び」は次の3点で定義付けられている．

第1は，「知識の構築」である．それは「意味や知識を再生産することではなく，それらを生み出していくという大きな挑戦である」，と説明されている（ニューマン，2017，36頁）．

第2は，「鍛錬された探求」である．それは次の3つの特徴から構成される．(1) 既存の知識基盤を活用する，(2) 表面的な認識ではなく，深い理解を追求する，(3) 卓越したコミュニケーションを通して自身の考えや発見を表明する（ニューマン，2017，37頁）という特徴である．

第3は，「学校の外での価値」である．求められる価値は，他者にアイデアを伝えようとし，生産物を生み出そうとする，そして自らの能力を単に例証するだけでなく，活用することで，他者に影響をもたらそうとする価値である．それは単に知識を評定・記録するという目的だけに向けて考案された活動（例えば，実験室での活動，一般的な期末テストなど）の中では失われてしまう1つの価値である（ニューマン，2017，38頁）．

「真正の学び」に対する評価は生徒に対して行われるのではなく，教師に対して行われる．上記した3つの定義を具体化した真正の指導法に係る以下4つのスタンダードによって，子どもがいかなる成果を生み出したのかを測り，その結果に基づいて教員の評価が行われることになる．

子どもではなく，教師を評価するという方策は，「効果のある学校」研究の1つの成果に基づくものであると考えられる．すなわち，学業成績の悪さや行儀の悪さは子ども個人やその家族の責任であるとする従来から存在していた考え方を否定し，その責任は学校にあるとした「効果のある学校」研究からくる知見に基づいて育まれてきたものと考えられる．

【真正の学びの4つのスタンダード】

* 「知識の構築」に関するスタンダード1：より高次の思考

　指導法は，子どもたちに，情報や考え方をまとめたり，一般化したり，説明したり，仮説を立てたりして，それに新しい意味付けや理解を生み出すような結論にたどり着かせることで，そうした情報や考え方を高度化させていくことである．

　この指導法に対する評価は，ルーブリックで，1から5で評価される．例えばベストの5評価では，ほとんどすべての子どもたちが，ほとんどすべての時間にわたって高次な思考をしている，ということになる（ニューマン，2017，381頁）．

* 「鍛錬された探求」に関するスタンダード2：深い知識

　指導法は，トピックや学問についての中心となる観念に対して，結びつきや関係を探求したり，比較的複雑な理解を生み出したりすることができるだけの十分な徹底さを伴った取り組みをすることである．

　この指導法のベスト評価では，授業中にほぼ全員の子どもたちが次の事項の1つ以上を実践している．1）重要なトピックに対する集中を維持している，2）情報や考え方（idea）の中の問題の性質を理解している，3）論理的な裏付けの得られた結論に到達することによって複合的な理解を示している，という状態である（ニューマン，2017，382頁）．

* スタンダード3：内容のある会話

　指導法は，子どもたちが，教師や仲間たちと教科内容について広く会話的な意見交換を行い，考え方やトピックについて改善され共有された理解を生み出すことである．

　内容のある会話には以下の3つの特徴がある．

　　・話は学問的規範に則った教科内容に関するものであり，高次の思考を含むものである．

　　・会話は共有されたアイデアを含むものであるが，これについてはある1つの団体が完全に筋書きを書いたり統制したりするものではない．

　　・談話（ダイアローグ）は一貫して参加者の考え方に基づいて行われており，テーマやトピックについての集団での理解の改善を促している．

　この指導法のベスト評価では，会話においては上記3つの特徴がすべて

生じており，少なくとも1つの「会話が持続した」事例が含まれている．またほぼすべての子どもたちが会話に参加している状態である（ニューマン，2017，383頁）．

＊「学校の外での価値」に関するスタンダード4：教室の外の世界との結び付き

　指導法は，子どもたちにこれまで直面してきたと思われる，またはこれから直面すると思われる公的問題や個人の経験と，内容のある知識（susbstantial knowledge）とを結び付けることである．

　この指導法のベスト評価では，子どもたちは教室で学んだ知識と教室の外の状況との結び付きについて認識しており，また彼らはこうした結び付きが，知識を他者（学校内の他者を含む）に伝えたり，社会問題への解決法を主張したり，人々をアシストしたり，効用面または審美面で価値のあるパフォーマンスや作品を生み出すことによって，教室の外のより多くの人々に影響を与えていけるように導いていくものであることを認識している状態である（ニューマン，2017，384-385頁）．

　このような実践により，この研究の対象となった24の学校では，真正の学びが生徒の成績改善に寄与しており，特に，性，人種，民族，社会階級に関係なく，生徒の成績を改善することを発見した（Newmann et al., 1995, p. 1）．言い換えれば，「真正の学び」を実践さえしていれば，アカウンタビリティで要求されるテストは容易にクリアできるという言外の自信を持っているものと理解してよいといえる．

b. 学習者中心のアカウンタビリティ（learner-centered accountability）

　ここでは，コロンビア大学のNCRESTの研究者グループがダーリング＝ハモンドらを中心としてニューヨークを中心とするアメリカ東部の8校で行ったケース・スタディ（Darling-Hammond et al., 1993a）のうち，セントラル・パーク・イースト校での実践に関わるケーススタディを取り上げる．

　セントラル・パーク・イースト校の実践については，その校長であったデボラ・マイヤーの単著（マイヤー，2011）およびマイヤーらによる論述がある（マイヤーとシュワルツ，1996）．ここに取り上げるのは，ジャクリーン・アンセス（Ancess, J.）らが「学習者中心のアカウンタビリティ」とは何かを明らかにす

第3章　リストラクチャリング　　177

る目的で，同校で行った調査による分析である（Ancess et al., 1993）．

　同校は，既述のエッセンシャル・スクール連盟（CES）に加盟し，その指導の下に学校運営を行っている学校である．したがって，その運営の基底にはCESの9つの原理がある．アンセスらによれば，セントラル・パーク・イースト校では9つの原理をもとに教育を行い，その結果に関わるアカウンタビリティは，次のようなプロセスで行う学習発表会の結果判定をもって行っており，その結果が卒業の可否判定にも使われる．

　アカウンタビリティのあるべき姿の一例として，以下にその内容を検証してみよう．

＊卒業要件

　　生徒たちは，卒業するに足る知識とスキルを獲得しているかどうかを多様な様式で示さねばならない．そのなかには，伝統的な試験や，プロジェクトの参画などの評価も含まれるが，最も重要なのは公開の卒業評価発表会でポートフォリオを提示・発表することである．生徒たちは，6学年までは，伝統的な授業で基礎的な知識を獲得するが，7学年からは次の14領域での自主研究を行うことが求められ，卒業の前にその成果を示さねばならない．14領域は，数学，科学，歴史，文学，自伝，卒業後の計画，コミュニティ奉仕／インターンシップ，倫理，実践的スキル，美術，メディア，地理，英語以外の言語，体育である．このうち3領域は自選するが，数学，科学，文学，歴史の4領域は必修である．これらの7領域について，卒業評価発表会で口頭発表する．中でも自選した1領域について，最も深く考察することが求められる．各領域について幅と深さが求められ，調査・分析し論文として発表することになる．7年生から10年生までの4年間に4回の主要な進捗を点検するための会議があって，学習の進捗状況を発表し，評価を得て，改善点が明らかにされ，担当教師の指導を得て改善することができる仕組みになっている．つまり，最終の卒業評価発表会での一発勝負ではないということである（Ancess et al., 1993, pp. 50-58）．

　　このように公開の場所で発表することの意味は，卒業要件の充足確認のプロセスをオープン（秘密裡に行うのではなく）にすること，発表するスキルを磨くこと，そして何よりも，自分と親に自信を与えることである．

生徒が，どのように目標達成するのか，達成するために何をすればよいの
かを知ることによって，生徒は学力増進の機会を得ることになるとされる
（Ancess et al., 1993, pp. 50-51）．つまり，学習者中心のアカウンタビリティは，
教育の統治者に対して示すのではなく，公開で一般の人たちへ，そして親
に対して示すべきものと捉えられているのである．

　一方教師にとっても，卒業評価発表会で審査をすることは，自己成長の
ために重要な機会である．教師たちは評価する力を磨くために，専門職開
発の修養（retreats）を教師間で行い，評価し合う．この修養は毎週月曜
日に，3時から4時半までの会議で行われる．金曜日には，午後1時半か
ら3時まで会議を開く，この週2回の会議を通じた修養で，学校全体の問
題（例えば，人種，階級，ジェンダーの問題）に取り組んだり，計画立案，
共同作業を行う．つまり，教師は学習コミュニティのメンバーとして，ま
た専門職として自らを磨きつつ生徒に向かい合うことになる（Ancess et al.,
1993, p. 52）．

＊評価の基準

　発表の審査にあたっての基準は，学校との協約や生徒の自己評価も含ま
れるが，最も重要な基準は，以下5つの「精神の習慣」が獲得されている
かどうかの判定である．①証拠の批判的検証（自分が知っていることはど
うすれば再現できるのか），②多様な視点の提示（異なる観点からの分析
をしたか），③関係性と形式の明示（この出来事や作業は，他の活動とど
のようなつながりを持っているのか），④代替の推測（もし事情が違えば
どうなるのか），⑤社会的，個人的価値判断（このことはなぜ重要なのか），
の5つである．5つの「精神の習慣」が，授業プログラムに普遍的に存在
することで，生徒は思考力をつけることができ，対象問題だけでなく，人
生や世界をも見ることができるようになると考えられている．生徒は，
「精神の習慣」を獲得することで，自己認識が高まり，また，社会の不正
義問題を理解し，社会正義や変革に向けて活動的になれると考えられてい
る（Ancess et al., 1993, p. 53）．

評価点は，特優，優，良，可で，卒業できる状況に達していない場合は，再
度担当教師と協議し，悪い個所を改善し，再挑戦することになる．また生徒は，

審査委員に特優などの成績を求めて再審査を求めることもできる．その場合には，生徒は請求の根拠となる資料を提出し，議論を行わねばならない．このようにして，評価の正当性が担保されている（Ancess et al., 1993, pp. 52-54）．

マイヤーは，モンティソーリ，デューイ，ウエーバーなどの進歩主義教育者の名を挙げて，彼らが子どもたちとともに研究した実践家だったとしたうえで，次のように述べている．

> そういった人々がつくった学校では，生徒が学んだことが生徒自身の生活と密接に結びついていたし，皆が寄り添いあって活動し学習していた．セントラル・パーク・イースト校での成功とは，そうした構造を再び作り出すことであり，年長の生徒も一緒に学習する環境の中で目的を達成することである．これもまた，私たちの挑戦なのである（マイヤーとシュワルツ，1996，120-121頁）

この声明が学習者中心の教育の中核を説明しているものと考えている．

小括

1．リストラクチャリングの進展の理由と内容

リストラクチャリングは，1980年代半ば以来，学校選択，教師への権限委譲，SBMなど，主としてガバナンスの面で展開されてきた．しかし，1980年代後半から1990年代半ばにかけての時代には，今まで述べてきた教育の改革の波や，うねりの効果や影響が一挙に押し寄せ，教育システム全体の構造改革が展開されることになった．

何よりも，「リスクのある生徒」が抱える問題に，民間団体やCCSSOのような影響力のある団体が，CCSSO（1988）で見られるように「『リスクのある生徒』問題がいかに重大な問題であり，学校はリストラクチャリングする必然性をもってリストラクチャリングするのだ」という認識を示し，リストラクチャリングを推し進めたと考えられる．また，その根底には最も貧困な環境からくる子どもたちも学習し，成功することができるという強い信念が，「効果のある学校」研究からもたらされていた．

コンレイ（Conley, 1993）が指摘する「すべての生徒は相当の機能にまで教育可能」という信念がリストラクチャリング運動を通じて多くの研究者や実践家

の間に広まり，学習者中心主義の教育実践につながった．子どもたちにとっては，伝統的な内容を網羅し，基本的なスキルを暗記するのではなく，話題をより深く取り扱う，いわゆる構成主義的な学習方法に替わることを意味している．また，学習者中心という考え方によって，個人のニーズに合った授業と学習の実践が多数展開されるようになった．例えば，エッセンシャル・スクール連盟（CES）の運動がその好事例である．

2. リストラクチャリングが校長のリーダーシップにもたらした影響

　マーフィーによれば，校長は教師など専門職グループのファシリテーターになるとされる．校長は学校を代表して自律性の権限とアカウンタビリティの責務を引き受け，それを教師たちに転移するという，いわば結び目の職務をはたすようになった．校長の職務はピラミッドの頂点からのコントロールではなく，フラットな人間関係の中での専門性に基づくリーダーシップに変換されていく．フラットな人間関係の中で，ファシリテーターとして発揮されるリーダーシップは分散型リーダーシップとして把握することができる．

　そのリーダーシップの具体的内容は，①教師中心から学習者中心の授業法へのシフトを促進することが最も基本的な責務となる．②中核となる知識を持ち，カリキュラム・リーダーとしてカリキュラムに関するマネジメント上の責務を負い，また生徒の成長を判断する新しい評価システムを構築することが責務となる．③教職員たちと今までよりもより近く接することで，人事マネジメントを行う．教師にいかに権限委譲し，彼らにリーダーシップを発揮させるかが重要なポイントになる．また，教職員たちと協働するための戦略や技術を身に付け，さらに教職員の成人教育を行うことも重要となる．④学校を取り巻く環境との関係において，コミュニティの関係者，学区の役人を含むより広い外部関係者との関係を構築し，深めるという責務もある．

　これらのリーダーシップの内容，中でも①の「学習者中心の教授法へのシフト」は，「基準」の中核的な考え方である．また，②以下の項目も，「基準」の重要な要素となっていく．「基準」はその序文の冒頭で，「新しいいくつかの観点によって，21世紀に向けて教育の何を再構築すべきかが明らかになってきた」（「基準」，p. 5），と述べているが，リストラクチャリングで生成してきた新

第3章　リストラクチャリング　　　181

しい観点が，上記の①から④の観点であったと考えられる．

3．ブッシュ政権下でのリストラクチャリングの展開と「基準」への影響

　1989 年に就任したジョージ・ブッシュ大統領は，全州知事を集めて教育サ
ミットを開催し，歴史上はじめて連邦レベルの教育目標を立てること，スタン
ダードとテストに基づくアカウンタビリティ制度を構築することに合意した．
合意内容は，NGA を中心とするタスクフォースによって文書化され，『2000
年のアメリカ』が作成され，教育目標が設定された．大統領や知事たちを突き
動かした動機は，経済的なグローバルな戦いに成功しなければならないという
思いであり，その根底にあったのは，教育は国家と経済のためのものであると
いう道具的な考え方であった．『2000 年のアメリカ』が法制化されることはな
かったが，州，学区，学校で行われているリストラクチャリング運動は容認し，
それらを制度として取り入れ，連邦政府によって統制しようとするシステミッ
クな政治手法は次期大統領に引き継がれた．
　「学習者中心」のリストラクチャリングを展開させ，また校長のリストラク
チャリングとして位置付けすることのできる「基準」の策定を可能にした背景
には，リストラクチャリングを公認し，むしろ推奨してきた連邦政府の教育方
針があったものと考えられる．

4．クリントン政権下でのリストラクチャリングの展開と「基準」への影響

　1993 年に就任したビル・クリントン大統領によって，一般的な中央集権と
は違った「第 3 の道」ともいわれている中央集権を実行しようとする意向が示
されている．その意向が教育政策として結実した 2 つの法律 Goals 2000 と
IASA の中核となるアイデアは，学校に「可能な限りの資源を学校に委ね，可
能な限りの弾力性を学校に提供する」ものであったとスミスとスコールは述べ
ている．これは，学区や学校にリストラクチャリングを奨励するものであった
といえよう．このようなクリントン政権の教育政策を受けて，多様なリストラ
クチャリングが展開されていることが，研究者の調査で明らかにされている．
　しかし，スタンダードとテストに基づくアカウンタビリティ制度が強化され
る過程で官僚アカウンタビリティという現象もみられ，アカウンタビリティが

強化された．しかしその一方で，それを押しとどめるかのように，「真正の学習」や，学習者中心のアカウンタビリティが提唱されてくる．この現象は，官僚アカウンタビリティが引き金となって，新しいアカウンタビリティの考え方が構築されていく過程として捉えることができる．

「基準」の作成作業はクリントン政権下の1994年に始まり，上記のような実践者たちの躍動的ともいえる，多様な実践が行われる環境下で進められた．「リスクのある生徒」を含め，すべての子どもの学習の成功に最も重要な価値を見出している「基準」が作成できた背景には，第1に，「基準」の作成という，教育の内容の変動にも関わる校長のリストラクチャリングに対して，教育全体にアカウンタビリティを強化しつつあった連邦政府や知事たちからも介入がなく，リストラクチャリングには前向きであったこと，第2に，むしろ「基準」の作成チームに24州の代表者が集結するという，いわばトップダウンの支援があったからであると考えられる．そして第3は，連邦政府も知事たちも，その目的とするところは互いにやや異なるものの（学力を増進するという教育政策中心か，子ども中心かの違いがあるとしても），すべての子どもの学習を重視する考え方では一致していたからである，と考えられる．

1) CCSSOは，アメリカの全州および準州の教育長合計56名をメンバーとする全国的な非営利団体である．主たる教育問題に関してメンバーの総意を得て，それを市民，専門職団体，連邦部局，連邦議会に対して表明する．メンバーは各州の公教育の責任者の立場にあるので，その独特の立場から強い影響力を持ち，初等・中等教育に関する多様な政治的課題に対してリーダーシップを発揮することができる（CCSSO, 1987b, p. i）．

2) The Coalition of Essential Schools をERICで検索すると，2019年7月12日現在で，17,250件が抽出される．

3) ハーバード大学の教育学部長サイザーが，優れた実践を行っているハイスクール200校を訪問し，調査研究した結果として優れた学校に共通する9つの共通原理を抽出した．

4) 次の5基準が設定された．1. 教師は生徒と生徒の学習に献身するものである．2. 教師は教科内容を理解しており，生徒に教える方法を知っている．3. 教師は，生徒の学習を管理し，モニターする責任を負っている．4. 教師は，その実践を系統的に

考え，経験から学習する．5. 教師は，学習共同体のメンバーである（詳細は佐藤，1997，250-254 頁参照）．

5)　Ancess et al. (1993)，Darling-Hammond & Ancess (1994)，Fiegel & MacGuire (1993)，Snyder et al. (1992) などがある．

6)　オルターナティブ・スクールは，伝統的な学校環境とは異なる新しいタイプの学校群で，既存の学校には適応できない生徒に対して，特別な支援を提供する教育機関として，1960 年代から開設され，やがて，伝統的な学校システムの中に制度化されていった（菊池，2010，25-26 頁）．

7)　ERIC にリストアップされている報告書は，1987 年 2 件（CCSSO, 1987a, 1987b），1988 年 2 件（うち 1 件が CCSSO, 1988），1989 年 4 件（うち 1 件が CCSSO, 1989）である．

8)　NGA (1991) は，リストラクチャリング戦略の特徴を以下のように記載しており，CCSSO の研究成果とシステミック・リフォーム（本章の註 30 参照）から影響を受けたものと考えられる．1) 教育システムのリストラクチャリングの目標は，すべての子どもたちが高い業績基準に達成することを保障することである．2) リストラクチャリングとは，学校前教育や基本的な健康上のサービスを含む教育システムと補助システムにおける多くのパーツやレベルが，効果的なシステムに変換され，相互に結び付いていることを要求するシステミック・リフォームを意味する．3) 教育のリストラクチャリングの目的は，結果に対するアカウンタビリティを求めるのと引き換えに，学校の教師たちが授業上の適切な意思決定を行うために必要とする知識と権限と資源を持つような実践を基礎とするシステムを構築することである．4) リストラクチャされたシステムにおいては，すべての一人ひとりの生徒ごとに立てられた成績に対する挑戦的な目標が，それらに必要なカリキュラムに反映され，また意味のある成績評価に対応している．5) システム化されたリストラクチャリングには，専門職養成と現行での授業法が根本的に再デザインされ，新しいカリキュラムと新しい職務を備えるものになっていることが要請される（NGA, 1991, pp. 41-43）．

9)　州によって民意は異なることから，州の教育長の団体である CCSSO が，そのメンバーの総会で採択し，総意を得ることは容易ではなく，したがって総意を得た文章や提言はアメリカ全州からコンセンサスを得られる内容のものと考えてよいだろう．

10)　個人別計画は，1990 年の連邦法「1990 年障害のある者の教育に関する法律（Individuals with Disabilities Education Act of 1990）」によって，障害のある子ども一人ひとりに，個別教育プログラム（Individual Educational Program: IEP）を作成されねばならないことになったものである．参考資料としてエセックス（2009），およびライトら（2012）．

11) ブッシュ第41代大統領が1989年1月に就任し，9月には「教育サミット」を開いて，国家目標を策定するとともに，アカウンタビリティの推進を行おうとしていた時期である．詳細は本章第3節を参照されたい．

12) 一人ひとりではなく学校全体，学区全体としての成績を示す報告書である．

13) 「真正」の意味を，石井英真による「真正の学習」の整理から見ておこう．
石井によれば，「真正の学習」はアメリカの各教科の専門職団体のスタンダードに共通して志向される学習活動で，1990年代以降，各国の教育研究・実践に大きな影響を与え続けている社会的構成主義の学習観に基づいている．学習者が仲間と協働して対象世界と対話するというのがモデルの基本構造であるとされる（石井，2011，274-275頁）．また石井は先行研究をもとに，「真正の学習」と「標準的な学校学習」を下表で比較している（石井，2011. 255頁）．

側面	標準的な学校学習	真正の学習
学習の目的	テストに通ること	理解（understanding）を深め，問題を解決すること
知識へのアプローチ	学習を示すのに知識を再生する	問題を解決するために知識を生産する
学習する内容	事実，データ，アルゴリズム，公式	鍵となる概念，方略
強調されている思考過程	再現，理解（comprehension）	分析，総合，評価
学習の深さ	浅い，網羅を達成する	深い，理解を達成する
提示される問題のタイプ	人工的で文脈に埋め込まれていない	有意味で文脈に埋め込まれている
反応のタイプ	短い答え	精緻で広範囲なコミュニケーション
メタ認知の重要性	限定的	決定的
評価のタイプ	正誤，多肢選択	パフォーマンス評価
情意と認知への関心	認知にのみ焦点化	学習の情意的要素に自覚的

石井の引用元：A.A.Glatthoron, *Performance Assessment and Standards-Based Curricula: The Achievement Cycle*, Larchmont, NY. Eye on Education（1998）p. 12.

14) ダーリング＝ハモンドは，4つの教育に関する専門職団体（The National Assessment of Educational Progress, the National Research Council, the National Council of Teacher of English, the National Council of Teacher of Mathematics）の役員たち全員が，この低下傾向の原因として，学校がテスト対策としてのスキルをつけるための授業をしてきたことを挙げ，テストが授業を破壊してしまったと批判していると指摘している（Darling-Hammond, 1991, p. 221）．

15) 「真正の評価」の事例として，ダーリング＝ハモンドらは，前述のセントラルパー

ク・イースト校の実践を取り上げている．この学校では評価は授業と一体となっており，授業と学習の質や，学校での経験に関する会話の媒体となっているとする．真正な評価は，指導の強化を求めるものではなく，自ら学習者であり専門職でもある教師が，評価の基礎を創造し，次に生徒の作品を検証することによって得られる学習とカリキュラムに関するアイデアから展開していくものであるとしている（Darling-Hammond et al., 1995, p. 18）.

16） マーフィーは，その内容の情報源は「入手可能な最良の証拠をもとに記載されている」次の5点であるとしている．それらは，①急増している学習に関する研究，特に認知に関する観点からの研究，②全国的な改革報告書および研究報告，特にカリキュラムに関する文書，③リストラクチャされた学校における適切な考え方を提示している教師や校長とのインタビュー，④リストラクチャされた学校の同僚性とか実践の自由度など，マーフィーの研究とは異なる分野の研究に関する情報，⑤学級レベルでの先進的なリストラクチャ実践を行っている学校の所在する州や学区から提供される情報，である（Murphy, 1991, p. 51）.

17） 浜田によれば，「社会体系のなかで個人の占める位置が地位（status）であり，その地位にふさわしいとされる行動様式が役割（role）である」，とし，この捉え方は，構造—機能主義的な立場に基づいていると説明している（浜田，2007, 3頁）．本書では，機能主義的な立場とは異なる構成主義的立場をとるので，個々の校長や教師の実践すべき業務内容を示す用語として「役割」という用語は使用せず，「職務」を使用することとする．ただし，原文が「role」となっている文章を引用する場合には，「役割」と訳している．

18） 同僚性は，ジュディス・リトル（Little, J. D.）が提唱したことで知られているが（Little, 1982），マーフィーが1991年の時点で，リトルを参照せず，数行の記述しかない NGA（1986）を参照しているのは，この時点では，同僚性概念は少なくともリストラクチャリングの文脈ではよく知られていなかった可能性がある．リトルは，その後1990年に Little（1990）を発表し，「同僚性は概念的に不明確であり，イデオロギー的に多義である」（Little, 1990, p. 509）とし，その問題を克服しようとした．同僚性が広く知られ，実践にとり入れられるのは，その後であると考えられる．この間の同僚性に関する考察は，鈴木（2009）および津田（2013a, 182-183頁）を参照されたい．

19） マーフィーの SBM に関する論考は，Murphy & Beck（1995）を参照.

20） 既述の CES の9つの理念でも，「生徒は作業する人」は，中核的な理念とされている．

21） スタンフォード大学の Henry Levin によって始められたリストラクチャリング活

動である．ラビッチによれば，全米で数百の学校が参加しているとされる（Ravitch, 2007, p. 17）．「リスクのある生徒」を対象とし，矯正的な方法ではなく，才能児向けのプログラムを使うことによって，潜在的な能力を引き出そうとする活動である．

22）Success for All は，ジョンズ・ホプキンス大学のロバート・スラビン（Slavin, R. E.）によって始められたリストラクチャ活動である．スラビンによれば，ほぼすべての生徒は学べるという信念で，早期の支援や介入によって，一人ひとりの生徒に寄り添う方法をとっており，300 校が参加している（Slavin, 1996）．

23）通常クラスの生徒たちの中から低レベルの子どもを選別して特別のクラスに連れ出すという意味の pull out である．ジャック・ジェニングズ（Jennings, J.）によれば，「タイトルⅠや他の類似プログラムにより維持される特別な支援を受けさせるために，不利な状態にある生徒を通常のクラスから連れ出すことが，学区で一般に行われるようになっていた」（ジェニングズ，2018，60 頁）．

24）ラビッチによれば，ヘッド・スタートは，1965 年に貧困との闘い（War on Poverty）の一環として制度化された低所得家庭の子どもたちのための就学前教育プログラムである．当初夏季プログラムだけであったが最終的に全年プログラムとなり，医療的，社会学的，心理学的，栄養学的な要素を含んだ幅広いサービスを提供した．幅広い層からの支持を得ていたが，子どもたちの文字力や数字力に対して配慮が行われていないとの批判があった（Ravitch, 2007, pp. 112-113）とされる．

25）「完全な」は重要な表現であると考えられる．第 2 章の「効果のある学校」研究で述べたように，1980 年代後半以来，ESEA 法に基づいて行われる厳しい状況にある子ども支援のための連邦補助金が，学校改善などのためのプログラムに転用されるようになったことが問題とされてきた経緯があり，「完全な」とは，他のプログラムに転用するのではなく，全額本来の目的に使用されるべきという主張であると考えられる．

26）1990 年早々に発表される予定とされたが，実際には 1991 年 4 月の発表となった．その間，NGA のタスクフォースによる研究が行われ，NGA（1990）として発表された．

27）「レポート・カード」は，本来，生徒本人と保護者向けに，テストの成績や出席状況を報告するもので（Ravitch, 2007, p. 183），日本の通知表に当たるものである．しかしここで取り上げられた「レポート・カード」は各生徒を取り巻く諸条件を配慮することなく，一律にテストの成績を記載し，それを情報公開することが想定されていることから，大都市の貧困層の子どもたちに不公平になると考えられたものである．このような「レポート・カード」には批判的な意見が多数あったが，1991 年に発表された『2000 年のアメリカ』では，レポート・カードは本人と保護者に伝えるだけ

でなく，学校，学区，州および全国での現状について比較可能で明確な情報を公開するものとされ，全国レベル，および州レベルのレポート・カードが，新設される全国教育目標委員会（the National Education Goals Panel: NEGP）と学校，学区および州と連携のうえ，作成されることになっている（『2000年のアメリカ』，p. 14）．

28）『2000年のアメリカ』は橋爪貞雄によって全訳されている（橋爪，1992，258-295頁）．参照し，参考にさせていただいた．

29）NPMは，New Public Management の略語である．田中啓は，「1970年代以降，オイルショックが契機となってOECD各国は経済成長が鈍化し，以降財政赤字が拡大して行くことになるが，この改革に着手したのは英国のサッチャーとアメリカのレーガンで，ニュージーランドが続いた．民間企業における経営理念や手法を導入して市場メカニズムを働かせること．具体的には，補助金の削減，規制緩和の経済構造改革で，肥大化・非効率化した政府部門を見直し，小さな政府を目指すというもの」と説明している（田中，2006，p. 1）．また，「NPMの基本コンセプトは主に，1）定量的な目標設定・成果主義に基づく経営　2）競争原理の導入による効率化　3）顧客主義　4）現場主義の導入の4点と言われている」（豊福，2016，1頁）．

30）システミック・リフォームはクリントン政権が，スタンダードとテストに基づくアカウンタビリティ教育政策を確立するについて，その基礎理論となったと考えられている（Fuhrman, 1993, p. xii）．それはマーシャル・スミス（Smith, M. S.）とジェニファー・オデイ（O'Day, J.）が1991年に「システミックな学校改革戦略（Systemic school reform）」（Smith & O'Day, 1991）で発表した政策提言に基づいている．システミック・リフォームは，連邦が強いリーダーシップを発揮することになる21世紀初頭の中央集権的な政策，特にNCLB法につながる結果になっていったという点で，教育政策の大きな転換点に関する理論的根拠を提供したことになる提言である．それは，「教育システムのより中央集権化したレベルにおいて，学校サイドからのボトムアップ改革のバイタリティと創造性とを，それを可能にし支援する構造と結び付けることを追求する」（Smith & O'Day, 1991, p 245）．具体的には，連邦はスタンダードとテストに基づくアカウンタビリティ政策によって教育システムを中央集権化し，そのシステムの下で，各州において重要と考えられるリストラクチャリングを推進させるという戦略であると考えられる．

31）原文ではクォーテーションマーク付きとなっており（Cookson, 1995, p. 406），これまでの新連邦主義とは異なる意味で使われていることを示している．

32）「逆向き設計（backward mapping）」という用語の使用例は，エッセンシャル・スクール連盟の活動に見ることができる．遠藤貴広によれば，エッセンシャル・スクール連盟（CES）の学校改革では，「逆向き計画（planning backward）」という言葉に

転用され，「まず学校が卒業生に求めるものを明らかにし，次にそれを実現させるための方策を構想した上で，それを実行できるように学校のシステムを調整するというものである．これが CES の改革を支える重要な基盤となっていた」（遠藤，2007，220 頁）と説明されている．

また後述するゲイル・ファーマン（Furman, G.）が新しいリーダーシップ論を説明する中で「逆向き設計（backward mapping）」を論じている（Furman, 2003）．

さらに「バックワード・マッピング（backward mapping）」はリチャード・エルモア（Elmore, R.）では「まず実践から始め，そして，それに見合うように学校の仕組みを修正していく」と説明されている（エルモア，2006，4-5 頁）．

第4章 『学校管理職の基準』の作成

　NCEEA で「教育上のリーダーシップに関する良好な定義がない」と指摘されて以降，その定義を見出すことが長年の大きな課題であった．第3章で考察したように，リストラクチャリングの諸活動から，リーダーシップに影響を与えるとみられる多くの知見が見出されてきた．第4章では，校長のリストラクチャリングへの取り組みが始まり，『学校管理職の基準』が作成されていく経緯を把握し，「基準」で示されることになるリーダーシップ論の内容を明らかにする．

第1節　校長職のリストラクチャリング

1. 校長職の変革への圧力

　第1章第3節で述べたように，1985年から2年にわたって行われた教育経営の卓越性に関する全米委員会（NCEEA）による活動は，校長職のあるべき姿を追求する全米的な活動を喚起することになった．1987年に発表されたNCEEA の報告書『アメリカの学校のリーダー（*Leaders for America's Schools*)』は，教育経営分野に存在する10項目の欠陥を示し，それぞれについて改善策を提言した．そのなかでも次の時代に与えた影響の観点から重要と考えられる項目が，「良好な教育上のリーダーシップの定義がない」という指摘と，全米教育行政政策委員会（NPBEA）が設立されねばならないという指摘であった．これらの指摘を受けて UCEA は，教育経営・行政の改善に強い関心を持つ合計10の団体[1]に働きかけ[2]，1988年に NPBEA を設立した．その活動は，NPBEA (1989) が述べているように，「専門職を改善するという誰からも認められたニーズに対応する」(NPBEA, 1989, p. 12) ものであり，教育上

のリーダーシップに関する良好な定義を探求するとともに，専門職としての校長に関わるリストラクチャリングを求める要請に対応しなければならないという NPBEA 関係者の認識に対応したものである．

このような NCEEA の認識通りに，現実の校長たちを取り巻く環境は，リストラクチャリングの進展とともに，激変していたと考えられる．教育界の外部からは全国知事会（NGA）のレポート NGA (1989) が，内部からは全米初等学校長協会（NAESP）のレポート NAESP (1990) がそれぞれ以下のように述べており，内外から校長職のリストラクチャリングを要請する圧力があったことを確認しておきたい．特に NGA (1989) は，校長職に対する厳しい見方と同時に，校長職の免許状システムは，州が教育界やビジネスおよびコミュニティと共同して設計しなければならないとしており，専門職としての校長の専門職団体には，自律的な免許状システムの設計・維持を任せられないと指摘したのも同然であった．

> 校長や教育長を養成する教育プログラムの不適切さは広く認知されているところである．現状の養成プログラムは，認知と学習，および現代のリーダーシップとマネジメント理論の基礎を提供するにはいたっていない．州は教育界，ビジネスおよびコミュニティのリーダーと共同して，学校の管理者がリードし，管理し，リストラクチャされた教育システムで成功するのに必要とするであろうものを基礎にした免許状システムを設計しなければならない（NGA, 1989, p. 20）．

一方，教育行政・経営の関係団体と言うべき NAESP も，人種問題，貧困とそれに伴う多様なリスクが教育のリストラクチャリングを要求していることを指摘したうえで，次のように厳しい認識を示しており，「効果のある学校」研究から得た知見を活かすことを求めている．

> 以上のような巨大な課題の挑戦を目の前にして，校長の職務は転換されつつあり，また新しい世代の初等・中等学校の管理者の養成には，伝統的な校長養成プログラムの抜本的な改革が要請されている．明日の校長は，急速に変化する社会，高度技術と急成長する情報化の時代において効果的に機能するためのこれまでとは決定的に異なる鎧を纏わなければならない．これらの校長職務の変化に対応するための方策は，幸いにも過去数年の研究の成果によって明らかになっている．今日われわれは，これまでの教育のいかなる時点の歴史にも増して，効果的な学校のリーダーの特質に関する貴

重な知識の蓄積を手にしている（NAESP, 1990, p. 3）.

2. 校長職の専門職性の確立に向けて

(1) NPBEA によって示された方向性

NPBEA は 1989 年にその研究成果を「学校管理者養成の改善：改革への検討課題（Improving the Preparation of School Administrators: An Agenda for Reform）」と題する報告書 NPBEA（1989）を発表し，人材，プログラム，養成カリキュラム内容，評価などについての問題点を指摘したうえで，それらの問題に関連して校長職養成制度の改善と，校長の専門職としての職務の明確化のポイントとして次の 9 項目を世に問うた.

①学校管理者候補として多様で，優秀な人材の募集.

②養成プログラムの高度化.

③養成プログラムを持つ大学には最低 5 名の教授を擁すること.

④校長の免許条件を教育専門職博士（Ed. D.）とすること.

⑤ Ed. D. の取得条件として 1 年間の学際研究と現場研修を求める.

⑥養成プログラムのカリキュラムは，実践の課題に基づいた以下の知識や技術を核とすること. a）学校教育に対する社会的・文化的な影響，b）指導と学習のプロセスおよび学校改善，c）組織理論，d）組織に関する研究や政治の分析に関わる方法論，e）リーダーシップ・経営プロセスと機能，f）政策研究と教育政策学，g）学校教育の道徳的・倫理的な問題.

⑦大学と学区との協力関係の構築.

⑧全米に共通する校長基準の開発と，専門職免許状のための全国的試験の管理を目的とした専門職基準開発委員会の設立.

⑨専門職基準の確立と校長養成プログラムの認証（accreditation）の徹底.

本書では，以上 9 項目は，校長職を専門職として高度化するための要件を示すとともに，専門職として確立させるために必要なプロセスを示しているものと捉えて各項目を以下のように整理する.

①②⑦は，総論的な内容である.

専門職への必要なプロセスの第 1 は，③④⑤で構想される専門職の要件を充足させるとともに，その要件に対する利害関係者からの拒絶を乗り越えること

である.

第2のプロセスは，⑥ a）．b）．c）．d）．f）で述べられた，専門職にとって重要な要点の1つである知識基盤（knowledge base）に関する諸問題を解決することである．知識基盤は，医者や弁護士のような専門職にとって，最も重要な要素の1つであるが，教育の場合，例えば，⑥ a）の「学校教育に対する社会的・文化的な影響」だけを見ても，多文化が進む中で，固定的な知識基盤をつくることには，強い拒否が示される可能性があり，ここに大きなジレンマが生まれる．このジレンマを乗り越えて，これが校長職の知識基盤であると世間に示すことができるか，これが大きな課題である．

第3の必要なプロセスは，⑥ e）の「リーダーシップ・経営プロセスと機能」に関しての再定義の問題であり，NCEEA の「報告書」が一番の課題として取り上げていた「教育上のリーダーシップの再定義」を行う必要性である．専門職団体など関係者による，時代が求めるリーダーシップの再定義の問題をめぐる熟議のプロセスが求められたのである．

さらに第4の必要なプロセスとして⑥ g）の倫理問題がある．倫理問題はあらゆる専門職に共通する関心事であり，校長の専門職にとっても重要な課題である．

NPBEA（1989）はこれらの問題を解決するプロセスを経て，⑧⑨で校長の基準を開発するという指針を示したものといえる．次項では上記の4つのプロセスにおける議論の展開を考察する．

(2) 校長職が専門職になるためのプロセス——専門職性の構築

① 関係者からの拒絶を乗り越えること　NCEEA の「報告書」に対して厳しい批判がギボニーやジェイコブソンから示されたことは前述の通りである．「報告書」が「少なくとも 300 の大学がその校長養成プログラムを中止すべき」としたことに対して，ジェイコブソンは「教育管理者養成に対する独占的な統制力を得ようとする試みである」（Jacobson, 1990, p. 37）と厳しく批判していたが，NPBEA（1989）でも旧来と同じ傾向が見られた．この問題をサージオバニは次のように述べている．NPBEA（1989）が校長の資格として Ed. D.（Doctor of Education）を求めたこと，さらに養成プログラムに最低 5 名の教授を必要と

する，としたことが問題となり，そのような条件を達成できない数百もの小規模の単科大学からの激しい抵抗が起きた．なかには法廷闘争に持ち込む例もあった．さらに，NPBEA の内部では，教師との関係において校長は専門家として存在できるのかという問題が議論となった．教師と協働して学校全体のレベルアップを図るために先導的な職務を果たすという考え方のほかに，特別の知識，例えば組織行動や人間行動に関する理論などで管理的な専門職として校長職を独占的な地位に保つことができないか，あるいはヒエラルキカルな管理職として強権を持つことができないか，などの議論も行われたとサージオバニは指摘している（Sergiovanni, 1991, pp. 522-523）．このような議論があったことは，NPBEA のメンバーには，専門職の専門性（専門性に基づく職務・実践）よりも，地位に基づく役割を重視する研究者が相当程度存在していたことを示しているといえる．サージオバニによれば，結局この抵抗の結果，NPBEA（1989）を作成した首脳部は総退陣し，新首脳部のもとで「5 名の教授」項目を外し，修士号による校長職も認める内容に修正した提言書が出されたことで方向性が修正されたとされる（Sergiovanni, 1991, p. 523）．その修正された提言集が NPBEA（1990）である．これで対外的には，形式的に解決したようにも見えるが，校長の専門職がどうあるべきか，そのリーダーシップはどうあるべきかの議論が次の段階で待っていた．NPBEA（1989）は NPBEA（1990）に修正されたが，その基本は変化していないと考えるので，本書ではより充実した内容を持つ NPBEA（1989）の内容をもとに以下の考察を行う．

② 専門職としての知識基盤の構築

イ．知識基盤に関する既成概念と対抗概念——求められる哲学

　ロバート・ドンモイヤー（Donmoyer, R. I.）らが編纂し，ポストモダン・批判理論・フェミニズムなど多様な観点から知識基盤について論じられた論文集の序文で，ドンモイヤーらは知識基盤の議論に存在する認識論の問題を次のように指摘している．彼らによれば，これまでの専門職性の概念には，学習され，理解され，専門家のレベルの知者として付与される非専門職には入手不可能な一体的な知識が存在するという前提があった．しかし，今日，そのような実証主義的で排他的な概念ではなく，知識は（主として社会科学の知識において

は）決して人々から独立して存在するものではないという認識が高まりつつある（Donmoyer et al., 1995, pp. 2-3）．ドンモイヤーらは実証主義と主観主義の二項対立の論争を述べたうえで，次のように結論付けている．グリフィスが理論的な複数パラダイムを提供したことで，これまでの混とんとしてきた知的論争は落ち着いた結論に到達しつつある．しかし，読者はこれであまり安心しすぎてはならないだろう．なぜなら理論的多元主義は知的な理解の世界では誰に対しても訴えるものがあるが，実践の領域では多元主義では解決できない問題を抱える可能性があると懸念するからである．なぜなら，われわれが行政・経営の管理者あるいは教授として行動する時，多様な意見や提言などから厳しい選択をしなければならず，時には矛盾する事柄や非倫理的な見方に直面することもあり，それらに何らかの結論を出さねばならない立場に立たされることがあるからである（Donmoyer et al., 1995, p. 11）．本書では NCEEA での議論に関連して，実証主義と主観主義との立場の違いを述べてきたが，普段は現れないこれらの認識論の違いが，例えば社会・文化的な問題に関する知識基盤の議論で吹き出てくることをドンモイヤーらは予想していたものと考えられる[3)]．

　また UCEA の機関誌で，教育行政・経営分野で影響力の大きい *Educational Administration Quarterly* は，1995 年の 31（2）号で知識基盤に関する議論に関して特集を組んでいるが，その中での，コフィ・ロモッティ（Lomotey, K.）の政治的な議論と，ジェームス・シューリッヒ（Scheurich, J. J.）とジュリー・ライアブル（Liable, J.）の教育実践における知識基盤に係る議論を見ておこう．

　ロモッティは，人種主義，階級主義，性差別主義など正当化されない形式による排除が，学校教育における社会的および文化的な基礎になっていると論じている（Lomotey, 1995, p. 295）．ロモッティの第 1 の主張は，排除に対抗するために，真の民主主義をもたらす大規模な社会改革を要求し，このような民主主義の意味するものを追求することが必要であるというものである．ここでいう民主主義の追求とは，自由，平等，社会正義などの原則によって知ることのできる物語やアイデンティティを作り出す議論や実践である．それは，教室や，毎日の生活に見出される具体的な取り組みや実践，あるいは，抵抗と苦闘の中で表現されるものである．民主主義はすべての市民に，彼らの人生を統治する

組織を超越し，積極的に市民の権限を構築し分配することを奨励するとしている（Lomotey, 1995, p. 295）．ロモッティの第2の主張は，学校教育に対する社会的・文化的な影響を俯瞰した次の4点である．（a）（人種主義，性差別主義，および階級主義を含む）正当性のない排除がアメリカ社会における制度の根底に存在し，結果として学校に対して社会的，文化的な影響を及ぼしている，（b）アメリカの社会およびアメリカの学校の将来の利益のためにわれわれは，多文化／多人種の民主主義の創造に注力する必要がある，（c）われわれは学校を，地方の，全国的な，あるいは公共の存在とみなすだけでなく，これらの全存在とみなす，（d）学校にいる多数のアフリカ系アメリカ人，ヒスパニック，アメリカ・インディアン，女性，そして貧困な生徒が公民権を剥奪されている状況を改善するべくわれわれの努力を傾けねばならない（Lomotey, 1995, p. 297）．

　またシューリッヒとライアブルは，議論の前段として，ペドロ・ライアス（Reyes, P.）の1993年度UCEA会長就任演説（Reyes, 1994）の一部を以下のように引用している（Scheurich & Liable, 1995, p. 313）．ライアスは次のように述べている．

> 教育行政・経営にいるわれわれが，いかに物事をやっていくかに関して，大胆で，根本的な変革を必要としている．――われわれは献身的にコミュニティを改善し，すべての人の尊厳を保障する社会的責任に係る，より広い使命を理解できるようなリーダーシップを実践していく必要がある（Reyes, 1994, p. 12）．

　シューリッヒらは，知識基盤を作成する時，その作成責任者には，「責任を取る覚悟のある質問（buck-stops-here）」，すなわち，リーダーシップを理解し，教育の専門職として必要な，例外なしにすべての子どものための教育上のリーダーシップを進んで提供するつもりがあるのか，と問うことが必要であるとし，困難なことではあるが次の4つの問いをしなければならないと主張している．1）われわれは，進んで子どもたちに対する人種，性，階級上の偏見を大規模に破壊するつもりがあるのか．2）これらの負の要素を減少させ，最終的には撲滅することにコミットできるか．3）この目的を達成するために校長養成プログラムを根本的に変革できるか．4）学校で実際に起こっている変化を長期的に追跡し，確認することができるか（Scheurich & Liable, 1995, p. 319）．

　ここまで挙げてきた論者たちはいずれも，知識基盤を作り上げるには，理論

的にも，実践上も，専門職としての自覚と覚悟をもって，現代という時代が要請しているリーダーシップの基底にある哲学を理解しなければならないと主張しているものと考えられる．しかしこれらの論者たちは思想的な立場を論じ，理論を示すに留まっており，「リーダーシップの良い定義」の具体的な姿を示していない．理論を乗り越えて，実践の理論を提示する課題が残されている．

ロ．知識基盤構築のために必要となる理論の統合

校長の専門職性を確立するためには，知識基盤が不可欠である．しかし，以上述べてきたように，知識基盤には大きな葛藤を内包している．それでは，いかにして葛藤を克服し，新しい専門職性に寄与できる知識基盤を構築するか，これが課題となる．その難しさと重要性を理解しておくために，既述ではあるが二人の論者を再度引用しておきたい．

マーフィーは理論闘争における苦闘を次のように語っている．

> われわれは，1950年代半ばから1980年代半ばにいたるまで，学校アドミニストレーションの専門職を縛ってきた理論運動の束縛としきたりを緩めるために苦闘してきた（Murphy, 1999, p. 4）．

その理論運動の中心的指導者グリフィスも次のように述べている．

> 論理実証主義には極めて欠陥があることが衆知となっているが，実証主義の次世代への新しいアプローチが開発されてきたという明らかな兆しがない（Griffiths, 1983, p. 207）．

> 教育行政に関する教科書の筆者たちは，いまなお，厳格に実証主義理論を信奉しており，その伝統的なパラダイムの上で，教科書が書かれている（Griffiths, 1983, p. 216）．

「理論運動の束縛としきたり」や，今も実証主義的な記載のある教科書が一般的に使用されていることから考えて，グリフィスの複数パラダイムを取り入れたリーダーシップの考え方への転換が容易に行われるとは考えられない．しかし，多数の研究者がこの問題に挑戦し，ほぼ重複する結論を見出している（Lomotey, 1995, p. 319）．実証主義と主観主義が実践上どのように対立を乗り越えたのか，その展開を見ておこう．

1988年には，グリフィスがアメリカ教育学会（AERA）の年次総会で次のようなプレゼンテーションを行っている．

> われわれは，実証主義か，批判理論か，主観主義か，などのばかげた議論をやめるべ

きである．率直に言って，社会問題を実証主義や批判理論を使って調査を行い，何らかの成果を生み出したとは考えられない．そこで，Jelinek, Smircich, & Hirsch の先行研究による次のアドバイスを取り入れたい．彼らは，「われわれは組織を多くの異なった方法で理解し，多様なポイントから考察するべきである．ある一組の仮定から組織を考察することには重要性を見出せない．われわれの思考は単色ではなく，多色の上着のようであり，多様な仮説，類推，隠喩，理論などで取り囲まれたものでなければならない」（Jelinek et al., 1983, p. 331）と述べている（Griffiths, 1988b, p. 22）．

1991 年には，アレン・リー（Lee, A. S.）による教育経営・行政学における 3 段階プロセス研究法が提示され（Lee, 1991, pp. 350-355），グリフィスがこれを実証主義と主観主義の 2 つのパラダイムを結合させる最適の方法として紹介した．グリフィスは，この方法を一般的な学校の問題として取り扱うように架空の学校名を使って紹介した（Griffiths, 1997, pp. 371-380）．その概要は以下の通りである．

親からのクレーム，教師の転勤希望，低成績，問題行動など，日常的なトラブルを抱えた George Washington Elementary School のために教育長は教育コンサルタントのマリオンに学校の調査を依頼した．マリオンは次の 3 段階の調査法をとった（Griffiths, 1997, pp. 342-365）．

第 1 段階　マリオンはしばらくの期間，教師，親，生徒，コミュニティの人々との面談を行って，常識的な用語を使った表現での「第 1 段階の理解：主観的なもの」を書き上げた．
第 2 段階　エスノグラフィーの手法を使って「主観的なもの」を「解釈」した．この結果は密度の濃い「第 2 段階の理解：解釈学的なもの」となった．
第 3 段階　マリオンは検証可能な仮説を開発し，実証主義的手法に従い，仮説を統計的に操作した．結果は「第 3 段階の理解」となった．

このアプローチは量的調査と質的調査を結合させたものであり，この方法によって，グリフィスが理論的に提唱していた「複数パラダイム」あるいは「多様性パラダイム」の実用性が立証されることになる（Griffiths, 1997, p. 375），とグリフィスは考えたのである．

Lee（1991）とわずかに前後するが，1990 年には，NAESP と NASSP の合同事業として設立された校長職のための全国委員会（National Commission for the Principalship）（以下，NCP と称す）によって「変化する学校のための校長 ── 養成と免許（Principals for Our Changing Schools: Preparation and Certification）」が発表され，実証主義と主観主義の対立問題の解決法として次のような提案が行われている．

　校長職のための全国委員会は養成プログラムと職務の必要条件とが一致していないことを認識し，職場に即した校長養成の新しい枠組みを開発することを決意した．新しい枠組みは，社会科学[4]を無視することはなく，今日の変化する環境の範囲内でのプログラムと業務活動とに焦点化しており，伝統的な演繹アプローチだけに依存するのではなく，むしろ現代の学校に関する情報を開発するために，帰納的方法論を採用している．したがって，新しい知識基盤は校長職に関する概念モデルだけではなく，校長職の分析結果を反映するものとなるだろう（NCP, 1990, p. 17）．

　この方法論も，実証主義と主観主義の二項対立から抜け出して，新しいパラダイムを創造しなければならないとの主張を実践に応用しようとしたものである．

ハ．知識基盤の構築へ

　NCP（1990）は上記のように，帰納的な研究と，演繹的な研究を統合したものとして提言された．その作成にあたっては，NCP の研究者によって作成された素案に基づいて，作成メンバーに官僚や教員組合員を含めず，教育の専門職者のみで構成された50名の審査委員会（jury）[5]による検討を経て発表に至った（NCP, 1990, pp. 37-39）．これは政治・行政的な要因や関係者の利害を排除して，教育の専門職による専門職のための議論を行おうとしたものである．

　NCP（1990）の内容は，次のような構成からなる一組の知識基盤を示したものである．校長職を2つの領域に分け，1つは広い意味のリーダーシップ，もう1つは狭い意味の機能的リーダーシップを含む4項目の知識・行動領域である．

　広い意味のリーダーシップは，率先した行動をもって，a）変化を理解しその変化を管理し，b）ビジョンを構築し，c）革新を促進する．また，d）日常的に下記の知識・行動領域の活動を，機能的なリーダーシップを駆使して，学校教育のクオリティを改善し，生徒の成績を向上させることで，国民の期待に

応えるリーダーシップである（NCP, 1990, p. 1 and p. 21）.

　知識・行動領域は，4つの領域と，その下部領域，全21項目から構成される（NCP, 1990, pp. 21-25）.

  1） 機能的領域7項目：1.（狭い意味の）リーダーシップ，2. 情報収集，3. 問題解析，4. 判断，5. 組織的監視，6. 実施，7. 委任.
  2） 教育プログラム6項目：8. 授業プログラム，9. カリキュラム・デザイン，10. 生徒指導，11. 教職員開発，12. 評価，13. 資源配分.
  3） 個人間領域4項目：14. 他者のモチベーション，15. 他者への気配り，16. 口頭表現力，17. 文書表現力.
  4） 文脈領域4項目：18. 哲学的，文化的価値，19. 法・規則の運用，20. 政策および政策的影響力，21. 一般人およびメディアとの関係性.

　以上21項目のうち，「1.（狭い意味の）リーダーシップ」は，教職員の個人およびグループの目標設定；グループの方向性の決定と維持および職務の完遂に向けた指導；コミュニティと学区の優先事項および生徒と教職員のニーズを考慮した学校の優先事項の設定；業務完遂のための自身と他者とのアイデアの統合；組織改革の先導と企画，を行う（NCP, 1990, pp. 21-22）. いわばマネジメント的な業務の遂行を行う.

　理論的立場の統合が見られるのは，第1に，主観主義的な要素を持つ「広いリーダーシップ」と，実証主義的な「狭いリーダーシップ」という概念を用いて，リーダーシップを総合的に把握したこと，第2に，「18. 哲学的，文化的価値」について述べていることである. ここでは民主主義社会での教育の役割について理にかなった理解をし，承認された倫理基準に従って行動し；教育における哲学的・歴史的な影響を認識し；現代の教育に関係する社会的・経済的問題を含むアメリカ文化の理解の省察に基づき；生徒や社会へのグローバルな影響を認識する（NCP, 1990, p. 25）ことが求められている. これまでの実証主義的な教育行政・経営理論においては，「価値中立」的であることが求められてきたので，校長の行動に価値を反映させることは困難であったといえるが，NCPが文化的価値を反映させることを求めたことは，パラダイムの統合を意図するものであったといえよう.

　NCP（1990）は，このような内容の知識基盤のモデルを提示しており，理論

的には完成度が高いと考えられるが，実践的には説明していない．例えば，カリキュラムデザインでは，学区のカリキュラムを理解し，計画し，授業法に向けた枠組みを教員とともに作る（NCP, 1990, p. 23）とされているが，作成されたカリキュラムデザイン案や授業法についての提案を採用するかどうかの意思決定を誰がどのようなプロセスで行うのか，その最終決定権と責任が誰にあるのかを明確にしていない．教師と校長の対立を生む火種を抱えた内容と言わざるを得ない．その意味で，「良いリーダーシップ」論には到達していないと考えられる．

③ **新しいリーダーシップ像をめぐる提示**　NCEEA（1987）以来，「教育上のリーダーシップの再定義が必要である」と言われてきたが，具体的なリーダーシップ像を示した NCP（1990）でも「良いリーダシップ」には到達していなかった．しかし 1990 年代前半，新しいリーダーシップ像が相次いで提示され，静かではあるがリーダーシップ像をめぐる葛藤が展開されていたと見られる．ここでは 2 つのリーダーシップ論を取り上げる．なお，当時，分散型リーダーシップという新しいリーダーシップ論も議論され始めていたが，まだごく少数の研究者の論文に見られる程度の状況であったと考えられるので，ここでは取り上げていない．

イ．リーダーのリーダー像

NAESP は 1991 年に，『校長にとっての熟達（*Proficiencies for Principals: Elementary and Middle Schools*）』（NAESP, 1991）を出版し，校長の新しいリーダーシップ像を次のように示した．

a. 校長はリーダーのリーダーでなければならない（NAESP, 1991, p. 5）．
b. 熟達した校長のいる学校は，ハーモニーと共通の目的意識にあふれている．そこでの校長は，創造性とビジョンを示すことのできる唱導者であり，共同的意思決定の提案者であり，また価値観や信念の共有（下線は引用者）を通じて学校コミュニティを結び付ける（NAESP, 1991, p. 6）．
c. 校長はコミュニケーション・スキルを発揮して，信念を説得的に唱導する（NAESP, 1991, p. 7）．

このリーダーシップの内容は，前述した NCP（1990）の「広いリーダーシッ

第 4 章 『学校管理職の基準』の作成　　201

表 4-1

21 世紀の学校のための信念陳述書（Implications of Belief Statement for Schools in the 21st Century）
1. すべての生徒は学べるし，機会を与えられればすべての生徒は学ぶであろう．学校の目的は一人ひとりの生徒に日常的に学習機会を創造することである．（下線は引用者，以下同）
2. 生徒に学業が与えられることを保障するのが教師や管理者の責務である．その学業は，成功することを認め，生徒やコミュニティ，あるいは社会にとって最も価値あることを教えるものである．
3. すべての学校の活動は，生徒が情報に基づく知識業務社会に完全に参画できるように準備するための理解やスキルを開発することを認めるような創造的かつ伝統的学業に焦点化しなければならない．
4. 知識業務組織として，学校は，学校が提供すべき知識関連の産物の主たる受取り手としての生徒に焦点を当てねばならない．
5. 教師は重責を担ったリーダーである．校長は，教師たちのリーダーであり，したがって，リーダーのリーダーである．
6. 教師と校長は結果に説明責任を持つ．そして，その前提となる期待は，すべての生徒が成功体験をし，価値ある知識やスキルを獲得することのできるような学習環境を提供するということである．
7. 責任ある，倫理的な雇用者として，学校には，すべての教育者の専門職としてのステータスと彼らが任命される職務の重要性を尊重するような労働環境を保障する義務がある．
8. 継続的な学校改善，粘りのある改革，そして継続的な成長へのコミットメントがすべての教職員と，学校の資源に支持されたすべてのプログラムに期待されねばならない．

出典：NPBEA（1993），p. 1 の 16，Fig. 1-4.

プ」に相当するものと考えられる．NCP（1990）では，最終権限者が明記されていなかったが，NAESP（1991）では，校長は授業面では教師など関係者と共同の意思決定を行うためのプランの「提案者」であり，かつ校長はリーダーのリーダーとして最終決定権を持っており，最終決定事項を遂行する責務を負ったリーダーであるとされている．再度カリキュラムデザインを例にとれば，デザイン案や授業法は校長が提案し，教師たちと共同で意思決定するが，対外的に意思決定の責任者は校長であり，生徒，父母，コミュニティに向けて校長がその方針を説明することになるとされている．

　このリーダーシップ論では，上記の b 項で，「価値観や信念の共有」など，主観的な考え方も取り入れられていることが特徴的である．

　事務管理的な場面では，校長は「学校の経営執行責任者（chief executive

officer）として，学校の施設，生徒へのサービスと記録保存，人事，および授業を支援するさまざまなプログラムに対して単独の責任を持っている．彼らは日常の実践に関する政策と事務取扱手続きを開発し，実践する」（NAESP, 1991, p. 15）とされ，学校の事務管理に関しては，教師たちとは異なる権限と責任を明確にしたと捉えることができる．

NCP（1990）の知識基盤研究をさらに進展させたものが，NPBEA（1993）である．NPBEA（1993）は「変化する学校のための校長——知識とスキルの基盤（*Principals for Our Changing Schools: The Knowledge and Skill Base*）」と題しており，「校長はリーダーのリーダー」というリーダーシップ像を受容したことが「21世紀の学校のための信念陳述書」（NPBEA, 1993, p. 1 の 1b. Fig. 1-11）に示されている（表 4-1 の 5.）．NPBEA（1993）の内容は，NCP（1990）の 21 の領域をそのまま踏襲しているが，内容をより深めて考察が行われている．また，改めて全米に共通する校長基準（national standards）の創設の必要性を訴えた（NPBEA, 1993, p. x）．NPBEA（1993）には以下に述べるような 3 点の特徴がある．

第 1 の特徴は，表 4-1 の 1. に見られるように，「すべての生徒は学べる」という言説を第 1 に掲げ，「学校の目的は一人ひとりの生徒に日常的に学習機会を創造することである」と，学校の目的が明記されたことである．「効果のある学校」研究に始まり，リストラクチャリング運動で明確になってきた学習者中心の考え方が，教育経営・行政に関連する主要 10 団体からなる NPBEA の研究結果として明記されたことは重要である．

第 2 の特徴は，校長には多様な視点（a multiperspective approach）を持つことを求めていることである．重要な記述であるので下記に引用しておきたい．

学校教育はすべての関係者の文化的な価値を反映する社会的に構築されたものである．ある人は，アメリカの学校は世界経済での戦いのために国家とその国民とを準備させねばならないと考え，他の人は（例えば不利な状態にある人は），学校は現状の社会秩序の再構築のために生徒を準備させねばならないと感じている．この研究の知識基盤においては，そのような深く偏った考え方の違いを仲裁するつもりがない．しかし，校長はそのような弁証法的な緊張の存在を認識し，彼ら自身の価値やアイデアを認識していなければならない．多様な視点によるアプローチが必要であることを提言する．

第4章 『学校管理職の基準』の作成　　　203

（中略）異なる地域の異なる時間における人々の価値が，相当異なっていることはよく知られている．したがって，たった一組の価値が命令するものをこの研究の知識基盤の目標とすることは非現実的である（NPBEA, 1993, p. 18 の 6）．

　多様な視点を持つという考え方のもとで，NPBEA（1993）は，社会と教育における文化的価値として，リベラリズム，批判理論，ポスト構造主義，プラグマティズム，フェミニズムの概念を説明したうえで，それらに校長自身が持っている主義を加えてマトリクスの縦の項目とし，平等，選択の自由，アカウンタビリティ，忍耐，ケアの価値の観点をマトリクスの横の項目として，それぞれの主義について横の項目の観点から何が求められているかを十分に理解しておくことを校長に求めている（NPBEA, 1993, p. 18 の 8〜28）．リーダーのリーダーにはそれだけの見識と理解が必要であると考え，そのような見識と理解に基づいて実践が行われるべきであると考えられたのであろう．

　第3の特徴は，21世紀の学校のための信念陳述書を表4-1のように示していることである．ここに示された，一人ひとりの生徒とすべての教職員を重視し尊重する考え方が，「基準」の中核的な考え方の基礎となっていったといえる．ただし，表4-1の4．で示された「生徒」は，知識関連の産物の主たる受取り手として捉えられているが，リストラクチャリング運動におけるマーフィーの捉え方（Murphy, 1991）では，生徒は知識を作り出す，働き手として捉えられていた．その部分では，このリーダーのリーダー論は，生徒の学習理論については，ヒエラルキー構造の要素を残したリーダーシップ論であったといえる．

ロ．変革的リーダーシップ像

　今一つの新しいリーダーシップ像は変革的リーダーシップ[6]（transformational leadrship）像である．

　NAESP（1991）では，「彼らは日常の実践に関する政策と事務取扱手続きを開発し，実践する」（NAESP, 1991, p. 15）と述べられていたように，リーダーのリーダー像は，内部統括を意識したものであったといえよう．また，第3章で述べたマーフィーのリストラクチャリング論でもリストラクチャされた学校での校長の職務は，学校を代表して自律性の権限とアカウンタビリティの責務を引き受け，これを教師たちに転移するといういわば結び目の職務を果たすこと

になる，すなわち内部統括にウエイトを置いた考え方を示していた．これに対して，1990年代前半には，ケネス・リースウッド（Leithwood, K.），フィリップ・ハリンガー（Hallinger, P.），マーフィーなどを中心に，校長職のさらなるリストラクチャリングを強く意識した変革的リーダーシップ像が提示されてくる．ハリンガーによれば，リストラクチャリングという用語は，学校が学区の人々のニーズをより良く認識し，それを充足させることができるように，学校を作り変えようとする明白な試みを示唆している（Hallinger, 1992, p. 40）．学校は，今や，外部の他者によって着想された変化を実施するだけではなく，変化の唱導者としての責務を持った単位とみなされるようになる．すなわち，校長や教師は，州や学区の方針と指導の下に，学校の改善を行う職務を負うといういわば階層的な組織の中間的な存在ではなく，重要な専門的知識の源とみなされるようになる．このリーダーシップ論は，問題発見と問題解決における校長および教師の職務を強調するものであり，校長や教師がそれぞれの職務を従来の職務から新しい職務へと変革させることをめざすことから変革的リーダーシップ（transfomational leadership）と呼ばれている（Hallinger, 1992, p. 40）．それでは校長職において何が変革されるのだろうか．

　マーフィーとハリンガーは職務の転換の意味を明らかにするためには学校内の変化と学校外との関係の変化を分析すべきであるとし，以下2つのリーダーシップ像を示している（Murphy & Hallinger, 1992, pp. 81-83）．

　第1は内部リーダーシップ（internal leadership）である．

　学校内の重要な変化は，学校外の政治家などから通常業務化した組織的な学校改善の管理者としてみなされている校長像から抜け出すことである．校長の職務は外部から持ち込まれた問題の解決を行う実施者ではなくなる．リストラクチャリング運動の下で地方分権化した学校の校長の職務は，学校組織のメンバーたちを支援し，地域固有の問題に対する解決法を作り上げる能力の開発をすることである．さらにリストラクチャされた学校における校長職には参画的なリーダーシップが求められ，教職員間でのコミュニケーション・スキルをもとに，次のような職務が期待される．1）相談に乗る人であり，より開放的で，より民主主義的なこと，2）教職員に改革の主体者感を持たせること，3）内部支援構造を構築し，リーダーシップ・チームを重視することである（Murphy

& Hallinger, 1992, pp. 81-82).

第2は環境リーダーシップ（environment leadership）である.

学校外との関係の変化に係るリーダーシップ論である. リストラクチャされた学校では，校長はより大きな組織環境にいる人々とコミュニケートできる関係を構築し，維持することが求められる. 境界を越えた職務が重要になる. 要するに，組織的な効果と効率を達成するために，校長を取り巻く環境に対して，独立した先進性と力を示すことと，支援を得ることが求められているのである. その結果，地方分権化された学校の校長として，1）より公共的な職務，すなわち，広域のコミュニティの人々と交わり，学校と環境との関係性を構築すること，2）政治的に共有意思決定を進める様式や，SBM に応答した様式で目に見えるリーダーシップの働きを示すこと，3）これまでの資源の受動的な受取りの立場から，積極的に資源を開発することになる. また，一般市民との関係がより重要になり，例えば，学校の評判，知名度，コミュニティとの関係性，地場産業とのかかわりに，従来以上に注意を払い，また，より大きな環境，すなわち学校の環境，社会環境，全国的な環境あるいは国際的な環境を注視することにより，傾向や問題点，脅威や機会を並行して理解していくことが求められる（Murphy & Hallinger, 1992, pp. 82-83）.

学校外との関係については，マーフィーのリストラクチャリング論でも触れていたが，ここでは，その職務の重要性が強調されている.

なお，「変革的リーダーシップ論」の用語は「基準」に現れてこないが，校長や教師がそれぞれの職務を，従来の職務から新しい職務に変換させるというスタンスは，「基準」の全編を通じて貫徹された考え方となっている.

④ **専門職における倫理の問題**　NPBEA（1989）の報告書が喚起した知識基盤構築のための最後の課題である. 倫理問題の理解は，医師や弁護士など伝統的な専門職をはじめとする専門職の要件の1つとされてきた. 教育行政や経営の議論では頻繁に出てくる「倫理（ethics）」という用語については，日本ではあまり議論されることなく，特に倫理綱領については，議論されることが極めて少ないが，校長職を専門職として捉えようとする時には不可欠の要件であるといえる. NPBEA（1989）は管理職養成プログラムに次のように道徳的・倫理

的な内容を求めている．

> 管理職養成プログラムは，正しくやる方法と同時に，何をやることが正しいのかを述べなければならない．管理職養成候補生は，自分自身の信念体系，管理職志望理由，社会的な過程としての学校教育の使命に関して自身が持っているイメージを検証することが強く要求されている．プログラムのカリキュラムは，候補生自身が学校における管理的な意思決定を行う際にその決定の道徳的・倫理的な意味を理解できるような枠組みや手段を提供するようにデザインされねばならない．候補生たちは一般市民の信頼の概念を理解し，諸価値が行動や結果にどのように実現されるのかを実感するようにならねばならない（NPBEA, 1989, p. 21）．

この要求に対して「基準」においては，基準5が倫理に関する基準となっており，その下部の指標には，学校管理者は「意思決定過程に倫理の原則を用いる」，「個人的，専門職的な倫理綱領を示す」，「ケアする学校コミュニティを開発する」などと述べられている．

以上のように述べてはいるが，NPBEA（1989）や「基準」には「倫理的」の意義や倫理綱領に関する説明がないので，若干の補足的な考察をしておきたい．

イ．倫理と道徳との関係

1990年頃から精力的に倫理を論じており，前述のロモッティと同じように *Educational Administration Quarterly* の知識基盤特集（1995年，31（4）号）で倫理問題の編集を行ったケネス・ストライク（Strike, K. A.）によれば，歴史的に倫理は生をどのように生きるべきかという「善き生（good living）」の研究であったとされる（Strike, 1995, pp. 632-639）．この生の問題はさらに，「何が正しいか」という議論と，「何が良いか」という2つの議論に分けることができるとされる．このうちコミュニティやその構成員相互の行為の何が正しいかを判断するルールや，どうあるべきか（ought to be）を論じるのが道徳性であり，一方倫理は「何が正しいか」と「何が良いか」の両方の議論を含めて行うものであるとされる（Strike, 2007, pp. 6-7）．ただし，倫理と道徳性を同義的に使用する哲学者が自分も含めて存在するとノディングスは述べている（ノディングス，2006，225頁）．

実践家の間でも，例えば世界医師会によって同様の説明が行われている．それによれば，倫理とは道徳性の検討であり，過去，現在，未来を問わず，道徳

的な判断と行動について慎重かつ体系的に考察することだとし，道徳性が行為（doing）に関する問題であるのに対し，倫理は主として知識（knowing）に関する問題であるとしている．その意味するところは，道徳は行動が正しいか正しくないかを，経験的あるいはすでに確立したコンセンサス（全体的な，しかし必ずしも全一致でははない合意）によって判断するのに対して倫理は道徳的な正邪の判断に加えて，善悪の判断も知識（人間の知恵）で判断する[7]．言い換えれば，倫理は，意思決定や行動方法に，選択について可能な限りの合理的な基準を与える倫理的な判断を重視するものであるとされる（世界医師会，2007，11-12頁）．

ロ．倫理的な判断

近年行われている倫理に関する議論を整理しているリン・ベック（Beck, L.）とマーフィーは，リストラクチャリングが進められる中で，教育上の公平の概念が強く主張されるようになり，倫理の議論が重要となってきたと述べている（Beck & Murphy, 1994, pp. 1-17, Murphy, 1993, p. 114）．また後述するケアの倫理に関する論者であるロバート・スターラット（Starratt, R.）は学校のリストラクチャリングが議論されている時代に，教育上の管理職たちは，彼らの学校における倫理的環境を改善するために彼ら自身何をしなければならないのかを考える必要性に迫られている，と述べている（Starratt, 1991, p. 185）．

ベックとマーフィーによれば，日常の業務で直面する道徳的・倫理的な問題に対して，その問題の困難度に応じて以下のようにレベルを上げて倫理的な判断が行われるとされる．

第1のレベルは，経験的あるいはすでに確立したコンセンサスに基づく，ある種の道徳的価値，例えば愛，忠誠，正義，正直，勇気，寛大さ，真実を告げることなどの諸価値である．それは人間に共通する必要性と可能性に裏付けられている．一般に認められたある種の道徳的な価値が，日常的で多数の問題に対して道徳的な判断を行う場合の指針を提供しているとされる（Beck & Murphy, 1994, p. 4）．

第2のレベルは，より複雑な状況と場面に直面すれば，例えば自由や平等のバランスをめぐって異なった理解が発生する可能性がある．そのような時に道徳的な価値に代わって法律や公共政策が判断の指針となる（Beck & Murphy,

1994, pp. 6-7）.

第3のレベルが専門職団体によって作成される倫理綱領である．それは専門職コミュニティにより，共有され明文化された職務上の判断の指針であり，個々人の心のうちにある道徳とは異なることもある．ベックらによれば，専門職者は文明の最高レベルの能力を持っており，政治や文化の壁を切り裂いてでも真実と奉仕に身をささげる立場であるがゆえに，専門職団体のメンバーとして，より良い倫理的な判断指針である倫理綱領を提供できるはずである（Beck & Murphy, 1994, p. 8）.

第4のレベルは，哲学的な原理である．それは一般に認められ，客観的に是認されるある種の道徳的価値の上に人間が作り上げた知恵である．専門職者が例えば「公平」の問題に直面し，法および政策や倫理綱領では解決できない場合に，意思決定や行動判断にあたって考え方の根拠を提供してくれるのが，以下の a．b．c．で説明する功利主義の倫理，社会正義の倫理，ケアの倫理である（Murphy, 1993, pp. 114-115)[8].

マーフィーは，例えば「公平」問題をとってみても，その環境，その問題を扱う人，さらにはその時によって意味が異なるという前提で，どのアプローチをとって判断を行うかを以下の諸理論を理解して，どの理論を適応すべきか，状況に応じて専門職者が判断しなければならない[9]としている（Murphy, 1993, p. 113）．したがって，専門職者たちは，長い訓練時間をかけて，どの理論を使って，どのように判断するかを訓練しなければならない．

3つの倫理の内容と問題点は以下の通りである．後述することになるが，「基準」には，社会正義の倫理と，ケアの倫理が取り入れられている．

a. 功利主義（utilitarianism）の倫理に基づく議論

功利主義においては，行動の選択を迫られた時に，最も多くの人に最善のもの（the most good）を，あるいは最大の利益をもたらすと考えられる選択を行うことが，最も良い，最も正当化される判断であるとされるとベックらは理解している（Beck & Murphy, 1994, P. 4）．功利主義を厳しく批判しているケネス・ハウ（Howe, K. R.）は教育実践における功利主義の事例として「トラッキング」[10]を取り上げている．彼によれば，トラッキングは，「『人的資本』を最大限に発展させようとする観点から，最も有望な生徒に多くの教育資源を配

分することを認める．（中略）最も有利な立場にある者が優れた教育を受けることが出来るように，一方，最も不利な立場にある者（すなわち低トラックの生徒）が劣った教育を受けるような立場に置くように，功利主義は働くことになる．トラッキングは人種や階級やジェンダーによる差別化と結びつくことが極めて多いが，この事実は不正義を一層際立たせることになる」と批判する（ハウ，2004，129-130頁）．

「基準」では，功利主義を取り入れていない．

b. 社会正義の倫理に基づく議論

マーフィーによれば，社会正義はもともと法を基礎とする[11]概念であったが，1980年代の後半になると教育改善の文脈で，倫理の問題として議論されるようになり，2つの要因がその議論を加速させた（Murphy, 1993, p. 114）．第1の要因は，不平等の現実が無視できない状態になってきたことである．1991年に発表されたジョナサン・コゾル（Kozol, J.）の『残酷な不平等（*Savage Inequalities*）』（Kozol, 1991）が，放置された学校の現実を厳しく指摘したように，貧困，麻薬乱用，十代の妊娠，壊れた家，低体重の出産など，社会的病理の中での不平等を示した各種のデータが放置できない状態を示していた（Murphy, 1993, p. 114）．マーフィーは，コゾルが『残酷な不平等』の全編を通じて，学者や政治家のリーダーたちは，すべての生徒と教師の権利を守る正義にかなった政策を構築すべきだと指摘し，さらに政策の構築だけではなく，政策実施を検証する方法も構築すべきだと要請していると指摘している（Murphy, 1993, p. 115）．第2の要因は，マイノリティ・グループの政治的活動が強まってきたことである．マーフィーは，人々の権利を守る正義にかなった政策を構築し，さらに政策実施を検証する方法も構築するような行動をとることが，社会正義の倫理にかなっていると考えている（Murphy, 1993, p. 115）．

c. ケアの倫理に基づく議論

ケアの倫理は，フェミニストから提唱され始めたが，1990年代になると学校運営での公平を求める，影響力の大きい多様な思想的背景を持つ学者によって強調されるようになった．マーフィーはそのような研究者の一人であるスターラットの次のような主張を引用している（Murphy, 1993, p. 115）．

一人ひとりの尊厳を重視し，一人ひとりが完全に人間的な人生（fully human life）を

享受できるように思いやり（compassionate）を伴った公平性の実現を確約することが，正当性のある教育目標である（Starratt, 1991, p. 195）.

またベックとマーフィーは，ネル・ノディングズ（Noddings, N.）がケアリングと人間的成長の促進に注意を払った倫理的な観点から教育に影響を与えるような方法のモデルを開発している中心的な研究者であるとし，生徒の持つ多様な能力に対応する次のようなノディングズの主張を取り上げている（Beck & Murphy, 1994, p. 15）.

ノディングズの主張の要点は，次の通りである（ノディングズ，2007，310-313頁）.

a）教育目的に関して明確であり，弁解じみた態度を取らないこと．教育の主目的は，有能で，ケアし，愛し愛される人を輩出すること．

b）生徒が，学校を自分たちのものだと考えるように導くなど，生徒の居場所となるニーズを満たすこと．

c）管理しようとする衝動を緩めること．競争に基づく成績のつけ方をやめ，テストの数を減らし，よく考えて立案された数回のテストによって，一人ひとりの子どもが取り組みたいと考えている課題について，よくこなせているかを評価すること．

d）授業教科間の上下関係を取り除き，すべての生徒に，彼らが必要とするものを与えること．つまり，人間の人生に最も重要な問題を探求する真の機会を与えること．

e）生徒が道徳に基づいて互いに接し合えるように導くこと．ケアを実践する機会を与えることなど，一日の少なくとも一部を，ケアのテーマに基づくものとすること．

f）生徒に，あらゆる分野におけるケアリングは，何ら弱々しいものではない．それは力強くて弾力性のある人間生活の骨格となるものであることを教えること．

なお，マーフィーはリストラクチャリングで教育が根本的に変わるという説明の中で，Dokecki（1990），p. 163 を引用し，授業と学習の次元で，一人ひとりの生徒のニーズに応えることがケアに基づく新しい考え方の学校教育であることを示しており（Murphy, 1991, p. 20），「基準」ではケアする学校コミュニティの開発が求められている（基準 5 の性向項目）.

以上が，学校管理職を専門職とするための理論構築のプロセスである.

第2節 「学校管理職の基準」の作成

1996年に，これまで「基準」として述べてきた『学校管理職の基準（*Standards For School Leaders*)』が公表された．「基準」は序文，主旨文，本文で構成され，本文には下記に示した6基準と，各基準のそれぞれの下部に「知識（knowledge）」43項目，「性向（dispositions）」43項目，「行動（performances）」96項目の合計182項目[12]の指標を持つ構造となっている．本章では，前節で「基準」の作成にいたる過程を校長のリストラクチャリングという観点から考察した．本節で「基準」作成のための組織作りについて整理し，「基準」が示そうとするリーダーシップの内容を分析していくこととする．第3節では「基準」が行政や学会からいかに受け入れられていたか，その受け入れの状況を，第4節で「基準」に対する批判を考察する．

以下の考察は，「基準」そのもの，および，「基準」の主筆であったマーフィーが「基準」の作成背景や作成プロセス，リーダーシップ論について説明している4本の論文 Murphy (1999; 2003), Murphy & Shipman (1998), Murphy, et al. (2000)，を一次資料として捉え，それらを分析し記述するものである．

6基準は以下の通りである．

基準1　学校管理職（A school administrator）は，学校コミュニティによって共有され支持されるような学習のビジョンを創りだし，明確に表現し，実行・管理執行することを支援することによって，すべての生徒の成功を促進する教育上のリーダーである．

基準2　学校管理職は，生徒の学習と職員の職能成長に貢献するような学校文化と教育プログラムを唱導・育成・維持することによって，すべての生徒の成功を促進する教育上のリーダーである．

基準3　学校管理職は，安全で，効率的かつ効果的な学習環境のための組織・諸活動・諸資源の経営を確実に請け負うことによって，すべての生徒の成功を促進する教育上のリーダーである．

基準4　学校管理職は，コミュニティの多様な関心とニーズに応え，またコミュニティの諸資源を動員しながら，家族およびコミュニティ・メンバーと協

力することによって，すべての生徒の成功を促進する教育上のリーダーである．

基準5 学校管理職は，尊厳をもって公正に，かつ倫理的なマナーに基づいて行動することによって，すべての生徒の成功を促進する教育上のリーダーである．

基準6 学校管理職は，より大きな政治的，社会的，経済的，法的，文化的文脈を理解し，それらに対応し，そしてそれらに影響を及ぼすことによって，すべての生徒の成功を促進する教育上のリーダーである．

1.「基準」作成のための組織について

校長の基準の創設については，既述の組織であるが，全米レベルに対する教育政策の方向性に対して重要な職務を担っている州教育長協議会（CCSSO）が担当することとなった．CCSSO の呼びかけに応じて合計24州（アーカンソー，カリフォルニア，コネチカット，デラウエア，ジョージア，イリノイ，インディアナ，カンサス，ケンタッキー，メリーランド，マサチューセッツ，ミシガン，ミシシッピ，ミズーリ，ニュージャージー，ノースカロライナ，オハイオ，ペンシルベニア，ロードアイランド，サウスカロライナ，テキサス，バージニア，ワシントン，ウィスコンシン）が参加し，その代表者と11の専門職団体[13]からの代表者をメンバーとする州間互換スクールリーダー免許状協議会（Interstate School Leaders Licensure Consortium）（以下，ISLLC と称す）が1994年に設立された．

選考プロセスや選考理由は明らかにされていないが，ISLLC の常勤スタッフとして資金調達や関係者との連携関係構築の管理責任者（Director）としてメンフィス大学教授ネイル・シップマン（Shipman, N.）が，議長兼「基準」の執筆責任者にはマーフィーが選ばれた．なお，「基準」は主としてマーフィーによって執筆されているが[14]，諸アイデアや提言は ISLLC のメンバー[15]から出されたと記載されている（「基準」，pp. 6-7）．

ISLLC は CCSSO が中心となって組織編成されたが，それまで NPBEA（1989; 1990; 1993）などの研究成果を発表し，「基準」の理論的支柱となって活動してきた NPBEA がなぜリーダーシップを取ることにならなかったのかが明

らかにされていない．しかし，次のような理由を考えれば必然的に CCSSO が選ばれることになったものと推察される．

第1に，第3章第1節で述べたように，CCSSO にはリストラクチャリングを全米的に把握する経験と政治的な力があったことである．

第2に，CCSSO は 1992 年に，NEA など5専門職団体[16]を集めて州間新任教師評価支援協議会（Interstate New Teacher Assessment and Support Consortium: INTASC）を立ち上げ，モデルスタンダードを発表した実績があること，またその組織の性格上，連邦教育政策に影響力を持ち，しかし連邦からの直接の影響を排除して全州の教育改革を支援しようとする政治的団体である（Kaestle, 2007, p. 19）ことから，「基準」作成に多くの協力者を得て，かつ「基準」を各州に普及させる狙いを考慮したものと考えられる．事実，CCSSO の要請に応じて 24 州がメンバーとして参加したことからも，CCSSO を「基準」作成のリーダー的存在として選択したことは，当を得た選択であったと考えてよさそうである．ただ，第5章，第6章で述べることになるが，専門職団体ではなく，むしろ政治的な団体である CCSSO が「基準」作成に関与することで，自律性を持った学校管理職の専門職性を確立しようとする専門職団体との軋轢が生じてくることをあらかじめ指摘しておこう．

また 24 州が参加したことは，本章の冒頭で述べたように，NGA（1989）が校長の免許状システムは，州やビジネスマンが中心となって作らねばならないと述べていたが，この示唆を充足することになった現象であるといえよう．

既述のように，NCEEA によって『アメリカの学校のリーダー（*Leaders for America's School*）』が発表された 1987 年以降，NPBEA での校長職の専門職化に関する2年間の研究や ISLLC における基準の創設に関わる2年間の研究，ならびに CCSSO による ISLLC 設立のための各州への呼びかけ活動など，合計約 10 年にわたって学会と専門職団体との間で議論が積み重ねられ，州の政策担当者との密接な連携のもと，「基準」が作成された．長期にわたる関係者の連携によって基盤と機運が形成されてきたことを特に注目しておきたい．

なお，ISLLC の活動資金としてピュー慈善信託基金（Pew Charitable Trusts）およびダンフォース財団（Danforth Foundation）が補助金を提供した（「基準」, p. 6）．

2.「基準」の構造と原理

「基準」の序文は,「新しいいくつかの観点によって,21世紀に向けて教育の何をリストラクチャすべきかが明らかになってきた」と述べており,これまで考察してきたような議論を集約することによって,リーダーシップ像を構築したものと考えられる.

以下で「基準」の基底にある認識,信条や作成原理を考察する.

(1)「基準」の基盤となる認識,信条,原理

① **新しいリーダーシップ論の基礎となる認識**　学校管理職のリーダーシップを再構成する時に必要となる3点の中心的な要素が ISLLC のメンバーによって抽出された(「基準」, p. 6).第1点は,下記の**イ**)で述べる効果的なリーダーシップについての理解,第2点は,変化する社会の本質,第3点は下記の**ロ**)で述べる,進展する学校教育モデルである.第2点については,リストラクチャリングに関するマーフィーやコンレイの記述で述べたものと基本的には相違していないと理解しているので,ここでは第1点と第3点について考察する.

イ)効果的なリーダーシップについての理解

「基準」は,効果のある学校のリーダーは強力な教育者であり,授業・学習および学校の改善という中心的課題に自らの仕事の重点を置いており,また彼らは子どもたちとコミュニティにとって道徳的な行為主体(moral agents)であり,社会的唱導者(social advocates)であると述べている(「基準」, p. 5).Moral agents と social advocates の意味はマーフィーらの論文(Murphy & Shipman, 1998; Murphy et al., 2000)で下記のように説明されている.彼らは,教育は子ども中心でなければならない,またすべての子どもの成功のために力を尽くすことが新しいリーダーシップの核心である,と主張していると考えられる.

リーダーシップ論は,これまでの改革の波の中で,主として制度や構造をいかにうまく生かしていくかを論じるものが主流であったと考えられるが,「リスクのある生徒」が抱える問題への取り組みと「効果のある学校」研究およびリストラクチャリング活動をへて,子どもの学習に注力する新しいリーダーシップ論が,強く主張されるようになってきたといえるだろう.

a）道徳的な行為主体（moral agents）

　道徳的リーダーシップ（moral leadership）については第1章の第3節でグリーンフィールドの道徳的リーダーシップ論を引き，それは学校には何が望まれており，学校では何をなすべきかという価値を重視する視点を持ったリーダーシップであるとしてきた．「基準」でいうmoralはこの流れを継ぐものであると考えられる．日本語での「道徳」は生徒（または人）が守るべき行為の規準を意味しているが，「基準」におけるmoralは教育者の責任を示す用語である．すなわち，教育者はすべての子どもの成功のために力を尽くすべきだという主張を示す用語として使用されている．マーフィーらの考えを確認してみよう．

　マーフィーらによれば，道徳的行為主体とは，第1に，あるべき教育の目標や学校コミュニティの価値に一致するように組織構造や取り決めを再構築し，教育の価値概念を従来のものから修正し，修正された価値観を最優先するような行動を，親，教師，生徒と一緒になって行い，教育実践に携わるリーダーである．第2に，学校は，生徒たちにこれまでよりもより複雑で，より高度な教育上の経験をさせるようにしなければならない．また他の子どもよりも期待の低いあるいは成功経験のない生徒たちにより多くの支援を差し伸べることが必要である．これを達成するために，リーダーたちは以前よりも教育と子どもに注力しなければならない．第3に，明日のリーダーは，教授上およびカリキュラム上のリーダーシップをリーダーシップ・スキルの核心であると考え，学校現場では授業と学習に焦点を合わさねばならない．第4は，教育の機会均等の目標に真剣であり，現在の機能不全に陥っている組織形態に子どもを適合させようとするのではなく，これまで歴史的に実質的に自由権を得ておらず，低い教育しか受けてこなかった子どもたちに向き合うことを重視することである．すべての子どもたちを教育し，すべての生徒の成功を保障しなければならないという考え方である．第5に，省察的研究や民主的参画の価値に基づいて学習し，プロフェッショナルな存在として，ケアし合う（caring）コミュニティを学校に構築するようなリーダーでなければならない（Murphy et al., 2000, pp. 21-22）．

b) 社会的唱導者（social advocates）

Social advocates は次の３つの比喩で説明されている（Murphy et al., 2000, pp. 19-20）.

第1は，community servant である．文字通り学校コミュニティにおいて階層的な権威による指示・統制・監督を行うのではなく，奉仕的にリーダーシップを発揮するという考え方である．リーダーシップ発揮の原動力になるのは，象徴的で，精神的で，文化的なリーダーシップである．想定される学校組織は，ピラミッド型の組織ではなく，クモの巣状の（web）組織[17]である．リストラクチャされた学校における校長は，クモの巣状の人間関係と機能のネットワークの中にいて，変化の代理人とみなされる．その関係を教師から見ると，いろいろな教師の組み合わせでチームやプロジェクトを作り，問題解決していく組織である．クモの巣だから頂点はない．リーダーの持つ影響力の根源は，地位からくる権限ではなく，専門的な知識であり，道徳的な指導力である（Murphy et al., 2000, p. 19）.

第2は，organizational architect である．これは学校組織に変革をもたらそうとするリーダーシップである．官僚主義に基づく組織の考え方（コントロール，指示，監督，評価など）を否定し，ヘテラルキー（頂点のないクモの巣状）な組織を支持する原理に与し，協働，権限分与，コミュニティへの参画などをすすめる．新しい組織は統治のための組織ではなく，専門職の仕事の発展を促進させるためのものである．さらに重要なことは，新しい組織の形成にあたっては，生徒の学習に関する知識を最大限に活用した青写真をもとにしなければならない（Murphy et al., 2000, pp. 19-21）.

第3は，social architect である．ISLLC のメンバーたちが持つ懸念は，人口動態上の大きな変化があること，平均年齢が上昇していること，収入がより不平等に配分されるようになっていること，家族の支援を受けられない子どもが増えていることなどによって，二階層社会（dual-class society）になってしまう可能性があることである．学校として何ができるか明確になっていないとしながらも，次の３点をめざそうとしている.

その1は，学校を，現在の学校構造に適応できる「よい子たち」の学校として運営し続けるのではなく，どの子にとっても生き生きとした場所にすること

である.

その2は, 能力別のグループ分けやトラッキングを行うことに立ち向かうことである. トラッキング制度によるトラックでは「リスクのある生徒」や, 不利益を持った子どもたちが「ゆっくり組」や「勉強しない組」に分けられ, それらの教室は多数の生徒であふれることになる.

その3は, 学校は若者たちが直面する諸問題に対応できる大きな力の1つになりうるとの信念のもとに, 家庭と連携して基本的な人間的なサポートを行おうとしていることである (Murphy et al., 2000, pp. 20-21).

ロ) 進展する学校教育モデル

ISLLC のメンバーは学校教育 (schooling) に, 以下の a)〜c) で述べる3つの大きな変化を認めている.「基準」の序文は, それらの変化はいずれも学校管理者のリーダーシップ・スキルを再定義した内容を予告するものである (「基準」, p. 6) と述べている. その内容は Murphy (1991) によって, リストラクチャリングの全体像で説明されてきた内容と一致したものといえる.

a) 技術的核心 (technical core) の変化

学校教育の変化の第1は,「教育プロセスにおいてすべての若者が成功するべく挑戦し, 取り組むために再定義された授業と学習への取り組み」(「基準」, p. 6) としている. これはリストラクチャリングの全体像を考察する中で,「核となる技術 (The Core Technology)」として述べてきたものである. マーフィーとネイル・シップマンは, 最新の研究から, 技術的核心の変化とは, 行動心理学に基づく教育から, 構成主義心理学および新しい社会学パースペクティブに基づく教育に変わろうとしていることである (Murphy & Shipman, 1998, p. 6) と述べている. この変化のベースにあるものは, すでに述べたように,「効果のある学校」研究から明らかにされてきた子どもの学ぶ力に関する考え方が急速に変化したことである. これまで正規曲線に一致し, 子どもを経済発展に資するような層分けを行うために歴史的に組織されてきた学校を, すべての学習者に機会の均等を確保するように変更しようとする考え方である. このビジョンによれば, 知力 (intelligence) や知識に関する考え方が急速に変化し, 構成主義的なものになる (Murphy & Shipman, 1998, p. 6), とされる.

構成主義的学習観を説明するものとして, マーフィーとシップマンは2人の

論者を引用している（Murphy & Shipman, 1998, p. 8）.

> 知識は人間の思考や行動から独立してその外部に存在する客観的な存在であるという，これまで長く教室を支配し，主流となってきた考え方が批判的に検証され始めている．知識は人間の内面的で主観的なものであり，作業が行われる文脈とともに人間の価値観に依存している（Fisher, 1990, p. 82）.

したがって，新しい教育のデザインによれば，

> 知識は，教師が持っているものを生徒に移転する，または生徒の問題を解決するために使う機会を待っている，というものではなく，知識とは人間の経験を意味あるものにするために教師と生徒が総合して作りあうものである（Petrie, 1990, pp. 17-18）.

マーフィーとシップマンによれば，上記のような構成主義的学習観によって，学校教育は次のように変化するとされる（Murphy & Shipman, 1998, pp. 6-8）.

a. 知識・情報を得ることに注力するのではなく，学び方を学ぶ能力と，知識を使う能力に注力する.
b. 個人の能力に依存し，個々人が独立して作業し，競争するという能力主義的な過去 100 年来の関心事が後退し，協働的学習関係や人間存在の社会的次元に注力することになる.
c. トラック別のカリキュラムではなく，すべての生徒にコア・カリキュラムを提供する.
d. これらの考え方から派生して，コアな技術は次のようなイメージにつながる.
   * 学問分野にまたがったビジョンを反映する.
   * カリキュラムは広がりよりも，より深いものになる.
   * すべての生徒に高次の思考力をつける.
   * 教科書ではなく原書を使用するようになる.
   * 拡大された評価システム，すなわち真正の評価手法[18]を使用する.

マーフィーとシップマンによれば，脱産業化社会になった 21 世紀において学校では，伝統的な教師中心の授業に取って代わり，学習者中心の授業となり，生徒が主たるアクターになるとされる．学校は知的な作業組織となり，学習は理解の構築とみなされ，授業は理解の構築を促進させるもの（facilitating）とみなされる．生徒たちは「知識の生産者」であり，教師は，子どもたちの学習経験の状況を管理する人とみなされる．焦点は生徒による学習であり，教え込みシステム（delivery system）ではない（Murphy & Shipman, 1998, p. 8）.

b）マネジメントレベルでの変化

　学校教育の第2の変化は，「コミュニティに焦点を当てた，ケアリングを中心とする学校教育の概念が，これまで長く支配的であった階層性および官僚制としての学校組織概念と正当性を激しく競い合うことになる」（「基準」，p. 6）ことである．

　マーフィーは，現在の官僚的な学校経営システムは公教育が直面する諸問題に対応できていないとする次のような厳しい批判が出ていると指摘している（Murphy, 1999, pp. 15-16）．

　a．官僚制の動脈硬化，親や支援者たちからの隔離，半独占企業として保護されてきた公教育が，没落しつつある産業のように低生産性を引き起こしてきた（Tyack, 1993, P. 3）．
　b．官僚制構造は手ひどく陥落してきたので，今やその崩壊を未然に食い止めることができない状態である．
　c．学校官僚制が現在のままであるかぎり高クオリティの教育を提供することはできない．
　d．官僚制マネジメントは教育の諸過程に認めがたい緩みをもたらした．
　e．麻痺しつつあるアメリカの教育が，子どもたちの学びに立ちふさがってきた．

　マーフィーとシップマンは，官僚制の学校基盤はこのような激しい批判を受けて，新しい価値と原理に基づいた次のような新しい運営手法と組織を開発しなければならなくなっていると指摘する．新しい教育システムにおいては，職務，人間関係，責任について重要な変化が起こる．すなわち，伝統的な人間関係は変更され，権限の流れは，ヒエラルキーな組織での地位に依存した役割から，一人でいろいろな仕事をこなす，より弾力的な職務に変更される．リーダーシップは公式の役職の地位に基づいて発揮されるのではなく，業務に必要とされる能力によって結び付けられる．独立と孤立は協働に取って代わられる．このようなリストラクチャされつつある学校では，学校管理職の職務は，マネージャーからファシリテーターへ，教師は作業する人からリーダーへと変化し，学校は統制から権限委譲に姿を変える（Murphy & Shipman, 1998, pp. 9-10）．

c）外部の利害関係者との関係

　学校教育の第3の変化は，「個々の学校の外側にいる関係当事者，すなわち

両親，企業のメンバーや，コミュニティのリーダーで学校教育に関心のある者がますます重要な役割をはたすことになる」(「基準」，p. 6) ことである.

　② 「基準」作成上の信条　マーフィーらによれば，次の3点の信条を持って「基準」は作成された.

　第1点は，効果的なリーダーシップはすべての学校経営者にとって適応可能であるという信条である．その信条にしたがって，あらゆるポジションのリーダーにも当てはまる「基準」を作成しようとした．具体的には，高校の校長と小学校の校長とは職務内容が若干変わるかもしれないが，「基準」はいずれにも当てはまるものをめざす．また郊外と都心の学校の校長では違いがあってもいずれにも当てはまるものをめざした.

　第2点は，「基準」の核となるものは，生産的なリーダーシップを目指すという信条である．「基準」の開発に際しては，すべての子どもたちの教育に関して「効果のある学校」に関する知識や，生産的な学校を指導し導いたリーダーたちによって蓄積されてきた知見に基づいて行うことを決めていた．この決意から論理的にさらに2つの結論が導かれた．その1は，授業と学習および学校の改善が「基準」の特徴であるべきこと．その2は，枠組み作りはできるだけ簡素であるべきと判断した．すなわち，リーダーの仕事のあらゆる機能や職務を詰め込まず，核となる技術に焦点化することである.

　第3点は，「基準」は単に編纂するだけでなく，それが学校管理職をより高いレベルに押し上げるものでなければならない．学校教育の改革が進行中であり，そこに立ちふさがっている伝統的なリーダーシップ観は排除しなければならない．したがって，単に現存する多様なリーダーシップに関する考え方を，地図を広げるように見せるのではなく，われわれの視座を強化された学校リーダーシップ像におき，一方実践現場の現実にも敬意を払いながら，「基準」をその方向に仕向けた (Murphy et al., 2000, p. 23).

　③ 「基準」の作成原理　「基準」は本節の冒頭で見たように，6項目の基準があり，6項目すべてが，学校管理職とは「すべての生徒の成功を促進する教育上のリーダー」であると結ばれているので「基準」の核となる理念は，「すべ

ての生徒の成長を促進する」ことであるといえる.

　この理念に基づいて「基準」を策定するにあたり，以下7項目の原理がISLLCのメンバーによって提起された．これらの原理には，「基準」の効果やその効果が及ぶ範囲を定期的に検証するための試金石としての役割と，基準の意義と内容を説明する役割がある（「基準」, p. 7）.

　以下に作成原理とその意味するところを見ておこう.

1）基準は生徒の学習が中心にあることを反映するべきであること
　学校教育は，教師が知識を教え込むのではなく，生徒が知識の生産者となって，知識や理解を自分で作り出すという考え方への変換を意味する原理である.

2）基準は学校管理職の変化しつつある役割を認めるべきであること
　学校管理職に求められるリーダーシップが，従来の「事務的な業務を行う」（Murphy et al., 2000, p. 19）管理的リーダーシップから，授業・学習活動の質的改善を学校内で実現する活動の中心となる教授的リーダーシップに変わりつつあることを示そうとする原理である．さらに，学校管理職は，実施者（implementors）から先導者（initiators）へ，プロセス重視から結果重視へ，リスク回避からリスクテイク[19]へ，トップダウンによる指揮命令から，専門的知識や人間的価値によって相手に尊敬されることを通じた影響力へ，コントロールによる指導ではなく，権限委譲によって間接的に指導することへ転換しつつある（Murphy et al., 2000, p. 19），とされる.

3）基準は学校のリーダーシップの協働的な性質を認識すべきこと
　次のようなリーダーシップ像を描いているものと考えられる．新しいリーダーシップは階層支配的（hierarchical）に，すなわち職階に基づいてトップダウンで発揮されるのではない．「多頭的階層（heterarchical）[20]な学校組織」の中で「クモの巣状の人間関係（a web of interpersonal relationship）」の中で発揮される（Murphy et al., 2000, p. 19），とする原理である.

4）基準は専門職の質を高める高度なものであるべきこと
　「基準」が専門職としての学校管理職の能力形成に資するような目標に使われることへの期待を述べている．「基準」は学校管理職養成の目標として，質の高いリーダーシップをめざして，養成制度設計の目標となるとともに，学校管理職自身の自己目標としても活用されることを想定している原理である.

5）基準は学校管理職の診断・評価を業務成果に基づいて行うシステムについての情報を伝えるものであるべきこと
　「基準」が学校管理職の評価基準になることを示した原理である.

6）基準は統合的で一貫性のあるものであるべきこと

7）基準は学校コミュニティのすべてのメンバーにとってのアクセス，機会，権限委
譲という観点から記述されるべきこと

「基準」が，教職員，生徒，コミュニティの人々，学校を管理する行政の
人々を含めた学校コミュニティを重視する考え方である．学校コミュニティに
おいては，相互にアクセスし，議論する機会を持ち，必要な権限委譲を行うべ
きであるという考え方を示した原理である．

(2) 「基準」の内容と構造

本項では，「基準」がいかなるリーダーシップ論を展開しようとしたのかを，
6基準に沿って考察する．

①では，6基準が何を意味するのかを考察し，②では下部構造のうち，「性
向」について分析し，リーダーシップ論の内容を，より具体的な言葉で理解し
ようとしている．

① **「基準」の概要とその意義**　「基準」の全容は基準6項目および，6項目の
それぞれの下部にある「知識」，「性向」，「行動」の3項目に付属する合計182
項目の指標から構成されている．以下では，6基準の内容と，6基準の下部に
ある指標の記述をもとに，「基準」で示そうとしたリーダーシップ論の内容を
理解しようとするものである．

　基準1　学校管理職は，学校コミュニティによって共有され支持されるような学習の
　　ビジョンを創りだし，明確に表現し，実行・管理執行することを支援することによ
　　って，すべての生徒の成功を促進する教育上のリーダーである．

これは，協働的な学習のビジョンを創造するスクールリーダーシップを示し
ている．ビジョンを創ることは，これまで見てきたNAESP（1991）のリーダー
のリーダー像や，NCP（1990）の広い意味のリーダーシップ像においても重要
な項目として取り上げられてきた．「基準」では，「学習のビジョン」が，第1
番に取り上げられている．基準1の文章からビジョンの創造のプロセスが4点
で示されていることがわかる．第1に，校長が教職員，家族，学校運営委員会
のような委員会メンバーらを助け，ファシリテートすることによって，関係者
に協議を尽して「学習のビジョン」を作成させる．これは校長自身が独断的な

ビジョンを作らないようにするための装置であると考えられる．第2に，校長が学校コミュニティ全体にそのビジョンを説明し，コミュニティの関係者に理解されなければならない．コミュニティのなかには，生徒と親はもちろんのこと，政府，裁判所，教員組合，教育機関，福祉団体，宗教機関，富裕層などが含まれるものと考えられる．説明は，「象徴的なもの，儀式，説話などの活動」（基準1，行動項目）をもって行うと説明されている．第3に，ビジョンを実行していくが，その段階での校長の職務は，「実行に際して障壁となる事項を明らかにし，対応する」ことであると「行動」項目で説明され，さらに「効果的な合意形成と交渉能力を必要とする」と「知識」項目で説明されている．また管理執行（stewardship）については，改革の執行が継続的に行われるよう，「行動」項目で「ビジョン，使命，実施計画が定期的にモニターされ，評価され，改善されねばならない」としている．またそのために，「性向」項目で，「校長自らが持つ仮説や，信念や，実行していることを，継続的に検証する意思が必要である」としている．ものの見方や考え方の枠組みを吟味し，問題を再設定して，必要に応じて修正していく，いわゆるダブルループ学習（金川，2004，245頁）を実践しなければならないと，校長に自己を戒めることを求めているものである．第4に，これらの活動を通じて「すべての生徒の成功を促進」することができるという主張である．

基準2 学校管理職は，生徒の学習と職員の職能成長に貢献するような学校文化と教育プログラムを唱導・育成・維持することによって，すべての生徒の成功を促進する教育上のリーダーである．

これは，学習を促進するための文化を創造し，授業プログラムを作成する教授的リーダーシップを示している．教授的リーダーシップの内容は，まずその目的が，「性向」項目で「学校教育の基本的な目的は生徒の学習である」と明記されている．さらに，「性向」項目で「すべての生徒は学習できる」という命題を信じ，価値付け，実行すると述べている．その学習を促進するために，「生徒の個人別のプログラムが生徒とその家族のニーズに合うように開発されねばならない」と「行動」項目は求めている．また「知識」項目は，「教育プログラムの多様性とその意味付け」に関する知識と理解を求めており，教師は，「学習経験を進めるために指導法を多様に変化させねばならない」ともされる．

さらに,「行動」項目で「学習の障害となる事項を明らかにする」と述べ,現場では多種多様な問題が出現するが,これを学校管理職たちは解決しなければならない.そのために,何よりも管理職と教師の専門職としての成長が不可欠になる.「基準」は,子どもたちの学習の促進と,教職員自身の専門職性の成長の両方を追求する教授的リーダーシップの発揮を求めている基準である.

基準3 学校管理職は,安全で,効率的かつ効果的な学習環境のための組織・諸活動・諸資源の経営を確実に請け負うことによって,すべての生徒の成功を促進する教育上のリーダーである.

これは,学習環境に必要な資源を確保し,組織を経営するリーダーシップであることを示している.これまで,例えば,NCP (1990) や NAESP (1991) では狭い意味のリーダーシップ,あるいは経営執行責任者としてのマネジメントの職務として把握されていた職務である.安全,有効かつ効果的な学習環境を確保し,保全することを通じて子どもの成功につながるという考え方である.「行動」項目では「人的資源の運営と開発」「財政運営」「学校組織運営」に加えて,「教職員間のコンフリクトの問題解決」や,「秘密性とプライバシーの確保」などが,経営の重要課題として指摘されている.

基準4 学校管理職は,コミュニティの多様な関心とニーズに応え,またコミュニティの諸資源を動員しながら,家族およびコミュニティ・メンバーと協力することによって,すべての生徒の成功を促進する教育上のリーダーである.

これは,校長,教職員,家族,地域住民,その他利害関係者とのパートナーシップを強化し,子どもの成功のためにリーダーシップを共有するコミュニティ・リーダーシップ,および分散型リーダーシップ[21]を示しているといえる.多様なコミュニティの関心事やニーズにどのように対応するか,またコミュニティの資源をどのように生かすのかが,このリーダーシップの課題である.ここで議論しておかねばならないのは,ファシリテーターとしての学校管理職の職務である.人種,性,宗教など多様な背景の人々が参画するコミュニティでは,基準4の「行動」項目が指摘するように,リーダーは「より大きなコミュニティにとって見える存在であり,コミュニティに活発に関与し,コミュニケーションを行うことが最優先」であるとされる.コンフリクトが起こる前に,健全な意見の交換を進めるのが学校管理職の職務であるとされ,「価値観や意

見の対立する可能性のある個人や集団を信頼する」ことの重要性を「行動」項目は指摘している.

基準5 学校管理職は，尊厳をもって公正に，かつ倫理的なマナーに基づいて行動することによって，すべての生徒の成功を促進する教育上のリーダーである.

これは，倫理的リーダーシップを述べたものである．倫理的リーダーシップでは尊厳，公正さ，倫理性が求められることを示している．誰にもバイアスが潜んでおり，モラルのジレンマを引き起こす場合がある．基準5は，可能な限り正しく，よい判断を行うために，いつも思い起こさねばならない基準である．基準5の「性向」には次のような項目がある．管理職は以下のことを信じ，尊重し，それらに専心する．すなわち，「権利章典[22)]のなかの諸原理」，「無償でクオリティの高い教育に対するあらゆる生徒の権利」，「倫理綱領に基づいた意思決定過程」，などである.

なお，本章第1節で倫理について考察したように，コンセンサスに基づくある種の道徳的価値や，法的な責務が，「行動」項目に含まれている．さらに，「知識」項目では，倫理に関わる基本的な知識として「教育の哲学と歴史」を理解していることが求められ，また「性向」項目では，「ケアする学校コミュニティを開発する」と述べて，ケアの倫理への関心が示されている.

基準6 学校管理職は，より大きな政治的，社会的，経済的，法的，文化的文脈を理解し，それらに対応し，そしてそれらに影響を及ぼすことによって，すべての生徒の成功を促進する教育上のリーダーである.

これは，第3章で考察したリストラクチャリングについて，マーフィーが検討すべき課題としていた外部との連携の拡充が基準に盛り込まれたものと考えられる．リーダーシップには，政治的，社会的，法的，文化的な能力が求められることを示しており，これは前述の変革的リーダーシップの1つである環境リーダーシップを意味しているといえるだろう．「性向」項目が指摘するように，「教育事業での政治的や政治的意思決定の文脈への積極的な参画」が求められている．そのために，「知識」項目では，「学校教育のより大きな政治的，社会的，文化的，経済的な文脈における変革や対立の構図をモデル化し，戦略化する」力が求められている.

②　「性向」を中心とする「基準」の構造　「基準」では，6基準で示された内容をより具体的な言葉で表現している下部構造，特に「性向」についてその内容を把握することが重要であると考えている．「性向」に着目する理由は，第1に，目に見えて，測ることも可能と考えられるリーダーシップの「知識」や「行動」に関わる要素以上に，それらを駆動する働きをする情動的な「性向」の理解が重要と考えるからである．また，これまでの議論の延長線上でいえば，「性向」は主観主義的な用語で述べられているが，主観主義と実証主義を統合的に把握しようとしたグリフィスら研究者や学会の努力が，「知識」と「行動」を結び付ける「性向」概念として示されていると考えられるからである．第2に，それでも主観主義的な立場に対して批判的な論者も多数存在するものと考えられ，「基準」が発表された後に，「性向」をめぐって批判的な意見が出されることになる．さらに，先を見通していえば，21世紀に入ってから「基準」の存続を揺るがすような，「性向」に対する厳しい批判が示されることになる．それゆえ「性向」とは何かをこの時点で把握しておくことが重要であると考えるからである．

　以下では，イ．で「基準」における「性向」の位置付けを明らかにし，そのうえでロ．で「性向」概念の先行研究から「性向」概念の展開を考察する．また本書で頻出する「精神の習慣」という概念との関係を明らかにしておく．ハ．で43項目の「性向」概念を内容別に分類した先行研究を下地にして，「性向」概念に内包されたリーダーシップ論の具体的な姿を明らかにする．

　イ．「基準」における「性向」の位置付け　「基準」には本節の冒頭で述べた6つの基準があり，各基準の下部に「知識」「性向」「行動」の3項目があって，それら3項目それぞれに詳細な下部項目がある．「基準」はこのような三層構造となっている．「基準」はその指標の枠組みを次のように説明し，「基準」における「性向」の重要性を指摘している．

　　われわれが用いているデザイン（知識，性向，行動）は，INTASCという思慮深い同僚たちの業績[23]から取り入れている．その枠組みにおける知識と行動の重要性についてはほとんど議論のないところであるが，性向を「評価」することの困難さは，このプロジェクトの始まりの時からわれわれの何人かに極めて大きな驚愕をもたらした．

第 4 章 『学校管理職の基準』の作成　　227

しかし，その仕事の困難さに取り組んでいくにしたがって，性向が中心的な位置を占めるということを発見した（「基準」，p. 8）.

「基準」は，「性向」の理論的根拠にデービット・パーキンス（Perkins, D.）の論考を取り上げている（「基準」，p. 8）. パーキンスは，『IQ を超越する：学習可能な知性に関する新しい科学（*Outstanding IQ: the emerging science of learnable intelligence*）』を発表し，「日常的な行動において，性向が重要な役割を果たすことを研究で確認したと信ずる」（Perkins, 1995, p. 278）と述べている. パーキンスは，「善い思考（good thinking）」に寄与することが先行研究で正当化された 7 つの「性向」を挙げている. それらは，1）広い心を持った大胆な思考，2）持続的な知的関心，3）理解に向けた明確な探求心，4）計画的で戦略的であること，5）知的に注意深いこと，6）根拠を求め評価すること，7）メタ認知的な自己統制，である. これらの要素を示したうえで，次の説明をしており，それが「基準」に引用された（「基準」，p. 8）のである.

　性向はわれわれが自由に取りうる行動のうちで，違った方向ではなく一定の方向に導く性癖である（Perkins, 1995, p. 275）.

パーキンスはさらに次のように述べている.

　性向は知性の魂であり，もしそれがなかったら理解とノウハウはほとんど働かない（Perkins, 1995, p. 278）.

パーキンスは「性向」を，ある特定の行動に向かう行動的な傾向性であると定義付けた.「基準」はパーキンスの理論をもとに，「性向は多くの基本的な方法で，行動を促進し，意味を与える」（「基準」，p. 8），と述べ，さらに，「われわれはこれらの要素（知識，性向，行動）は，一体をなすものと理解するようになってきた」（「基準」，p. 8）と述べている. その意味は次のように理解できるであろう. すなわち，「知識」は学校管理職が持っていなければならない物事の理解であり，情報である. また「行動」は学校管理職が従事し，実行する諸プロセスと諸活動である. そして，「性向」が，「知識」と「行動」を結び付ける働きをして，リーダーシップ行動を促進する，という考え方である.

　ロ.「性向」概念の展開　「性向」概念の先行研究から，「性向」概念がいかに展開されてきたかを考察する. また本書で頻出する「精神の習慣」という概念

228 第Ⅱ部　校長のリーダーシップのリストラクチャリング

との関係を明らかにしておく.

　先行研究では，ジョン・デューイ（Dewey, J.）の研究において，渡部（2006），谷口（1986; 1991），早川（1987）が「性向」概念に注目している．谷口と早川は，習慣論の解明という観点から研究しており，一方，渡部（2006）は，「性向」の潜在的で前意識的な選択性，指導性，指向性に着目している．またデューイの記述が，「性向」の教育可能性を示唆し，かつ「性向」が積極的な教育の対象であることを明示している，と述べている（渡部, 2006, 36 頁）．デューイによれば，「性向」とは「行為しようとする傾向，動的で明確な行為となるためのわずかな機会を求める潜在的な活力」であり，ある条件が揃えば「いつでも飛び出せるように待ち構えている状態」をあらわすもの，と捉えている（渡部, 2006, 36 頁）．石井英真も，「デューイの用語法に倣い，『性向』と同様の意味を表現するのに，『精神の習慣（habits of mind）』という言葉が使われることもある」と指摘している（石井, 2011, 168 頁）.

　石井によれば，「性向」が注目されるのは，ロバート・エニス（Ennis, R. H.）が 1987 年に，「批判的思考の分類学（taxonomy of critical thinking）」（Ennis, 1987）の概念を発表したのを契機に，批判的思考や創造的思考など，高次の思考力の育成をめざす研究者の間で鍵概念として認知されるようになったことであるとされる（石井, 2011, 166 頁）．1992 年には，ロバート・マルザーノ（Marzano, R. J.）によって「学習の次元（Dimensions of Learning）」の概念が発表された．石井は「『性向』に相当するものが『精神の習慣』として表現され，5 つの学習次元の 1 つ，カテゴリー次元 5 [24] として位置づけられている」（石井, 2011, 170 頁）と説明している．マルザーノは，「教育改革やリストラクチャリングの中核にあるのは，授業と学習との関係である」（Marzano, 1992, p. 1）と述べており，思考の次元でのリストラクチャリングとして「精神の習慣」を議論しようとしていると考えられる．マルザーノによれば，「精神の習慣」は，次の 3 つの思考と学習の項目から構成されているとされる．第 1 は，「正確であろうとし，正確を追求する」，「偏見のない状態であろうとする」など 5 項目からなる「批判的思考と学習」である．第 2 は，「解答や解決法が直ちに明らかになっていない時にあっても，忍耐強くその仕事に関わろうとする」など 3 項目からなる「創造的思考と学習」である．第 3 は，「自分自身の思考に

注意を払う」，「企画する」など5項目からなる「自己調整的思考と学習」から構成されている（Marzano, 1992, pp. 133-134）．

　さらにマルザーノとピッカリング（Pickering, D. J.）は，生産的な「精神の習慣」を学生に学ばせる意義は，彼らが将来いかなる環境に遭遇しようとも成功のうちに学び続けられることを支援することにあるとしている（Marzano & Pickering, 1997, p. 261）．

　しかし，マルザーノが指摘するように，「精神の習慣」が身の回りの世界で活用されることを目にすることは少ないので，「精神の習慣」を身に付けさせるには，この概念を教え，意識的に指導することが必要になる（Marzano, 1992, p. 135）．

　またシャリ・ティッシュマン（Tishman, S.），アイリーン・ジェイ（Jay. E.）とパーキンスは，「精神の習性」を教え，指導するについて教えこむ教育法としての伝達モデル（teaching as transmission）を否定し，文化化モデル（teaching as enculturation）を提唱しており（Tishman, Jay & Perkins, 1993, pp. 148-149），「完全な教育的文化（full educational surround）」の重要性を強調する．伝達モデルでは教師は生徒に何を学ぶべきかを伝えるメッセージを用意し，伝えるだけで足りる．しかし，「文化化モデルでは教師に，教室での思考の文化を創造することが求められる」（Tishman, Jay & Perkins, 1993, p. 150）．思考の文化を創造する具体的方法として，1）めざす「性向」の見本となるような事例を提供すること，2）その「性向」と関わるような，生徒と生徒間，生徒と教師間の相互作用の事例を考察し，相互作用が生じるように教室での授業を組み立てる，3）直接的に「性向」について教える（Tishman, Jay & Perkins, 1993, p. 150），という3つの相互に作用しあう方法を提起している．

　すでに述べたセントラル・パーク・イースト校での実践は，「精神の習慣」を日常的に意識させることで，それを身に付けさせることであった．「基準」においては，「性向」諸項目は，めざす「性向」の見本になるような事例を示しているもので，これらの事項を学校管理職が「信じ，価値付けをし，コミットする」ことによって文化化を促進し，管理職の養成に資することができると構想されているものと考えられる．

　なお，「性向」や「精神の習慣」を身に付けさせる，という指導が教化や洗

脳につながるのではないかとの批判がされることがあることを指摘しておこう．事実，後述するように，「基準」は「宗教の装い」があると批判されることになる．この点について，石井も触れており，「教師が真理と考える結論を教え込むのではなく，学習者自身が結論に到達でき，その結論を検証できる能力を開発するような教え方」をするなどの方法で，その問題を防ぐことが可能であるとの示唆をしている（石井，2011，184頁）．

ハ．「基準」における 43 項目の「性向」項目の内容　マーフィーは，「基準」の作成から 10 年が経とうとした時点で改めて，「基準」の策定過程を述べ，「基準」の作成過程で，学校教育の価値目的は何かという議論が ISLLC のメンバーで行われたことを明らかにしている（Murphy, 2003, p. 14）．学校のリーダーシップの青写真として管理者の活動力とは何かを考えるよりも，学校において生徒には何が最善か，すなわち学校教育の目的を考えることの方がより強力でよりわかりやすいものになるだろうと ISLLC のメンバーは考えた．その方針に基づいて，学校教育の目的に注力して議論し，チームメンバーが異論なく同意できた考え方が，学校改善，民主主義的コミュニティ，社会正義，の 3 点であったとされる（Murphy, 2003, p. 14）．これら 3 つの概念についてはマーフィーらの論文，Murphy (1992b), pp. 111–146, Murphy (2002), pp. 72–78, Beck & Murphy (1993), pp. 187–195 で論述されているが，それらの要点を以下に整理し，これら 3 つの概念が「基準」の「性向」項目として盛り込まれていることを明らかにしたい．

　本書のこのような意図に関連した先行研究がある．ここでは，その先行研究を下地にして作業を進めることとする．

　以上のようにマーフィーの論文（Murphy, 2003）が，ISLLC のメンバーが一致して「基準」にとって重要であると考えた 3 つの価値を明らかにしたことから，それらの価値は，「基準」にどのような文言で示されているのかを明らかにしたいという目的意識をもって若手研究者 3 名が，博士号取得請求論文として各論文（Cason, 2007, Crawford, 2004, Hutton, 2007）を執筆している．彼らは，「社会正義」，「コミュニティ」，「学校改善」の考え方が，「性向」の全 43 項目の中に示されていると仮説をたて，43 項目のうち，34 項目の「性向」項目を

3 種類に分類し発表した．以下では，3 つの概念それぞれについて，Cason（2007）が行っている分類と参照しながら，項目列記をする．

「学校改善」　学校改善についてはこれまで多数の研究が蓄積されており，生徒の学習を説明する核となる技術に関わる諸条件（例えば，学習機会，基礎的スキルの授業，相互に強く関連するカリキュラム，生徒の成績の注意深い系統的なモニタリングなど），また生徒の成績と関連する学校レベルの文化的，環境的諸要素（例えば，安全で秩序ある学習環境，学業に結び付いた報償，子どものことがよく教師たちに知られており，ケアされている個人化した学習環境，教職員間のコミュニティ意識，学校と家庭との連携への焦点化など）が強調されてきた．加えて，これまであまり注目されなかったが「効果のある学校」研究で重視されるようになった次のような点に関する研究が「学校改善」として行われてきた．それらは，1）生徒の成績の分析から始めて，そこから逆向きに学校管理・経営を行う必要性，2）すべての生徒は学べるという信念，3）学校は生徒の成績に責任があるという理解，4）学校は，孤立した個人の集合よりも，有機的全体として活動する時に最善の結果を生むという知識，などである．

　これらの先行研究をもとに，「性向」の 43 項目のうち，「学校改善」に分類できる性向項目を抽出すれば以下の通りとなり，Cason（2007）p. 39 の分類と一致する．

　＊高い学習水準を伴う学校の理想像
　＊継続的な学校改善
　＊生徒たちがすぐれた大人になるために必要な知識・スキル・価値観を持っていることを保障すること
　＊学校改善にとって不可欠な要素としての専門職能開発
　＊学習教育の根本的な目的としての生徒の学習
　＊授業・学習の質を高めるための経営上の意思決定
　＊高い質的水準，期待，達成度

「民主主義的コミュニティ」　マーフィーによれば，学校を組織ではなく[25]，コミュニティとして見なければならないという議論が進行しているとされる．コ

ミュニティの概念は，3つの鍵となる考え方から構成されている，すなわち，1）家庭と学校との間（家庭─学校コミュニティ），2）学校における大人の間（実践のコミュニティ，協働のコミュニティ，リーダーシップのコミュニティ），3）大人と生徒の間（個人化した学習風土），である．1）では，学校の意思決定過程における家族およびその他の関係当事者による関与の問題がある．また2）では，教師自らの関心と学校コミュニティの利益とのコンフリクトが生まれる可能性がある．さらに3）では，高い水準の学業成績を求める教師と，異なる関心事を持つ生徒のニーズの対立が存在する（Murphy, 2003, p. 13）．

　このような利害関係者間の葛藤も想定されるものの，基準4に示されたように，学校管理職にはコミュニティの多様な関心とニーズに応え，また利害関係者間の葛藤を調整したり，解決したりすることが求められている．

　上記のような先行研究を参照すれば，「性向」43項目のうち，以下の15項目を「民主主義的コミュニティ」に分類できると考えられ，それはCason（2007）pp. 31-32と一致する．

＊生徒を社会に貢献しうる一員となるように育てること
＊人を信頼し，彼らの判断を信じること
＊関係当事者を経営過程に関わらせること
＊より大きなコミュニティの中の不可欠な要素として学校を機能させること
＊家族との協働とコミュニケーション
＊学校の意思決定過程における家族およびその他の関係当事者による関与
＊子どもたちの教育におけるパートナーとしての家族
＊家族は自らの子どもたちのことに最も強い関心を持っているものだという考え方
＊生徒の教育に関係付けて持ち込まれる必要のある家族とコミュニティの諸資源
＊情報を持った市民への信頼
＊「権利章典」の中の諸原理[26]
＊共通善（common good）の理想
＊人の信条と行動を支持する結論を受け入れること
＊教育に影響力を持つ他の意思決定者と意見交換を続けることの重要性
＊教育サービスのなかで，政治的および政策形成的な状況に積極的に参加すること

　なお，このような「基準」のコミュニティ観は，2015年の「専門職基準」に発展的に引き継がれ，コミュニティ・リーダーシップおよび分散型リーダー

シップとして示されることになる.

　「社会正義」　学校教育における社会正義は，1) 学校の役割がより公正な社会を作る方向に向かう，あるいは，2)「学校コミュニティ」において，若者およびその親たちが公正な扱いを受けることに注力する，の２つの次元に分けることができるが，中でも ISLLC が問題としなければならないのは後者であると考えられた．それは，教室および学校で生徒たちに，学習時間，授業の質，個人化の程度，学習の内容，学習への圧力[27]（academic press）などの利用の権利が公平に確保されているかどうか，あるいは不公平になっていないかという問題である．特に，肌の色や，家庭の所得に関係なく，いわゆる「学習へのアクセスの公平さ」が確保されているかという問題である．20 世紀を通して若者の３分の１が良い教育を受けてきたが，約 40% は学校に通っているが良い教育を受けていない，そして約 25% がひとまとめにして取り残されている．このような悲劇は，マーフィーによれば「教育の専門職がこの 100 年のマネジメントの夢の中にいて，行動科学の知識の塊が，この現実を見ようとしてこなかった結果である」（Murphy, 2003, p. 15）とされる．このようなマーフィーの理解に対して ISLLC のメンバーは，それを過酷な現実として受け止め，社会正義を進めなければならない，そのために学校のリーダーは政治的・法的な手法[28]を使わねばならないという要求を議論しようという結論にいたった（Murphy, 2003, p. 15）．この結論は，基準５の「性向」項目に表現されている．

　ここで注目しておきたいのは，マーフィーのいう「社会正義」が意味するものは，学習へのアクセスの公平性（例えば，学習時間，授業のクオリティ，個人化，教科内容，学習への圧力など）である（Murphy, 2003, pp. 14-15）と説明されていることである．これまで「公平性」は，階層や人種などのグループ間の格差に焦点化した概念であると述べてきた．これに対して「基準」の「社会正義」とは，「個人化」など個人に寄り添ったものであり，「公平性」から「社会正義」へと転換していく過程の中間に位置する概念ではないかと考えられる．第６章で述べることになるが，2015 年に発行される「専門職基準」では，「公平性」と「社会正義」は明確に異なる用語として使用され，「社会正義」は一人ひとりの生徒の学業上の成功とウェルビーイングに対する責任を引き受ける

概念として示されている.「基準」から「専門職基準」の間には明確な変容が認められることになるのである.

以上の議論を参照すれば,「性向」43項目のうち,以下の12項目を社会正義に分類することができ,Cason（2007）p. 36の分類と一致する.

＊すべての者の教育可能性
＊学校コミュニティの全メンバーのインクルージョン
＊すべての生徒は学習することができるのだとする考え方
＊生徒の学習を可能にするさまざまな方法
＊多様性が学校コミュニティにもたらしてくれる利点
＊多様性は学校に豊かさをもたらすのだという考え方
＊倫理原則に基づいた意思決定過程
＊安全で支援的な学習環境
＊無償で質の高い教育に対するあらゆる生徒の権利
＊ケアリングする学校コミュティを開発すること
＊多様なアイデア，価値観，文化を認めること
＊生徒の権利を保護し，生徒の機会を向上させるために法的システムを用いること

　二.共通善の理想について　「性向」項目のうち,「コミュニティ」項目として捉えた「共通善の理想」については,これまで言及する機会がなかったが,「基準」の性格を見極める重要な用語であると考えているので若干の考察を加えておきたい.

菊池理夫は現代の「共通善」の理解に関して,いわゆる「リベラル・コミュニタリアン論争」[29]を取り上げたうえで,論争を超えて,次に引用する結論に達している.本書では,この考え方が「基準」で言うところの「共通善」であると捉えるものである.

　この善の中で強調されるのは,「友愛」という徳であり,個人的な善ではない,連帯や相互扶助のようなコミュニティの徳を生み出すものである.また,「正（義）」のような徳もこの「共通善」を前提としてはじめて存在する.その点で現在では「共通善」は個人の権利や自由を否定するものではなく,むしろそれらを生かしていくものである（菊池, 2005, 49頁）.

このような理解を押さえたうえで,マーフィーが編集する論集（Murphy,

2002）のなかで，ゲイル・ファーマン（Furman, G.）とロバート・スターラット（Starratt, R.）が，教育上の中心としての民主主義的コミュニティとは次のようなものと考えられる，と論じるなかで共通善がキーワードとして捉えられていることに注目したい．ファーマンとスターラットがあるべき姿として描くコミュニティは，同一性を求めるノスタルジックなコミュティ観でも，孤立的なコミュニティ観でもない．他者との違いを認め，他のコミュニティとも相互に依存し合う「非類似性共同体（community of difference）」である．そこでは非類似性が喜んで受け入れられ（celebrated），相互依存が認識され，共通善が地域的にもグローバルにも他者を相互に結び付ける．すべての市民の意見が尊重され，共同体としての行動は，自由で開放的な質疑（inquiry）のもとに行われる高度な参画の中で決定される（Furman & Starratt, 2002, p. 116）．このようなコミュニティ観の下で，民主主義的コミュニティについて以下のように主張されている（Furman & Starratt, 2002, p. 129）．

- ・民主主義的コミュニティとは，違いを承認し，評価するがゆえに，他者を「周縁化」するものではない．
- ・リーダーシップは何のためのものか．リーダーシップは多文化の社会と世界における「共通善」に奉仕するという点に焦点化することによって，民主主義的コミュニティは「専門職を再文化化」する．
- ・民主主義的コミュニティは，多様で，分断され，ナショナリズムが交差するポストモダン社会において，学校のリーダーシップに最も適切に焦点化する．

　以上から，「共通善の理想」とは，民主主義的コミュニティで他者を相互に結び付け，すべての市民の意見が尊重され，共同体としての行動は自由で開放的な質疑のもとに行われる高度な参画の中で決定されるという，多様な人々の間にあるべき理想であると考えられる．

第3節　「基準」の受け入れ――州，学会・団体，実践の場

　本節は，「基準」がどのように受け入れられたかを考察することが目的である．次節では，反対にどのように批判されたのかを考察し，両節で「基準」の意義を確認する．

この考察を必要とする理由は，次節で述べることになるが，「基準」が宗教の装いをしているとの批判を受けることになるので，州による受け入れがどの程度，どのように行われているかを確認する必要があるからである．

1. 州による受け入れ

(1) 概況

マーフィーによれば，2003年には，「基準」は次のような活用状況になっている（Murphy, 2003, pp. 19-20）．即ち，全米40州で成文化され，基準として採用され，養成プログラムとしても採用されている．また次項で述べるように，全米教員養成大学認定協議会（National Council for the Accreditation of Teacher Education）[30]（以下，NCATEと称す）は「基準」を取り入れた学校管理職養成基準を作成しているが，そのNCATEは45州と政策提携しており，それらの州のすべての大学のプログラムは，「基準」と州の教育政策とを連携させた制度下で実施されている．さらに全米13州で，校長資格取得における試験制度において，「基準」に準拠して開発されたスクールリーダー資格付与評価（School Leaders Licensure Assessment）（以下，SLLA[31]と称す）に基づく試験を採用している．

次に，どのように，どの程度「基準」が受け入れられたかを検証する必要がある．前述のように，「基準」が宗教の装いをしていると批判されているので，その当否の確認が必要となる．事例として「基準」を受け入れているカリフォルニア州およびコネチカット州と，単独で基準を作成したマサチューセッツ州の3州について，「基準」がどのように扱われているかを検証する．これらの州を事例に選択した理由は，いずれの州も，「基準」の作成に参画した州であり，「基準」を最も熟知していると考えられること，また，州法に基づいて州のスクールリーダー基準が策定されており，「基準」の実施が確実に行われると考えられる州であることである．しかし3州を比較すると，3州はいずれも「基準」の内容に類似した内容を持っているものの，その細則においては，リーダーシップに対する考え方が相当異なることがわかる．

本節第2項で論じるように，「基準」が宗教の装いをしているという批判が出るが，結論を先取りしていえば，各州とも「基準」に相当の修正を加えたう

えで受け入れており，このことから「基準」を宗教のようには受け入れてはいないことが証明されていると考えてよいだろう．

(2) カリフォルニア州での教育上のリーダー専門職基準 (California Professional Standards for Educational Leaders: CPSEL)

CPSEL は「基準」をモデルとして教師免許委員会 (Commission on Teacher Credentialing) によって 2003 年に制定されたものである．その理念も「基準」と同じで，「すべての児童・生徒の成功を促進する」ことにおいている．

カリフォルニア州の教育規則 (Education Code) 44470 で，2003 年までに創設することが求められていた専門職基準が，予定通り 2003 年に CPSEL[32]として創設された．それは，「基準」に準拠し，修正のうえ採択されたとされる (WestEd, 2003, p. v).

CPSEL の特徴は次の 3 点に見られる．

第 1 は，州法に基づいて施行されている．

「すべての児童・生徒の成功を促す」教育指導者をめざすとして，「基準」の精神を引き継いでいると考えられる．

第 2 は，「基準」を構成していた「知識」「性向」「行動」の三要素が採用されていないことである．その理由は示されていないが，2002 年に連邦の教育政策である NCLB 法が成立し，保守的な教育政策が展開され始めた時期に CPSEL が作成されたので，「性向」という用語を避けた可能性がある．

第 3 は，管見の限りではあるが，他州には見られない CPSEL の実践要領 (Description of Practice: DOP) (WestEd, 2003) が発行されており，校長養成の成長管理が 4 段階のいわゆるポートフォリオ評価方法で行われるように実践的な形式をとっていることである．例えば，「第 1 のレベル：初歩的な実践をマスターしている」と定義されるこのレベルでは，「教育上のリーダーはビジョンの何たるかを承知しているが，その開発に向けての活動や学校のビジョンを活用する初期の段階にある」となっている．

238　　第Ⅱ部　校長のリーダーシップのリストラクチャリング

表 4-2　コネチカット州「スクールリーダー基準」から見た管理職の職務

	項目	基準	学校リーダーの職務
P	理想像の創造	Ⅰ	理想像を教職員・保護者・コミュニティと協働で創造する
	学校目標の設定	Ⅴ	学校目標を学校コミュニティメンバーと協働で作成する
D	学習プロセス	Ⅱ	学習理論や動機付け理論を教師やコミュニティメンバーに指導し，生徒の学習の改善に資する
	授業プロセス	Ⅲ	教師の専門職能に省察を促す
	多面性の理解	Ⅳ	教職員・保護者・コミュニティと協働して多面性への対応戦略を構築する
	学校文化の構築	Ⅵ	教職員との協働を促進し，生徒の学習改善のために保護者・生徒・コミュニティが一体となるような文化を創造する
	教員の指導	Ⅷ	専門職能を開発するために激励，支援をする
C	教師評価	Ⅹ	教職員と協働し，教職員の採用・育成・評価手法を構築する
	生徒評価	Ⅶ	学校リーダーはコミュニティと連携し，すべての生徒（all students）のための厳格な学業上の基準を構築し，生徒の進歩をモニターする多様な評価戦略の使用を促進せねばならない
A	学校改善	Ⅸ	教職員と協働して学校のプログラム改善を図る
	組織の改善	Ⅺ	教職員と協働して学校組織や資源の見直しを行い，改善法を考える
	コミュニティ関係	Ⅻ	教職員と協働して，保護者やコミュニティの学校活動への参画推進

出典：Connecticut State Department of Education（1999）Standards for School Leaders から筆者が作成.

（3）　コネチカット州のスクールリーダー基準に見る「基準」の変容

　同州では 1999 年に「スクールリーダー基準（Standards for School Leaders）」が州法 Connecticut General Statutes Section 10-145f として制定され，2001 年には，同法に準拠するコネチカット州管理職テスト（Connecticut Administrator Test: CAT）が導入された．大学の養成教育の卒業生で校長をめざす者は，コネチカット州管理職テストに合格することが法律で求められることになった[33]．ただし州外からの受験生のためには，SLLA を受けてもよいことになっている．

　コネチカット州管理職テストは教授的リーダーシップ（instructional leadership）に特に焦点を当てたテストで，教育法（pedagogy），カリキュラム開発，学校経営，学校管理，現代教育の諸問題や，特別支援を必要とする子どもの発達に関する内容となっている．4 部構成となっており，合計で 6 時間半を要するテストである．第 1 部と第 2 部では，教師の授業計画，ビデオテープによるクラスの模様，子どもの学びの事例などの資料をもとに，当該教師に対して支

援的なアドバイスを行う．第3部と第4部では，学校やそのコミュニティのプロフィールと生徒の学習に関するデータを与えられ，全学的な問題提起を受けてその改善のプロセスを提案する内容で，次項で述べる SLLA とほぼ同内容である．

表4-2は，コネチカット州の「スクールリーダー基準」の12基準を PDCA サイクルを意識して並べ替えたものである[34]．その特徴は以下4点である．

① 「スクールリーダーはコミュニティと連携し，すべての生徒のための厳格な学業上の基準を構築し，生徒の進歩をモニターする多様な評価戦略の使用を促進せねばならない」（基準 VII）とされ，州のアカウンタビリティ政策に対応した基準で，「厳格な学業上の基準」を構築し，成果をモニターするものであると考えられる．ただし評価は，「すべての生徒」に，単一の評価ではなく，「多様な評価」戦略が採られているとされている点が注目される．

② 全体として学校コミュニティとの協働が強調されており，職階によるトップダウン型のマネジメントを期待していないように見える．また生徒の学習改善のために保護者・生徒・コミュニティが一体となるような文化の創造を求めていることも特徴的である．

③ 教職員に対する指導・育成・評価が，学校リーダーの重要な職務であると考えられており，上記②にもかかわらず，トップダウン的な要素が窺える．

④ 基準であると同時に，Job description（職務記述書）の働きもしていると考えられる実践的な内容となっている．試みに，表4-2のように左端に，P・D・C・A を置き，PDCA サイクルを意識して基準を並び替えてみると，そのことが理解できる．

コネチカット州の「スクールリーダー基準」で注目されるのは，「基準」の基準5にある，「尊厳をもって公正に，かつ倫理的なマナーに基づいて行動する」というような，倫理的な要素が見当たらないことである．

(4) マサチューセッツ州における「基準」の受け入れ

2001年にマサチューセッツ州で州法603CMR7.00として制定された同州の

スクールリーダー基準（Standards for School Leaders）[35]は，設立の原理として，「基準は，授業可能，行動可能，測定可能な一連の政策基準でなければならない」と明記されており，倫理的，道徳的な測定不可能とされる要素は含まれていない．

またスクールリーダー基準は5つの大項目（「リーダーシップ」，「アドミニストレーション」，「公平性」，「コミュニティ関係」，「専門職の責任」）からなっており，それぞれの下部に数項目の指標が示されているが，そこには「すべての生徒の成功を促進する」というような子どもを中心とする考え方が見えないことが最大の特徴である．次の特徴として，基準の大項目には「公平性」が入っているが，その内容は，例えば，「すべての生徒が自身の行動に責任を持つ」，「生徒，教師，リーダー自身が行動と行為において高い基準を持つ」などと述べられており，自立する強い個人を期待した「公平性」であり，弱者に対する公平性は述べられていない．

同州のリーダーシップ観は，学校管理職の「アドミニストレーション（管理監督する職務）」の責任と，「専門職（教職的な側面）」の責任を明確にしようとする傾向が見られ，管理監督的な要素が強いと考えられる．そこには，子どもの問題や，公平性などに関する記述はない．総体的に「基準」とは異質の内容となっている．

(5) 3州での「基準」の受け入れ状況のまとめ

3州での受容状況を見れば，3州とも立法化の手続きを経て，（したがって多くの人々の目が通って）州法ないし諸規則になっているが，その内容は「基準」とは相当に異なっている．「基準」はあくまで1つのモデルとして取り扱われており，3州の基準のいずれにおいても「性向」項目がないなど「基準」とは大きな非類似性が見られる．このことから「基準」は宗教のように受け入れられるものではないことが理解できるので，その指摘は的を射ていないものと判断できる．

なお，カルフォルニア州では「すべての児童・生徒の成功を促す」ような教育指導者をめざすとしており，「基準」の精神を引き継いでいると考えられるが，コネチカット州では，「すべての生徒のための厳格な学業上の基準を構築」

するとされており，この用語だけでは判断できないものの，「基準」とは方向
性の違う基準となっているものと考えられる．

　マサチューセッツ州においては，上記に記載の通り，「基準」とは相当異な
る内容となっている．各州によって，教育上のリーダーシップに対する考え方
が異なることが理解される．

2. 学会や専門職団体による受け入れ

　「基準」は以下 2 点のように，学会や専門職団体に受け入れられた．第 1 は，
NCATE の管理職養成プログラムの認定基準として取り入れられたことである．
第 2 に，スクールリーダー資格付与（licensing）を行う能力試験に相当する
SLLA の内容の基礎となったことである．

　こうして「基準」はスクールリーダーの養成・育成・採用・評価の基準とし
て全国的な存在となった．本項では，「基準」が校長になるために必要なもの
として学会や専門職団体に受け入れられていることを確認する目的を持つ．

(1) 管理職養成プログラム認定基準

　浜田（2007）によれば，2002 年に NCATE の認定基準と，CCSSO が推進し
てきた ISLLC による基準とが一体的内容となり，これによって全米にわたる
校長養成・研修に関わる共通枠組みが合意されたが（浜田．2007, 35 頁），その
プロセスの間に重要な事情が存在するのでその事情を追加説明しておきたい．

　1994 年に，アメリカ学校管理職協会（AASA）など 4 団体[36]が NPBEA の
下部組織として，教育上のリーダーシップ構成員協議会（Educational Leader-
ship Constituent Council）（以下，ELCC と称す）を設立した．ELCC は「基
準」をベースとした「教育上のリーダーシップ上級プログラム（Standards for
Advanced Programs in Educational Leadership）」（以下，「ELCC 基準」と称
す）を開発し，2002 年に NPBEA の名義で公表した．

　一方，NCATE は教員養成プログラムのアクレディテーション[37]が主たる業
務であるため，そのための基準を持っていたが，管理職養成プログラムのアク
レディテーション基準を持っていなかった．そこで NCATE は「ELCC 基準」
を採用し，管理職養成プログラムのアクレディテーション基準とした（Wil-

more, 2002, p. 6）．管理職養成プログラムを新設して，その内容を権威ある機関から認定される必要のある大学は NCATE に申請し，NCATE は「ELCC 基準」をもとにしてアクレディテーションを行うことになる．この結果，浜田博文が述べているように，「基準」と NCATE との共通の枠組みができあがることになったのである（浜田，2007，128-132 頁）．

「ELCC 基準」は教育長，校長，カリキュラム管理責任者，監督官などいわゆる上級の管理職を養成する目的を持った基準である．しかし，その内容は，「基準」から変化なく，「基準 7 インターンシップ」が新設されたことが特徴となっている．「インターンシップ」によれば，すべての幹部候補生は最低 6 か月間，終日のインターンシップの経験をせねばならない．この基準 7 にしたがって，「ELCC 基準」によってアクレディテーションされた NCATE 養成プログラムを受講した管理職候補は，全員が全日制で 6 か月間のインターンを経験することになる．学区と学校におけるリーダーシップ研修の実践状況を調査した The Wallace Foundation（2006）によれば，およそ半数の州が新人校長にインターンシップを求めており，従来から採用されていた「沈んでは泳ぐ」方式[38]のリーダーシップ指導法を改めつつある（The Wallace Foundation, 2006, p. 3）とされる．

本項で確認しておくべきことは，「基準」が NCATE と統合されたことである．

(2) スクールリーダー資格付与のための評価システム（SLLA）

① テストの概要　アメリカの校長免許制度によれば，免許条件の 1 つとして能力試験を課す州も少なくない（加治佐，2005）．SLLA は「基準」をベースにした能力試験の 1 つであり，採用のための試験となっている．マーフィーによれば 2003 年現在で 13 州が SLLA を採用している（Murphy, 2003, p. 19）．またコネチカット州では CAT と呼ばれる州独自の試験を課しているが，同州で校長になろうとする人のために，州外からの受験者には SLLA での受験を認めている．

SLLA の内容を把握することによって，「基準」が免許状取得試験としてどのように受け入れられ，変容しているか，さらに SLLA が具体的にどのよう

に活用されているかを理解することができるだろう．なお SLLA の概要は本章の註 31 で記載の通りであるがテストの内容は以下の通りである．

テストは次の 3 群からなる．試験時間は合計 6 時間である．例えば，「第 1 群　活動の評価」では，スクールリーダーが日常的に遭遇し，解決を求められるような状況に関連した小文 10 題が提示される．その内容は，適法手続き（due process）など法関連事項，特別支援の必要な生徒に関する問題，安全・設備・予算・しつけ・技術・スケジュール立案などに関するものである．これらの問題に対して，スクールリーダーはそこで何をするか，その状況に対応するためにどのような要素を考慮するか，スクールリーダーはその問題やジレンマにどのような手を打つか，そのような状況でどのような結果が出てくるか，などを問う質問が出される．回答には合理的な根拠が示されなければならない．持ち時間は 1 時間．さらに「第 2 群　情報の総合（synthesis）と問題解決」，「第 3 群　情報の分析および意思決定」があり，例えば，第 3 群では，評価データ，学校改善計画の一部，予算情報，資源配分計画書，職員評価書，カリキュラム情報などのデータが与えられ，1）これらの書類に示されたデータの中で一番重要なものは何か，2）与えられた情報を分析するためにほかにいかなる情報が必要か，またそれはどこから入手するか，3）データから出てくる問題に対応するために，スタッフに対していかなるステップを踏むかを問われる（Educational Testing Service, 2005, pp. 1-23）．

②　**学校現場をもとにした能力評価**　SLLA は上記のような問題解決型のペーパーテストに加えて，後刻，現場をもとにした実践的な能力評価を行う．その課題と評価は，以下の 6 要素からポートフォリオを使用して行われている（大竹，2000，266-267 頁）[39]．

要素 1：教育の文脈の評価

　　候補者（校長の：引用者）は，自らの学校のコミュニティ，生徒，組織構造，カリキュラム，授業活動の情報を集め，それらを生徒の学習活動にインパクトを与える要因として分析する．

要素 2：より広い学習状況に対する調査状況

　　候補者は，州，学区，全米レベルの傾向において学校・学区の生徒の学習

活動に影響する情報を集める.

要素3：生徒の学習の障害を取り除く

　候補者は学習の障害になるものの情報を集め，今後，類似した問題状況が起こった時に対応できるよう，省察する必要がある.

要素4：教職員の支援

　候補者は教職員の専門的な能力の成長に対する情報を集め，彼らが自校における教職員の成長と，また他校における専門的な能力の成長を促す機会を考慮する必要がある.

要素5：対立構造を解く

　候補者は，学校・学区から対立を解くための情報を収集し，その対立状況を明らかにしたうえで，自らの決意を明らかにし，戦略的なプロセスを用いてそれらの対立状況を克服することが必要である.

要素6：保護者およびコミュニティとの協働

　候補者は，学校・学区における保護者・コミュニティに関する情報を集め，自らの実践に役立つ情報を集める. その上で，保護者を含めたコミュニティや家族集団とのパートナーシップを形成し，学校・学区の協働的文化について話し合うことが重要である.

　以上のような，SLLA の指導とテスト方法は，あらゆる状況に対応できる身に付いた能力を見ようとするものであり，内容は生徒の学習を中心とする項目が並んでおり，生徒の学習の成功を目的とする「基準」の考え方を反映したものとなっている. ただし，批判的に見れば，このテストの評価者の目的と態度によっては，好ましくない「性向」が身に付いていないかをあぶりだす手法になりかねないことも念頭に置いておかねばならない.

　以上の本項における検討から，批判もあるものの，「基準」が SLLA に受け入れられて全国的に拡大しつつあることが確認できたといえよう.

第4節　「基準」に対する批判

　「基準」に対する批判は多数寄せられており，マーフィーはそれぞれの指摘に応えているが（Murphy, 2005, pp. 169-180），主要な論点は以下の3点である.

他にも，「基準」は管理職のあるべき姿として求める指標が182項目もあり校長の専門職性を縛ることになっていないか，また逆に重要な項目の漏れはないか（Achilles & Price, 2001）という指摘や，社会正義への言及が不十分である（Cambron-McCabe. 2010, p. 37）などの指摘もある．なおヘンウィック・イングリッシュ（English, F.）は多数の論文でISLLC批判を展開しているので，追加的にその見解を考察する．

1．第1の批判：調査データの不足

批判は，「基準」の基礎となる調査データ不足を指摘するものである．例えば，フレデリック・ヘス（Hess, F. M.）は「基準」は組織的な証拠に基づいていない（Hess, 2003, p. 23）と述べている．実際，「基準」の公表文には，「基準」作成の基礎となる「一連の諸原理をうまく作り出すことができれば，われわれの仕事はかなり強固なものになるだろう」（Hess, 2003, p. 7）と述べてはいるが，その「諸原理」がいかなる研究や根拠に基づいて「作り出」されているのかを説明していない．イングリッシュは，この点に関して次のような疑問を呈している．

> 「基準」に書かれたことが実際に正しいとどうしていえるのか．答えは，専門家たちのコンセンサスによって確立されたからということになるようだが，これはあることを信じている人にそれが正しいかと問うているようなものである（English, 2000a, p. 160）．

マーフィーは「基準」の執筆責任者として，イングリッシュの上記の批判に対して，次のように答えて，方法論上の問題はないと主張した．

> 「基準」は真実を代表すべきものだという考え方には当惑する．「基準」に関わった者は誰一人として，「基準」が「実際に正しい」と述べてはいないし，「専門家たちのコンセンサス」によって確立されたから「基準」が真実であると申し出た者もいない．批判は「基準」の存在を誇張している．「基準」は単なる枠組みである．その枠組みは，子どもたちや若い大人のため，生徒たちと仕事をする教師たちのため，そして学校に子どもを送り出す家族のために，役に立つ学校を作り出すであろうと考えられるリーダーシップの性向，知識，行動に関する情報を把握し，提示するものである．そのような情報を，われわれは成功している学校や教育現場の知に関する調査を通して

得てきた（Murphy, 2000, p. 412）.

　さらにマーフィーは Hess（2003）および English（2000a）に対して，「基準」は生産性の高い学校，特に黒人や低所得層の子どもたちに優れた教育を施しているといわれる学校やその校長などに対しての調査に基づいている，と「効果のある学校」研究に関する 10 件[40]の研究を例示して反論している（Murphy, 2005, pp. 159-161）. この反論に対して，管見の限りではあるが，再反論は出ていない. しかしながら，「多数の調査」データは外部に公表されていないし，反論の根拠として調査の方法論や結果を示していないので適切な反論が行われたものとは考えられない. 事実マーフィー自身も「基準」を組み立てる足場となった調査から得られた情報を普及させる努力をしてこなかったことを認め，早急に公表するよう準備する（Murphy, 2005, p. 170）と述べている.

　なお第 5 章で述べるが，「基準」の 2008 年改訂版（以下，「2008 年基準」と称す）が発行されることになり，その序文は，「基準」が開発されたときには，立派な学校リーダー，生徒の成績を向上させる校長の職務などに関する調査がほとんどなかった（little research）と批判的に述べており，「多数の調査」がなかったことを示唆している.「2008 年基準」では調査研究の明細を CCSSO のホームページで公表してこの批判を解決しようとしている.

2. 第 2 の批判：調査に基づかない信念

ヘスは次のように批判する（Hess, 2003, p. 23）.

① 実践的な処方箋を提示せず，不明確な理想を表そうとしている.
② 「基準」はその平凡さとイデオロギーを，基準という外観で隠そうとしている.
③ 読者に「基準」を信じるように要求している.

　イングリッシュも，「実験調査に基づかない（non empirical）信念に頼り，宗教の装飾を施している」（English, 2000, p. 160），と批判している.

　これらの批判に対する反論は次の通りである（Murphy, 2005, pp. 170-171）.

① ISLLC のメンバーは宗教らしきものを創設しようとはしていない.
② 批判は調査に基づくデータを求めているが，そもそも「学校の効果」（school effects）に関する調査は ISLLC のメンバーが調査を始めるまでは，学区で行われた五指か，せいぜい十指を数える程度しかなく[41]，それらも人種別,

所得別，性別などのカテゴリー別に統合して分析されたものはなかった．

③ ISLLC のメンバーが，実験調査に基づかない「理想」や「信念」（例えば，リーダーシップは透明度が高く協働を重視する，また多様化が学校の価値を高める，というような信念）を重視しようとしていることは事実である．

④ マーフィーは次のように主張している．

> 生産性の高い学区，学校，校長などに対する ISLLC のメンバーによる調査は，2つの結果をもたらした．第1は，リーダーシップを形作っているもの，すなわち生徒の学びを組織的にモニターすることの重要性などに関する証拠，第2はあらゆる観点から見て，特定の調査結果よりもはるかに重要と考えられる一連の価値観（すなわち，すべての子どもは学ぶことができるという信念，子どもの学びが生まれるように学校を組織化するという誓約，そして学校は生徒の学業成果に責任を持たねばならないという信念）がもたらされた．「基準」はその核心部分において，実験調査によって支えられており（anchored），価値を基礎にしている（Murphy, 2005, pp. 170-171）．

これらの論争は次の3点に論点整理できるだろう．第1点は，「理想」に重点を置きすぎているとする批判とその反論である．その議論はあくまで「基準」に対する価値観の相違からくるものと考えられる．これまで，グリフィス―グリーンフィールド論争以来の，価値を考慮しない実証主義的な考え方と，価値を重視する主観主義的な考え方の相違を検証してきたが，収まっていた論争が再度姿を現したものと考えられる．第2点は，「基準」作成の方法論である．ISLLC のメンバーは，いくつかの実地調査の結果から，「一連の価値観」を見出し，その仮説をもとに「基準」を創設したとしている（Murphy, 2005, pp. 158-166）．その上で，否定的であろうと肯定的であろうと，エビデンスが各方面から出されることを期待する（Murphy et al., 2000, p. 32）との姿勢を示している．第3点は，「実験調査に基づかない信念」を「基準」に組み込むことの是非である．これは第1の批判に通ずるものである．マーフィーの反論は次のように整理できるだろう．すなわち，「実験調査に基づかない信念」は「専門家たちのコンセンサス」を得て作成された．ただ「専門家たちのコンセンサス」を得たからといって正しいとは主張していない．さらにその「コンセンサス」に対して批判と議論を歓迎しているのである（Murphy et al., 2000, pp. 17-39）．

3. 第3の批判：「性向」について

「性向」が「基準」に含まれているのは適切でないとの批判である．例えば，イングリッシュは価値を組み込むことによって，「基準」は科学的な調査から離れて「信念を価値として表現する（value expression of faith）」方向に流れてしまう（English, 2001, p. 3）と批判している．またヘスは，「社会正義（social justice）」や「民主的コミュニティ（democratic community）」という特別のビジョンによって動機付けられる教育上のリーダーシップについて教条主義的な（doctrinaire）哲学を打ち立てるために「性向の矯正（disposition correction）[42]」を行っていると批判している（Hess, 2003, p. 14）．

この批判に対するマーフィーの反論は以下の通り明確である．前述のように「基準」にとって「性向」は中心的な存在として位置づけられており，以下の反論は重要である．

> 教育上のリーダーシップのこれまでの歴史の大部分を特徴付けていることだが，道義が捻じ曲げられてきた（moral obliqueness）[43]ので，ISLLC のメンバーは価値や信念を「基準」に組み込むことが適切なばかりか，最も重要なことであると判断した．われわれは，性向という用語が教師育成の基準として INTASC（Interstate New Teacher Assessment and Support Consortium）ですでに使用されているので，これを使用することとした．その論理は極めて明確である．第1に，校長が生徒の失敗に前向きに対応するにせよ，失敗を無視するか，しかたがないと考えるにせよ，これらの判断は校長の価値観や信念によって形作られるものである．教育経営の仕事は明確な価値の枠組みを必要とする道徳的な活動である．われわれは，この現実を認識し，価値や信念を発表していくことが重要であると判断した．またこのような信念が若者たちやその教師，親たちに重要な効果をもたらすということを認識することが重要だと判断した．特別のニーズを持った生徒や移民，マイノリティ，低所得層の子どもたちは成功を期待できないという思い込み[44]によってアメリカの学校教育は 100 年以上にわたって大きな影響を受けてきたのである．第2に，ISLLC のメンバーは，科学に基づくがゆえに価値を考慮しないリーダーシップ観は，道義的に破綻したといわないまでも，倫理的に切り捨てられてきたと考えている．たしかに信念や価値を強調しすぎることは危険である．しかしより大きな危険は，それらを無視することであるとわれわれは考える（Murphy, 2005, pp. 176-177）．

この論争も，価値を重視する主観主義パラダイムと，価値を考慮しない実証主義パラダイムとの相違からくるものであり，議論がかみ合わないのはむしろ

当然かもしれない．

　しかし，上記のような思想上の違いからではなく，一般論としても，「性向」はいかなる基準にも含めるべきではないという意見が，リーダーシップ論の論文を多数発表しているレイスウッドとロザンヌ・スタインバック（Steinbach, R.）から出ていることに注目しておきたい．レイスウッドとスタインバックによれば，「性向」を「基準」に組み込むことには次の3点の問題がある（Leithwood & Steinbach, 2003, pp. 257-272）と指摘している．

　第1点は，「基準」は「性向」に関する知識を Perkins (1995) から得ているが，成人の性向や属性に影響や変化を及ぼす体系的な研究が行われていないし，研究をやってみようとしても限られた資源の無駄使いに終わるだろうと考えられていることである．レイスウッドらは，パーキンスの研究 *The Metacurriculum* の一部を取り上げたとし（Leithwood & Steinbach, 2003, pp. 332-338），そこでは性向を教える事例が出ているが，それは「歴史的推論」や「批判的思考力」の指導と似たような一般的なもので，大人に対する指導の効果はもとより，子どもに対する効果に関する検証らしきものもない，と批判している（Leithwood & Steinbach, 2003, p. 266）．

　しかし本書では，レイスウッドらの批判は，第2節で考察した Tishman, Jay & Perkins (1993, pp. 148-149) で述べているような「文化化モデル」については考察していないことから，根拠の薄い批判となっているのではないかと考えている．

　第2点は，成人の性向を変革または開発する方法を知っているとしても，なお基準に組み込むのは不適切である，なぜなら，どの性向を開発するべきかを決定する知識基盤を持っていないからである．日常的な関係性において特定の性向とリーダーシップの行動を結び付ける入手可能な証拠がないからである．

　この点もまた，本書の「性向」概念の展開で見たような，先行研究を視野に入れていない批判ではないかと考えられる．

　第3点は，法的観点からの考察が行われていない．適切な性向を持っていないからという理由で，管理職免許が取れなかった意欲的なリーダーや，採用されなかった人や，解雇された現職から告訴された時に，その訴訟に適応することができないのではないかという批判である．

以上の議論に対して，マーフィー側からの反論は見当たらないが，法が重視されるアメリカでは，第3点は極めて重要であると考えられる．第5章で議論することになるが，特に，「社会正義」に関する議論が高まってくる中で，「基準」に連動した基準を持つ NCATE が法的な観点からの批判点を持つ右翼的な団体から大きな圧力を受けることになるのである．

4. ヘンウィック・イングリッシュのポスト・モダニズムからの批判

イングリッシュの「基準」批判は，English（2000a; 2000b; 2001; 2003a; 2003b; 2003c; 2004; 2005; 2006; 2008）の論文で行われている．以下で，主要な論点を2点に絞って考察する．

第1点は，社会正義をより重視すべきとする議論である．前述のように，マーフィーは，学校改善や民主主義的コミュニティとともに社会正義が「基準」の柱になっている（Murphy, 2003, pp. 13-15）と述べているが，イングリッシュの批判は次の通りである．

> 学校管理の専門職では，女性，マイノリティ，性指向ゆえに職務から排除されるという社会不正義の長い歴史があるにもかかわらず，マーフィーは民主主義的コミュニティと社会正義を，学校改善よりも後順位としていた．マーフィーはより大きな社会の不正義に取り組むことを避けていたと見受けられる．事実マーフィーは，「生徒の学習と切り離して，社会正義のコミュニティを構築することは，良い考えだとは思わない」（Murphy, 2005, p. 172）と述べているが，これは「基準」が学校内の問題発見と問題解決における校長および教師の職務を強調し，校長や教師がそれぞれの職務を従来の職務から転換することをめざす，いわば内部的な意味合いの強い転換的リーダーシップ（trasnformational leadership）を重視し，制度や組織の編成を超えた社会的な問題を重視していないからではないか（English, 2005, p. 87; 2008, p. 113）．

第2点は，「知識基盤」に関する批判である．

イングリッシュは，次のように述べて，「知識基盤」の持つ権力性を強く指摘している．「ポスト・モダンの見解は，『知識基盤』の存在そのものを否定する．（中略）何物も中心にあってはならず，特に異なる考え方をコントロールし，支配するような『権力的知識ヒエラルキー構造（power-knowledge hierarchies）』に寄り添うような知識であれば，それを排除する」（English, 2003a, p. 25）と述べている．また別の言い方で次のように述べている．イング

リッシュによれば,「知識基盤」は,「1つの正しい方法」を追求するスタンダード化,あるいは還元主義につながるものであり,それは「1つのサイズを誰にも当てはめようとする (one size fits all) 試みである.この試みによって,養成には金がかからず安上がりで,誰とでも取り換え可能な管理職を作ることになり,それは,専門性のある職務の非スキル化であり,非専門職化につながるものとなる」(English, 2004, p. 5).

いずれの議論にも,マーフィーは応答していないので,ここでの議論を理解したり,評価することはできないが,第1点の問題については,なぜ「基準」には「社会正義」という用語が入らなかったのかという疑問は筆者にも残っている.第2の,「知識基盤」の持つ権力性については,本書でもその問題点を意識して第1節第1項で議論を整理してきた.例えば,日本の『校長の専門職基準』を考察する時の視座とすることができるのではないだろうか.

小括

1.「基準」の作成が可能となった要因

教育改革の波の中で,校長のリーダーシップ像をめぐって,多様な議論が展開されてきたものの,関係者のコンセンサスを得ることができずに時間が経過していた.しかし,多様な議論をまとめ,「基準」作成が可能になった要因として,以下4つのポイントを指摘できる.

第1は,複数パラダイムが唱導されるようになったことである.

1970年代から続いていた実証主義と主観主義の二項対立が,NCEEA での多数の関係者が加わった議論を通じて,その激しさが緩み,複数パラダイムを認めようとする考え方が生じてきていた.複数パラダイムが唱導されるようになり,研究者やリーダーたちが自由な発想で自由に意見を発表できるようになったことで,主観的な内容を含む「基準」が大きな抵抗を受けることなく受け入れられたと考えられる.

第2は,構成主義的な学習方法の浸透である.

リストラクチャリングの時代に全国的に展開された改革運動を通じて,構成主義的な学習方法が,エッセンシャル・スクール連盟 (CES) の事例に見られ

るように，草の根的に発展・展開していった．「基準」の作成を主導した州教育長協議会（CCSSO）においても，エッセンシャル・スクール連盟の活動を，リストラクチャリングの代表例として取り上げていた．大きな抵抗なく，自然な形で州の教育長たちの間にも，構成主義的な学習方法が受け入れられていったものと考えられる．このような思潮の変化があって，「基準」のリーダーシップ構想が受け入れられる余地が生まれてきたものと考えられる．

第3は，関係者の協働である．

NCEEA の提言を通じて，多くの関係者の間に，協働することの重要性への認識が高まっていたと考えられる．「基準」のように，多くの関係者に影響を与える事業には，多くの関係者の協働が不可欠である．「基準」が作成できたのは，多くの研究者，専門職団体を巻き込み，協働を行った成果であると考えられる．

第4に，関係者をリードする州教育長協議会（CCSSO）のリーダーシップである．

「基準」の作成にあたっては，CCSSO という有力な政治的団体がリーダーとなり，教育行政・経営に関わる専門職団体の「専門家の知恵」（ショーン，2001）を引き出し，また作成メンバーに加わった24州の代表者を通じて行政の考え方を反映することができる体制を構築していった．CCSSO のリーダーシップが「基準」の作成を可能にした直接的な要因と考えられる．ただし，CCSSO のリーダーシップについては，その政治的な性格の故に，次章以下で述べるように，教育関係の専門職団体から不信を持たれるようになっていく．

2.「基準」が示したリーダーシップ像

「基準」が示したリーダーシップ像は，「効果のある学校」研究や「リスクのある生徒」が抱える問題の研究を通じて得られたリーダーシップ像であった．具体的には，道徳的な行為主体（moral agents）によって行われる，子どもを中心とするリーダーシップであるとされ，その内容は，次の5点である．1）あるべき教育の目標に向けて親，教師，生徒が一体となって教育実践を行うこと，2）不利な状態にある生徒に傾注して手を差し伸べること，3）教授上，あるいはカリキュラム上のリーダーシップを，リーダーシップ・スキルの核心で

あると考えること，4）歴史的に不利益を受けていた子どもたちを含め，すべての子どもの成功を保障しようとすること，5）学校をケアするコミュニティにしようとすること，である．主観主義的な要素の強いものであり，一人ひとりの子どもの成功を促進するという考え方が特徴といえよう．なお，上記5項目と「基準」作成メンバーが一致して重視したとされる，「学校改善」，「民主主義的コミュニティ」，「社会正義」との関係は，次のように結び付けられると考えている．1）と3）は，「学校改善」であり，2）と4）は「社会正義」に該当する．また，5）は「民主主義的コミュニティ」を述べたものであると考えられる．以上から，「基準」は「リスクのある生徒」に手を差し伸べた，新しい校長像を示しており，従来の校長像からの「大転換」であると考えるものである．

3. 「基準」の残した課題

「基準」は40以上の州で，各州の管理職基準のモデルとして，州法になるなどの形で受け入れられていった．しかし，「基準」の策定の基礎となる調査データの不足が指摘されたし，「調査に基づかない，信念に頼り，宗教の装飾を施している」という批判もあった．それは，実証性がないことを批判するものであり，実証主義と主観主義の対立は消えることなく根深いものであることを見せつけた．さらに大きな批判は，「基準」では「性向」が重要な指標として取り入れられたが，「性向」は「社会正義や民主的コミュニティという特別のビジョンによって動機付けられる教条主義的な哲学を打ち立てようとするものだ」とするものであった．この批判が，「基準」そのものを改訂に導く要因になっていくのである．

1) 次の10団体である．アメリカ教員養成大学協会（American Association of College for Teacher Education: AACTE），AASA，指導助言・カリキュラム開発協会（Association for Supervision and Curriculum Development: ASCD），学校事務職員協会（Association of School Business Officials: ASBO），CCSSO，NAESP，NASSP，全米教育行政学教授会議（National Council of Professor of Educational Administration: NCPEA），全米教育委員会協会（National School Board Association），州間新任教師

評価支援協議会（Interstate New Teacher Assessment and Support Consortium: INTASC）.

2) 10の団体に働きかけるには，次のような周到な準備が行われたことが，NPBEAの会長であったスコット・トムソン（Thomson, S. D.）によって説明されている．第1は，フォーシスをリーダーとする少数の研究者グループ（the National Study Group）によって，議論すべき共通課題（platform）が作成された．その内容は公表されていないが，どの団体にも理解しやすく，実現可能と考えられ，教育経営・行政の現状と特徴を明確に表した課題であるとされる．第2に，100人評議会（the Convocation of 100）が組織され，教育経営・行政の教授，州教育庁の委員，専門職団体の代表者，大学長，教育長，校長，財団の代表者など教育に関する専門家や，教育経営・行政に関心を持つ一般市民など NPBEA が選任した100名が招集され，上記の共通課題について議論が行われた（Thomson, 1999, pp. 95-97）.

3) 「基準」に対して，二項対立からくる激しい批判が出てくることを後述する.

4) ここで社会科学と述べているのは，伝統的な実証主義的な社会科学の方法を指しているものと考えられる.

5) 審査委員会の構成メンバーは，校長10名，教育長2名，教育専門職団体の代表など12名，大学教授26名という構成である．本書で既出の人物としては，カーネギー財団のボイヤー，バンダービルト大学のマーフィー，ブラウン大学のサイザーが含まれている.

6) Transformational ledership の日本語訳については，浜田博文の先行研究が「変換的リーダーシップ」（浜田，1999，3頁）としている．また，海外論文でもケネス・レイスウッド（Leithwood, K.）が「The move Towards Trasnformational Leadership」（Leithwood, 1992）と題する論文を出しており，その内容は「変革」というより「変換」というべき内容となっているので，「変換的」あるいは「転換的」という訳も考えられるが，「変革的」とする論文が多いことから本書では「変革的」を使用することとした.

7) 最近，われわれはコロナの流行で経験したことであるが，問題が微妙であるため詳細な内容は記事になっておらず，専門家の談話に関する報道から推察するところであるが，次のような事象があったことが報道されていた．ある病院には1台の人工呼吸器しかないが，その病院で3名の重症患者（人工呼吸器をつけなければ死にいたる可能性の強い患者）が出た場合，どの1人を選んで人工呼吸器をつけるのか，医師たちは道徳や倫理の知識を総動員して何らかの判断をしたはずである．このような時に，倫理的判断が重要になったと考えられる.

8) 前述の Starratt は，正義の倫理，ケアの倫理，および批判理論による倫理を提唱

している．スターラットが批判理論の倫理を重視する理由は，官僚制と官僚制によって階層的かつ非人間的に構造化された教育行政・経営に批判的に対応しなければならないという考え方によるものである，とされている（Starratt, 1991, p. 189）.

9) 上記の意味するところを，具体的に医師の世界を例にとって見てみよう．世界医師会（2007, p. 55）は，法や政策はもとより，倫理綱領でも答えを出せない事例として，救急スタッフの割り当て，移植用臓器など希少な資源の配分のような問題を挙げている．医師は，共感と正義の原則の間でバランスを取るよう訓練されており，どの正義のアプローチが適切かを自ら判断しなければならないとされる．その正義のためのアプローチには，自由主義（libertarian），功利主義（utilitarian），平等主義（egalitarian），修復主義（restorative）があると説明され，それらを理解するための訓練が医師には求められている．

10) トラッキングとは，生徒（学生）の適性や学力，あるいは進路などによって死と集団を同質的に編成すること，またその仕組みをいう．進学者の側からすると，ある進路＝トラックに振り分けられる際，その進路を選択するプロセスがトラッキングである（永井聖二, 2007）.

11) 第2章で述べたように，第36代大統領リンドン・ジョンソンによって「貧困との闘い」を推進しようとして，教育面でその目的を果たすべく成立した法律が初等中等教育法（ESEA）であった．社会正義はこのように法律で達成すべきものと考えられていた．

またアメリカ司法省の正式名は，「Department of Justice」であり，最高裁判所長官も Chief Justice と呼ばれているように，「正義（justice）」は，法的な概念として取り扱われている．

12) 下部の182項目のうち，本書にとって特に重要と考えるものについては，必要と考える箇所で引用するに留め，全文を記載していない．全182項の明細は，浜田博文による全訳があるので，浜田（1999）を参照願いたい．

13) 11団体名は，UCEA, NPBEA, NAESP, NASSP, AASA, CCSSO, アメリカ教師教育大学協議会（American Association of College for Teacher Education: AACTE），学校運営およびカリキュラム開発協会（Association for Supervision and Curriculum Development: ASCD），学校事務職職員協会（Association of School Business Officials: ASBO），全米教育行政学教授会議（National Council of Professor of Educational Administration: NCPEA），州間新任教師評価支援協議会（Interstate New Teacher Assessment and Support Consortium: INTASC）である．

14) マーフィーとの面談で「基準」は主としてマーフィーが執筆したことを確認した．面談は2013年5月9日，バンダービルト大学構内で行った．

15) ISLLC のメンバーは，非常勤の 24 州の代表者，11 の専門職団体の代表者および，常勤のシップマンおよびマーフィーである．

16) 5 団体は，AFT，NEA，AACTE，全米教職専門基準委員会（National Board for the Professional Teaching Standards: NBPTS），NCATE，である．

17) 「クモの巣状の組織」をより理解するために，ほぼ同義と考えられるハーグリーブス（1996）の「動くモザイク」（ハーグリーブス，1996，234-246 頁）のメタファーの説明を見てみよう．この動くモザイクモデルによれば，「組織のトップが指揮を執り監督するといった今までのヒエラルキー構造では，大きな時代の変化の中でその変化が速くなりさまざまな改革が行われて意思決定のために確保される時間が少なくなるにつれて，個々のリーダーや監督者に負担がかかりすぎ，押しつぶされてしまうという傾向が生じる」（ハーグリーブス，1996，235 頁），「教師たちは企画や意思決定やクラス運営に対して，仲間として緊密に連携して取り組んでいる．そこでは，教員全員がある時点でいずれかのチームでリーダーになっている」（ハーグリーブス，1996，241 頁）と説明されている．

18) 真正の学習法（第 3 章の註 13 参照）に基づいて評価を行う．

19) 経営上の用語である．少々のリスクを冒しても，そのリスクへの対応策も念頭に置きながら，積極的に，困難ではあるが重要な課題に挑戦していくという意味である．

20) 小金丸聡子によれば，ヘテラルキーは，「各要素・階層が多重的に，並列的に入れ子構造を取るネットワークを指す．ヘテラルキーは時に，ヒエラルキー的階層構造をもつが，それら階層は固定的でなく柔軟に入れ替わるような特性を持つ」（小金丸，2021，327 頁）と説明している．学校の教職員組織で多数の委員会があり，ある教員は，ある委員会では委員長であり，ある委員会では委員である，このような組織をイメージすればよいと考える．

21) 近年の分散型リーダーシップについて，露口健司は参照文献として，Leithwood & Mascall (2008); Spillane (2006) を挙げて，「教育長・事務局職員・校長・教員・保護者・地域住民らのリーダーシップ共有やリーダーシップ総量が，学力水準の向上に貢献しているとする視座が提起できる．分散型リーダーシップ論では，価値や目標の『共有』や権限委譲に伴い必要となる『人材育成』の視点が強調される」（露口，2021a，51 頁）としている．

22) アメリカ合衆国憲法の修正条項（amendment）のうち，第 1 条から第 10 条までの条項が「権利章典」と呼ばれており，市民の基本的人権を定めている．そのうち修正第 1 条が特に重要であると考えるが，それによれば，信教，言論・集会の自由，請願権が保障されている．

23) 「INTASC という思慮深い同僚たちの業績」とは，1992 年に策定された州間新任

教師評価支援協議会（INTASC）の 10 の原理（Principles）を示している．INTASC の 10 の原理は，それぞれ「知識（knowledge）」，「行動（performance）」，「性向（disposition）」の 3 要素の下部構造で構成されており，「基準」はこの様式を取り入れているのである．10 の原理の要点は以下の通りである．1）教科内容を意味あるものにする，2）子どもの発達と学習理論，3）子どもの多様化に応じた学習スタイルの理解，4）教授戦略と問題解決，5）意識付けと行動に関する理解，6）効果的なコミュニケーションに関する知識，7）教授計画，8）評価，9）専門職としての成長と省察，10）良好な人間関係の構築．

24) マルザーノの学習の次元（Marzano, 1992）においては，次元 1 は「学習についての積極的な態度と知覚」（pp. 3-4），次元 2 は「知識の獲得と統合に関与する思考」（pp. 5-9），次元 3 は「知識の拡張と洗練に関与する思考」（pp. 9-11），次元 4 は「知識の有意味な使用に関与する思考」（pp. 11-13），そして次元 5 が「生産的な精神の習慣」である．

25) 「組織」とは現実に存在し，容易には変化することのないものであるという機能主義的な考え方である．

26) Cason らは，「『権利章典』の中の諸原理」を民主主義的コミュニティに分類しているが，筆者は社会正義の中に分類すべきものと考えている．マーフィーは，「社会正義」が意味するものは，法や制度に基づく有形無形の分配であり，公平である（Murphy, 2003, pp. 14-15）と述べていることから，法的な平等について述べた『権利章典』は社会正義に分類すべきと考えるからである．

27) Academic press の定訳はないと考えられる．学習へ向かわせるために背中を押すという意味合いで使われていることから，「学習への圧力」と訳した．今後適切な訳語を見出さねばならないと考えている．この概念については，第 6 章で考察する．

28) CCSSO（1987b; 1988）が「リスクのある生徒」の問題解決に対する立法を検討しなければならないと論じていたことは既述の通りである．

29) リベラル・コミュニタリアン論争とは，マイケル・サンデル（Sandel, M. J.）をはじめとするコミュニタリアンがジョン・ロールズ（Rawles, J.）に対して，その「負荷なき自我」を前提とした「正義の優位性」や「正の善に対する優位性」という主張に批判を加えたもので，これに対しロールズも一定の譲歩を行ったとされる（宇野，2013，89-90 頁）論争である．

30) NCATE は，佐藤仁（2010）によれば次のような組織であり，「基準」が NCATE と提携した意味は大きいと考えられる．「大学における教師教育プログラムに対して資格認定（Accreditation）を実施する全米組織である．NCATE は，教員団体，教師教育者団体，教科教育団体，そして地方または州の政策策定者団体等，33 の団体

から構成されている．2009 年 5 月現在，資格認定を受けた大学は 659，申請している大学は 36 となっている．またニューハンプシャー州及びバーモント州を除いたすべての州と協定を結んでおり，州の課程認定と NCATE の資格認定の協働が進められている」（佐藤，2010，145 頁）．

31）　SLLA は 1997 年，ISLLC と「教育テストサービス（Educational Testing Service：ETS）」との共同で開発された．目的は，受験者の仕事の経験に基づく問題解決力など実践現場に関連させて，状況に応じて力を発揮できるコンピテンシーを測ることにある．「基準」の 6 基準に示された知識，性向，行動が理解され，身に付いているかどうかを測ることがテストの根底にある（Educational Testing Service, 2005, pp. 1-23）．詳細は本節の 2.（2）で述べる．

32）　CPSEL の全訳および解題は，牛渡（2006）の労作があるので参照されたい．

33）　http://www.eastconn.org/CAT.htm を参照．（2024/9/24 最終アクセス）

34）　PDCA サイクルで並べ替えるという方法は，レイスウッドとダニエル・デューク（Duke, D. L.）が，コネチカット州の管理職基準を分析する中で，時間軸の分析を取り入れている（Leithwood & Duke, 1998）ことから，PDCA サイクルによる分析も考えられると着想した．

35）　http://www.nasbe.org/leadership/information-by-state/massachusetts/standards-for-schoolleaders. および，http://www.doe.mass.edu/boe/does/1008/item6.html. 参照．（2024/09/25 最終アクセス）

36）　4 団体は AASA，CCSSO，AACTE，ASCD，である．

37）　佐藤仁によれば，アクレディテーションとは，「ボランタリーな団体がその団体自身の持つ基準に照らして，一定の水準を満たしている教育機関を認定するというシステムである．アクレディテーションは，教育養成分野に限らず，高等教育全体または様々な専門職分野における全米レベルの質保証という意味で大きな役割を担っており，第三者評価システムの一形態として，わが国でも広く認知されている」（佐藤，2012，3 頁）とされる．

38）　失敗を経験しながらその失敗を生かしていくという指導法．

39）　大竹晋吾が入手した資料（ISLLC, 1999, *Work in Progress*, 14（1），ISLLC-Newsletter）に基づいて整理されたものであり，それを引用させていただいた．

40）　10 件のうち，既述のものは，Edmonds（1979），Weber（1971）が含まれ，マーフィー自身のものも 3 件あるが，8 件はいずれも参照が困難であったため参照文献に挙げていない．

41）　「効果のある学校」研究全体では多数存在するが，ここでは「効果のある学校」研究のうち，「学校の効果」研究のみについて述べているものと考えられる．マーフィ

第4章 『学校管理職の基準』の作成 259

　　ーが言うところの「五指」か「十指」に当たる論文の明細は示されていない.

42) 「性向」という用語の本来の意味とは違った意味で使用しているという意味である.

43) マイノリティや低所得層の子どもたちへの差別的な扱いを指すものと考えられる.

44) 「道義が捻じ曲げられてきた」1つの証拠として,後述することになる「欠損思考（deficit thinking）」のことを述べているものと考えられる.

第 III 部

校長の専門職基準

　「基準」が作成された 1996 年頃は，スタンダードとテストによるアカウンタビリティ政策の全米での実施が拡大していた時であった．アカウンタビリティ制度の利点や欠点について多くの議論が行われているが，アカウンタビリティ制度の運用を通じて示された，誰でも見られる実証的なデータが人種や社会階級の不公平をあからさまにし，またテストで良い点を取る子とそうでない子の存在が事実として明らかになってきた．今まで，研究者や，政治家や，企業経営者たちによって分析され，対策が求められてきた「リスクのある生徒」の抱える問題や，教師など実践家の間で信じられてきたとされる，できない子はもともとできないのだという欠損思考（deficit thinking）の問題などが，多くの人々の目の前へ，議論すべき問題として示されてきたといえるだろう．社会正義の議論がそこまで高まってきたと考えている．

　このような社会正義に関わる問題は，2002 年に NCLB 法が制定され，徹底したアカウンタビリティが求められるようになって頂点に達したと考えられ，社会正義を重視する人たちと，反対の立場をとる人たちとの「全面戦争」ともいわれる闘争が展開された．

　第 III 部の第 5 章では，1990 年代後半から NCLB 法の改定にいたるまでの約 10 年を，社会正義に関連する諸観点から考察し，その上で「基準」が「2008 年基準」に改訂される経緯を把握しようとするものである．

　第 6 章では，第 44 代大統領バラク・オバマの下で展開さ

れる新しい政策のもとで,「2008年基準」が再改訂され,専門職による専門職のための「専門職基準」として作成されていく背景と経緯を分析する.これは「専門職基準」への改訂過程の分析によって,リーダーシップ像がどのように変化していくのかを明らかにしようとするものである.

「専門職基準」は現代におけるリーダーシップ像の1つの到達点であると考えており,何が今までのリーダーシップと異なるのか,新しいリーダーシップの内容と意義を考察しようとするものである.

第5章 アカウンタビリティと社会正義の相剋
── 「基準」の改訂へ

　第II部で議論してきた「基準」は2008年に改訂され，「教育上のリーダーシップ政策基準：ISLLC 2008（Educational Leadership Policy Standards: ISLLC 2008)」（CCSSO, 2008a）（以下，「2008年基準」と称す）が公表されることになるが，本章はその作成過程を，主としてアカウンタビリティと社会正義の相剋として捉え，考察するものである．

　前述のように，1990年代の後半から，社会正義に関する議論が高まってきていた．本章では，まず，NCLB法が成立するまでの時代において，子どもたちの学業成績に対するアカウンタビリティが厳格に求められ，その結果として不利な立場にいる子どもたちの問題が浮き彫りとなり，社会正義を求める声がより高まっていった背景を理解する．次にNCLB法の分析を通じてアカウンタビリティの強化と，それに対抗するように社会正義論が高まる状況を把握し，それらの議論に影響を受けながら「2008年基準」が制定されるに至る経緯を明らかにしようとするものである．

第1節 アカウンタビリティ政策の展開と社会正義

　本節では，NCLB法制定前の，1990年代後半のアカウンタビリティ政策を把握しておく．

1. 政策の拡大

　1983年の『危機に立つ国家』で，連邦政府は教育面で州に対するリーダーのリーダーという存在となったことは第I部で考察した通りである．それでも第40代大統領ロナルド・レーガンの統治下では，連邦の教育関係予算は9%

から 6.5％ に減少しており，連邦が教育を主導するという大統領の方針は無かった（Kaestle, 2007, p. 29）．

　1989 年の教育サミットで学業成績の国家目標を立てること，アメリカの教育の徹底的な改革を行うことが合意され，ここから教育改革は，結果に対するアカウンタビリティにウエイトを置くようになる．1983 年の『危機に立つ国家』では，連邦は州政府主導による改革の全国化を促進することだけを唱導していた．その後，連邦補助金を梃子として州政府による改革を連邦が支援する方針へと転換するようになり，さらに下記の 2 つの法律の制定で，連邦主導のアカウンタビリティ政策の実行を強制するようになっていった．

　教育サミットを呼びかけた第 41 代大統領ジョージ・H・W・ブッシュはアカウンタビリティを法制化できなかったが，次の第 42 代大統領ビル・クリントンによって，2 つの法律でアカウンタビリティは法制化された．1 つは「2000 年の目標——アメリカを教育する法（Educate America Act: Goals 2000）」で，すべての生徒は，英語，数学，科学，外国語，公民，経済，芸術，歴史や地理をふくむ発展的な課題に対して能力を見せるまで 12 学年のまま留まる，という項目など計 8 項目の国家目標をたて，それをもとに各州には教育内容スタンダードおよび学力評価スタンダードの設定を求め，連邦がその設定に必要となる資金を援助するという内容である．もう 1 つは，初等中等教育法（ESEA）を改正する形で「アメリカ学校改善法（Imporving America's Schools Act: IASA）」が成立する．この法律は，教育的に不利な状況におかれた子どもにもそれ以外の子どもと同じ教育内容基準を適用し，それが実現できるような結果の平等の学校改革を求めたものである．

　まず，「アカウンタビリティ」とは何かを理解することから始めたい．カリフォルニア州のアカウンタビリティ制度を事例として取り上げ，それを概観しておく．カリフォルニア州を取り上げる理由は，次の通りである．第 1 に，同州のアカウンタビリティ制度が制定されたのは 1999 年で，第 4 章で考察済みの 2003 年に導入された「教育上のリーダー専門職基準：CPSEL」はこのアカウンタビリティをベースにしていると考えられることから，アカウンタビリティ政策を教育上のリーダーの専門職基準と関連付けて考察できると考えるからである．第 2 に，このアカウンタビリティ制度は，NCLB 法が制定された後

第 5 章　アカウンタビリティと社会正義の相剋　　265

も修正されていないことから，NCLB 法によって連邦が求めるアカウンタビ
リティにも抵触しない制度であったと考えられ，2002 年前後の州のアカウン
タビリティ制度を考察する事例に適していると考えるからである．

2.　アカウンタビリティ制度の事例（カリフォルニア州）

　1990 年代後半にはほとんどの州が，生徒の学習と評価に関する新しいスタ
ンダードと，学校の学習の改善状況に焦点を当てたアカウンタビリティシステ
ムの開発を行っていた．カリフォルニア州においても結果に基づくアカウンタ
ビリティシステムの構築に取り組み，その内容が州のあらゆる教育改革に浸透
していくことになった．

　1999 年に公立学校アカウンタビリティ法（Public School Accountability Act:
PSAA）（Education Code 52052-52055）[1]が施行され，すべての学校に学業上の進
捗に対する説明責任が課せられるようになった．PSAA のもとでは，個々の
生徒や，学区が対象となるのではなく，学校が評価対象の一単位となっている．
校長は学校経営の責任者となり，結果責任をとって交代させられることもあっ
た．例えば，2000 年頃のカリフォルニア州サンディエゴ市で行われた改革を
述べているラビッチによれば，アカウンタビリティを厳格に運用し，トップダ
ウンの教育政策を遂行したアラン・バーシン（Bersin, A.）教育長の下で，「成
果を上げることのできない」リーダーだとして校長 13 名と校長補佐 2 名が降
格された（ラビッチ，2013，68 頁）．

　PSAA のメカニズムは以下の通りである

　（1）州教育長（Superintendent of Public Instruction）が学業成績指標
（Academic Performance Index）（以下，API と称す）を提案し，州教育省が
認可する．API に含まれる評価項目はカリフォルニア州条例 Code 60603 に規
定されているが，その項目には各種学力テストの結果，出席率，校内の全教員
数に占める有資格教員の割合などが含まれ，そのうち学力テストの結果が評価
ウエイトの 60％ を占める．テストは，カリフォルニア州スタンダードテスト
（California Standard Test），標準学力テスト（Norm-referenced Test），およ
び，カリフォルニア州高校卒業試験（California High School Exit Examina-
tion）の 3 種類から構成されている．学力テストの対象となる主たる項目は以

下の通りである.

＊基本的な学習上の技能（basic academic skills）知識の総合力（synthesis）や適応力（application）を含む，より複雑な知的能力の基礎として必要とされる，読み，つづり方，文章表現，数学における技能である.

＊応用的な学習上の技能

問題解決やコミュニケーションに必要な学問的な知識や技能を適応する能力や問いに答える文章作成，実験の実施，図形や模型の作成などが含まれる. ただし，個人の行動態度や技能，例えば正直であること，社会性，倫理，自尊心などを含めなくてもよい. つまり，計測できない要素はテストの対象としないという意味である. また出席率や卒業率もカウントされない[2].

(2) 学校アカウンタビリティ報告カードによる報告義務.

学校の業績を報告するカードの作成・提出・公開が義務付けられている. 学校は学区へ，学区は州へ，州は連邦へ報告することになっている.

(3) 制裁措置：即時介入プログラム（Immediate Intervention/Underperforming School Program: II/USP）. API の各種の指標にしたがって学校が評価される. API は項目によって異なるが，各項目ごとに 5% 以上の改善目標を持つ. 毎年の評価で，改善目標の 50% 以下しか達成できなかった学校は以下①〜④のプロセスを経て，II/USP に参加するよう求められる.

① 学区教育委員会によって外部評価者と学校コミュニティチームが任命される.

② 外部評価者とコミュニティチームが法令にしたがったプロセスで評価を行う.

③ II/USP への参加が適当であると判断された学校では，外部評価者とコミュニティチームが連携し，学力成果を示せない原因を調査する.

④ 学校は調査に基づいた学力改善についての提言を行い，改善活動計画を作成し，州教育省の認可を受ける. 認可を受ければ在校生一人当たり 200 ドルの奨学金を受ける. 改善計画認可後 12 か月以内に改善されない場合は，教職員を入れ替えるほか，協議のうえ必要な改善措置がとられる. その後 24 か月でまだ計画を達成できない場合は，学校が教育長の管理下に置かれ

る．場合によっては校長交代のような制裁が行われ，さらに次のいずれか1つが実施される．

- ・すべての生徒は他の公立学校へ転校することができる．
- ・学校をチャータースクールへ転換することができる．
- ・学校の経営をその他の教育機関へ移管する．
- ・新しい労働契約を締結する．

(4) 褒賞制度．

年間改善率の高い学校の校長には，成果に応じた金額のボーナスが支給され，教職員に対しても1000名までが25,000ドル，次の3750名までが10,000ドル，その次の7500名までが5,000ドルのボーナスを受け取る．

(5) アカウンタビリティシステムの校長への影響．

① 義務責任体制　学校アカウンタビリティ報告カードの提出システムで見る限り，アカウンタビリティの責任体制は，連邦から学校まで「主人―代理人」の連鎖となっている．すなわち，学校は学区に対してアカウンタビリティがあり，学区は州に対して，州は連邦に対してアカウンタビリティがある．学校およびその教職員に制裁を加え，褒賞を与えるのは学区である．地域住民（納税者）は，学区から公開資料として報告を受ける立場にあり，その意味で学校を（II/USPを通じて）側面から監視する立場にある．一方，学区と州，州と連邦との「主人―代理人」関係は，それぞれ補助金の授受関係としてつながっている．

学校内の責任分担については，校長は②で述べるように最も大きな責任を分担するが，褒賞制度から推測されるように教師も責任を分担するように定められている．

② 校長の責任　葉養正明は，カリフォルニア州ロサンゼルス統一学区のSBM（学校に基礎をおいた教育経営）とアカウンタビリティとの関係を校長の観点から考察して，次のように説明しており，カリフォルニア州におけるアカウンタビリティ制度が校長に与える影響を確認できる．下記に見る限り，マネジメントとしての責務を主とした職務であり，例えば，教授的リーダーシップのような職務は期待されていないように見受けられる．

イ．予算，教職員の選考，教育方法に対する責任が学校に移される．校長は

学校の意思決定者としてその立場が確立され，予算の計画，執行等の権限が付与されている．

ロ．それと引き換えに，校長は，すべての生徒が，目に見えるような学業上の進捗をするように責任を負う．

ハ．学校，校長，教員，地域のディレクター，教育長，中央事務所，教育委員会それぞれに，「明確な」達成基準が設定されており，達成率に応じて褒賞を与えたり，指導を加えたりするシステムが確立されている（葉養，1999，21-25頁）．

　ダーリング＝ハモンドらは，校長には学業上の進捗に関連して2つの大きな困難な課題も課せられていたと指摘している．第1は，進級留め置き（retention）の問題である．APIの進捗状況は校長や教師のボーナスに反映され，校長は最悪のケースには退職の危機も抱えていることから，APIの達成率を上げるために，進級留め置き率を高くしようとする傾向がある．しかし，留め置きは生徒の学力成長に負の要素をもたらすという研究結果もあり，校長はジレンマに陥ることになる．第2は，学びの遅い子どもにどのように対処するかという問題である．限られた予算の中で，すべての子どもの成功を支援するには限界がある（Darling-Hammond & Falk, 1997, pp. 190-199）．

3．アカウンタビリティ・システムに対する批判

　いずれの州においても，子どもたちの学習，ひいては子どもたちの人生にアカウンタビリティ・システムが与える負の影響に対して以下3つの批判が高まっていたと考えられる．

　第1の批判は，アカウンタビリティの基礎となる試験，あるいは試験の実施方法に関する批判である．試験は多くの州で多肢選択方式の業者テストが採用されている．これでは素晴らしい授業実践や挑戦的な学習による成果を，自由記載方式のように把握することができない．教師たちは試験に対応した狭い範囲の特定の知識に焦点をおき，テストの点数を上げることに集中することになる可能性がある（マーネン，2001，205頁；Fuhrman, 2003, p. 11）．

　第2の批判は，試験が新たな不平等を作り出す可能性があるという，事例に

基づく批判である（McNeil, 2000, pp. 251-264）．例えばテキサス州の場合，テキサス学力評価（Texas Assessment of Academic Skills）（以下，TAAS と称す）と呼ばれる試験の成績を唯一の指標としている．この場合，試験は「誰もが同じように（sameness）」受けられるように配慮してレベルが高すぎないような基礎的な内容のものとなる．成績の悪い学校（多くはマイノリティが多い学校や貧困層の地域の学校）では，低く設定された学習レベルで高得点を取ることが目標となり，基礎的な知識を詰め込むようになる．一方，成績の高い学校では，TAAS のために時間を費やすことなくレベルの高いカリキュラムを学ぶことができる．その結果として TAAS は構造的に格差の拡大を生み，不平等となる，という指摘である．日本教育経営学会紀要に掲載されたハーバード大学のリチャード・マーネン（Murnane, R.）の論文によれば，テキサス州では黒人とヒスパニック系の生徒のドロップアウト率が目立つ現象になっているという研究者の意見を紹介している（マーネン，2001, 204 頁）．ただしマーネンは批判だけではなく，これらの問題点を改善しようとし，成果を上げているケンタッキー州の事例も紹介している．マーネンによれば，同州では，スタンダードに基づく試験の結果から，児童・生徒のスキルを評価する目標と方法を徹底的に学び，その結果学力が著しく向上した（マーネン，2001, 206-207 頁）と報告されている．

　アカウンタビリティに対する評価には多様な見方があることを忘れてはならないだろう．例えば，ダーリング＝ハモンドらのように，「施策の運営の仕方によって，教育をより希望の高いものにし（ambitious），すべての生徒の成功を高いレベルにすることができる」（Darling-Hammond & Falk, 1997, p. 190）という考え方や，エルモアのように，「強力な内部アカウンタビリティを有する学校，つまり組織の構成員のなかで，彼らの仕事を形成する規範，価値，期待について高度な水準で一致している学校は，外部アカウンタビリティの圧力の下でもより効果的に機能する」（エルモア，2006, 142 頁），という考え方もある．また，黒崎勲は，アカウンタビリティ政策は，「日本の教育政策に即してよく批判してきたような国家主義・国家の教育統制といったイメージで単純には捉えることはできない」とし，それらの政策は「国家主義の提唱と言うよりも，これまで専門職主義の名の下で教育関係者の自由にゆだねられてきた教育シス

テムの有効性を疑い，これに対して厳しく責任（アカウンタビリティ）を問う声が広がってきたということはできないか」（黒崎，1996，117頁）という観点を提示している.

第3の批判は，2大教員組合の1つであるNEAの会長としての見識を示しているフットレルの批判である．それは，教育の目的は何かという基本的な問題提起である．フットレルによれば，そもそもアカウンタビリティ政策は，経済不況を背景として作成された『危機に立つ国家』の発表時よりもさらに悪化したアメリカ経済に焦点を当てたものである．そのため「国家利益」がアカウンタビリティ政策を正当化し，アメリカのビジネスや産業で働く力のある卒業生を作り出し，国家経済の優位性を再確保することを政策の目的としている．最近では，「知識は商品である」，「教育は産業である」，「学習は資産である」，「研究は企業である」，といわれることがごく普通になった．そのような考え方のもとで学んだ若者は，スキルがあるが教養がなく（uneducated），例えばアウシュビッツや広島の名を聞いても無反応である．NEAでは教育の目的を再検討する必要性を強く感じている，とフットレルは指摘する．結論としてフットレルは次の4つの改革を訴えた．第1は，民主主義と草の根からの改革を理想として，現場からの教育の更新と改善を図るように組織化された学校へ立ち戻ることを要求する．第2は，教育の目的は狭小化されることなく，経済的な力によって決定されることのない，真正な教育の目的と，道具的な目的を兼ね備えたものでなければならないと考える．第3は，学校は卓越性と平等の両方を提供できなければならない．第4は，すべての生徒が，人種・性別・社会経済での階級に関係なく，彼らの持てる潜在的才能を全開させるような学校を理想とする（Futrell, 1989, pp. 12-14）.

「基準」は，その執筆者であるマーフィーが述べているところによれば，「学校管理職に求められる職務の背景にある企業中心のイデオロギーを押しのけ，学校組織の価値目的（value ends）に焦点を当てて」（Murphy, 2002, p. xi）作成されたものである．これはフットレルの考え方と軌を一にしているといえる.

4. アカウンタビリティを前向きに捉える実践の出現

前項でアカウンタビリティに対する厳しい批判を考察したが，次に実践の状

況を分析した研究を見ておこう．特に，アカウンタビリティと社会正義や公平性がどのような関係性をもって実践されているのかを見ておきたい．この問題は研究者の間で関心が高いと考えられ，2001 年のアメリカ教育学会（AERA）で，7 州において実施された 7 件の調査研究[3]が発表されている．

それらの研究の調査結果は，いずれの州においても社会正義や公平性に対する関心は低いが，アカウンタビリティ政策との関連で，社会正義や公平性の問題を消極的ながら考慮に入れようとする教育現場が存在することを明らかにした．

本項では，7 件の論文のうち，2 件の論文を取り上げ，程度や方法は異なるものの社会正義や公平性を前向きに受け入れているノースカロライナ州，テキサス州の実践状況を考察する．

（1）　ノースカロライナ州の事例

キャサリン・マーシャル（Marshall, C.）とマーサ・マッカーシー（McCarthy, M. M.）が実施したノースカロライナ州に関する研究を取り上げる．彼女らによれば，「ノースカロライナ州は，『基準』の作成に中心的な役割を果たした」（Marshall & McCarthy, 2002, p. 485）とされており，同州では「基準」に連動する 10 基準を持った州の管理職基準が作成され，実施されている．したがって，「基準」に含意されているとされる社会正義（Murphy, 2003, pp. 13-14）は十分理解されていると考え，同州では社会正義がどのように実践されているのかを検討する好対象になると彼女らは考えた．

ノースカロライナ州における調査項目は次の 2 項目（Marshall & McCarthy, 2002, pp. 482-483）であり，政治家や教育長や校長など専門職に対して調査が行われた．

1．州は校長や教育長の養成や免許条件の改善に対していかなる戦略を持っ
　　ているか．「基準」は州の政策決定にいかなる影響を及ぼしたか．

2．州の基準および「基準」は社会正義に関して何を語るべきと考えているか．具体的には，免許条件を改善するための戦略として，a）女性やマイノリティの数を増やしたか，b）管理者たちを，より民主主義的で，コミュニティの周縁化されたグループに対してインクルーシブを重視するものにしたか，c）ケアリング関係や，教職員および子どもたちに対する権限

付与を促進するリーダーシップを作ったか，d）社会正義に関連する政治的関心事は何か.

　なお，マーシャルらの研究では，「社会正義」が多様な概念を持つことから，調査書に調査者が考える「社会正義」の定義を示すことなく，被調査者の考えを引き出そうとしたとされる（Marshall & McCarthy, 2002, p. 483）．その結果，回答者は「社会正義」を「公平性の問題」として回答していることが以下の調査結果から理解できる.

　Marshall & McCarthy（2002）の調査結果は以下の通りである.

　政治家の発言から，1990 年代初期では，教育にはクオリティに重点が置かれ，社会正義や公平性問題は教育のクオリティの価値を損なわない程度の話題にしかなっていないことがわかった．政治家の希望は学校経営に対するコントロールの強化であり，テストで高い成果を上げるように学校に指示することであり，公平性問題については，学業成績の向上に付随して解決に向かうのであればそれに越したことはないという消極的な考え方であった．この考え方をもとに，学校管理職と学校コミュニティとの協働を促進する施策がとられていた.

　州の管理者基準の作成に携わった人の発言から，公平性への関心もあったが，公平性は卓越性よりも優先度の低い概念であると理解されており，州の管理職基準の「ビジョン」項目に「卓越性と公平性」が含まれておれば十分であり，社会正義[4]，ケアリングなどの概念が含まれてはいても，それらは重要と見なされず，形式的なものとして捉えられていることが観察された．また周縁化された人々，女性やマイノリティに関連する質問に対する回答にも消極的態度が見られた.

　特に女性とマイノリティに対する公平性問題については，議論がほとんどかみ合わず，次のように答える人もいた．「専門職として多様性には関心があるが，重要なことは対象者に支援を行う条件に該当する能力があるかどうかである」（Marshall & McCarthy, 2002, p. 488），ということであり，実態的には公平性よりも卓越性が重視されていたことが見て取れる．以上の結果から，教育行政や教育政策に携わっている専門家たちは総じて，公平性や社会正義の問題に消極的な態度であったことが理解される.

　しかし，2000 年前後に考え方の方略的転換が起こり始めていたことも考察

されている．回答者によれば，アカウンタビリティを強化すれば，公平性問題にも対応できると発想されるようになっていたとされる．例えば，次のような発言がある．「特別支援を必要とする子どもの評価と支援，教室人数の縮小，低成果の学校への制裁，低所得地域への補助金，不公正に対応するなどのために連邦資金を活用できるような政策を強化することによって，公平性問題にも対応することができる」（Marshall & McCarthy, 2002, pp. 487-489）．このような考え方によって，学業格差解消というような公平性に関わる問題は，それを政策上の課題として連邦資金を引き出す時に利用すればよいと考えられるようになり，その意味からアカウンタビリティの枠の中で公平性が語られるようになった（Marshall & McCarthy, 2002, p. 489）．

　この論理に基づいて学業格差というような公平性の問題が取り上げられることによって，かえって個々人の不平等な扱いを問題にする社会正義の問題は，実質上はるか遠くに取り残されることとなったとマーシャルらは結論付けている（Marshall & McCarthy, 2002, p. 489）．

（2）　テキサス州での事例研究

　ノースカロライナ州の調査の結果として，アカウンタビリティ施策が公平性の改善に間接的に役立っているという教育関係者たちの証言が示されたが，テキサス州でも同じ調査結果が示されている．リンダ・スカーラ（Skrla, L.）らの調査研究によるものである．テキサス学力評価（TAAS）の 1994 年から 2000 年の結果によれば，全体としても，また人種別や経済的に不利な子どもの小分類においても，読み，書き，算数で急改善していることが見て取れる（Skrla et al., 2001, p. 251）．問題はその成績と公平性との関係である．数件記録されているインタビュー内容のうち，スカーラらは以下の，ある教育委員会メンバーの証言を引用している．

　　アカウンタビリティ・システムはすべての生徒への期待をもたらしたと思う．その期待やその枠組みがなければ，今でも子どもたちが割れ目に落ち込んでいたかもしれない．子どもたちは学べなかったり，こうするものだと思うようにはしなかったりして割れ目に落ち込んでいた．（中略）以前から教師たちは極めてしっかり教えていたし，今も教えている．しかし，それだけしっかり教えている結果を測ったり決めたりする

方法がなかった．時には横にずれたり，同じことを繰り返したり，効果的でなかったりした．しかし今はシステムがすべての生徒の成長枠組みを示してくれる．したがって，教師はすべての一人ひとりの子どもに対して責任を持てる．それがシステムの重要な部分だ．われわれは一人の子どもも失敗させてはいけないし，どこでこのシステムから落ちこぼれるかを知ることができる．もしも TAAS テストに子どもたちを傷つける要素があるとしても，その欠点はより大きな善きものによって償うことができる（Skrla et al., 2001, p. 237）．

　スカーラらは，結論として，アカウンタビリティの支持者と公平性の唱導者の間の利害が一致した可能性があると述べている．すなわち，テキサスの州レベル，学区レベルの証拠が示しているところであるが，アカウンタビリティ手法を注意深く運用することによって教育上の公平性のテコ入れが可能となると考えられていた（Skrla et al., 2001, p. 237）．ここでいう「注意深い運用」とは，テストとアカウンタビリティの守護者または批判者として肯定または否定したり，孤立化あるいは全体に同調する立場をとるのではなく，つまりそれらの問題に取り組むことに抵抗したり，その役回りを与えられることを避けたりするような態度を取るのでもなく，それに代わって，これらの問題の可能性と危険度を用心深く見守る姿勢を意味している（Skrla et al., 2001, p. 255）とスカーラらは把握しているのである．

　スカーラらは，アカウンタビリティ施策が公平性の改善に役立っているという議論に手放しでは賛同していないが，今のところは（2001 年当時）アカウンタビリティが公平性を高めている可能性は否定できないと結論付けている．

(3) アカウンタビリティの異なる役割の可能性

　リンダ・スカーラは上記と同じ 2001 年に，今度はジェームス・シューリッヒ（Scheurich, J. J.）と組んで論文を発表し，アカウンタビリティが「欠損思考[5]（deficit thinking）」（以下，DT と称す）を解決する役割の可能性を論じている（Skrla & Scheurich, 2001）．

　スカーラとシューリッヒは，リチャード・バレンシア（Valencia, R.）の，低所得や有色人種の多くの子どもたちの間で頻出する学校での失敗の説明として，教育者たちの間に存在する支配的なパラダイムとしての DT に関する論

第5章　アカウンタビリティと社会正義の相剋　　　275

文，Valencia（1997）を取り上げている．バレンシアによれば，DTパラダイム
は学校で失敗する生徒たちには内在的（認知的および，または動機的）欠損や，
不足があるからであると説明する（Valencia 1997）．教育者たちは，貧困や労働
者階級とその家族（典型的には有色人種）が学校の失敗の主たる原因であると
見なし，彼らには「リスクがある」という概念を使って，自分の立場を守ろう
とする．そこでは要因と結果が循環しており，教育者たちは，まず有色者や貧
困者の子どもたちには欠損（deficit）があると説明し，次に，その欠損が家族
の知的限界や機能不全のような要因からきていると説明し，さらに，この欠損
は永続するもので蓄積すると予想する，そして最後に，その欠損を補うために
教育的な介入の処方箋を出す（Valencia, 1997, p. 7）とスカーラらは理解している
（Skrla & Scheurich, 2001, p. 236）．

　スカーラとシューリッヒによれば，これまで本書で議論してきた「すべての
生徒が学べる」という言葉とは裏腹に，DTが教育上の思考や実践に深く影響
を及ぼしており，有色人種や貧困家庭の子どもたちの学習可能性を否定する
DTパラダイムが支配的になっていた（Skrla & Scheurich, 2001, p. 236）．その結果，
各地の学区の教育長（白人が95％，男性が87％を占める）は，口では「すべ
ての生徒が学べる」と言ってはいるものの，自分の学区ですべての生徒を教育
できるとは，「心底，そんなことはあり得ない」と考えていた（Skrla &
Scheurich, 2001, p. 237）とされる．「効果のある学校」研究で著名なロナルド・エ
ドモンズ（Edmonds, R.）の研究で示された有色人種などの子どもの顕著な成
果は，教育長たちにとっては「奇跡」であり，特別で英雄的な校長がなしえた
ことだと捉えられていたとスカーラとシューリッヒは分析している（Skrla &
Scheurich, 2001, pp. 227-238）．

　しかし，スカーラとシューリッヒによれば，高度に安定的なアカウンタビリ
ティ・システムが開発され，ニューヨーク州，ノースカロライナ州，テキサス
州などで有色人種や貧困家庭の子どもの学問的な成功事例が次々と紹介される
ようになり，DTパラダイムは崩れようとしているとされる．スカーラとシュ
ーリッヒはテキサス州において，アカウンタビリティがDTパラダイムにい
かなる影響を与えたかを検証する質的調査を行った．調査は6名の研究者チー
ムがテキサス州の約200名の学区教育長をインタビューしたものである．その

結果として，下記の5つの形態でアカウンタビリティがDTパラダイムを取り崩しているとされる（Skrla & Scheurich, 2004, pp. 243-256）.

第1は，アカウンタビリティが教育上の不公平を目に見えるものにしたことである.

アカウンタビリティによって示された誰でも見られる実証的なデータが人種や社会階級の不公平を明るみに出し，教育長たちは実態を直視せざるを得なくなった．教育長たちは，人種や貧困の問題を抱える生徒たちの成績問題の改善に取り組まざるを得なくなったのである．こうしてDTパラダイムは崩れ始めたと考えられる（Skrla & Scheurich, 2001, pp. 243-247）.

第2は，アカウンタビリティが学区の教育長の身分上のリスクを軽減したことである.

学業格差の不公平を最初に問題にしたのは，多様な階層の人たちからなる教育委員会のメンバーで，彼らは，その問題に取り組むことの困難さを理解しなかったがゆえに，躊躇なく学区教育長や学校管理者たちを批判してくる，と教育長たちは考えてきた．しかしある学区教育長が言うように，州がアカウンタビリティ制度を導入した結果，「問題に取り組む責任は州政府のリーダーシップに替わった．アカウンタビリティ体制下では州政府が資金と権限を持っているから，彼らにこの問題と取り組むことが期待されている」と考えるようになったのである．学区教育長たちは，自らの立場を危うくするリスクがなくなったので，DTパラダイムは間違っていると指摘し，その問題に取り組むことが可能になったと考えられる（Skrla & Scheurich, 2001, pp. 247-249）.

第3は，アカウンタビリティが，学区教育長に成功事例を探すことを求めたことである.

州は，学区教育長に成功事例を学ぶように要請してきた．これまですべての生徒が成功するように学べる環境作りを学ぶことなく，またそれに成功してこなかった教育長たちが初めて成功する学区作りを学び始めたのである．当然の結果としてDTパラダイムは崩れていった（Skrla & Scheurich, 2001, pp. 249-251）.

第4は，アカウンタビリティによって，DTの存在を認めないリーダーシップが求められたことである．ただし，DTを信じる考え方がなくなったということではないことは，調査でも確認されている．しかし，DTは支配的ではな

くなったのである．学区教育長たちはすべての子どもたちを高いレベルの成功
へと教育する必要性を信念として持ち始め，あらゆる機会に，あらゆる場所で，
強く，繰り返し，その信念を語るようになった．別の学区教育長が言うように，
「私は無視と無学に対する戦いに勝ちたいと思う．なぜなら，それが正しいこ
とであり，私の専門職としての仕事であるから」と考えられるようになってき
た（Skrla & Scheurich, 2001, pp. 251-254）．

第5は，アカウンタビリティがより高い期待を誘導するのに成功したことで
ある．

すべての生徒は学べると気づいた教育者たちは，より高いレベルの成績をめ
ざすようになり，すべての教師が生徒の高いレベルでの成功を唱導し始めたの
である．かくして，学区の教育長たちは，有色人種の人たちや低所得の家庭の
子どもたちが多く存在する学区において，州のテストで測られる範囲の狭い最
低限のカリキュラムを提供するだけではなく，アカウンタビリティ制度を正し
く望ましいものにしようと考えるようになっていた（Skrla & Scheurich, 2001, pp.
254-256）．

この研究の結論として，スカーラとシューリッヒは次のように述べている．
教育長や彼らの学区は，われわれが求める民主主義的な理想（人種，民族，家
庭の言語，文化，社会経済的階層，等々に関係なくすべての生徒が真に高く平
等な成績を達成する）に完全に到達したということではないが，その理想に向
けた極めて重要な一歩を達成したということができる（Skrla & Scheurich, 2001,
pp. 258-259）．

以上，スカーラらの研究を考察してきたが，教育政策がアカウンタビリティ
の強化に向けて進められるのに呼応して，一部の研究者や行政が，アカウンタ
ビリティがDTパラダイムの解消に貢献できる可能性があることを強調する
ことによって，アカウンタビリティ政策を促進する正当性の根拠にしようと発
想の転換を行った可能性も考えられ，この点についてより深い検証が必要にな
ると考える．

またDTを重要視する結果として，貧困や階級などのグループの問題とし
て捉えるDTパラダイムでは把握できない，多様な「リスクのある生徒」の
一人ひとりが抱える問題が，逆に問題として真剣に取り組まれることがなくな

ってくるのではないかと懸念される．そこで，次項で一人ひとりの子どもを問題とする社会正義論の状況を考察する．

5. 社会正義論の教育経営・行政学への挑戦

(1) 2000年前後の社会正義の扱われ方

　前項で述べたように，アカウンタビリティを前向きに評価しようとする傾向が高まる中で，社会正義に対する考え方はどのような状況にあったのだろうか．2002年，UCEAの機関誌で教育経営・行政の専門誌 *Educational Administration Quarterly* の38（2）号は，雑誌としての特集「社会正義と公平性に関わるリーダーシップ論」のための論文を募集した．この特集の責任者にキャサリン・マーシャル（Marshall, C.）が選ばれた．その募集要項は，「教育上のリーダーはその研究能力や，立場，権限を使って，学校のみならず社会においても社会正義のための専門職へと変容するべきであるという前提に立って，社会正義と公平性問題に取り組む活動家としてのリーダーシップの姿勢が求められている」（*Educational Administration Quarterly,* 2002, p. 308）とした．この問題意識に立って，社会正義問題と捉えられる下記の課題に関する議論の募集を発表したのである．①マイノリティの生徒の人生の成果に影響を与える学業格差，②マイノリティや女性が教育長に少ないこと，③解放よりも特権を維持しているカリキュラムや教育学，④不利な立場にある生徒やコミュニティ，ゲイ・レズビアン，障害のある人々，⑤社会正義のためのリーダーシップにおける変化に対する障壁や，促進要因（*Educational Administration Quarterly,* 2002, pp. 308-309）．この募集に応じて，5本の論文が選ばれ，*Educational Administration Quarterly,* 40（1）号が2004年に発行された．

　5本の論文を代表するものとして，2000年前後に社会正義という概念がどのように取り扱われていたかを考察している，マーシャルによる特集の趣旨論文（Marshall, 2004, pp. 5-15）を以下に取り上げる．前項では，アカウンタビリティ制度が公平性の問題を解決するという考え方が出てきたことを述べたことから，少なくない研究者が不正義の問題は解決できると考えていたかのような印象を与える記述をしてきたが，現実は相当異なる状況にあったことが以下で明らかにされる．

第 5 章　アカウンタビリティと社会正義の相剋　　　279

マーシャルによれば，伝統的なリーダーシップ養成の現場では，貧困，移民，女性，ゲイ，あるいは人種，能力，民族，宗教，言語，文化の違いのために，社会的，教育上，あるいは専門職上の不平等を被っていただけでなく，不平等や不正義の問題を扱う教育経営・行政の研究者たちの発言にも制約があったとされ，社会正義が置かれた厳しい状況が以下の 3 点で説明されている（Marshall, 2004, pp. 6-10）．

第 1 は，教育経営・行政学が不平等に対して準備ができていなかったことである．

学校リーダーのための伝統的な政策やリーダーシップの養成，免許付与，採用のプロセスにおいては，不公平に関しては，しるし程度，あるいは試み程度にしか教育されず，それに取り組むことは上層部への挑戦とみられてきた．そのため，貧困，言語，マイノリティ，特別支援，性，人種，性指向などに関連する問題に関して，多くの教育経営・行政の教授陣は，カリキュラムを充足させるだけの専門的知識（社会関係，校長職性，学校財務，学校法，人間関係などの専門的知識）や，資料，戦略，合理性，あるいはスキルを持ち合わせていなかったのである．したがって，それらの教授の下で指導を受けて免許を取得し，教育上のリーダーシップ職に就く人たちは，その基盤となる価値観や批判的思考を欠いており，政策やプログラムに問題が含まれていてもそれを告発することができなかった（Marshall, 2004, pp. 6-8）．

マーシャルは，結論として，人種，性，階級の差別主義や他の正当性のない排除による周縁化に埋め込まれた学校教育を乗り越えていくために，単に耐えるだけではなく，行動する多文化性や多人種性のビジョンを持たねばならないと主張している．しかしマーシャルは同時に，誰がどのような手段で社会正義に向かうことができるのか，と不安をにじませている（Marshall, 2004, p. 8）．

第 2 は，学校の専門職と顧客（生徒，家族）とのミスマッチである．

白人が主流となっている教育長職は，87％ が男性で，白人が 95％ を占めている．1996 年現在，高校の校長は 90.1％ が男性で，91.4％ が白人である．一方，人口推定によれば，2020 年には，有色人種が 46％ を占めると予想されている．マイノリティの校長と生徒とのミスマッチが増大すると予想されるのである．マーシャルは，養成中の管理職たちが，人口構成の激変と増大する顧客

（生徒と家族）とに対応していけるのだろうかと懸念を表明している（Marshall, 2004, p. 9）．

第3は，政策の方向性において社会正義に限界があることである．

2004年に予想される政策のパターンは，子ども，教師，管理者に対して掛け率の高い（high-stakes），すなわち一発勝負のテストの成績に基づくアカウンタビリティが強調され，社会正義に関連する事項は黙らされるか，周縁化されることである．

公平性についてもリップサービス[6]（すなわち，教科書や授業では口にするが，行動はしない）が行われることになるだろう．例えば，州の専門職基準委員会など政策作成者や，教師教育の評価を行っている教師教育大学全国協議会（National Association for College of Teacher Education）などの機関は学校管理者の免許条件を厳しくしようとしており，多くの州が，「基準」や「ELCC基準」を採用している．両基準を採用する根拠は，「基準」には「リーダーシップをより強力に生産的な学校に結び付け，教育上の結果を強める」[7]（Shipman & Murphy, 1999, p. 1）ために開発されたとする「基準」の開発者であるシップマンとマーフィーの記述があるからである．このように学力向上を重視する観点だけを取り上げることによって「基準」が利用され，「基準」に含意され，本来重視されているはずの公平性や社会正義の観点が無関心あるいは無視，軽視されて取り扱われることになるのである（Marshall, 2004, p. 9）．

また「基準」には，「多様なコミュニティの関心事や，倫理性，文化的文脈を理解することなどに対応して学習のビジョンを促進し，助ける」[8]などの言葉も並んでおり，これらの表現を組み込んだSLLA試験が管理職試験に利用されていることで，「公平で注意深く有効な評価で校長の免許付与手続きを行っている」（Educational Testing Service, 1999-2000），と公平性を重視していることが強調されている（Marshall, 2004, p. 9）とマーシャルは述べている[9]．マーシャルは，これは形式的に公平性を標榜しているだけであると感じ，そこに「社会正義の限界（limited social justice）」（Marshall, 2004, p. 9）を感じているものと考えられる．

形式的な公平性を強調する形で基準化が進められることによって，下記6点の影響がもたらされたと先行研究を引用しながらマーシャルは指摘している

（Marshall, 2004, pp. 9-10）．第1は，不公平な実践を排除する方法を常に模索しているリーダーは排除される（Foster, 1986; Miron, 2000）．第2は，リーダーには，多様性や公平性の問題を周縁に追放する技術的・機能的な役割が与えられた（English, 2000a; Marshall, 1999）．第3は，公教育の民主主義や多元主義の根底を忘れたり，無しで済ませようとする政治家の性癖が活かされている．第4は，管理者には他人の声や他人の現実を排除することができるほどの権限があることを認識することなく，管理者に権限委任を行っている（English, 2000a）．第5は，よいスクールリーダー育成のための教育経営・行政プログラムにおけるカリキュラムや，教育の内容を定めていく州の権限が，テスト会社に譲り渡されてしまった．第6は，現存する技術や，実践，および諸価値は引き継がれるが，それらの既存の価値に挑戦しようとする実践，あるいは革新的な実践は，ふるいにかけて取り除かれる（Marshall, 1999）．

　マーシャルは以上の諸議論から，現場の実態と社会正義理論には大きな隔たりがあり，その隔たりを教育経営・行政の学者が埋めていかねばならないと感じた（Marshall, 2004, pp. 9-10）と述べている．

　次に，マーシャルが感じた「隔たり」を「充填する」ために行われていると考えられる社会正義を教える教師教育の展開について見ておきたい．

（2）　社会正義を教える教師教育

　上記のように，社会正義への取り組みは厳しい環境下にあったが，大学における教員養成での社会正義教育は，下記①②③に述べるように着実に展開されてきた．

　①　ツァイヒナーの「社会正義を志向する教育」　ウィスコンシン大学マディソン校でケネス・ツァイヒナー（Zeichner, K.）が行ってきた教員養成プログラムが，上森さくら（2011）によって紹介されている．

　ツァイヒナーは，1996年に「文化的多様性のための教員養成プログラム」の実践に関する研究を発表している（Zeichner, 1996）．その目的をツァイヒナーは，多様な生徒が増加しているにもかかわらず，多様性に対応した教師教育が主流の教師教育から周縁化されていることを問題とし，「すべての教師に文化

的多様性をもった生徒を教える準備をさせることにある」(Zeichner, 1996, p. 133) としている．上森によれば，そのプログラムの内容では，①「大学での，多文化教育の理論に関する学習」，②「教育実践の事例検討」，③「学校やコミュニティでの実地体験」の3つの学びを統合することがめざされた（上森，2011，75-77頁）．

　ツァイヒナーは，1992年秋セメスターでアクションリサーチの方法を指導し，1993年春セメスターでは，実習生に教員養成プログラムを再考するアクションリサーチを行わせ，調査結果の発表を行うことを通じて，社会正義の観点からの授業を実施していた（上森，2011，77-79頁）．その後ツァイヒナーは，「文化的多様性のための教員養成プログラム」から「社会正義を志向する教育」への転換を図っていった．ツァイヒナーはその授業の成果について，『教師教育と社会正義への闘い (Teacher Education and the Struggle for Social Justice)』を上梓してそれまでの実践を振り返っている (Zeichner, 2009)．「文化的多様性のための教員養成」においては，「多様な人々と共生できるように個人の価値観に重点を置くが，社会構造を問題にしない．このような教育は現状の社会を追認するだけの教育になりかねない」とツァイヒナーは危惧した（上森，2010，75頁）．

　ツァイヒナーは，その社会正義論が，「より正義のある社会を作る重要な要素は学校教育とアメリカ教師教育改革における社会改造主義 (social reconstructionism) の伝統の成果」(Zeichner, 2009, p. 16) からきているとしている．それでは，「社会改造主義」は何を意味し，また上記の「文化的多様性のための教員養成」と「社会正義を志向する教師教育」との違いはどこにあるのか，この点については最も適切な比較をしていると考える，上森さくらの説明を引用しておきたい．

　「社会正義を志向する教育」とは，不正義を持続させている社会的構造に注意を払うことを促し，より公平・公正な社会改革を目指す教育である．ここでの社会正義とは，人種，民族，ジェンダー，社会階層などのカテゴリーによって不平等に振り分けられている様々な資源を量的平等になるように振り分けることを目指すのではない．個人が所属するカテゴリーにおいて，一方では能力の発達や発現が抑制される人がいて，他方では促進される人がいる状態を生み出す社会的構造を不正義な社会構造とみなし，

第5章　アカウンタビリティと社会正義の相剋　　　283

それぞれのカテゴリーにおいて，あるグループを抑圧する状態を取り除いた社会を目指すことが，社会正義を追求することである．そのため社会正義を志向する教育では，個人の背景と社会のつながりを批判的に分析し，社会の一員として現在の社会を変革しようとする市民を育てることを強く意識する（上森，2011，74-75頁）．

以上のように，ツァイヒナーの社会正義は，グループよりも個人によりウエイトをおいた社会正義論に立脚しているといえよう．

②　スリーターとグラントの「多文化的社会正義教育」　クリスチン・スリーター（Sleeter, C.）とカール・グラント（Grant, C.）を取り上げる理由は，多文化教育から社会正義教育へと変容し，統合されていく状況を把握することによって，社会正義理論のルーツを明確にするためである．

松尾知明によれば，アメリカの各州における多文化教育の制度化は，1970年代後半から現在までの間に量的にも質的にも大きく進展しているが，その政策は州によって大きく異なり，積極的に多文化教育政策に取り組んでいる州から教育政策の中で優先順位の低い州までさまざまである（松尾，2007，139頁）．松尾は州による動向について，質問紙調査を1992年に行っている．その調査の枠組みとして採用したのが，スリーターとグラントにより分類された5つのアプローチである．以下，松尾（2007）の記述を，アプローチ名，その内容のポイント，そのアプローチを採用している州の，州名とその数を示す形で整理すると次のようになる．

　イ．特別な教育を必要とする子どもならびに，文化的に多様な子どもへの教育アプローチ

　文化的な背景の違い，言語，学習スタイル，障害などを原因として通常の授業についていけない子どもたちのために，過渡的な援助として，バイリンガル教育プログラム，第2言語としての英語プログラム，特殊教育プログラム，補習授業など特別な教育プログラムを提供し，平等な教育の機会を保障しようとする（Sleeter & Grant, 1988, pp. 35-72: 松尾，2007，143頁）．このアプローチは，その目的が主流集団への同化を意図している点で，多文化教育に含めるかどうかについては議論が分かれる，と松尾は評価している（松尾，2007，143頁）．

　松尾は記載していないが，スリーターとグラントによれば，このアプローチ

では，国家の経済成長のみならず個人的成功という観点からも，人材を資本として捉え，教育と訓練による教育が不可欠と考える人的資本論[10]と，障害のない健常者としての「普通の人（normal）」[11]を重視する考え方を取っている（Sleeter & Grant, 1988, pp. 36-37）．そのような人材を育成するためには，家や環境から生じる文化的欠陥（cultural difficulty）から抜け出す施策が必要だと考えられている（Sleeter & Grant, 1988, pp. 37-43）．松尾の調査で，このアプローチをとっているとされる州は，ジョージア州，カンザス州，ルイジアナ州，テキサス州，ニューメキシコ州，ワイオミング州の6州である．（松尾，2007，142頁）．

ロ．人間関係アプローチ

人間関係についての知識や技能，急激に変化する環境へ適応する技能，多様な文化，背景，価値体系を持つ人々の理解，性差別，人種差別，偏見などが人間関係にもたらす影響の理解や処理能力の発達などを促すことを通して，現在の社会構造の枠内で異なる集団の平和的な共存を達成することを目的とする（Sleeter & Grant, 1988, p. 100: 松尾，2007，144頁）．スリーターとグラントによれば，このアプローチは，偏見を生み出し，グループ間の敵愾心を煽る可能性があると多くの心理学者から指摘が出ているとされる（Sleeter & Grant, 1988, pp. 83-85）．松尾の調査で該当している州はノースダコタ州とサウスダコタ州の2州であった（松尾，2007，142頁）．

ハ．単一集団学習アプローチ

教科書やカリキュラムなどで，主流集団であるアングロサクソン系，中流・上流階級，男性の文化に偏向し，多民族，多文化社会の現実を反映していないとされる（Sleeter & Grant, 1988, pp. 104-136: 松尾，2007，145頁）．松尾の調査によれば，このアプローチをとっている州は存在しなかった．

ニ．多文化教育アプローチ

公民権運動が進展し，学校の教科書が批判的に分析され，マイノリティ集団の学力不振の原因が究明されていく中で，1960年代の終わりから現れ始め，70年代に大きく発展したアプローチであった．カリキュラム，指導，評価，課題活動，職員の構成などの学校教育全体を多民族・多文化社会を反映するように改革していくことで，教育機会の平等や文化多元主義を推進していこうと

する考え方である（Sleeter & Grant, 1988, pp. 137-173: 松尾，2007，146-147頁）．松尾の調査によれば，このアプローチをとっているとする州は，ニューヨーク州，カリフォルニア州を含む26州であった（松尾，2007，142頁）．

ホ．多文化的および社会改造主義的教育アプローチ

「多文化的教育」は，教育プログラム全体が多様な集団の文化を反映するように再編成することを意図する表現として主張されている．また「社会改造主義（social reconstructionism）」[12]は，理想的な方向へ社会を変革していこうとする教育の哲学的な立場である．このアプローチは，他のアプローチと比べてより直接的に人種・民族・社会階層・性・障害に基づく社会構造的な不平等を取り扱い，そのような社会問題に対して積極的に関わっていく市民を育成しようとする（Sleeter & Grant, 1988, pp. 175-176: 松尾，2007，147-148頁）．このアプローチを取り入れている州として，アイオワ州とワシントン州の2州がある[13]（松尾，2007，142頁）．

以上がSleeter & Grantの分類の内容であるが，注目されるのは，同じ2人の著者による，同タイトルの，2009年改訂版（Sleeter & Grant, 2009）である．同改訂版では，上記と同じ5つの分類が行われているが，ホ．において，「多文化的および社会改造主義的教育アプローチ」から「多文化的社会正義教育」に変更されている．そのめざすところは次のように説明されている．

議論の前提は，公平性と正義がすべての人々の目的となり，違いを超えた連帯が正義をもたらすために求められるべきである．公平と正義の定義は，単に機会の平等を目標とするのではなく，多様なコミュニティにとって結果の平等をめざすことである．その意味は，公平で正義の社会においては，社会の各種多様な機関や制度が多様なコミュニティにおいてその存在の維持継続を可能にし，すべての市民に基本的な人権（見苦しくない住まい，健康面のケア，クオリティの高い教育，生計維持のための仕事を含む）を保障することである．多文化的社会正義教育を唱導するためには，あるグループによる他のグループへの抑圧を排除することが社会的関心事となる．また，この考え方の根底には，引き続き社会改造主義が存在する（Sleeter & Grant, 2009, pp. 197-198）．

このように，2000年代初めに，多文化的および社会改造主義的教育アプローチは，社会正義論と統合され，融合して多文化的社会正義教育となってきたと捉えられる．また，スリーターらの社会正義は，個々人についての正義の実

践よりもグループ間の抑圧を排除することに重点を置いた議論であったといえよう.

③　**スタンフォード大学での社会正義を教える教師教育**　1990 年代末から 2000 年代初めにかけて, 社会正義を教える教師教育が全米で点から面に拡大していったと考えられる. 例えば 1998 年には, オハイオ大学で教育誌 *Journal of the Institute for Democracy for Social Justice* が "Democracy & Education" という特集を組み, 延べ 48 名の研究者による 27 の論文集として発行された (Ayers et al., 1998).

この論集は, 理論よりも実践家による実践記録といえるもので, 社会正義を教える教師教育が若者の民主主義への参加の準備教育と位置付けられ, そこに「行動 (action)」が加味されている. ただし,「行動」とは, 次の説明のように, 革命的, あるいは破壊的行動を意味するものではなく, 実践という意味合いで捉えた方が適切であると考えられる. 因みに, 同論集の一論文に「社会正義のための学びにコミットすることは, ある特定のイデオロギーにコミットすることではなく, 生徒たちが日常的にどのように道徳的な生き方をすればよいのかという問題に取り組む支援をすることである」(Hutchinson & Romano, 1998, p. 254), という説明がある.

ここで取り上げるのは, オハイオ大学の実践よりも理論的でかつ経験を踏まえた実践的記録である. これは, ダーリング＝ハモンドの指導の下で行われたスタンフォード大学での教育実践プログラム (Stanford Teacher Education Program) (以下, STEP と称す) に参加した大学院生たちが執筆した論文集 *Learning to Teach for Social Justice* (Darling-Hammond et al., 2002) であり, 2002 年に上梓されたものである.

その概要, 目的, 教育実践内容については, 同論文集のダーリング＝ハモンドが執筆した第 1 章「Learning to Teach for Social Justice」で明らかにされている (Darling-Hammond et al., 2002, pp. 1-7). これを,「社会正義を実現するための教育実践を実現するための学習」と訳すと内容が見通せるものと考える. これは, サンフランシスコ湾地域の極めて多様な人種構成のコミュニティで, 教師を務めている人たちが STEP に学生として参加し, 1 年間で社会正義に関し

て学んだ実践から書き起こしたものである．ダーリング＝ハモンドは，この教育実践の基底にある哲学は，「社会改造主義（social reconstruction）」（Darling-Hammond, 2002, p. 2）であると述べているが，その定義についても，「社会正義」の定義についても明記していない．すべては，参加者たちが，それぞれの立場で会得していくものであるというスタンスをとっているものと考えられる．その上で，STEP の特徴や内容は，以下のようなプログラムの進め方を説明したダーリング＝ハモンドの論文で説明されている（Darling-Hammond, 2002, pp. 3-7）．

　　イ．受講生のジレンマの把握　ダーリング＝ハモンドは，プログラム開始直後に，学生[14]たちが直面する悩みに耳を傾けた．彼らの悩みは，「社会正義」を学ぶことが容易ではないことを，彼らを取り巻く環境から感じ取り，なぜ将来の教師が社会正義のための戦いに動員されねばならないのかと疑問を持ったことである．それは，単に多くの学生が重要性を理解できないというだけでなく，社会構造の力によって不公正や不正義の問題が「黙らされている（silencing）」からだとダーリング＝ハモンドは説明している．また彼女は，学生がスタンフォード大学の教育実践プログラムで学習することによって，自分たちが，教育的不正義を作り出してきたシステムからいかに利益を得てきたかを発見し，社会正義の行為主体になる道を見出さなければならないという苦闘の道への覚悟を促すことになると述べている（Darling-Hammond, 2002, pp. 1-2）．

　さらに，次の2点の指導が必要であると考えられている．第1は，学生は学習者としてまた人間として認められるために，自分自身の経験を表現し，対話の中に位置付ける方法を見出さなければならない．このことによって，自分自身と，新しい知識や他者の経験とを結び付けることが可能になる．学生の多様な経験を知ることは，最終的によりインクルーシブで力のある学習環境がよって立つところの生徒との共通の基盤を構築することにつながり，新しい人間関係を築けるからである．第2は，学生は社会学習のためには，次のような垣根を越えることが不可欠である．学問分野や方法論の垣根，コミュニティと文化の垣根，理想とイデオロギーの垣根，さらには学校を形成している親，教師，生徒などの個人の属するグループの間に存在する垣根を越えることによって，より大きく，より強い生徒との共通基盤を作ることができるからである

(Darling-Hammond, 2002, pp. 2-3).

　ロ．**社会正義の学習に対する支援**　STEP を進める学生たちが，彼らの生徒を真に「見て」，彼らの学習のニーズに対応できるスキルをつけるためには，感情移入（empathy）とビジョンを持つことが重要であるが，そのためにどのような指導が必要になるのか．ダーリング＝ハモンドは次のように説明している．

　第 1 に，STEP の教員たちは，学生にその人生や経験をどのように理解するかを指導する．単に，人種や民族に関する知識を教えて知識を型にはめてしまうのではなく，プログラムの全コースを通じて必要となる識字発達，成人の発達，公平性や民主主義，学習理論，授業法，学校改革などに関して，それらが教室，学校，コミュニティの文脈でどのような言語となり，文化となっているのか，その理解を深めていけるように支援する．学生たちは，その理解に基づいて，自分たちの生徒を観察し，インタビューし，生徒たちが自らの人生と学習をより良く理解できるように，背景作り（shadowing）をしていくことになる．

　第 2 は，調査の実践である．学生たちは学んだ知識と手法で，自分たちの生徒と教室で向かい合う．STEP の教員たちは，学生たちの調査が，人種や文化，階級などの調査において，結果を過多に単純化し，生徒を「他人化（othering students）」してしまうことがないように，また調査が生産的なものになるように洞察力を高め，多面的な検討を行うように指導する．重要な視点として，トラッキング，貧相な指導力，狭いカリキュラムなど，文化応答的ではない学校構造などによって長期に形成されてきた生徒の学習の障壁となってきたものを見出すことを指導している．

　第 3 は，多様な生徒を具体的に，実践で指導するスキルの習得である．「すべての生徒は学べる」と信じるだけでは意味がない．識字と苦闘している生徒，自分の能力に自信をなくした生徒，不十分な指導しか受けてこなかった生徒，理解に差がある生徒，特別の語学の指導を必要とする生徒，カリキュラムに興味をなくした生徒たちに，学習の意味付けをし，それぞれの生徒のこれまでの知識の上に，より強力な学習を上乗せ（add up）するように，すべての生徒の一人ひとりを指導する方法を教えるのである（Darling-Hammond, 2002, pp. 4-5）．

ハ．**社会変革の行為主体となるような指導**　STEP では最終的に，学生たちが社会変革の行為主体になることを目標としており，学生たちには，自らが存在する環境の中で，自らが社会変革の行為主体になる役割を構築していくことが期待されている．具体的には，生徒に手を差し伸べること，モデルとなる役割を行うこと，現状維持を批判すること，カリキュラムを開発すること，授業を管理すること，社会的な行動の実行を指導すること，抑圧について学ぶこと，口頭で指導する方法を実践すること，「白人教師」や「肌色の異なる教師」の役割から変革する行為主体へと変貌すること，性・人種・性別からくる特権を認識すること，周縁化されたグループと比較して学生自身が持っている特権を，立場を逆にして認識してみること，多文化主義問題に関する自身の考え方を検証すること，すべての生徒の成功を可能にする教育学を開発すること，など多様な文脈で，多様な社会正義の実現を可能にすることである（Darling-Hammond, 2002, pp. 6-7）．

ニ．**STEP の成果**　このような社会正義の教育がどのような成果を上げたのか，その結果をダーリング＝ハモンドは最終章で説明しているが（Darling-Hammond, 2002, pp. 201-212），ここでは成果の詳細な説明に代えて，ダーリング＝ハモンドが引用しているある学生（白人男性の教師）の発言を取り上げておきたい．

> 英語を指導している教室では，マイノリティの生徒たちが通常クラスから分離されてスラム街（ghettos）のような扱いを受けていることを知った．STEP に来るまでに，アフリカ系アメリカ人やラテン系の人々，他の言語の人々の間にさまざまな格差があることを聞いていたが，STEP の同僚とそのことで議論して初めて，それぞれのケースで子どもたちが被っている痛みや苦労を知り始めた．このように苦難を訴える生徒を教える経験をして，自分の人生や教育において，白人で男性という肌の色や性のおかげで，語られることのない特権を受けていたことを知り始めた．われわれは STEP で多様性について学んだことを議論し，これまで自分が生徒たちの人生にどのような影響を与えてきたのかを議論した．彼らのために安全な学習環境を作ってきたか？私は生徒に，彼らの文化や個性に対して尊敬をはらってきただろうか？
>
> （Darling-Hammond, 2002, p. 203）

第2節 NCLB法制下でのアカウンタビリティの強化と社会正義論

本節では，第1に，NCLB法は批判されることの多い法律であり，また資金の面などの問題もあって法律の文面通りには実現の可能性が疑問視されるものの，少なくとも法律上は社会正義を実現しようとする強い意志を持っていることを明らかにする．第2に，しかしNCLB法の施行については，各方面からNCLB法の抱える問題点に厳しい監視の目が注がれてきたことを明らかにし，第3には，現状維持を求める教師や行政の管理者たちからの抵抗を受けながらも，社会正義を実現しようとしている校長たちの実践を先行研究から考察する．本節の目的はこのような考察を通じて，「基準」を改訂して「2008年基準」を作成することになるについてNCLB法が直接・間接にどのように関わっていくことになるのか，なかでもNCLB法がリーダーシップ像にいかなる変化をもたらすことになるのかを見極めることである．

1．NCLB法のめざすもの

クリントン政権下で成立した「2000年の目標（Goals 2000）」と「アメリカ学校改善法（IASA）」は，連邦資金獲得の条件となったスタンダードとテストによるアカウンタビリティ制度の確立・普及を通して，すべての生徒の学力向上をめざすものであった（吉良，2012，37頁）．連邦政府は州レベルのスタンダード，つまり教科課程スタンダードの設定，ならびに同スタンダードの測定・評価を目的とするテスト政策の導入を条件に州政府への補助金を支給することを通して，2000年の目標の達成をめざしていった．この教科課程スタンダードに基づく90年代における改革は，「スタンダードに基づく運動（stadards-based movement）」と呼ばれ，全米の多くの州が連邦政府からの補助金を目当てにスタンダードとテストによるアカウンタビリティ・システムを構築していった（吉良，2009，57頁）．ただGoals 2000とIASAはその内容を任意に実行することを奨励する法律であったのに対して，NCLB法は，連邦資金獲得のための厳格な条件を詳細に定め，罰則規定を備えた法律であり，この法律によってスタンダード，テスト，アカウンタビリティが一体となった，初等中等教育全体をカバーする教育システムが構築されたことになる．

（1）　NCLB 法のめざすもの（アカウンタビリティとテストを中心として）

NCLB 法は，1965 年に制定された初等中等教育法（ESEA）の改定法であり，ESEA の学力格差是正という目的を引き継いでいる．NCLB 法の正式名称は，公法 107-110 で，「An Act to Close the Achievement Gap with Accountability, Flexibility, and Choise, so that No Child Is Left Behind」（どの子も置き去りにしないために，アカウンタビリティ，弾力性，選択性を備えた，学力格差の縮小をめざす法律）である．この名称がその内容を示しているが，このうち「弾力性」は，州，学区，学校の権限と柔軟性の拡大を意味し，「選択性」は，在籍する学校がアカウンタビリティ目標を達成できない場合には，親と生徒に転校したい学校を選択する権限を与えることなどを意味しているものと考えられる．

NCLB 法は，同法に基づき学区がタイトル I 補助金を受給する条件として，すべての子どもの学力向上のために，教科課程スタンダードと学力向上目標の設定を各州に要求し，州の目標を達成できない学区や学校は，補助金が打ち切られることはないものの，「制裁措置」を受けることになる法律である．

各州に求められるアカウンタビリティとテストに関わる諸条件は，Center on Education Policy: CED（2011）によれば，次の通りである．

①　2014 年末には，すべての生徒が[15]（下線引用者），読解と算数のテストにおいて，州の設定した「習熟」レベルに達することが求められる．また，成績のデータは，生徒全体に対してと同時に，主たる人種・民族の生徒，経済的に不利な生徒，英語能力が限定的な生徒，障害のある生徒をサブ・グループ化したものについても作成される．各州は，実態に応じて，年度別計測可能目標（Annual Measurable Objectives: AMO）を策定する．AMO に対する進捗度が「適性年次進捗度（Adequate Yearly Progress: AYP）」と呼ばれているものである．成績の管理は，対象となる科目についてサブ・グループ別にデータ化して行われる．表 5-1 の例で見れば，黒人グループの算数の達成度が年度の目標以下であれば，他のグループがすべて達成していても全校が不合格ということになる仕組みであることを示している．不合格になった学校では，黒人の算数にテコ入れをして，ついていけない子どもを支援することになる．このプロセスを経て，すべての子どもが目標を達成でき，格差がなくなるというシナリオを NCLB 法は描いていると考えられる．図 5-1 は，バージニア州を例にとっ

表 5-1　サブ・グループ別の適性年次進捗度（AYP）の判定の事例

M 小学校（カリフォルニア州オークランド市に所在）						
	全校	黒人	ラテン系	アジア系	低所得	低英語能力
読解	○	○	○	○	○	○
算数	○	×	○	○	○	○
理科	○	○	○	○	○	○

この事例では，5つのサブ・グループのうち黒人グループの算数の成績が年度の目標に到達していないため，その他のカテゴリで目標達成していても，この学校全体が「改善の必要ある学校」と判断されることになった．なお，サブ・グループは NCLB 法では障害者グループを作るように定められているが，M 校の場合は，そのグループが存在しないようである．また判定対象の科目については原文では several different content tests となっているので，必須とされる読解と算数と，あと 1 科目は理科であろうと推定したもの．

出典：Darling-Hammond（2004），p. 12.

て算数の，年度ごとの「習熟」以上の点を取るべき生徒の比率の計画を示している．2014 年に，最終的に 100% になるようにゆとりをもって設定されている．このような目標が読解についても設定される（Center on Education Policy: CED, 2011, p. 2）.

　②　テストは，3 学年から 8 学年までは毎年，10 学年から 13 学年までの間に 1 回行われる．また同法の実施スタート時点では対象科目は読解と算数であるが，2007 年度からは，理科が加えられる．なお，テストへの参加率は全体および各サブ・グループ別いずれも 95% 以上でなければならない（Center on Education Policy: CED, 2011, p. 3）.

　③　サブ・グループのうち，障害のある生徒，英語能力が限定的な生徒の AYP の判定については，多数の批判を受けて，同法が「弾力的」であることを示すために 2005 年に NCLB 法の修正が行われた．障害のある子どもでテストの対象から外してよい人数を生徒総数の 1% としていたがこれを 3% に修正した．これは障害児の約 25% に相当するとされる．また英語能力が限定的な生徒は，アメリカに入国し学校に登録してから 2 年間テスト対象から外してもよいこととなった（Foorman et al., 2007, p. 26）.

　④　目標設定は州が行うが，その妥当性を担保するために，州は「全米学力調査（National Assessment of Edcuational Progress）」[16]（以下，NAEP と称す）の評価を受けなければならない（Gamoran, 2007, p. 9）.

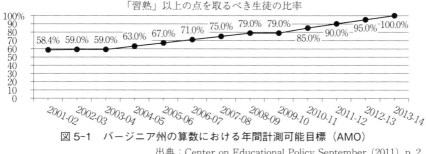

図5-1 バージニア州の算数における年間計測可能目標（AMO）

出典：Center on Educational Policy September (2011), p. 2.

⑤ 制裁措置：AYPが2年間連続して達成されなかった場合，「改善を要する学校（School in Need of Improvement）」に指定され，親にはAYPを満たしていないことを通知し，AYPを満たしている他の学校への転校が認められる．また当該学校は「学校改善計画」を作成しなければならない．それでもAYPが3年間連続して達成されなかった場合には，上記の措置に加えて，当該校に留まる生徒に対して学校が補助教育サービス（Supplemental Educational Service）を提供する．補助教育サービスは州が認めた公的機関または民間企業によって行われ，週末の放課後あるいは夏休みに実施される（Farkas & Durham, 2007, p. 202）．

なお補助教育サービスについても，ジョージ・ファーカス（Farkas, G.）とレイチェル・ダーハム（Durham R. E.）から厳しい批判が出ている．彼らによれば，テストなど管理のための資金はタイトルⅠ資金の20%以内とするとされているが，本来格差是正のために学校で使われるべき資金が補助教育サービスを実施する営利または非営利の新しく台頭した産業に流れる構造になっているとされる（Farkas & Durham, 2007, p. 203）．

また4年目でもAYPを満たすことができない場合は「強制措置」がとられ，教職員の入れ替え，新しいカリキュラムの実施，通学日数の拡大などの学校内部の組織改革が行われる．さらに，5年間で達成できなければ，その学校はリストラクチャリングの対象となり，上記の措置に加えて，州への学校経営権の委譲，公立学校経営に実績のある民間企業などとの契約，チャータースクールへの転換，抜本的な教職員の入れ替えなど，必要な措置が取られる（赤星，

294 第 III 部 校長の専門職基準

2010, 19-20 頁）．

(2) 不利な子どもの学業改善の補償装置としての NCLB 法

NCLB 法は，上記のようにアカウンタビリティとテストによる，学力格差を縮小するという手法のほかに，以下のようないくつかの弱者に対する補償の措置を装置として備えており，ESEA の理念を引き継いでいることを忘れてはならない．

① 読む能力を最優先した教育（Reading First）——タイトル I，パート B　読むことが子どもの学習にとって最も重要であり，科学的な根拠をもって子どもの教育上の発達の基礎的能力であると位置付け，幼稚園（kindergarten）から 3 学年までのいわゆる幼児教育のために州に補助金を提供する政策である．この政策の中には，州または学区が生徒の能力を判断するスクリーニング診断や，教室での読みの評価方法の向上施策が含まれる．この点については，後述する「2004 年障害のある者の教育に関する法律（2004 Individuals with Disabilities Education Act）」（以下，IDEA 2004 と称す）と深い関わりがある．

② ネグレクト，非行，その他リスクのある生徒への教育——タイトル I，パート D　NCLB 法はこのようなリスクのある子どもたち向けに，学業と就業への支援サービスを組織的に提供することを州や学区に求めており，そのための補助金制度を設けている．

③ 中退問題への対応——タイトル I，パート H　NCLB 法は，全校的な取り組みをもって，すべての生徒が持てる能力を発揮して卒業できるように，中退を防ぎ，再入学を進めるプログラムの構築が必要と考えている．そのために最も効果的な手段を研究することも求めている．それらのための補助金制度を設けている．

④ 質の高い教員や校長の養成，研修，雇用——タイトル II　2006 年末には公立学校で主要科目を担当する教員は，担当する教科について「高い資格を有する

（highly qualified）」ことが求められている．ここでいう「高い資格を有する」とは，担当する教科について，州が定めた機関によって認定を受け（certified），習熟していることを証明できることをいう，と定義付けられている．責任をもってすべての教室に質の高い教員を配置することができるように州や学区に求めており，そのための支援補助金制度（タイトル IIA）が設けられている．

⑤ **英語の習熟が限定的な生徒，および移民の子どもの言語教育——タイトル Ⅲ**
英語能力を高め，早期に州の学業プログラムに参加できるように諸策が提言され，補助金制度が策定されている．まず，教師たちが英語の不自由な子どもを指導するための，高度な指導プログラムを構築することを州に求め，さらに，親やコミュニティに英語指導プログラムに参画することを推進する事業が組まれている．

（3） 障害のある人々への教育

1975 年，連邦議会は，「すべての障害のある子どもの教育に関する法律（Education for All Handicapped Children Act: EAHCA）（P. L. 94-142）を制定した．ネイサン・エセックス（Essex, N. L.）によれば，同法のもとになったのは，何らかの法的措置が必要であるとされた子どもたちに関する調査の結果であった．その調査によれば，アメリカにおいて障害のある子どものうち，800万人以上が必要な教育を十分に満たされていなかった．そのうちおよそ 400 万人が，教育の機会均等を保障するような適切な教育サービスの提供を受けておらず，さらに驚くべきことに，100 万人以上の障害のある子どもが公教育の機会を一切受けていなかったという現実が明らかにされた（エセックス，2009，102 頁）．この結果，連邦議会は，連邦政府が諸州と協働して介入することにより，合衆国の障害のある子どものニーズに取り組むことが合衆国全体の最善の利益であると認識するに至った（エセックス，2009，103 頁）．

EAHCA はその後，1990 年に「障害のある者の教育に関する法律（Individuals with Disabilities Education Act: IDEA）」に改称し，改正された．IDEA はさらに 2004 年に改定され，IDEA 2004 となった．バーバラ・フォア

マン（Foorman, B. R.）らによれば，IDEA 2004 は，NCLB 法と一体として捉えるべきものであるとし，その根拠として，連邦政府の公報誌である *Federal Register* 70, No. 118（June 21, 2005），pp. 35782-35783 から，IDEA のルールとNCLB 法の関係性について次の引用をしている．

> 新法 IDEA は障害を持ったすべての子どもに，（1）高クオリティで，（2）NCLB 法およびその実施法に反映されている高い基準を達成するようにデザインされた，無料で適切な教育を保障するべく連邦の努力を強化しようとする現行の諸法規を改善する機会を提供している（Foorman et al., 2007, p. 30）．

　フォアマンらはさらに NCLB と IDEA 2004 の関係を次のように整理している．第1に，両法は，科学に基礎を置く学術的なプログラムおよび実施可能な行動上の介入と支援を組み込んだ全校的なアプローチと多階層教授モデル（multilayer instruction model）[17]に依存し，障害児の発見の遅れの防止と早い時期の介入を強調する．第2に，両法は，学区と州のアカウンタビリティ・システムにおいて，通常児と障害児のいずれにも同じ AYP を求めている（Foorman et al., 2007, p. 30）．

2. NCLB 法の問題点

　上記のように，NCLB 法は，不利な子どもの学業改善の補償装置としての面を持っており，一部の不利な子どもたちには恩恵をもたらしたといえるだろう．しかし，総体的に見れば NCLB 法の施行については各方面から多数の厳しい批判が，法施行の当初から出されてきた．本項では，多くの批判の内，最も包括的な検証を行っていると考えられる4件のレポート，すなわちハーバード大学の市民権プロジェクト（The Civil Right Project）の調査レポートSunderman & Kim（2004）と Suderman（2006），全米州議会協議会（National Conference of State Legislatures）（以下，NCSL と称す）の調査レポート NCSL（2005），およびラビッチ（2013）から整理する．

（1）テストとアカウンタビリティの問題点

　ラビッチによれば，NCLB 法はカリキュラムとスタンダードの内容を明確にすることを避けていたとされる．生徒が学校で何を学ぶべきか，という点に

ついては各州の判断に委ねる一方，歴史，公民，文学，理科，美術，地理など
の重要な科目を無視して（ラビッチ，2013，27頁），『危機に立つ国家』で構想さ
れていた豊かでバランスが良く，体系性のあるカリキュラムを構想することも
なく，教育的理想も存在しなかった（ラビッチ，2013，41頁）．知識の重要性を
無視した，窮屈で機械的な極めて反知性的なものへと教育の意味を変えていっ
た（ラビッチ，2013，41頁）とラビッチは厳しく批判している．

　ゲイル・サンダーマン（Sunderman, G. L.）とジャッキー・キム（Kim, J.）
は次のように NCLB 法のアカウンタビリティを批判している．第1に，それ
は「1つのサイズをすべてに当てはめる（one-size-fits-all）」アカウンタビリテ
ィであり，すべての州で効果を発揮するものではなく，州政府の政策と有能な
教師たちの努力を制限している．第2に，アカウンタビリティがすべての生徒
に到達することを求める「習熟」の定義が，州によって異なり，最も低い基準
を設けている州が成功するという皮肉な結果を招いているとしている（Sunder-
man & Kim, 2004. p. 5）．

　NCLB 法の AYP（適性年次進捗度）には，以下3つの方法論上の欠陥があ
ると指摘するのは州議会関係者の協議団体 NCSL である．第1に，AYP は，
個々の生徒の成長を追っていくのではなく，成績の優れた生徒集団とそうでな
い集団との比較による評価を行っているため，個々の生徒の成長を適切に評価
できていない．第2に，NCLB 法は，改善が必要とされた学校から生徒が行
き先を選択して，転校することを認めているが，それでは個々の生徒が抱える
問題に適切に対応することなく，転校するとしても，その子どもの学力改善に
必ずしもつながることにはならない．第3に，これらの問題を考慮して，適正
な評価方法となる多くの改善案が寄せられており，複数の方法を検討すべきで
ある（NCSL, 2005, p. vii），とされる．

(2) 公平性，社会正義の観点からの問題

　NCLB 法が本来の目的とする，不利な状態にある生徒への支援資金配分が，
本来よりも薄くなる3つの可能性が指摘されている．第1は，NCSL の指摘で
あるが，AYP 施策によって，あまりに多くの「不合格」がでるため，多くの
学校が「要改善」とされ，本来それを必要とする子どもたちのための資金が削

られ，広く薄く配分されてしまう可能性である（NCSL, 2005, p. vii）．第2は，サンダーマンとキムの指摘である．NCLB法のために使用される資金が増加した結果，不利な状態にある生徒にとって人生のチャンスとなってきた多様な連邦資金プログラムは財源不足となり，そのプログラムからの支援が薄くなることである（Sunderman & Kim 2004, p. 2 and p. 6）．

　次にサンダーマンとキムが問題としているのは，「要改善」となった学校の生徒が得られる選択に関する問題である．その場合，2つの選択肢がある．1つは，転校であり，もう1つは親が学校からお金をもらって受ける補助教育サービスであるが，いずれも親が適切な選択をする必要がある．転校についてラビッチは，その利用度が極めて低い（コロラド州では2%未満，カリフォルニア州では1%未満，ミシガン州では取るに足らず，マイアミ州では0.5%であった）ことを指摘している．その原因は，転校する権利があることを伝える通知の意味が理解されなかったり，行きたい優良な学校には空きがなかったり，また子どもを近くの学校に通わせたいという親の気持ちなどがあったとされる（ラビッチ，2013, 123-124頁）．また補助教育サービスについても，ラビッチは，この制度は比較的成功した制度であるが，それでもその利用度が権利者の20%以下であったとしている．補助金の大部分が親のポケットに入ったままで適切に使用されなかった可能性も指摘されている（Sunderman & Kim, 2004, p. 7）．さらにラビッチは，補助教育サービスを利用する家族に対して，全米で2000ほどの団体が生徒獲得競争を展開し，この制度が弱い子どもや親にとって，補償的な役割を果たしておらず，むしろ様々な補習教育提供団体がつくりだす市場に貢献する制度になっていたことを示している（ラビッチ，2013, 124頁）．

　またNCSL（2005）は障害児および英語に習熟していない生徒に関わる4つの問題点を提起している．

　第1は，NCLB法は，障害を持つ子どもも，学年に応じて一般の生徒と同じテストを受けなければならないが，IDEA 2004は，生徒の能力に応じて教育を行うことを求めており，両法の間に深刻な矛盾が存在することである．第2は，障害のある子どもも，2014年度までに「習熟」に到達しなければならないが，それには実現不可能という現実がある．なぜなら，障害児枠で，目標を

達成すると一般生徒の枠に編入させられることになっているので，教師のケアが継続的に行き渡らなくなる可能性が高いからである．第3は，NCLB法のタイトルⅡで求められる「高い資格を有する」教員の条件が，障害児の教育に当たる教員資格と一致していないことである．すなわち，IDEA 2004で求められる教育が実現されない可能性があることである．第4は，英語能力が限定的な生徒の評価をいつの時点で行うのか不明確であるという指摘である．しかしこの点については，2005年にアメリカ到着後2年間の猶予が認められることになったので問題はなくなったと考えてよいだろう（NCSL 2005, p. viii）．

(3) 連邦政府と州政府との確執

NCSLは，連邦と州との関係に関して次の4点について厳しい批判を展開している．第1は，NCLB法はこれまで州が行ってきた教育改革を連邦政府の改革に一本化しようとするものであり，今後の州の改革を妨げるだけでなく，30年にわたって州が築いてきた改革実績を掘り崩すことになるという批判である．第2として，そもそも，教育は連邦憲法修正第10条によって，州に留保されてきた権利である．連邦は合衆国全体の教育政策のために介入することが認められているが，その条件として，連邦資金の交付条件が明確にされなければならない．NCLB法の場合，連邦資金の裏付けのない義務を州に課している規定があり，また連邦資金の交付条件を明確にしていない規定がある．第3は，NCLB法のタイトルⅨのSection 9401が，教育長官に同法の要件を免除する権限を与えているが，これはこれまで州と連邦とが協働して法を執行してきた努力を転換させる可能性があるもので，協働的連邦主義に背くことになることである．第4として，同法タイトルⅨのSection 9527 (a) は，連邦が資金提供しない，あるいはカリキュラムや指導法を州に要請しない限り，州は資金提供する必要はなく，カリキュラムや指導法の変更を求められることはない，となっているが，現実にはこの規定に逆行して，連邦は資金を提供することもなくカリキュラムや指導法の修正を求めるなどを行っている実情がある（NCSL, 2005, p. vi）．

また州や教育関係者からのNCLB法の修正を求める声が高まっていたが，連邦政府の対応は厳しいもので，州からの要請に対しては個別折衝で臨み，実

際に反抗が表面化しない限り非を認めようとしなかったとされる（Sunderman, 2006, p. 6）．サンダーマンとキムは，皮肉なことに，これらの対立の結果，文書作業がさらに増え，テストや教師養成のための時間がさらに必要になり，その結果，政府関与を縮小しようとしていたのに反して，官僚制がさらに強まる結果になった（Sunderman & Kim, 2004, p. 9）と結んでいる．2005年4月現在，47州からNCLB法の修正を求める訴訟[18]が起こっていた（Suderman, 2006, p. 21）．*Harvard Educational Review* が当時のマーガレット・スペリング教育長官（Spelling, M.）に行ったインタビューによれば，2005年4月に同長官は，声明「成績を上げる：No Child Left Behind法の新しい道（Raising Achievement: A New Path for No Child Left Behind）」を発表し，NCLB法の修正規定に基づいて，障害児のテスト免除を全生徒数の1%から3%へ引き上げるなどの修正を行った[19]．しかし，翌年8月にスペリング長官は，「NCLB法は象牙のように99.9%純粋のものである」として，今後3%を超える引き上げは行わない旨の発言をした（Bracey, 01/03/2007, p. 1）．

3. 一般市民のNCLB法に対する態度

NCLB法の改正期限が迫る2007年に行われた，教育専門誌 *Phi Delta Kappan* がギャラップと共同で行った調査（*Rose & Gallup*, 2006, pp. 41-56）に，いくつかの注目すべき点がある．

第1はNCLB法がどの程度市民に認知されているかという質問にたいして，公立学校に子どもが在籍している親のうち35%がNCLB法を「ほとんど知らない」「全く知らない」と答えていることである．前述のように，所属している学校が「要改善」と設定されれば，転校する権利や，補習の援助を受給できることを知らない親もいたことが容易に推測される．第2は，NCLB法について，「好ましくない」「全く好ましくない」と答えた人が40%であるのに対し，「大変好ましい」「好ましい」と答えた人が31%で前者よりも相当下回っていることである．第3として，公立学校の改革は既存のシステムの改善で行うべきと考える人が69%いる．全体として，極めて認知度が低く，支持率も低いことがわかる．

4. NCLB 法制下での社会正義リーダーシップ論の理論と実践

ダーリング＝ハモンドによれば，NCLB 法のタイトル I, セクション 1001 の「目的の陳述」には，「最も支援を必要としている，あまりに多くの子どもたちが取り残されている；あまりに多くの子どもたちが失敗している，あるいは安全ではない学校に通学している；あまりに多くの子どもたちが貧弱な指導を受け，潜在能力より下回る成績になっている」とあり，あまりに多くの子どもたちが学校とともに取り残されていることが，認識されているとわかる（Darling-Hammond, 2004, p. 3）．ダーリング＝ハモンドは，NCLB 法の素晴らしい意図と称えるべき目標にかかわらず，現状での実施状況は，同法の目標となっている子どもたちを支援するよりも害を与えている可能性が大きい，そして同法は公教育システムを改善するよりも掘り崩している（Darling-Hammond, 2004, p. 4）と批判している．

また，サンダーマンとキムが指摘するように，NCLB 法には教育上のみならず，政治上や，イデオロギー上の問題がある（Sunderman & Kim, 2004, p. 2）とされている．

以上のように，NCLB 法がめざす，不利な状況にある子どもたちのために，公平さや社会正義を教育実践に生かそうとする試みと，テストやアカウンタビリティという制度が要求するものとの間にギャップが存在することが明らかにされたのである．

以下では，批判や議論の多い NCLB 法の法制下で展開された社会正義リーダーシップ論の理論と実践について考察する．

第 1 に，UCEA 会長であるゲイル・ファーマンから提言された「新しいリーダーシップ理論」を考察する．ファーマンはそれが社会正義リーダーシップ論とは命名していないが，文脈からそれが社会正義リーダーシップの理論であると考えられる．第 2 に考察するのは，NCLB 法の求める要件をクリアして生徒の成績を向上させながら，社会正義の実現のために努力している校長たちの実践例である．この校長たちが行う社会正義リーダーシップの実践は様々な抵抗に遭遇している．この第 2 の考察では，そのような実践を行った時に現れてきた様々な抵抗を調査したテオハリスの論文を検討する．その論文では，実践的な社会正義リーダーシップ論が提示されている．

302　　　　　　　　　第 III 部　校長の専門職基準

(1)　新しいリーダーシップの理論の提言

　2002 年に，UCEA の 2002 年度の会長[20]となったゲイル・ファーマン（Furman, G.）が会長就任にあたって UCEA の年次総会でスピーチした論文（Furman, 2003）は新しいリーダーシップの理論を提言するものであり，当時の UCEA で全会一致はしないまでも会長に選任される程度に受け入れられていた学者の理論であり，これまで理論化されてこなかった社会正義リーダーシップを提示したものと考えてこの論文を考察する．

　ファーマンは過去 15 年のリーダーシップ論分野での論文をレビューし，その間に起こったリーダーシップ論のパラダイムシフトを論じている．彼女自身は，この論文で，「学校において何が真に重要なのかについて情熱を注ぎ，省察した」（Furman, 2003, p. 1）と述べ，3 点の主張を行っている．第 1 は，教育上のリーダーシップは，ますます「何のための（for）」リーダーシップか，に焦点化してきたこと，第 2 は，焦点の中心は道徳的目的であること，第 3 は，リーダーシップ理論はいくつかの理論が 1 つの理論へと収斂しつつあるという主張である．以下 3 つの論点を整理する．

　①　第 1 の論点：リーダーシップは何のためか　ファーマンは現在のリーダーシップ論の状況を次のように分析している．

　伝統的なリーダーシップ論は，リーダーシップとは何で，リーダーシップがどのように働き，誰によって行われるかに焦点を置いていた．学問的に大きな貢献をし，複雑で極めて精巧な（sophisticated）研究成果を残してきた．しかし，すでによく知られているように，次のような問題がある．

　　イ．伝統的なリーダーシップ論は機能主義で，現状のシステムにおける「よきもの（goodness）」を指向し，価値中立的な立場をとっている．

　　ロ．伝統的なリーダーシップ論はリーダーシップ・モデルの一般化されたものに焦点化し，地方の独自性や重要性を無視する傾向がある．

　　ハ．伝統的なリーダーシップ論は "heroic leadership" ともいえるもので，英雄的なリーダーや変革主体としての個人を過度に強調している．

　　ニ．伝統的なリーダーシップ論は，21 世紀の学校リーダーシップを指導する原理としてもはや有効ではない，むしろ不適切であるといえる．

特に，不公平性の矯正には役に立たないと批判者たちは述べている．なかでも近年主張されるようになったのが，何のためのリーダーシップか，いかなる価値目的（valued ends）（Murphy, 2002, p. 75）を探求するか，またそれをいかにして達成するか，という課題である．「何のための（for）」という目的を明らかにしたリーダーシップ論が高まっていることは，次のようなタイトルの特集が研究誌で次々と組まれていることから理解できる（Furman, 2003, pp. 1-2）．

Leadership *for* School Improvement

Leadership and Learning *for* All Children

Leadership *for* Democratic Community

Leadership *for* Social Justice

Leadership *for* Ethical Schools

ファーマンは以上のように現状分析したうえで，このようなリーダーシップの変化を，「前向き設計（forward mapping）」から「逆向き設計（backward mapping）」へのシフトであると捉えることができると述べている．新しい研究方法としての逆向き設計では，まずリーダーシップの目的を明確化し，そこから出発して，どのようなリーダーシップが，いかにして，誰によって達成されるのかを考察するという構成になっている．ファーマンはここで社会正義をめざすリーダーシップ理論に関連して，コリン・ラーソン（Larson, C. L.）とクーラ・マルタダ（Murtadha, K.）の「逆向き設計」論を下記のように引用している（Furman, 2003, p. 2）．

> 現在の社会的取決めへの不満が火をつけて，教育における社会正義を強化するに十分に厳密なリーダーシップ理論と実践に関心を持ち，それに対する希求が高まっている（Larson & Murtadha, 2002, p. 157）．

② **第 2 の論点：リーダーシップの道徳的目的**　ファーマンの第 2 の主張は，新しいリーダーシップ研究は，学校におけるリーダーシップの道徳的目的，すなわち上記の 5 つの for のついたリーダーシップ論のいずれにも含まれている道徳的な目的にますます焦点化しつつある，という点である．

ファーマンによれば道徳的目的とは，教師の仕事について想像力をもって，心に明かりをつけ，責務と良心をもって心を鼓舞しながら，何か本当に重要な

こと，すなわち本当に子どもたちにとって重要なことをしていることに気が付くことである．例えば，社会正義のリーダーシップは，主流の子どもだけではなく周縁化されてきた子どもたちや，これまで丁寧に奉仕されてこなかった子どもたちをはじめ，「すべて」の子どもたちに奉仕する．ファーマンは再度，ラーソンとマルタダの表現を引用し，社会正義をめざすリーダーシップは「教育を強化し，貧困やマイノリティの子どもたちの人生のチャンスを強化する」（Larson & Murtadha, 2002, p. 150）ものである（Furman, 2003, pp. 2-3），と説明している．

　ファーマンは，道徳的目的を最もよく理解するために，「道具的目的（instrumental purposes）」を引き合いに出して次のように「道具的目的」の問題点を批判する．リーダーシップの目的は何かという新しい焦点がでてくる原因は，スタンダード・アカウンタビリティ運動によってもたらされた生徒の学業成績への焦点化，言い換えればテストの点をよくするという道具的目的のために学校管理者たちにかけられる圧力にある．この圧力が，計測可能な生徒の成績に目的を限定することによって，リーダーシップに新しい過大な役割を求めることになる．計測可能な生徒の成績を上げるという目的は現実的であるが，学校教育のより大きな道徳的な目的を奪い，押しのけることになっていないかという問題である．ファーマンは改めて「リーダーシップは何のためか」と問うている．「道具的目的」は計測可能な成績を上げることであるが，道徳的目的は，社会正義であり，民主主義的なコミュニティであり，計測可能な生徒の学習という思想とは融合することのない「すべての生徒の学習」への理解である（Furman, 2003, pp. 2-3）とファーマンは主張する．

　③　**第3の論点：新しいリーダーシップ理論への収斂**　「価値目的」と「道徳的目的」から逆向き設計して次はどこに向かうのか．ファーマンは現在，回答を持っていないが，試論として，「民主主義的コミュニティ」を創造することであるとしている．「民主主義的コミュニティ」を創造するリーダーシップは，道徳的リーダーシップ論，批判的・人道的リーダーシップ論，構成主義的リーダーシップ論，分散型リーダーシップ論が収斂（converge）した新しいリーダーシップであるとしている（Furman, 2003, p. 4）．ファーマンが説明する4つ

のリーダーシップ論（Furman, 2003, pp. 3-4）の要点を，筆者が以下の通り整理した．

・**道徳的リーダーシップ論**：このリーダーシップ論の核心にある理念は，価値をすべてのリーダーシップ実践の中心部分におく．リーダーシップ論は，正しいか，間違っているかの正邪を取り扱うものであり，リーダーの特性，行動，役割を扱うものであってはならない．この視点から，リーダーシップ研究はリーダーたち自身の価値と倫理観に焦点を合わせなければならない（Furman, 2003, p. 3）．

・**批判的・人道的リーダーシップ論**：このリーダーシップ論は社会変革にコミットするものである．バーレルとモーガンは，このリーダーシップ論が「既存の社会的配置がもたらす制約から，人間の発達を解放することにある」（バーレル＆モーガン，1986, 40 頁）[21]と述べている．また，キンベリー・リーズ（Lees, K. A.）は，このリーダーシップ論は，「民主主義，権限付与，そして社会正義を促進する道徳的な至上命令である」（Lees, 1995, p. 225）[22]と述べている．これらの先行研究をもとに，ファーマンは批判的・人道的リーダーシップ論に焦点化する研究は，リーダーの倫理や価値を議論するだけではなくこれらの価値を制度の変革に翻訳されなければならないとしている（Furman, 2003, p. 3）．

・**構成主義的リーダーシップ論**：このリーダーシップ論においては，行動の背後にある意味，あるいはリーダーシップ行動の意味をいかに他者に伝えるかが重要となる．リンダ・ランバート（Lambert, L.）らはこのリーダーシップ論を，「教育上のコミュニティに参加している人々に，学校教育の共通の目的につながるような意味を構築することを可能にする互恵的なプロセスである」（Lambert et al., 1995, p. 29）としている．したがって，このリーダーシップ論は，関係性に依存するもので，関係者が意味と目的を協働して構築することをめざすものである（Furman, 2003, p. 3），とファーマンは捉えている．

・**分散型リーダーシップ論**：このリーダーシップ論では，学校内のリーダーシップは管理者としての権限で行うものではなく，多くのアクターの間で分散され，多くの地位の人々によって行使されるという視点を持つ．重要なことは，学校内でリーダーシップが分散されるというだけでなく，その分散された総体であり，リーダーシップが相互行動を通して重層化していくことである（Furman, 2003, pp. 3-4).

これらの理論を収斂した新しいリーダーシップは，どのようなものと理解できるのか，ファーマンは次のように説明している（Furman, 2003, p. 4）.

道徳的な目的に奉仕するリーダーシップは：
・学校コミュニティに分散されており，
・コミュニティのメンバーに支持される諸価値と諸倫理に裏付けされ，
・コミュニケーションと対話と関係性を通じて絶えず構築されており，
・現存する社会構造と仕組みを批判し，打倒し，超越するものを含んでいる

以上がファーマンによる新しいリーダーシップの理論であるが，本書は，このリーダーシップ論が社会正義リーダーシップを理論的に説明するものであり，現代におけるリーダーシップ論の到達点の1つであると評価するものである.

(2) 社会正義リーダーシップ論の実践

ここで取り上げようとするのは，社会正義リーダーシップ論の先行研究[23]を踏まえ，独自の実践を行ってウィスコンシン大学マディソン校に博士号取得申請のために提出された，ジョージ・テオハリス（Theoharis, G.）の論文（Theoharis, 2004）およびその論文を精緻化して *Educational Administration Quarterly* に掲載された Theoharis（2007）である.

テオハリスの実践の内容は以下の通りである.

テオハリスの両論文は，白人校長である本人を含む7名の校長に対する自己エスノグラフィー（autoethnography）[24]を行ったもので，謙虚さと省察を重ねながら調査を行ったとしている．調査結果に，被調査者の一人である校長自身の実名を出すことによって，客観性が高まっていると考えられる．また信頼性を高めるために3名以上の校長が同じ経験を述べたテーマのみを取り上げ，相互検証してテーマとして決定する三角測量法をとっている（Theoharis, 2007, p. 254）．また考察の枠組みとして，ロールズの社会正義論（Rawls, 1971）と既述の Valencia（1997）の DT（欠損思考）論を用いており，そのうちロールズの社会正義論については，次の4点で理解されている．a）正義は社会のすべてのメンバーを平等に扱うことを求めている（人間の権利），b）人々は個人としてみなされる，c）すべての人は公平な機会を持つべきである（平等の機会），

d）もし不公平が残る場合は，人々は社会の最も不利な状態にある人を引き立てなければならない（Theoharis, 2004, p. 42）.

　本書で，テオハリスを取り上げた理由は次の2点である．第1に，彼が考える社会正義が，これまで周縁化されてきたすべての子どもたちを支援する考え方であり，本書で考察しようとする社会正義像と一致していることである．第2に，これらの論文で明らかにされた，社会正義の実践に対する各方面からの抵抗を理解することによって，次節で考察する右翼団体からのコロンビア大学などへの激しい攻撃の背景を実感し，理解できると考えるからである．

　テオハリス論文の特徴の1つは，これまでの先行研究では「leadership for equity」と「leadership for social justice」は，相互互換的に使用されており，その違いを分析したものは管見の限り見当たらなかったが，テオハリスはこれまでのリーダーシップに係る先行研究をレビューした結果として，その違いを明らかにしようとしていることである．その違いが，次のような活動動機と改革手法の違いに見出されている．第1は，equity をめざす校長の活動動機（motivation）が「仕事」あるいは「地位（position）」であるのに対して，social justice をめざす校長は，「与えられた使命（calling）」が行動の源泉であると考えられるとしている．第2は，改革の手法が equity の場合は，協働意思決定（shared decision making）であり共同リーダーシップ（shared leadership），または草の根的変革（grassroots change）であるが，social justice の場合は，「活動家（activist）」としての活動が重視されていることが特徴である（Theoharis, 2004, p. 6）．ただし，「活動」の内容は多様である．例えば，テオハリスが自分とは異なる考え方の社会正義リーダーシップ論の研究者として紹介しているダナ・ラップ（Rapp, D.）は最も先鋭的[25]な一人と考えられるが，ラップは，「抵抗（resist），異議申し立て（dissent），反抗（rebel），転覆（subvert），反対のイメージの所有（possess oppositional imaginations），学校内外の社会的な抑圧的搾取関係を変換することへのコミット」（Rapp, 2002, p. 226）が社会正義リーダーシップであるとしている．一方，テオハリスの社会正義リーダーシップ論の定義は Rapp（2002）とは一定の距離を置いており，「その主張，リーダーシップ実践，およびビジョンの中核を，アメリカにおける人種，階級，性，障害，性指向，および歴史的かつ現在も周縁化された状

態を問題とすることにおいている」（Theoharis, 2007, p. 223）．テオハリスの社会正義リーダーシップ論は，周縁化された状態を問題視し，弱い立場に置かれた子どもたち，リスクのある生徒たちの問題を取り上げたリーダーシップと理解できる．

テオハリス論文のリサーチ・クエスチョンは次の3点である（Theoharis, 2007, p. 223）．

1）どのような方法で，校長たちは公立学校で社会正義を実践しているか．
2）校長が，社会正義活動をする中で直面する抵抗はどのようなものか．
3）公立学校で校長たちが直面する抵抗に対して，社会正義活動を維持するためにいかなる戦略を構築しているか．

なお，被調査者の選択方法と，その属性は次の通りである．アメリカ中西部地区の4つの大都市の校長から2名のサンプリング調査を始めたが，雪だるま式に18名の候補者となった．事前調査で，前述した三角測量法によって信頼性を担保できると考えられた7名が選択された（そのうち1名は調査者自身である）．7名のうち4名が中等学校校長，3名が小学校校長である．人種的にアジア系が1名，6名は白人である．また，1名がゲイであることを表明したが，6名は異性指向者である．3名が女性，4名が男性であった（Theoharis, 2007, pp. 224-225）．調査結果は以下の通りである．

① 校長たちの社会正義の実践

イ．学業目標の達成

いずれの校長も，州による強制テストには批判的な意見を持っているが，周縁化した生徒たちの成績を上げることは職務上の義務であり「道徳的責務」であると考えており，以下に述べる**ロ．ハ．ニ．**の施策を実践することによって，最近着任した1校長を除いて，6校長がいずれも高い成果をあげている．成果とは，T校長の場合，2000年から2004年までの4年間で，テストを受けた生徒は全生徒数の70%から98%へ増加し，全体の成績はNCLB法で求められている「習熟」に到達した生徒が50%から86%に，黒人の「習熟」は33%から78%に，ヒスパニック系の生徒の習熟は18%から100%に向上するなど，アカウンタビリティ制度で求められる成果だけではなく，校長らが必要と考え

第5章　アカウンタビリティと社会正義の相剋　　　309

る目標を達成していることを指している（Theoharis, 2007, pp. 232-233）.

ロ．子どものために採った施策（Theoharis, 2007, pp. 234-235）

＊7校の校長は，連れ出し（pull out）プログラムや，隔離プログラムの廃止に取り組み，またトラック制度や補習クラスを廃止し，すべての子どもを同じクラスにした.

＊今までは，通常クラス外への通級や，特別支援学級に入れられていた特別支援教育の子どもたちを同じクラスに入れて，今では特別支援教育を受ける子どもがクラスの20〜25％を占めているが，普通教育の子どもたちとほぼすべての時間を同じ教室で学習している．教師たちは，DT（欠損思考）という考え方が間違っていたことをはっきり理解したという.

＊英語の学力が習熟していない子どもに対して実践されたアカウンタビリティは，これまで注意が払われず，個別の成長データが存在しない子どもたち一人ひとりを重視するもので，一人ひとりの子どもの成長を追っていくことが真正のアカウンタビリティであることを理解するにいたった.

ハ．教職員の能力の向上と配置換えの施策（Theoharis, 2007, pp. 238-240）

＊教職員の能力を高めるために，公平性を保ちつつ，複数教員に対して口頭で指導を行う.

＊社会正義の実践状況を監督する人を雇用する.

＊教職員に専門職としての自由を認め，人間としての価値を重視し，学校での運営に関して大きな発言権を認める.

＊人種に関する公開の討論会を行う.

＊英語能力が低い子どものための教育法について，大学から教授を招いて講義を受ける.

ニ．学校文化と学校コミュニティの強化（Theoharis, 2007, pp. 236-238）

＊校長たちは，学校風土を温かいものにするために，教職員および生徒との関係を可視化し，またコミュニティの人々や周縁化した家族が近づきやすいものにしようとした．学校と周縁化した家族との関係は長年にわたって切れた状態にあったが，それを再構築した.

＊廊下や校内の通路を生徒の絵画でいっぱいに飾り，遊び場を劇的に変えようとした校長もいた.

＊荒っぽい子どもやギャング風の子どもがいて，学校が荒れていたが，彼らに何度も何度も校長が働きかけて，関係性を構築できた．

以上が実践された改革であるが，特別支援の子どもを通常クラスに入れるなど，極めて大きな改革実践であったと想像される．

② **社会正義を実践する校長が直面した抵抗**　上記のような社会正義の実践は，学校内外とコミュニティから以下のような途方もなく大きな抵抗を受けた．

イ．学校内での抵抗

現状維持を求める抵抗的な態度の教師や，狭量で特権的な態度をとる親たちからの抵抗は極めて強いものであったという．ある校長は次のように証言したという．

> 学校に来て間もなく，ある教師から「私はこのやり方で 32 年間やってきた．来たばかりのあなたがそれを変えるのか？　あなたは，私に学業上の厳格さを持てという．あなたは私に意思決定をせよという．あなたは，子どもが学習しない責任を私に取れという．私は，これまでそんなことはやったことはない」といわれ，その雰囲気が教職員たちの間に拡散した．

なかでも特別支援教育の生徒を普通教室に入れることに，特に激しい抵抗があったとされる．反対する教師たちは，新しいカリキュラムの作成に抵抗した．「今までやってきたよい子のための」教室を取り戻したいと抵抗した．変革することはもとより，省察することも，計画することも拒まれた．

ロ．学区やその上層部からの抵抗

手ごわい抵抗が学区の官僚からきた．校長たちは支援もなく孤立した．深刻な予算削減に直面していた学区においては新しい取り組みへの資金提供は極めて困難だった．ある学区の校長会では，30 名中 2 名しか同じ考えの人がおらず，ここでも孤立したとされる．

ハ．その結果

校長たちはいずれもへこたれなかったが，週に 65〜80 時間の職務時間を作るため家族を犠牲にすることになり，その負担は極めて大きかった．肉体的にも精神的にも，打ちのめされそうであったと校長たちは述べている（Theoharis, 2007, pp. 228-243）．

③ **校長の自衛戦略**　このような状況下を，校長たちはどのような戦略で乗り切ったか．

　いずれの校長も，第1に，支援的な業務ネットワークを構築していった．社会正義の実践の必要性を繰り返し教職員に伝え，何か問題があったら学校内外で批判をするのではなく，学校内での対話をするように訴えていくことで，支援的なネットワークを徐々に作り上げていった．第2に，障壁を乗り越えていくために，共同的な意思決定を行うことが必要だったとされる．教師たちが管理者に締め付けられているという意識から自らを解放し，これはわれわれが決めたことであるからわれわれでやらねばならないと思えるようになるために，共同的意思決定が必要と考えた．第3に，困難を乗り越えていくために，自分自身の健康と精神の健康を保つために，正しく食事を摂り，妻と調理し，ジャズに耳を傾け，学校とは関係ない本を読む，などが必要だったとされる (Theoharis, 2007, pp. 243-248)

　④ **調査結果**　以上の実践的調査研究の結果としてテオハリスは次のように結論を述べている．

イ．社会正義リーダーシップ論の構築に向けて

　社会正義を実践する校長たちのリーダーシップの内容を把握することができたが，それは理論構築する第1ステップに過ぎず，より十分な情報が必要となる．今回の調査は大都市圏の校長であったが，農村地帯，郊外の校長の調査が必要となろう．また，成功する校長の資質を批判的に分析する必要がある．さらに，学校で社会正義が実践されていく変化のプロセスが詳述されなければならない．これらが今後の研究課題である．

ロ．校長養成へのインプリケーション

　本書で，現状の校長養成プログラムが，公平性や社会正義の観点からは全く機能していないことが理解できた．校長養成の改善が求められるところである．特に，特別教育，英語学習者教育（ELL），カリキュラム，差別とチーム，データの活用，プレゼンテーション能力，貧困，多様な家族との協働，グローバルな視点，などに関する知識基盤が要請される．

ハ．これはただのリーダーシップの好事例に過ぎない

この論文で示した内容は，うまく実践できたリーダーシップの好事例に過ぎない，と考えなければならない．ここに示した「リーダーシップの好事例」は，「すべての生徒の成功を語る」リーダーシップの事例ではあるが，社会正義リーダーシップは「リーダーシップの好事例」を超えなければならない．社会正義リーダーシップは，「周縁化した子どもたちの情緒的，学業上の成功を認めようとしない分離教育や連れ出しプログラム（pull-out program）を終わらせる」（Theoharis, 2007, p. 252）ものであり，その実現のためにはここに示した事例よりも，より苦難と苦闘を伴う実践的なリーダーシップが必要となる（Theoharis, 2007, pp. 247-252）．

第3節　「性向」をめぐる全面戦争

本節では，「基準」で重要な位置を占めていると述べてきた「性向」の43項目のすべてが「2008年基準」では抹消されることになる背景を考察する．これらの出来事は，「『性向』をめぐる全面戦争（all-out war）」（Villegas, 2007, p. 370）と言われ，「戦争」と言わないまでも，「教師教育と社会正義に対する攻撃」（Sleeter, 2009），あるいは「暗い時代」（Butin, 2007, p. 1）と指摘されている．第1は，NCATEの基準の文言に関して，第2は，コロンビア大学の教育方針に関して，いずれも社会正義を問題とする立場からの厳しい攻撃である．

1．NCATEの2008年版基準の改訂をめぐる出来事

本件に関しては，佐藤仁（2012）の先行研究があるが，「基準」との関係から考察されていないので，本書では「基準」の観点からの考察を行う．

2002年にNCATEの認定基準と「基準」とが一体的内容となったことはすでに第4章で述べた．その結果，NCATEの学校管理職の認定基準2006年版の基準1では，教育専門職の候補者は，すべての生徒を支援するのに必要な教育内容，教育学，専門的知識とスキル，性向に関して知識を持っていることを示さなければならない，となっている．そして，「性向」[26]の定義を文末の用語集で次のように述べている．

生徒，生徒の家族，同僚，コミュニティに対する教師の行動に影響を与え，教師自身の成長のみならず，生徒の学習，動機付け，成長にも影響を及ぼす価値，コミットメント，専門職倫理である．これは，ケアリング，公正性，誠実さ，責任，そして社会正義のような諸価値と関係する信念や態度によって導かれている（NCATE, 2006, p. 14）．

　ここで述べられた「社会正義」が，次のような事情で問題とされた．2006年6月に，NCATE は連邦教育省の認証権の更新の手続きを必要としていた．その機会を捉えて，「社会正義」という言葉が教師を養成することにおいて政治的なイデオロギーを促進するものであり不適切だとする訴因をもって，下記三団体から NCATE に対して公式の異議申し立て（file a formal inquiry）が連邦教育省に行われた．三団体は，全米学者協会（National Association of Scholars），アメリカ大学理事同窓生協議会（American Council of Trustees and Alumni），および教育における個人権利財団（Foundation for Individual Rights in Education）（以下，FIRE と称す）であった．連邦教育省で行われた公聴会を傍聴したポーラ・ワースリー（Wasley, P.）によれば，公聴会に出席した三団体の代表者たちからの主張は，社会正義の概念は政治的な意図を含意するものであり，それとは異なる社会的・政治的信条を持つ教師をめざす人たちが排除される可能性があると批判するものであった．また最近の事例であるが，入職審査をする教授が，教師をめざす候補者の，教室での実践能力よりも政治的見解に興味を示したとして，数人の教師候補が大学を訴えたケースもある[27]ことも明らかにされた（Wasley, 2006, A13）．三団体の批判に対して，審議会に出席した NCATE の会長であるアーサー・ワイズ（Wise, A. E.）は，「社会正義」の用語は単に性向の一事例であり，それを関係者に強要するものではない，また認証を受ける機関にはそれぞれに性向の評価基準を選択する自由がある，と主張し，三団体からの批判は根拠のないものであると主張した．しかしワイズはそれ以上の議論が行われる前に，NCATE の認定基準の文言から「社会正義」を外すことを明言した（Wasley, 2006, A13）．ワースリーによれば，全米学者協会と FIRE の代表は，この NCATE の発表を喜ばしいと受け止めていたが，アメリカ大学理事同窓生協議会の会長アン・ディール（Deal, A. D.）は，公聴の後のインタビューで，次のように述べたと報告している．す

なわち，高等教育機関の中には，すでに NCATE の基準を教師教育の使命声明に盛り込んでいるものや，教師評価に政治的リトマス試験紙として活用している機関が存在しているとし，NCATE が「社会正義」を認定基準の文言から取り除いたからといって問題が取り除かれたわけではないと主張した（Wasley, 2006, p. A13）．この発言が，次項で述べるコロンビア大学問題へとつながっていくものと考えられる．

　上記のような社会正義の議論を経て，NCATE の 2008 年版認定基準では，次のような修正が施されている．第 1 は，NCATE の 2006 年版認定基準では，基準 1 で「教育専門職の候補者は，すべての生徒を支援するのに必要な教育内容，教育学，専門的知識とスキル，性向に関して知識を持っていることを示さなければならない」となっていたが，「性向」に関しては，2008 年版で「すべての生徒を支援するために必要な専門職の性向」と変更されている．専門職として，支援するという行為に中心を置く規定であり，そこに排除の意図が入り込む余地がないことを示そうとしたものと考えられる．第 2 は，NCATE 認定基準に含まれる用語集において，「性向」の項目が削除され，次のように定義付けした「専門職の性向」が挿入されている．

> 教師が生徒や保護者，同僚，コミュニティと交流する際の言葉による，あるいは言葉を使わない行動を通して示される専門職的な態度，価値，信念であり，これらの積極的行動は，生徒の学習と発達を支援するものである．NCATE は認定教育機関に対して，教育現場での観察可能な行動に基づき専門職的な性向を評価するように期待する．NCATE が評価として期待するのは，公正性と，すべての生徒は学べるという信念の 2 つの専門職的性向である．これらの使命や概念枠組みに基づき教育機関は追加的な性向を同定し，定義付け，活用することができる（NCATE, 2008, pp. 89-90）．

　2006 年版の定義と比較して，最も顕著な修正は 2 点あると考えられる．第 1 は，「専門職倫理」，「ケアリング」などとともに，「社会正義」の用語が消えたことである．第 2 は，「性向」が，「教育現場での観察可能な行動」として評価されるという表現が用いられたことである．「基準」の 2008 年版改定でキーワードとなっている「観察可能な」という用語が重要であると考えられる．これは，すべての教育的活動はその効果について計測された計数に基づいて評価することができなければならないという考え方が浸透したものと考えられるとと

もに，これまで議論してきた実証主義的な考え方に力点を置き，主観主義的な考え方が否定されたものと考えられる．

こうして，2008年版NCATE認定基準の本文およびその付属の用語集で，「性向」が「専門職性向」に修正され，「専門職の性向」には，「ケアリング」などとともに「社会正義」が消えることとなった．

しかし一方で，2008年版のNCATE認定基準の前文には，NCATEの執行役員会（Executive Board）で裁可（ratified）された事項として，「行動への呼びかけ（Call to Action）: NCATEと社会正義」と題する「呼びかけ」を新たに挿入した．そこではNCATEが社会正義を標榜するのは，NCLB法がどの子も置き去りにしないことを求めているからであるとし，社会正義が求めるものは，すべての子どもたちにクオリティの高い教育を保障することによって，NCLB法の約束を達成することである，という論理を打ち出している．つまり，「執行役員会」の責任のもとに，NCLB法を達成するために社会正義が必要であるとし，非難を受けない形式をとるように配慮して「社会正義」の内実を重視しようとしたものと考えられる[28]．「行動への呼びかけ」で教育者たちに求めたのは，すべての人種，民族，障害者／特異性を持った者，および社会経済的に低グループの子どもたちを高いクオリティの教育へ成功裏に導くことのできる活動を行い，知識，スキル，専門職的性向を提示することである．具体的にNCATEの養成プログラムが教師志望者たちに求めたものは，次の6点である（NCATE, 2008, p. 7）．これらの内容は，「基準」の「性向」項目で「社会正義」を求めるものとしてまとめられた項目と，若干の表現に違いがあるものの，同内容となっている．すなわち，NCATEは「性向」項目を形式上は削除したが，実態としては守ったと考えることができる．

- 生徒を指導するのに必要とされる教科内容の知識を持っていること．
- 効果的に授業するのに必要な教育学的，専門職的な知識を持っていること．
- すべての生徒は学べるという信念を具現化すること．
- すべての生徒に，ケアリング，非差別的，公平な態度で，彼らの教育上のニーズに対応することによって教育実践の場で公正な立場を示すこと．
- 人種，階級，性，障害・例外，性指向，言語に基づく差別が生徒や，その学習に与える影響を理解すること．

・生徒の学習を促進するような態度で，持てる知識，スキル，専門職的な性向を適用
　できること．

2. コロンビア大学の教員養成プログラムに対する批判

　コロンビア大学では，その教員養成プログラムに対して FIRE から 2006 年
から 2 年にわたって厳しい批判を受けた．FIRE はその主張するところをコロ
ンビア大学からの僅かの返答を交えて同財団のホームページに公開し，世論に
訴えようとした．

　FIRE の主張の要点は，前述のように，NCATE がその基準から「社会正
義」の用語を取り下げることを明言したことを受けて，コロンビア大学におい
ても NCATE の基準に基づいて定めている「大学の方針（Conceptual
Framework）」[29]について，コロンビア大学に修正を求めたものである．FIRE
のホームページから主要な主張を下記にまとめた．FIRE は，「性向」が人々
に「こうあるべき」と求める性格を持っていることを捉えて，連邦憲法が保障
する自由に抵触するという側面から批判したものである．

(1) FIRE 法務担当役員からコロンビア大学学長宛の手紙（2006 年 9 月 15 日付）[30]

　その要旨は以下の通りである．

① FIRE は，コロンビア大学 Teachers College[31] では，「大学の方針」の
「専門職としてのコミットメントと性向」の条項にしたがって，学生および入
職前の教師を評価する政策をとっているが，それは表現と良心の自由に対する
脅威であると深く憂慮する．

② 性向は学生のモラルと知的活動に干渉するものであり，受け入れられない．
さらに，性向は混乱と乱用を招くような不明確な語句を含んでいる．最も関心
があるのは，学生に「多様性の尊敬と社会正義へのコミットメント」を要求す
る性向である．

③ 20 世紀においては，ある人にとっての社会正義は，他の人にとっては全
体主義的な暴君の考え方となる[32]．コロンビア大学に入学する学生の目的は，
教職に必要な知識とスキルを獲得することであり，狭い意味を持った政治的概

念を受け入れることではない.

④ 「社会正義」を信奉することは特別の政治的文化的な世界観にコミットし,信じることであることを認めるように学生は期待されている.特別の政治的文化的世界観とは,「社会的な不公平は組織的な差別を通じて作り出され,永続的なものとされ,また能力,社会的流動性,個人の責任によって正当化される」[33]という考え方である.

⑤ アメリカの連邦憲法は,コロンビア大学のような私学が学生の自由を保障していない[34]ことを承知しているが,ここで要求していることは,修正憲法第1条に込められた賢明かつ道徳的な原則に注意を払い,多様な意見をオープンに交換することである.

(2) FIRE 会長からコロンビア大学学長および Teachers College 学長宛の手紙（2006 年 10 月 18 日付）[35]

その要旨は以下の通りである.

① 上記 9 月 15 日付の FIRE の手紙に対してコロンビア大学からの返信があった.その中でコロンビア大学は次のように述べている.「大学の方針」は,Teachers College の教師教育に関する,現状での統一したビジョンであり哲学である.すなわちそれはいかに教えるべきかを述べたものであり,いかなる価値が教えられるべきかを述べたものではない,と.

② しかしわれわれの関心事は,イデオロギーのリトマス試験紙ともいうべき基準の条項が,不明確ではあるが政治性を帯びた概念である「社会正義」へのコミットメントを学生が示すように要求していることであり,それが修正されるまでは攻撃の手を緩めることはない.

③ なぜなら,自由と知的研究の価値を標榜している大学においては,上記のような考え方は,学生が考え,信じ,意見を表明する権利の侵害に当たるからである.

④ FIRE は,理論だけを述べているのではない.過去に大学の管理者たちが,「社会正義」のような不明確な基準を採用し,大学の見解に同意しない生徒を制裁してきた多数の事例が,ニューヨーク州のレ・モイネ大学,ワシントン州立大学,ロードアイランド大学などで見られる.学問の自由への裏切りを止め

るには，リベラルアーツ教育の価値を考慮し，政治的なリトマス試験を取り除き，最も重要なことは，学問の自由への裏切りに対して教育の不幸な副産物ではなく，教育に対する恵みであり，支援となることを認識すべきである．

(3) その後の交信

① FIRE からコロンビア大学学長および Teachers College 学長宛の手紙（2007 年 5 月 9 日付）．その要旨は，これまでのところコロンビア大学から返信がなかったので，再度これまでの論点を述べる，という内容である．

② Teachers College 学長から FIRE 会長宛の手紙（2007 年 5 月 11 日）[36]全文

「FIRE 会長　ルキアノフ殿

5 月 9 日付け貴信に対して，Teachers College の上級管理職および教授陣が協議をする機会を持ち，FIRE とのこれまでの交信で示された専門職の性向に関して議論を行い，次のような結論に達した．第 1 に，当学においてはイデオロギー的なリトマス試験は存在しない．第 2 に，われわれが推奨している学術的，教育学的行動はいかなる程度の思想のコントロールや他の形式での強制も存在しない．今は多忙な年度中であり，われわれは教育実践に集中している時であり，実践に使用される言語について十分な時間を割くことができない．本件は将来的に検討していく計画である．本件に関して貴機関が示された関心に感謝する．

サイン　　Susan H. Fuhrman」

③ FIRE 会長から Teachers College 学長宛手紙（2008 年 3 月 12 日）．その要旨は，残念ながら，これまでのところ Teachers College は適切な対応をしてこなかったので，再度論点を整理して改善を要求する，と述べている．

交信はこれで終わっている．コロンビア大学は私学であり，これ以上の追及は意味をなさないと FIRE 側も考えざるを得なかったと考えられる．

3. 「性向」をめぐる全面戦争の「基準」に与える影響

NCATE の問題は公聴会での全面対決という構図になったために，NCATE は形式上は引き下がることで，認証権の更新という実益を取ったし，コロンビア大学は私学であるがゆえに，紙上の議論で終わることができた．しかし「社会正義」への批判が収まったわけではない．2008 年 8 月，全米学者協会の会

長であるピーター・ウッド（Wood, P.）は，マサチューセッツ大学アマースト校をはじめ，少なくとも 25 大学で社会正義に関するプログラムが採用されているとして，さらに厳しい批判を全米学者協会のホームページ上で展開している．その内容は以下の通りである．

> 「社会正義」という用語は，共通性のない多様な源を持つ多様な意味が集積してきたものである．プロテスタント教会においては，「社会正義」は孤児，寡婦，貧困者，ホームレスへの支援を提供する義務であり，慈善の支援を意味していた．しかし，共産主義者は「社会正義」を階級闘争の目標であり，リベラルな社会理念を明白に拒否するものであると理解していた．また社会主義者の見解は，もう少し広い意味合いで，富の再配分を支持し，私有財産を攻撃するプログラムと見ることができる（Wood, 2008）．

この指摘では，「社会正義」はプロテスタント的な慈善の支援であるべきで，そうではないリベラル，社会主義，共産主義は同類のものとして，すべてを危険視していると考えられる．

UCEA の専務理事であるミッシェル・ヤング（Young, M. D.）は，*UCEA Review* 誌 50 周年記念号の論文でポール・クルーグマン（Krugman, P.）を引用し，クルーグマンは「『保守派ムーブメント』が，メディア，シンクタンク，経済的利益に後押しされた政治組織などを巧妙に組織化したマシーンにして，その本来の目的として，新ニューディール[37]とそれに関連する社会政策の反転をめざしている」（クルーグマン，2008，15-17 頁），と述べていると指摘している（Young, 2009, p. 1）．本節で述べた出来事は，冒頭で述べたように，「暗い時代」（Butin, 2007, p. 1）の中での出来事であったと捉えることができよう．必然的に，「基準」の中心的な概念である「性向」，中でも「社会正義」は批判を受けることになったと考えられる．

第 4 節 「2008 年基準」の作成

本章では，ここまで相当の紙幅を使って，アカウンタビリティと社会正義の相剋を捉えてきた．しかし，既に 40 州以上の州において学校管理職基準のモデルとなっていた「基準」が自働的に改訂されることはない．改訂にいたるに

は，「基準」の発行元であった CCSSO から改訂の提案が不可欠であった．以下で，CCSSO がいかなる立場でどのような論理で，改訂の提言をしたのかを見ておこう．第6章でも議論することになるが，CCSSO がその立脚点を「基準」から，アカウンタビリティを重視する立場へと微妙に変化させていく姿を把握することができる．この分析を通じて，校長のリーダーシップ像の揺らぎが確認できるはずである．

なお，「2008 年基準」は6基準からなるが，表現にわずかの違いがあるものの，内容は「基準」と同じであることから，6基準の文章をここには記載していない．

1. CCSSO による「基準」改訂の提案

CCSSO は 2006 年に，「変化する公教育の環境における教育上のリーダーの専門職基準の改訂（*Updating Educational Leadership Professional Standards in a Changing Public Educational Environment*)」（以下，CCSSO, 2006）と題し，NPBEA に対して改訂の要請（A request）を行っている．その内容は以下の通りである．

(1) CCSSO からの「基準」改訂の提案

① **表明された CCSSO の役割の変化**　「基準」の冒頭で，「基準」の作成チームであった ISLLC は CCSSO のプログラムの1つであると述べられている（「基準」, p. 3)．つまり，CCSSO は「基準」の作成者であり，発刊元であったのである．しかし CCSSO (2006) では，NPBEA が「基準」を作成した功績をたたえる形で，NPBEA が「基準」の作成責任者となるべきことを間接的にのべ，したがって，NPBEA に改訂を要請するという形をとっている．つまり，CCSSO は「基準」の版元としての責任のみにおいて，その改訂理由を説明していることになる．

② **CCSSO による「基準」に対する批判**　CCSSO (2006) は，ISLLC チームを開発者たち（developers）と呼び，自らを第三者の立場に置いて，以下のように「基準」を評価し，批判を行っている．

まずは，授業と学習に関する中部地区研究所（Mid-continent Research for Education and Learning: McREL）のティム・ウォーターズ（Waters, T.）とサリー・グラブ（Grubb, S.）の論文による批判の引用である．それによれば，「基準」は，その基盤となったとされる研究の成果を具体的な明細をもって証明できていない．さらに，「基準」はその，「知識」，「性向」，「行動」の指標に関して，どの指標がより重要なのか，その重要度の順位をつけていないことが問題である．その点が明確でなければ，どのリーダーシップ基準が生徒の学業と積極的な関連があるのかを判断するについて，また養成プログラムや免許の基準における優先項目を決定するについて，政治家や養成プログラム作成者が困難に直面することになる（Waters & Grubb, 2004, pp. 4-6）からとされている．

　同様の指摘が，Stanford Educational Leadership Institute のステファン・デイビス（Davis, S.）らによっても行われている．それによれば，「基準」は以下の 4 点において，リーダーが直接的に参画する方法を示しておらず，効果的リーダーシップ実践の特徴を低く見ていると考えられる．①カリキュラム・デザインの作成と実践，②効果的な授業と，学生の実践についての評価への支援と促進，③教職員個人の実績と学校の成果の認識，④教師，生徒，その他の利害関係者の個々の状況に応じたニーズに向かい合うように，リーダーシップを適応させること（Davis et al., 2005, p. 6）．

　これらの批判のまとめとして，デイビスは，「生徒の成績に関連して，もっと違ったリーダーシップ戦略の重要性があるのではないかとの疑問がぬぐえない」（Davis, 2005, p. 7）と述べている．すなわち，学習成果を上げる戦略が必要であると指摘しているものと考えられる．

　これらの指摘をもとに CCSSO は，「基準」は学校の経営管理（school administration）の職務内容をマネジメントから教育上のリーダーシップへ，アドミニストレーションから学び（learning）へと重点を転換させるべき（CCSSO, 2006, p. 1），とした．言い換えれば，生徒の学業と結び付いたリーダーシップ論が必要であるという点を強調しているものであり，学力向上を強く主張する教授的リーダーシップに基づく新しい基準が必要とされたものと考えられる．

(2) 教育現場からの要請

作成された「2008 年基準」（CCSSO, 2008a）の序文には，「基準」には不足していたもので，今の時代に求められているものが示されており，そこから「基準」の改訂が必要とされた理由を読み解くことができる．それはスタンダードの最終的な目標が生徒の学力向上にあるということである．新しい基準では，政策決定者，教育上のリーダー，関係機関間の協調関係の改善によって，以下のような課題に応える必要がある（「2008 年基準」, p. 5）とされている．

- 教育学研究科（school of education）[38] は，教育上のリーダーがあらゆる子どもの学力向上基準を満たすために何を理解する必要があるのか．
- いかにして教育学研究科は，首尾一貫した様式で効果的にそのような知識を伝達できるのか．
- 生徒の学業成績を向上させるために，いかにして学区や学校は，教師養成プログラムの志願者の技術と成功を評価するのか．
- いかにして適切な教師継続教育プログラム，もしくは新しい校長のためのモニタリング・システムを評価するのか．
- いかにして現在の学校管理職たちが，アカウンタビリティの目標を満たしていることを評価するのか．

さらに，「2008 年基準」には「学力向上の厳しい要求（high profile demands）」（p. 1）という表現が使用されており，そこには「子どもの学力向上」を重視していること，そのために，管理職をめざす人々には，そのための知識が伝達されねばならないこと，管理職になればアカウンタビリティを強く求められていることが理解される必要があること，などの要求が込められていると考えられる．そのような強い理由があって，学力向上を強く謳った新しい基準が必要になったものと考えられる．

(3) 関係者の証言

筆者が面談した「2008 年基準」の主筆であるリチャード・フラナリー（Flanary, R.）は，CCSSO などの研究者たちは学力向上を重視する新しい管理職の基準を示す必要に迫られていたとし，その理由を次のように説明した[39]．

各州が，2002 年から実施されている NCLB 法の諸条件を充足して連邦補助金を得るためには，その前提として学力向上状況の計測が可能な指標を備えた

州の教育法規を整備する必要があるが，多数の州で問題となったのは，「性向」のように計測が困難な内容が多数含まれている「基準」をモデルにして州の管理職基準を法制化してきたことであった．そこで州の利益を代表する CCSSO が主導して NCLB 法に沿った内容で「基準」を改訂し，NCLB 法に適合する州法への改正を可能にした，という説明であった．

2. 「2008 年基準」の内容と特徴

(1) 形式上の特徴

作成された「2008 年基準」には，2 点の形式上の特徴がある．第 1 は，政策基準となっていることである．「基準」は『学校管理職の基準（*Standards for School Leaders*)』であったが，「2008 年基準」の正式名称は本章冒頭で述べたように，policy standards（政策基準）となっており，「州の政策立案者のガイド」（「2008 年基準」，p. 1）となっている．この点に関して，「2008 年基準」では，「ここでのスタンダードは政策スタンダードであり，政策と理想像を設定するために，政策レベルで議論されるためにつくられたということを明白に宣言する」（「2008 年基準」，p. 5）と厳しい調子で述べられている．この背景には，「基準」が本来政策基準であるべきなのに，「いくつかの組織が，実務者のための基準もしくはプログラム基準などの本来目的とは異なった使い方をして混乱させたという認識があった」（「2008 年基準」，p. 5）とされる．

しかし政策スタンダードでなければならない実質的な理由は，第 1 に，NCLB 法制が連邦―州―学区―学校という，確立したヒエラルキーの下で展開されねばならないという考え方の下で，新しい基準はそのシステムに沿ったものでなければならないと考えられたこと，第 2 に，政策立案は州が行うべきもので，「いくつかの組織」が制度を自由に利用したり，修正を加えたりするような弾力的な運用を防ぐ，ということであったと考えられる．「基準」のように校長らが実践で使う基準は，州が独占的に作成しなければならないという考え方であり，現場での専門職性を認めないことにつながる考え方であったといえよう．

形式上の特徴の第 2 は，基準の本文のほかに，実施要領ともいえる『教育上のリーダーに期待される行動成果とその指標（*Performance Expectations and*

Indicators for Education Leaders)』(CCSSO, 2008b)[40]が作成されたことである.
同文書の作成理由は,「2008年基準」が政策基準であり,政策スタンダードを
より小規模の組織で活用される(「2008年基準」,p. 11)ための指針が必要になっ
たからであると考えられる.そのため,後述するように,その内容は「2008
年基準」の期待する本音が示されていると考えられる.「基準」から「2008年
基準」への変化は文言上では最小限にとどめ,実質的な変化を同文書で示した
ものと考えられるので,「2008年基準」と『教育上のリーダーに期待される行
動成果とその指標』を一体的に把握する必要がある.

(2) 内容の特徴

「2008年基準」本文と『教育上のリーダーに期待される行動成果とその指
標』から5つの特徴が見て取れる.

第1は,「基準」の6基準と「2008年基準」の6基準とは同内容である.し
かし,この点を除いて,「2008年基準」は,前述したように,全面的に「生徒
の学力向上」を求める内容となっていることである.

第2は,「基準」の重要なポイントであると述べてきた合計182の「知識」,
「性向」,「行動」の項目が,「2008年基準」ではすべて消去され,代わって,
合計31の「機能」項目[41]が示されたことである.「性向」の182項目をなくし
た理由を,「2008年基準」は,「急激に変化する教育政策の状況では,一組の
基準は,それが基礎に置いている情報と同程度においてのみ妥当性がある.
(中略)『基準』が制限的過ぎたという事実がある.リーダーシップ指標を列挙
することが不本意にも制限的なものになった.一方,徹底的なリストであれば
含まれていたかもしれない他の領域が含まれていないからだ」(「2008年基準」,
p. 5)と説明している.また前述のフラナリーの証言のように計量不可能な指
標は不適切であるという理由もあったと考えられる.

しかし,本書で特に指摘したいのは,「2008年基準」作成の前年に起こった
NCATEやコロンビア大学への攻撃事案が,「性向」を避けようとする力を引
き起こした直接の原因ではないかと考えられることである.

第3は,客観的に計測できるということを前提とした「機能」項目が示され
たことである.「機能」という用語が示すように,機能主義的な内容となって

いる．例えば，『教育上のリーダーに期待される行動成果とその指標』の 1 の
A 項目で，「計量可能な期待」という表現がある．この考え方が「機能項目」
に浸透しており，「生徒の成績向上をモニターするための評価方法とアカウン
タビリティ・システムを発展させる」（基準 2 の機能項目 E），「指導状況（in-
struction）を監督する」（基準 2 の機能項目 D），「管理および運営の制度をモ
ニターし，評価する」（基準 3 の機能項目 A），などいずれも計量可能なこと
を前提とし，生徒の成績向上を達成するために教員の教授実践のモニターと評
価を校長に求める指標が示されたわけである．

　第 4 は，「2008 年基準」が官僚制に基づく，階層的な教育システムを前提と
しており，校長の自律的な専門職性を認めていないことである．官僚制に基づ
く階層を前提としているといえる根拠を示せば，まずひとつは，「2008 年基
準」が「政策基準」となっており，官僚が，校長などスクールリーダーのある
べき姿を定めていくためのガイドラインとみなされており，官僚は一段高い立
場にいることが明らかなことである．もうひとつの根拠として，「2008 年基
準」は，学校を指導する立場の官僚には適応されないのではないかと考えられ
る．「基準」は序文の冒頭に，「基準」は「校長にとどまらずほとんどすべての
公式的なリーダーシップポジションに適応可能な共通した基準」（「基準」，p.7）
をめざすと述べて，「教育者と政策形成者」の両方を対象としていた．「2008
年基準」では，「政策形成者」は基準を作成する立場であり，その「政策形成
者」自身が「2008 年基準」にしたがって職務を行うことは構想されていない．

　次に，なぜ，「2008 年基準」が校長の自律的な専門職性を認めていないと考
えられるのか，その根拠としては，『教育上のリーダーに期待される行動成果
とその指標』の「1. ビジョン，使命，目標」で，校長らには「生徒の学業達
成を確かなものにする」ことのみが目標として求められており，「基準」の求
める「すべての生徒の成功を促進する」という幅広い目標が期待されていない
こと，が挙げられる．また，校長らには，「生徒の学習の共有されたビジョン
と目標に奉仕するために，教師がいかなる仮定，価値観，信念を持ち，実践を
行っているかを検証（examine）することにコミットする」という，教師らを
監督し，その専門職性を認めないような職務が期待されている．したがって，
校長自らも専門職性を認められず，その信念や価値観を上層部から検証されて

いる立場である，と考えられるからである．

　第5は，「基準」に対して向けられた厳しい批判に対して，できるだけ応えようとする努力が示されたことである．まず，調査データの不足と，調査に基づかない理想になっているという批判があった．この問題点を解消するために，基準および機能項目のそれぞれの作成根拠となる105本からなる先行研究が示された[42]．さらに，「性向」に関する厳しい批判があったが，これに対しては「性向」項目をすべて消し去るという対応を行った．そのような対応策の結果であろうが，「2008年基準」に対する批判は，管見の限り出ていない．

3. 「2008年基準」の教育史上における存在意義

（1）　NCLB法と子どもたち

　「2008年基準」はNCLB法の強い影響を受けた基準であるという仮定を持っているため，本章の紙幅の相当部分をNCLB法の考察に充ててきたが，NCLB法が子どもたちにどのような影響を与えてきたのか，その考察が不十分であったと考えるので，改めてその点についてここで述べておきたい．

　ラビッチが言うように，NCLB法は，「豊かでバランスが良く，体系性のあるカリキュラムを提供する公立学校を構想」するものではなく，「いかなる教育的理想も存在しない」ものであった（ラビッチ，2013，41頁）という評価は，当を得ていると考えている．しかし，リーダーシップ論における公正性や社会正義をテーマの1つとしてきた本書にとっては，アメリカの教育行政・経営学の分野においては黒人問題や貧困問題には研究の蓄積があったものの，それ以外に周縁化されたグループが多数あり，様々な人々が多数いることがNCLB法によって白日の下に曝されたものであり，周縁化された人々など困難を抱える人々の問題解決の必要性を改めて明るみに出す効果をもたらした，という意味合いにおいてNCLB法が教育史に与えた影響は大きいと考えられる．1990年代後半に促進されたスタンダードとテストによってアカウンタビリティを強く求める政策が展開されるのに伴って，これまで学力格差が教育現場では実感されてはいたが，それはデータとして明瞭な姿が示されてこなかった．しかし，NCLB法は，障害者や移民など英語の習熟が必要な生徒などを含め，学力格差を数字で，かつ全国規模で明らかにした．その結果，ダーリング＝ハモンド

の言葉を借りれば,「侵入してくる法規に対して全国から,ある種の怒り,戸惑い,混乱」(Darling-Hammond, 2004, p. 4) があふれ,当然のように社会正義の議論が盛んに行われるようになったと考えられる.

(2) 「2008 年基準」の意義

「2008 年基準」の作成が,NCLB 法から直接的な影響を受けてその内容に沿って作成されたことは,前述の通りであるが,社会正義に関わる事件からの影響も多大であると考えられる.「基準」で示された 182 項目の「性向」項目は,実証主義と主観主義とを統合した複合パラダイムに基づくリーダーシップ論であったことを第 4 章で述べてきたが,それらが「2008 年基準」では一挙に削除されたこと,また学力の「計量可能性」が重視されるようになったことを併せて考慮すれば,「2008 年基準」が再度,実証主義的な色彩を帯びることになったと考えられる.

また「2008 年基準」は「政策基準」となったことで,校長ら教育上の管理者たちが利用するものではなく,官僚が利用するためのものとなった.この結果,校長や教師の専門職性が損なわれることになるとともに,これまで官僚制の問題点が指摘されてきたにもかかわらず,結果的に官僚制に与する基準になったことも看過できない.教育における専門職は,官僚から与えられる仕事,具体的には生徒のテストの点を上げることを適切にこなすマネジメントの役割を担うことになったと評価できる.

「基準」から「2008 年基準」への改訂によって,教育の根底になるべき文書であっても,政治情勢の変化に容易に影響を受けやすいこと,それも政治指導者からの影響を受けやすいことを改めて経験することができた.教育の指針となるべき文書は,長いスパンで考えることのできる専門職のためのものであり,現場の知識と経験に裏打ちされた専門的な知識によって作成されねばならないという教訓を残したと考えられる.

小括

1.「基準」が「2008 年基準」に改訂された背景と「2008 年基準」の特徴

「基準」が改訂された直接の原因は,「基準」が計量できない「性向」のような概念を重視しており, NCLB 法を実施する州当局にとっては, NCLB 法の「計量可能」で,「学力増進」を重視する政策に沿った管理職基準が必要になったと考えられたもので,「基準」の版権者である CCSSO が先導する形で, 改訂が行われた.

したがって「2008 年基準」は, 6 基準の表現そのものは「基準」から変化していないが「基準」で重要とされていた「性向」などの指標が完全に消去され,「計量可能」な指標のみが残された基準となった. また,「2008 年基準」は, 校長など管理職のためのものではなく, 教育行政職が校長など学校リーダーを規制監督する基準として作成されたもので, 連邦の教育政策が一貫して末端までいきわたることをめざしたヒエラルキー構造の一翼を担うものになっている.「2008 年基準」で示されているリーダー像は, リーダーというよりも有能なマネージャー像といえるのではないか.「2008 年基準」が作成された理由とその特徴は以上であるが, その背景には, 本章のタイトルに掲げているように,「アカウンタビリティ」と「社会正義」論の激しい闘いがあったことが重要であろう.

2. アカウンタビリティと社会正義の相剋から社会正義リーダーシップ論への到達

NGA のレポート『結果を出す時』で,「学業基準が高まれば, 生徒によっては高い基準によって, 許されざる障壁を課されることになる」と述べていた懸念が, 1990 年代, アカウンタビリティ政策が徐々に強化される中で, 現実のものとなったのである.

これに対して, 社会正義の議論が高まり, 社会正義を教員に教える大学院教育が全国で拡大していた. そんななか, UCEA の 2002 年会長になったゲイル・ファーマンは, 本書ではそれが社会正義リーダーシップであると捉えた, 新しいリーダーシップの理論を提唱している. 彼女によれば, リーダーシップ

を論じる時には,「何のためか(for)」を考える,例えば,学校改善,すべての生徒の学習,民主主義的なコミュニティ,社会正義,倫理的な学校教育などを目的として定め,そこから逆向き設計で,あるべきリーダーシップ像を描くべきだと提唱した.「何のためか」という議論は重要な議論であると考えられる.ファーマンの主張する「目的」とは,道徳的な目的であり,それは社会正義であり,民主主義的なコミュニティであり,すべての生徒の学習への理解であるとされる.

　実践面では,NCLB法が実施されている時期に,NCLB法が求める成績の向上を実現しながら,社会正義の教育を実践した校長が複数存在する.彼らは特別支援の子どもたちを通常教室に入れ,批判の多いトラック制をとらず,真正のアカウンタビリティを実施し,一人ひとりの成長を見守るなどの施策をとった.これらの校長の施策に対して,教員や保護者からの激しい抵抗があったとされる.この実践の結果は,社会正義リーダーシップを発揮しつつ,アカウンタビリティの求める条件をクリアすることが可能であることを示した.

3. 社会正義への攻撃

　「社会正義」という用語に対して,保守系の専門職団体から激しい攻撃が,NCATEやコロンビア大学に対して,公開で行われた.彼らの発言から,「社会正義」とはプロテスタント教会で行う,慈善の支援を意味し,そうではないリベラルな考え方,社会主義,共産主義を同類視して,すべてを危険視していたと考えられる.彼らは,子ども一人ひとりが持つ価値や,子どもが生来持つ学習権には触れていない.この問題が,「基準」を改訂させる大きな動機になったことを記しておかねばならない.

4. 欠損思考(DT)と「すべての生徒が学べる」という言説

　本章の考察を通じて,アメリカでは「すべての生徒が学べる」という言説が,捉え方の違いがあっても,広く知られるようになっていたことを述べてきた.しかし一方で,教師の間ではDTパラダイムや「この子たち症候群」(「この子たちは学ぶことができない」と考える教師の症状)が広がっていて,教育上の思考や実践に深く影響を及ぼしており,教育現場では有色人種や貧困家庭の

子どもたちの学習可能性を否定した DT のような思想が支配的になっていた，という報告は極めて重要であると考える．アカウンタビリティが教育現場で強化されるに伴って，DT 思想は消えていったという報告も紹介したが，学区の教育長レベルではそうであったかもしれないが，理論ではなく，実際に毎日生徒に向かい合う校長や教員ではどうだったのか，確証はない．因みに，後述するように 2009 年頃にも，「この子たち症候群」が現場の教師に見られている．

　本書の根底にある問題意識としてきた「リスクのある生徒」たちは，日本の現職の教師たちにどのようにみられているのだろうか，一部の教師の心底には DT や「この子たち症候群」に近い考え方を持つ人もいるのではないか，それが生徒同士のいじめや，時に教師によるいじめなどの現象として表面化するのではないかなど，本章はこの問題意識を改めて高めることとなった．

1) 同法の全文は以下を参照．https://www.cde.ea.gov/ta/ac/pa/（2019/12/6 最終アクセス）
2) つまり成績が良ければ，倫理・道徳のような人間性は問われないということを意味する．
3) 7 州と 7 件の論文明細は以下の通りである．

　オハイオ州：Dantley, M. & Cambron-McCabe, N. (2001) *Licensure of Ohio school administrators and social justice concern,* Paper presented art the Ameican Educational Research Association annual meeting, Seattle, WA.

　ジョージア州：Gerstl-Pepin, C. (2001) *Administrative licensure in Georgia,* same as above.

　ニューヨーク州：Larson, C. (2001) *Rethinking leadership: New York efforts to produce skilled and knowledgeable leaders for our school,* same as above

　ノースカロライナ州：Marshall, C. (2001) *School administration licensure policy in North Caroline,* same as above.

　インディアナ州：McCarthy, M. M. & Murtahda, K. H. (2001) *Standards-based certification management and leadership philosophy in educational administration,* same as above.

　テキサス州：Oliva, M. (2001) *Social justice and Texas educator-certification,* same as above.

　ニュージャージー州：Rusch, E. (2001) *Preparing leaders for social justice in New*

Jersey, same as above.

4) ここでの公平性と社会正義の違いは，前者が特定のグループに対する分配の公平性を問うのに対して，後者は個々人の不平等な扱いを問題にしていると考えられる．

5) Deficit thinking（DT）は，特定の人種や階層に属する人々には生来的な能力の欠損があるとする，根拠のない差別的な考え方である．本書では，そのような考え方を根絶しなければならないという立場で論じている．「欠損思考」という表現は差別的な用語と見なされる可能性があるが，定訳がないことから，原語の差別的な意味をそのまま表現しておくこととする．今後，適切な表現を見出していかねばならないと考えている．

DT とならんで，ableism（健常者優位主義）の存在が多くの研究者によって論じられているが，ここではトーマス・ヘアー（Hehir, T.）の ableism 批判を取り上げておこう．Ableism は文字通り，健常者が障害のある子どもより「良い」と感じるために，「障害者と認められたくない」という傾向である．ヘアーによれば，この傾向のために，全生徒の約 5% を占める学習障害者（learning disabilities）（以下，LD と称す）に与える影響が大きいとされる．そのメカニズムは次のように説明されている．障害のある子どもへの効果的な教育を阻んでいる原因として，教師も保護者も障害者ラベルを貼られることを嫌うために，早期の教育介入がしにくいことにあるという．そこには深く根差した恥辱意識が働くからであるとされる．また LD の連邦の定義においても，IQ と実際の成績との差が認められない場合（成績が悪いが IQ は悪くない，あるいはその逆の場合）には，LD と判断しないことも影響しているという．幼稚園児（K-1）の 12〜18% に LD が見られ，適切な介入教育がその 70% に有効に働くという証拠があるとして，幼児からの次のような 3 点の介入教育の重要性を論じている．第 1 は，障害者を，すでに問題視され対応策も存在する多様性の中に加えること，第 2 は，障害のある子どもに，彼らにとって効率的で有効と考えられるスキルや表現方法を奨励すること，第 3 に，LD と認定されれば，個人別の教育プログラム（Individual educational program）を提供し，特別支援教育を「特別な教育」とすることである（Hehir, 2002, pp. 1-32）．

6) 社会正義と公平性に関しては，前述のように，社会正義は「卓越性と公平性」の下位概念として理解され，州の管理職基準の「ビジョン」項目に，「卓越性と公平性」が含まれておれば十分と考えられてきたという調査結果がある．社会正義と公平性はいずれも，人種，性，階級などの要素で，ほかの人たちと違った扱いを受けている状態を批判する用語であるが，公平性は，あるグループが，法的，制度的に配分上の不平等を受けている状態を問題としているのに対し，社会正義は，一人ひとりの個人が，例えば，DT 問題のように法や制度の俎上に載ることなく，物的，身体的，精神的に

も不当な扱いを受けていることを批判する概念と考えられている．したがって，公平性の問題は少なくとも文書などで触れておくことが必要と考えられ，リップサービスが必要になるが，社会正義の問題は法的・制度的な問題として取り上げられる余地も必要もないがゆえに，黙らせられたり，周縁化されることになっていたと考えられる．

7) Shipman & Muphy (1999), p. 1 の引用にあたって 2 つのミスがあったのではないかと考えられる．第 1 に，当該論文のページ数は，reference で正しく記載されているが，p. 1 ではなく，pp. 13, 18 である．第 2 に，引用されているかぎ括弧の文章に相当する表現は原文に見当たらず，類似する内容が p. 13 に見られる．そういう意味のことを言っている，あるいはそういうふうに理解されている，とマーシャルは述べているものと理解しておきたい．すなわち，「基準」は社会正義などを含意しているという説明を第 5 章で行ったが，そのような内容が重視されず，あるいは無視されて，「基準」は「教育上の結果を強める」ために作成されたものであると養成教育や教育現場では理解されてきたという状況を説明しようとしたものであり，言わば，「基準」は骨抜きにされていることを Marshall (2004) は示そうとしていると考えられる．

8) 原文はイタリック体になっている．

9) マーシャルは，「基準」および「基準」に準拠する SLLA に対して批判的であることを示した文章である．

10) 人的資本論については，既に第 1 章の註 4 で述べているが，勝野正章は，ゲーリー・ベッカー（Becker, G.）の 2002 年の論文を取り上げ，「現代の資本主義経済は，正確には人的資本経済あるいは知識資本（knowledge capital）経済と呼ばれるべきものであり，現代の経済環境においては教育，訓練その他の知識の源泉の重要性がいよいよ高まっているという」（勝野，2008，115 頁）と指摘している．

11) 註 5 の deficit thinking との関連で述べた ableism（健常者優位主義）と同意である．

12) 前述．上森（2011），74-75 頁参照．

13) 根拠となる両州の教育委員会などの資料がネットから抹消されているため，内容を確認できていない．

14) STEP の記述中，「学生」とはスタンフォード大学の教育実践プログラムの学生であり，現職の学校教師である．一方，「生徒」とは，その現職学校教師が学校に戻って教壇に立つ時の生徒を意味している．またスタンフォード大学の教育実践プログラムの教員とは，「学生」たちを指導する大学の教員である．

15) 「すべての生徒」とは文字通り，すべての生徒で，障害のある生徒などもすべて含まれることに注目しておきたい．「基準」が「すべての生徒の成功を促進する」ことを最も重要なテーマとしていることと，理念としては同じで，これは実施方法によっては社会正義につながる考え方であると理解してよいと考えられる．ただし後述する

第5章　アカウンタビリティと社会正義の相剋　　333

ように，NCLB法の実施方法には多くの問題が明らかにされてくる．

16)　NAEPは，教育省の全米教育センター（National Center for Education Statistics）の管理下で調査を行っているので，今日のアメリカにおける国家的学力調査を意味する．ただしその実務については Educational Testing Service: ETS という民間機関に委託されている（杉村，2010，142-143頁）．

17)　海津亜希子らによれば多階層の授業は，「第1段階では，通常の学級内での効果的な指導をすべての子どもを対象に行う．続く第2段階では，第1段階のみでは伸びが乏しい子どもに対して，通常の学級内で補足的な指導を行う．さらに第2段階でも伸びがみられない子どもに対しては，第3段階の指導として，通常の学級内外において，補足的，集中的に柔軟な形態に特化した指導を行う」（海津ら，2008，343頁）というものである．NCLB法が運用される中で，多階層教授モデルは，Response to Intervention/Instruction（RTI）と呼ばれている新しいモデルに修正された．RTIは同じ3層構造であるが，第1層で通常教育での質の高い教育指導とサポートを行い，第2層では診断をもとにした介入とそのモニタリングを実施し，第3層で障害の認定と障害児教育の教育介入で，学習障害（learning disability）（LD）の判定を早期にスクリーニングテストによって行い，LDと判定された子どもへの適切な教育を行おうとする取り組みが展開されつつある．LDの可能性があるかないかわからないままに，学年が上がっていくことを防ぎ，また，通常の学級での指導や支援が十分でないうちに，特別支援教育への照会がなされてしまうことを防いで，早期に適切な教育を施して学力の向上を図ろうとする手法である．詳細は，清水（2008）を参照されたい．なお，LDと判定された子どもには，IDEA 2004の規定に基づいて，「個別の教育プログラム（Individual Education Program: IEP）」が障害のある生徒の一人ひとりに作成することが義務付けられている．作成は，教師と専門家に親を加えて行われる．詳細については，ライトら／柘植ら訳（2012）を参照されたい．

18)　土屋恵司は，ユタ州，コネチカット州などの訴訟内容を分析している（土屋，2006）．

19)　*Harvard Educational Review* のスペリング長官とのインタビュー記事による（2005年 winter 号，pp. 364-382）．

20)　UCEAの会長は，年次総会から翌年の年次総会までの約1年間の任期である．

21)　第1章の註19参照．既述のバーレルとモーガンの社会学パラダイムの分類では，第2象限の大分類に radical-humanist があり，その中に critical が含まれていることから，ファーマンは，critical-humanist を捉えたものと考えられる．

22)　原文では p. 37 となっているが，文献から p. 225 であることを確認．

23)　テオハリスは，*Journal of School Leadership,* 2002, 12 の社会正義リーダーシップ

334 第 III 部 校長の専門職基準

特集に掲載された論文や, *Educational Administration Quarterly*, 2004, 40 (1) による
社会正義リーダーシップ特集に掲載された論文を参照している.

24) 自己エスノグラフィーは, ガランス・マレシャル (Marechal, G.) によって,「エ
スノグラフィック的な現地調査や著述の文脈で, 自己観察と内省的な調査を含む研究
の様式または手法」(Marechal, 2010, p. 43) と定義付けられている. 一人の研究者が,
個人的に研究対象の完全なメンバーかつ活動的な参加者となるが, 同時にエスノグラ
フィックな調査の中で自己を認識した研究者かつ社会的活動者にして, 外から明確に
観察できる存在として留まることによって, 社会グループ, 状況, 文化などの研究を
行う (Marechal, 2010, p. 43), とされる. 客観性に欠けると批判されることもあるが,
社会的な意味付けを確かなものにするために目を外に向けて, 全くの他者を考察する
ことが必要であると, 自己エスノグラフィーの研究者は考えている (Marechal, 2010,
p. 45).

25) Social justice leadership を実践する校長たちが持つ思想がどのようなものである
かは明らかにされていない. しかし, Rapp (2002) のような急進的な意見表明をする
研究者が存在することから, 彼らは「急進者 (radicals)」,「悪者 (miscreants)」,
「異端者 (mavericks)」,「トラブルメーカー」などと呼ばれた経験があることを
Bogotch (2002), Dantley (2002) は語っている. そのため, 第 3 節で論じるように,
彼らを総体的に危険思想と見なす人たちによる封じ込め活動が出てくるものと考えら
れる.

26) かぎ括弧のついた「性向」は,「基準」,「NCATE」の基準, および「大学方針」
で用いられているものを示している. それに該当しないものは, かぎ括弧をつけてい
ない.

27) 訴訟事例の被告は Brooklyn College と Washington State University であるとされ
る (Butin, 2007, p. 2).

28) なぜ, ここまで慎重にならなければならなかったのか. その背景を高等教育に関
係する新聞 *The Chronicle of Higher Education* 2005 年 9 月 9 日号の特集から推測す
ることができる. 同紙記者 Jonathan R. Cole は, 大学が今, 1950 年代のマッカーシー
イズム (「赤狩り」で有名となっている) の再来ともいえるような非知的, 非寛容的
攻撃を受けていると報じている (B 7). また同誌は, ペンシルベニア大学学長で『民
主主義教育』論で著名なエイミー・ガットマン (Gutmann, A.) の署名付き記事で,
「ある種の見解が大学内で自由に表現できない」状態は,「多くの強力な社会批判が大
学研究者や学生から発せられている」からであろうと述べている (B 13). 当時の大
学関係者は,「大学の冷え冷えした環境」(B 7) を感じていたのである.

29) FIRE が次のサイトで,「大学の方針」全文をアップしている. http://www.

第5章　アカウンタビリティと社会正義の相剋　　335

thefire.org/teachers-college-conceptual-framework/（2024/09/25 最終アクセス）

30）　ホームページは以下の通りである．https://www.thefire.org/fire-letter-to-columbia-president-lee-bollinger-september-15-2006/（2024/09/25 最終アクセス）

31）　Teachers College は，コロンビア大学の教育系の大学院である．

32）　その根拠となる事例が示されていない．

33）　この文章は，「大学の方針」26 頁に存在することが確認できる．

34）　「自由を保障していない」とは，私学においてはその学生は私学の方針に従う必要があるという意味である．

35）　該当するホームページは次の通りである．https://www.thefire.org/fire-letter-to-columbia-univeristy-president-lee-bollinger-and-teachers-collegepresident-susan-furman-octover-18-2006/（2015/05/10 最終アクセス）

36）　当該分のホームページ．https://www.thefire.orga/letter-from-teachers-college-president-susan-fuhrman-to-fire-may-11-2007/（2015/05/10 最終アクセス）

37）　2006 年頃民主党を中心として不平等と格差を是正しようとした活動で，1930 年代のフランクリン・ルーズベルト大統領によるニューディール政策に模して，新ニューディールと呼ばれている（クルーグマン，2008，16 頁）．

38）　校長養成のための学校を意味している．

39）　フラナリ氏ーとは 2014 年 9 月 8 日にワシントン D.C. 市内のホテルで面談調査した．

40）　『教育上のリーダーに期待される行動成果とその指標』の内容については，先行研究の山崎（2011）を参照されたい．

41）　「機能」項目については，序章の先行研究で考察した山崎（2011）を参照されたい．

42）　大竹晋吾は，NPBEA が "Template for Empirical Studies" という資料で基準を裏付ける実証研究の事例を示していることを図表で例示しており（大竹，2015，161 頁），「各基準に対応する実証研究を併せて表記することで，各基準に求められる職務能力を学術的に育成出来るものとして保証しているのである」（大竹，2015，161 頁）と評価している．

第6章 『エデュケーショナル・リーダーの専門職基準』の作成過程と内容分析

　第5章では，2008年に「基準」の改訂版「2008年基準」が教育行政職のための専門職基準として発行されるまでの経緯と，その内容を分析してきた．「基準」では，学校管理職（主として校長）を専門職に位置付けようとする指向性を持ってはいたが，作成での指導権は政治的な団体であるCCSSOが握ってきたため，「基準」は専門職によって自律的に作成されたものではなかった．そのため，「2008年基準」は専門職性に逆行すると考えられるような性格を持っていた．2014年から2015年の2年間，CCSSOと専門職団体NPBEAとの間で版権をめぐって水面下の闘争が行われた結果，第5章まで「専門職基準」と称してきた『エデュケーショナル・リーダーの専門職基準（*Professional Stadnards for Educational Leaders*)』が2015年にNPBEAによって発行されることになった．つまり専門職によって専門職のための専門職基準が作成されたことになったのである（Orr et al., 2015, p. 32).

　本章の第1節では，「専門職基準」の作成が可能になり，作成が求められるようになった背景や経緯を把握する．第2節では，「専門職基準」の内容を分析し，現代におけるリーダーシップ論の到達点を確認する．第3節では，校長指導者基準や，教育長の基準を含めたエデュケーショナル・リーダーシップ体系が構築されたことを確認する．

第1節 「専門職基準」の作成過程

1. 政権移行期における初等中等教育法の改定活動

　本項の目的は，2007年に立法期限が到来し，改定が必要となるNCLB法の改定に向かって教育のあるべき姿が模索されたが，その動向を明らかにするこ

とである.

　ブッシュ政権期の 2002 年に施行された NCLB 法は，ESEA の改定法であり 5 年間の時限立法であるため，2007 年に改定時期を迎えていた．この改定時期に合わせて，教育利益団体から単独あるいは共同で多数の NCLB 法に対する改善提案が行われたので，ここでは主要な教育利益団体と考えられる CCSSO と NEA および他の教育利益団体の，ジョージ・W. ブッシュ第 43 代大統領の政権期における 2008 年までの活動や主張を整理し，これらの諸団体が NCLB 法の改定法に何を期待していたかを明らかにする．結果的に，ブッシュ政権では NCLB 法の改定は実現せずに同政権は終わるが，NCLB 法に対する改善提案をたたき台として，教育のあるべき姿に向けたコンセンサスが形成されていくので，その状況を把握しておく．

(1)　CCSSO の活動

　CCSSO はアメリカの全州の教育長がメンバーとなっている政治的な性格を持つ教育利益団体で，教育改革について全国規模で活動し，州政府と連邦政府に対して強い影響力を持っている．その影響力をもとに CCSSO は，「基準」の版権者として作成と公表を行ってきた．また，「基準」の改訂版である「2008 年基準」の作成にも主導者となってきたことは，前章で述べたとおりである．

　「2008 年基準」は，「このスタンダードの究極の目的は生徒の学力向上にある」(「2008 年基準」, p. 5) と述べており，NCLB 法以降の，テストの成績を重視する改革の流れを強く反映したものになっている．しかし，「2008 年基準」の基準 1 では，「すべての関係当事者によって共有され支えられる学習の理想像を創造」すること，また基準 2 では，「教員の職能成長に貢献する学校文化と授業プログラムを唱導」すること，さらに基準 5 では，「個々の生徒のニーズが学校教育のすべての側面に浸透していることを保障」することなど，行政から求められる「学力向上」一辺倒の政策を追求するのではなく，関係者の連携の重要性，教員養成の重要性，生徒のニーズを中心に置いた教育システムの重要性など，今後展開していくべき教育の姿をも示していた．

　CCSSO の諸活動の中でも重要なのが共通学習基礎州スタンダード（The Common Core State Standards）（以下，CCSS と称す）の開発である．1990

年代初めに連邦教育省は，いくつかの教育関係者や学者グループに９つの教科領域において全国共通のスタンダードの作成を依頼した．しかし，歴史の科目スタンダードが発表以前から激しい批判を受けることになった．政治観，人種，階級，ジェンダーなどについての世論の合意を見ることができなかったからである．そのため政治家たちはむしろ全国共通のスタンダードの設定に関わることを避けるようになった．この間の事情をラビッチは，「上院議員，下院議員，州知事らは，遠目から一連の騒動を眺めて，この災難に関わるのは自ら政治生命を断つようなものだと判断した．共和党にとっては，ナショナル・スタンダードは，呪いのような忌むべき存在であり，（中略）民主党員は，ナショナル・スタンダードは素晴らしいものだと捉えていたが，（中略）この歴史スタンダード問題に関する大災難の後，クリントン政権はナショナル・スタンダードに距離を置くようになった」（ラビッチ，2013，30-31 頁），と述べている．このような経緯があって，アカウンタビリティの必要要件であり，評価の対象となる教科内容を決定することがないままに NCLB 法が実施されてきた．ラビッチが指摘するように，NCLB 法は「最低限の基本的な教育内容しか関心を払っていなかった．（中略）読みと数学におけるテストの点数を改善するということ以外に何も展望をもっていなかった」（ラビッチ，2013，41 頁）といえよう．

　教科のスタンダードを持たなかったことの反省から，CCSSO は 2007 年 11 月の年次政策フォーラムで CCSS の作成の検討を始め，翌 2008 年 12 月には全国知事会（NGA）と CCSSO およびアチーブ（Archieve Inc.)[1]が中心となって，CCSS の開発に取り掛かり，2010 年には完成して，各州が任意で採用できるように公開された．CCSS のホームページに掲載された頻出質問回答集（CCSS Frequently Asked Questions)[2]（以下，頻出質問回答集と称す）によれば，その特徴は次のように述べられている．

　＊目的：教育スタンダードとは生徒が各学年で何を知り，何ができなければならないかを示した学習目標である．生徒が成功するために必要なスキルと知識を身に付けているかどうかを確認する手助けとなり，また親が子どもに何を期待すべきかを理解する手助けとなる（頻出質問回答集，p. 1)．
　この基準はカリキュラムでもないし，特定のカリキュラムの使用を支持するもので

もない．教師はこれまでやってきたように，自分自身の指導計画を開発し，教材を選択することができる（頻出質問回答集，p. 5）．

＊開発者：全国の教師やスタンダード開発者がドラフト作成段階から参加してきた．NEA，AFT，数学教師全国協議会（National Council of Teachers of Mathematics: NCTM），英語教師全国協議会（National Council of Teachers of English: NCTE），などの専門団体も連携して作成した（頻出質問回答集，p. 1）．

＊連邦政府の関与：CCSS およびその将来の改訂を含め，その開発や統治を支援するために，連邦資金が使用されることはなかったし，将来的にも使用されることはない（頻出質問回答集，p. 5）．

ここでは CCSSO の独立性が強調されているが，後述するが CCSS と連動した評価システムの開発のために 3 億 3000 万ドルの連邦資金が使われているので，CCSS も連邦教育政策の一環として位置付けられていたといえる．

(2) NEA の活動

NEA は NCLB 法の目標については基本的に賛成するが，一方でその内容や実施方法の問題点を厳しく指摘するという硬軟両面の戦略をとってきた．

NEA の州支部や関連団体は，NCLB 法の実施に関連して 2005 年，一斉に連邦政府を相手取り，ミシガン州など合計 10 州で訴訟を起こした．また NEA とは別に，コネチカット州では州が原告となり，またミシガン州，テキサス州，バーモント州では 9 つの学区が原告となって訴訟を起こしている[3]．重複も含め合計 14 州で訴訟が起きたことになる．訴因は，学区の納税者の意志に沿って学区の教育施策に使用されなければならない資金が，NCLB 法の実施のために使用されるのは違法であり，それは連邦資金で賄われるべきであるという主張であった．

2010 年 6 月から 7 月にかけて順次，連邦巡回裁判所が上記訴訟のいずれにも訴訟の差し戻しを決定した．NBC News は The Associated Press の記事によって，コネチカット州の例をとりあげ，一番早く訴訟にふみきった同州は 6 年の歳月をかけたが，敗訴におわったことを報じている（Reitz, S. 2011, pp. 1-3）．連邦政府にとっては訴訟の対応のために 6 年にわたる大きな訴訟上の事務負担を強いられることになった．

しかし一方で，NEA は，NCLB 法には基本的な欠陥があるが，社会にとっ

て重要な目標，すなわち生徒の学業成績を改善し，学業成績やスキルの格差縮小をめざす目標があるので，2007年の改定時期に合わせて同法の大幅な改善を行うことを条件に ESEA 法の改定を支持する旨の声明（NEA, 2006）を発表した．この声明では，本書で，連邦政策の大きな特徴と捉えて後述することになる「政策ネットワーク」[4]の中核的な要素になっていくと考えられる次の3点の主張が注目される．第1は，法律改定プロセスにおいては，すべての利害関係者が参加しなければならないと指摘したこと，第2は，NCLB法改定の優先事項として，生徒の学習支援のために教育者を支援し，成功に報いる新たなアカウンタビリティの考え方が示されたこと，第3は，すべての教室や学校に，質の高い教員を配置することの重要性が指摘されたことである．このうち第2の，「新しいアカウンタビリティの考え方」について NEA は，アカウンタビリティは生徒の学習や学校での成功に対する評価に多様な尺度を用いること，評価システムは障害者や英語補修学習者などを含むすべての生徒グループにとって適切で，有効かつ信頼性のあるものでなければならない（NEA, 2006, p. 3）とした．

（3）　その他の教育利益団体の活動

　2007年，NEA や AFT など6団体が「初等中等教育法改定に関する共同声明（Joint Statement on the Reauthorization of the Elementary and Secondary Education Act）」[5]を発表した．また同年，CCSSO, NGA と全米州教育委員会協会（National Association of State Boards of Education）の3団体による「NCLB法改定に関する共同声明（Joint Statement of Reauthorization of the No Child Left Behind Act）」[6]が発表された．2件の共同声明に共通する内容は，教育に関する州の権限と責務を明確にした次の3点に集約できる．第1は，州は学校や学区の全体としてのクオリティや実効性について，成長モデルを使用するなど多様な尺度によるアカウンタビリティ・システムを策定するべきこと，第2は，州または学区は適切なテスト・システムを構築するべきこと，第3は，州や学区は校長や教員についての高度の専門職性の開発を行うべきこと，である．第1については，CCSSO は翌2008年に，OECD 生徒の学習到達度調査（PISA）や国際数学・理科教育調査（TIMSS）をベースとするベンチマーク

342　　　第 III 部　校長の専門職基準

による評価，アカウンタビリティ・システムの構築を提言している（CCSSO, 2008b）．また第 2 については，CCSS を推進することで解決するという意向を示している．本書の立場から最も関心があるのは，第 3 で専門職性の開発を提言していることである．同年に発表された「2008 年基準」ではむしろ専門職性を低く見る内容となっていることから，CCSSO という組織には，多様な利害関係者が存在し，多様な考え方が存在していたといえよう．

（4）　コンセンサスの形成

これらの団体の諸活動を通じて，NCLB 法の改定には，関係者の参加が重要であること，スタンダードの整備，新しいアカウンタビリティやテストを再構築することは連邦政府ではなく，州の権限であり，責務でもあること，さらに生徒の学習の成功に最も影響力を及ぼすのは教員と校長の効果ある指導であることが，教育利益団体の間でコンセンサスとして形成されてきたと考えられる．このようなコンセンサスが下地となって，オバマ政権での政策ネットワークともいうべき政策手法の発揮が可能になっていくと考えられる．

2.　オバマ政権の教育政策

第 44 代大統領バラク・オバマ（Obama, B. A.）の政権による教育政策が展開され，ブッシュ政権下とは異なる新しい教育環境が形成されていくが，その状況を把握し，校長を取り巻く環境の変化を把握することが本項の目的である．

（1）　オバマ大統領の教育に対する基本姿勢

オバマ大統領の教育に対する基本姿勢は下記のように，子どもを重視する考え方であったと考えられる[7]．

オバマ政権への政権移行チームで教育関係の責任者であったダーリング＝ハモンドの論文（Darling-Hammond, 2009）[8]と，バラク・オバマと副大統領候補ジョー・バイデンが大統領選中に発表した「オバマ・バイデン教育計画（The Obama-Biden Education Plan）」（*Education Week,* 2009b, pp. 215-219），および大統領就任後，子どもたちに直接語りかけた言葉から，オバマ大統領の，子どもの教育に向かう基本姿勢を読みとっておこう．

第6章　『エデュケーショナル・リーダーの専門職基準』の作成過程と内容分析　　343

　ダーリング＝ハモンドが注目するのは大統領選挙期間中の次のエピソードである．2007年，シカゴの小学校を訪問した時，そこである教師から，教育システムの欠陥と失敗を説明する時に使用される「この子たち症候群（These Kids Syndrome）」という言葉があり，「この子たちは学ぶことができない」，「この子たちは学びたがらない」，「この子たちはずっと遅れている」という意味に使われているという話をオバマ候補らは聞いていた．しかしその教師は，「彼らは『この子たち』ではない，彼らは『全部，私たちの子どもたち（our kids）である』」と言ったという．オバマ候補は，この教師の指摘が自分の考えている教育の原点であると指摘したという．ダーリング＝ハモンドは，「バラク・オバマの，すべての子どもは『私たちの子ども』であり，一人ひとりの子どもの教育は国民の集合的な責務であるという信念は，彼の教育に関する根幹であるのみならず，一人ひとりの学習機会を保障するために必要な投資を行うという彼の基本的で，揺らぐことのないコミットメントである」（Darling-Hammond, 2009, p. 212）と指摘している．

　このコミットメントを政権公約として発表しているのが「オバマ・バイデン教育計画」である．これによれば，0歳から5歳までの就学前教育への重点投資，NCLB法の改定，教員政策の改善，大学進学機会の拡大，中退の危機への対応，さらには障害を持った子どもへの支援などを掲げている．中でもNCLB法の改定については，「スタンダード・テストの試験漬けになってはならず，タイムリーで，一人ひとりを配慮した（individualized）生徒の学習を改善し，大学入学または入職に向けての進捗状況を生徒ごとに追跡するような評価が必要である」としており（*Education Week*, 2009b, pp. 215-219），一人ひとりの子どもを重視する志向性が示されている．

　もう一点，指摘する必要があるのは，オバマ大統領が就任後にバージニア州の高校を訪問した時のスピーチ（The White House, Office of the Press Secretary, Sept. 8, 2009）である．オバマ大統領は，子どもたちが自分の人生に対して，また自分の教育に対して，そして自分の目標を立てることに対して責任を負うべきだと考えており，次のように発言している．

　　今日ここで，君たちの一人ひとりに，君たちの教育のための自分自身の目標を立てるように呼び掛ける（calling）．

ここで，オバマ大統領が子どもや大人に伝えたかったのは，子どもを重視する考え方は，子どもを甘やかし，放任することではないことを明確に訴えることであったと考えられる．

これらの考え方は，「専門職基準」の重要な要素として示されることになる．適切な「学習への圧力（academic press）」と，「支援（support/care）」との組み合わせが必要であるという考え方と親和性のあるものと考えられる．

(2)　オバマ政権の教育政策実施手法
①　**オバマ政権初期における政策の実施**　2008 年 9 月に起こったいわゆるリーマンショック[9]からの回復が急務であった時期の 2009 年 1 月にスタートしたオバマ政権は，政権発足直後に「アメリカ再生・投資法（American Recovery and Reinvestment Act of 2009）」（以下，ARRA と称す）を成立させた．同法は，篠原岳司の研究によれば，

> 雇用の創出と保護，長期的投資による経済活動の刺激，政府支出の透明性と結果責任の向上を目的とする連邦法である．連邦政府は 2009 年から総額約 7870 億ドル（当時の換算レート，1 ドル＝91 円で換算すると，約 71 兆 6000 億円：引用者）もの巨額の予算を計上しており，（中略）ARRA の成立とそれを原資とする各省の政策の執行は，就任直後のオバマ政権にとっても緊急性の高いものであった．オバマ政権は，ARRAを根拠とする減税や社会保障プログラム，補助金や基金の拡充を行うことで，リーマンショック以降の冷え込んだアメリカ経済の立て直しに真っ先に取り組み始めたわけである（篠原，2012，56 頁）．

オバマ政権は，ARRA の予算から連邦教育省に 972 億ドルを割り当て，同省はその資金のうち，536 億ドルを「州財政安定化基金（State Fiscal Stabilization Fund）」に割り当て，ESEA（初等中等教育法）を根拠とするタイトル I 補助金（貧困対策）など従来からの教育政策を安定的に実施する施策をとった．さらに州財政安定化基金のなかから総額 43 億 5000 万ドル（これは連邦教育予算の約 4.5％ に相当する）を，教育のイノベーションに向けた競争的資金政策である「頂点への競争（Race to the Top）」（以下，RTTT と称す）の施策に充当させた．この，RTTT に対しては，例えばラビッチは，それはNCLB 法と何ら変わるものではなく，むしろ生徒の成績に基づいて教員を評

価する州法の成立を導いたと批判している（ラビッチ，2013，4頁）．また日本の先行研究でも篠原岳司などによる次のような批判がある．それは，RTTT政策による「連邦の紐付き補助金」が「州の教育政策の自律性をブッシュ政権よりもさらに制御することを意味する」（篠原，2012，60頁）とし，さらに「『効果的な教員（effective teacher）』を育て報酬を与えるシステム」[10]が「教員資質の矮小化に加え，多くの教員の地位及び身分を脅かすことにもなりかねず，今後は教員組合やそのほかの専門職団体から批判や抵抗も十分に予想される」（篠原，2012，64頁）としている．本書では，教員組合NEAの考え方などを考察し，このような評価とはやや異なる見解を導き出してオバマ政権の教育政策の手法としての政策ネットワークについて考察を加えたい．

　なお，オバマ政権の政策実施手法として，奥村裕一によって「オープンガバメント」の研究が行われている．奥村によれば，オープンガバメントは，政府の透明性と国民への関与を強めた新しい民主主義の具現をめざすというオバマ政権の基本方針の1つであり（奥村，2010，51頁），その施策の1つとして「パブリック・コメント」を活用するというものがあるとされる（奥村，2010，68頁）．2014年から始められた「2008年基準」の改訂作業にあたっては，「パブリック・コメント」が活用されたが，これはオバマ政権の手法が影響を与えた可能性がある．しかし，本書では，「オープンガバメント」という政策手法があったことを指摘するにとどめたい．

　② 「頂点への競争」政策と政策ネットワーク　2009年にスタートしたオバマ政権は，連邦が掲げる政策項目と，ひも付きになった競争的な補助金政策であるRTTT政策を発表した．ホワイトハウスの「事実説明：頂点への競争（Fact Sheet: The Race to the Top）」[11]は，「すべての子どもに完全で競争力のある教育を提供するためにアメリカの公立学校を改革することをオバマ政権は誓約する」とし，ESEAの原目標達成をめざす政権方針を明確にした．またそのための改革分野は，イ．厳格なスタンダードと高クオリティの評価システムをデザインし，実施すること，ロ．優秀な教員やリーダーを確保すること，ハ．意思決定に必要な情報と授業改善を行うためのデータシステムの構築を支援すること，ニ．イノベーションと，効果のあるアプローチによって問題を抱えた学校

を改善させること，**ホ**．教育改革の姿を示し維持すること，の 5 点であるとした．このうち政策ネットワークが形成されることになる**イ**，**ロ**，**ハ**に焦点を絞って RTTT 政策と政策ネットワークとの関係を考察する．

イ．厳格なスタンダードと高クオリティの評価システムのデザインと実施

　RTTT は，州間の協働によって，大学入学や就職に即応できる共通の学問的スタンダードシステムの構築と，批判的思考力や高次の思考スキルを測定できるようにデザインされ，改善された評価システムの構築を州に求めている．この要求は，既に 2009 年から NGA と CCSSO が中心となって州間の協働によって行われてきた CCSS（共通学習基礎州基準）の開発を前提とするものであったと考えられる．CCSS は英語と数学の州共通のスタンダードであるが，その開発にあたっては，NEA や AFT と，スタンダードの専門職団体である数学教師全国協議会（NCTM）と英語教師全国協議会（NCTE）とが参画したことは，前述の通りである．

ロ．優秀な教員やリーダーの確保

　RTTT が求める優秀な教員やリーダーを確保するという政策課題には，教員評価方法の問題，教員や校長に対する支援の問題，教員に対する報酬の問題など，労使の利害が対立する問題を含んでいる．この問題の解決のためには政策実施者である州および学区と，実施の当事者である教員と校長との協働関係の構築が不可欠であると連邦政府は考えた．2010 年 10 月，連邦教育省は NEA，AFT とともに全国的な教育改革のために労使が協働する会議の開催を発表した．

　2011 年 2 月 15-16 日にコロラド州デンバーで「労使の全米教育改革会議（National Education Conference on Labor-Management）」（以下，労使会議と称す）が，政府側は連邦教育省と連邦調停仲裁庁，教員組合側は NEA と AFT，さらに 3 専門職団体[12]が加わって合計 7 団体によって共催され，全国の教育行政機関，教員組合および教育専門職団体の代表が参加した．労使会議で採択された目的声明「生徒の成功のための新盟約：生徒を中心においた労使関係の原則（A New Compact for Students Success: The Principle of Student-Centered Labor-Management Relationships）」[13]は，「建設的な労使関係の基本的な強さはその互恵関係的な性格にある．この新しい盟約に基づいて，教育委

員会，行政管理者，教員は労使の互恵関係の強さに基づいて厳格な学業上のスタンダードを支持し，教員の質向上によって教職の地位向上を行い，学校および授業改善を行い，生徒の学力向上を関係者間の中核に置くことができる」と述べている．なお，この盟約のタイトルにおいて，「生徒を中心においた」というこれまで政府関係文書に見られなかった表現を使用していることに注目しておきたい．教育関係者の間では，この用語が研究者や専門職団体だけでなく，行政の間でも流通するようになっていたものと考えてよいだろう．

ハ．意思決定に必要な情報と授業改善を行うデータシステムの構築

CCSS と連動した評価システム開発のため，2 つの州連合，Smarter Balanced Assessment Consortium と Partnership for the Assessment of Readiness for College Careers が 2010 年に連邦主導で組織され，4 年間で合計 3 億 3000 万ドルの連邦資金が供与された．Smarter Balanced Assessment Consortium には 21 州が開発に参画し，Partnership for the Assessment of Readiness for College Careers には 18 州が開発に参画した[14]．この政策は，衆知を結集して高度な評価システムを構築するという意味と同時に，各州が個々にシステム開発を行えば，膨大な資金負担が各州に生じるので，コンソーシアムを通じた連邦資金の資金提供によって各州の負担軽減を図り，NCLB 法に関連して行われた訴訟の訴因の発生を防ぐという巧妙な政策であると考えられる．

③　関係団体による責務の引き受けによる政策ネットワークの強化　以下に示す教員組合と連邦政府による各自の責務の引き受けによって，労使の協働関係の改善と政策ネットワークの構築が促進されたと考えられる．

イ．NEA の専門職団体としての責務の引き受け

NEA は 2011 年 7 月に，総会決議として「教員の評価とアカウンタビリティに関する新政策（New Policy Statement on Teacher Evaluation and Accountability）」（NEA 決議事項 D-1）[15] を発表した．この決議の重要性は，これまで強く反対してきた RTTT 政策の要求事項の 1 つである，生徒の成績を教員評価に反映させることを認めたことである．さらに，2011 年 12 月に発表された NEA 声明「専門職をリードする：改革に向けた NEA の 3 点計画（Leading the Profession: NEA's Three-Point Plan for Reform）」[16] は，教職を含む教育

制度を変革する必要があり，「教員たちは教職の転換を先導する責務を引き受けなければならない」とした．「専門職をリードする：改革に向けた NEA の3点計画」に示された教員組合の責務の第1は，教職への入職要件を引き上げることである．NEA は，入職するために次の2つの条件を設定する．この条件によれば，まず教員免許を取るまでに，マスター教員[17]の指導の下で1年間のレジデント教員[18]を経験しなければならない．さらに入職希望者全員が，厳格な教室での指導実践に関する評価を受けなければならない．教員の第2の責務は，校長と協力し，同僚による支援体制と，同僚による評価体制を構築することである．この体制によって，指導実績に応じてキャリアが上昇し，給与と責任が連動するシステムになるとともに，実効性を改善できないいわゆる不適格教員の解雇を認めることになった．教員の第3の責務は，組合がリーダーシップを発揮して教職を転換することである．教員が政策形成のテーブルにつかなければ，不適切，あるいはデザインの貧弱な政策になるとし，NEA は地に足の着いた専門職知識を活用して学校内のリーダーシップに教員が参画していくという決意を示している．

　「専門職をリードする：改革に向けた NEA の3点計画」は，教職を，自他ともに認める専門職として確立しようとする強い決意を示している．この専門職概念によれば，教員と校長とが協力することが期待されており，校長職にも専門職概念の確立が必要になるものと考えられる．

ロ．連邦教育省による教育専門職転換への支援声明

　一方，連邦教育省は 2012 年2月に「RESPECT プロジェクト：21 世紀の教育専門職の展望（The RESPECT Project: Envisioning Profession for the 21st Century）」[19]（以下，「RESPECT」と称す）を発表した．「RESPECT」は，Recognizing Educational Success, Professional Excellence and Collaborative Teaching（教育的成功，専門的卓越性，そして協働的授業を認識すること）の略語である．「RESPECT」の内容は，2011 年の夏から，連邦教育省が今後の教育専門職の在り方について教育者自身の意見を集約するために，教育大使（Teaching Ambassador Fellow）[20]を派遣しラウンドテーブルの開催を働きかけ，そこでの対話の成果が反映されたものである．ラウンドテーブルでは一般教員に加え，校長，スクールカウンセラー，教員志望者，大学の教員養成プロ

グラムの教授陣が参加したとされる（梅澤ら，2014，5頁）．これはオバマ大統領が「中道派の民主党員として，譲れない一線を引くという固定的な思考を持つ政治家というよりも，多様な議論を熟議へと導く調停の達人であった」とする，オバマ大統領の政治思想を論じたジェイムス・クロッペンバーグ（Kloppenburg, J. T.）の見方（クロッペンバーグ，2012，2頁）に合った政策展開であった．「RESPECT」は，「教職が高度に敬意を集め支持された専門職であること，すべての教室において熟達した効果のある教員が児童生徒の学習を指導すること，効果のある校長がすべての学校を指導することを保障しなければならない」（「RESPECT」, p. 1）とし，その体制に向けた連邦政府としての支援を表明したものと考えられる．

④ 「教職の転換」に関する合意——8団体声明の発表とその意義　上記のように連邦教育省と教員組合が互いに自らが引き受けるべき責務を示し合ったうえで，2012年5月23-24日には，第2回の労使会議がオハイオ州シンシナティで行われた．今回からこれまでの7団体に加えて，学校管理職に関する「基準」や「2008年基準」を手掛け，CCSSの開発を行ってきたCCSSOも参加した．CCSSOの参加は，教員と，校長ら教育上のリーダーをつなぐ職務を果たすことになったと考えられる．

　これら8団体は，これまで形成されてきたコンセンサスを取り入れて，共同声明「教職の転換（Transforming the Teaching Profession）」[21]を採択した．この声明は，連邦政府と，教員組合を含む教育利益団体とが，法律ではない緩やかな水平の関係で結ばれて，共通の利益である生徒の成功を協働してめざすことを明記したものであり，政策ネットワークの成立を公表する意味を持つものと理解できる．共同声明「教職の転換」は「転換された専門職」として次の7項目を示している．①職責とリーダーシップを共有する文化，②最高の素質，③継続的成長と職能開発，④効果のある教員と校長，⑤魅力的な職業にするための競争的な報酬を伴う専門職のキャリアの連続，⑥成功した授業と学習の風土と文化のための条件，⑦積極的に参加しているコミュニティ，である．

　いずれも専門職の要件を達成するために重要な項目ではあるが，中でも⑤の競争的な報酬を伴う専門職という概念が，今後の教員を見る視点として重要で

あると考えられる．顧客（生徒）の成功に奉仕するために，すべての教員が継続的な研鑽を行い，その対価として成果に見合った報酬を受け取るという，医師や弁護士などの専門職はもとより，ビジネスでも一般的となっている専門職概念を教育界として容認したことを意味するものであり，この共同声明は画期的なものであったと考えるからである．

(3) オバマ政権が校長に期待するもの

2013 年，CCSSO は教育上のリーダーシップを取り巻く環境が激変しているとして，「2008 年基準」の改訂の必要性を訴えた（CCSSO, 2013）．ここでは，CCSSO が考える環境の変化が何なのか，また CCSSO が考える新しい校長像がいかなるものなのかを明らかにする．結論を先取りしていえば，CCSSO の提案によって「2008 年基準」の改訂が行われたが，幾つかのプロセスを経て，結局 CCSSO は改訂の推進役から離れることになる．なぜ，新しい基準の策定者たちから CCSSO は離反されることになるのかを考察しておくことによって，新しい基準の性格が浮き彫りになると考えられる．

CCSSO は，オバマ政権の下記 3 つの教育政策によって，連邦，州，学区レベルの政策リーダーたちは，教育上のリーダーに現在よりもレベルの高いものを期待するにいたった（CCSSO, 2013, p. 14），と述べている．CCSSO は，オバマ政権による 3 つの政策の概要とそれらの重要ポイントを以下のように理解したのである（CCSSO, 2013, pp. 13-14）．

① 頂点への競争（RTTT） RTTT 政策の概要は前述の通りであるが，2013年現在 19 州が RTTT に基づく補助金を獲得した．獲得条件を充足した各州の施策方針は，次の 5 点であった．①厳格でより良い評価システムの開発，②学校，教員，親に生徒の成長に関する情報を提供できる，より良いデータシステムの採用，③教員や校長がより効果的になるための彼らへの支援，④低成績の学校を好成績の学校へと好転させるために必要な厳格な介入による支援，⑤CCSS の州スタンダードへの採用（CCSSO, 2013, p. 13）．

これらの施策は，NCLB 法下で求められた，読解と数学のテストの点数を上昇させるという単純な施策とは異なる，より複雑で，高次の要請であったと

第6章 『エデュケーショナル・リーダーの専門職基準』の作成過程と内容分析　351

いえよう.

② 改革への青写真（A Blueprint for Reform）　2010年3月，ESEA法の改定，すなわちNCLB法の改定法案の骨子となる「青写真（A Blueprint for Reform）」が発表された（U. S. Department of Education, 2010）.オバマ大統領は「青写真」の冒頭で，次のように述べ，アメリカのすべての子どもたちは世界に通用する教育を受けるに値するという考え方が道徳的な至上命令であるとした.

> 私たちは，向上しなければなりません.ともに，新しい目標を，すなわち2020年までに，合衆国は，大学・短大の卒業率に関して再び世界をリードするという目標を達成しなければならないのです.私たちは，わが国の生徒に対して，学校に対して，そして私たち自身に対して高い期待を持たねばなりません.この点を，国民的優先課題としなければならないのです.私たちは，すべての子どもたちが，大学や職業に即応できる状態で高校を卒業するように保証（ensure）しなければならないのです.（中略）こうした取り組みには，多くの人々の，とりわけ，わが国の教員，校長をはじめとする学校の指導者の技能と才能が必要になります.私たちの目標は，すべての教室に優れた教員を配置し，すべての学校に優れた校長がいることです（p. 1)[22]（CCSSO, 2013, pp. 13-14より再引用）.

この言明は，「世界をリードする」「国民的優先課題」など，国家戦略を個々人の幸せなどよりも優先させるという，「道具主義」的な側面を示してはいるが，一人ひとりの子どもが大学入学あるいは入職の準備ができて高校を卒業することを保証するという厳しい責務を，校長や教師はもとより，集合的に国民の責務としなければならないという強いメッセージであると考えられ，全体としては，人を重視する考え方であるといえよう.

③ ESEA弾力化プログラム（ESEA Flexibility Program）　ESEAの改定案として提示された「青写真」がESEAの改定につながることはなく，ESEAの改定ができなくなり，NCLB法によって求められてきた規定，すなわち2014年にはNCLB法で定められたすべての児童生徒が「習熟」レベルに達するという，多くの州にとっては実現不可能な規定を回避する必要が出てきた.そこで，連邦政府はこの準拠規定による責務を免除する政策を発表し，規定免除の代替条件として連邦が求める項目にしたがった改革を実施することを求めた.この

政策が ESEA 弾力化プログラム（ESEA Flexibility Program）[23]である．これは連邦教育省長官アン・ダンカン（Duncan, A.）から発表されたもので，この政策の趣旨を各州知事宛の書簡の形式で次のように説明されている．

> この随意の機会は，教育者や州および学区のリーダーたちに NCLB 法の特定の規定に関して弾力性を提供するものであり，それと引き換えにすべての生徒の教育上の成果を改善し，成績の格差を縮小し，公平性を増し，授業のクオリティを改善するように設計された厳密で総合的な州計画の実施を求めるものである．この弾力化施策は，各州において既存のスタンダードを大学進学または入職のためのスタンダードと評価に変換すること；生徒ごとの特長を識別し，それをよく認識すること；アカウンタビリティ，および支援に関するシステムを開発すること；教員および校長に対する効果のある評価と支援を行うこと，などの重要な領域で，既に進行している州および学区での努力を促進し，支援する意図を持ったものである．

以上 3 つの政策が持つ意味を CCSSO は次のように理解している．3 つの政策は，学区と学校のリーダーに以下の 3 点を求めるアカウンタビリティ・システムの中心に置くものである．第 1 は，一人ひとりの子どもが大学入学あるいは入職の準備ができて高校から卒業することを保証することを求めるものである．第 2 は，一人ひとりの教師が効果的に生徒たちの多様なニーズに日常的に応答できることを保証することを求めるものである．第 3 に，新しい CCSS の完全実施を先導することを期待しており，その CCSS は，授業法の転換，新しい評価の使用法，新しい教員評価と支援システムの採用と実施を求めている．要するに，今日のリーダーは，継続的な学校改善の実践と，最高度の生徒の学習と，最もインパクトのある教師の実践にテコ入れするような学校運営に参画しなければならないのである（CCSSO, 2013, p. 14）.

CCSSO が期待する学校管理職像を具体的に描いているのが，CCSSO（2013）で引用された CCSSO（2012），「私たちの責任，私たちの約束：教育者の養成，入職から専門家への転換（Our Responsibility, Our Promise: Transforming Educators Preparation and Entry into the Profession）」の次の文章である．

> 学校に対して準備のできた校長は，キャリアの最初の日から，すべての生徒が大学入学と入職の準備ができた状態で卒業することを保証するような方法で学校の学習環境を転換させるために，彼らのエネルギー，知識，専門的技術を組み合わせて，他者と協働し，彼らを動機付けることのできる校長である．他の利害関係者とともに，すべ

ての生徒のために高次の学習の支援と学校コミュニティのすべてのメンバーに対する高い期待に焦点をあてるために，学校のビジョン，使命，戦略的目的を作り上げる．学校が転換するのを支援するために，校長は生徒の学業成績と成長を継続的に改善し，すべての利害関係者にとって前向きで安全な学習環境を育て維持するために，人，時間，資金，学校過程を戦略的に調整し，また学業成果と他のデータの活用法を関係者に指導するものである．校長は指導的，支援的職務を果たすために質の高い人材を選択し，任命し，支援し，評価し，雇用する過程を開発し，実施し，洗練するために他者と協働する．校長は教職員を育て，その職能成長を支援し，彼らと責任を共有する．学校はコミュニティの統合された部分であることを認識し，コミュニティのニーズと利益に応答するために生徒の家族とそれを取り囲むコミュニティに手を差し伸べ，コミュニティと連携するとともに，コミュニティの資源を学校へと統合する（CCSSO, 2012, p. iv），（CCSSO, 2013, p. 15 から再引用）．

CCSSO は，校長に期待するものが以上のようなものであると理解すれば，「これらの文脈で要請される職務は，『2008 年基準』が公表された時に求められたものとは相当異なる」（CCSSO, 2013, p. 15）と理解することになり，「2008 年基準」は改訂すべきであるという論理展開になるとした（CCSSO, 2013, p. 15）．

CCSSO（2013）が指摘するように，オバマ政権の教育政策の展開で，校長などに期待されるものが大きく変動したことは間違いなく，例えば，教育の目的だけとっても，ブッシュ政権時には，成績を上げること自体が目的であったと考えられるが，オバマ政権では，「高校卒業時には，大学入学あるいは入職の準備ができていること」と明確に示された．したがって，ブッシュ政権時に作成された「2008 年基準」がオバマ政権の諸政策には適合しないという議論は理解できるところである．

しかし，上記の CCSSO（2012）からの引用で見る限り，前述した NEA や政府の責任引き受けに見られるような「生徒を中心とした」という考え方や，教員や校長を専門職と見做そうとする考え方が積極的に示されているとは考えにくい．CCSSO（2012）の校長像は専門職というよりは，マネジメント的な職務として把握されていると考えられる．「2008 年基準」の版権を持つ CCSSO が，「2008 年基準」を CCSSO の意志によって自由に改訂することは可能であったと考えられるが，「2008 年基準」の改訂版の作成の段階で，改訂版の作者たちと CCSSO の考えとが一致しない点が出てくることが予想されるのである．

3. 「すべての生徒が成功する法」の成立

　教育上のリーダーシップ分野にとって，2015 年は「歴史的なシフトが起こっている」(NPBEA, 2018a, p. 1) 年となった．それは，多くの批判が寄せられるなど，多様な議論が存在していたため，改定時期が大幅に遅れていた NCLB 法が，2015 年 12 月 10 日，オバマ大統領が改定法案に署名して新改定法として成立したことである．新改定法は「すべての生徒が成功する法（Every Student Suceeds Act of 2015〔P. L. 114-95〕）（以下，ESSA と称する）である．*Education Week* 12 月 10 日付のアリソン・クライン（Klein, A.）による記事によれば，この法律の成立は，超党派かつ両院においての賛同に基づく[24]ものであり，教員組合，州知事，州教育長，校長たちの熱狂的な支持があり，さらに，公民権運動団体からも推薦を受けている，とされる（Klein, 2015）．つまり，国全体として，ESSA を支持し，推進しようという環境が醸成されてきていたと考えられるのである．クラインは，新法によって義務教育政策が連邦政府からくるのではなく，州政府からくるようになるとコメントしたうえで，新法の成立に功績のあったテネシー州共和党上院議員（前教育省長官）ラマー・アレキサンダー（Alexander, L.）の以下の発言を引用している．「専門職基準」や 2018 年に発表されることになる教育長の基準の背後にある考え方を知るうえで重要であると考え，引用する．

> 州知事や学区教育委員会や教師たちは，テストを何回行うのか，学業上のスタンダードはいかにあるべきかなど，生徒の学業成績に関する基本的な意思決定に関わるすべてのデザインの制作を彼ら自身が行い，意思決定を行うことを直ちに開始できるようになった．これは，全国レベルの教育委員会制度からの反転を意味し，新しいイノベーションと卓越性の時代を自由に手に入れることを意味している（Klein, 2015）．

　NCLB 法制下では，学力向上のプロセスが国によって定められていた．詳細は第 5 章第 2 節で述べているが，2002 年度以降毎年の「年次適性進捗度（AYP）」を各州で定めることが NCLB 法に基づく補助金受給の条件とされていた．それを達成できない学校には改善措置が取られたのである．これに対して，ESSA では，州が教育成果に対する独自の長期目標と中期目標を定め，州内の学力テストの成績や高校の卒業率に加えて，NCLB 法制下では考慮されなかった教員の業務への取り組み状況や，校内環境や安全性，中等後教育への

進学状況など，州が自ら選択する指標に基づいて，評価を行うことが可能になる．さらに，州の権限拡大を担保する規定もある．それは，連邦の教育省長官が，州の意欲的な学業上のスタンダードに対して，命令・指示・コントロール・強制することや，ある種の指示を実行したり，監督することを，禁じたことである（文部科学省，2016，28頁）．

ESSAでは，成果が上がらないために学校としての改善計画を求められる対象として，3つのカテゴリーが設定された．第1は，「包括的支援と改善（Comprehensive Support and Improvement: CSI）」である．補助金を受けている学校の中で，成績が下位5%以下の学校を対象とする．第2は，「標的型の支援と改善（Targeted Support and Improvement: TSI）」である．高校の卒業率が67%に満たない学校が対象となる．第3は，「追加の標的型の支援（Additional Targeted Support: ATS）」である．これは州が学区と協働して選定した，苦しんでいる生徒のグループが存在する学校である．第1から第3までに該当する学校である旨の通知を州から受けた学区は，その学区が中心となって，校長・教師・保護者と協働して，「包括的（comprehensive）」な支援と改善策を立案し，改善を図ることになる．「包括的」とは，例えば，補助金を得て能力のある教師が加配されることで，補助金の対象となった学校では，貧困家庭の生徒たちが利益を得ることになる（Ingle, 2016, p. 34）ということを意味しており，これは公平性を担保する効果的な規定であると考えられる．

NCLB法制下では，ラビッチ（2013）が詳述しているように，苦しんでいる子どもたちにも，一様にテストの点を上げることだけが求められていた．ラビッチは，NCLB法のもとで進められたテスト体制の結果，「アフリカ系生徒と白人生徒の成績格差もNCLB法成立以前の方が，法律施行後より小さかった」（ラビッチ，2013，133頁）と批判している．これに対して，ESSAでは，苦しんでいる生徒たちの学業上の成功のための具体策が学区や学校によって実行されることになり，公平性の議論が高まることが予想される．ただし，ESSAがどのように運用されるかを注意深く見守る必要があることを指摘しておきたい．なぜなら，格差是正に向けた理想を掲げたNCLB法が，その運用が適切でなかったために，理想とはかけ離れた結果を生み出してきたことを経験しているからである．

ESSA の成立と，同じ 2015 年 12 月に発表された「専門職基準」とは，互いにその内容を引用していないので，互いの直接の影響を検証することはできない．しかし ESSA 改定の議論の進行状況は公表されており，また，NEA や CCSSO など関係者間で，教育の方向性についてコンセンサスが形成されていたので，上記のような内容へ収斂していくことは予想されたはずである．したがって，ESSA と「専門職基準」とは，同じ方向性をもって作成されていったと考えてよいであろう．

4. 「2008 年基準」の改訂の概況

NCLB 法に対しては，その前提や実施方法に多くの批判があったが，2009 年に就任したオバマ大統領の下で，新しい教育政策が展開されてきたことは既述の通りである．CCSSO は，新しい連邦教育政策が学校に求めるものは，第 1 に，すべての生徒が大学入学または入職する準備を整えて高校を卒業することの保証であり，第 2 に，そのために教員と校長のスキルと能力の開発が重要であり，特に校長に求められる職務は「2008 年基準」が発表された時に比べて大いに異なっていると捉えていた（CCSSO, 2013, pp. 13-15）．そのため，CCSSO は「2008 年基準」の改訂版を作成する必要があるとの判断をした（CCSSO, 2013, p. 4; Murphy, 2015, p. 720）．こうして，「2008 年基準」の改訂版が 2014 年末までに発行されることになったが，実際には次のような展開となり，2 年間の議論の結果，最終的に 2015 年末に「専門職基準」が公表された．その間の展開は次の通りである．

2014 年 7 月，「2014 ISLLC 基準ドラフト（2014 ISLLC[25] Standards Draft）」（CCSSO, 2014, 以下，「2014 年版ドラフト」と称す）が同年 9 月期限でパブリック・コメントに付された．「基準」の作成時には，パブリック・コメントを求められなかったので，これは前述の通り，オバマ政権のオープンガバメント政策が反映している可能性がある．公開された批判やコメントはなかったが，翌 2015 年 3 月に全く新しい内容の「ISLLC 2015：教育上のリーダーのためのモデル政策基準ドラフト（*ISLLC 2015: Model Policy Standards for Educational Leaders Draft*）」（CCSSO, 2015, 以下，「2015 年版ドラフト」と称す）が CCSSO によって発表され，5 月末期限で再度パブリック・コメントに付され

第 6 章 『エデュケーショナル・リーダーの専門職基準』の作成過程と内容分析　357

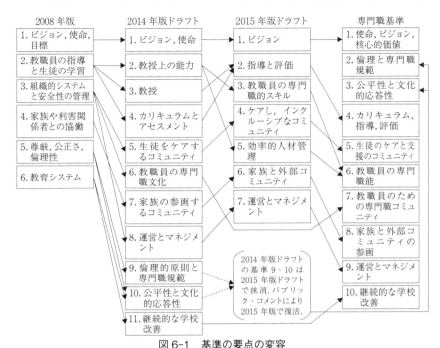

図 6-1　基準の要点の変容
出典：2014 年版ドラフトの p. 26 を参考に筆者が作成．

た．これに対しては，厳しい批判のコメントが多数寄せられた．それらのコメントを反映させて，「専門職基準」が再作成されることになり，それは 2015 年12 月に公表された．本節ではこのような改訂および再改訂の経緯分析を通じて，「基準」と，その改訂版および，再改訂版それぞれの作成者と内容の変化を考察する．

　図 6-1 は，「2014 年版ドラフト」の原文 p. 26 が，「2008 年基準」と「2014 年版ドラフト」を比較するのに採用した形式を援用し，その後の「2015 年版ドラフト」，「専門職基準」の基準の要点の推移を示したものである．なお，「2008 年基準」の 6 基準は，「基準」の 6 基準と同一であるので，図 6-1 では「2008 年基準」を出発点にしている．詳細は後述するが，最も変化が大きい項目が，倫理，公平性など価値に関わる基準の変化である．「2008 年基準」の基準 5「尊厳，公正さ（fairness），倫理性」が，「2014 年版ドラフト」では，基

準9「倫理的原則と専門職規範」，および基準10「公平性と文化的応答性」の2基準に分かれている．しかし，「2015年版ドラフト」では，これらの項目が完全に消えた．しかし最終的には，「専門職基準」では，上位の基準として，基準2の「倫理と専門職規範」と，基準3の「公平性と文化的応答性」となって復活している．本書では，この変化が，「基準」と「専門職基準」で示されるリーダーシップの変容を象徴するものであると考えている．

5.「2014年版ドラフト」に示されたリーダーシップの理念

(1) 2014年版作成の主導権争い

「2014年版ドラフト」の内容に入る前に，CCSSOと，「2014年版ドラフト」の更新委員会のメンバーとして選任された7名の研究者[26]との間に，微妙な考え方の違いがあったことを記録しておきたい．この点を記録しておく理由は，この頃生じ始めたCCSSOと研究者グループとの間の僅かな考え方の違いが次第に鮮明になり，2015年には決定的となるので，その起源を明確にしておく必要があると考えるからである．マーフィーによれば，「基準」作成時には，「基準」作成の実質的な推進者であったNPBEAは，「基準」作成の1996年から2008年までCCSSOとパートナー関係にあったが，2008年版の改訂の段階では，下位パートナー（junior partner）兼CCSSOに対するアドバイザーになっており，一方，CCSSOは版権所有者として学校管理職の専門職性を決定する最終裁定者になっていた（Murphy, 2015, p. 720）とされる．マーフィーが重視していることは，「基準」の発行以来20年の間，専門職性に関する指導者的な存在として影響を持ってきたNPBEAの影響力が変化し，「2008年基準」に見られたように，専門職性が弱まっていたことである．つまり学校管理職の専門職性をコントロールする役割と影響力の大きさが，NPBEAから，連邦や州の政治に係る事項や学力の増強に強い関心を示す組織であるCCSSOに移ってきたことである．CCSSOの管理的な引き締め力は，基準の開発のマネジメントの側面でメリットがあったが，改訂版の開発段階で基準作成過程を政治的な材料にすることが増え，専門職団体への配慮が減少するという点で，その存在価値は総合的に有益とは言えないようになっていた，とマーフィーは述べている（Murphy, 2015, p. 720）．

第6章 『エデュケーショナル・リーダーの専門職基準』の作成過程と内容分析　359

　前述のように，CCSSO が新しい基準改訂版に期待するものは，生徒の学力を高め，高校卒業時に，大学入学や入職に備えるように準備ができているようにすることであった．こうした学業の目的は明記されたが，生徒の学力を向上させるという考え方が強く打ち出されており，NCLB 法時代からの大きな変換は見られない．これに対して，7 名の改訂メンバーは，改訂にあたって，CCSSO の期するものとはやや異なる次の 3 点のリーダーシップの方向性を決定したとマーフィーは述べている．ただし，その方向性は，「高校卒業時に，大学入学や入職に備えるように準備ができているようにする」という大統領の方針に沿ったものであることは，「2014 年版ドラフト」に明記されている（「2014 年版ドラフト」, p. 6）．

　3 点のリーダーシップの方向性は以下の通りである（Murphy, 2015, p. 720）．

　第 1 は，基準が立脚する基盤は，学習に対する確固たるリーダーシップであり，そのリーダーシップによって，学校管理職の職務に関する理解と定義付けの構築を可能にすることである．

　第 2 は，基準の枠組みとして，リーダーシップの核心的な技術，学校文化に対するリーダーシップ，コミュニティについてのリーダーシップに重要な焦点を当てなければならない．

　第 3 は，民主主義的コミュニティ，社会正義，学校改善の概念をより強固に統合したリーダーシップの理論を議論する場（platform）とするために，それらの概念をより明確に示すことが求められている．

　「2014 年版ドラフト」は，このような考え方をベースに作成された．これら 3 つの方向性は 11 基準のいずれにも何らかの形で組み込まれているものと考えられる．

（2）「2014 年版ドラフト」に示されたリーダーシップの理念

　① 「2014 年版ドラフト」の 11 基準　「2014 年版ドラフト」の 11 基準は以下の通りであるが，その 11 基準のキーワードは図 6-1 の通りである．

基準 1：ビジョン，使命

　教育上のリーダーはすべての生徒（every student）の成功とウェルビーイングを，学校コミュニティのすべてのメンバーによって共有される子どもを

中心とする質の高い学校教育に関わるビジョンを，開発し，明確に表現し，実施し，管理執行することを保証することによって促進する．

基準2：教授上の能力

教育上のリーダーは，教授可能性を増大せしめることによって，すべての子どもたちの成功とウェルビーイングを促進する．

基準3：教授

教育上のリーダーは，生徒の学習を最大化させる教授を促進することによって，すべての生徒の成功とウェルビーイングを促進する．

基準4：カリキュラムとアセスメント

教育上のリーダーは，厳格で意味のあるカリキュラムとアセスメント・プログラムを推進することによってすべての生徒の成功とウェルビーイングを促進する．

基準5：生徒をケアするコミュニティ

教育上のリーダーは，支援的な関係性と個人別のケアの文化に特徴付けられるインクルーシブな学校風土の開発を推進することによって，すべての生徒の成功とウェルビーイングを促進する．

基準6：教職員の専門職文化

教育上のリーダーは，教員や他の専門職職員のための専門職的な規範化されたコミュニティを推進することによって，すべての生徒の成功とウェルビーイングを促進する．

基準7：家族の参画するコミュニティ

教育上のリーダーは，家族や他の利害関係者の参画するコミュニティを推進することによって，すべての生徒の成功とウェルビーイングを促進する．

基準8：運営とマネジメント

教育上のリーダーは，生徒の社会的学問的学習を推進するために学校または学区の効果のあるマネジメントを保証することによって，すべての生徒の成功とウェルビーイングを促進する．

基準9：倫理的原則と専門職規範

教育上のリーダーは，倫理的原則と専門職規範を固守することによって，すべての生徒の成功とウェルビーイングを促進する．

基準 10：公平性と文化的応答性

　教育上のリーダーは，公平で文化的な応答性のある学校の開発を保証することによって，すべての生徒の成功とウェルビーイングを促進する．

基準 11：継続的な学校改善

　教育上のリーダーは，継続的な学校改善の文化を開発することを保証することによって，すべての生徒の成功とウェルビーイングを促進する．

　② 「2014 年版ドラフト」の 4 つのリーダーシップの理念　上記の 11 基準から，以下に述べる 4 点の主要な理念を読みとることができる．これらは，7 名の改訂メンバーが到達した 3 点のリーダーシップの理念が統合され，補強され，新しい用語で表現されたものと考えられる．

イ．すべての子どもの成功とウェルビーイングを促進するビジョンの明確化

　「基準」および「2008 年基準」では，いずれも 6 基準の全項目に，「すべての生徒の成功を促進する」とあったが，「2014 年版ドラフト」の全 11 基準では，「すべての生徒の成功とウェルビーイングを促進する」となっている．これは，一人ひとりの生徒が学業上の成功だけではなく，ウェルビーイングを達成するように支援することを校長の責務とすることを求めたものである．「ウェルビーイング」という用語については，序章の第 5 節でその意味するところや意義について論じたが，学業上の成功のみを求めると，生徒の主観的な幸福感を考慮せずにひたすら学力の向上を求めるという弊害が生じる，それを食い止めて，学力の向上とともに子どものウェルビーイングをも重視しなければならないという子どもを中心とする考え方が示されたものと考えられる．

　また基準 1 で「子どもを中心とする質の高い学校教育」，基準 9 の機能指標で「教育の核心に子どもを置く」と述べられている．これらの考え方は，サービスを提供する相手を最も重視しなければならないという医師や弁護士などの専門職団体の倫理綱領に見られる専門職（profession）の中核的な理念と通底するものである[27]．

ロ．教授的リーダーシップ概念の明確化

　「2014 年版ドラフト」では教授的リーダーシップ（instructional leadership）を重視すると明記された（「2014 年版ドラフト」, p. 6）．効果のある教授的リーダ

ーシップが発揮される公立学校とは次のようなものであると説明している（「2014年版ドラフト」, p. 6）. 第1は, すべての学習者が彼らの学習を自らのものにする（take ownership）ことを可能にする学校である. 第2は, 現実の世界に適用可能な知識やスキルに関わる内容の学習を強調する学校である. 第3は, それぞれの学習者が学習経験にもたらすものに価値を認める学校である. 第4は, 急速に変化しつつある学習環境を梃子として学習を極大化するために活用するような学校である.

　このように転換された公立学校に求められるのが教授的リーダーシップである.

　具体的な基準の表現の変化は, 図6-1に見られるように, 「2008年基準」の基準2にあった指導と学習に関する内容が, 2014版ドラフトでは基準2に「教授上の能力」, 基準3に「教授」, 基準4に「カリキュラムとアセスメント」と分けることによって, 教授的リーダーシップの内実をより明確にしようとしている. その内容は次の通りである.

　基準2「教授上の能力」とは, 教育上のリーダーに, 「教職員の人的, 財務的, 技術的資源による支援を行い」（機能[28]D）, 「現在行っているものとは差別化した専門職的な指導能力の開発を行い」（機能C）, 「教職員の個人および集合的な教授能力の開発」（機能B）を行うこと, などの指導能力の向上を期待する基準である.

　基準3「教授」とは, 教育上のリーダーが, 「高い期待と挑戦の文化を維持」（機能A）し, 「教授の真正性と有効性に焦点化」（機能B）し, 「子どもの発達に関する最善の理解に基づく教授が行われることを保証」（機能C）するなど, 生徒の学習を最大化させる指導方法を促進することを期待する基準である.

　基準4「カリキュラムとアセスメント」とは, 教育上のリーダーが, 「プログラムの厳格さを保証」（機能A）し, 「文化的に適切なカリキュラムとアセスメントを保証」（機能B）し, 「子どもの発達に関する理解と測定の基準が矛盾しない評価システムを強調」（機能D）するなど厳格で意味のあるカリキュラムとアセスメントのプログラムを推進することを期待する基準である.

ハ．ケアするコミュニティ概念の強調

　「基準」と「2008年基準」の基準4で家族と利害関係者の協働が述べられて

いたが，具体的な協働の姿が見えなかった．「2014年版ドラフト」では，基準5で「生徒をケアするコミュニティ」によって，「支援的な関係性と個人別のケアの文化に特徴付けられるインクルーシブな学校風土の開発を推進する」とし，具体的なケアの内容を以下の機能項目A〜Eの5点で示した．A. 信頼によって定義付けられる文化の形成の保証，B. 一人ひとりの生徒（each student）のことが，よく知られており，価値あるものとされ，尊敬されることの保証，C. 生徒が，安全で，保全され，情緒的に支援され，健康な環境に取り囲まれることの保証，D. 一人ひとり生徒の，学問的にも社会的にも十分な支援を得られることの保証，E. 一人ひとりの生徒の，学校の活動的なメンバーであることの保証，である．

　ここで指摘しておきたい2つの重要な語句が存在する．第1は，「2014年版ドラフト」のすべての基準では「すべての生徒（every student）の成功とウェルビーイング」となっており，基準5で「基準」にも使われていなかった「一人ひとりの生徒（each student）」という表現が使用されたことである．また「ケア」とは，生徒をグループとして捉える，あるいは平均的にすべての生徒として把握する概念ではなく，一人ひとりすべての生徒を対象としていることが，「ケア」の神髄であることが示されたものと考えられる．第2は，基準5の機能項目Cで「安全で，保全され，情緒的に支援され，健康な環境に取り囲まれることの保証」とは，序章の第5節で述べたウェルビーイングの要素を踏まえたものと考えられることである．

　また基準6では，「教職員の専門職文化」を構築することによって，「信頼の増加を促進し支援する」など教師をケアすることが謳われている．興味深いのは，機能項目Hに，「アカウンタビリティの共有の文化を育てる」とあり，教員だけがアカウンタビリティを問われるだけでなく，管理職と共同して責務を果たす必要性を訴えており，教員をケアする内容となっていることである．さらに，基準7では，「家族の参画するコミュニティ」を，生徒をケアする主体と位置付け，その機能項目Aで，「コミュニティの多様な文化的，社会的，知的資源を理解し，正しく評価し，活用する」ことを求めている．これら学校内外に構築したコミュニティが協働して生徒をケアするという理念が示されたものである．

ニ．専門職倫理と公平性の強調

　「基準」と「2008 年基準」の基準 5 の要点は，「尊厳，公正さ，倫理性」であったが，ここでは尊厳と公正さ（fairness）をもってすべての生徒に対応するという倫理性と，教師自身の態度を問う倫理性，例えば意思決定における倫理的な原則が混在していた．「2014 年版ドラフト」では，基準 9 で管理職自身に「倫理的原則と専門職規範を固守する」こと，基準 10 で生徒に対する「公平性（equity）と文化的応答性のある学校の開発を促進する」こと，の 2 つの基準に分けられて内容が明確になった．ここで注目しておきたいのは，「基準」における「公正さ」と，「2014 年版ドラフト」の「公平性」の違いである．「基準」においての「公正さ」は，「権利章典の諸原理」や「すべての生徒の無料でクオリティの高い教育」を信じ，価値を認め，それらにコミットする性向概念として示されていた．すなわち，公正な権利の分配を構想する概念であったといえよう．しかし，「2014 年版ドラフト」の基準 10 の「公平性」は，その機能項目 D で「生徒を周縁化する問題や，欠損（deficit）をベースとする学校教育および能力・性・人種・階級・特別な状態などの諸問題に積極的に取り組まないことを糾弾（attack）する」と述べられたように，生徒の周縁化の問題に対する鋭い批判を含んだ概念として示されている．前述の 7 名の改訂メンバーが示していた社会正義の理念が基準 10 を中心に組み込まれているといえよう．ただ，これは社会正義の方向性を示したものに過ぎないのではないだろうか．なぜなら，基準 10 およびその細目においても「2014 年版ドラフト」の全文を通して，「社会正義」の言葉は見当たらず，一方，職業倫理を述べた基準 9 の細目に「正義」が見られるが，ここでは社会正義との違いは示されていない．前述した右派勢力からの批判を避けながら，社会正義の内容を盛り込んでいこうとする意志の表れではないかと考えられる．

6.「2015 年版ドラフト」の作成背景とその特徴

　図 6-1 にその要点を示した 7 つの基準を持った「2015 年版ドラフト」が 2015 年 3 月にパブリック・コメントに付された．それには 4 点の特徴がある．第 1 に，それは CCSSO 名義で公表されているが，執筆者名や参画した団体名が記載されていない，いわば責任者の姿が見えないものになっている．しかも，

このドラフトが提案される背景の説明もなく，「2014年版ドラフト」に対する
コメントもない，歴史的位置付けが不明確なドラフトとなっている．第2に，
「2008年基準」と同じように，「州や学区の教育部局が，教育上のリーダーを
いかに養成し，支援し，評価するかを理解するための枠組みを提供するもの」
と述べており，校長のためのものではなく，行政が校長や教員を指導する考え
方を示す目的を持った政策基準となっている．第3に，本文前文で，リーダー
たちは「生徒の学習と成績を上げるために公立学校を変革する」という責務を
負っていると明記され，基準2では，端的に「教育上のリーダーは生徒の学習
と成績を最大化するような指導と評価を擁護し，支持する」とあり，さらに基
準3で，「教育上のリーダーは，生徒の学習と成績を促進するために教職員の
専門職としてのスキルと実践を管理し開発する」とされ，学業成績の向上が目
的とされた基準となっている．第4は，最も重要な変更と考えられるが，図
6-1に見られるように職業倫理や公平性について述べた基準がなくなっている
ことである．しかも基準7「運営とマネジメント」の説明として，「効果的，
効率的でかつ公平で倫理的に，学校および学区運営に対する責任がある」とさ
れ，公平性や倫理性が効果や効率と同列以下に置かれて，管理監督の対象とな
っている．リーダーは倫理原則や公平性に基づいて行動するとした「2014年
版ドラフト」から逆転した発想となっている．結局「2015年版ドラフト」に
は生徒を重視する考え方や，倫理性，公平性に関する内容が見当たらず，
「2008年基準」にも増して脱専門職的な色彩の強い基準になっているといえる．

　「2014年版ドラフト」作成にあたった7名の研究者の執筆方針がCCSSOと
は異なっていたことは前述のとおりであるが，性格が全く異なるこのような内
容の「2015年版ドラフト」に書き換えられた背景を説明することは，それを
説明する文献が見当たらないので困難である．しかしCCSSOという組織がア
メリカ全州の教育長の集まりであることから，主観主義的なメンバーと実証主
義的なメンバーとの間で，理論闘争があったと考えることは容易である．また
教育上の考え方の相違に加えて，以下のようなことから政治的な思惑が影響を
及ぼしたことも推測される．2014年基準がパブリック・コメントの検討に入
った2014年11月に行われた大統領選中間選挙で，野党である共和党が上下両
院で過半数を占めることとなり，その結果としてNCLB法の改定法案が上下

両院とも共和党の主導で策定されることになったことと深い関係があるものと考えられる．なぜなら，前述のように，学校管理専門職がどうあるべきかを決定する最終調停者の役割を担った CCSSO が，基準の開発過程で，連邦政府や州政府の政治的な状況や，それに関連して基準の内容を問題視する場面が著しく増加していたことをマーフィーが指摘し（Murphy, 2015, p. 720），「2008 年基準」の作成時と同じように連邦政府の動向（共和党主導の保守的な政治への傾斜の可能性）に敏感に反応する CCSSO 内の勢力が存在したことを示唆しているからである．

なお「2014 年版ドラフト」には公表されたパブリック・コメントがなかったが，「2015 年版ドラフト」に対しては次のようなパブリック・コメントがあったことは，当時の教育に対する社会の趨勢を知る手掛かりとして重要である．例えば，監督・カリキュラム開発協会（Assoication for Supervision and Curriculum Developmen: ASCD）は，公表文書で，「2015 年版ドラフト」には，「生徒への公平性を守り戦うという専門職の規準と倫理に固執するリーダーの基本的な責務が適切に述べられていない．これらの概念を十分に表現した改訂版を強く求める」との意見を寄せた[29]．また教育新聞 *Education Week* は Danisa Supperville の記名付きの記事で，公平性と倫理の重要性を指摘するコメントが CCSSO に 300 件以上寄せられたと報道している（Supperville, 2015, pp. 1-3）．

7. 「専門職基準」の完成へのプロセス

「専門職基準」は，「新しい教育上のリーダーシップの全体像を深く考察する集中的研究プロセスの結果として生まれた」（NPBEA, 2015, p. 2）と説明されている．そのプロセスでは，実証的調査（文献調査の対象として精選した 79 本の参考文献[30]が NPBEA, 2015 の末尾に添付されている）の徹底的なレビューが行われ，また研究者や 1000 以上の学区や学校のリーダーたちからの情報が検討された．その検討は，「2008 年基準」と，教育上のリーダーの日常の仕事やリーダーシップに将来求められると考えられるものとのギャップを明らかにすることを通じて行われたとされる（NPBEA, 2015, p. 2）．検討チームはマーフィー以下 46 名の研究者[31]が加わり，また NAESP，NASSP，AASA も参画した（NPBEA, 2015, p. 2）．

第6章 『エデュケーショナル・リーダーの専門職基準』の作成過程と内容分析　367

「2014年版ドラフト」をめぐる主導権争いがあったことが，マーフィーによって述べられていたが（Murphy, 2015），その争いは「専門職基準」の作成過程で表面化し，どの団体が「専門職基準」の作成責任団体になるべきかに関して厳しい議論があったことが，作成メンバーであるマーガレット・オア（Orr, M. T.），マーフィー，マーク・スマイリー（Smylie, M.），マーサ・マッカーシー（McCarthy, M. M.）によって明らかにされている（Orr et al., 2015)[32]．オアらによれば，「基準」と「2008年基準」の発行責任者であった CCSSO と，専門職団体の統括組織であり，作成責任団体である NPBEA のいずれが「専門職基準」発行の主導権をとるべきかという論争があった（Orr et al., 2015, p. 32）．「基準」，「2008年基準」はいずれも専門職団体が主体となって作成されながら，その版権は作成した専門職団体ではなく，政治の文脈に影響を受けやすい CCSSO に帰属してきた．そのため，CCSSO の存在は基準作成のマネジメント面でのプラス効果に比べて，全体としてマイナス面が大きかったとされたのである（Murphy, 2015, p. 720）．論争の末に，「専門職基準」の版権所有者は NPBEA となり，専門職団体によって，専門職のために開発された専門職基準が初めて作成され，professional standards のタイトルを冠することが可能になった（Orr et al., 2015, p. 32）．

第2節　「専門職基準」のリーダーシップ像

本節では「専門職基準」の内容を分析し，「基準」や「2008年基準」で示されていたリーダーシップとの違いを明らかにする．「専門職基準」で示された校長のリーダーシップ像は，従来のリーダーシップ像から多様に変容した教育上のリーダーシップであり，また，本書でこれまで考察してきた「リスクのある生徒」問題にも対応する内容であること，また現代の校長がどのようにリーダーシップを発揮することができるのかを示しているものであり，これまで理論面でも実践面でも示されてこなかった新しいリーダーシップ像を提示している．本書では，ますます多様化する生徒たちを中心におき，一人ひとりの生徒の学業上の成功とウェルビーイングを促進する校長をエデュケーショナル・リーダーと呼び，その校長が実践するリーダーシップをエデュケーショナル・リ

ーダーシップと呼ぶこととし，以下でその構造を解明していく．エデュケーショナル・リーダーシップは，現代アメリカにおける校長のリーダーシップ研究の到達点であると考えて，以下論じるものである．

「2008年基準」と「2015年版ドラフト」に現れた脱専門職的な性格を押しとどめながら，専門職性をいかに確立していくかを議論する中で，「専門職基準」の作成に関わった研究者たちは新しいリーダーシップの全体像を深く考察したとされる（NPBEA, 2015, p. 2）．「2008年基準」が発行された2008年以来，研究者たちが学んできたことは，学校リーダーの仕事はますます，すべての生徒の授業と学習を開発し促進することが中心となってきたことであり，その生徒たちの多様性とニーズはより複雑となり法的・政治的な要請が追加されてくる，その一方で資源は抑制されているという事実である．そのような諸条件の下で研究者たちによって行われた研究の成果をもとに，「専門職基準」の枠組みが設計され，作成されていったとマーフィーとスマイリーは説明している（Murphy & Smylie, 2016, pp. 19-21）．

本節の第1項では，「専門職基準」の全体像を把握し，そのリーダーシップを掘り下げて分析する．また第2項では，校長のリーダーシップの中でも，教授的リーダーシップにおいて校長が実践すべきリーダーシップとは具体的に何かを明らかにする．

以下の記述は，「専門職基準」（NPBEA, 2015）そのものと，マーフィーが，「専門職基準」で論じられた理論を詳解する目的をもって2017年に発行した，『Educational Leaderのための専門職基準——実証的，道徳的，経験的基礎』（Murphy, 2017），マーフィーを中心とする「専門職基準」の執筆者たちが作成の過程を説明した2本の論文 Murphy & Smylie（2016），および Orr, Murphy, Smylie & McCarthy（2015）の4つの資料を一体のものとして捉え，一次資料として分析するものである．なお，「専門職基準」全文の日本語訳は巻末資料を参照されたい．

1．「専門職基準」のリーダーシップ像

（1）「専門職基準」の全体像

完成した「専門職基準」（NPBEA, 2015）の全文およびその細目については巻

末に添付した資料を，また「2008年基準」以来の基準項目の変化については図6-1を参照願いたい．

「専門職基準」の基準は表6-1のように合計10の基準からなり，それぞれの基準にその意味するところを説明する合計83項目の細目が付されている．

NPBEA（2015）によれば，これらの基準は調査および実践によって生徒の成功に不可欠であると把握されたリーダーシップ職務の領域，そこで求められるクオリティおよび価値を反映したものからなっている．また実践においては，これらの領域はそれぞれが独立して機能しているのではなく，一人ひとりの生徒の学業上と個人的なウェルビーイングを促進させる相互依存的なシステムとして機能している（NPBEA, 2015, p. 3）．

リーダーシップ職務の相互依存を図示化したものが図6-2である．ここではリーダーシップ領域と，それらを代表する基準は，3つの関連する括りから成り立っていると説明されている（NPBEA, 2015, pp. 4-5）．3つの括りとは別に，基準10の学校改善はシステムの上部に据えている．下記に述べる学校改善の内容によれば，学校改善は3つの括りを全体として統合する基準として取り扱われているものと考えて，図6-2の原図では基準6〜9が上部にあり，基準10が下部にあったが，本書では上下を逆にした．基準6〜9は知識基盤で基底にあるものであると考えて下部にし，一方，基準10は，学校改善で全体を統合する概念であり，上部にあるべきものと考えたからである．

「専門職基準」の基準10：学校改善は，「効果のあるエデュケーショナル・リーダーは，一人ひとりの生徒の学業上の成功とウェルビーイングを促進するために，継続的な改善の実施主体として行為する」とあり，その説明項目 c）で，「改善・準備の促進，改善への緊急性，相互の誓約と説明責任の浸透，および改善が成功するための知識・スキル・動機付けの開発の準備を，学校コミュニティにさせる」，説明項目 h）で，「一体化されたシステムを活用して，改善の努力やあらゆる側面の学校組織，プログラム，およびサービスの間の一貫性を促進する」となっており，いずれも，「効果のある学校」研究以来の，理念である，リーダーシップを発揮させ，促進させるためのファシリテーターとしての職務を期待しているものである．

学校改善は，「効果のある学校」研究の説明図，図2-1の段階3に該当する

表6-1 エデュケーショナル・リーダーのための専門職基準

基準 1. 使命，ビジョン，および中核となる価値
効果のあるエデュケーショナル・リーダーは，共有された使命とビジョンおよび高いクオリティの教育と，一人ひとりの生徒の学業上の成功およびウェルビーイングという核心的な価値を開発し，唱導し，実施する．

基準 2. 倫理および専門職的規範
効果のあるエデュケーショナル・リーダーは，一人ひとりの生徒の学業上の成功とウェルビーイングを促進するために，倫理的かつ専門職規範に則って行動する．

基準 3. 公平性および文化的応答性
効果のあるエデュケーショナル・リーダーは，一人ひとりの生徒の学業上の成功とウェルビーイングを促進するために，教育上の機会の公平性と文化的応答性のために努力する．

基準 4. カリキュラム，指導，および評価
効果のあるエデュケーショナル・リーダーは，一人ひとりの生徒の学業上の成功とウェルビーイングを促進するために，知的な厳格さとカリキュラム，指導，および評価の首尾一貫したシステムを開発し，支援する．

基準 5. ケアのコミュニティと生徒に対する支援
効果のあるエデュケーショナル・リーダーは，一人ひとりの生徒の学業上の成功とウェルビーイングを促進するインクルーシブで，ケアし，支援する学校コミュニティを育成する．

基準 6. 学校教職員の専門職的能力
効果のあるエデュケーショナル・リーダーは，一人ひとりの生徒の学業上の成功とウェルビーイングを促進するために，学校の教職員の専門職的能力と実践を伸ばす．

基準 7. 教職員のための専門職コミュニティ
効果のあるエデュケーショナル・リーダーは，一人ひとりの生徒の学業上の成功とウェルビーイングを促進するために，教師および他の専門職スタッフの専門職コミュニティを促進する．

基準 8. 意味のある家族とコミュニティの参画
効果のあるエデュケーショナル・リーダーは，一人ひとりの生徒の学業上の成功とウェルビーイングを促進するために，家族やコミュニティを意味のある，互恵的で，相互に有益な方法による参画を図る．

基準 9. 運営および管理
効果のあるエデュケーショナル・リーダーは学校運営と資源を，一人ひとりの生徒の学業上の成功とウェルビーイングを促進するために管理する．

基準 10. 学校改善
効果のあるエデュケーショナル・リーダーは，一人ひとりの生徒の学業上の成功とウェルビーイングを促進するために，継続的な改善の実施主体として行為する．

出典：NPBEA（2015），pp. 9-18 より筆者が作成．

第6章 『エデュケーショナル・リーダーの専門職基準』の作成過程と内容分析　371

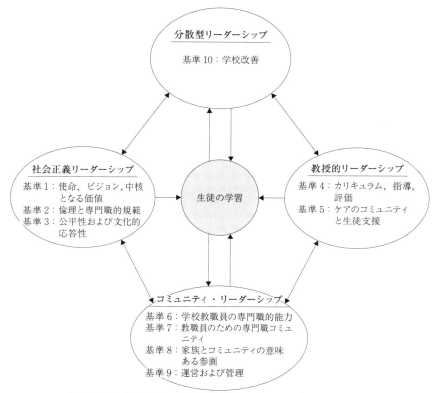

図6-2　生徒の学習のための学校リーダーシップ作用の関係図
出典：NPBEA 2015, p.5 より一部筆者が修正している．

研究群から由来している．1983年からOECDが主催する，学校改善に関する国際共同研究が行われていたが，国際共同研究による学校改善の定義は次のようになっていた．

> 教育目標を効果的に達成するという究極の目標をもって，教育条件やその他の付帯的条件の変革をめざした系統的で持続可能性のある努力の体系である（Reynold et al., 2000b, 210）．

また，国際共同研究に参加していた中留武昭は，「学校が効果における違いを創るのであるが，その「過程」と「効果」を改善していくことを狙いにした研究が学校改善である」（中留，1991，126頁）と説明している．

「基準」は，「効果のある学校」研究に影響されたと述べているが（「基準」，p. 5），「基準」の主筆であったマーフィーは，学校改善は，「基準」に込められた3つの重要な理念の1つであったとし，その内容を次のように説明していた．学校改善は，生徒の学習を説明する核となる技術に関わる諸条件（例えば，学習機会，基礎的スキルの授業，相互に強く関連するカリキュラム，生徒の成績の注意深い系統的なモニタリングなど），また生徒の成績と関連する学校レベルの文化的，環境的諸要素（例えば，安全で秩序ある学習環境，学業に結び付いた報償，子どもがよく知られており，ケアされている個人化した学習環境，教職員間のコミュニティ意識，学校と家庭との連携への焦点化など）を強調してきた．加えて，これまであまり注目されなかったが「効果のある学校」研究で重視されるようになった次のような点に関する研究が「学校改善」として行われてきた．それらは，1）生徒の成績の分析から始めて，そこから逆向きに学校管理・経営を行う必要性，2）すべての生徒は学べるという信念，3）学校は生徒の成績に責任があるという理解，4）学校は，孤立した個人の集合よりも，有機的全体として活動する時に最善の結果を生むという知識，などである（Murphy, 2003, pp. 13-14）．

　図6-2に示されているのは，各基準から抽出できるリーダーシップが実践され，さらに各基準に基づく実践が相互作用してネットワークとして働く時，生徒の学習が促進されるという「生徒の学習」を中核とする構想である．その構想では，エデュケーショナル・リーダーには，第1に，生徒の学習促進のため，図6-2に示された10の基準の包括的なシステムを構築し，さらに各基準をつなぐネットワークを構築し，促進し，維持することが期待されている．第2に，生徒の学習に関するこれらの学校のビジョンを認識し，学校の核心的な価値を真実のものとして創造し維持するために，エデュケーショナル・リーダーには自分自身を含めた学校の全領域を，学校改善に注力することが期待されている．彼らは，創造的であり，奮い立つ力を持ち，学校を一人ひとりの生徒が成長する場所にするために，潜在的なリスクや政治的な副作用を乗り切る意志を持った不屈の変革当事者であるとされている（NPBEA, 2015, p. 4）．以上述べた内容を持ったリーダーシップ像は，本書では第5章でUCEA会長ゲール・ファーマンが「分散型リーダーシップ」として示していた．校長はファシリテーター

としてリーダーシップを関係者に分散し「一体化されたシステムを活用して，改善の努力や，あらゆる側面の学校組織，プログラム，およびサービスの間の一貫性を促進する」（説明項目 h）「分散型リーダーシップ」を発揮するという構造である．

　本書では，以下 3 つの括りが，「専門職基準」が重視する 3 つのリーダーシップ像を示しており，社会正義リーダーシップ，教授的リーダーシップ，およびコミュニティリーダーシップを説明するものであると見立てて以下の考察を行う．それぞれのリーダーシップの本質を理解し，特に社会正義リーダーシップの内容にウエイトを置いて考察する．この考察を通じて，結論を先取りしていえば，先に述べた分散型リーダーシップとこの 3 つのリーダーシップによって現代アメリカのエデュケーショナル・リーダーのリーダーシップ論に到達したものと理解できることになる．

　①　**第 1 の括り──社会正義リーダーシップ**　第 1 の括りは，図 6-2 の左の円の中，基準 1，2，3 がそれである．基準 1 は「使命，ビジョン，中核となる価値」，基準 2 は「倫理と専門職的規範」，基準 3 は，「公平性および文化的応答性」からなっている．これらの括りが社会正義リーダーシップ論であると同定する理由は以下の通りである．社会正義リーダーシップは中核の生徒の学習に働きかけるとともに，コミュニティ・リーダーシップと相互に作用しあう関係にある．また学校改善とも相互に作用しあう関係となっている．

イ．社会正義リーダーシップ論の展開

　露口健司[33]は，「近年の教育組織を対象とするリーダーシップ研究の焦点は，社会正義リーダーシップ（social justice leadership）に集まっている」（露口，2021a，54 頁）と述べ，社会正義リーダーシップ論の先駆者としてゲイル・ファーマンを挙げ，Furman（2012）を引用して，社会正義リーダーシップ論を説明している．ファーマンの社会正義リーダーシップ論は本書でも第 5 章で取り上げている（Furman, 2003）が，露口の整理によれば，社会正義リーダーシップ論とは，「新たな価値の共同構築，物語の活性化，包括的変革の提唱，人種・民族・社会階層・障害・ジェンダー・性的指向についてのオープンで率直な議論の持続によって，支配的な信念に挑戦する包摂アプローチの創造を志向する

態度を意味する」（露口，2021a，54頁）とされている．本書においては，第5章で2000年代初頭からの社会正義リーダーシップ論を考察してきた．それらを整理すれば抽出できるリーダーシップ論と，ファーマンの社会正義リーダーシップ論とは同じ内容を持ったものであろうか．そして，それらは，第1の括りで示そうとするものと同じ内容を持っているといえるだろうか．まずはこれまで議論してきた社会正義リーダーシップ論を整理してみよう．

a．スタンフォード大学での社会正義を教える教師教育

　スタンフォード大学の社会正義を教える教師教育の目的は，「白人教師」や「肌色の異なる教師」の職務を自ら変革する行為主体となること，性・人種・性別からくる特権を認識すること，周縁化したグループと比較して学生自身が持っている特権を立場を逆にして認識してみること，多文化主義問題に関する自身の考え方を検証すること，そして，すべての生徒の成功を可能にする教育学を開発すること，など多様な文脈で，多様な社会正義の実現を可能にすることである（Darling-Hammond, 2002, pp. 6-7）．また，ここでは自らを変革するだけでなく，生徒の成功を可能にする教育学を開発することがめざされていることに注目する．

b．スリーターとグラントの文化的社会正義論

　クリスチン・スリーター（Sleeter, C.）とカール・グラント（Grant, C.）は自らの社会正義論は社会改造主義を根底とするもので，あるグループによる他のグループへの抑圧を排除することが社会的関心事であるとする．議論の前提は，公平性と正義がすべての人々の目的となり，違いを超えた連帯が正義をもたらすために求められることとされる．公平と正義の定義は，単に機会の平等を目標とするのではなく，多様なコミュニティにとって結果の平等をめざすことである．この意味は，公平で正義の社会においては，社会の多種多様な機関や制度が多様なコミュニティにおいてその存在の維持継続を可能にし，すべての市民に基本的な人権（見苦しくない住まい，健康のケア，クオリティの高い教育，生計維持のための仕事を含む）を保障することである（Sleeter & Grant, 2009, pp. 197-198）．

c．テオハリスによる校長の社会正義の実践

　ジョージ・テオハリス（Theoharis, G.）は，自身と6名の同僚校長とともに，

「苦闘」しながら社会正義の実践を行った．テオハリスにとって社会正義リーダーシップとは，「すべての生徒の成功を語る」リーダーシップであり，周縁化した子どもたちの情緒的問題，学業上の成功を認めようとしない分離教育や連れ出しプログラム[34]を終わらせるものである．また実践の結果，校長養成プログラムには，特別教育，英語学習者教育，カリキュラム，差別とチーム，データの活用，プレゼンテーション能力，貧困，多様な家族との協働，グローバルな視点などに関する知識が不可欠であることを見出している（Theoharis, 2007, pp. 247-252）．

以上のように多様な内容を含意して社会正義論が展開されてきたが，いずれも一人ひとりの生徒の，学業上の成功とウェルビーイングを追求しようとするリーダーシップである点で共通している．

ロ．第1の括りを社会正義リーダーシップとする根拠

第1の括りの3つの基準の説明細目から以下のように，これまで蓄積されてきた社会正義の定義に相当する理念を抽出できる．

基準1の説明項目 c）は，「学校文化を定義付け，次に述べるような子どもを中心とする教育[35]の不可避性を強調するような核心的な価値を明確にし，唱導し，育成する．子ども中心の教育の不可避性とは，高い期待と生徒への支援，公平性・インクルーシブ・社会正義，開放性・ケア・信頼，および継続的な改善である」となっており，基準2の c）項では，「子どもを教育の中心に置き，一人ひとりの生徒の学業上の成功とウェルビーイングに対する責任を引き受ける」となっていて，いずれも一人ひとりの生徒の学業上の成功とウェルビーイングとを追求する理念を示している．また基準2の d）項では，「民主主義，個人の自由と責務，公平性，社会正義，コミュニティ，多様性の諸価値を守り促進する」と述べている．さらに基準3の e）項では，「人種，階級，文化および言語，性および性指向，および障害または特別の状態に関連した生徒の周縁化，負をベースとする教育および低い期待などの制度上の偏見に向かい合って修正する」，となっており，明確にファーマンの社会正義リーダシップ論や，上記3件の社会正義教育や実践がめざしたリーダーシップ論と一致していると考えられ，社会正義リーダーシップ論の理念を述べている．

② **第2の括り——教授的リーダーシップ**　第2の括りは，図6-2で右の円，基準4と5がそれである．基準4は，「カリキュラム，指導，評価」からなり，基準5は「ケアのコミュニティと生徒支援」となっている．

基準4と5は，核となる生徒の学習への働きかけだけでなく，コミュニティと連携するとともに，学校改善と相互に作用しあう関係になっており，このような作用を生み出すリーダーシップが教授的リーダーシップであると考えるものである．

以下の理由から，第2の括りは教授的リーダーシップを説明するものであると考える．

本書ではこれまで，「instructional leadership」を「教授的リーダーシップ」と訳し，その内容は，生徒への直接の影響は限定的で，主として間接的に生徒の学習に貢献する活動であると定義してきた．さらに，「効果のある学校」研究や，リストラクチャリング運動を通じて構成主義的な学習法に基づく授業の核心が示されてきたことを論じてきた．1996年に発表された「基準」でも，教育システムの技術的核心部分を「進展する学校教育モデル」として示していた．それは，構成主義心理学および新しい社会学パースペクティブに基づく教育に代わろうとしているものであるとされている（Murphy & Shipman, 1998, p. 6）．

「専門職基準」においては，基準4の **d)** 項で，「カリキュラム，指導，および評価は知的に挑戦的なものであり，生徒の経験に対して信ずるに足るものであり，生徒の強みを知るものであり，分別化し，個人化した指導上の実践となることを保障する」，となっている．これは，生徒が自らの経験の上に，教師などとの相互作用で知識を構成していくという考え方を反映したものである．これはこれまで述べてきた教授的リーダーシップ論の定義に当てはまるものであり，教授的リーダーシップ論であると同定することが可能と判断した．しかし，第2の括りの教授的リーダーシップ論は，次のような新しいリーダーシップ要素を追加していることが注目される．

第1は，知的要素と価値要素の融合が図られていることである．

「基準」の作成までには，長年対立的な関係にあった実証主義に関連する知識と，主観主義に関連する価値的な要素が，知識基盤として統合的に理解される必要性が認識されるようになり，理論の統合が議論され，努力されてきた．

しかし既述のように，双方の考え方の対立はその後も時として立ち現れてきた．この「専門職基準」では以下の項目に見られるように両者が融合に到達したと見られる．具体的には，基準4では，「知的な厳格さとカリキュラム，指導，および評価の首尾一貫したシステムを開発し，支援する」，と述べ，説明項目a)項で，「生徒の学習に対する高い期待」，d)項で「知的に挑戦的なものであり」，e)項で「テクノロジーの有効な活用を促進する」，f)項で「評価の技術的基準と矛盾のない有効な評価」などの内容が示され，実証主義的な，計量することのできる成績を重視しようという考え方を示している．一方で，基準4は，c)項で「一人ひとりの生徒のニーズについての知識と矛盾のない指導実践を促進する」，d)項で，「分別化し，個人化した指導上の実践となることを保障する」とも述べて，一人ひとりの生徒の価値を重視する表現となっている．このように，実証主義的な要素と，主観主義的な要素が融合したものと考えられる．この点を「専門職基準」本文では，「教育上のリーダーが確立された実践方法を超えて前進し，より良い未来に向かって繁栄する」（資料参照）と述べており，実証主義や主観主義を超えて，効果的で子どもの学習の成功とウェルビーイングを追求しようとする基本的な理念を持っていることを示そうとしている．

　第2に注目すべき点は，第2の括りのもう1つの要素である基準5で，インクルーシブで，ケアし，支援する学校コミュニティを育成することをエデュケーショナル・リーダーに求めていることである．これまで蓄積されてきた教授的リーダーシップに新たな要素を加えることとなった．基準5のa)項で，効果のあるリーダーは，「一人ひとりの生徒の学習上の，社会的，情緒的，そして身体的なニーズに合致した安全で，ケアされ，健康な学習環境を作り上げ，維持する」，とある．「社会的，情緒的，そして身体的ニーズ」とは，主観的なウェルビーイングを意味しているものであり，一人ひとりの生徒に学業上の成功，つまり学力の向上のみを求めるのではなく，彼らの主観的なウェルビーイングを同時に追求しなければならないという考え方を示したものである．同じ基準5のb)項では，「一人ひとりの生徒が学校コミュニティでよく知られており，受け入れられて重視され，信頼されて尊敬され，ケアされ，学校コミュニティの活動的な責任あるメンバーであることを奨励されるような学校環境を創造し維持する」，とあり，一人ひとりの生徒のウェルビーイングを実現するた

めに求められる具体的な要件を示したものと考えられるのである．

第3に注目すべき点は，新しく取り組まれた学習理論が示されたことである．基準およびそれを説明する a)〜g) の 7 項目は巻末の資料で参照願いたいが，そこで説明されている教授的リーダーシップについては，Murphy (2017) によって，4 つの新しい学習理論として提示されており，その詳細は後述することになるが，それら 4 つの学習理論が教授的リーダーシップの技術的核心であると考えられる．

以上のような要素が基準 4 と 5 に組み込まれており，本書ではこのような要素が組み込まれたリーダーシップを，これまでとは次元の異なる教授的リーダーシップとして捉えている．なお，このような教授的リーダーシップをどのように実現するのかが，後述するように，4 つの学習理論で示されていると考えている．

③　第3の括り──コミュニティ・リーダーシップ　コミュニティ・リーダーシップの概念は，アメリカにおいても比較的新しい概念であると考えられるが現在すでに多数の研究の蓄積が存在している[36]．しかし日本の教育においては管見の限り存在しない[37]．コミュニティ・リーダーシップは，図 6-2 に見られるように，中核となる生徒に働きかけるとともに，教授的リーダーシップと連携を取り合う関係にあり，社会正義リーダーシップとも相互に作用しあう．すなわち，コミュニティ・リーダーシップの根底にある思想は社会正義リーダーシップであり，社会正義リーダシップもまた，コミュニティ・リーダーシップの理想を根底においていると考えられる．

既に「基準」の性向項目に民主主義的コミュニティを説明すると考えられる項目，例えば，「生徒を社会に貢献しうる一員となるように育てること」，「人を信頼し，彼らの判断を信じること」，「より大きなコミュニティの中の不可欠の要素として学校を機能させること」，「共通善の理想」などが抽出されていた．しかし，当該箇所で指摘したように，「基準」におけるコミュニティ概念では，コミュニティを構成するのは誰なのかが明確にされておらず，また，学校管理職は，コミュニティの多様な関心とニーズに対応するとされるが，生徒の成功や幸せはコミュニティの多様な関心とニーズの中の 1 つとして捉えられており，

中核的なニーズとしては表現されていない．「専門職基準」においては，第3の括りに属する基準6，7，8，9でこれらの点がどのように把握されているかを見てみよう．基準6では g) 項で，「教師のリーダーシップおよび学校コミュニティの他のメンバーのリーダーシップのために，彼らの能力と機会と支援を拡充させる」とあり，教師と，学校を取り巻くコミュニティとの連携を期待する内容になっている．基準7の e) 項で，「専門職的な能力と実践の改善を促進するために，開放的で，生産的で，ケアし，そしてリーダーと教師およびスタッフ間の信頼性のある労使関係を開発し，支援する」，とあり，校長と教職員がコミュニティメンバーであることが明記されている．また同じ基準7の b) 項では，「学校の使命，ビジョン，および核心的な価値に基づいて，一人ひとりの生徒の学業的，社会的，情緒的，身体的なニーズに集団的に対応できるように，教職員に集合的な責務を伴った権限委譲と信頼を付与する」として，生徒のニーズに焦点化し，教職員に責務と権限委譲と信頼を付与するとしている．また，基準8は，「意味のある家族とコミュニティの参画」が述べられているが，家族がコミュニティを構成する一部であることが明記された．こうして，コミュニティを構成するのは校長を含む教職員と学校を取り巻くコミュニティであり，そのコミュニティは集団として生徒のニーズに対応するとされているのである．

　重要なのは，コミュニティ活動の目的である．基準6，7，8，9ともその目的が，「一人ひとりの生徒の学業上の成功とウェルビーイングを促進する」とあり，基準6の d) 項では，「一人ひとりの生徒が想定した成果を達成するために，個人および集合的な教授能力の継続的な改善を促進する」，とされる．特に注目したい項目は，「一人ひとりの生徒が想定した成果を達成する」という表現である．個人にはそれぞれの目標があり，その目標に向けて努力するように，コミュニティがその生徒を守るように支援する意味を含んでいると考えられ，「リスクのある生徒」を含むすべての生徒がコミュニティに守られ，支援を受けるという意味を含んでいると考えるものである．また基準8の e) 項では，「学校の内外での生徒の学習を支援するために家族と協働する手段を学校コミュニティにつくる」と述べており，学校の中だけではなく，校外でもコミュニティで支援の輪をつくることを意味していると考えられる．以上の考察か

ら，コミュニティ・リーダーシップは，「リスクのある生徒」を含むすべての生徒の一人ひとりに向き合って，「生徒の学業上の成功とウェルビーイング」を支援するリーダーシップである．

また基準9の「運営および管理」では，そのc)項で，「カリキュラム・指導・評価，生徒の学習コミュニティ，専門的能力とコミュニティ，家族とコミュニティの参画を支援するために，財政的，身体的，その他の資源を探求し，獲得し，管理する」として，リーダーが運営・管理すべき対象を明記している．

コミュニティ・リーダーシップの目的は生徒の学業上の成功とウェルビーイングの促進であり，それを実現するのは校長，教職員，家族，その他のコミュニティメンバーであることが明記されたリーダーシップであると考えるものである．

これまで3つの括りと4つのリーダーシップとの関係と，それぞれの内容について考察した．

前後するが，これらのリーダーシップを論じる時のキーワードにもなっている「すべての生徒」の英語表現に関するスマイリー（Smylie, M. A.）とマーフィー（Murphy, J.）の指摘は，その意味するところを理解するのに重要と考えられるので見ておきたい．

「基準」と「2008年基準」ではその目的が，「すべての生徒の成功（success of all students）」（以下3件の下線はいずれも引用者）となっていたが，「2014年版ドラフト」と「2015年版ドラフト」では，「すべての生徒の成功とウェルビーイング（the success and well-being of every student）」となり，さらに「専門職基準」では，「一人ひとりの生徒の学業上の成功とウェルビーイング（academic success and well-being of each student）」と変容してきた．スマイリーらが主張するのは「all」および「every」，と「each」の違いである．スマイリーとマーフィーは，この違いを次のように説明している．「Allおよびevery と，each とは大きな違いがある．「all」と「every」とは，生徒の全体を集合的（overall collective），あるいは平均的（avarage）に把握したことを意味しているが，「each」は，一人ひとりすべての個々の生徒（each and every individual student）を意味している．この変化は，リーダーシップ作用の重大な次元で公平性（equity）への向上を反映するものである」（Smylie & Murphy, 2018, p. 25). ただ本書では，スマイリーとマーフィーの議論に同意しつつ，なお，これまで述べてきたように，「公平性」と「社会正義」を区別して理解してきたことから，「each」こそが「社会正義」が誰のための，何のための正義なのかを示す重要な用語であると考えている．

以上のように，「専門職基準」のリーダーシップは，一人ひとりすべての生徒（人々を含む）のための社会正義リーダーシップ，教授的リーダーシップ，コミュニティ・リーダーシップおよび分散型リーダーシップが融合したリーダーシップであると理解するものである．

なお，後述することになるが，教育長の基準においても，each が使用されていることが確認できる．

(2) 「専門職基準」の設計アイデア

図 6-3 は，Murphy & Smylie（2016），Orr et al.（2016）および Murphy（2017）の記述内容を基に作成したものである．図 6-3 の外枠内上部に記載した，「コミュティ，家庭，文化，環境」の中に存在する学校（大円筒）における教育が，一人ひとりの生徒（小円筒）の学習とその成功にどのように関わっているのか，エデュケーショナル・リーダーがそこでどのような職務を果たしているのかを説明しようとする図である．

まず一人ひとりの生徒にとっての学校という枠組みの頂点で，エデュケーショナル・リーダーには「高いクオリティの教育と一人ひとりの生徒の学業上の成功とウェルビーイング」を実現することを「専門職の核心的な価値」として位置付け，それを実現するために，その使命，ビジョン，中核的価値を開発し，唱導することが求められている（基準 1）．さらに，一人ひとりの生徒の学業上の成功とウェルビーイングを促進するために，エデュケーショナル・リーダーには倫理的かつ専門職的規範に則って行動することが求められ（基準 2），さらにエデュケーショナル・リーダーには一人ひとりの生徒が公平に，尊重され，かつ一人ひとりの生徒の文化と文脈への理解をもって文化応答的に扱われることを保証することが求められている（基準 3）．

それでは「専門職基準」は，一人ひとりの生徒の学業上の成功とウェルビーイングを達成するために，いかなる教授法を用いるのか，また生徒をいかに学

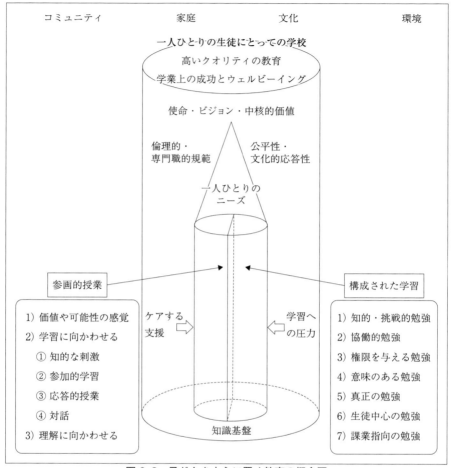

図 6-3　子どもを中心に置く教育の概念図
出典：Murphy & Smylie (2016), Orr et al. (2016), Murphy (2017), より筆者作成．

習するように指導しようとしているのかを整理しておこう．「専門職基準」は，「基準は，生徒の卓越化のためには，学問的な厳格さ（rigor）と学習への圧力（academic press）と同時に，支援とケアの両面の重要性を強調する」（「専門職基準」，p.3）と述べており，この理念が基準4と基準5として示されている．基準4は，「一人ひとりの生徒の学業上の成功とウェルビーイングを促進する

ために，知的な厳格さとカリキュラム，指導，および評価の首尾一貫したシステムの開発」をすることを求めており，これが「学習への圧力」と表現されるものである．図6-3では，一人ひとりのニーズを示す小円筒を側面から支える形となっている．なお，「学習への圧力」の詳細の内容は，次項の4つの学習理論の1つとして説明されている．一方，基準5は，「一人ひとりの生徒の学業上の成功とウェルビーイングを促進するインクルーシブで，ケアし，支援する学校コミュニティを育成する」とあり，図6-3では，「ケアする支援」が小円筒を側面から支えている．

　教授法の具体的な内容は，基準4のa)項からg)項の7項目で説明されており，a)項では「生徒の学習に対する高い期待を具現化」，「学習上の基準と合致し，文化的に応答するようなカリキュラムの実施」，「指導および評価の一貫したシステムの実施」，b)項では，「生徒の学習上の成功，学習が好きになること」，「学習のアイデンティティを習慣，および自身の健康感覚の促進のための学年内，学年を超えたカリキュラムへの焦点化」，「指導および評価のシステムとの連携」，c)項では，「子どもの学習や発展，効果のある教育学」，「一人ひとりの生徒のニーズについての知識を持ち，それらと矛盾の無い指導の実践」，d)項では「知的に挑戦的で，生徒の経験に対して信じるに足るものであり，生徒の強みを知るものであり，分別化し，個人化した指導の実践」，e)項では「テクノロジーの有効な活用」，f)項では，「子どもの学習や成長に関する知識および評価の技術的基準と矛盾の無い有効な評価の採用」，そしてg)項では「生徒の成長を注視し，指導を改善する」，などの項目が示されている．

　これらの項目からは，生徒のニーズに即した生徒のためのカリキュラムが提供され，生徒の成長に合わせた生徒中心の指導が展開されることは理解できるが，多様な観点があり，総体的な把握が難しい．この困難を克服するために，Murphy（2017）は，教師からの「参画的授業」と，生徒による「構成された学習」の概念で整理を行っている（Murphy, 2017, pp. 55-86）．これらは図6-3に示した通りである．また，「参画的授業」と「構成された学習」の内容については，次項で詳述する．

　次に，「専門職の核心的価値」を実現し，「参画的授業」や「構成された学習」を行う人的な構成が，「知識基盤」として小円筒の底辺に置かれている．

すでに図6-2で「コミュニティ・リーダーシップ」として説明した基準6「学校教職員の専門職的能力」，基準7「教職員のための専門職コミュニティ」，基準8「家族とコミュニティの意味ある参画」，基準9「運営および管理」がそれにあたる．

　ここでは，専門職者たちは，実証主義的な知識要素と主観主義的な価値に関連する要素の両方を，片方を排除したり偏ったりすることなく，統合し，理解することが求められている．具体的には，例えば基準6の専門職的能力では，a)項で「ケアのできる教師や他の専門職スタッフ」，c)項で「専門職および成人教育と開発に関する理解に基づいて，個々に異なる学習と成長の機会を通じて，教職員メンバーの知識，スキル，および実践の能力開発を行う」と説明され，また e)項では「教職員の知識，スキル，および実践の能力開発を支援するために，有効で，研究に基づく監督および評価システムを通じて，指導や他の専門職的実践に関して，実行可能な情報をフィードバックする」と説明されており，実証的な知識と実践的な知識の統合が，ケアすることのできる教師に求められている．

　また，基準7では，教職員のコミュニティにおいて，「共有されたビジョン，目標，そして子どもの全人的教育（whole education）に関する目的，すなわち，専門職的職務への高い期待，公平で平等な実践，信頼と開かれた対話，協働，集合的な効率性，および継続的で組織だった学習と改善，などの取り組みと忠誠の専門職文化を構築し，維持する」（c 項），さらには，e)項で「専門職的な能力と実践の改善を促進するために，開放的で，生産的で，ケアする，そしてリーダーと教師およびスタッフ間の信頼性のある労働関係を開発し，支援する」と説明されている．

　さらに基準8では，家族と学校を取り巻くコミュニティに関して，「生徒の学習や学校改善を促進するために，コミュティの文化的，社会的，知的，そして政治的な資源を理解し，価値あるものとし，取り入れる」ことが求められ，コミュニティの知識や理解を知識基盤とすることが求められている．加えて，基準9「運営および管理」では，伝統的に校長の中心的な業務であったこの分野の職務を従前どおりに果たすことが求められ，学業に関する業務に偏向することがないように，知識基盤として位置付けられた．

(3) エデュケーショナル・リーダーシップ論への到達

以上の議論を通じて,「専門職基準」においては,現代のエデュケーショナル・リーダーシップは,その目的を,一人ひとりすべての生徒の学習上の成功とウェルビーイングを促進することにおき,その実現のために,4つのリーダーシップ,すなわち社会正義リーダーシップ,教授的リーダーシップ,コミュニティ・リーダーシップと,それを促進させる分散型リーダーシップの4次元のリーダーシップ論に到達したものと理解した.

このうち教授的リーダーシップについては,抽象的な議論ではなく,次項で述べる内容の,研究成果に基づく4つの学習理論を実践すべきリーダーシップであることを「専門職基準」は提示している.

2. 校長が実践すべき教授的リーダーシップ——新しく取り組まれた4つの学習理論

基準4および5で列記された授業法,学習法を,マーフィーがその意味するところを解説的に論じた Murphy（2017）の記述を筆者が整理し,図6-3の大円筒の外側に描いたので,本項では,それにしたがって「専門職基準」で取り組まれた4つの学習理論について考察し理解する.この学習理論は,「リスクある生徒」のみならず,すべての生徒の一人ひとりが抱える問題に対応して,学業上の成功とウェルビーイングを同時に達成するためにいかなる学習理論が求められているのかを明らかにし,またそのために校長は何ができるのか,という問題に応えているものであると理解できる.「専門職基準」は,次のように述べている.「この基準は,これまでよく理解されてこなかった,あるいは関連が低いと考えられてきたが,生徒の学習への貢献が示されてきたエデュケーショナル・リーダーの職務範囲の水準を高めるものである.正しいカリキュラムを組むこと,教師がそれを教えることは重要なことではあるが,それだけでは十分ではない.学習が生まれるためには,エデュケーショナル・リーダーは生徒たちに揺るぎない注意力をもって,その職務のすべての領域を追求しなければならない」（資料の442頁）とある.また,「2015年基準は未来志向の視点を採用している」（資料の442頁）とも述べている.すなわち,一人ひとりの子どもの学習をどのように成り立たせるか,成り立つか,に関して未来を見据

えた新しい理論を展開しているものと考えられる.

新しい理論には次の2つの重要な議論があり，そこで4つの学習理論が提言されている．それらは図6-3の小円筒の左右に描かれている.

第1は，一人ひとりの子どもに対する参画的授業（engaged teaching）と，構成された学習（constructed learning）との組み合わせが不可欠であるという議論である.

第2は，子どもの学習の促進には，学習への圧力（academic press）と同時に，ケアと支援が不可欠であるという議論である.

そこでまず，Murphy（2017）の記述から図6-3に示した，教師による「参画的授業」と，生徒による「構成された学習」とを考察する．個々の項目はいずれも先行研究に基づいたものであるが，4つの理論を統合して提示した先行研究はないと考えられるので，Murphy（2017）の統合した理論の内容をできるだけ詳しく把握しておきたい.

なお，この理論は，学業上の成功とウェルビーイングの達成をめざすものであるが，そのうち，ウェルビーイングに着目して取り上げてみると，ウェルビーイング論の要素が，以下のような項目に含まれていることを予め指摘しておきたい．例えば，「多様な個人それぞれの幸せや生きがいの実現に向けた教育」は，理論Ⅰの1）の「価値や可能性の感覚を作り出すこと」に示され，「自己肯定感」や「自己実現」は，理論Ⅰの2）の④の「学習に焦点化した対話」に示され，「学校や地域でのつながり」は，理論Ⅰの3）の3つ目の項目「教育上のケア」に示され，「協調的幸福」は理論Ⅱの2）の「協働的な勉強」に含まれ，それぞれの内容が議論され，授業法が示されていると考えられる.

理論Ⅰ　参画的授業

参画的授業[38]（engaged teaching）について――教師がやるべきこと

効果の高い授業を行う教師には，以下4点の顕著な特性と3つの実践法があることがこれまでの研究で明らかになっている（Murphy, 2017, p. 55）．特性としては，第1に，生徒が「面白くて，前向きだ」と評価するような「訴える力」である．第2は，生徒が，教師は「何でも知っていて，たくさん経験をしている」と感じる「知識と経験」を兼ね備えていることである．第3は，教えるこ

とに誇りを持ち，授業することを愛しており，自らが学習することに注力して，子どもたちにこうなってほしいと思うような見本になる行動をとることである．第4は，生徒に強い関心を払うことである．

　これを実現するために，マーフィーは3つの実践法を提案している．1）価値や可能性の感覚を生徒に持たせること，2）生徒を学習に向かわせること，3）生徒に理解させること，である．マーフィーはそれらの実践の内容と意義を，自身の研究を含めた先行研究をもとに下記のように考察している．以下に，Murphy（2017），pp. 55-65 の論述を整理した．

1）価値や可能性の感覚を作り出すこと

　価値や可能性の感覚（sense of value and possibility）を作り出すとは，一般的な意味では，生徒が人生を通じた学習の価値を理解することを支援することであり，次に高いレベルでは，将来に向かって教育上の努力をすることの意味を理解することを助けることであり，そして最も高いレベルでは学習の目標を持ち，明らかに焦点の定まった学習を行うように生徒を支援することである．

　生徒たちは，教室での個々の生徒に対する教師の態度の違いをよく理解している．人種，階級，移民，言語などをもとに，生徒に期待するものが異なっていることを子どもたちははっきりと見抜いており，生徒たちが住んでいる世界に対する見方を反映していると生徒たちは指摘するという．それはまた，これまで述べてきたような，この子たちはできない子だという欠損思考（deficit-based）の学習観の影響によるものと考えられる．このような学習観に基づいて，大人たちが将来への希望や可能性を話さないか，あるいは達成できないような見通しを話すために，子どもたちは可能性から締め出されてしまう．

　そのメカニズムをバーバラ・シェード（Shade, B. J.）らは，「期待―可能性連鎖」として証明している．シェードらによれば，連鎖の第1段階は，生徒に対する低い期待は，他の生徒とは異なる扱いや，最小限の要求となって現れる．第2段階は，生徒がその低い期待を受け入れ，自分への期待を引き下げ，物事を「なんとなくやり過ごす」ことに自分の時間を使うようになる．第3段階は，取り組みをしなくなり，学習が減少することになる．結局，教師が，子どもたちにすでに存在していた違いを続けるだけでなく，違いを拡大してしまうこと

第 III 部　校長の専門職基準

になる（Shade et al., 1997, pp. 46-47）.

　レーア（Lehr, C. A.）らは，この連鎖を断ち切るためには，一例として以下7点の「点検と結びつけ（Check & Connect）」モデルによる早期の介入が行われることが，生徒の学習への参画を進め，中退のリスクを減じると報告している.（Lehr et al., 2004, pp. 279-301）

* 教師と生徒との相互信頼とオープンな会話による関係構築
* 出席，成績，行動などの要因の定期的なモニタリング
* 個人別の適時な介入―個人のニーズに合わせた支援
* 2年以上の長期にわたって，同じ教師が支援を続ける約束をする
* 継続的で粘り強い学習意欲の高まる資源の提供，家族との継続的な関係の維持
* 教師が問題解決手法を身に付け，非難するよりも問題を解決するスキルを獲得する
* 生徒を学習だけでなく，学校に関連する活動やイベントに参加させる

2) 学習に向かわせること

① **知的な刺激に取り組もうと思う学習**（intellectually stimulating）　生徒が知的に興味を持ち，教えられていることと自分とを結び付けて学習に取り組もうと思うようになる環境が必要である．そのような環境は，刺激的で楽しく，教師が授業を興味あるものにし，外の世界と結び付けるような授業にすることによって生まれる．これとは反対の授業をフラッターとルドック（Flutter, J. & Rudduck, J.）は次のように描いている．

　　生徒が混乱を起こすような行動に向かう理由の1つに授業が退屈なことがある．生徒の関心が授業に向かわず，そのような行動をすることが他の生徒をも学習から離れさせてしまう危険がある．そのような条件下ではやろうという気持ちがほとんど起こらないからである（Flutter & Rudduck, 2004, p. 116）.

② **参画的学習**（engaged learning）　授業が退屈な時，進行中のカリキュラムから生徒の注意が離れ，教師と生徒との関係もしぼんでしまう．生徒がはっきりと口に出して希望するのは，次のような前向きで，取り組みたいと思うような次元の授業である．1）教材を理解していくのに十分な時間があり，その作

業を教師と一緒にやれることである．2）変化のある教室での活動が望ましい．3）孤立することなく教室活動を集合的な方法で進めること，の重要性である．

③　**応答的な授業**（responsive teaching）　応答的な授業とは，生徒のニーズに応答的であり，生徒に多くを要求し，厳しく，拡張的であることである．ただし，その授業が，生徒に何かをやらせるだけではなく，彼らのためになるというメッセージが彼らに伝わっていることが重要である．応答的な授業の1つの要素は，見せたりやらせたりする，すなわち多様な方法で授業の持つ意味を説明する時間をとることである．問題を理解したり，与えた課題を完了させるために，多様な方法を採用し，教科書の内容を，違った説明の言葉を使用して意味を教えることである．

④　**学習に焦点化した対話**（dialogue）　学習上の対話の重要性が研究で確認されている．学習上の対話があれば，生徒たちは自分の能力と自己の価値を感じることができるが，それは甘言で釣ったり脅したりするのではなく，生徒たちの努力や，やり遂げたことを，証拠をもって示してやることで可能になる．
　学習に焦点化した対話のために，教師には次の3つのスキルが求められる．第1は，子どもに与える課題を，子どもの能力や理解度に応じて，処理可能なステップに分解するスキルがあること．これによって，子どもは自分自身のペースで実行が可能になる．第2は，生徒の積極的な取り組みが深まるような方法で，発問を行うスキルが必要になる．一つひとつの課題が要求していることと，子どもの能力を助ける道具となるような支援が対応していることが必要である．第3は，教師と，子どもに自律性と責任を与えることに伴う，最終リスクを校長がとることが重要になる．

3）**理解に向かわせること**
　生徒が理解に向かうという意味は，先行研究に基づいて以下の4つのポイントから説明されている．
＊　**教師の説明の明確さ**
　理解は教師の説明の明確さ次第であるとされ，教師がはっきりと説明できれ

ば，そのことが，生徒が学校でやることの意味をしっかり把握することにつながる．マーフィーはウィルソンとコルベット（Wilson, B. & Corbett, D.）が，理解とは「教師が，教室全体で電球がつくようになるまで物事を説明することである」（Wilson & Corbett, 2001, p. 64）と述べたことを受け，その意味を説明した下記の引用を行っている．

> 教師が進んで支援しようとすることは，その教師が概念，問題，課題を生徒が理解するまで説明し続ける方法を発見したことを意味する．重要なポイントは，その支援が生徒の理解につながることである．生徒は，教師がきっと本当によくわかるように教えてくれるだろうと期待し，わかりやすくはっきり教えてもらえて，さらに自分が理解したことを教師がはっきり認めてくれて，初めてその教師を崇めるようになる．これが唯一の効果があるということだ（Wilson & Corbett, 2001, p. 23）．

アーノット（Arnot, M.）らは，これまでの研究の知見から，最上の説明は，「明瞭で，多くの事例を組み込み，新しい概念やアイデアを具体的に示すことである」（Arnot et al., 2004, p. 11）と述べている．

＊　教師のフィードバック

支援的な性格を持った生徒の評価は，生徒の学習への取り組みに違いをもたらすとされ，研究で次のようないくつかのフィードバック手法が示されている．作業が終わった時に時間を置かずにフィードバックする方法，学習者のニーズを理解したフィードバック方法，正確で，頻繁で，詳細にわたる，個人別の，そして役に立つフィードバック方法である．正直な批判と建設的なフィードバックは，空っぽの称賛や激励よりも良い手引きとなる．

＊　教育上のケア

教育上のケア（academic care または pedagogies of care）は，生徒のやる気や，取り組みや，学習の強化に結び付くものである．教育上のケアを感じる時，生徒は彼らの教師が支援的な教師だと感じる．ここで重要なのは，生徒が教室でただの学習機械の歯車ではなく，彼らが教師と意味のある関係性を持っているという感覚であり，生徒から見ると，自分のことがよく知られており，認識されているという感覚であり，さらに傷つきやすいことを認めてくれているという感覚である．一人ひとりの生徒を価値あるものとみなし，信じ，尊敬し，個人として真剣に取り組んでいるというのが，教育上のケアである．

＊　支援の提供

マーフィーは「支援」を説明するために，次の2つの引用をしている．

教師が提供できる最も重要な支援は，生徒が努力すれば学習が進むことを確信させる
ことである（Muller, Katz & Dance, 1999, p. 319）．
教師が適切な学習支援を提供した時，生徒は混乱したり，引き下がったりするのでは
なく，より成功に近づく（Bru et al., 2002, p. 290）．

　教育上の支援には2つの要素，押し（push）と助け（help）を見出すことが
できる．

　第1の，押し（push）は学校での作業の重要さを伝えることであり，生徒
の一人ひとりに彼らが「ゲーム」に挑戦することを要求することである．フラ
ッターらによれば，効果的な教師は，「言い訳なし」のポリシーを貫き，課業
を完成できなかったいかなる理由も受け付けず，一方，一人ひとりの子どもに
対しても，あきらめることをいかなる理由があっても受け付けない，そういう
教師であると生徒たちは思っている（Flutter & Rudduck, 2004, p. 83）．

　第2の，助け（help）が，push を成功に転換するのは，苦しんでいる生徒
を助けるための努力をしようとする教師のすさまじい意志である．次のような
ゲイル・トンプソン（Thompson, G. L.）の論述が引用されている．

教師は，もし一人の生徒が課題を理解できなかったとしても，問題は生徒の欠損
（deficit in the student）によって引き起こされているのではないことを伝え，教師は
さらに情報を伝えるためにさらなる追加的な方法を見出そうと努力をする（Thompson, 2004, pp. 60-61）．

理論II　構成された学習——生徒はいかに学ぶか

　第2章第2節で述べたように，「効果のある学校」の研究者たちが歴史上は
じめて，学校成績の悪さや行動の悪さは，子ども個人や家族の責任であるとさ
れてきた従来からの考え方を否定して，それは学校の責任であることを明らか
にした．しかし，その後も欠損思考の考え方が根強く残っていたことは前述の
通りである．最新の研究は改めてそのような考え方を否定し，学校や教室のレ
ベルアップのために新しい学習方法を求めている．

　構成された学習（constructed learning）[39]には，7本の柱からなる勉強

（work）の概念が存在する．知的挑戦，協働，権限委譲，意味あること，真正さ，生徒中心，課題志向の勉強である．以下に，Murphy（2017），pp. 67-103 の論述を整理した．基本的に，生徒中心主義であり，構成主義的な学習観を述べているものと考えられる．

1）知的に挑戦的な勉強

構成的学習の第1の柱は，挑戦である．挑戦は，研究者や実践家の間では「厳しい要求（critical demandingness）」と呼ばれている．課業に埋め込まれているものであるが，本人に関心があって，次のような要素が含まれているものを子どもに提供する時に生まれる．

- ・課業のレベルが高いものであること
- ・ただの見せかけだけではない学習をすること
- ・リスク要素があり，学問的な冒険好きの要素があり，高い認知性を持っていること
- ・知識と能力を拡張する機会となること
- ・圧力をかける（press）性格を持つこと

生徒が学ぶ意義を理解し有効性を感じる挑戦は，子どもの心に内在する関心を高め，動機付けとなる．最高の挑戦は最高の学習への参画につながる．

すべての教師は自分自身がこのような実践を行っているかどうか省察し，実践することが求められているといえるだろう．これは，「すべての子どもは学べる」という言説の実践であるといえよう．

2）協働的な勉強

生徒は，グループ学習を好み，大グループの議論よりも小グループの仲間による議論を特に好むことが知られており，また協働的な学習を促進することで，よりよく学習できることが知られている．これは，研究者が「共通性の強調」と呼ぶ社会的プロセスであって，社会的な関係を刺激し，集合的な自己認識（identity）を刺激する（Smerdon, 2002, p. 289）．

ゲイル・セイラーとロレア・エルメスキー（Seiler, G. & Elmesky, R.）によれば，協働的な勉強（work）は，自分自身の責任のみならず，他者の学習の

促進に対する責務を分担する傾向が知られている．協働的な勉強は民主主義原則の確立や，独立性の促進をも含んでいる．良好な協働的な勉強は自己統制の機会となり，自信にもつながる．また，人種的に，あるいは文化的に多様なクラスにおける民族間の友好関係を強化することにもつながる．セイラーとエルメスキーによって明らかにされた重要な知見は，協働的な勉強によって，すべての生徒の学業上の成功が目に見えると同時に協働的な勉強が人種，階級，民族などの問題でリスクのある状態に置かれた生徒たちにより効果的なことである（Seiler & Elmesky, 2007, pp. 391-419）．

3）権限を与える勉強

例えば，マデリン・アーノット（Arnot, M.）らが示しているように，「学習の管理が必要とされている子どもたち，すなわち低学力の労働階級の生徒たちが，彼らの学習に対して最も管理されていない（放置されているの意：引用者）と感じている」（Arnot et al., 2004, p. 72）．生徒たちは，概して学級での学習に対してより大きな独立と自立を希望していることがわかっており，同時に彼らは彼らの学習に対して管理がより行き届くことを望んでいる（Arnot et al., 2004, p. 87）．矛盾があるようにみえるが，生徒が希望する生徒たちの権限とは，学習内容そのものについてではなく，学級で取り上げるテーマの決定や，学級活動に関する意思決定に生徒が参加すること，あるいは時間の使い方などである．権限を与える勉強（empowering work）とは，「自分で選んだ状況」とか「勉強する環境条件」のもとで，選択と自立の結果に個人で責任を持つことである．学習の内容に関して権限を与えて自由にやらせるという意味ではない[40]ことを理解しておかねばならない．

4）意味のある勉強

学校の若者たちは，自分がやっていることの多くを，その意味を理解せずにやっていることがわかっている．生徒は意味もわからずにやっている勉強を，つまらない，忙しいだけ，飽き飽きする，と表現している．ゲイル・トンプソン（Thompson, G. L.）によれば，「生徒らが不平を言っているのは，つまらないカリキュラムであり，つまらないスタイルの授業であり，低いスタンダード，

すなわち生徒にやらせ続けるだけの目的でデザインされた忙しい勉強だ」
（Thompson, 2004, p. 94）．

　それでは意味のある勉強（meaning work）とはどのようなものか．それは
第1に，単に将来に備えるものというより，学校で生きた経験をすることであ
る．第2に，やることに興味があり，挑戦的であることであり，興味のある課
業に取り組み，あるいは既存の課業を楽しくすることだ．第3に，意味があふ
れているカリキュラムは，興味があり，冒険的で，みんなで努力することだ．
そして，これはマーフィーが本書を通じて訴えていることであるが，ダナ・ミ
トラ（Mitra, D. L.）とスティーブン・グロス（Gross, S. J.）が述べているよう
に，「価値ある挑戦に，信頼できる大人のガイドと支援を受けて取り組むこと
である」（Mitra & Gross, 2009, p. 529）．

5）真正の勉強

　「真正」の意味が，先行研究によって，生徒の持つ次の3つの特性から分析
されている．認知的行為者としての生徒，文化的に定義された人物としての生
徒，および実生活における生徒である．

　最初に確認しておくべきことは，真正の勉強（authentic work）とは若者の
社会的・学業的な成功と結び付いたものであり，学校での経験が生徒のニーズ
に合致していれば，成功は進むだろうし，さもなければ，問題が繰り返し起こ
るということである．また，ここで基本的なことは，生徒たちは彼ら自身の人
生経験から抜け出して教室に入ることはないということである．

イ．認知的行為者としての生徒に関する「真正」の意味

　バーバラ・シェード（Shade, B. J.）らは次のように説明している．「生徒は
それぞれの課業に彼らのこれまでの人生と学習の経験をもって，したがって一
つひとつのアイデアに自分なりの見解をもって臨んでいる」（Shade et al., 1997, p.
18），「教師の鍵となる責務は，学習と，生徒のこれまでの知識とを結び付ける
ことである」（Thompson, 2004, p. 591）．したがって，教師は生徒の関心事を事前
に承知しており，「生徒が意味のある出来事と経験にふれることのできるよう
な授業を工夫しなければならない」（Roeser et al., 2000, p. 466）．アーノットらは
次のように述べている．

生徒らが語るところによると，もし手元の課業とこれまでの知識や理解との間に明らかな関連があれば，勉強はより適切で自分のものになる．生徒が役に立つと考えた関係性は，教師が持ち込む教材や，事物やイメージなどの既に彼らがよく知っているものを通じて達成されることが多い（Arnot et al., 2004, p. 14）．

ロ．文化的に定義された人としての生徒の生活に関する「真正」の意味

生徒は，彼らの人生で得てきた情報を，学校で分離されたり不適切なものとされることがある．一方，お手本となるような教師の場合は，常に生徒の個人的経験と手元の課題とを関連付け，「個人的に意味あるもの」を作り出す機会を与えてくれる．マーフィーは，ドナルド・マッキンタイヤ（McIntyre, D.）らの次の文章を引用している．

> 生徒たちは，彼らの課業と，彼らが教室の内外で自分が住んでいる精神的，社会的な世界とを，より近く，より強く関連付けることによって彼らの学習が強められるということを具体的な方法ではっきりした例をもって，教師に示してくる．これが経験の真正性である（McIntyre et al., 2005, p. 154）．

ハ．実生活に関する「真正」の意味

生徒が実世界で学ぶ意義と有効性に関わるのが「真正性」である．生徒たちにとって，重要なのは，ここで，今，学ぶことが校門を出た実世界で要求されるものにつながっていることであり，さらにコミュニティを探索する機会を得て，より広いコミュニティへの理解を広げることである．したがって，生徒にとって学ぶ意義と有効性は彼らの将来の人生にとって重要な話題なのだ．マーフィーは，上記の意味理解のためにポプリンとウィーレス（Poplin & Weeres）を次のように引用している．

> たいていの生徒は，学科内容や授業のプロセスに関して，より興味があり，学ぶ意義のある選択をすることを望んでいる．彼らが教室を楽しめるのは，そこで彼ら自身のために問題を考えることが要求され，価値や論争が含まれた批判的な問題に取り組み，同僚と話し合うことが許される，そういう場所である時だ．最も退屈で，最も意義を感じられない学校活動がどういうものかと言えば，それはカリキュラム，教科書および課業がよりスタンダード化されればされるほど，生徒はより取り組まなくなる，といえる（Poplin & Weeres, 1994, p. 32）．

6）生徒中心の勉強

本項，すなわち「新しく取り組まれた4つの学習理論」での要諦は，参加する勉強とは生徒のために，生徒によって作られるということである．すなわち，より意味のある，そしてより相互活動的で生徒中心（student-centered）の戦略を要求する真正と考えられる創造的な勉強は，生徒から称賛され，学習を促進する効果的な戦略である．その意味するところを説明すべく，マーフィーはミルブレイ・マクローリン（McLaughlin, M. W.）の次の論述を引用している．

> 学業成績のすべてのレベルの生徒が言うところであるが，彼らが選びたくなる教室というのは，彼らが教師と相互作用して知識と理解を構築することができるところである．われわれが発見したのは，教師主導の教室で，これまでずっと失敗してきた生徒たちにとって，このように生徒中心で活動的な役割が与えられることが，彼らの参画や成功にとって特に重要であるということである（McLaughlin, 1994, p. 10）．

ここでマーフィーは，「生徒中心の勉強」を，2つの要素，すなわち，**イ**）建設的な勉強と，**ロ**）活動的・参加型の勉強とに分けて分析している．

イ）建設的（constructive）な勉強

要点は，参画的な勉強について論じたものと同じであるが，付け加える要素は，生徒が自身で率先して勉強し，一方，教師はガイドであり支援の源として活動することである．これは，教師主導の授業方法を捨てることを意味し，教師主導と生徒中心活動とのバランスをとった手法への転換であり，情報の流れが一方向ではなくなる運動である．また生徒自身による自己管理を伴った学習をめざす運動である．生徒中心の学習とは，教師と生徒が双方で授業，学習，相互作用の責任を分かち合い，動機付けをすることである．伝統的な学校教育のパターンとの違いは，授業の主たる機能が，生徒にとって意味のある領域へと十分に探索された情報をもって生徒たちを導く（guide）ことである．

ロ）活動的・参加型の勉強

ここでの要点は，生徒たちに情報を受けとるように消極的な役割を期待するのではなく，生徒たちが活発に学習プロセスに参画することである．研究者たちはこれまで常に，学校は，生徒の会話が奪われる場所と理解してきた．マーフィーは伝統的な教師と生徒の関係について述べたルイス・ミロン（Miron, L. F.）とミッケイ・ローリア（Lauria, M.）の次の引用を行っている．

第6章　『エデュケーショナル・リーダーの専門職基準』の作成過程と内容分析　397

生徒たちの中には，教師の指示に従い，教師に注意を払い，そして教師の権威に挑戦することもしない子どもがいる．その結果は，生徒のこのような消極性を判断材料として，教師は生徒たちの将来を決めてしまうような進級や卒業を決める重要な判断をしてしまう（Miron & Lauria, 1998, p. 197）．

この同じ若者が，一方では，生徒のより大きな役割や，より「活動的な学習（active learning）」を求めて，時として直接的に声に出して参加を要請することがある．これらの生徒にとっては，教育はただ数学，社会，科学を学ぶということではなく，学習への活発な参加者になることであり，自分の考えを口に出して聞いてもらうことであり，彼らの学習を選択することである．活動的な学習で特に重要な要素は，研究者たちが知識の「どこか違う側面（elsewhereness）」と呼んでいるものである．知識をすぐ手元にある活動に転換することが，生徒自身にインパクトを与え，重要な認識論上のシフトを引き起こすのである．その意味で生徒にもっと活発に参画する機会を与えることは，学習のプロセスにとって重要である．参画の機会を与えることで，生徒が大変感謝するとともに，そのことが，研究者が言うところの「主体性と，自分のものという意識（a sense of agency and ownership）」（McIntyre, et al., 2005, p. 149）を促進するのである．その意識が教室の学習のクオリティの向上につながり，生徒の成績の前向きの効果をもたらすことになる．

7）課業指向の勉強

ここでの検討課題は，「課業指向（task-oriented）」か「パフォーマンス指向」かである．特に，「課業指向」に基づく「習熟目標」の重要性について考察することである．その違いを見るために，マーフィーは三組の研究成果，ポール・ピントリッチ（Pintrich, P. R.），エリック・アンダーマン（Anderman, E. M.）ら，およびアラン・ウィグフィールド（Wigfield, A.）らの見解を引用している．

習熟目標は生徒が学習と理解に向かって，新しいスキルを開発し，自分自身の基準を使って自己改善に焦点化することをめざすものである．これと対比的に，パフォーマンス指向は能力を誇示することに関心があり，高い認知能力を獲得すること，自分の勉強を邪魔されないこと，ある基準に対して他の生徒と比較することを重視し，他者

を凌駕しようとする（Pintritch, 2003, p. 676）.

生徒が課業目標を指向する時, 彼らは主として学ぶことを学習し, ことに主たる関心事に心を寄せ, 課業に習熟するために自らを改善し, 知的に成長しようとする. そのような生徒は, 問題解決, 新しい課業に関心があり, 現在の状況に挑戦することに関心がある. 課業指向の生徒は, その成功は努力によるものだと考えている. これに対して, パフォーマンス目標を指向する生徒は主たる関心事が彼らの能力を誇示し, 能力の欠けている部分を隠そうとすることになる（Anderman et al., 1999, p. 132）.

自我中心のパフォーマンス指向する子どもは, 他者よりも超えていることを重視するので, 自分自身が知っており, できると考える課業に取り組もうとする. これに対して課業指向（習熟指向）の子どもは, 挑戦する課業を選択し, 他者を超えることよりも自分自身の成長により関心を払う（Wigfield et al., 1998, p. 79）.

このように, 2つの異なる指向性の存在が明らかになっているが, 研究者たちは2つの指向性を次のようにみている.

第1に, 目標と学級活動において, 課業指向をとることは今の学校での規準とはなっていない. 現実には,「競争的個人」観が規準となっており, 年齢に応じて次第に競争的傾向が高まる傾向にある.

第2に, 能力とパフォーマンス指向の競争的枠組みは生徒に利己的な目標指向を促進することになり, そのような実践は, 生徒の学業上の能力への信頼, 関心, 心の奥からの動機を減少させることにつながる（Wigfield et al., 1998, p. 97; Maehr & Midgley, 1996, p. 121）.

第3に, 課業指向の勉強は, 上記のような競争指向を排除することで, 競争指向で生まれていた不平等の強化を除くことができるため, 公正さや公平性を促進することにつながる.

第4に, 習熟目標がパフォーマンス目標よりも優勢になれば, 自己効力感, 念願, 効率的な分析思考, 自己満足および達成感を得ることができる.

さらに課業指向の教室では自己改善に焦点化し, 成功のための高い期待を得ることができる（Wigfield et al., 1998, p. 94）.

理論 III　学習への圧力

「学習への圧力（academic press）」に関する研究は, 初期の「効果のある学校」研究から始まっていたとされる（Brookover et al., 1978; Brookover et al., 1982）.

第6章 『エデュケーショナル・リーダーの専門職基準』の作成過程と内容分析　399

その後マーフィーらが行った研究で,「学習への圧力」は以下のように定義付けされてきた（Murphy et al., 1982, p. 22）.

　圧力とは学校全体で生徒の成績に圧力をかける環境の力の総体（下線：引用者）である. 教職員の「高い期待」よりも幅広い概念である. 環境の力には, 教職員と生徒とが作り出す学校ポリシー, 実践, 期待, 規準, 報償が含まれる. 環境の力が生徒に学問的環境として経験され, 生徒をよく勉強するように仕向け, 成績を上げようとする力となる.

　また, ロージャー・ショーズ（Shouse, R.）が学習への圧力とコミュニティ感覚との緊張関係を捉える研究を行った. ショーズによれば, 公教育のビジョンには, 社会的なコミュニティ感覚（共通の信念, 共有する活動, メンバー間のケアする関係性）と, 強固な学習上の使命（生徒の成績への高い期待を強化する価値と実践）とがあり, 調和しない関係となっている. 学習への圧力が弱いと, コミュニティ感覚が強まり, 学業上は経済的低階層の生徒にマイナスのインパクトを与えることが明らかになっている（Shouse, 1996, p. 47）. ショーズはこの研究成果から次の点を明らかにしている（Shouse, 1996, p. 47）. 1）学習への圧力と生徒の成績には明らかな関係が認められる. 2）学習への圧力は経済的に低階層にある学校で極めて大きな効果を発揮する. 3）学習への圧力が弱いと, コミュニティ感覚が強まり, 学業上は経済的低階層の生徒にマイナスのインパクトを与える. 4）経済的に低―中階層の学校においては, コミュニティ感覚と学習への圧力との強力なコンビネーションから, 最大の成績上の効果が表れる.

　2010年には, アンソニー・ブライク（Bryk, A.）らが, シカゴ大学におけるシカゴ学校研究団体（CCSR）の一連の研究から, 次の結論を導き出している.

　不利な状態にある生徒たちが学校からの期待を成功へと受け止める現実的な機会を実現するには, 強い学習への圧力と, 十分な個人的な支援とを一体的なものにしなければならない（Bryk et al., 2010, p. 60）.

　さらに, マーフィーは, 学習への圧力を生徒に対する圧力だけでなく, 次のような教師に対する校長からの圧力, および校長に対する校長の管理者たちからの圧力について論じている. それによれば, 1）教師が受ける圧力については, 多くの研究から, 次のことがわかっている. 実力のない弱い教師や強い教

師の生徒への影響は累積し，長く続くので，弱い教師が続いた時にはそこからの回復は極めて困難である．授業は，プログラムの構築，生徒のグループ分け，諸選択に関する取り決めなど，すべての学校要素よりも重要なものである．したがって，「授業内容の検証が，校長のリーダーシップの核心でなければならない」（Louis, Dretzke & Wahlstrom, 2010, p. 320）という結論になる．こうして，教師には管理職からの圧力がかかる．校長からの圧力には，授業実践のモデルを示し，指導の結果を提供することによって，教師の授業戦略に影響を与え，間接的に生徒の学業成績に影響を及ぼすことが期待される．2）校長が受ける圧力は，学習を中心とするリーダーシップ（learning-centered leadership）に対してである．それは第1に，教師に対して，彼らが指導を行う場面や環境の設定のモデルを示し，他の同僚との協働を進める関係性を構築し，教師が授業をする前向きな風土を作り上げることを求められること，第2に，カリキュラム，授業法，評価を深く理解し，それらに対する理解と関心を，授業計画，調整，評価に参画することによって生かすことが求められること，第3に，教師への助言ネットワークにも参画することである．また第4に，学者らの30年以上の研究の結果として，効果のある校長はより明確に学校全体の授業のクオリティに対する責任を取ることである．校長が責任を取ることで，教師が多くの分野で校長に対して責任を感じるようになる学校は，成功する学校となる．

　以上の議論を総合し，マーフィーは，学習への圧力とは学習をリードすることであると述べている（Murphy, 2017, p. 7）．

理論IV　ケアする支援

　「学習への圧力」の対抗概念として，ケア，社会の支援がある．しかし，ひたすら支援を行うことは，問題があることも知られている．フレッド・ニューマン（Newmann, F. M.）らによれば，「支援は不可欠だが，生徒の成績を価値ある姿で促進するには不十分である」（Newmann et al., 1989, p. 225）．多くの重要な研究でも，ケアや文化の強調のし過ぎは学問的な期待を引き下げることにつながることを明らかにしている（Powell, Farrar & Cohen, 1985: Sedlak, Wheeler, Pullin & Cusick, 1986）．養育や支援を強調することによって，生徒を社会的な治療へと向かわせ，知的な価値や活動を要求する方向から離れていく．

「専門職基準」の結論は，調査研究の結果として，子どもたちに奉仕する学校は，強い学習への圧力とケアする支援とが両輪となって活動しなければならないということである．前述したようにブライクらは，「学習上の成績向上に向けて圧力をかけることは，教師からの個人的な支援と一体として行わねばならない」（Bryk et al., 2010, p. 74）という結論を示している．なお，学習への圧力とケアする支援を一体として見ているのが図 6-3 である．

第 3 節　教育長の養成基準の作成
——エデュケーショナル・リーダーシップ理念の浸透

「専門職基準」はその序章で，「この基準は教育上のあらゆるレベルのリーダーシップの基本となるものであり，校長や教頭に適用され，学校リーダーと同じ領域の仕事をする学区のリーダーにも適用されるが，学区レベルのリーダーには彼らに特有の職務に関連した責務があるので，そのような追加的な責務に対しては学区レベルのリーダーシップに対して特別に焦点化した他の基準[41]が示されることになる」（資料 441-442 頁），と述べていた．

2018 年に「専門職基準」を作成した NPBEA が，全国エデュケーショナル・リーダーシップ養成プログラム基準—学区レベル—（National Educational Leadership Program Standards-District Level）（NPBEA, 2018a, 以下 NELP 基準と称す），つまり学区教育長の養成基準を作成し発表した．「NELP 基準」は，「専門職基準」と同じ理念を持ったエデュケーショナル・リーダーシップを示したものとなった．ここに，生徒の学術上の成功とウェルビーイングを促進するという，共通の理念を持ったリーダーたちによって一人ひとりすべての生徒がケアされ，支援される教育環境が整ったといえるだろう．

1．学区教育長の基準の作成——その内容と「専門職基準」との比較

（1）教育長基準作成の過程

本書の第 4 章第 3 節で述べたように，2002 年に「基準」に準拠する「教育上のリーダーシップ上級プログラム」（「ELCC 基準」）が作成され，「ELCC 基準」は教育長の基準ともなってきたが，その後も教育長の基準の策定が模索されてきた[42]．

その結果 2018 年に，教育長の養成基準として，「NELP 基準」が，「専門職基準」と同様に NPBEA によって作成された．これは教育長養成のための基準として作成されたものであるが，実態としては教育長の基準と考えることができるものである．

「専門職基準」は，その主要な編纂者であったマーク・スマイリー（Smylie, M.）とマーフィーが述べているように，研究調査と実践の英知が集積されており，1000 人近い実践者が編纂に参画し，さらに数百人のパブリックコメントを経たものであったが（Smylie & Murphy, 2018, p. 24），「NELP 基準」でも，実践家，大学教授，州教育庁関係者，専門職団体の代表者など多数が参画したと記されている（「NELP 基準」, 2018, p. 3）．このことから，これらの基準は，少数の特定の人や団体の理念や哲学を基にして作成されたものではなく，多数の研究者や実践家が現代におけるリーダーシップの実態を研究し，その結果を反映させて，あるべき姿を示したものといえることを確認しておきたい．

(2) 「NELP 基準」の内容

「NELP 基準」の内容は表 6-2 の通りである．

その 8 基準はすべて「学区レベルのエデュケーショナル・リーダー養成プログラムを成功裏に修了した教育長の志願者は，一人ひとりの生徒の現在および将来の成功とウェルビーイングを促進することのできる能力が何であるかを理解し，その能力を証明する」とされ，それを可能とするために必要な知識，スキル，コミットメントの内容を示している．

「NELP 基準」の特徴は，NPBEA（2018a）の序章で，「基準」に準拠した「ELCC 基準」と比較し，「専門職基準」とも比較して，以下 6 点の変更点で示された（NPBEA, 2018a, p. 5）．

① 「NELP 基準」は，「専門職基準」と同様に，倫理と専門職の規準に関する基準を設け，もう 1 つの基準を公平性と文化応答性にあてた．また「NELP 基準」においては，これまでの「ELCC 基準」では採り上げられなかった「公平で，インクルーシブで，文化応答的な教授上および行動上の実践を，教職員とともに，評価し，唱導し，深化させるための能力を開発すること」（「NELP 基準」の基準 3 の要素 3）が教育長の志願者に求められている．

第6章 『エデュケーショナル・リーダーの専門職基準』の作成過程と内容分析　403

表6-2 「NELP 基準」の8基準

下記8基準はすべて「学区レベルのエデュケーショナル・リーダー養成プログラムを成功裏に修了した教育長の志願者は，一人ひとりの生徒の現在および将来の成功とウェルビーイングを促進することのできる能力が何であるかを理解し，その能力を証明する．それを可能とする方法は，（以下のような行為に：引用者）必要な知識，スキル，コミットメントを適用することである」とし，その行為内容を以下に示している．

基準1：使命，ビジョン，学校改善

核となる一組の価値と，データの使用，技術，諸価値，公平性，多様性，デジタル技術を駆使する市民性，コミュニティなどの優先事項を反映させ，協働的にリードし，企画し，学区の使命，ビジョンおよび継続的な学校改善を行う．

基準2：倫理と専門職の規範

倫理的な意思決定，専門職規範と文化を唱導する能力を理解し提示する．

基準3：公平性，インクルーシブ，文化的応答性

支援的で，公平性があり，文化的に応答することができ，インクルーシブな学区文化を開発し，維持する．

基準4：学習と教授

カリキュラム，教授法，データシステム，支援，評価，教授的リーダーシップについて一貫性のあるシステムを評価し，デザインし，洗練し，実施する．

基準5：コミュニティ，対外リーダーシップ

学校と学区の業務において，家族，コミュティ，および他の利害関係者を理解し，彼らと関与し合うために，また学区，生徒，コミュニティのニーズのための唱導を行う．

基準6：運営とマネジメント

運営，資源，テクノロジー，人材マネジメントのために，情報に基づいた公平性のある学区のシステムを開発し，モニターし，評価し，運営する．

基準7：政策，ガバナンス，唱導

重層的で多様な利害関係グループとの関係性を構築し，協働的な意思決定とガバナンスを先導し，広い政治対話において，学区のニーズを代表し，唱導する．

基準8：インターンシップ

教育長の志願者は，知識豊富で，専門的な実践家の指導下でインターンシップを成功裏に完遂する．彼ら実践家は，志願者を重層的で多様な学区の環境の中に参画させ，学区のリーダーに求められるおよそすべての領域と考えられる上記基準1〜7で述べた基準で明らかにされた知識とスキルを統合し適用するような，一貫性があり，真正で，持続的な機会を提供してくれるのである．

出典：National Policy Board for Educational Administration（2018a），pp.10-29 から筆者が作成．

　②　「ELCC 基準」では，「すべて（all）の生徒の成功」を支援するとなっていたが，「NELP 基準」では，「現在および未来にわたる一人ひとりの（each）生徒および大人の成功とウェルビーイングを促進する．一人ひとりの生徒と，一人ひとりの個々の大人のニーズに焦点化することによって，リーダーが，一人ひとり個々人のニーズに向かい合う時，いかなる小グループをも見逃さないことを保障する助けとなる」と述べている．

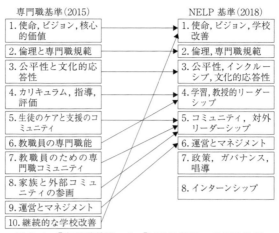

図6-4 「専門職基準」と「NELP基準」の項目比較
出典：「専門職基準」および「NELP基準」から筆者が作成.

③ 支援的でインクルーシブな学区および学校の文化を構築するために，教職員などの大人に，自らの職務として生徒や大人たちのウェルビーイングに対して責任を持たせることがリーダーの追加的な責務であるとされた．

④ 教育資源と機会に，公平なアクセスを確保することが学区リーダーの職務であることを「NELP基準」は表明するものである．

⑤ 「NELP基準」は，教育長が評価法をデザインし，その評価法で評価することを強く求めている．これは，連邦や州政府から指定された評価デザインではなく，環境とニーズに応じた学校や教員評価を教育長がデザインすることを求めたものである．

⑥ 家族と地域コミュニティとより活発にコミュニケーションを図り，コミュニティに参画し，支援者になってもらう必要性をより明確に訴え，コミュニティおよび対外リーダーシップを強調している．

以上6項目の内容は，前節で述べた「専門職基準」に含意されていた4つのリーダーシップ要素，すなわち社会正義リーダーシップを基準1，2，3で，教授的リーダーシップを基準4で，コミュニティ・リーダーシップを基準5で，分散型リーダーシップを基準6および基準7による教育長のガバナンスで，すべてを継承していることを示していると考えられる．

「専門職基準」と「NELP 基準」とが同じ理念を持つものであることを確認するために，両基準のキーワードを比較したものが図 6-4 である．教育長という政治性を含んだ校長とは異なる職務を反映した基準 7 の「政策」，「ガバナンス」，「唱導」，および教育長の養成にはインターン制度が必要とする基準 8 を除いて，「専門職基準」と「NELP 基準」は同じ内容を含んでいることが確認される．

2. エデュケーショナル・リーダーシップの理念の浸透と課題

以上の考察から，「専門職基準」と「NELP 基準」が，同じエデュケーショナル・リーダーシップの理念を持っていることを明らかにした．2 つの基準に共有されるエデュケーショナル・リーダーシップは，生徒たちの学業上の成功と人生のウェルビーイングを促進するための 4 次元のリーダーシップ，すなわち社会正義リーダーシップ，教授的リーダーシップ，コミュニティ・リーダーシップと分散型リーダーシップである．ここに，生徒の学業上の成功とウェルビーイングを促進するという，共通の理念を持った教育長と校長によって一人ひとりすべての生徒がケアされ，支援される教育環境が整ったといえるだろう．

しかし，この 4 次元リーダーシップ論のうち，社会正義リーダーシップ論には下記のような批判があることを理解し，それらの批判を超えることができるかどうかの確認が必要であろう．

「専門職基準」と「NELP 基準」が提示する公平性と正義について考察したアミイ・ファーレイ（Farley, A.）とジョシュア・チャイルズ（Childs, J.）の議論を検証しておきたい．ファーレイとチャイルズによれば，「すべての生徒が成功する法」（ESSA）の下で，公平性を持った教育施策が進められようとしており，「専門職基準」と「NELP 基準」は，「公平性指向のエージェント」になると考えられる（Farley & Childs, 2019, p. 3）とされる．しかし，次の 2 点の問題があると指摘している．

第 1 に，両基準のいずれにおいても，公平性と社会正義の定義が明確にされず，その違いや，関係性が明らかにされていないことが問題である．両基準におけるリーダーシップが公平性のリーダーシップなのか，社会正義リーダーシップなのか明確に言うことができない（Farley & Childs, 2019, p. 3），という指摘

である．

　第2に，これまでの研究で社会正義には，教育資源やカリキュラム，その他の教育機会への平等を求める配分の正義（distributive justice）（ロールズ，2010＝Rawls, 1971）と，「人種や民族，ジェンダー，文化，言語，宗教，性的志向などの特徴が，人々のアイデンティティの中核をなしていることを正当に評価することを求める」（ハウ，2004，121頁＝Howe, 1997）承認の正義（recognitive justice）があるとされてきた（Farley & Childs, 2019, pp. 14-15）．ファーレイとチャイルズによれば，「専門職基準」では，配分と承認の正義との間で「バランスを取ろうとしている」といえるが，それでも配分の正義を意味する内容が全体として上回っている．一方，「NELP基準」においては，承認の正義は見られない（Farley & childs, 2019, p. 15）とファーレイとチャイルズは述べている．両基準はいずれも，配分の正義を中心としているので，承認の正義を必要としている子どもたち[43]のニーズに答えることができないのではないか（Farley & Childs, 2019, pp. 3-4），という批判である．

　筆者は，第1の議論のように，「専門職基準」でも「NELP基準」においても，公平性と社会正義の定義が明確にされていない点については正しい指摘であると考えている．しかし，これまでの考察で明らかにしてきたように，以下2点の理由で，「専門職基準」と「NELP基準」で主張されているのは軽重の差はあるものの，配分の正義も，承認の正義をも含んだ社会正義リーダーシップであると判断するものである．

　そのような判断を行う第1の根拠は，本章第2節でも述べたように，「専門職基準」の筆者である，スマイリーとマーフィーが，「Allおよびeveryと，eachとは大きな違いがある．「all」と「every」とは，生徒の全体を集合的（overall collective），あるいは平均的（avarage）に把握したことを意味しているが，「each」は，一人ひとりすべての個々の生徒（each and every individual student）を意味している」（Smylie & Murphy, 2018, p. 25）と述べていることに注目すべきであると考えている．この，「生徒の全体を集合的，あるいは平均的に把握」する考え方こそが，ロールズ以来の配分的正義を意味しており，また「公平性」を意味していると考えている．一方，「一人ひとりすべての生徒」に向かい合うという表現に凝縮された思想が，配分の正義と承認の正義を包含し

た社会正義を示すものであると理解している.

第2の根拠は,既述のように,「専門職基準」の基準3のe)項で,「人種,階級,文化および言語,性および性指向,および障害または特別の状態に関連した生徒の周縁化,負をベースとする教育,および低い期待などの制度上の偏見に立ち向かってそれを修正する」と述べており,ハウ（2004）による「承認の正義」の定義と比較しても,承認の正義を求める見識が盛り込まれていると考えられる.以上から,項目数は多くないが,「専門職基準」では配分の正義だけでなく,承認の正義をも主張しているものと判断できる.

一方,「NELP基準」については,「NELP基準」の基準3の3.2項で,「教育上の資源,手続き,機会への公平なアクセスを唱道する」など,配分の正義について明確に述べられている.さらに,「NELP基準」の本文で,「NELP基準」は,「現在および未来にわたる一人ひとりの（each）生徒および大人の成功とウェルビーイングを促進する.一人ひとりの生徒と,一人ひとりの個々の大人のニーズに焦点化することによって,リーダーが,一人ひとり個々人のニーズに向かい合う時,いかなる小グループをも見逃さないことを保障する助けとなる」と述べており,これは上記のハウが言うところの承認の正義の定義にかなうものであると考えられ,基準の文言には「社会正義」の文言が見られないものの,「NELP基準」に通底する哲学に分配と承認の正義論が含意されていると考えるものである.

小括

1. NCLB法の改定活動

CCSSOやNEAなどの教育関連団体によるNCLB法の改定活動を通じて,NCLB法の改定には関係者の参加が重要であること,スタンダードの整備と新しいアカウンタビリティやテストを再構築することが州の権限であり責務でもあること,さらに生徒の学習の成功に最も影響力を及ぼすのは教員と校長の効果ある指導であることが,教育利益団体の間でコンセンサスとして形成されてきたと考えられる.このようなコンセンサスが下地となって,オバマ政権での政策ネットワークともいうべき政策手法の発揮が可能になっていったと考え

られる.

オバマ政権の教育政策に対しては，ラビッチのように，「NCLB法と何ら変わるものではない」という批判もあるが，本書ではやや異なる視点からその教育政策を考察した．政策ネットワークというべき政策手法で，共通学習基礎州基準が開発されたし，連邦政府と教員組合を含む教育利益団体との間で共通の利益である生徒の成功を協働してめざす共同声明が採択された．その声明は教師を「転換された専門職」と捉え，その職務を明確にするとともに，教職を魅力的な職業にすることが謳われた．このようなオバマ大統領の施策が展開されるのに合わせるために，「2008年基準」を改訂する必然性がCCSSOによって提言され，改訂することになった．

同時期，オバマ政権下で，NCLB法の改定作業が超党派かつ両院で行われた．2015年12月に，オバマ大統領が署名して，改定法「すべての生徒が成功する法」（ESSA）が成立した．この法の意義は，第1に，義務教育が連邦からの指令ではなく，各州の権限で行われるように戻ったことであり，第2に，貧困家庭の生徒たちが利益を得られるような公平性を担保する規定が設けられていることである．「2008年基準」の改訂作業は，上記のような法の改定作業と並行して行われたので，改訂版はESSAからの影響を受けているものと考えられる．

2.「2008年基準」の改訂過程

「2008年基準」が改訂され，「専門職基準」になっていく過程では，改訂に関わる関係者間で複雑な主導権争いが展開された．CCSSOが主導する「2014年版ドラフト」がマーフィーら7名の研究者を中心に作成されたが，その基底となる考え方は，1）基準が立脚する基盤は，学習に対する確固たるリーダーシップ，2）コミュニティに焦点化したリーダーシップ，3）基準はコミュニティ，社会正義，学校改善の理念をより強固に統合した議論の場とならねばならない，というものであった．作成された「2014年版ドラフト」は，これらの理念を組み込んだものとなり，「一人ひとりの生徒の成功とウェルビーイングを促進する」ことが，全基準に盛り込まれたものとなった．それは，専ら「生徒の学力向上」のみを求める「2008年基準」からの大きな転換であったと考

えられる.

しかし，CCSSO の内部での派閥闘争とも言うべき論争があったと考えられるが，2015 年には，執筆責任者が公表されない「2015 年版ドラフト」がCCSSO 名義でパブリックコメントに付されるという事態となった.「2015 年版ドラフト」は，その本文前文で，リーダーたちは「生徒の学習と成績を上げるために公立学校を変革する」という責務を負っていると明記され，「2008 年基準」に見られた，教育の目的を点数で測れる学力を上げることに重点を置くものに逆戻りしたものとなった.

この闘争ともいえる葛藤の背景には，教育の目的を点数で測れる学力を上げることに重点を置く実証主義的な考え方と，すべての生徒が，一人ひとり学業で成功するだけでなく，ウェルビーイングになることを追求しようとする主観主義的な考え方との理論闘争があったと考えられる．本書でこれまで考察してきた実証主義と主観主義の対立が，再度パブリックの前に晒されることになったものと考えられる.

この理論闘争は，基準の改訂の責任者は誰になるべきかという，CCSSO とNPBEA との版権をめぐる闘いとして表面化した．最終的に NPBEA が主導権を握り，CCSSO は NPBEA が主導して作成された「専門職基準」を受け入れることとなった.「専門職基準」は，サービスを提供する相手である子どもを中心に置き，子どもの学習とウェルビーイングを重視する専門職のためのリーダーシップ論になっている．専門職による専門職のための基準が作成されることによって，「専門職基準」と冠することができるようになったものである.

3. 新しい校長のリーダーシップ像

本章では，新しい時代環境のもとで，ますます多様化する生徒たちを中心に置き，一人ひとりの生徒の学業上の成功とウェルビーイングを促進する校長をエデュケーショナル・リーダーと呼び，その校長が実践するリーダーシップをエデュケーショナル・リーダーシップと呼ぶにいたった.

エデュケーショナル・リーダーシップの枠組みは，校長がリーダーたちにリーダーシップを分散して分散型リーダーシップを発揮することにより，リーダーたちに社会正義リーダーシップ，教授的リーダーシップ，コミュニティ・リ

ーダーシップを遂行させる構造となっていることが、「専門職基準」から抽出した諸要素から確認された.

エデュケーショナル・リーダーは分散型リーダーシップによって生徒の学習を中核として，生徒の学習が促進されるように設定された各基準をつなぐネットワークを構築し，ネットワークの働きを促進させ，維持することが求められている．エデュケーショナル・リーダーは，「学校を一人ひとりの生徒が成長する場所にするために，潜在的なリスクや，政治的な副作用を乗り切る意志を持った不撓不屈の変革主体（change agent）である」（資料445頁）.

「専門職基準」では，エデュケーショナル・リーダーが，「高いクオリティの教育と一人ひとりの生徒の学業上の成功とウェルビーイング」を実現することを「専門職の核心的な価値」であるとし，その具体的な教授的リーダーシップの内容として，4つの新しい学習理論，すなわち，1）参画的授業，2）構成された学習，3）学習への圧力，4）ケアする支援，が提示された．この中でも，「学習への圧力（academic press）」と「ケアする支援」を組み合わせて教育を行おうとする考え方は，アメリカでもまだ普及していない重要な議論であると考えられる.

4. エデュケーショナル・リーダーシップの浸透

2018年には教育長の基準（「NELP基準」）が作成され，「NELP基準」は「専門職基準」のエデュケーショナル・リーダーシップ理念を共有するものとなった．これで，校長は，教育長と同じ理念を持って，生徒たちの学業の成功と，ウェルビーイングを促進することができる環境が整ったということができる.

1) アチーブは州の官僚と企業指導者からなる，非営利の教育改革をめざす組織である.
2) http://www.corestandards.org/about-the-standards/ 参照．（2014/7/4 最終アクセス）
3) http://www.nea.org/home/17499.htm 参照．（2015/3/3 最終アクセス）
4) 複雑な教育行政過程を整理する方法として，ポール・マナ（Manna, P.）は2つの方法を提示している．第1は，「主人―代理人理論」に基づく委任関係チェーンで，ブッシュ政権の政策実施手法はこの理論の厳格な運用であるとされる（Manna,

第6章 『エデュケーショナル・リーダーの専門職基準』の作成過程と内容分析　411

2006a, pp. 471-494）．これに対して，第2の方法として，マナは政策ネットワークを
提示している（Manna, 2006b, pp. 162-163）．マナによれば，それは委任関係チェーン
に基づく強い権限関係よりも，流動的かつ弾力的な関係を含んでおり，非公式である
が共通の利益と一連のコミュニケーションによる絆によって結ばれている．つながり
を通じた関係者間の任意の情報交換がイノベーションを促進するとされる．本書で援
用する政策ネットワークの概念は，マナのそれをより明確に示していると考えられる
風間規男の定義と特徴の説明によるものである．風間は，「ある政策領域において，
アクターが官民の枠を超えて自主的に資源を持ち寄り，問題を解決していく関係性」
と定義している．風間の議論を整理すると，この「関係性」には次のような特徴があ
る，①ネットワークの中で資源の相互依存関係を前提とした水平的な調整が繰り広げ
られる．②政府は，命令服従ではない水平な関係の中で共通の利害を共有し，共通の
目的を達成するには協力することが最善だと認識して，共通の利益を追求すべく資源
を交換する（風間，2011，128-129頁）．オバマ政権の政策実施の実態把握には，こ
の政策ネットワークの考え方を適用するのが適切だと考えるものである．

5） http://www.nassp.org/Content.aspx?topics = 55973 参照．（2015/3/6 最終アクセ
　　ス）
　　　他の4団体は，NASSP，NAESP，AASA，全米教育委員会協会（National School
　　Board Association: NSBA）である．

6） http://www.nga.org/files/live/sites/NGA/files/pdf/0704NCLBSTATEMENT.PDF
　　参照．（2015/3/6 最終アクセス）

7） オバマ政権に関して子どもを中心としているという見方をする日本における先行研
　　究は，管見の限り存在しないと思われる．参照論文として筆者とは異なる見方をして
　　いる篠原（2012）を挙げておく．

8） ダーリング＝ハモンドは政権入りをせず，教育長官に就任したのはシカゴ学区の最
　　高執行責任者であったアン・ダンカン（Duncan, A.）であった．この論文は，ダーリ
　　ング＝ハモンドが政権移行チームから離れてから民間人の立場で執筆したものである．

9） いわゆるリーマンショックは，2008年9月にアメリカの投資銀行リーマンブラザ
　　ーズの巨額の倒産が発生し，アメリカのみならず世界の経済に大打撃を与えた．2019
　　年現在，日本では2019年10月から消費税の引き上げを行う予定で，安倍首相は，
　　「リーマンショック級の問題が起こらない限り引き上げを実施する」と述べていたが，
　　リーマンショックはそれほどにも政治を揺さぶるほどの大事件であった．

10） RTTT政策の選考基準とその配点によれば，大項目である「優れた教員と管理
　　職」の中に，「効果的な教員と校長への公正な配分の保障」という項目がある．

11） http://www.whitehouse.gov./the-press-office/fact-sheet-race-top 参照．（2015/3/6

最終アクセス）

12) 他の3団体は，AASA，NSBA と，大都市の学校協議会（Council of the Great City Schools: CGCS）である．

13) http://www.ed.gov/labor-management-collaboration/conference/compact 参照．（2015/3/6 最終アクセス）

14) 2つの州連合に関する情報は，Smarter Balanced Assessment Consortium の Frequently Asked Questions, http://www.smarterbalanced.org/resources-events/faqs を参照．（2015/3/6 最終アクセス）

15) http://www.nea.org/grants/46326 参照．（2015/3/6 最終アクセス）

16) http://www.nea.org/assets/docs/NEA_3point_plan_for_reform.pdf 参照．（2015/3/6 最終アクセス）

17) 後述する RESPECT プロジェクトによれば，マスター教員は初任者教員の実践モデルとなる，教室を基盤とした模範的な教育者とされる．

18) レジデント教員は職能開発プログラムに在籍しているか，あるいは大学を卒業したての初任者で，マスター教員の指導と監督を受ける教員である．

19) http://www2.ed.gov/documents/respect/discussion-documents.doc 参照．（2015/3/6 最終アクセス）

20) 2008年から連邦教育省では，教育大使の役割を担う多様なバックグラウンドを持った活動的教員（active classroom teachers）を募集してきた．

21) http://www2.ed.gov/documetnts/labor-management-collaboration/vision-statement. 参照．（2015/3/6 最終アクセス）

22) 「青写真」の翻訳は，アメリカ教育学会翻訳グループ（代表）澤田稔，加藤幸次，穂坂明徳，松尾知明，野添絹子，黒田由紀，安藤真総によって行われた．

23) Letters from the Education Secretary or Deputy Secretary (September 23, 2011), https://www2.ed.gov/policy/gen/quid/seeletter/110923.html 参照．（2019/5/11 最終アクセス）ESEA 弾力化プログラムは「NCLB 法責務遂行免除」とも呼ばれている．NCLB 法の一部の責務免除を可能にしているのは，NCLB 法の Sec. 9401 に教育長官の裁量で責務を免除（waiver）することができるとされているからである．したがって，プログラムの公式発表はダンカン長官の署名による手紙の形式になっている．

24) 結果的に，超党派かつ両院の賛同に基づいて法制化されることになったが，その過程では，共和党から上院に出された法案は「すべての子どもが達成する法律（Every Child Achieves Act）（S. 1177）」であったし，同じく共和党から下院に出された法案は「生徒の成功のための法律（Student Success Act）（HR 5）」であったように，容易に超党派で両院で賛同を得られるものではなかった．この間の事情は，文部科学

第 6 章 『エデュケーショナル・リーダーの専門職基準』の作成過程と内容分析　　413

省（2016）が詳述している（26-31 頁）．賛同にいたったのは，既述のように，教育の方向性に関して，コンセンサスが形成されていたからであると考えられる．

25）　本書では第 1 章から 1996 年の「Standards for School Leaders」を「基準」と略してきたが，その「基準」は Interstate School Leaders Licensure Consortium（ISLLC）によって作成されたことから，ISLLC 1996 とされることも多い．因みに，「2008 年基準」の正式タイトルは，Educational Leadership Policy Standards: 2008 ISLLC となっている．

26）　7 名のメンバーは以下の通りである．リーダー：Murphy, J.（バンダービルト大学教授），サブリーダー：Wilson, J.（デラウェア大学教授）；メンバー：Anderson, E.（UCEA 代表），Hutton, B.（NASSP 代表），Printy, S.（ミシガン大学教授），Smylie, M.（イリノイ大学シカゴ校名誉教授），Supovitz, J.（ペンシルベニア大学助教授）．

27）　例えば世界医師会（2007），p. 7 に「患者第一という原則」が見られる．

28）「2008 年基準」の分析で，「機能」という用語が示すように，機能主義的な内容となっているとして，「機能」と「機能主義」を結び付けていたが，「2014 年ドラフト」においても「機能」項目が設定されている．なぜ，「機能」を使うのかが説明されていない．したがって，本書では，この事実があることを指摘するにとどめておきたい．

29）　Ascd. org/ASCD/pdf/siteASCD/policy/ASCD_ISLLC_Comments.pdf 参照．（2016/10/31 最終アクセス）

30）　79 件の文献の明細については，津田（2016），143-147 頁を参照されたい．

31）　46 名のリストは，資料の 455 頁を参照．

32）　ただし，「厳しい議論」の詳細は明かされていない．

33）　社会正義リーダーシップという用語は，日本では CiNii にも掲載されておらず，認知度は低いと考えられるが，露口健司は管見の限りではあるが，ただ一人の論者である．

34）　連れ出しプログラム（pull out program）については第 3 章の註 23 参照．

35）「専門職基準」では，「子ども中心主義」が掲げられ，「生徒の学習」に焦点化している．

　　池田寛（2003）によれば，アメリカではラビッチや，E. D. ハーシュらから，「子ども中心主義」は失敗した進歩主義につながるものであるとの厳しい批判が出されているとされ（池田，2003，60 頁），日本では，苅谷（2002）が，批判を展開してきた．池田は，「苅谷剛彦氏を中心とする学力低下論と日本の『ゆとり教育』批判において，論拠とされているアメリカにおける子ども中心主義＝神父主義教育の失敗という見方に対する反論を収発点として」（池田，2003，58 頁）反批判を展開している．そこで本書においては，ラビッチらが批判する「子ども中心主義」と「専門職基準」におけ

る「子ども中心主義」との相違点を明らかにしておく必要があるだろう．第1の違い
は，苅谷によれば，「子ども中心主義」は「『純真な』『自然』として，子どもの自己
発展を信頼する―子どもたちの目が輝く，そうした『学びの世界』を理想とする心情
に共通する」（苅谷，2002, 152頁）などの教育のロマンティシズムからきているとす
るが，「専門職基準」の考え方は，「効果のある学校」研究の結果から導き出された適
正な指導によって「すべての子どもは学べる」という知見に基づいている．また，
「真正の学習」理論に基づいており，さらに，リストラクチャリングを通じて，エッ
センシャル・スクール連盟などの活動で，「子ども中心主義」の教育とは何かが，研
究され蓄積されてきたものであり，ロマンティックな精神論的なものではない．第2
の相違点は，苅谷は，ロマン主義の子ども観は子どもの学習能力をうまく引き出せな
いのは，学校や教師のせいだという論理を含みこんでいるとし，それを問題視してい
る．新しい考え方では，「効果のある学校」研究で，子どもの成績が伸びないのは学
校や教師の責任であることを見出しており，最新でいえばNEAが教師の責任を認め
ている（2011年のNEA声明）．第3の相違点は，苅谷は，「子ども中心主義」では，
「生徒一人ひとりの興味・関心に応じた『自由』な学習を展開することにより教師と
生徒が共に学んでいく」（苅谷，2002, 149頁）とされる．後述することになるが，
マーフィーが図6-3で「構成された学習」の1つとして捉えている「権限を与える勉
強」で「権限を与えられる」のは，「自分で選んだ状況」とか，「勉強する環境条件」
に対する選択であり，選択と自立の結果に個人で責任を持つことである．学習の内容
に関して権限を与えて自由にやらせるという意味でないとされる（Murphy, 2017, pp.
70-71）．この点は，「専門職基準」では，「知的な厳格さとカリキュラム，指導，およ
び評価の首尾一貫したシステム」と表現されている．第4の相違点は，新しい「子ど
も中心主義」はC・ファデルら著／東京学芸大学次世代教育研究推進機構訳（2016）
が提唱している「21世紀の学習者」がめざすべきとする「自己主導型学習」である，
と本書では考える．

36) 2021年7月現在，ERICでは2002年以降で18,335件の論文が掲載されている．

37) 2021年7月現在，CiNiiで2件の掲載があるが，地方自治と農村開発に関するも
のであり，教育に関連しない議論である．

38) 本文の番号記号と図6-3のそれとを一致させている．

39) 本文での番号記号は，図6-3のそれと一致させている．

40) 本章の註35参照．「子ども中心主義」では，生徒一人ひとりの興味関心に応じた
「自由」な学習を展開されると理解する研究者も存在するが，「自由」の意味はここで
述べる通りである．

41) 「専門職基準」発表と同じ2015年12月に，「校長指導者専門職基準」（CCSSO,

2015b）が CCSSO によって発表された．その序章には，「一人ひとりの生徒の学業上の成功とウェルビーイングを促進する」と書かれており，また，本文では「専門職基準」と通底する（same）9 項目の性向（成長指向，協働性，革新的，分析的，倫理的，忍耐的，省察的，公平性，システムへの焦点化）を取り入れたとしており，「専門職基準」と理念を共にする基準であるように見えるものであった．しかし本書では，これは「専門職基準」の策定過程で，同じ CCSSO が「2015 年版ドラフト」を提出して混乱を招いた状況に酷似しており，内容的にも以下の点から，理念を必ずしも共有するものではないと判断し，ここに記録するに留めることにした．理由は，以下の 2 点である．第 1 は，序章で，生徒の学習を中核においた同心円が描かれ，内側から順に教師の基準，校長の基準，そして「校長指導者基準」の外円が描かれている．その意図は明確に示されていないが，実証主義的なシステム論に基づく図であるとの印象がある．つまり，学区の管理者がシステム的に校長を支配下に置いた一貫システムを構築したいという考え方が示されたものと言わざるを得ない．また，上記 9 の「性向」は「専門諸基準」と同じであるとされているが，「成長指向」や「システムへの焦点化」は，システム理論に基づく用語であると考えられ，「専門職基準」とは相容れない考え方であるといえる．第 2 に，序文で，「適切なトレーニングと支援によって，校長指導者は校長の現状のリーダーシップ実践を査定（assess）し，評価（evaluate）することができ，授業のクオリティの改善に導くための専門職としての学習機会を示すことができる」とされ，校長や教師の自律性や専門職性よりも校長指導者の指導を重視するという考え方が，明記されている．なお上記のストーリーを本註に記述しておく理由は，専門職のための，専門職による自律性が，「専門職基準」や教育長の養成基準の作成の中心となった専門職団体 NPBEA のもとで保たれた事実を重要視するからである．

42）　教育長の基準が作成されるプロセスは，津田（2021，187-206 頁）を参照されたい．

43）　例えば貧困の状態にはないが，いじめにあうなど精神的な満足状態にはない子どものニーズに応えられないのではないかという懸念がある．

終　章

第1節　本書をふりかえって

　本書の目的は，現代アメリカにおける校長のリーダーシップ像を解明し，その根幹となるリーダーシップが，一人ひとりの生徒の学力とウェルビーイングを高めようとするものであることを明らかにすることであった.

　具体的には，次の2つの研究課題を設定し，考察を行ってきた.

　研究課題の第1は，子どものためのリーダーシップの生成過程に焦点をあてた検証を行うことであった.「リスクのある生徒」の抱える問題に教育政策はいかに対応しようとしてきたかを検証した. また，「リスクのある生徒」問題に取り組もうとしてきた「効果のある学校」研究や，リストラクチャリング運動を詳細に検証することを通じて，いかなるリーダーシップが追求されてきたかを考察した. さらにリーダーシップ追求の成果としての「基準」の内容分析を行ってきた.

　第2は，「基準」が運用されるについて直面した諸課題に着目し，どのようにそれらの課題を乗り越え，「基準」は進化してきたかを考察することであり，「基準」の進化の結果として「専門職基準」に到達するのであるが，その「専門職基準」で示されたリーダーシップを分析・考察することであった.

　「基準」が直面した課題は，「基準」の「性向」項目に埋め込まれた倫理的・道徳的な考え方からくるものであった. 子どもたちの背景を無視して，学力を増強すればよいという NCLB 法のアカウンタビリティとは相容れないものであった. そのため，アカウンタビリティと社会正義の相剋という厳しい状況が生まれた. しかし NCLB 法への激しい批判や，社会情勢の変化を受けてこの状況は解決に向かい，「専門職基準」が生まれてきた.

本書では，「専門職基準」で示されている社会正義リーダーシップやコミュニティ・リーダーシップなど，新しい概念のリーダーシップの内容を把握し，「リスクのある生徒」を含むすべての子どもの一人ひとりに寄り添おうとするリーダーシップの内容を分析し，解明してきた．

第1，第2の課題を考察した結果として，以下2点の結論を得た．第1は，子どものためのリーダーシップがいかにして生成したかという歴史的な知見である．第2は，「基準」と「専門職基準」に示された一人ひとりの子どものためのリーダシップとはいかなるリーダーシップであるかを把握した知見である．

これらの知見から，本書の目的とした，現代アメリカにおける校長のリーダーシップ像を解明し，その根幹となるリーダーシップが，一人ひとりの生徒の学業上の成功とウェルビーイングを高めるものであることを明らかにすることができたと考えるものである．

1. 子どものためのリーダーシップはいかにして生成してきたか

本書が冒頭に示した2つの課題の考証を通じて，子どものためのリーダーシップがどのように追求されてきたかを時代を追って明らかにした．

(1) 1980年代初期まで

「リスクのある生徒」の抱える問題については，1965年に成立した，初等中等教育法（ESEA）によって，貧困と教育剥奪を救う施策が連邦政府によって行われてきた．それが，連邦政府直轄の事業であるがゆえに，個々の学校においては，「リスクのある生徒」に関心が薄くなり，校長には学校運営を円滑に行うことを主旨とするマネジメント的な業務が重視されていた．一部には，教授的リーダーシップと見られるリーダーシップを発揮し，「一人ひとりの生徒を責任ある重要な人間として能力を全開させるようなスキルと意欲を可能な限り発展させることをめざす」とする全米中等学校長協会（NASSP）の考え方も見られるものの，総じていえば，リーダーシップが発揮される余地は限定的であったといえるだろう．

そのような時代の1970年代初期より，「効果のある学校」研究が始まっている．ジョージ・ウェーバーは，都市部の貧困地帯で，学校の効果をあげている

4つの小学校を見出し，そのような学校では校長の強いリーダーシップが発揮され，高い期待，良い環境などの要素を持つ学校であることを明らかにしている．

(2) 1980年代初期から中期まで

1983年に発表された『危機に立つ国家』を契機として，世界のライバルと闘える人材を育てる目的で教育改革が展開された．教育改革の第1の波は，州政府からのトップダウンの改革であり，第2の波では，教員を中心とするボトムアップの改革であったが，いずれも国家経済発展に資する人材育成を主眼とした改革であった．したがって，「リスクのある生徒」など弱い立場にある子どもたちのための改革ではなかった．校長に求められたのは，主として学力向上をめざす州法によってコントロールされている職務を責任をもって実現する，実態としてはマネジメントといえる，「重要なリーダーシップ」とされる役割であった．

しかし，第2の波の中で実践された学校選択制度は，子どもと親に学校を選んでもらう必要があるので，そのメカニズムから子どもと親を主対象とする校長のリーダーシップを必要とした．また，第1の波の改革で，「学業の基準が高まれば，生徒によっては高い基準によって許されざる障壁を課されることになる」との認識が，改革を推進する知事たちの間に芽生えてきたことも注目される．1987，1988年には集中して，社会的に影響力のある団体から「リスクのある生徒」問題に取り組まなければならないという提言がなされた．これらの提言で，これまで連邦政府が取り組んできた，人種や階級上のマイノリティの人々に対する分配上の公平さ（equity）を改善しようとするものとは異なり，多数で多様な不利な立場に置かれた人々の一人ひとりの社会正義の問題として認識されるようになってきていた．

教育改革の第3の波では，それまで，校長はなすべきことをしていない，と批判されてきたことから，あるべきリーダーシップ像を求めて，リーダーシップ論の基底をなす，主観主義的パラダイムと実証主義パラダイムをめぐって論争が展開された．具体的な「良いリーダーシップ」を見出すことはできなかったが，多様な価値を認めるとする複数パラダイムが提唱されることとなった．

多様で自由な議論を行う環境がこうして生まれたのである．「基準」のリーダーシップ論に係る本格的な議論はこのような環境下で始まった．

(3) 1980 年代中期から 1990 年代中期まで

　今まで述べてきた，諸改革の成果や影響が一挙に集結したのが，1980 年代中期から始まっていたリストラクチャリング運動であった．それは，教育システム全体に及ぶ根底的（radical）な構造改革であり，校長のリーダーシップを含め，教育の姿を全面的に変えてしまうものであった．

　リストラクチャリング運動は，主として学校を基盤とした教育経営（SBM），学校選択，教員の専門職化などのガバナンスや制度に係る運動として注目されてきた．しかし本書で注目したのは，「リスクのある生徒」と不利な立場に置かれている生徒への授業と学習を，伝統的な教師中心のものから学習者中心のものに転換しようという草の根的な活動である．中でも，州教育長協議会（CCSSO）が，リスクのある生徒に対して高校卒業を果たすのに必要な教育上，健康上の，そして社会的なサービスを提供することを「保証」したことは，リストラクチャリング運動に大きな影響を与えたものと考えられる．

　リストラクチャされた学校での校長は，ピラミッドの頂点からマネジメントを行うのではなく，専門職グループのファシリテーターとしてクモの巣状の人間関係と職務のネットワークの中の可変的な位置に存在し，変化の代理人と見られるようになっていた．このリーダーシップは，分散型リーダーシップであるといえるだろう．篠原岳司によれば，分散型リーダーシップは，「校長など個々のアクターを対象に静的に捉えるのではなく，教師を中心に複数のアクターの複雑な関係性に着目し，それらによって編まれている実践の枠組みを動的に捉えようとするものである」（篠原，2015，72 頁）．

　1990 年初から始まった第 41 代大統領ジョージ・ブッシュ（共和党選出）と第 42 代大統領ウィリアム・クリントン（民主党選出）の時代の教育政策は，一貫して，スタンダード・テスト・アカウンタビリティの三点セットの政策を推進することであったが，地方で行われているリストラクチャリング運動に対しては，それを認め，連邦政策の枠組みの中に取り組もうとした．そのため，研究者や実践家は自由な活動が可能で，彼らが進めたのは，連邦のアカウンタ

ビリティが求めるものを充足しながらも，新しいアカウンタビリティ，例えば「真正の学び」や「学習者中心のアカウンタビリティ」を構築することであった．以上のような，草の根的なリストラクチャリング運動を通じて得られた知見を基に，1996 年に「基準」が作成されていったのである．

2. 一人ひとりの生徒のためのリーダーシップとは何か

(1) 「一人ひとりの生徒」の意味するもの

「基準」と「2008 年基準」ではそれぞれ 6 項目のすべての基準に，「すべての生徒の（all students）成功を促進する」（以下，下線はいずれも引用者）となっていた．「2014 年版ドラフト」では，「すべての生徒（every student）の成功とウェルビーイングを促進する」となり，「2015 年版ドラフト」では，基準 1 にだけ「生徒（student）の学業上の成功とウェルビーイング」が使用されていた．しかし「専門職基準」では，「一人ひとりの生徒（each student）の学業上の成功とウェルビーイング」と変化してきた．「専門職基準」の執筆者であったスマイリーとマーフィーは，「all」および「every」，と「each」の違いを次のように説明している．「All および every と，each とは大きな違いがある．All と every とは，生徒の全体を集合的（overall collective），あるいは平均的（average）に把握したことを意味している[1]が，「each」は，一人ひとりすべての個々の生徒（each and every individual student）を意味している．この変化は，<u>リーダーシップ作用の重大な次元で公平性（equity）の格上げ（elevation）を反映するものである</u>」（Smylie & Murphy, 2018, p. 25）と述べている．

それでは，「公平性の格上げ」とは何を意味するのであろうか．すべての生徒の公平性の問題は，第 36 代大統領リンドン・ジョンソン（Johnson, L. B.）のいわゆる偉大な社会プログラム（Great Society Program）の一環としての「貧困との闘い（War on Poverty）」を推進しようとしたことに遡る．ジョンソン政権下で法制化された初等中等教育法（The Elementary and Secondary Education Act）（ESEA）は，貧困から生じる学業上の格差をなくそうとするものであった．その後，障害のある子どもたちへの援助，移住者の子どもたちや養育を放棄された子どもたちへの援助，英語の習得が限られた子どもたちへ

の援助が加えられていった．しかし，いずれも一人ひとりの生徒の問題というよりも，貧困や，肌の色，社会階層などで区分したグループ間の格差をなくそうとするものであった．本書ではこのようなアプローチを「公平性（equity）」の問題として捉えてきた．

20世紀に入ると，NCLB法が，わずかの例外を除いてすべての生徒にテストの点の向上を求めたことから，それに応えられない生徒が抱えるリスクの問題が浮き彫りとなってきた．学業上だけでなく，精神的，肉体的に，不利な状態にある一人ひとりの子どもが抱える問題を，子ども自身や家庭の問題ではなく，社会で解決していかなければならないとする社会正義の問題として捉えることが必要となってきたといえる．本書では一人ひとりの生徒が抱える問題を，社会正義（social justice）の問題として捉え，意識的に公平性（equity）とは区別して述べてきた．

「基準」から「2015年版ドラフト」までの改訂および改定案では，グループ間の公平性を追求する基準であったが，「専門職基準」で初めて「一人ひとり（each）」が使用されたことは，「専門職基準」が一人ひとりの子どもたちが抱える問題を社会正義の問題として捉えようとするものであり，「公平性の格上げ」とは，公平性の追求から，社会正義の追求へと次元が異なるものになったことを意味する．それはまた，一人ひとりすべての生徒の学業上の成功と人生のウェルビーイングを追求する社会正義リーダーシップやコミュニティ・リーダーシップなどの新しい次元のリーダーシップ論に到達したことを意味している．なお，2018年に策定された教育長の基準においても，eachが使用されていることが確認できる．

(2)　「学業上の成功の促進」の意味するもの

教育によって「学業上の成功を促進する」という，言わば常識的と思われる言葉であるが，一人ひとりすべての生徒について「学業上の成功」を「促進できるのか」という素朴な疑問がある．

① 「すべての生徒は学べる」という知見　マーフィーは，「効果のある学校」研究の総体を評価する中で，学校は歴史的に正規分布（曲線）にしたがって生

徒を組織化し，頭を使って働く子どもと，手足で働く子どもに分類する機能を果たしているという，人々に刻みこまれた信念のようなものがあったが，「効果のある学校」研究は，「すべての生徒は学べる」という発見をした，と述べている．これは，伝統的な教育観に刻み込まれた信念のようなものからの重要な分離を意味した．マーフィーは，「今や基本的な信念は，適切な条件を与えれば，すべての生徒は学べる」（Murphy, 1992a, p. 166）と結論付けた．「すべての生徒は学べる」ことが，「効果のある学校」研究から抽出された科学的証拠によって示された，と評価したのである．

それでは「刻み込まれた信念のようなもの」とは何か．本書では，アメリカの教師の間には，「欠損思考（deficit thinking）」，あるいは「負をベースにした学校教育（deficit-based schooling）」と言われる根深い思い込みが広まっており，教育上の思考や実践に深く影響を及ぼしている実態を調査した研究を紹介した．その欠損思考によれば，できない子どもはもともとできないのだと考え，教育現場では有色人種や貧困家庭の子どもたちの学習可能性を否定した思想が支配的になっていた，というものである．これが「刻み込まれた信念のようなもの」であり，「すべての生徒は学べる」という知見は，欠損思考を否定するものであった．

「すべての生徒は学べる」という言説は，「基準」においては基準1および2の説明項目で，「すべての生徒は学べるという命題の価値を信じ，その実現にコミットする」とされており，この信念が「専門職基準」にも受け継がれて，「学業上の成功」を一人ひとりの生徒に期待できるという発想につながっていったものである．

② 「学業上の成功を促進する」ことは可能か 「すべての生徒は学べる」という言説は，子どもの教育について，伝統的な教師中心の教育観を強める作用と，それを否定する新たな教育の方向性を生み出した．

1つは，伝統的な教育観の強化である．伝統的な教育観によれば，教師が主たる作業をする人であり，教育の生産性とはどのように学習が進んだのかのプロセスではなく，生産した（教え込んだ）量と見なされる（Murphy, 1991, p. 51）が，「すべての生徒は学べる」という言説は，一面ではこの教育観をより強め

る方向で作用した．それは「生徒の興味や目的を無視するよう極めて操作的で独裁的な方法に陥りかねない」（ノディングズ，2007，59頁）と警告されていた教育につながる考え方であり，端的にいえば，生徒は学べるのだから，教え込んで点数を上げるようにすればよい，という考え方であるといえる．1983年の『危機に立つ国家』以降に，アメリカ全州で700件もの教育関連の州法が制定され，何を教えられるべきか，どのように教えられるべきか，誰によって教えられるべきかが定められていったが，その運動の底辺には，「教え込んで点数を上げればよい」という考え方があったのではないかと考えられる．当時の校長の中にはこの状態を，「官僚的なルールの押し付けがあり，また子どもの教育にはこれが最善と考えられる判断に従うことがますます妨げられるようになった」と感じている人がいると報告されている（Nathan, 1986, p. 199）．このような状態がさらに進んで，ノディングズが警告していたように，操作的で独裁的になっていったのが2002年に法制化されたNCLB法であるといえよう．

　これに対するのが，「学習者（こども）中心」の考え方で，構成主義的な教育理論を持つ教育観である．リストラクチャリング運動においては，例えばエッセンシャル・スクール連盟の指導原理に見られるように，「生徒は作業する人」（第5原理）であり，「授業と学習は可能な限りそれぞれの生徒に応じて多様でなければならない」（第4原理）とされる．

　マーフィーは，教育プロセスを構造改革する学校における教授上の変化は，包括的で根本的（radical）なものになるだろう，すなわち，教師中心から学習者中心（learner-centered）の教授法へのシフトが最も基本的な見直しであり，学習者中心の教授法は教師中心の知識の伝達システムではなく，生徒が自ら中心となって知識を紡ぎだしていくことを重視するものとなるだろう（Murphy, 1991, p. 57），と述べている．

　学習が生徒主導で行われれば，その学習観は次のような構成主義的なものになる．マーフィーらは，構成主義的な学習理論を説明するものとして，次の二者を引用している．「知識は，人間の思考や行動とは独立したその外部に存在する客観的な存在であるという，これまで長く教室を支配しこれまで主流となっていた考え方は，批判的に検証され始めている．知識は内部的で主観的なものであり，作業が行われる文脈とともに人間の価値観に依存している」

（Fisher, 1990, p. 82），したがって，新しい教育のデザインは，「知識は，教師が持っているものを，生徒に移転するまたは生徒の問題を解決するために使う機会を待っている，というものではなく，知識とは人間の経験を意味あるものにするために教師と生徒が協働して作り合うものである」（Petrie, 1990, pp. 17-18）と考えられるようになってきた．

　以上のように，「すべての生徒は学べる」という信念のもと，学習者が中心となり，教師と協働しながら知識を紡ぎだしていく，校長はこのような活動を促進するために，リーダーシップを発揮するのである．

　「学習者中心主義」は，良好なリーダーシップの定義を求めて組織された全米教育行政政策委員会（NPBEA）にも引き継がれている．NPBEA は，その研究成果を発表する中で，「21 世紀の学校のための信念陳述書」を示し，その第 1 番の事項として，「すべての生徒は学べるし，機会を与えればすべての生徒は学ぶであろう．学校の目的は一人ひとりの生徒に日常的に学習機会を創造することである」（NPBEA, 1993, pp. 1-16），と述べている．すなわち，学業上の成功を促進することは可能だと述べているのである．

　「基準」は，その主筆であったマーフィーを介して「学習者中心主義」と「構成主義」に基づく学習論を含意して作成されたものであるといえる．「基準」は，基準 2 の説明項目で，「生徒が学べるような多様な学習法」の価値を学校管理職は信じ，それを実践するべくコミットしなければならない，としている．これは，ノディングズの表現を借りれば，「すべての生徒に，すべての生徒が必要とするものを与えること．つまり，人間の人生に最も重要な問題を探求する真の機会を与えること」（ノディングズ，2007，312 頁）ということになるであろう．つまり，一人ひとりの生徒に真の機会を与えれば，生徒は自分の知識と経験を紡ぎ合わせながら，学習するので，学習を促進することはできるということになる．

　「専門職基準」では次のような学習促進の方法を示す構想を持っていると考えられる．

　第 6 章の図 6-3 がそれである．校長は，社会正義リーダーシップを発揮し，子ども中心の教育の不可避性を強調するような核心的な価値を明確にし，唱導し，育成する．また，校長は，教授的リーダーシップを発揮して，構成主義心

理学および新しい社会学パースペクティブに基づく教育を推進するように環境
整備を行う．具体的には，参画的授業，構成された学習，それを促進させる
「学習への圧力」，それと両輪のようになって回る「ケアする支援」の4つの新
しい教授法を提言しているのである．その活動を支えるのがコミュニティ・リ
ーダーシップである．教師，保護者，地域住民，行政を含む多くの関係者を学
校コミュニティとして，彼らのリーダーシップの発揮を促進するのである．そ
して，関係者に権限と責任を分散し，これらのリーダーシップを発揮させる分
散型リーダーシップが構想されている．

　これらのシステムが働く時，生徒の学習は促進されるという構想である．

(3) ウェルビーイングを促進することの意味について

　「基準」の序文は，変化する社会が基準の作成に大きな影響を与えているこ
とを説明し，次のように述べている．「人種，言語，文化といった面でより一
層多様な社会になりつつある．他方で，社会構造は多くの子どもたちと彼らの
家族の結び付きを崩壊させつつある（unrevelling）．貧困は増大している．肉
体的，精神的，道徳的なウェルビーイングの諸指標は下降している．社会資本
の蓄積も同様に減少しつつある」．また「これからの課題が学校における新た
なタイプのリーダーシップを必要とすることになるだろう」（「基準」，p. 5）と
述べて，ウェルビーイングを向上させるリーダーシップの必要性を論じていた．
「専門職基準」が目標として定めた「ウェルビーイングを促進する」ことは，
このような文脈の到達点と考えられたものである．「専門職基準」で，ウェル
ビーイングの定義はされていないが，基準5の a）項で，「一人ひとりの生徒の
学習上の，社会的，情緒的，そして身体的なニーズに合致した安全で，ケアさ
れ，健康な学習環境を作り上げ，維持する」とあり，また，同じ基準5の b）
項では，「一人ひとりの生徒が学校コミュニティでよく知られており，受け入
れられて重視され，信頼され尊敬され，ケアされ，学校コミュニティの活動的
な責任あるメンバーであることを奨励されるような学習環境を創造し維持す
る」とあり，これらのことを，エデュケーショナル・リーダーが促進しなけれ
ばならないとしている．これが，「専門職基準」の考えるウェルビーイングを
促進するという意味であるといえる．

「基準」の6基準には盛り込まれなかったウェルビーイングが,「専門職基準」には盛り込まれ,それだけではなく,教育長の専門職基準である「NELP基準」にも盛り込まれた意味,あるいは意義を考えておきたい.第1に言えるのは,校長が促進しなければならないものは,計測可能な指標で表すことが求められがちである学習だけではなく,一人ひとりの生徒によって異なる主観的な幸福観があることを理解し,促進しなければならない,という理解が進んだことであろう.「専門職基準」では,教授的リーダーシップの内容を示していると見られる基準5にウェルビーイングを盛り込んだことは,教授的リーダーシップの画期的な転換であるといえるだろう.第2にいえることとして,本書では,「専門職基準」の基準1,2,3が社会正義リーダーシップを示すものだと同定している.しかし,社会正義リーダーシップは具体的に,誰のために,何のためにあるのかは,「基準」以来の議論では明示されてこなかった.社会正義は,倫理的・道徳的な内容から,公平性の内容,さらに社会変革の必要性を説く議論まで多様であり,いかようにも理解できる概念である.校長がめざすものは学習だけではなく,ウェルビーイングであることを明示することは,実践的な意義が大きいものになったといえよう.本書で「リスクのある生徒」問題として議論してきた,周縁化され,不利な状態にあり,困難な状態にある生徒たちの問題は,一人ひとりすべての子どもたちがウェルビーイングな状態になることで,解決する見通しが立ったと考えるものである.

(4)　効果のあるエデュケーショナル・リーダーとはいかなるリーダーか

　以上の整理で,「専門職基準」のめざすものを示せたと考えるが,「専門職基準」のいうエデュケーショナル・リーダーとは何かを整理しておきたい.それは,次の4つのリーダーシップを発揮し,一人ひとりの生徒の学業上の成功と,ウェルビーイングを促進するリーダーである.この理解のもとで,その要素と考える4つのリーダーシップ,すなわち,社会正義リーダーシップ,教授的リーダーシップ,コミュニティ・リーダーシップ,および分散型リーダーシップの意味するところを「専門職基準」の記述から整理しておこう.

　まず社会正義リーダーシップである.基準1の説明項目c）は,「学校文化を定義付け,子ども中心の教育の不可避性を強調する核心的な価値を明確にし,

唱導し，育成する．子ども中心の教育の不可避性とは，高い期待と生徒への支援，公平性・インクルーシブ，社会正義，開放性・ケア・信頼，および継続的な改善である」となっている．また，基準2のc）項では，「子どもを教育の中心に置き，一人ひとりの生徒の学業上の成功とウェルビーイングに対する責任を引き受ける」となっていて，いずれも一人ひとりの生徒の学業上の成功とウェルビーイングとを追求する理念を示している．また基準2のd）項では，「民主主義，個人の自由と責務，公平性，社会正義，コミュニティ，多様性の価値を守り促進する」と述べている．さらに基準3のe）項では，「人種，階級，文化および言語，性および性指向，および障害または特別の状態に関連した生徒の周縁化，負をベースとする学校教育，および低い期待などの制度上の偏見に立ち向かって修正する」，となっている．これらを総合すれば，エデュケーショナル・リーダーは，周縁化した生徒を含む一人ひとりすべての生徒を，教育の中心に置き，一人ひとりの生徒の学業上の成功とウェルビーイングに対する責任を引き受ける，社会正義リーダーシップを発揮しなければならないという主張である．

　次に，教授的リーダーシップである．基準4のc）項では，効果的なエデュケーショナル・リーダーは「子どもの学習や発展，効果のある教育学，および一人ひとりの生徒のニーズについての知識を持ち，それらと矛盾のない指導の実践を促進する」とされ，これは構成主義的なリーダーシップを求めているものと考えられ，d）項では，「カリキュラム，指導，および評価は知的に挑戦的なものであり，生徒の経験に対して信ずるに足りるものであり，生徒の強みを知るものであり，分別化し，個人化した指導上の実践となることを保障する」とされている．ここで，「生徒の強みを知る」とは，「すべての生徒は学べる」ことを知り，一人ひとりの生徒には経験に即した強みがあることを知っているという意味であると考えられる．その上で，基準4でいうように，「知的な厳格さとカリキュラム，指導，および評価の首尾一貫したシステムを開発し，支援する」という教授的リーダーシップの発揮を期待しているのである．なお，教授的リーダーシップは，学習への圧力（academic press）という新しい概念の重要性をも提言している．それは高圧的に学ばせる圧力をかけるという意味ではなく，学習を推し進めようとする学校全体の雰囲気のような状態を示す概

念であり，それと一体になった支援，参画的授業，構成された学習という新し
い学習体系の中で効果を発揮する概念である．さらに，基準5ではエデュケー
ショナル・リーダーの下で，学校コミュニティを，生徒をケアするコミュニ
ティと見なし，学校コミュニティが生徒の学習の成功とウェルビーイングを促進
するという考え方を示している．これは，これまでの教授的リーダーシップに
は見られなかったものである．これらを一体として教授的リーダーシップとい
うことができる．

　次に，コミュニティ・リーダーシップである．基準6と7は，エデュケーシ
ョナル・リーダーは，教職員を専門職コミュニティの一員と見なし，彼らが開
放的で，生産的で，ケアする専門職として，生徒たち一人ひとりの学業上の成
功とウェルビーイングを促進するようにリーダーシップを発揮することを期待
している．また，「基準」にはなかった，教職員をケアする職務も期待されて
いる．また基準8では家族と教職員が意味のあるコミュニティであるとの意識
を持ち，この家族・教職員一体のコミュニティが，生徒をケアするコミュニテ
ィとして機能することを推し進めることをエデュケーショナル・リーダーに求
めている．

　さらに，基準9ではエデュケーショナル・リーダーには，学校運営，多様な
資源，および外部コミュニティを含めた学校コミュニティの管理運営を通じて，
一人ひとりの生徒の学業上の成功とウェルビーイングを促進することが期待さ
れている．

　以上のように，教職員，家族，外部コミュニティを一体として捉えた学校コ
ミュティの働きを期待するのがコミュニティ・リーダーシップである．

　最後に，分散型リーダーシップである．

　校長のイメージは，マーフィーが述べているように，リストラクチャリング
運動を通じて，ファシリテーターとして捉えられてきた．「基準」においても，
新しいリーダーは，階層支配的にトップダウンで発揮されるものではなく，
「頂点の無い無階層な学校組織」のなかで「クモの巣状の人間関係」の中で発
揮されるものという原理が示されていた．しかしこの校長のイメージはやや抽
象的で，現場の実践でどのように発揮されるのか，理解が及ばない感があった．
このような，イメージを理論化したリーダーシップ論が2000年代に登場して

いた.

例えば，2002 年に，UCEA 会長となったゲイル・ファーマンが会長就任で行った演説では，分散型リーダーシップを次のようなものとして論じた．すなわち，リーダーシップを管理者としての権限で発揮するのではなく，リーダーシップが多くのアクターに分散され，多くの人々によって，その立場や職責に応じて行使されるという視点を持つ．また，分散されるというだけでなく，分散されて発揮されるリーダーシップの総量が重要であり，リーダーシップが相互行動を通して重層化していくことが重要であるとされた.

「専門職基準」では，分散型リーダーシップの働きがより明確に示されている．基準 10 では，エデュケーショナル・リーダーは「継続的な改善の実施主体として行為する」とされており，「専門職基準」で示されるリーダー行動の主体として，すなわちリーダーのリーダーの職務が構想されている．具体的には，c)項で，「学校やコミュニティに以下の準備をさせる．学校改善・教育改革に向けた準備ができている状態の促進・学校改善の至上命令・関係者相互の誓約とアカウンタビリティの浸透，および改善を成功させるための知識・スキル・動機付けの開発」となっており，また，h)項では，「システムの視点を採用し，改善の努力と，学校組織，プログラム，サービスのすべての側面との統合性を促進する」とあり，リーダーを分散させることで，リーダーシップ活動を促進させ，それを統合して全体としてのリーダーシップ効果を上げようとしているといえる．他の３つのリーダーシップ，すなわち，社会正義リーダーシップ，教授的リーダーシップ，コミュニティ・リーダーシップは，分散型リーダーシップの下で関係者が分散されたリーダーシップを発揮して，それぞれのリーダーシップ職務を実施し，リーダーシップの総量を増加させてより高いレベルの学校改善を推し進めるという構造になっているのである.

第２節　本書から展開する課題

本節では，前節で述べた知見から，日本の教育政策に対して，あるいは学術的な示唆をいかに与えることができるのかを考える.

1. エデュケーショナル・リーダーシップ論への示唆

　本書は，日本における学校管理職のリーダーシップ研究に，以下のような示唆を与えることができる．

　小島弘道は，これまでの「スクールリーダー研究で見落とされ，取り残されていたのは，多様なリーダーシップモデルを踏まえながら学校づくりの進むべき方向，ビジョン戦略に注力するリーダーシップの新たな視野，研究軸である」としたうえで，「『リーダーシップの社会化』もしくは『社会化するリーダーシップ』という視野がスクールリーダーシップ論にこれまでにない可能性を生み出す」（小島，2016，88-89 頁）という見解を示している．

　「社会」に目を向ければ，「子供の貧困対策推進法」の成立・施行を受けて，2014 年に閣議決定された「子供の貧困対策に関する大綱―全ての子供たちが夢と希望を持って成長していける社会の実現を目指して―」では，学校を「子どもの貧困対策のプラットフォーム」として，総合的な貧困対策を推進することになった．また 2015 年に国連サミットで採択された「持続可能な開発のための 2030 アジェンダ」では，「最も脆弱な人々のニーズが満たされる，公正，衡平，寛容，オープンな社会的に包摂的な世界」をめざし，その過程で「誰一人取り残さない」ことを日本は世界に誓った．社会が学校に期待するのは，柏木智子によれば，「学内・学外においてさまざまな専門家や諸団体，地域諸団体と連携・協働しながら，子ども一人ひとりの差異を承認し，異なる処遇を通して教育の質を高めていく方向性」（柏木，2017，110 頁）であると考えられている．加えて，近年 OECD から生徒のウェルビーイングを重視するメッセージが示され，日本においても 2023 年度から始まる教育振興基本計画の重要な柱として位置付けられた．このような学校を実現する倫理的・道徳的なリーダーシップが校長に求められているといえよう．本書では，アメリカの事例から，その理論的・実践的根拠を提示したものである．

　「専門職基準」の示したリーダーシップ論は現代におけるリーダーシップ論の到達点にあるものであり，リーダーシップ論研究に示唆を与えることができると考える．

　具体的には，「専門職基準」で示されたリーダーシップ論は，「専門職の核心的な価値」は，「高いクオリティの教育と一人ひとりの生徒の学業上の成功と

ウェルビーイング」を実現することであるとされた．これまでは，「すべての生徒の成功」としていた「すべて」は集合的な概念であり，一人ひとりの生徒に寄り添うというリーダーシップ像ではなかった．

　本書では，「専門職基準」におけるリーダー像は，従来のリーダー像から，エデュケーショナル・リーダーと呼ぶべき新しいリーダー像に転換していると考えている．そして，そのリーダーシップの「専門職の核心的な価値」を実現するために，「専門職基準」が示していると考えるのが4次元のリーダーシップ，すなわち社会正義リーダーシップ，教授的リーダーシップ，コミュニティ・リーダーシップおよび分散型リーダーシップである．また教授的リーダーシップの具体的内容として，4つの新しい学習理論，すなわち，1）参画的授業，2）構成された学習，3）学習への圧力，4）ケアする支援を実践することであるという考え方が示された．これらのリーダーシップ論はこれまでのリーダーシップ論では提示されてこなかったものである．

2.「リスクのある生徒」が抱える問題研究の拡充

　本書の考察を通じて，アメリカでは，20世紀では「リスクのある生徒」，「困っている子どもたち」，「不利な状態にある生徒たち」，21世紀に入ってからは，「周縁化した子どもたち」と呼称は異なり，その対象とするところも少しずつ異なるが，このような子どもたちに，政，財，官，学の人たちがいずれも強い懸念を示し，「リスクのある生徒」を総体的に捉えることを通じて対応策を提起してきたことを確認してきた．特に，NGAのレポート『結果を出す時』が「教育上不利な状態にある」生徒が1200万人いるとしたことは，衝撃的であった．

　翻って日本の事情を見れば，困っている子どもたちの問題は広がり，深まっていると考えられる．日本教育学会76回大会の課題の1つとして，「学力テスト体制と見えない排除」（『教育学研究』2018, 85（1），59-66頁で報告されている）が取り上げられた．そこで，岩田直樹が1つの提案をしている．それによれば，子どもの置かれている状況を知覚すること（perception）から始めるべきで，その子にどのような関係や場が必要であるかを熟考すること（deliberation），考えたことに，確定的なものなどないけれども，とりあえず賭けてみること

終章 433

(challenge)，そうやって何かをしたら，そこで起きた，そこで生まれた子ども
もの姿や，そこに生まれた出来事をつくづく味わうこと（appreciation）が重
要である（岩田，2018，62-63頁）．同じように，「基準」の主筆であるマーフィ
ーは，「学校として何ができるのかまだ明確ではないが，その第一歩は，学校
を現在の学校構造に適応できる『良い子たち』の学校として運営し続けるので
はなく，どの子にとっても生き生きとした場所にすることである」（Murphy &
Shipman, 1998, p. 16）と述べている．「リスクのある生徒」が抱える問題は放置
できない問題であり，何らかの行動を始めることが，今，求められている．

　そこで本書を通じて示唆したいのは，アメリカでは多種多様な定義で，「リ
スクのある子ども」を特定する努力が払われているが，日本においても「子ど
もの置かれている状況を知覚」する前に，「困難」，「排除」，「周縁化」などの
定義を拡大し，可能な限りの調査を行い，「リスクのある生徒」の人数を推定
することが重要ではないだろうか．膨大な数になる可能性がある．また，現在
「困難を抱えた子ども」だけではなく，将来困難を抱えるかもしれないリスク
のある子どもを含めた問題とすること，またその問題が一部研究者や，実践家
に留まらず，社会全体で解決していくべき問題とされることが必要であろう．
「リスクのある子ども」の定義の拡大を提案したことは，本書の重要な意義で
ある．

3. 学校管理職の基準，指標，スタンダード策定方法の検証

　佐藤博志は，「日本では，校長免許制度，すなわち，資格の義務化を構想す
る傾向がある」（佐藤，2014，p. 46）ことに関連して，「スクールリーダーの資質
向上をめぐって，行政による規制・管理の道を進むのか，専門職の裁量・自律
の道を進むのか．今，私たちは問い直す時期に来ているのではないか」と指摘
していた（佐藤，2014，46-47頁）．

　佐藤が懸念した「資格の義務化を構想する傾向」は，子安潤が整理している
ように，「法と答申が，各地域で教育の資質・能力のスタンダード化＝「指標
化」「基準化」を押し進め」（子安，2017，38頁）ており，現実化しつつある．
関連する法律について整理すれば，2006年の教育基本法の改定によって「教
育振興計画」を定めることが規定され，教育振興のための計画と実施，結果の

評価と改革という PDCA サイクルが制度的に導入されることとなった．2017年には文部科学省告示第 55 号で，教特法第 22 条の規定に基づき，「公立の小学校等の校長及び教員の資質の向上に関する指標の策定に関する指針」が定められ，校長および教員としての「任命権者」が，校長や教員の研修に協力する大学を中心とする「協議会」との協議を経て，校長や教員の指標を策定する制度が導入された．中央教育審議会の答申についていえば，1999 年には教員の資質能力の枠組みが打ち出され，2002 年に教員評価制度が導入され，2006 年には教員免許更新制度が導入され，2012 年には教育委員会と大学との連携・協働を教育振興計画に盛り込むことが一部地域で先行実施されるようになった．2015 年には，「これからの学校教育を担う教員の資質能力の向上について～学び合い，高め合う教員育成コミュニティの構築に向けて～」（中央教育審議会，2015）において，「実践的指導力の育成」の側面に比重のかかった教員養成，研修のアクティブ化，教員育成指標を教員の経験や能力・適性に対応させて策定することが打ち出された．「こうした指標化は，改定教育基本法のころに始まり，『教特法等』の改正が成立する 2016 年から広がりを見せ，教育のあらゆる分野に適用されようとしている」（子安，2017，38-39 頁）．

　以上のような日本における政策展開の状況には，学校における自律性や専門職性を奪う方向性が見られる．そのため，次のような，これまで行われてきた優れた実践の再現が難しくなるのではないかと懸念されるものである．すなわち，本書で検証した，「セントラル・パーク・イースト校」の実践，また，教職員からの激しい反発がある中で 7 名の校長によって主導され，アカウンタビリティの諸条件をクリアーしたうえで厳しい状況にある生徒たちの学力を伸ばすことに成功した社会正義の実践，さらに，日本における志水宏吉らによる地元の教育委員会と協働した『「一人も見捨てへん」教育』の実践（志水ら，2014）や，木村泰子校長が主導する『「みんなの学校」が教えてくれたこと』（木村，2015）の実践など，自律性が高く，専門職的で，すべての子どもの学習を中核においた諸実践が行われてきた．

　また，日本の政策決定プロセスでは，本書で考察したような専門職団体を含む関係者との公共の空間での重層的な議論が行われてこなかった．後述するように，日本教育経営学会が作成した『校長の専門職基準』も参照されていない

とされる．その結果と考えられるが，2017 年 2 月現在，何らかの教員養成指標がある 30 都道府県政令指定都市の指標を分析した子安は，指標には教師の活動を細部まで画一的に拘束する傾向があり，単線的で多様性が認められていないなどの問題点を指摘している（子安，2017，40-43 頁）．

　校長の基準に目を転じれば，校長の基準，指標などの策定方法に関連して，露口健司の分析は示唆的である．露口は，46 都道府県と 15 政令指定都市の「校長（管理職）の育成指標」あるいはそれに相当する育成資料を分析し，各自治体における指標策定過程のインタビュー調査で，日本教育経営学会が策定した『校長の専門職基準』が「ほとんど言及されていない」，「つまりほとんど参照されていない」と指摘している（露口，2019b，50-51 頁）．この事実は，「任命権者」が指標策定するにあたって，学術団体の指標を取り入れる体制になっていないことを指摘できるが，露口健司はむしろ，『校長の専門職基準』が取り入れられなかった理由として，下記 4 点の問題を指摘しており（露口，2019b，50-51 頁），注目すべきと考えている．これら 4 点はいずれも本書で，アメリカで「基準」が策定されるプロセスで重視されたことを知見として提示してきたが，『校長の専門職基準』の策定にも関わっている露口から自覚的に述べられていることに強い関心を払うものである．

　第 1 点は，『校長の専門職基準』は「学術団体が中心となって作成したもので，教育委員会や校長会等の実践主体である専門職団体との共同開発の形をとっていない，（中略）優れた実践知の集積によって指標が開発されたとの実感が得がたく，実践的妥当性を欠いた基準と見なされた可能性が強い」ことである．

　第 2 点は，「学術団体が作成した基準であるにもかかわらず，基準に示されるリーダーの組織変革効果や教育効果についての科学的根拠が，当該学術団体において示されていない」ことである．つまり学術的妥当性を充足できていない．

　第 3 点は，『校長の専門職基準』の策定にあたった委員の大半が，教育管理職養成とは直接関係していない大学院に籍を置いていたため，教育管理職養成カリキュラムや研修プログラムとの関連性が脆弱である．

　第 4 点は，「指標の改善可能性」である．指標は定期的に見直しを行い，状

況に応じて一定の期間経過後，改訂を行う必要があるが，『校長の専門職基準』
は，2009年の制定から10年が経過しているが，こうした機運は今のところ認
められない．

　幸い，日本教育経営学会が発表した『校長の専門職基準』は，「これからの
校長に求められる専門性や倫理性を更に検討し，また保護者や教員も論議の輪
に加わ」（『校長の専門職基準』，2009，3頁）る必要性を述べているので，上記の
露口の指摘と重複する点もあるが，以下4点の視点をもって，議論を展開し，
拡大する必要性を示唆しておきたい．

　第1に，『校長の専門職基準』の専門性の向上のためには，時代の要求に応
じた改訂が必要であり，改訂に際してはその作業への学術団体や専門職団体の
参画が不可欠ではないだろうか．参考事例として，アメリカの「基準」の場合
は，小・中学校の校長の専門職団体が「基準」の作成に深く関わっていたこと
を明記しておきたい．

　第2に，倫理性について，日本の『校長の専門職基準』は，校長の行為など
を戒めるいわゆる職業倫理にウエイトをおいているが，それが「専門職の基
準」であるからには，奉仕する対象である子どもたちを中心に置き，子どもた
ちのためにいかにして平等に，公平に奉仕し，貢献するかを示す必要があるの
ではないかと考えている．本書で取り上げた，ゲイル・ファーマンの2002年
度のUCEA会長就任演説では，リーダーシップ像を描く時には，「何のため
（for）」のリーダーシップであるかを考え，そこから遡って描くべきであると
主張されていた．筆者は「何のため」に加えて，「誰のための」リーダーシッ
プであるかを考えるべきであると考えている．新しい環境を見据えた「何のた
めの」「誰のための」『校長の専門職基準』が求められているのかを，改めて考
えてみることも必要ではないだろうか．

　第3に，現在の教育を取り巻く環境の変化は，困難を抱えた子どもの人数が
増加していることや，政治経済のグローバル化に伴って，あるべき学習方法に
もその見直しが迫られていると考えられる．特に，OECDが示唆しているウ
ェルビーイングの重要性である．そこで参考になるのが，「専門職基準」であ
る．そこでは子どもを中心とする4つの新しい学習理論をベースにした教授的
リーダーシップ論が展開されており，「未来を切り拓く学びのイノベーション」

終章 437

（松尾，2016，3頁）を提言しているといえよう．時代に即したリーダーシップ研究の基礎的資料となるのではないかと考えている．

　最後に，原点に立ち返り，「基準」とは何かを考えておきたい．『校長の専門職基準』は，「校長の職務遂行が，一般的，普遍的な共通の枠組みをもってなされ，その個別性，独自性はあくまでこの枠組みの中で発揮されるべき」（『校長の専門職基準』，2頁）と述べている．これと異なる考え方が，「基準」の読者宛のメッセージ（ページ数の表示のないページ）で述べられている．それによれば，基準は，教育上のリーダーシップに関して活発に思考し，対話するよう刺激を与えるものであり，リーダーシップの質の向上を支援するための原材料を提供するものである，とされている．「基準」においては，関係者が対話し，協議してさらに内容を向上させていくべきものと考えられているといえる．このようなスタンスがなければ，『校長の専門職基準』が言うように「保護者や教員も論議の輪に加わる」ことはむずかしいのではないかと考えている．改めて，基準とは何か，いかなる働きをするものかを，よく議論すべきであろうと考える．

　本書では，「専門職基準」が作成されるプロセスを把握することに努め，これまで明らかにされてこなかった知見を得ることができたと考えている．しかし，現状の分析，すなわち，現場ではどのような変化が生まれ，教師や校長の態様にどのような変化が生まれ，すべての子どもたちの学習に成功し，ウェルビーイングを得られる状態になっているのか，を調査するにいたっていない．したがって，「専門職基準」の運用状況の考察が不可欠となる．「専門職基準」がどのようなプロセスを経て，州の基準として採用され，各学校ではどのように実践されていくのか，また，4つの新しい学習理論が実際にすべての子どもたちにどのように実現できているのか，さらに，「リスクのある生徒」にいかなる影響を及ぼしているのかを，検証する必要があるだろう．その検証は，科学的であると認められるだけの量的な研究と，可能な限りのインタビューを含む質的な研究を行わねばならないと考えている．

1）　All が意味するものは，次のような日本の教育の特徴を述べた柏木智子の説明を併せて読むと理解しやすいだろう．柏木によれば，「日本では戦後に大きな問題であっ

た教育における地位間格差を縮小し，教育機会の標準化を「面の平等」（＝学級や地域といった集団的・空間的な集合体を単位とする資源配分の平等）を基準として実施してきた．それは個々人の差異を目立たせずに平等状態を仮構する平等観であり，『みんな同じく』を原則とする教育である」（柏木，2017，16頁）．一時期，運動会のかけっこで，スタートした全員に同時にゴールさせるということが行われていたことがあった．柏木は続けて，次のような問題を指摘している．「面の平等」を推進してきた結果として生じるのが「排除」の問題であるとする．すなわち，「様々な背景を有する子どもを一括に扱い，集団としての活動を基軸に，そこへの同調を明示的・潜在的ルールとして定める学校の在り方に起因するものである．この排除の対象となるのが，様々な不利や困難を抱える子どもたちなのである」（柏木，2017，16頁）．Allという考え方には，柏木が指摘する問題がスマイリーとマーフィーにおいても想定されていると考える．

【資料】

エデュケーショナル・リーダーのための専門職基準

教育行政に関する全米政策委員会

2015

[津田昌宏 訳]

構成メンバー

アメリカ教師教育大学協会（American Association of Colleges of Teacher Education: AACTE）

アメリカ学校管理職協会（American Association of School Administrators: AASA）

教員養成認定協議会（Council for the Accreditation of Educator Preparation: CAEP）

州教育長協議会（Council of Chief State School Officers: CCSSO）

全米初等学校長協会（National Association of Elementary School Principals: NAESP）

全米中等学校長協会（National Association of Secondary School Principals: NASSP）

全米教育行政学教授協議会（National Council of Professors of Educational Administration: NCPEA）

全米学校協議会協会（National School Boards Association: NSBA）

教育経営大学協議会（University Council for Educational Administration: UCEA）

2015 年 10 月　　　　　　　　　　　　　　　　旧名　ISLLC Standards

出典）National Policy Board for Educational Administratin, 2015, *Professional Standards for Educational Leaders.*

序　論

　全国の学校で，毎木曜日の終わりの時間に，エデュケーショナル・リーダーたちはコンピューターをシャットダウンし，また全力を出し切った一日を終えて家路に向かう．建物を出る時，彼らは一日の出来事を振り返り自分に問いかける．自分は今日一日，生徒の変化の手助けをしたか，と．生徒たちの学習やウェルビーイングにとって最も重要なことに焦点を当てたか，と．

　エデュケーショナル・リーダー基準は学校が必要とし，生徒に相応しいリーダーシップが何かを明瞭に述べるものである．基準は生徒中心のものであり，エデュケーショナル・リーダーたちが生徒の学習を進めることができ，生徒がより公平な結果を達成できるためのリーダーシップの基本的な原理の輪郭を示すものである．基準は，エデュケーショナル・リーダーたちが，現在の職務と，今後継続的に，教育・学校・社会の変化から受ける挑戦と機会に対して，効果のある対応ができる準備ができていることを保障することができるようにデザインされている．

エデュケーショナル・リーダーが新しい基準を必要とする理由は何か

　これにはいくつかの理由がある．CCSSO は最初の教育上のリーダーシップの基準を1996 年に発行した．その後 2008 年に実証的調査に基づくこぢんまりした改訂が行われた．両版とも 45 州とコロンビア特別区（D.C.）に，教育上のリーダーシップに関する政策枠組みを提供している．しかしながら，今日学校を運営している世界は数年前の世界とは大変異なったものになっており，先行きにはさらなる変化の兆しがある．グローバル経済は，学校が生徒たちに対して教育する仕事内容や 21 世紀の職場を変革させつつある．人口統計学上の用語での子どもたちの条件や特徴，家族構造およびそれ以上のものが変化しつつある．教育の前線では政治や，統治の変化が毎日のように前面に出てくる．

　いたるところで学校の予算削減が迫っており，学校はますます競争的な市場からの圧力のもとにあり，生徒の成績に対するより高いレベルのアカウンタビリティが求められている．疑問の余地なく，そのような変化はエデュケーショナル・リーダーに対する種々の挑戦を作り出している．同時に，そのような変化は学校を改善し，生徒の学習を促進する新しく創造的なアプローチを追求するように教職員を改革し鼓舞する，豊かで刺激的な機会をエデュケーショナル・リーダーに提供している．エデュケーショナル・リーダーシップの専門職性は大いに進展した．教育者たちは，効果のあるリーダーシップが生徒の成績向上にどの程度，いかにして貢献しているかを理解するようになっている．調査および実践から得られた知識基盤の拡大によって，エデュケーショナル・リーダーは，一人ひとりの生徒の学習に対して挑戦的でかつ，一人ひとりの生徒の学習に役

立つケアや支援の条件を作り出すことによって，生徒の成績向上に影響を与えていることが示されている．エデュケーショナル・リーダーたちは緩むことなく教員たちの職能開発を行い支援し，前向きな労働環境を作り出し，効果的に資源配分し，教室内で起こることに対して強力なインパクトを与えるような深い，意味のある仕事に教室外で取り組んでいる．このように増大する知識，および職務に対する変化する需要を前提として，生徒に対して最も生産的で有用な方向にエデュケーショナル・リーダーの実践を導くような新しい基準が必要なのである．

2015 年基準はいかにして開発されたか

2015 年基準は新しいエデュケーショナル・リーダーシップの全体像を深く考察する集中的なプロセスの結果として生まれた．そのプロセスでは実証的調査の徹底的なレビューを行い，また研究者や 1000 以上の学校や学区のリーダーたちから提供された情報を検討した．その検討は，リーダーグループを調査し，現行の 2008 年基準と，将来エデュケーショナル・リーダーの日常の仕事やリーダーシップに求められるものとのギャップを明らかにし，焦点化することを通じて行った．NAESP，NASSP，およびAASA がこの作業を支援してくれた．また 2 種類の基準の案文に対してパブリック・コメントを求めたが，その結果がこの最終版に反映されている．NPBEA は，上記団体を含め学校リーダーシップの進展にコミットしている専門職団体の連合体であるが，2015 年基準の専門職性への重要性を認識し，その作成を行うリーダーシップの職務に就いた．さらに今後とも専門職団体の先導役となることになろう．

何が専門職基準 2015 を専門職基準になさしめたか

専門職基準は，専門職を実践する人物であるエデュケーショナル・リーダーの作業の性格とクオリティを規定するものである．基準は専門職によって，専門職のために，その実践指針や，実践者たちがいかに養育され，雇用され，職能開発され，監督され，評価されるかの指針を与えるために創造されたものである．基準は，この専門職を監督する政府の政策や規則の情報を提供するものでもある．専門職がよって立つところの作業領域や価値を明らかにすることによって基準は，この専門職が要求し国民が期待している成果をいかにして実践家が達成することができるかを示唆するものである．専門職基準は静的なものではない．この専門職の作業を形作る文脈に対する理解の変化，文脈に対する期待，および文脈を正確に反映するために，定期的に見直しが行われ，調整が行われねばならない．

誰に対して専門職基準 2015 は適用されるのか

この基準は，教育上のあらゆるレベルのリーダーシップの基本となるものである．基準は校長および教頭に適応され，学校リーダーと同じ領域の仕事をする学区のリーダーにも適用される．しかし，基準の細目のリーダーシップ活動は学区レベルのリーダーシップというよりも学校リーダーシップに向けて策定されている．さらに，学区レベルのリーダーには彼らに特有の役割・職務があり（例えば，学校運営委員会との仕事や労務関係の仕事），これらの責務はこの基準を超えたものである．したがって，そのような追加的な責務に対しては，学区レベルのリーダーシップに対して特別に焦点化した他の基準が示されることになる．

専門職基準 2015 の何が新しいのか

専門職基準 2015 は，生徒と生徒の学習を，より強力でより明確に強調して作り直されてきたものであり，一人ひとりの子どもたちが十分に教育を受け，21 世紀に向けて準備ができていることを保障することを助けるためのリーダーシップの基礎的な原理の輪郭を示すものである．そのため，この基準は，これまでよく理解されてこなかった，あるいは関連が低いと考えられてきたが，生徒の学習への貢献が示されてきたエデュケーショナル・リーダーの職務範囲の水準を高めるものである．正しいカリキュラムを組むこと，教師がそれを教えることは重要なことではあるが，それだけでは十分ではない．学習が生まれるためには，エデュケーショナル・リーダーは生徒たちに揺るぎない注意力をもって，その職務のすべての領域を追求しなければならない．リーダーたちは，すべての教師の評価，中央官庁とのすべての相互作用，すべてのデータ分析を行うにあたって，それらの行為がどれくらい生徒の役に立って，生徒が優れた学習者になれるか，という問いを常に心に秘めていなければならない．

この基準は，リーダーシップ業務においてのみならず，指導において，また生徒の学習においての人間関係の中核的な重要性を認識するものである．基準は，生徒の卓越化のためには，学問的な厳格さと学習への圧力（academic press）と同時に支援とケアの両面の重要性を強調する．基準は，楽天的で，開発と強化を強調し，人間の潜在力に焦点化するようなリーダーシップへの確信を持ったアプローチを反映するものである．

2015 年基準は未来志向の視点を採用している．基準は現在に根拠を置く一方で，エデュケーショナル・リーダーが働く世界は今後変革し続けるだろう，それに伴ってエデュケーショナル・リーダーへの要求と期待も変革し続けるであろうことを認識し，変化への大望を持ったものである．2015 年基準は，エデュケーショナル・リーダーが将来成功するように未来の挑戦と機会を心に描くものである．

2015 年基準は他の面でも大望を持ったものである．基準は，専門職そのものに対す

資料　　　　　　　　　　　　　　　　　　443

る，あるいはまたエデュケーショナル・リーダーを支援し，エデュケーショナル・リーダーが確立された実践方法を超えて前進し，よりよい未来に向かって繁栄するために，彼らと彼らの職能開発を支援してくれる専門職団体，政治家，高等教育機関，および他の組織に対する挑戦でもある．2015 年基準は，熟達したリーダーシップ実践に焦点化し，エデュケーショナル・リーダーが経歴上のどの場面にいるかにかかわらず，彼らを鼓舞して彼らを伸ばし，彼らの実践が熟達レベルに達するようにするものである．基準は経歴のすべての場面に適応するものである．もっとも，人によってどのように適用されるかは異なり，適応する分野に関するさらなる研究が求められる．

エデュケーショナル・リーダーシップと生徒の学習の関係

　専門職基準 2015 は，エデュケーショナル・リーダーシップと生徒の学習の関係についての調査および実践に基づく理解を体現している．生徒の学習改善のために，リーダーシップの全体像の考察を必要とする．エデュケーショナル・リーダー職務のすべての領域で，彼らは一人ひとりの生徒の学習，成績，能力開発，およびウェルビーイングをいかにして促進するかに焦点化しなければならない．2015 年基準は，調査および実践によって生徒の成功に不可欠であると示唆されたリーダーシップ職務の相互依存領域，クオリティおよび価値を反映した以下のものからなっている；

　1. 使命，ビジョンおよび核となる価値
　2. 倫理と専門職としての規範
　3. 公平性と文化的応答性
　4. カリキュラム，指導および評価
　5. 生徒に対するケアと支援のコミュニティ
　6. 学校教職員の専門職的能力の向上
　7. 教職員のための専門職コミュニティ
　8. 家族とコミュニティとの意味のある参画
　9. 運営および監督
　10. 学校改善

　実践においては，これらの領域はそれぞれが独立して機能しているのではなく，一人ひとりの生徒の学習上と個人的な成功を推進させる相互依存的なシステムとして機能している．それらの領域と，それらを代表する基準は，3 つの関連する括りから成り立っていると理解することができる．第 1 の括りは，カリキュラム，指導と評価，および生徒のケアと支援のコミュニティに関するものである．第 2 の括りは，学校の人材，教職員の専門職コミュニティ，家族およびコミュニティとの意味のある参画，そして学校運営および監督からなっている．第 3 の括りは，使命，ビジョンおよび価値，倫理と専門

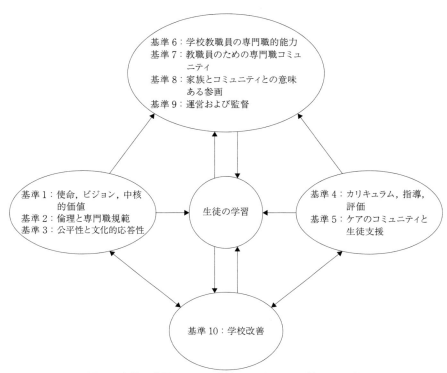

図1　生徒の学習のための学校リーダーシップ作用の関係
出典：NPBEA 2015, p. 5.

職上の規範，および公平性と文化的応答性からなっている．学校改善の領域はすべての括りに関係するものであり，他の括りとともにエデュケーショナル・リーダーシップが生徒の成績にいかに影響を与えているかに関する理論を反映するものである．

　図1に示されたように，中核では，エデュケーショナル・リーダーが安全でケアし支援的な学校の学習コミュニティを促進し，厳格なカリキュラムと指導および評価のシステムを促進する時，生徒たちの学習は進む．この職務のためにエデュケーショナル・リーダーには，組織的な支援のネットワークを構築し強化することが求められる．そのネットワークは，教職員の専門職的な能力（capacity），教職員が学び，業務を行う専門職的コミュニティ，家族とコミュニティとの取り組み，および学校の効果があり効率的な監督と運営からなっている．エデュケーショナル・リーダーたちは，その職務のすべてを，学校の使命，ビジョン，および中核的な価値によって推し進めている．彼らは，専門職的な尊厳をもって倫理的に行動することが求められている．そして，彼らは，公

平性と文化的応答性を促進する．最後に，教育的に効果のあるリーダーたちは，彼らの学校が常に改善することができると信じている．生徒の学習に関するこれらの学校のビジョンを認識し，彼らの学校の核心的な価値を真実のものとして維持するために，エデュケーショナル・リーダーたちは，自分自身とその職務を含めた学校改善のすべての領域を対象とする．彼らは，創造的であり，奮い立つ力を持ち，学校を一人ひとりの生徒が成長する場所にするために，潜在的なリスクや政治的な副作用を乗り切る意志を持った不撓不屈の変革主体（change agent）である．図1は専門職基準2015をこのような理論に適合させる状況を説明しており，それぞれの基準項目を番号で示してある．

専門職基準2015の主たる焦点は経営上の（administrative）職務に関するリーダーであるが，本基準は，効果のあるリーダーシップが経営的な役割の領域だけを対象とするものではないことを認識している．効果のある学校のためのリーダーシップの職務は，学校内の多くの人々，特に教師によって遂行され得る．経営上のリーダーは学校全体のリーダーシップを効果的に開発し，実践する重要な役割を演じる．したがって，2015年基準は他者のリーダーシップ能力を養育する重要性を反映するものである．

専門職基準2015はどのように使用され得るのか

専門職基準2015は，専門職基準の「モデル」であって，そのモデルを通じて専門職基準が効果のあるリーダーの職務，クオリティ，価値について何を期待しているのかを，実践家や専門職基準を支援する諸機関，専門職団体，政治家，および国民に対して，伝えるものである．基準は実践の方向へと直接的に導くと同時に，間接的に政治家，専門職団体および支援団体の羅針盤となる．基準は特定の行動を記述するものではないが，特定の環境や文脈の中で基準を適用することが最も効果的となるようにエデュケーショナル・リーダーシップやその能力開発に特定の行動を推奨している．

図2は，専門職基準がエデュケーショナル・リーダーシップ実践を導き，その成果を促進する手法に関する「行動に関する理論（theory-of-action）」を示している．この行動に関する理論はこれらの専門職基準がいかに効果的に使用され得るかを示すものでもある．基準は第1に，エデュケーショナル・リーダーの実践のための期待を作り出し，方向を示すことによって専門職のメンバーに直接の影響を及ぼす．第2に，エデュケーショナル・リーダーの養成や職能開発に携わる専門職団体や支援機関のシステムによって専門職のメンバーに提供される行動や支援を形成することを助けることによってエデュケーショナル・リーダーシップに間接的な影響を及ぼす．第3に，専門職と，エデュケーショナル・リーダーの養成，免許，職能開発，および評価が含まれる専門職の実践に関連する政策や規則の基礎を提供することによってエデュケーショナル・リーダーシップに間接的な影響をもたらす．第4に，基準は国民の，専門職に対する，政策に対す

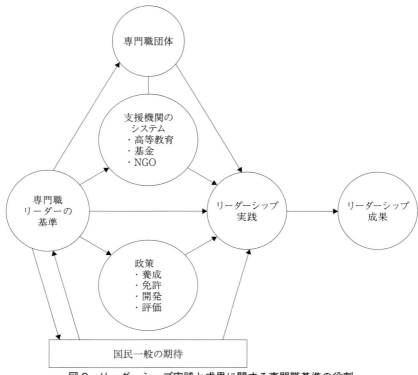

図2　リーダーシップ実践と成果に関する専門職基準の役割
出典：NPBEA 2015, p. 6.

る，また実践に影響を及ぼす機関への支援に対する期待を明確な形にするものである．

　より具体的にいえば，専門職基準 2015 は，州政府やリーダーシップ養成プログラムがその内容を明らかにし，職能開発を行う次のような事項の指針となり得るものである．それは，エデュケーショナル・リーダーが実際に学校で生徒に成功させるために必要とする特定の知識，スキル，性向およびその他の特徴である．地域によって異なる多様な必要事項を考慮して，エデュケーショナル・リーダーの職歴を通じて，すなわち初期養成，応募，雇用に始まり，誘発，指導に進み，評価，専門職生涯教育にいたる，リーダーたちの職歴を通じて揺るぎない期待を政策やプログラムが設定することを保障するために，州は基準を使うことができる．基準は，リーダーシップ職の開発や評価のために，実践や成果の操作可能性を導くことができる．

　エデュケーショナル・リーダーの転職率の全国的な高さはその職務の複雑性，責任，

とどまらないプレッシャーの存在を示しており，そのような転職は生徒の学習に必要な改善努力を脱線させてしまう．一年目の初任であろうと，専門職のベテランであろうとも，エデュケーショナル・リーダーは劇的に変化しつつある職務で成功するための継続的な支援を必要としている．2015年基準で明確にした職務の性質や品質は，エデュケーショナル・リーダーがその職務で卓越する能力を継続的に開発し精錬することができるように，高いクオリティの専門職能開発機会に対してその基礎を提供している．

リーダーシップの基礎的原理として，専門職基準2015は中央官庁のリーダーや学校協議会の職務についても情報提供することができる．基準は学校および学区レベルの双方においてリーダーシップの何が重要なのかを伝えるものである．基準は，中央官庁のリーダーが学校レベルのリーダーシップのための開発と支援とアカウンタビリティのシステムを開発する道しるべの役割を果たし，また生徒の利益になるような方法で学校のニーズに応えるように中央官庁が機能することを保障している．

最後に，専門職基準2015はそれをもとに関連文書が開発されることが可能な中心的な文書である．基準は，全米教育上のリーダーシップ養成基準（National Educational Leadership Preparation Standards: NELPS），教育上のリーダーシップ構成員協議会（Educational Leadership Constituent Council: ELCC）の基準，および，認証レビュープロセスを策定する助けとなった．これらは，熱意のある教育上のリーダーの養成と，それによって養成プログラムが教員養成認証協議会（Council for the Accreditation for Educator Preparation: CAEP）〔現在は Council for the Acceditation of Educator Preparation となっている：訳者〕から認証を受けようとするプロセスとの指針となる．

また基準は，校長を管理する人のための校長管理者専門職基準モデル2015の基礎となる．

エデュケーショナル・リーダーのための専門職基準2015は，静的な文書であってはならない．専門職基準として，基準は定期的に見直され，専門職の職務に対する変化する理解や期待を正確に反映するように改訂されねばならない．基準の適用や実施状況は注視され，基準が専門職に与える影響とエデュケーショナル・リーダーシップの実践は評価されねばならない．実施については，検討に値する特別の問題があり，その中には基準を学校教育のレベルを超えて効果的に適用する問題，教育上の地方性や文脈の問題，そして経歴の段階の問題が存在する．そのような調査から得た知識は基準を意味のある生きたものにし続けるために役立つであろう．

学校と学区には，教育が今日と将来にわたって直面する挑戦と機会に取り組むために，以前とは全く違った効果のあるリーダーが必要である．専門職基準2015は生徒たちが彼らの潜在能力の最高点に到達するのを助けてくれる人として，頼りになるような豊かなリーダー像を明確にするものである．基準はもはや座して待つべきではない．

448 資料

エデュケーショナル・リーダーのための専門職基準 2015 の構成

　エデュケーショナル・リーダーのための専門職基準 2015 は，生徒たちの学業上の成功とウェルビーイングに貢献していると調査や実践が示している職務に関する領域，品質，価値を取り巻いて構成されている．各基準はその特定領域における効果のあるエデュケーショナル・リーダーの職務を簡明に定義付けた題目と説明文が特色となっている．基準に合致するために必要な職務を詳しく述べた一連の要素が基準の次にくる．各基準の要素の数は，含意する職務の特徴的な次元を述べるために基準ごとに異なっており，特定の基準の相対的重要性を意味するものではない．

エデュケーショナル・リーダーのための専門職基準 2015

基準 1．使命，ビジョン，および中核となる価値

効果のあるエデュケーショナル・リーダーは，共有された使命とビジョンおよび，高いクオリティの教育と，一人ひとりの生徒の学業上の成功およびウェルビーイングという核心的な価値を開発し，唱導し，実施する．

効果のあるリーダーは；

a）一人ひとりの生徒の学業上の成功とウェルビーイングを促進するために，学校の教育上の使命を明確にする．

b）学校の教職員およびコミュニティと協働し，適切なデータを使用し，一人ひとりの子どもの成功する学習と能力開発，およびそのような成功を促進するような指導と組織的な実践に関する学校のビジョンを発展させ，促進させる．

c）学校文化を定義付け，子ども中心の教育の不可避性を強調する核心的な価値を明確にし，唱導し，育成する．子ども中心の教育の不可避性とは，高い期待と生徒への支援，公平性・インクルーシブ・社会正義，開放性・ケア・信頼および継続的な改善である．

d）学校のビジョンを達成するための行動を戦略的に開発し，実施し，そして評価する．

e）学校の使命とビジョンを見直し，それらを学校に対する変化する期待と機会に調整する．

f）学校内およびコミュニティにおいて使命，ビジョンおよび核心的な価値に対する共有した理解と誓約（commitment）を明らかにする．

g）リーダーシップのあらゆる側面から学校の使命，ビジョン，および核心的な価値をモデル化し，追求する．

資料　　　　449

基準2．倫理および専門職的規範

効果のあるエデュケーショナル・リーダーは，一人ひとりの生徒の学業上の成功とウェルビーイングを促進するために，倫理的かつ専門職規範に則って行動する．

効果のあるリーダーは：

a）個人的行動，他人との関係，意思決定，学校資源の誘導，および学校のリーダーシップのあらゆる側面において倫理的かつ専門職的に行動する．

b）尊厳，公平性，透明性，信頼，協働，忍耐，学習，および継続的な改善に関わる専門職規範に則って行動し，それらを促進する．

c）子どもを教育の中心に置き，一人ひとりの生徒の学業上の成功とウェルビーイングに対する責任を引き受ける．

d）民主主義，個人の自由と責務，公平性，社会正義，コミュニティ，および多様性の価値を守り，促進する．

e）人間関係とコミュニケーションのスキル，社会的かつ情緒的な洞察力，およびすべての生徒と教職員の背景と文化を理解して先導する．

f）学校の道徳上の方向性を示し，教職員間において倫理的で専門職的な行動を促進する．

基準3．公平性および文化的応答性

効果のあるエデュケーショナル・リーダーは，一人ひとりの生徒の学業上の成功とウェルビーイングを促進するために，教育上の機会の公平性と文化的応答性のために努力する．

効果のあるリーダーは：

a）一人ひとりの生徒が公平に，尊敬されて，かつ一人ひとりの生徒の文化と文脈への理解をもって，取り扱われることを保障する．

b）一人ひとりの生徒の強さ，多様性，および文化を，指導と学習の資産として認識し，尊重し，指導に取り入れる．

c）一人ひとりの生徒が，効果のある教師，学習機会，学習上と社会的な支援，および成功に必要な他の資源へ平等にアクセスできる手段を持っていることを保障する．

d）生徒に対応する姿勢を明快にし，生徒の不正行為を積極的で，公平で，かつ偏見のない態度で指導する．

e）人種，階級，文化および言語，性および性指向，および障害または特別の状態に関連した生徒の周縁化，負をベースとする（deficit-based）学校教育，および低い期待などの制度上の偏見に立ち向かってそれを修正する．

f）グローバル社会の多様な文化的文脈の中で，生徒が生産的に生き，貢献するような

準備を進める.

g）他人との相互行為，意思決定，および実践において，文化的な能力と応答性をもって行為する.

h）リーダーシップのあらゆる側面において，公平性や文化的応答性の重要性を述べる.

基準 4．カリキュラム，指導，および評価

効果のあるエデュケーショナル・リーダーは，一人ひとりの生徒の学業上の成功とウェルビーイングを促進するために，知的な厳格さとカリキュラム，指導，および評価の首尾一貫したシステムを開発し，支援する.

効果のあるリーダーは；

a）学校の使命，ビジョン，および核心的な価値を促進し，生徒の学習に対する高い期待を具現化し，学習上の基準と合致し，また文化的に応答するようなカリキュラム，指導および評価の首尾一貫したシステムを実施する.

b）生徒の学習上の成功，学習が好きになること，学習者のアイデンティティと習慣，および生徒自身の健康感覚を促進するために，学年内および学年を超えたカリキュラム，指導，および評価のシステムと連携し，それらに焦点化する.

c）子どもの学習や発展，効果のある教育学，および一人ひとりの生徒のニーズについての知識を持ち，それらと矛盾のない指導の実践を促進する.

d）カリキュラム，指導，および評価は知的に挑戦的なものであり，生徒の経験に対して信ずるに足るものであり，生徒の強みを知るものであり，分別化し，個人化した指導上の実践となることを保障する.

e）指導および学習を提供するにあたり，テクノロジーの有効な活用を促進する.

f）子どもの学習や成長に関する知識および評価の技術的基準と矛盾のない有効な評価を採用する.

g）評価データを適切に使用し，技術的な限界があっても生徒の成長を注視し，指導を改善する.

基準 5．ケアのコミュニティと生徒に対する支援

効果のあるエデュケーショナル・リーダーは，一人ひとりの生徒の学業上の成功とウェルビーイングを促進するインクルーシブで，ケアし，支援する学校コミュニティを育成する.

効果のあるリーダーは；

a）一人ひとりの生徒の学習上の，社会的，情緒的，そして身体的なニーズに合致した安全で，ケアされ，健康な学校環境を作り上げ，維持する.

b）一人ひとりの生徒が学校コミュニティでよく知られており，受け入れられて重視され，信頼されて尊敬され，ケアされ，学校コミュニティの活動的な責任あるメンバーであることを奨励されるような学校環境を創造し維持する．

c）一人ひとりの生徒の学習上のニーズの範囲に合致するように，学業上と社会的な支援，サービス，課外活動，および施設に関する首尾一貫したシステムを提供する．

d）学業上の学習と，積極的な社会的で情緒的な成長を価値あるものとして支援するような，大人と生徒の，生徒間の，および学校コミュニティの関係を促進する．

e）生徒の学校への参画と，積極的な生徒行動を養育し，強化する．

f）学校の学習環境に，学校コミュニティの文化や言語を吹き込む．

基準6．学校教職員の専門職的能力

効果のあるエデュケーショナル・リーダーは，一人ひとりの生徒の学業上の成功とウェルビーイングを促進するために，学校の教職員の専門職的能力と実践を伸ばす．

効果のあるリーダーは；

a）効果があり，ケアのできる教師や他の専門職スタッフを募集，雇用，支援，能力開発および確保するとともに彼らを教育上の効果のある教授団へと形成する．

b）教職員の転職と引き継ぎに備え，管理し，また新職員を効果的に誘引し，指導する．

c）専門職および成人教育と開発に関する理解に基づいて，個々に異なる学習と成長の機会を通じて，教職員メンバーの知識，スキル，および実践の能力開発を行う．

d）一人ひとりの生徒が想定した成果を達成するために，個人および集合的な教授能力の継続的な改善を促進する．

e）教職員の知識，スキル，および実践の能力開発を支援するために，有効で，研究に基づく監督および評価システムを通じて，指導や他の専門職的実践に関して，実行可能な情報還元を行う．

f）最高レベルの専門職的実践と継続的な学習と改善に向かって，教職員に権限を与え，動機づけを行う．

g）教師のリーダーシップおよび学校コミュニティの他のメンバーのリーダーシップのために，彼らの能力と機会と支援を拡充させる．

h）教職員の個人および専門職上の健康，ウェルビーイング，および仕事と人生のバランスを促進する．

i）健康と仕事と人生のバランスを維持しながら，省察，学習，および改善を通じて自己学習と効果に注力する．

基準7. 教職員のための専門職コミュニティ

効果のあるエデュケーショナル・リーダーは，一人ひとりの生徒の学業上の成功とウェルビーイングを促進するために，教師および他の専門職スタッフの専門職コミュニティを促進する.

効果のあるリーダーは；

a）効果のある専門職開発，実践，生徒の学習を促進する教師および他の専門職スタッフのための労働環境を開発する.

b）学校の使命，ビジョン，および核心的な価値に基づいて，一人ひとりの生徒の学業的，社会的，情緒的，身体的なニーズに集団的に対応できるように，教職員に集合的な責務を伴った権限委譲と信頼を付与する.

c）共有されたビジョン，目標，そして子どもの全人的教育に関係する目的，すなわち，専門職的職務への高い期待，公平で平等な実践，信頼と開けた対話，協働，集合的な効率性，および継続的で組織だった学習と改善への取り組みに対する忠誠の専門職文化を構築し，維持する.

d）一人ひとりの子どもの成功と学校全体としての効果のために，教師と他の専門職スタッフ間での相互アカウンタビリティを促進する.

e）専門職的な能力と実践の改善を促進するために，開放的で，生産的で，ケアし，そしてリーダーと教師およびスタッフ間の信頼性のある労働関係を開発し，支援する.

f）教師とスタッフとの協働的な専門職的学習のための仕事に埋め込まれた機会をデザインし，実施する.

g）教育実践，同僚性による資料還元，および集合的な学習についての協働的な検証の機会を提供する.

h）教育プログラムと実践について，教師主導の改善を推奨する.

基準8. 意味のある家族とコミュニティの参画

効果のあるエデュケーショナル・リーダーは，一人ひとりの生徒の学業上の成功とウェルビーイングを促進するために，家族やコミュニティを意味のある，互恵的で，相互に有益な方法に参画させる.

効果のあるリーダーは；

a）家族やコミュニティメンバーと親しくすることができ，彼らに歓迎される.

b）生徒たちの利益のために，家族やコミュニティとの積極的，協働的，生産的な関係を創造し，維持する.

c）学校，生徒，ニーズ，問題，および業績に関連して，家族やコミュティと定期的で，開放的で，双方向の会話に参画する.

資料　　　　　　　　　　　　　　　453

d）コミュニティの強さやニーズを理解し，生産的な関係を開発し，学校のための資源
　　としてのコミュニティに参画するために，コミュニティにおける存在感を維持する．

e）学校の内外での生徒の学習を支援するために家族と協働する手段を学校コミュニテ
　　ィにつくる．

f）生徒の学習や学校改善を促進するために，コミュニティの文化的，社会的，知的，
　　そして政治的な資源を理解し，価値あるものとし，取り入れる．

g）家族やコミュニティにとっての資源となるような学校を発展させ提供する．

h）学校および学区のために，教育と生徒のニーズおよび優先物の重要性を家族やコミ
　　ュニティに唱導する．

i）生徒，家族，およびコミュニティのニーズや彼らが優先するものを他の市民に伝え
　　る．

j）学校改善と生徒の学習を促進するために，国民や民間部門との生産的な共同関係を
　　構築し，維持する．

基準 9. 運営および管理

**効果のあるエデュケーショナル・リーダーは学校運営と資源を，一人ひとりの生徒の学
業上の成功とウェルビーイングを促進するために管理する．**

効果のあるリーダーは；

a）学校の使命とビジョンを促進するための運営と管理システムを組織化し，管理し，
　　注視する．

b）一人ひとりの生徒の学習ニーズに対応するために，戦略的に人材を管理し，教師や
　　職員を彼らの専門職的な能力を最大化するような職務に就ける．

c）カリキュラム・指導・評価，生徒の学習コミュニティ，専門的能力とコミュニティ，
　　家族とコミュニティの参画を支援するために，財政的，身体的，その他の資源を探
　　求し，獲得し，管理する．

d）効果的な予算編成と会計実践を行い，学校の金銭的，および非金銭的な資源に対し
　　て責任を持ち，倫理的で，説明責任を持った先導者となる．

e）教師と他の職員の仕事と学習を妨害するものから彼らを守る．

f）運営と管理の品質と効率性を改善するためにテクノロジーを採用する．

g）教室や学校の改善にとって実行可能な情報を伝達するために，データと対話のシス
　　テムを開発し，維持する．

h）学校コミュニティを知り，その要請に応じ，学校コミュニティが生徒の成功を促進
　　するために，学区，州，および連邦の法律，権利，政策，および規則を理解するの
　　を助ける．

454　　　　　　　　　　　　　　　　資料

ⅰ）資源提供者との関係を構築し，管理し，彼らと学校の職員募集管理やカリキュラム
　　や指導説明事務を結び付ける．

ｊ）中央官庁や学校協議会との生産的な関係を開発し，管理する．

ｋ）生徒，教職員，リーダー，家族，およびコミュニティ間のもめごとを公平，平等に
　　管理するシステムを開発し，管理する．

ｌ）ガバナンスプロセスと，内外のポリティクスを管理して学校の使命とビジョンの達
　　成に仕向ける．

基準10．学校改善

**効果のあるエデュケーショナル・リーダーは，一人ひとりの生徒の学業上の成功とウェ
ルビーイングを促進するために，継続的な改善の実施主体として行為する．**

効果のあるリーダーは；

ａ）学校を，一人ひとりの生徒，教職員，家族，およびコミュニティにとってより効果
　　的なものにすることを追求する．

ｂ）ビジョンを達成し，使命を完遂し，学校の核心的な価値を促進するために，継続的
　　な改善の手法を使う．

ｃ）学校やコミュニティに以下の準備をさせる．学校改善・教育改革に向けた準備がで
　　きている状態の促進・学校改善の至上命令・関係者相互の誓約とアカウンタビリテ
　　ィの浸透，および改善を成功するための知識・スキル・動機付けの開発．

ｄ）継続的な学校および教室の改善のために，証拠に基づく調査，学習，戦略的目標設
　　定，企画，実施，および評価の，進行中のプロセスに他者を参画させる．

ｅ）改善への状況適応的戦略を採用する．その戦略には，変革的で，少しずつ適用して
　　いくアプローチ，および実施の異なる側面への注視を含む．

ｆ）立ち現れてくる教育の傾向や，学校およびその改善のための研究が見出したものの
　　価値や適用可能性を評価する職員の能力を開発し，評価する．

ｇ）技術的に適切なデータ収集，管理，分析，使用のシステムを開発し，企画，実施，
　　監視，還元，および評価のために学区事務所や外部協力者に対して，必要に応じて
　　そのシステムを結び付ける．

ｈ）システムの視点を採用し，改善の努力と，学校組織，プログラム，サービスのすべ
　　ての側面との統合性を促進する．

ｉ）不安，リスク，競合する施策，変化のポリティクスを勇気と忍耐をもって管理し，
　　支援と激励を送り，改善努力の必要性，プロセス，成果についてオープンに対話す
　　る．

ｊ）教職員間に調査，実験，改善に向けたリーダーシップを開発，促進し，改善を開始

し，実施する．

2015 基準作成メンバー
ISLLC 活性運営委員会
下記の委員は基準更新運営委員会の作業を監督し，調整した．

Cibulka, J.（Council for the Accreditation of Education Preparation: CAEP）

Murphy, J.（バンダービルト大学）

Poda, J.（Council of Chief State School Officers: CCSSO）

Young, M.（University Council for School Administration: UCEA）（University Council for Educational Administration: UCEA が正しいと考えられる：訳者）

基準更新プロジェクト委員会
当委員会は Educational Leadership に関する諸研究をレビューし，それと実践知識委員会が見出したものとを統合し，ISLLC2008 の修正基準案を作成した．

主席　Murphy, J.（バンダービルト大学），他 6 名

実践知識委員会
当委員会は，現職の学校リーダーからの学校リーダーシップに関する意見や観察を収集するべくグループ活動と調査を行った．

主席　Orr, M. T.（バンク・ストリート大学），他 9 名

法規委員会
当委員会は，各州における学校リーダーシップに関わる法規を調査した．

主席　McCarthy, M.（ラヨラ・メリーマウント大学），他 4 名

手段プロジェクト委員会
当委員会は，リーダーシップ基準の実施を支援する手段を調査，蓄積し，リーダーシップに関する情報やその実施方法に関する情報を普及させるための追加的な手段を示唆した．

主席　Dickson, S.（ユタ州教育庁），他 7 名

基準作成作業グループ
リーダーシップ基準の草案や各委員会の作業結果を活用して，2015 年版基準の作成作業を行った．

共同主席　Hutton, B.（NASSP）

　　　　　Berry, J.（NCPEA），他 11 名

補助メンバー　CCSSO より 5 名

以上

参照・引用文献

日本語文献

赤星晋作（2010）「落ちこぼしのない教育法」『現代アメリカ教育ハンドブック』アメリカ教育学会，19-20頁．

M. J. アドラー著，佐藤三郎訳（1984）『教育改革宣言』教育開発研究所＝Adler, M. J. (1982) *Paideia Proposal: An Educational Manifesto*, Macmillan.

アメリカ教育省著，橋爪貞雄訳「2000年のアメリカ──教育戦略」（1992）＝Department of Education (1991) *America 2000: An Education Strategy*. ED 332 380，橋爪貞雄『2000年のアメリカ──教育戦略：その背景と批判』黎明書房，258-295頁．

アメリカ民主党・進歩的政策研究所（PPI）著，ウィル・マーシャル，マーティン・シュラム共編，筑紫哲也監修（1993）『変革への提言──クリントン政権の基本政策』同文書院インターナショナル＝Marshall, W. & Schram, M. (eds) (1993) *Mandate for Change*, Progressive Policy Institute, a project of the Democratic Leadership Council.

新井郁男（2007）「コールマン報告」，アメリカ教育学会編『現代アメリカ教育ハンドブック』東信堂，101-102頁．

池田寛（2003）「シカゴ教育改革の理念と学校再建への取り組み（上）」『部落解放研究』第155号，58-71頁．

石井英真（2011）『現代アメリカにおける学力形成論の展開──スタンダードに基づくカリキュラムの設計』東信堂．

井手智博（2022）「困難な状況にある子どもへの心理支援とウェルビーイング」『世界の児童と母性』第92巻，52-59頁．

今村令子（1987a）『教育は「国家」を救えるか──質・均等・選択の自由』東信堂．

今村令子（1987b）「アメリカの教育改革，展開とイシュー①：改革の『第二の波』」『季刊　教育法』1987年夏号，129-138頁．

今村令子（1990）『永遠の「双子の目標」──多文化共生の社会と教育』東信堂．

岩田直樹（2018）「閉塞ゾーンの内破──『資質・能力体制』における教育観の変容の中で」『教育学研究』第85巻1号，62-63頁．

W. J. ウィルソン著，平川茂，牛草英晴訳（1999）『アメリカのアンダークラス──本当に不利な立場に置かれた人々』明石書店＝Wilson, W. J. (1987) *The Truly Disadvan-*

taged: The Inner City, the Underclass, and Public Policy, University of Chicago Press.

上森さくら（2011）「K. ツァイヒナーにおける多文化教育と教員養成プログラム——社会正義を志向する教員養成プログラムの特徴と意義」『教育方法学研究』第 36 巻，73-83 頁.

宇沢弘文（2000）『社会的共通資本』岩波書店.

牛渡淳（2006）「（資料）カリフォルニア州教育指導者専門職基準（CPSELs）全訳」『仙台白百合女子大学紀要』第 10 号，125-133 頁.

内田由紀子（2022）「子どものウェルビーイングのために」『月刊高校教育』第 55 巻 4 月号，39-41 頁.

宇野重規（2013）「リベラル・コミュニタリアン論争再訪」『社會科學研究』東京大学社会科学研究所，第 64 巻 2 号，89-108 頁.

梅澤収・成松美枝・櫻井直輝・梅澤希恵（2014）『アメリカにおける教師教育政策の新展開—— RESPECT 政策・プロジェクトを通して』日本教師教育学会第 24 回大会研究大会，発表資料.

N. エセックス著，星野豊監訳（2009）『スクール・ロー』学事出版社＝ Essex, Nathan L.（1999）*School Law and the Public Schools: A Practical Guide for Educational Leaders,* Peason.

R. エルモア著，神山正弘訳（2006）『現代アメリカの学校改革——教育政策・教育実践・学力』同時代社＝ Elmore, Richard F.（2004）*School Reform From The Inside Out,* Harvard Education Press.

遠藤貴広（2007）「米国エッセンシャル・スクール連盟における『逆向き計画』による学校改革——セイヤー中・高等学校の実践を例に」『京都大学大学院教育学研究科紀要』第 53 号，220-231 頁.

大竹晋吾（2000）「アメリカの学校管理職養成制度に関する研究——州間互換学校管理職免許状協議会（ISLLC）の設立と動向」『九州教育学会研究紀要』第 28 巻，261-268 頁.

大竹晋吾（2015）「アメリカのスクールリーダー専門職基準開発の動向—— 1990 年代以降の研究者団体の役割に着目して」日本教育経営学会実践推進委員会編『次世代スクールリーダーのための「校長の専門職基準」』花書院，155-168 頁.

大津尚志（1998）「現代アメリカ教育行政学におけるグリーンフィールドのアプローチ」『東京大学大学院教育学研究科教育行政学研究室紀要』第 17 号，92-107 頁.

大野裕己（2001）「日本における校長のリーダーシップ研究に関するレビュー」『日本教育経営学会紀要』第 43 号，230-239 頁.

大桃敏行（2012）「インプット重視の平等保障策」，北野秋男・吉良直・大桃敏行編『ア

メリカ教育改革の最前線──頂点への競争』学術出版会，21-33 頁.

大桃敏行（2013）「教育のガバナンス改革と NPM と新自由主義」『日本教育政策学会年報』20, 8-24 頁.

岡東壽宏（1990）「学校組織文化と管理者のリーダーシップ」，佐藤全・牧昌美編『学校改善と教職の未来』教育開発研究所.

岡東壽隆（1994）『スクールリーダーとしての管理職』東洋館出版社.

岡東壽隆・福本昌之（2000）「はじめに」，岡東壽隆・福本昌之編『学校の組織文化とリーダーシップ』多賀出版，iii-vi 頁.

小川正人（2018）「分散型リーダーシップとは何か」『教職研修』第 47 巻 2 号（10 月号），18-20 頁.

奥村裕一（2010）「オバマのオープンガバメントの意味するもの──今後も続く完成への長い道のり」『季刊　政策・経営研究』第 4 巻，51-79 頁.

小島弘道（1996）「戦後教育と教育経営」『日本教育経営学会紀要』第 38 号，2-20 頁.

小島弘道（2010a）「学校経営の思想とリーダーシップ論」，小島弘道・渕上克義・溝口健司著『スクールリーダーシップ』学文社，7-44 頁.

小島弘道（2010b）「リーダーシップの構造と過程」，小島弘道・渕上克義・溝口健司著『スクールリーダーシップ』学文社，45-68 頁.

小島弘道（2016）「自律的学校経営とスクールリーダーシップ」，小島弘道・勝野正章・平井喜美代編『学校づくりと学校経営』学文社，84-115 頁.

小島弘道・北神正行・阿久津浩・浜田博文・柳沢良明・熊谷真子（1989）「現代教育改革における学校の自己革新と校長のリーダーシップに関する基礎的研究（その 2）」『筑波大学教育学系論集』第 14 巻 1 号，29-66 頁.

海津亜希子・平木こゆみ・田沼実畝・伊藤由美・Sharon Vaughn（2008）「読みにつまづく危険性のある子どもに対する早期把握・早期支援の可能性」『LD 研究』，第 17 巻 3 号，341-353 頁.

閣議決定（2023）『教育振興基本計画』.

風間規男（2011）「公的ガバナンスと政策ネットワーク」，新川達郎編『公的ガバナンスの動態研究』ミネルヴァ書房，113-148 頁.

柏木智子（2017）「ケアする学校教育への挑戦」，柏木智子・仲田康一編著『子どもの貧困・不利・困難を越える学校』学事出版，110-138 頁.

加治佐哲也（2005）『アメリカの学校指導者養成プログラム』多賀出版.

勝野正章（2008）「学校の組織と文化」，小川正人・勝野正章編著『教育経営論』日本放送出版協会，143-156 頁.

金川舞貴子（2004）「大学院に対する否定的見解の内容とその批判的考察」，小島弘道編

『校長の資格・養成と大学院の役割』東信堂，235-246 頁.

川口俊明（2010）「日本における『学校教育の効果』に関する研究の展開と課題」『大阪大学大学院人間科学研究科紀要』第 36 巻，157-177 頁.

川島啓二（1988）「現代アメリカ教育行政学の方法論争——T. B. グリーンフィールドの"挑戦"」『教育行財政研究』関西教育行政学会，第 15 号，154-165 頁.

川島啓二（1993）「アメリカにおける教育管理職養成の改革構想——その組織的基盤の変容に着目して」『教育行財政研究』関西教育行政学会，第 20 号，38-47 頁.

苅谷剛彦（2002）『教育改革の幻想』筑摩書房.

菊地理夫（2005）「共通善の政治学——西洋政治思想の伝統として」『法学研究』第 78 巻 7 号，1-57 頁.

菊池英昭（2010）「オルターナティブ・スクール」，アメリカ教育学会編『現代アメリカ教育ハンドブック』東信堂，25-26 頁.

北神正行・水本徳明・阿久津浩・浜田博文（1988）「現代教育改革における学校の自己革新と校長のリーダーシップに関する基礎的研究」『筑波大学教育学系論集』第 13 巻 1 号，83-117 頁.

木村泰子（2015）『「みんなの学校」が教えてくれたこと』小学館.

木村泰子・小国喜弘（2019）『「みんなの学校」を作るために』小学館.

吉良直（2012）「アウトカム重視への政策転換」，北野秋男・吉良直・大桃敏行編『アメリカ教育改革の最前線——頂点への競争』学術出版会，35-51 頁.

D. E. グリフィス著，沖原豊訳（1962）『教育行政の理論』泉屋書店＝Griffiths, Daniel. E. (1959) *Administrative Theory*, Appleton-Century-Crofts, Inc.

P. クルーグマン著，三上義一訳（2008）『格差はつくられた』早川書房＝Krugman, Paul (2007) *The Conscience of A Liberal*, W. W. Norton & Company.

黒崎勲（1996）「国家・アカウンタビリティ・市場——アメリカ教育改革の動向」『人文学報，教育学』東京都立大学人文学部，第 31 号，113-126 頁.

J. クロッペンバーグ著，古矢旬・中野勝郎訳（2012）『オバマを読む』岩波書店＝Kloppennberg, James T. (2011) *Reading Obama*, Princeton University Press.

経済協力開発機構（OECD），桑原進監訳（2015）『主観的幸福を測る』明石書房＝OECD (2013) *OECD Guidelines on Measururing Subjective Well-being*, OECD.

河野和清（1992）「アメリカ教育行政学におけるパラダイム論争」，名和弘彦編『現代アメリカ教育行政の研究』溪水社，200-223 頁.

河野和清（1993）「教育におけるリーダーシップ研究の現状と課題」『教育科学』広島大学教育学部教育学科，第 21 号，129-162 頁.

河野和清（1995）『現代アメリカ教育行政の研究』多賀出版.

小金丸聡子（2021）「リハビリテーション医学と動的ヘテラルキー」『総合リハビリテーション』第 49 巻 4 号，327 頁．

国立教育政策研究所（2017）『生徒の Well-being』国立教育政策研究所．

後藤武俊（2002）「米国エッセンシャル・スクール連盟の学校改革支援活動」『教育学研究』第 69 巻 2 号，21-30 頁．

子安潤（2017）「教育委員会による教員指標の『スタンダード化』の問題」『日本教師教育学会年報』第 26 号，38-45 頁．

H. A. サイモン著，松田武彦・高柳暁・二村敏子訳（1965）『経営行動』ダイヤモンド社 = Simon, H. A. (1945) *Administrative Behavior — A Study of Decision-Making Process in Administrative Organization,* The Macmillan Company.

佐藤三郎（1997）『アメリカ教育改革の動向』教育開発研究所．

佐藤仁（2010）「全米教師教育資格認定協議会（National Council for Accreditation of Teacher Education, NCATE）」，アメリカ教育学会編『現代アメリカ教育ハンドブック』東信堂，145-146 頁

佐藤仁（2012）『現代米国における教員養成評価制度の研究』多賀出版．

佐藤博志（2014）「スクールリーダーの資質向上に関する国際的検討」『日本教育経営学会紀要』第 56 号，35-50 頁．

篠原岳司（2012）「『頂点への競争』の展開——ブッシュ政権の遺産とオバマ政権の教育政策」，北野秋男・吉良直・大桃敏行編『アメリカ教育改革の最前線——頂点への競争』学術出版会，53-68 頁．

篠原岳司（2015）「アメリカの教育改革と分散型リーダーシップの可能性——オバマ政権の連邦教育政策と都市教育ガバナンスの改革に注目して」『アメリカ教育学会紀要』第 26 号，67-73 頁．

清水貞夫（2008）「教育的介入に対する応答（RTI）と学力底上げ政策——合衆国における LD 判定方法に関する議論と『落ちこぼし防止』法」『障害者問題研究』第 36 巻 1 号，66-74 頁．

志水宏吉（2009）『「力のある学校」の探求』大阪大学出版会．

志水宏吉編著，茨木市教育委員会著（2014）『「一人も見捨てへん」教育——すべての子どもの学力向上に挑む』東洋館出版社．

J. ジェニングズ著，大桃敏行訳（2018）「公正を求めた闘い——初等中等教育法の原点」，J. ジェニングズ著，吉良直・大桃敏行・高橋哲訳（2018）『アメリカ教育改革のポリティクス——公正を求めた 50 年の闘い』東京大学出版会 = Jennings, J. (2015) *Presidents, Congress, and the Public Schools: The Politics of Education Reform,* Harvard Education Publishing Group, 13-64 頁．

C. ジェンクスら著，橋爪貞雄・高木正太郎訳（1978）『不平等——学業成績を左右するものは何か』黎明書房＝Jencks, C. et al. (1972) *Inequality: A Reassessment of the Effect of Family and Schooling in America,* Basic Books, Inc.

神野直彦（2007）『教育再生の条件——経済学的考察』岩波書店.

末富芳編著（2017）『子どもの貧困対策と教育支援』明石書店.

杉村美佳（2010）「全米学力調査」，アメリカ教育学会編『現代アメリカ教育ハンドブック』東信堂，142-143頁.

鈴木悠太（2009）『教職開発における同僚性の再構築』2009年度東京大学大学院教育学研究科修士学位論文，未発表.

皇至道（1962）「序文」，H. A. サイモン著，松田武彦・高柳暁・二村敏子訳（1965）『経営行動』ダイヤモンド社＝Simon, H. A. (1945) *Administrative Behavior — A Study of Decision-Making Process in Administrative Organization,* The Macmillan Company, iii-v 頁.

世界医師会著，樋口範雄監訳（2007）『WMA医の倫理マニュアル』日本医師会＝World Medical Association (2005) *Medical Ethics Manual.*

曽余田浩史（1991）「アメリカ教育経営学における『理論論争』の再検討——学校の信頼の喪失と関連して」『日本教育経営学会紀要』第33号，99-114頁.

田中啓（2006）「NPMと教育改革」『生涯学習講演会録』95-96頁.

谷口忠顕（1986）『デューイの習慣論』九州大学出版会.

谷口忠顕（1991）『デューイの知識論』九州大学出版会.

中央教育審議会（2015）「これからの学校教育を担う教員の資質能力の向上について〜学び合い，高め合う教員養成コミュニティの構築に向けて〜」（答申）中央教育審議会.

中央教育審議会教育振興基本計画部会（2022）「次期教育振興基本計画の策定に向けたこれまでの審議過程について（報告）（素案）【概要】」文部科学省，7-9頁，資料3.

土屋恵司（2006）「2001年初等中等教育改正法（NCLB法）の施行状況と問題点」『外国の立法【短信：アメリカ】』第227号，129-136頁.

津田昌宏（2013a）「専門職要件としての倫理綱領に関する一考察——全米教育協会の倫理綱領の変容過程分析を中心として」『東京大学大学院教育学研究科　教育行政学論叢』東京大学大学院教育学研究科学校開発政策コース，第33号，139-161頁.

津田昌宏（2013b）「教職の専門職性としての同僚性」『東京大学大学院教育学研究科　教育行政学論叢』東京大学大学院教育学研究科学校開発政策コース，第33号，179-193頁.

津田昌宏（2016）「【資料及び解題】米国における教育上のリーダーの基準」『東京大学

大学院教育学研究科　教育行政学論叢』東京大学大学院教育学研究科学校開発政策コース，第36号，129-147頁.

津田昌宏（2017）「米国における『教育上のリーダーの専門職基準』2015年版の分析——改訂プロセスと内容を中心として」『日本教育政策学会年報』第24号，138-152頁.

津田昌宏（2021）「2015年NPBEA専門職基準の教育行政専門職力量形成への反映」，八尾坂修編著『アメリカ教育長職の役割と職能開発』風間書房，187-206頁.

露口健司（2008）『学校組織のリーダーシップ』大学教育出版.

露口健司（2010）「スクールリーダーシップの行動論的／解釈論的アプローチ——校長の教育的リーダーシップ論を事例として」，小島弘道・渕上克義・露口健司著『スクールリーダーシップ』学文社，97-112頁.

露口健司（2011）「学校組織における授業改善のためのリーダーシップ実践——分散的リーダーシップ・アプローチ」『愛媛大学教育学部紀要』第58巻，21-38頁.

露口健司（2017）「学校におけるソーシャル・キャピタルと主観的幸福感——『つながり』は子どもと保護者を幸せにできるのか？」『愛媛大学教育学部紀要』第64巻，171-198頁.

露口健司（2019a）「米国における教育長のリーダーシップ実践——教育・変革・政治・社会正義」，研究代表猿田祐嗣『「次世代の学校」実現に向けた教育長・指導主事の資質・能力向上に関する調査研究報告書』国立教育政策研究所，21-36頁.

露口健司（2019b）「テキストマイニングによる校長の育成指標の類型化と特徴」，大杉昭英プロジェクトリーダー『「育成指標の機能と活用」育成協議会の設置と育成指標・研究計画の作成に関する調査研究プロジェクト報告書』教職員支援機構，50-62頁.

露口健司（2021a）「教育長のリーダーシップ実践——教育・変革・政治・社会正義」，八尾坂修編著『アメリカ教育長職の役割と職能開発』風間書房，45-60頁.

露口健司（2021b）「子供の学力と幸福度を高める分散型リーダーシップ」，露口健司，藤原文雄編著『子供の学力とウェルビーイングを高める教育長のリーダーシップ』学事出版，59-94頁.

豊福晋平（2016）「学校運営改革の動向とその行方」『Glocom Opinion Paper』第3号，1-2頁.

中留武昭（1991）「School Improvement（学校改善）研究の成立と展開——アメリカの研究に焦点をあてて」『奈良教育大学紀要』第40巻1号，125-139頁.

中留武昭（1994）「学校文化を形成する校長のリーダーシップに関する研究（その1）」『九州大学教育学部紀要（教育学部門）』第40集，47-74頁.

中留武昭（1995）『学校指導者の役割と力量経営の改革』東洋館出版社.

永井聖二（2007）「トラッキング」, 江川・高橋・葉養・望月編『教育キーワード137』時事通信社, 266-267頁.

長嶺宏作（2009）「『効果ある学校』の制度化——アメリカにおける『体系的改革』の理念」『研究紀要』日本大学人文科学研究所, 第77号, 67-80頁.

鍋島祥郎（2003）『効果のある学校——学力不平等を乗り越える教育』部落解放・人権研究所.

日本教育学会（2018）「学力テスト体制と見えない排除」『教育学研究』第85巻1号, 59-66頁.

日本教育経営学会（2009）『校長の専門職基準【2009年版】——求められる校長像とその力量』日本教育経営学会.

日本教育経営学会実践推進委員会編（2014）『次世代スクールリーダーのためのケースメソッド入門』花書院.

日本教育経営学会実践推進委員会編（2015）『次世代のスクールリーダーのための「校長の専門職基準」』日本教育経営学会, 花書院.

日本財団（2018）『不登校傾向にある子どもの実態調査（メディア向け説明会資料）』日本財団.

F. M. ニューマン著, 渡部竜也・堀田諭訳（2017）『真正の学び／学力——質の高い知をめぐる学校再建』春風社 = Newmann, F. M. (1996) *Authetic Achievement: Restructuring Schools for Intellectual Quality*, John Willey & Sons, Inc.

N. ノディングズ著, 宮寺晃夫訳（2006）『教育の哲学』世界思想社 = Noddings, N. (1998) *Philosophy of Education*, Westview Press.

N. ノディングズ著, 佐藤学監訳（2007）『学校におけるケアの挑戦——もう一つの教育を求めて』ゆみる出版 = Noddings, N. (1992) *The Challenge to Care in School*, Teachers College Press.

野村康（2017）『社会科学の考え方——認識論, リサーチ・デザイン, 手法』名古屋大学出版会.

A. ハーグリーブス著, 山田真紀訳（1996）「ポストモダンのパラドックス」, 森田尚人ら編『教育と市場——教育学年報　5』世織書房.

K. ハウ著, 大桃敏行・中村雅子・後藤武俊訳（2004）『教育の平等と正義』東信堂 = Howe, Kenneth (1997) *Understanding Equal Educational Opportunity: Social Justice, Democracy, and Schooling*, Teachers College Press.

G. バーレル, G. モーガン著, 鎌田伸一・金井一頼・野中郁次郎訳（1986）『組織理論のパラダイム——機能主義の分析枠組』千倉書房 = Burrell, G. & Morgan, G. (1979)

Sociological Paradigms and Orgnizational Analysis, Ashgate Publishing Limited.

橋爪貞雄（1992）『2000 年のアメリカ——教育戦略：その背景と批判』黎明書房.

橋爪貞雄（1999）「21 世紀に橋を架ける 80〜90 年代の改革動向」，佐藤三郎編『世界の教育改革—— 21 世紀への架ケ橋』東信堂. 4-26 頁.

浜田博文（1999）「アメリカにおける学校管理者のための資質能力基準—— ISLLC スタンダード」，小島弘道編『外国における学校経営改革の動向』筑波大学教育学系，3-11 頁.

浜田博文（2007）『「学校の自律性」と校長の新たな役割』一藝社.

浜田博文（2017）「ガバナンス改革における教職の位置と『教員育成指標』を巡る問題」『日本教師教育学会年報』第 26 号，46-54 頁.

早川操（1987）「デューイ『習慣』概念の現象学的意義—— V. ケステンバウムの研究を基盤にして」『日本デューイ学会紀要』第 28 号，1-7 頁.

葉養正明（1999）『米国における SBM 法制と「学校の自律的」経営の課題——カリフォルニア州を中心に』多賀出版.

原聡介編著（1996）『教育の本質と可能性』八千代出版.

C. ファデル，M. ビアリック，B. トリリンク著，東京学芸大学次世代教育研究推進機構訳（2016）『21 世紀の学習者と教育の 4 つの次元——知識，スキル，人間性，そしてメタ学習』北大路書房.

B. S. ブルーム著，稲葉宏雄・大西匡哉監訳（1986）『すべての子どもにたしかな学力を』明治図書＝ Bloom, B. S. (1981) *All Our Children Learning,* McGraw-Hill.

M. F. ヘス，C. E. フィン Jr. 著，後洋一訳（2007）『格差社会アメリカの教育改革——市場モデルの学校選択は成功するか』（明石ライブラリー），明石書店.

G. S. ベッカー著，佐野陽子訳（1976）『人的資本——教育を中心とした理論的・経験的分析』東洋経済新報社＝ Becker, Gary S. (1964) *Human Capital: Theoretical and Empirical Analysis with Spercial Reference to Education,* University of Chicago Press.

E. L. ボイヤー著，天城勲・中島章夫監訳（1984）『アメリカ教育改革——ハイスクール新生の 12 の鍵』リクルート＝ Boyer, E. L. (1983) *High School: A Report on Secondary Education in America,* The Carnegie Foundation, Harper & Row Publishers.

R. マーネン著，八尾坂修訳（2001）「アメリにおけるスタンダードを基盤とした（standard-based）教育改革」『日本教育経営学会紀要』第 43 号，200-208 頁.

D. マイヤー，P. シュワルツ著，澤田稔訳（1996）「ポートフォリオによる新たなカリキュラムづくり——セントラル・パーク・イースト中等学校の〈物語〉」，M. アップル，J. ビーン編『デモクラティック・スクール——学校とカリキュラムづくりの〈物語〉』アドバンテージサーバー，91-121 頁＝ Meier, D. & Schwarz, P. (1999) Central

Park East Secondary School: The hard part is making it happen, in Apple, M. & Beane, J. A.（eds）*Democratic Schools: lessons from the chalk face*, Open University Press.

増谷文生（2021）「ウェルビーイングとトー横」『朝日新聞』12 月 30 日付.

松尾知明（2007）『アメリカ多文化教育の再構築』明石書店.

松尾知明（2016）『未来を拓く資質・能力と新しい教育課程——求められる学びのカリキュラム・マネジメント』学事出版.

元兼正浩（2015）「校長の条件とは」, 日本教育経営学会実践推進委員会編『次世代のスクールリーダーのための「校長の専門職基準」』花書院, 8-23 頁.

文部科学省（2016）『諸外国の教育事情』2015 年版, 明石書店.

八尾坂修編著（2021）『アメリカ教育長職の役割と職能開発』風間書房

山崎雄介（2011）「米国におけるスクールリーダーの資質向上—— ISLLC 基準に示されるリーダー像」『群馬大学教育実践研究』第 23 号, 279-287 頁.

山崎雄介（2012）「米国におけるスタンダード準拠のスクールリーダー評価——ジョージア州 "Leader Keys" を中心に」『群馬大学教育学部紀要　人文・社会科学編』第 61 巻, 219-234 頁.

山崎雄介（2016）「教員養成・研修と『スタンダード』——米国のスクールリーダー養成の事例を手がかりに」『人間と教育』第 90 号, 44-51 頁.

渡部芳樹（2006）「教育における『性向（disposition)』概念の考察」『東北大学大学院教育学研究科研究年報』第 54 巻 2 号, 35-46 頁.

P. ライト, P. ライト, S. オコナー著, 柘植雅義・緒方明子・佐藤克敏監訳（2012）『アメリカの IEP（個別の教育プログラム）——障害のある子ども・親・学校・行政をつなぐツール』中央法規出版＝Wright, P. W. D., Wright, P. D., & O'Connor, S. W.（2009）*All about IEPs Answer to Frequently Asked Questions About IEPs*, Harbor House Law Press.

D. ラビッチ著, 本図愛実監訳（2013）『偉大なるアメリカ公立学校の死と生』協同出版＝Ravitch, D.（2010）*The Death and Life of the Great American School System*, Basic books.

R. リスター著, 松本伊智朗・立木勝訳（2011）『貧困とは何か』明石書店＝Lister, R.（2004）*Poverty*, Polity Press, Ltd.

J. ロールズ著, 川本隆史・福間聡・神島裕子訳（2010）『正義論』紀伊國屋書店＝Rawls, J.（1971）*A Thory of Justice*, Harvard University Press.

英語文献

Achilles, C. M. & Price, W. J.（2001）What is Missing in the Current Debate about

参照・引用文献　　467

Education Administration Standards, *AASA Professor*, 24 (2), pp. 8-13.

Ancess, J., Darling-Hammond, L., & Einbender, L. (1993) The Development of Authentic Assessment at Central Park East Secondary School, in Darling-Hammond, L., Synder, J., Ancess, J., Einbender, L., Goodwin, A. L., & Macdonald, M. B. (eds) *Creating Learner-Centered Accountability*, National Center for Restructuring Education, Schools and Teaching, pp. 49-60.

Anderman, E. M., Maehr, M. L., & Midgley, C. (1999) Declining Motivation After the Transition to Middle School: School Can Make a Difference. *Journal of Research & Development in Education*, 32 (3), pp. 131-147.

Andrews, R. L. & Morefield, J. (1991) Effective Leadership for Effective Urban Schools, *Education and Urban Society*, 23 (3), pp. 270-278.

Apple, M. W. (1990) Is There a Curriculum Voice to Reclaim? *Phi Delta Kappan*, 71 (7) (March 1990), pp. 526-530.

Arnot, M., McIntyre, D., Pedder, D., & Reay, D. (2004) *Consultation in the Classroom: Developing Dialogue about Teaching and Learning*, Pearson Publishing.

Ayers, W., Hunt, J. A., & Quinn, T. (eds) (1998) *Teaching for Social Justice*, Teachers College Record.

Ayers, W., Quinn, T., & Stovall, D. (eds) (2009) *Handbook of Social Justice in Education*, Routledge.

Barth, R. S. (1988) On Sheep and Goats and School Reform, in Griffith, D. E., Stout, R. T., & Forsyth, P. B. (eds), *Leaders for America's School, The Report and Papers of the National Commission on Excellence in the Educational Administration*, pp. 185-192.

Barth, R. S. (1990) A Personal Vision of a Good School, *Phi Delta Kappan*, 71 (7) (March 1990), pp. 512-516.

Bates, R. J. (1983) *Educational Administration and the Management of Knowledge*, Deakin University Press.

Beck, L. G. & Murphy, J. (1993) *Understanding the Principalship: Metaphorical Themes 1920s-1990s*. Teacher College Press.

Beck, L. G. & Murphy, J. (1994) *Ethics in Educational Leadership Programs: An Expanding Role*, Corwin Press, Inc.

Becker, G. (2002) The Age of Human Capital, in Lazear, P. & Barro, R. (ed) *Education in the Twenty-first Century*, Hoover Institution Press.

Bell, H. T. (1993) Reflections One Decade After "A Nation at Risk", *Phi Delta Kappan*, 74 (8), pp. 592-597.

Bensman, D. (2000) *Central Park East and Its Graduates: "Learning by Heart"*, Teachers College Press.

Blumberg, A. (1980) *The Effective Principal*, Allen Bacon, Inc.

Bogotch, I. E. (2002) Educational Leadership and Social Justice: Practice into Theory, *Journal of School Leadrship*, 12 (2), pp. 138-156.

Bolin, F. S. (1989) Empowering Leadership, *Teachers College Record*, 91 (1), pp. 81-96.

Bracey, G. (2007) *Margaret Spolling: An Argument for Abolishing the Federal Department of Education*, Huffpost report. https://www.huffpost.com/entry/margaret-spellings-an-arg_b_37741 (2019/11/09 最終アクセス)

Bredeson, P. V. (1985) An Analysis of Metaphorical Perspectives on School Principals, *Educational Administration Quarterly*, 21 (1), pp. 29-50.

Brookover, W. B., Schweitzer, J. H., Schneider, J. M., Beady, C. H., Flood, P. K., & Wisenbaker, J. M. (1978) Elementary School Social Climate and School Achievement, *American Educational Research Journal*, 15 (2), pp. 301-318.

Brookover, W., Beamer, L., Efthim, H., Hataway, D., Lezotte, L., Miller, S., Passalacqua, J., & Tornatzuky, L. (1982) *Creating Effective Schools: An In-service Program for Enhancing School Learning Climate and Achievment*, Learning Publications.

Bru, E., Stephern, P., & Torsheim, T. (2002) Students' Perceptions of Class Management and Reports of Their Own Misbehavior, *Journal of School Psychology*, 40 (4), pp. 287-307.

Bryk, A. S., Sebling, P. B., Luppescu, S., Easton, J. Q., & Allensworth, E. (2010) *Organizing Schools for Improvement: Lesson from Chicago*, The University of Chicago Press.

Burns, J. M. (1978) *Leaderhship*, Harper & Row, Publicshers.

Bush, G. (1989) *Joint Statement on the Education Summit with the Nation's Governors in Charlottesville, Virginia.* https://www.presidency.ucsb.edu/node/263498 (2024/11/13 最終アクセス)

Business Roundtable (1989) *Essential Components of a Successful Education System: The Business Roundtable Education Public Policy Agenda.*

Business Week (1983) A Drastic New Loss of Competitive Strength, *Business Week*, June 30, 1983, pp. 58-83.

Butin, D. W. (2007) Dark Times Indeed: NCATE, Social Justice, and the Marginalization of Multicultural Foundations, *Journal of Educational Controversy*, 2 (2), Western Washington University, pp. 1-17.

Cambron-McCabe, N. (2010) Preparation and Development of School Leaders:

参照・引用文献　　469

Implications for Social Justice Policies, in Marshall, C. & Oliva, M. (2010) *Leaders for Socail Justice,* Allyn & Bacon. pp. 35-54.

Carlson, R. (1989) *Restructuring Schools.* Internal memorandum. Wachington D. C. Public Schools.

Carnegie Forum on Education and the Economy (1986) *A Nation Prepared: Teachers for the 21ˢᵗ Century: The Report of the Task Force on Teaching as Profession.*

Carnegie Foundation for the Advancement of Teaching (1988) *An Imperiled Generation: Saving Urban Schools.*

Carnegie Council on Adolescent Development (1989) *Turing Point: Preparing American Youth for the 21ˢᵗ Century.* Carnegie Corporation of New York.

Cason, R. M. (2007) *The Interstate School Leaders Licensure Consortium: Redefining the Role of School Leaders,* Unpublished Dissertation, Southern Illinois University Carbondale.

Center on Education Policy: CED (2011) *Frequently Asked Questions about State Accountability Plans and Their Relationship to Waivers,* File://C:/Users/wwwpj/AppData/Local/Package/Microssoft.MicrosoftEdg_8welkyb3d8bbwe/TemState/Downloads/Riddle_FAQ_SAP_091911%20(1).pdf (2019/04/13 最終アクセス)

Chubb, J. E. & Moe, T. M. (1990) *Politics, Markets, and America's Schools,* Brookings Institution Press.

Clark, D. L. & Meloy, J. M. (1989) Renouncing Bureaucracy: A Democratic Structure for Leadership in Schools. in Sergiovanni, T. J. & Moore, J. A. (eds) *Schooling for Tomorrow: Directing Reform to Issues That Count.* Allyn and Bacon.

Clinton, B. (1986a) Who Manage The School? *Phi Delta Kappan,* 68 (10), pp. 208-210.

Clinton, B. (1986b) Chairman's Summary Task Force on Leadership and Management, in National Governors' Association, *Time for Results: The Governors' 1991 Report on Education,* pp. 50-64.

Clune, W. H. & White, P. A. (1988) *School-based Management: Institutional Variation, Implementation, and Issues for Further Research.* Center for Policy Research in Education, Eagleton Institute of Politics, Rutgers University.

Cole, J. R. (Sept. 9, 2005) The New McCarthyism, *The Chronicle of Higher Education,* 52 (3), p. B7.

Coleman, J. S., Campbell, E. R., Hobson, C. J., McPartland, J., Mood, A. M., Weinfield, F. D., & York, R. L. (1966) *Equality of Educational Opportunity,* U. S. Government Printing Office.

The Commission on Minority Participation in Education and American Life (1988) *One-Third of a Nation. A Report of the Commission on Minority Participation in Education and American Life*. American Council on Education and Education Commission on the States. ED297 057.

Commission on Teacher Credentialing (2003) *California Professional Standards for Educational Leaders: CPSEL*.

Conley, D. T. (1993) *Roadmap to Restructuring: Policies, Practices and the Emerging Vision of Schooling*, ERIC Clearinghouse on Educational Management, Sponsored by Office of Educational Research and Improvement, Washington, D. C.

Conley, S. C. & Bacharach, S. B. (1990) From School-Site Management to Participatory School-Site Management, *Phi Delta Kappan*, 71 (7) (March 1990), pp. 539-544.

Connecticut State Department of Education (1986) *Educational Enhancement Act of 1986*. http://www.sde.ct.gov/sde/lib/side/PDF/EducatorS (2009/5/20 最終アクセス)

Connecticut State Department of Education (1999) *Standards for School Leaders*. http://www.sde.ct.gov/sde/lib/side/PDF/EducNorS (2009/5/20 最終アクセス)

Cookson. Jr. P. W. (1995) Goals 2000: Framework for the New Education Federalism, *Teachers College Record*, 96 (3), pp. 405-417.

Cooper, B. S. & Boyd, W. L. (1988) The Evolution of Training for School Administrators, in Griffiths, D. E., Stout, R. T., & Forsyth, P. B. (eds) *Leaders for America's School, The Report and Papers of the National Commission on Excellence in the Educational Administration*, pp. 251-272.

Council of Chief State School Officers (1987a) *Assuring School Success for Students At Risk*. CCSSO.

Council of Chief State School Officers (1987b) *Elements of A Model State Statue to Provide Educational Entitlements for At-Risk Students*, CCSSO.

Council of Chief State School Offices (1988) *School Success for Students at Risk*. CCSSO.

Council of Chief State School Offices (1989) *Success for All in a New Century: A Report by the Council of Chief State School Officers on Restructuring Education*, CCSSO.

Council of Chief State School Offices (2004) *Key State Education Policies on PK-12 Education*, CCSSO.

Council of Chief State School Offices (2006) *Updating Educational Leadership Professional Standards in a Changing Public Education Environment*, CCSSO.

Council of Chief State School Offices (2008a) *Educational Leadership Policy Standards:*

参照・引用文献　　　471

ISLLC 2008, CCSSO.

Council of Chief State School Offices (2008b) *Performance Expectations and Indicators for Education Leaders,* CCSSO.

Council of Chief State School Offices (2009) *Key State Education Policies on PK-12 Education: 2008,* CCSSO.

Council of Chief State School Offices (2012) *Our responsibility, Our Promise: Transforming Educator Preparation and Entry into the Profession,* CCSSO.

Council of Chief State School Offices (2013) *Standards for Educational Leaders: An analysis,* CCSSO.

Council of Chief State School Offices (2014) *2014 ISLLC Standards Draft,* CCSSO.

Council of Chief State School Offices (2015a) *ISLLC 2015: Model Policy Standards for Educational Leaders Draft,* CCSSO.

Council of Chief State School Officers (2015b) *Model Principal Supervisor Professional Standards,* CCSSO.

Crawford, V. G. (2004) *Perceptions about the Interstate School Leader's Licensure Consortium Dispositions: Gender Effects,* Unpublished dissertation of Southern Illinois University Carbondale.

Cuban, L. (1989) The 'At-Risk' Label and the Problem of Urban School Reform, *Phi Delta Kappan,* June 1989, pp. 780-801.

Culbertson, J. A. (1981) Antecedents of the Theory Movement, *Educational Administration Quarterly,* 16 (3), pp. 1-25.

Culbertson, J. A. (1986) Theory in Edcuational Administration: Echoes from Critical Thinkers, *Educational Researcher,* 12 (10), pp. 15-21.

Cunningham, L. L. et al. (1986) State Policy and Pursuit of Instructional Leadership, *Theory into Practice,* 25 (3), pp. 207-213.

Dantley, M. (2002) Uprooting and Replacing Positivism, the Melting Pot, Multiculturalism, and Other Impotent Notions in Education Leadership through African Americac Perspective, *Education and Urban Society,* 34 (3), pp. 334-352.

Darling-Hammond, L. (1991) The Implications of Testing Policy for Quality and Equality, *Phi Delta Kappan,* 73 (3) (November 1991), pp. 220-223.

Darling-Hammond, L. (1995) Policy for Restructuring, in Lieberman, A. (ed) *The Work of Restructuring Schools: Building From The Ground Up,* Teachers College press, Columbia University, pp. 157-175.

Darling-Hammond, L. (2002) Leaning to Teach for Social Justice, in Darling-Hammond,

L., French, J., & Garcia-Lopez, S. P. (eds) (2002) *Learning to Teach for Social Justice,* Teachers College, Columbia University, pp. 1-7.

Darling-Hammond, L. (2004) From "Separate but Equal" to "No Child Left Behind": The Collision of New Standards and Old Inequalities, in Meier, D. & Wood, G. (eds) *Many Children Left Behind,* Beacon Press, pp. 3-32.

Darling-Hammond, L. (2009) President Obama and Education: The Possibility for Dramatic Improvements in Teaching and Learning, *Harvard Educational Review,* 79 (2), pp. 210-223.

Darling-Hammond, L., Snyder, J., Ancess, J., Einbender, L., Goodwin, A. L., & Macdonald, M. B. (eds) (1993a) *Creating Learner-Centered Accountability,* The National Center for Restructuring Education, Schools, and Teaching (NCREST).

Darling-Hammond, L. & Snyder, J. (1993b) Accountability and the Changing Context of Teaching, in Darling-Hammond, L., Snyder, J., Ancess, J., Einbender, L. Goodwin, A. L., & Macdonald, M. B. (eds) (1993) *Creating Learner-Centered Accountability,* The National Center for Restructuring Education, Schools, and Teaching (NCREST), pp. 1-20.

Darling-Hammond, L. & Ancess, J. (1994) *Graduation by Portfolio at Central Park East Secondary School,* The National Center for Restructuring Education, Schools, and Teaching, ED387493.

Darling-Hammond, L., Ancess, J., & Falk, B. (1995) *Authentic Assessment in Action: Studies of Scholls and Students at Work,* National Center for Restructuring Education, Schools and Teaching, Teachers College Press, Columbia University.

Darling-Hammond, L. & Falk, B. (1997) Using Standards and Assessment to Support Student Learning, *Phi Delta Kappan,* 73 (3), pp. 190-199.

Darling-Hammond, L., French, J., & Garcia-Lopez, S. P. (eds) (2002) *Learning to Teach for Social Justice,* Teachers College Press, Columbia University.

Darling-Hammond, L., Orphanos, S., LaPointe, M., & Weeks, S. (2006) *Leadership Development in California,* Stanford University.

David, J. L. (1989a) *Restructuring in Progress: Lessons from Pioneering Districts,* Result in Education Series. Center for Policy Research in Education; National Governors' Association.

David, J. L. (1989b) Synthesis of Research on School-Based Management, *Educational Leadreship,* 46 (8), pp. 45-53.

Davis, S., Darling-Hammond, L., LaPointe, M., & Meyerson, D. (2005) *Review of Research:*

参照・引用文献　　　473

School Leadership Study-Developing Successful Principals, Stanford Educational Leadership Institute.

Dillon D. R. (1989) Showing Them That I Want Them to Learn and That I Care about Who They Are: A Microethnography of the Social Organization of a Secondary Low-Track English-Reading Class, *American Educational Research Journal*, 26 (2), pp. 279–259.

Dokecki, P. R. (1990) On Knowing the Person as Agent in Caring Relation, *Person-Centered Review*, 5 (2), 155–169.

Donmoyer, R., Imber, M., & Scheurich, J. J. (1995) Introduction: Knowledge Base Problems in Educational Administration, in Donmoyer, R., Imber, M., & Scheurich, J. J. (eds) *The Knowledge Base in Educational Administration: Multiple Perspectives,* The State University of New York Press, pp. 1–13.

Drake, T. L. (1986) *The Principalship,* 3rd ed, Macmillan Publishing Company, New York.

Edmonds, R. (1977) *Search for Effective Schools: The Identification and analysis of City Schools That Are Instructionally Effective for Poor Children.* ED 142610.

Edmond, R. (1979) Effective Schools for the Urban Poor, *Educational Leadership,* 37 (1), pp. 15–24.

Edmonds, R. (1980) *Search for Effective Schools,* Strategies for Urban School Improvement Workshop Series, ED 212 689.

Edmonds, R. (1981) Making Public Schools Effective, *Social Policy,* 12 (2), pp. 56–60.

Edmonds, R. (1982) On School Improvement: A Conversation with Brandt R., *Educational Leadership,* 40 (3) (Dec. 1982), pp. 12–15.

Edmonds, R. (1986) Characteristics of Effective Schools, in Neisser, U. (ed) *The School Achievement of Minority Children,* Lawrence Erlbaum Associate, pp. 93–104.

Education Commission of the States: ECS (1983a) *Action for Excellence: A Comprehensive Plan to Improve Our Nation's Schools.*

Education Commission of the States: ECS (1983b) *A Summary of Major Reports on Education.*

Educational Administration Quarterly (2002) Call for Proposals: Leadership for Social Justice, *Educational Administration Quarterly,* 38 (2), pp. 308–309.

Educational Leadership Constituent Council (2002) *Standard for Advanced Programs in Educational Headership.*

Educational Testing Service: ETS (2005) *School Leaders Licensure Assessment (1010),*

474 　　　　　　　　参照・引用文献

ETS.

Education Week (2009a) *The Obama Educational Plan: An Education Week Guide*, Jossey-Bass.

Education Week (2009b) The Obama-Biden Education Plan, in Education Week (2009a) *The Obama Educational Plan: An Education Week Guide*, Jossey-Bass.

Elmore, R. F. (1988a) *Early Experiences in Restructuring Schools: Voices from the Field.* National Governors' Association.

Elmore, R. F. (1988b) Choice in Public Education. In Boyd, W. L. & Kerchner, C. (eds) *The Politics of Excellence and Choice in Education,* Falmer Press.

Elmore, R. F. and Associates (1990) *Restructuring Schools: The Next Generation of Educational Reform,* Jossey-Bass Inc.

English, F. W. (2000a) Commentary: Psssst! What Does One Call a Set of Non-empirical Beliefs Required to be Accepted on Faith and Enforced by Authority? 〔Answer: a religion, aka the ISLLC Standards〕 *International Journal of Leadership in Education*, 3 (2), pp. 159-167.

English, F. W. (2000b) *The Ghostbusters Search for Frederick Taylor in the ISLLC Standards,* Paper presented at the American Educational Research Association, New Orleans.

English, F. W. (2001) *The Epistemological Foundation of Professional Practice: Do They Matter? The Case for the ISLLC Standards and the National Exam or Administrative Licensure,* Paper presented at the Annual Meeting of the American Educational Research Association, Seattle, WA.

English, F. W. (ed) (2003a) *The Postmodern Challenge to The Theory and Practice of Educational Administration,* Chares, C. Tomas,

English, F. W. (2003b) The ISLLC Standards: The Deskilling and Deprofessionalization of Educational Administrators, in English, F. W. (ed) *The Postmodern Challenge to the Theory and Practice of Educational Administration,* Chares, C. Tomas, pp. 102-267.

English, F. W. (2003c) Tsar Khorosh, Boyary Plokhi—The ISLLC Standards and the Enshrinement of Mystical Authoritarianism as Anti-Change Doctrine in Educational Leadership Preparation Programs, in Lunenburg, F. C. & Carr, C. S. (eds) *Shaping the Future: Policy, Partnerships, and Emerging Perspectives,* National Council of Professors of Educational Administration.

English, F. W. (2004) Undoing the "Done Deal"; Reductionism, Ahistoricity, and Pseudo-sciecne in the Knowledge Base and Standards for Educational Administration, *UCEA*

Review, 46 (2), pp. 5-7.

English, F. W. (2005) Educational Leadership for Sale: Social Justice, The ISLLC Standards, and the Corporate Assault on Public Schools, in Creighton, T., Harris, S., & Coleman, J. (eds) *Crediting the Past, Challenging the Present, Creating the Future*, National Council of Professors of Educational Administration, pp. 81-104.

English, F. W. (2006) The Uninted Consequences of a Standardized Knowledge Base in Advancing Educational Leadership Preparation, *Educational Administration Quarterly*, 42 (3), pp. 461-472.

English, F. W. (2008) Towards a Theory of Social Justice/ Injustice, in Bogotch et al. (eds) *Radicalizing Educational Leadership: Dimensions of School Justice*, Sense Publishers, pp. 113-146.

Ennis, R. H. (1987) A Taxonomy of Critical Thinking Disposition and Abilities, in Baron, J. & Stemberg, R. (eds) *Teaching Thinking Skills: Theory and Practice*, Freeman, pp. 9-26.

Epstein, J. L. (1991) Partnership: What We Can Learn from Federal, State District and School Initiatives, *Phi Delta Kappan*, 72 (5) (January 1991), pp. 345-375.

Farkas, G. & Durham. R. E. (2007) The Role of Tutoring in Standards-Based Reform, in Gamoran, A. (ed) *Standards-Based Reform and the Poverty Gap: Lessons for No Child Left Behind*, The Brookings Institution, pp. 201-228.

Farley, A. N. & Childs J. (2019) Preparing School Leaders for America's Wicked Problems? How the Revised PSEL and NELP Standards Address Equity and Justice, *epaa/ aape*, 27 (115), Arizona State University, pp. 1-29.

Farquhar, R. H. (1981) Preparing Educational Administrators for Ethical Practice, *The Alberta Journal of Educational Research*, 27 (2), pp. 192-204.

Farrar, E. (1990) Reflection on the First Wave of Reform: Reordering America's Educational Priorities, in Jacobson, S. L. & Conway, J. A. (eds) *Educational Leadership in an Age of Reform*, Longman, pp. 3-13.

Fiegel, S. & MacGuire, J. (1993) *Miracle in East Harlem: The Fight for Choice in Public Education*, Random House.

Firestone, W. A. (1991) Educators, Researchers, and the Effective School Movement, in Bliss, J. R., Firestone, W. A., & Richards, C. E. (eds) *Rethinking Effective School: Research and Practice*, Prentice-Hall, pp. 12-27.

Fisher, C. W. (1990) The Research Agenda Project as Prologue, *Journal for Research in Mathematics Education*, 21 (1), pp. 81-89.

476 参照・引用文献

Flutter, J. Y. & Rudduck, J. (2004) *Consulting Pupils: What's in It for Schools?* Routledge.

Foorman, B. R., Kalinowski, S. J., & Sexton, W. L. (2007) Standard-Based Edcuational Reform Is One Important Step Toward Reducing the Achievement Gap, in Gamoran, A. (ed) *Standard-Based Reform and the Poverty Gap: Lessons for No Child Left Behind*, The Brookings Institution, pp. 17-41.

Forsyth, P. B. (1999) The Work of UCEA, in Murphy, J. & Forsyth, P. B. (eds) *Educational Administration: A Decade of Reform*, Corwin Press, Inc, pp. 71-92.

Foster, W. (1986) *Paradigms and Promises: New Approaches to Educational Administration*, Prometheus.

Foster, W. (1988) Educational Administration: A Critical Appraisal, in Griffiths, D. E., Stout, R. T., & Forsyth, P. B. (eds) *Leaders for America's School, The Report and Papers of the National Commission on Excellence in the Educational Administration*, McCutchan Pub Corp pp. 68-81.

The Foundation for Individual Right in Education: FIRE (2006) *FIRE Statement on NCATE's Encouragement of Political Litmus Test in Higher Education*, http://www.thefire.org/fire-statement-on-ncates-encouragement-of-political-litmus-test-in-higher-education. (2015/05/05 最終アクセス)

Fuhrman, S. H. (1993) Preface, in Fuhrman, S. H. (ed) *Designing Coherent Educational Policy, Consortium for Policy Research in Education*, CPRE, pp. xi-xx.

Fuhrman, S. H. (2003) Riding Waves, Trading Horses: The Twenty-Year Effor to Reform Education, in Gordon, D. T. (ed) *A Nation Reformed?: American Education 20 Years After a Nation at Risk*, Harvard Education Press, pp. 7-22.

Furman, G. (2003) The 2002 UCEA Presidential Address: Toward a New Scholarship of Educational Leadership? *UCEA Review*, 45 (1), pp. 1-6.

Furman, G. (2012) Social Justice as Praxis; Developing Capacities Through Preparation Programs, *Educational Administration Quarterly*, 48 (2), pp. 191-229.

Furman, G. C. & Starratt, R. J. (2002) Leadership for Democratic Community in School, in Murphy, J. (ed) *The Educational Leadership Challenge: Redefining Leadership for the 21st Century*, 101 Yearbook of the National Society for the Study of Education, University of Chicago Press, pp. 105-133.

Futrell, M. H. (1989) Mission Not Accomplished: Education Reform in Retrospect, *Phi Delta Kappan*, 71 (1), (Sept. 1989), pp. 8-14.

Gamoran, A. (2007) Introduction: Can Standards-Based Reform Help Reduce the Poverty

参照・引用文献　　　477

Gap in Education? in Gamoran, A. (ed) *Standard-based Reform and the Poverty Gap: Lessons for No Child Left Behind*, The Brookings Institution, pp. 3-16.

General Accounting Office (GAO)(1989) *Effective Schools Programs: Their Extent and Characteristics, Briefing Report.*

Gibboney, R. A. (1987) Education of Administrators: 'An American Tragedy', *Education Week*, 6 (29)(April, 15, 1987), p. 28.

Gibbs, N. (1990) Shameful Bequest to the Next Generation, *Time*, October 8, 1990, p. 42.

Glenn, C. (1986) *Statement to the NGA Task Force on Parent Involvement and Choice.*

Glickman, C. D. (1990) Pushing School Reform to a New Edge: The Seven Ironies of School Empowerment, *Phi Delta Kappan*, 72 (1)(September 1990), pp. 68-75.

Greenfield, T. B. (1973) Organizations as Social Inventions: Rethinking Assumptions About Change, *The Journal of Applied Behavioral Science*, 9 (5), pp. 551-574.

Greenfield, T. B. (1985) Theories of Educational Organization: A Critical Perspective, in Husen, T. & Postlethwaite (eds) *The International Encyclopedia of Education, 9th Edition*, Pergamon Press, pp. 5240-5252.

Greenfield, T. B. (1988) The Decline and Fall of Science in Educational Administration, in Griffiths, D. E., Stout, R. T., & Forsyth, P. B. (eds) *Leaders for America's School: The Report and Papers of the National Commission on Excellence in the Educational Administration*, pp. 131-159.

Greenfield, W. D. (1988) Moral Imagination, Interpersonal Competence, and the Work of School Administrators, in Griffiths, D. E., Stout, R. T., & Forsyth, P. B. (eds) *Leaders for America's School: The Report and Papers of the National Commission on Excellence in the Educational Administration*, pp. 207-232.

Griffiths, D. E. (1983) Evolution in Research and Theory: A Study of Prominent Researchers, *Educational Administration Quarterly*, 19 (3), pp. 201-221.

Griffiths, D. E. (1988a) The Professorship revisited, in Griffiths, D. E., Stout, R. T., & Forsyth, P. B. (eds) *Leaders for America's School, The Report and Papers of the National Commission on Excellence in the Educational Administration*, pp. 273-283.

Griffiths, D. E. (1988b) *Educational Administration: Reform RDQ or RIP*, A UCEA Occasional Paper, UCEA, pp. 1-29.

Griffiths, D. E. (1997) The Case for Theoretical Pluralism, *Educational Management & Administration*, 25 (4), pp. 371-380.

Griffiths, D. E., Stout, R. T., & Forsyth, P. B. (1988) The Preparation of Educational Administrators, in Griffiths, D. E., Stout, R. T., & Forsyth, P. B. (eds), *Leaders for*

America's School: The Report and Papers of the National Commission on Excellence in the Educational Administration, pp. 284-304.

Grogan, M. (2002) Guest Editor's Introduction: Leadership for Social Justice. *Journal of School Leadership*, 12 (2), pp. 112-115.

Gutmann, A. (2005) Academic Freedom or Government Intrusion, *The Chronicle of Higher Education*, p. B. 13.

Hallinger, P. (1992) The Evolving Role of American Principals: From Managerial to Instructinal to Transformational Leaders, *Journal of Educational Administration*, 30 (3), pp. 35-43.

Hallinger, P. & Murphy, J. (1983) Instructional Leadership and School Socio-Economic Status: A Preliminary Investigation, *Administrator's Note*, 31 (5), pp. 1-4.

Hallinger, P. & Murphy, J. (1985) Assessing the Instructional Management Behavior of Principals, *The Elementary School Journal*, 86 (2), pp. 217-247.

Hallinger, P. & Murphy, J. (1986) The Social Context of Effective Schools, *American Journal of Education*, May 1986, pp. 328-355.

Haney, W. & Madaus, G. (1989) Searching for Alternatives to Standardized Tests: Whys, Whats, and Whithers, *Phi Delta Kappan*, May 1989, pp. 683-687.

Hanson, K. L. (2001) *A Casebook for School Leaders*, Pearson.

Harvard Educational Review (2005) Interview: U. S. Secretary of Education, Margret Spellings, *Harvard Educational Review*, 75 (4), pp. 364-382.

Hehir, T. (2002) Eliminating Ableism in Education, *Harvard Educational Review*, 72 (1), pp. 1-33.

Hess, F. M. (2003) *A License to Lead? A New Leadership Agenda for America's School*, Progressive Policy Institute 21st Century Schools Project, PPI.

Holmes Group, Inc. (1986) *Tomorrow's Teachers: A Report of the Holmes Group*, ED270454.

Howe II, H. (1991) America 2000: A Bumpy Ride on Four Trains, *Phi Delta Kappan*, 73 (3) (November, 1991), pp. 192-203.

Hoy, W. K. & Miskel C. G. (1978) *Educational Administration: Theory, Research, and Practice*, Random House.

Hoy, W. K. & Miskel C. G. (1982) *Educational Administration: Theory, Research, and Practice*, Random House.

Hutchinson, J. N. & Romano, R. M. (1998) A Story for Social Justice, in Ayers, W., Hunt, J. A., & Quinn, T. (eds) (1998) *Teaching for Social Justice*, Teachers College Record, pp.

254-269.

Hutton, B. J.（2007）*A Study of the Relationship Between Interstate School Leadership Licensure Consortium Dispositions and Decision-Making*, Unpublished dissertation in the Graduate School, Southern Illinois University Carbondale.

Ingle, W. K.（2016）Perspectives on the Enactment of the Every Student Suceeds Act （ESSA）, *UCEA Review*, Summer 2016, pp. 32-37.

Interstate New Teacher Assessment and Support Consortium: INTASC（1992）*Model Standards for Beginning Teacher Licensing, Assessment and Development: A Resource for State Dialogue*. Programs.ccsso.org/content/pdfs/corestrd.pdf.（2019/2/25 最終アクセス）

Interstate School Leaders Licensure Consortium（1996）*Standards For School Leaders*, Council of Chief State School Offices.

Jackson, B. L.（1988）Education from a Black Perspective with Implications for Administrator Preparation Programs, in Griffiths, D. E., Stout, R. T., & Forsyth, P. B. （eds）*Leaders for America's School, The Report and Papers of the National Commission on Excellence in the Educational Administration*, pp. 305-316.

Jacobson, S. L.（1990）Reflection on the Third Wave of Reform: Rethinking Administrator Preparation, in Jacobson, S. L. & Conway, J. A.（eds）（1990）*Educational Leadership in An Age of Reform*, Longman.

Jeffrey J. R.（1978）*Education for Children of the Poor: A Study of the Origins and Implementation of the Elementary and Secondary Education Act of 1965*, Ohio State University Press.

Jelinek, M., Smircich, L., & Hirsch, P.（1983）Organizational Culture, *Administrative Science Quarterly*, 28（3）, pp. 331-338.

Jennings, J. F.（1998）*Why National Standards and Tests?*, SAGE Publications.

Kaestle, C. F.（2007）Federal Education Policy and the Changing National Policy for Education 1957-2007, in Kaestle, C. F. et al.（eds）*To Educate a Nation: Federal and National Strategies of School Reform*, University Press of Kansas, pp. 17-40.

Keefe, J. W. & Jenkins, J. M.（eds）（1984）*Instructional Leadership Handbook*, National Association of Secondary School Principals, Reston. Va.

Klein, A.（2015）President Signs ESEA Rewrite, Giving States, Districts Bigger Say on Policy, *Education Week*, December 10, 2015.

Kozol, J.（1991）*Savage Inequalities: Children in America's Schools*, Crown Publishers, Inc.

480 参照・引用文献

Lambert, L., Walker, D., Zimmerman, D. P., Cooper, J. E., Lambert, M. D., Gardner, M. E., & Slack, P. J. F. (1995) *The Constructivist Leader,* Teachers College Press.

Land, D. & Legters, N. (2002) The Extent and Consequences of Risk in U. S. Education, in Stringfield, S. & Land, D. (eds) *Educating At-Risk Students,* One Hundred-first Yearbook of the National Society for the Study of Education, The University of Chicago Press, 104 (10), pp. 1-28.

Lanier, J. E. (1986) *Preface, Tomorrow's Teachers: A Report of the Holmes Group.* Holmes Groups Inc, pp. vii-ix.

Larson, C. L. & Murtadha, K. (2002) Leadership for Social Justice. in Murphy, J. (ed) *The Educational Leadership Challenge: Redifinig Leadership for the 21ˢᵗ Century. One Hundred-first Yearbook of the National Society of Education,* pp. 134-161.

Lee, A. S. (1991) Integrating Positivist and Interpretive Approaches to Organizational Research, *Organization Science,* 2 (4), pp. 342-365.

Lees, K. A. (1995) Advancing Democratic Leadership through Critical Theory, *Journal of School Leadership,* 5 (3), pp. 220-230.

Lehr, C. A., Sinclair, M. F., & Christenson, S. L. (2004) Addressing Student Engagement and Truancy Prevention During the Elementary School Years: A Replication Study of the Check & Connect Model, *Journal of Education for Students Placed at Risk,* 9 (3), pp. 279-301.

Leithwood, K. (1992) The Move Toward Transformational Leadership, *Educational Leadership,* 49 (5), pp. 8-12.

Leithwood, K. & Duke, D. L. (1998) *Defining Effective Leadership For Connecticut's Schools,* Connecticut Advisory Council for School Administrator Standards and Connecticut State Department of Education.

Leithwood, K. & Mascall, B. (2008) Collective Leadership Effects on Student's Achievement, *Educational Adminsitration Quarterly,* 44 (4), pp. 529-561.

Leithwood, K. & Steinbach, R. (2003) Toward a Second Generation of School Leadership Standards, in Hallinger, P. (ed) *Reshaping the Landscape of School Leadership Development: A Global Perspective,* Swets & Zeitlinger, pp. 257-272.

Levin, H. M. (1987) Acceralated Schools for Disadvantaged Students. *Educational Leadership,* 44 (6), pp. 19-21.

Lieberman, A. (1991) Accountability, A Kappan Special Section, *Phi Delta Kappan,* Nov, 1991, pp. 219-220.

Lieberman, A, (ed) (1995) *The Work of Restructuring Schools: Building From the*

参照・引用文献 481

Ground Up, Teachers College Press, Columbia University,

Lincoln, Y. S. (ed)(1985) *Organizational Theory and Inquiry: The Paradigm Revolution*, Sage Publications Inc.

Lindquist, K. M. & Muriel, J. J. (1989) School-Based Management: Doomed to Failure? *Education and Urban Society*, 21 (4), pp. 403-416.

Lipham, J. M. & Hoeh, J. A. (1974) *The Principalship: Foundations and Functions*, Harper & Row, Publishers.

Little, J. D. (1982) Norms of Collegiality and Experimentation: Workplace Conditions of School Success, *American Educational Research Journal*, 19 (3), pp. 325-340.

Little, J. D. (1990) The Persistence of Privacy: Autonomy and Initiative in Teachers' Professional Relations, *Teachers College Record*, 91 (4), pp. 509-536.

Lomotey, K. (1995) Social and Cultural Influences on Schooling: A Commentary on the UCEA Knowledge Base Project, Domain I, *Educational Administration Quarterly*, 31 (2), pp. 294-303.

Louis, K. S., Dretzke, B., & Wahlstrom, K. (2010) How Does Leadership Affect Student Achievement? Result from a National U. S. Survey, *School Effectiveness and School Improvement*, 21 (3), pp. 315-336.

Lugg, C. A., Bulkley, K., Firestone, W. A., & Garner, C. W. (2002) The Contextural Terrain Facing Educational Leaders, in Murphy, J. (ed) *The Educational Leadership Challenge: Redefining Leadership for the 21st Century*, The University of Chicago Press, pp. 20-41.

Maehr, M. L. & Midgley, C. (1996) *Transforming School Culture*, Westview Press.

Maeroff, G. I. (1988) *The Empowerment of Teachers: Overcoming the Crisis of Confidence*, Teachers College Press.

Manna, P. (2006a) Control, Persuasion and Educational Accountability, *Educational Policy*, 20 (3), pp. 471-494.

Manna, P. (2006b) Teachers Union and No Child Left Behind, in Hannaway, J. & Rotherham, A. J. (eds) *Collective Bargaining in Education: Negotiating Change in Today's School*, Harvard Educationa Press, pp. 159-179.

Marechal, G. (2010) Autoethnography, in Mills, A. J., Durepos, G., & Wiebe, E. (eds) *Encyclopedia of Case Study Research*, Sage Reference Publication, pp. 43-45.

Marshall, C. (1999) *Missing in Action: Equity and Ethics in Educational Leadership*, Paper presented at the Center for Ethics and Leadership, Charlottesvills.

Marshall, C. (2004) Social Justice Challenges to Educational Administration: Introduction to a Special Issue, *Educational Administration Quarterly*, 40 (1), pp. 3-13.

Marshall, C. & McCarthy, M. (2002) School Leadership Reforms: Filtering Social Justice Through Dominant Discourses, *Journal of School Leadreship*, 12 (5), pp. 480-502.

Marshall, C. & Oliva, M. (eds) (2006) *Leadership for Social Justice, Making Revolutions in Education,* Allyn & Bacon.

Marzano, R. T. (1992) *A Different Kind of Classroom: Teaching with Dimensions of Learning,* Association for Supervision and Curriculum Development, ED 350 086.

Marzano, R. J. & Pickering, D. J. (1997) *Dimensions of Learning: Teacher's Manual 2nd ed,* ASCD, McREL, pp. 261-273.

Massachusetts Department of Elementary & Secondary Education (2007) *Standards for School Leaders Policies.* http://www.nasbe.org/leadership/information-by-state/massachusetts/standards-for-schoolleaders/(2009/5/20 最終アクセス)

McCarthy, M. M. (1987) UCEA Presidential Address, 1986, *UCEA Review*, 28 (2), pp. 2-6.

McCarthy, M. M. (1988) The Professoriate in Educational Administration: A Status Report, in Griffiths, D. E., Stout, R. T., & Forsyth, P. B. (eds) *Leaders for America's School, The Report and Papers of the National Commission on Excellence in the Educational Administration,* pp. 317-331.

McDill, E. L., Natriello, G., & Pallas, A. M. (1985) Raising Standards and Retaining Students: The Impact of the Reform Recommendations on Potential Dropouts, *Review of Educational Research*, 55 (4), pp. 415-433.

McIntryre, D., Pedder, D., & Rudduck, J. (2005) Pupil Voice: Comfortable and Uncomfortable Learning for Teachers. *Research Papers in Educatin*, 20 (2), pp. 149-168.

McLaughlin, M. W. (1991) Test-Based Accountability As a Reform Strategy, *Phi Delta Kappan*, 78 (3) (November 1991), pp. 248-251.

McLaughlin, M. W, (1994) Somebody Knows My Name, *Issues in Restructuring Schools,* 1 (7), pp. 9-11.

McNeil, L. M. (2000) *Contradictions of School Reform: Educational Costs of Standardized Testing,* Routledge.

Meier, D. & Schwartz, P. (1999) Central Park East Secondary School: The Hard Part is Making It Happen. In Apple, M. W. & Bean, J. A. (eds) *Democratic Schools,* Open University Press, pp. 30-47..

Midlock, S. F. (2011) *Case Studies for Educational Leadership,* Pearson.

参照・引用文献 483

Miller, J. A. (1989) Summit's Promise: 'Social Compact' for Reforms, *Education Week*, October 4, 1989.

Miron, L. (2000) *Free Jazz, Derio Fo and Dynamic Texts: Using the ISLLC Standards in the Practice of Educational Judgement*, Paper presented at the American Educational Research Association, New Orleans.

Miron, L. F. & Lauria, M. (1998) Student Voice as Agency: Resistance and Accommodation in Inner-City School, *Anthoropology & Educationa Quarterly*, 29 (2), pp. 189-213.

Mitra, D. L. & Gross, S. J. (2009) Increasing Student Voice in High School Reform: Building Partnerships, Improving Outcomes, *Educational Management Administration & Leadership*, 37 (4), pp. 522-543.

Muller, C., Katz, S. R., & Dance, L. J. (1999) Investing in Teaching and Learning: Dynamics of the Teacher-Student Relationship from Each Actor's Perspective, *Urban Education*, 34 (3), pp. 292-337.

Murphy, J. (1990) The Educational Reform Movement of the 1980s: A Comprehensive Analysis, in Murphy, J. (ed) *The Educational Reform Movement of the 1980s*, McCuchan Publishing, pp. 1-55.

Murphy, J. (1991) *Restructuring Schools*, Teachers College, Columbia University.

Murphy, J. (1992a) Effective Schools: Legacy and Future Directions, in Reynolds, D. & Cuttance, P. (eds) *School Effectiveness: Research, Policy, and Practice*, Cassell Villiers House, pp. 164-187.

Murphy, J. (1992b) *The Landscape of Leadership preparation: Reforming the Education of School Administrators*, Corwin.

Murphy, J. (1993) Restructuring Schooling: The Equity Infrastructure, *School Effectiveness and School Improvement*, 4 (2), pp. 111-130.

Murphy, J. (1999) *The Quest for a Center: Note on the State of the Profession of Educational Leadership*, American Educational Research Association, ED 433 620.

Murphy, J. (2000) Commentary: A Response to English, *International Journal of Leadership in Education*, 3 (4), pp. 411-414.

Murphy, J. (2002) Reculturing the Profession, in Murphy, J. (ed) (2002) *The Educational Leadership Challenge: Redifining Leadership for the 21st Century*, One Hundred-first Yearbook of the National Society for the Study of Education, pp. 65-82.

Murphy, J. (2003) *Reculturing Educational Leadership: The ISLLC Stadnards Ten Years Out*, National Policy Board for Educational Administration, ED 481 619.

Murphy, J. (2005) Unpacking the Foundation of ISLLC Standards and Addressing Concerns in the Academic Community, *Educational Administration Quarterly*, 41 (1), pp. 154-191.

Murphy, J. (2015) The Empirical and Moral Foundation of the ISLLC Standards, *Journal of Educaitonal Administration*, 53 (6), pp. 718-734.

Murphy, J. (2017) *Professional Standards for Educational Leaders: The Emprical, Moral, and Experimental Foundations*, Corwin A SAGE Publishing Company.

Murphy, J. F., Weil, M., Hallinger, P., & Mitman, A. (1982) Academic Press: Translating High Expectations into School Policies and Classroom Practice, *Educational Leadership*, pp. 22-26.

Murphy, J. & Hallinger, P. (1986) The Superintendent as Instructional Leader: Finding from Effective School Disitrict, *Journal of Educational Administration*, 24 (2), pp. 213-236.

Murphy, J., Hull, T. R., & Walker, A. (1987) Academic Drift and Curriculum Debris: Analysis of High School Course-taking Patterns and its Implications for Local Policy Makers, *Journal of Curriculum Studies*, 19 (4), pp. 341-360.

Murphy, J. & Hallinger, P. (1988) Characteristics of Instructionally Effective School Districts, *Journal of Educational Research*, 81 (3), pp. 175-181.

Murphy, J. & Hallinger, P. (1992) The Principalship in an Era of Transformation, *Journal of Educational Administration*, 30 (3), pp. 77-88.

Murphy, J. & Hallinger, P. (eds) (1993) *Restructuring Schooling: Learning from Ongoing Efforts*, Corwin Press, Inc.

Murphy, J. & Beck, L. G. (1995) *School-based Management as School Reform: Taking Stock*, Corwin Press, Inc.

Murphy, J. & Shipman, N. (1998) *The Interstate School Leaders Licensure Consrtium: A Standards-Based Approach to Strengthening Educational Leadership*, Paper presented at the Annual Meeting of the American Educational Research Association, ED 420 698.

Murphy, J. & Forsyth, P. B. (1999) A Decade of Change: An Overview, in Murphy, J. & Forsyth, P. B. (ed) *Educational Administration: A Decade of Reform*, Corwin Press, Inc., pp. 3-38.

Murphy, J., Yff, J., & Shipman, N. (2000) Implementation of the Interstate School Leaders Licensure Consortium Standards, *International Journal Leadership in Education*, 3 (1), pp. 17-39.

Murphy, J. & Smylie, M. (2016) Professional Standards for Educatinal Leaders (PSEL)

参照・引用文献　　　485

2015: Answers to Key Questions, *UCEA Review*, 57 (2), pp. 19-21.

Murray, F. B. (1986) Goals for the Reform of Teacher Education: An Executive Summary of the Holmes Group Report, *Phi Delta Kappan*, 68 (1), pp. 28-32.

Nathan, J. (1986) Implications for Educators of "Time for Results", *Phi Delta Kappan*, 68 (3), pp. 197-201.

National Association of Elementary School Principals: NAESP (1986) *Proficiencies for Principals: Elementary and Middle Schools, Kindergarten through Eighth Grade*, NAESP, ED 272 972.

National Association of Elementary School Principals: NAESP (1990) Principals for 21st Centruy Schools, NAESP, ED 320 223.

National Association of Elementary School Principals: NAESP (1991) *Proficiencies for Principals: Elementary and Middle Schools, Revised.*

National Association of Secondary School Principals: NASSP (1976) *Job Descriptions for Principals*, pp. 20-21.

National Commission for the Principalship: NCP (1990) *Principals for Our Changing Schools: Preparation and Certification*, ED 326 953.

National Commission on Excellence in Education: NCEE (1983) *A Nation at Risk: The Imperative for Educational Reform, A Report to the Nation and the Secretary of Education*, ED 226006. (2023/1/20 最終アクセス)

National Commission on Excellence in Educational Administration: NCEEA (1986a) *Report of the National Commission on Excellence in Educational Administration: First Draft*, Unpublished draft, available by this author.

National Commission on Excellence in Educational Administration: NCEEA (1986b) *Report of the National Commission on Excellence in Educational Administration: Second Draft*, Unpublished draft, available by this author.

National Commission on Excellence in Educational Administration: NCEEA (1986c) *Report of the National Commission on Excellence in Educational Administration: Third Draft*, Unpublished draft, available by this author.

National Commission on Excellence in Educational Administration: NCEEA (1987) *Leaders for America's Schools. The Report and Papers of the National Commission of Excellence in Educational Administration*, ED 286 265.

National Commission on Excellence in Educational Administration: NCEEA (1988) *Leaders for America's Schools, The Report and Papers of the National Commission of Excellence in Educational Administration*, MrCutrhan Publishing Corporation.

486 参照・引用文献

National Conference of State Legislatures: NCSL (2005) *Task Force on No Child Left Behind, Final Report*, www.hartfordinfo.org/issues/documents/education/nclb.pdf. (2019/4/14 最終アクセス)

National Council for Accreditation of Teacher Education: NCATE (2001) *Standards for Professional Development Schools.*

National Council for Accreditation of Teacher Education: NCATE (2006) *Professional Standards for the Accreditation of School, Colleges, and Department of Education.*

National Council for Accreditation of Teacher Education: NCATE (2008) *Professional Standards for the Accreditation of Teacher Preparation Institutions.*

National Education Association (2006) *ESEA: IT's TIME FOR A CHANGE! NEA's Positive Agenda for the ESEA Reauthorization*, NEA. ED 496 307.

National Education Goals Panel (1994) *The National Education Goals Report, Building a Nation of Learners.* ED 380 054.

National Governors' Association (1986) *Time for Results: The Governors' 1991 Report on Education.*

National Governors' Association: NGA (1989) *Results in Education 1989.*

National Governors' Association: NGA (1990) *Educating America: State Strategies for Achieving the National Education Goal: Report of the Task Force on Education.*

National Governors' Association: NGA (1991) *From Rhetoric to Action: State Progress on Restructuring the Educational System*, Sponsored by Carnegie Corp. of New York, N. Y.; Fund for the Improvement and Reform of Schools and Teaching.

National Policy Board for Educational Administration: NPBEA (1989) *Improving the Preparation of School Administrators: An Agenda for Reform*, ED 310 493.

National Policy Board for Educational Administration: NPBEA (1990) *The Preparation of School Administrators: A Statement of Purpose*, NPBEA.

National Policy Board for Educational Administration: NPBEA (1993) *Principals for Our Changing Schools*, NPBEA.

National Policy Board for Educational Administration: NPBEA (2002) *Standards for Advanced Programs in Educational Leadrship*, NPBEA.

National Policy Board for Educational Administration: NPBEA (2015) *Professsional Standards for Educational Leaders*, NPBEA.

National Policy Board for Educational Administration: NPBEA (2018a) *National Educatioal Leadership Preparation (NELP) Program Recognition Standards-District Level*, NPBEA. https://www.npbea.org/wp-content/uploads/2021/08/NELP-DISTRICT-

参照・引用文献　　487

Standards.pdf（2024/11/17 最終アクセス）

National Policy Board for Educational Administration: NPBEA （2018b） *National Educatioal Leadership Preparation （NELP） Program Recognition Standards-Building Level,* NPBEA.https://www.npbea.org/wp-content/uploads/2018/11/NELP-BUILDING-Standards.pdf（2024/11/17 最終アクセス）

Neil D. M. & Medina, N. J. （1989） Standardized Testing: Harmful to Educational Health, *Phi Delta Kappan,* 10 （9）, （May 1989）, pp. 688-687.

Newmann, F. M., Rutter, R. A., & Smith, M. S. （1989） Organizational Factors that Affect School Sense of Efficacy, Community, and Expectations, *Sociology of Education,* 62 （4）, pp. 221-238.

Newmann, F. M., Marks, H. M., & Gamoran, A. （1995） Authentic Pedagogy: Standards That Boost Student Performance, *Issues in No. 8, Center on Organization and Restructuring of Schools,* pp. 1-12.

O'Day, J. A. & Smith, M. S. （1993） Systemic Reform and Educational Opportunity, in Fuhrman, S. H. （ed） *Designing Coherent Education Policy: Improving the System,* Consortium for Policy Research in Education, pp. 250-312.

Orr, M. T., Murphy, J., Smylie, M., & McCarthy, M. （2015） Setting Standards for School Leaders: New Expectation and an Essential Process for Their Development, *UCEA Review,* 56 （3）, pp. 32-33.

Perkins, D. N. （1995） *Outsmarting IQ: The Emerging Science of Learnable Intelligence,* The Free Press.

Petrie, H. G. （1990） Reflecting on the Second of Reform: Restructuring the Teaching Profession. in Jacobson, S. L. & Conway, J. A. （eds） *Educational Leadrship in an Age of Reform,* Longman, pp. 14-29.

Pintrich, P. R. （2003） A Motivational Science Perspective on the Role of Student Motivation in Learning and Teaching Contexts, *Journal of Educational Psychology,* 95 （4）, pp. 667-686.

Pipho, C. （1986） States Move Reform Closer to Reality, *Phi Delta Kappan,* December 1986, pp. K1-K8.

Plank, D. N. & Ginsberg, R. （1990） Catch the Wave: Reform Commissions and School Reform, in Murphy, J. （ed） *The Educational Reform Movement of the 1980s,* McCutchan Publishing Corporation, pp. 121-142.

Poplin, M. S. & Weeres, J. G. （1994） *Voices From the Inside: A Report on Schooling from Inside the Classroom,* Institute for Education in Transformation. Clarement Graduate

School.

Powell, A. G., Farrar, E., & Cohen, D. K. (1985) *The Shopping Mall High School: Winners and Losers in the Educational Marketplace*, Houghton Mifflin.

Purkey, C. S. & Smith, S. M. (1983) Effective Schools: A Review, *The Elementary School Journal*, 83 (4), pp. 427-452.

Purkey, C. S. & Smith, S. M. (1985) School Reform: The District Policy Implications of the Effective Schools Literature, *The Elementary School Journal*, 85 (3), pp. 353-389.

Purpel, D. E. (1989) *The Moral and Spiritual Crises in Education: A Curriculum for Justice and Compassion in Eeducation*. Bergin & Garvey.

Rapp, D. (2002) Social Justice and the Importance of Rebellions Imaginations, *Journal of School Leadership*, 12 (3), pp. 226-245.

Ravitch, D. (1995) *National Standards in American Education*, The Brookings Institution.

Ravitch, D. (2007) *EdSpeak: A Glossary of Education Terms, Phrases, Buzzwords, and Jargon*, Association for Supervision and Curriculum Development.

Rawls, J. (1971) *A Theory of Justice*, Oxford University Press.

The Research and Policy Committee for the Economic Development: CED (1985) *Investing in Our Children*.

The Reaserch and Policy Committee for the Economic Development: CED (1987) *Children in Need*.

Reitz, S. (2011) Connecticut Loses 'No Child Left Behind' Legal Challenge, *NBC News* sourced by The Associated Press, pp. 1-3. https://www.nbcnews.com/id/wbna 41723439 (2024/11/19 最終アクセス)

Reyes, P. (1994) Cultural Citizenship and Social Responsibility: A Call for Change in Educational Administration, *UCEA Review*, 35 (1), pp. 1, 11-13.

Reyes, P. Wagstaff, L. H., & Fusarelli, L. D. (1999) Delta Forces: The Changing Fabric of American Society and Education, in Murphy, J. & Louis, K. S. (eds) *Handbook of Research on Educational Administration: A Project of the American Edcuational Research Association*, pp. 183-201.

Reynolds, D. & Teddlie, C. with Creemers, B., Scheerens, J., & Townsend, T. (2000a) An Introduction to School Effectiveness Research, in Teddlie, C. & Reynolds, D. (eds) *The International Handbook of School Effectiveness Research*, Falmer Press, pp. 3-25.

Reynolds, D. & Teddlie, C. with Hopkins, D. & Stringfield, S. (2000b) Linking School Effectiveness and School Improvement, in Teddlie, C. & Reynolds, D. (eds) *The*

参照・引用文献　　489

International Handbook of School Effectiveness Research, Falmer Press, pp. 206-231.

Riley, R. W. (1985) Task Force on Readiness, in National Governors' Association, *Time for Results: The Governors' 1991 Report on Education*. pp. 96-119.

Robinson, R. D., McKenna, M. C., & Wedman, J. M. (1996) *Issues and Trends in Literacy Education*, Allyn and Bacon.

Roe, W. H. & Drake, T. L. (1980) *The Principalship*, 2nd ed, Macmillan Publishing Co., Inc, New York and Collier Macmillan Publishers, London.

Roeser, R. W. Eccles, J. S., & Sameroff, A. J. (2000) School as a Context of Early Adolescents' Academic and Social-emotional Development: A Summary of Research Findings, *The Elementary School Journal*, 100 (5), pp. 443-471.

Rose, L. C. & Gallup, A. M. (2006) The 38th Annual Phi Delta Kappa/Gallup Poll of the Public's Attitudes Toward the Public Schools, *Phi Delta Kappan*, 88 (1), pp. 41-56.

Rothman, R. (1990, January 24) NAEP Will Make Its Most Extensive Use of Performance Items, *Education Week*, 9 (18), pp. 1, 21.

Rothman, R. (1990, February 14) Aiming for "Definition of Literacy", NAEP Considers 1992 Reading Test, *Education Week*, 9 (21), pp. 1, 22.

Rothman, R. (1990, March 21) From a 'Great Debate' to a Full-Scale War: Dispute over Teaching Ready Heats Up, *Education Week* March 21, 1990, pp. 1-7.

Rowan, B. (1990) Applying Conception of Teahcing to Organizational Reform, in Elmore and Associates (eds) *Restructuring Schools: The Next Generation of Educational Reform*, Jossey-Bass, Inc, pp. 31-58.

Scheurich. J. J. & Liable, J. (1995) The Buck Stop Here-In Our Preparation Programs: Educative Leadership for All Children (No Exception Allowed), *Educational Administration Quarterly*, 31 (2), pp. 313-322.

Scheurich, J. J. & Skrla, L. (2003) *Leadership for Equity and Excellence*, Corwin Press, Inc.

Schultz, T. W. (1963) *The Economic Value of Education*, Columbia University Press.

Schwartz, R. B. (2003) The Emerging State Leadrship Role in Education Reform: Notes of a Participant-Observer, in Gordon, D. T. (ed) *A Nation Reformed? American Education 20 Years after A Nation at Risk*, Harvard Education Press, pp. 131-151.

Sedlak, M. W., Wheeler, C. W., Pullin, D. C., & Cusick, P. A. (1986) *Selling Students Short: Classroom Barganing and Academic Reform in the American High School*, Teachers College Press.

Seiler, G. & Elmensky, R. (2007) The Role of Communal Practices in the Generation of

Capital and Emotional Energy among Urban African American Students in Science Classrooms, *Teachers College Record*, 109 (2), pp. 391-419.

Sergiovanni, T. J. (1989) The Leadership Needs for Quality Schooling. in Sergiovanni, T. J. & Moore, J. H. (ed) *Schooling for Tomorrow: Directing Reforms to Issues that Count,* Allyn & Bacon, pp. 213-226.

Sergiovanni, T. J. (1991) The Dark Side of Profesionalism in Educational Administration, *Phi Delta Kppan,* 72 (7) (March 1991), pp. 521-556.

Sergiovanni, T. J. (1992) *Moral Leadership: Getting to the Heart of School Improvement,* Jessy-Bass Inc.

Sergiovanni, T. J. (2006) *The Principalship: A Reflective Practice Perspective,* 5th Edition. Pearson Education, Inc.

Shade, B. J., Kelly, C. A., & Oberge, M. (1997) *Creating Culturally Responsive Classrooms,* American Psychology Association.

Shakeshaft, C. (1988) Women in Educational Administration: Implications for Training, in Griffiths, D. E., Stout, R. T., & Forsyth, P. B. (eds), *Leaders for America's School, The Report and Papers of the National Commission on Excellence in the Educational Administration,* pp. 403-416.

Shanker, A. (1988) Reforming the Refrom Movement, *Educational Administration Quarterly,* 24 (4) pp. 366-373

Shanker, A. (1990) The End of the Traditional Model of Schooling—and A Proposal for Using Incentives to Restructure Our Public School, *Phi Delta Kappan,* 71 (5) (January 1990), pp. 345-357.

Shipman, N. & Murphy, J. (1999) ISLLC Update, *UCEA Review,* 40 (2), pp. 13, 18.

Shouse, R. C. (1996) Academic Press and Sense of Community: Conflict, Congruence, and Implications for Student Achievement, *Social Psychology of Education,* vol. 1, pp. 47-68.

Silver, P. (1983) *Educational Administration, Theoretical Perspectives on Practice and Research,* Harper & Row, Publishers, Inc.

Sizer, T. R. (1984) *Horace's Compromise: The Dilemma of the American High School,* Houghton Mifflin Company.

Skrla, L. & Scheurich, J. J. (2001) Displacing Deficit Thinking in School District Leadership, *Education and Urban Society,* 33 (3), pp. 235-259.

Skrla, L., Scheurich, J. J., Johnson, J. F., & Korschoreck, J. W. (2001) Accountability for Equity: Can State Policy Leverage Social Justice?, *International Journal of Leadership in Education,* 4 (3), pp. 237-260.

Slavin, R. E. (1988) On Research and School Organization: A Conversation with Bob Slavin, *Educational Leadership,* 46 (2), pp. 22-29.

Slavin, R. E. (1990) *Successful Programs for at Risk Students.* Paper presented at the Vanderbilt Institute for Policy Studies, Vanderbilt University.

Slavin, R. E. (1996) Neverstreaming: Preventing Learning Disabilities, *Educational Leadership,* 53 (5) (February 1996), pp. 4-7.

Slavin, R. E., Madden, N. A., Karweit, N. L. Livermon, B. J., & Doran, L. J. (1989) Center for Research on Elementary and Middle Schools, Center for Research on Effective Schooling for Disadvantaged Students, The Johns Hopkins University, Can Every Child Learn? An Evaluation of "Success for All" in an Urban Elementary School, *Journal of Negro Education,* 58 (3), pp. 357-366.

Sleeter, C. E. (1993) Foreword, in Capper, C. A. (ed) *Educattional Administration in a Pluralistic Society,* State University of New York Press, pp. ix-xi.

Sleeter, C. E. (2009) Teacher Education, Neoliberalism, and Social Justice, in Ayers, W., Quinn, T., & Stovall, D. (eds) *Handbook of Social Justice in Education,* Routledge, pp. 611-624.

Sleeter, C. E. & Grant, C. A. (1988) *Making Choice for Multicultural Education: Five Approaches to Race, Class and Gender,* Merrill Publishing Company.

Sleeter, C. E. & Grant, C. A. (2009) *Making Choice for Multicultural Education: Five Approaches to Race, Class and Gender,* John Wiley & Sons, Inc.

Smerdon, B. A. (2002) Students' Perceptions of Membership in Their High Schools, *Sociology of Education,* 75 (4), pp. 287-305.

Smith M. & O'Day, J. (1991) Systemic School Reform, in Furman, S. H. & Malen, B. (eds) *The Politics of Curriculum and Testing,* The Falmer Press, Taylor & Francis Inc, pp. 233-267.

Smith, M. & Scoll, B. W. (1995) The Clinton Human Capital Agenda, *Teachers College Record,* 96 (3), pp. 389-404.

Smylie, M. K. & Murphy, J. (2018) School Leader Standards From ISLLC to PSEL: Notes on Their Development and the Work Ahead, *UCEA Review,* Fall 2018, pp. 24-28.

Snyder, J., Lieberman, A., Macdonald, M. B., & Goodwin, A., L. (1992) *Makers of Meaning in a Learner-Centered Schools: A Case Study of Central Park East 1 Elementary School,* The National Center for Restructuring Education, Schools, and Teaching, ED 355 293.

Spillane, J. P. (2006) *Distributed Leadership*, Jossey-Bass.

Spring, J. H. (1988) *Conflict of Interests: The Politics of American Education*, Longman Inc.

Starratt, R. (1991) Building an Ethical School: A Theory for Practice in Educational Leadership, *Educational Administration Quarterly*, 27 (2), pp. 185–202.

State of Massachuset (2001) *Standards for School Leaders Policies*, http://www.doe.mas. edu/boe/docs/1008/item6.html (2006/1/10 最終アクセス)

Strike, K. A. (1995) Ethics, Inclusiveness, and the UCEA Knowledge Base, *Educational Administration Quarterly*, 31 (4), pp. 632–639.

Strike, K. A. (2007) *Ethical Leadership in Schools: Creating Community in an Environment of Accountability*, Corwin Press.

Sunderman, G. L. & Kim J. (2004) *Inspiring Vision, Disappointing Results: Four Studies on Implementing the No Child Left Behind Act*, The Civil Rights Project: Harvard University.

Sunderman, G. L. (2006) *The Unraveling of No Child Left Behind: How Negotiated Changes Transform the Law*, The Civil Rights Project: Harvard University.

Supperville, D. R. (2015) School-Leader Standards to Get More Revision, *Education Week, Online version*, pp. 1–3, http://www.edweek.org/ew/Articles/2015/05/08/new-school-leader-stir-Dissent. html. (2016/10/31 最終アクセス)

Teachers College Record (1995) Reflections on Goals 2000, *Teachers College Record*, 96 (3), pp. 380–491.

Theoharis, G. (2004) *At No Small Cost: Social Justice Leaders and their Response to Resistance*, A dessertation submitted in partial fulfillment of the requirement for the degree of Doctor of Philisophy at the University of Wisconsin-Madison.

Theoharis, G. (2007) Social Justice Educational Leaders and Resistance: Toward a Theory of Social Justice Leadership. *Educational Administration Quarterly*, 43 (2), pp. 221–258.

Thompson, G. L. (2004) *Through Ebony Eyes: What Teachers Need to Know But Are Afraid to Ask About African American Students*, Jossey-Bass, A Wiley Imprint.

Thomson, S. D. (1999) Causing Change; The National Policy Board for Educational Administration, in Murphy, J. & Forsyth, P. B. (ed) *Educational Administration: A Decade of Reform*, Corwin Press, Inc., pp. 93–114.

Thrupp, M. (2001) Sociological and Political Concerns about School Effectiveness Research: Time for a New Research Agenda, *School Effectiveness and School*

Improvement, 12 (1), pp. 7–40.

Tishman, S., Jay, E., & Perkins, D. N. (1993) Teaching Thinking Dispositions: From Transmission to Enculturation, *Theory into Practice*, 32 (3), pp. 147–153.

Tyack, D. (1993) School Governance in the United States: Historical Puzzles and Anomalies, In Hannaway, J. & Carnoy, M. (eds) *Decentralization and School Improvement*, Jossey-Bass. pp. 1–32.

UCEA (1980) *UCEA Review*, 21 (3), pp. 11–13.

UCEA (1985) *UCEA Review*, 26 (3), pp. 1–2

UCEA (1986a) *UCEA Review*, 27 (1), pp. 1, 8

UCEA (1986b) *UCEA Review*, 27 (2), pp. 1–3

UCEA (1986c) *UCEA Review*, 27 (3), pp. 1–2

UCEA (1986d) *UCEA Review*, 28 (1), p. 2

UCEA (1987a) *UCEA Review*, 28 (2), p. 1

UCEA (1987b) *UCEA Review*, 28 (3), pp. 1–3

UCEA (1987c) *UCEA Review*, 28 (4), p. 3

UCEA (1988) *UCEA Review*, 29 (1), pp. 4–7

U. S. Department of Education (1988) *Schools That Work: Educating Disadvantaged Children*. ED280 938.

U. S. Department of Education (1991) *America 2000: An Education Strategy*, ED327009.

U. S. Department of Education (2010) *A Blueprint for Reform: The Reauthorization of the Elementary and Secondary Education Act*.

Valencia, R. R. (1997) *The Evolution of Deficit Thinking: Educational Thought and Practice*, Falmer.

van Velzen, W., Miles, M., Ekholm, M., Hameyer, U., & Robin, D. (1985) *Making School Improvement Work: A Conceptual guide to Practice*, Leuven: Belgium, ACCO.

Viadero, D. (1989) L. A. School Embraces a West German Import, *Education Week*, November 1, 9 (9), 1, 10, 18.

Villegas, A. M. (2007) Dispositions in Teacher Education: A Look of Social Justice, *Journal of Teacher Education*, 58 (5), pp. 370–380.

Vinovskis, M. A. (1996) An Analysis of the Concept and Uses of Systemic Educational Reform, *American Educational Research Journal*, 33 (1), pp. 53–85.

The Wallace Foundation (2006) *Leadership for Learning: Making the Connections Among State, District and School Policies and Practices*, Wallace Foundation, New York.

Warner, I. (1991) Parent in Touch, *Phi Delta Kappan*, January 1991, pp. 372-366.

Wasley, P. (2006) Accreditor of Education Schools Drops Controversial "Social Justice" Standard for Teacher Candidates, *Chronicle of Higher Education*, June 16, 2006. p. A13.

Waters, T. & Grubb, S. (2004) *The Leadership We Need: Using Research to Strengthen the Use of Standards for Administrator Preparation and Licensure Program*, Aurora, Co. Mid-continent Research for Education and Learning.

Watkins, J. M. & Lusi, S. F. (1989) *Facing the Essential Tensions: Resturcturing from Where You Are*, Paper presented at the Annual Meeting of the American Educational Research Association, ED 308 580.

Watt, J. (1989) Devolution of Power: The Ideological Meaning. *Journal of Educational Administration*, 27 (1), pp. 19-28.

Weber, G. (1971) *Inner-City Children Can Be Taught to Read: Four Successful Schools*, Council for Basic Education.

Wehlage, G. G., Rutter, R. A., & Turnbaugh, A. (1987) A Program Model for At-Risk High School Students, *Educational Leadership*, 44 (6), pp. 70-73.

Weick, K. E. (1976) Educational Organizations as Loosely Coupled System, *Administrative Science Quareterly*, 20 (1), pp. 1-19.

Weick, K. E. & McDaniels, R. R. (1989) How Professional Organizations Work: Implications for School Organization and Management, in Segiovanni, T. J. & Moore J. H. (eds) *Schooling for Tomorrow: Directing Reforms to Issues that Count*, Allyn & Bacon, pp. 330-355.

WestEd (2003) *Moving Leadership Standards Into Everyday Work: Description of Practice*, WestEd.

The White House, Office of the Press Secretary (1991) *Remarks by the President at the presentation of National Education Strategy*, ED 327 009.

The White House, Office of the Press Secretary (2009) *Remarks by the President in a National Address to America's School Children*, https://Obamawhitehouse.archieves. gov/the-press-office/remarks-president-a-national-address-americas-schoolchildren. （2019/5/6 最終アクセス）

Whitty, G. (2002) School Improvement and Social Inclusion: Limits and Possibilities, in Haton, A. (ed) *Making Sense of Education: Studies in the Sociology and Politics of Education*, Paul Chapman Publishing.

Wigfield, A., Eccles, J. S., & Rodriguez, D. (1998) The Development of Children's

参照・引用文献 495

Motivation in School Context. *Review of Research in Education*, 23 (1), pp. 73-118.

Wiggins, G. (1989) *Happy Taking and Teaching to the (Authentic) Test: Instructionally-Supportive Assessment*, Council of Chief State School Offices.

Wiggins, G. (1991) Standards, Not Standardization: Evoking Quality Student Work, *Educational Leadership*, 48 (5) pp. 18-25.

The Wiliam T. Grant Foundation Commission on Work, Family and Citizenship, (1988) *The Forgotten Half: Pathway to Success for America's Youth and Young Families*. William T. Grant Foundation.

Willower, D. J. (1980) Contemporary Issues in Theory in Educational Administration, *Educational Administration Quarterly*, 16 (3), pp. 1-25.

Wilmore, E. L. (2002) *Principal Leadership: Applying the New Educational Leadership Constituent Standards*. Crown Press.

Wilson, B. L. & Corbett, H. D. (2001) *Listening to Urban Kids: School Reform and the Teachers They Want*, SUNY Press.

Wise, A. E. (1989a) Professional Teaching: A New Paradigm for the Management of Education, in Sergiovanni, T. J. & Moore, J. H. (eds) *Schooling for Tomorrow: Directing Reforms to Issues That Count*. Allyn & Bacon, pp. 301-310.

Wise, A. E. (1989b) Calling for "National Institute of Education", *Education Week*, 9 (7), p. 36.

Wood, P. (2008) A Degree in Agitprop, *National Association of Scholars*, http://www.nas. org/articles/a_degree_in_agitprop (2015/5/23 最終アクセス)

Young, M. D. (2009) From the Director: The Politics and Ethics of Professional Responsibility in Educational Leadership Professoriate, *UCEA Review*, 50 (2), pp. 1-4.

Zeichner, K. (1996) Educating Teachers for Cultural Diversity, in Zeichner, K., Melnick, S., & Gomez, M. L. (eds) *Current of Reform in Preservice Taecher Education*, Teachers College Press, pp. 133-175.

Zeichner, K. (2009) *Teacher Education and the Struggle for Social Justice*, Routledge.

おわりに

筆者は，いわゆる 55 年体制が構築されたといわれる 1955（昭和 30）年に，兵庫県西宮市の市立今津小学校を卒業した．本書を，同小学校の故大橋寛教諭，故磯野正二教諭，故松阪龍起教諭および，これらの先生方に差別なく寄り添って教育してもらったと強く記憶している同級生たちに捧げたい．子どもながらに感じ取った先生方との心のつながり体験が，教育の理想の姿のひとつとして筆者の脳裏に焼き付いており，本書の原点となり，背骨にもなっていると考えるからである．戦後間もない当時，先生方はおそらく「民主主義」とは何か，「教育」とは何か，を手探りで求め，実践しようとされていたと思い返される．先生方は，勉強についていけなくて自信をなくしていた子や，家計が苦しかった子も差別をされなかった．授業についていけない生徒がいれば，説明の仕方を変えて，理解できるまで，通常の授業時間を超えて教えておられた．本書で訴えようとした，「すべての子どもは学べる」という考え方をごく自然に持っておられたのだと思う．また，作詩を教えてくださったのも先生方である．算数の苦手な子どもも，生活が苦しそうな子どもも，外国にルーツを持つ子も，自分の気持ちを自由に表現する作詩に喜びを見出していたように思うし，作詩を通じて物を見る目や，言葉の使い方など，知能の発達もそこから促進されたように思う．本書で書こうとした学習理論と相容れるものがあると考えるからである．

本書は，東京大学に提出した博士学位請求論文（2020 年 5 月に博士（教育学）の学位を取得）に一部加筆修正を行って出版するものである．

筆者の研究関心は，民間金融機関駐在員としての 15 年に亘る在米勤務と，その間，わが子の教育を通じて知り合った教員や校長と接する機会から得た体験に基づいている．特に，ビジネスと教育におけるリーダーシップの差異や，米国の校長のリーダー像と日本の校長のリーダー像の大きな差異は，筆者の研究に通底する問いに連なるものである．滞米中の 1996 年に，『学校管理職の基

準』が発表され，そこで示されていた「すべての生徒の成功を促進する」とい
う日本では見かけられない倫理的・道徳的な考え方をもつリーダーシップ論に
関心を持ったことが研究の出発点であった．仕事人生をリタイアしたあと，京
都大学大学院に入学し，修士論文『「学校管理職の基準」に関する研究——新
しいリーダーシップ論』（未公表）で，今般の博士論文の基礎となる歴史研究
を行った．

　東京大学大学院博士課程における研究は，日本における「教職＝専門職論」
の検討をテーマにした共同研究からスタートしている．教職の専門職性に係る
内外の研究をレビューする中で，国内の研究においては，専門職としての要件
のひとつである倫理綱領を対象とした研究が不足しており，海外の研究を参照
する必要があることがわかった．そこで，米国最大の教員組織である全米教育
協会（NEA）の 1975 年版（最新版）の倫理綱領の分析を行い，そこに「すべ
ての生徒のニーズの実現」に「奉仕する」という教職固有の専門職性が示され
ていることを明らかにした．

　またその研究の結果，同時代のアメリカの校長職には倫理綱領が存在しない
ことを知ることになった．「多くの校長は，すべきことを行うように訓練され
ていない」との，全国知事会の報告書『結果を出す時』の指摘を重ね合わせる
と，当時の校長は，マネジメントの責任者ではあるが，専門職とは見なされて
いなかったと考えられる．多くの教育改革が行われる中で，校長のあるべき姿
を求めて校長職のステータスを向上させ，確立しようとした，教育経営の卓越
性に関する全米委員会（NCEEA）の活動があった．NCEEA を中心とする研
究者や実践家を総動員したといってもよい活動が展開されたことを知るに至っ
た．校長のあるべき姿を求める活動は，NCEEA の研究成果を基礎として，そ
の後も多数の研究者や実践者の研究が続けられ，本書の主たる研究課題である
『学校管理職の基準』に到達するのである．筆者は，このような膨大な研究蓄
積の源流となる NCEEA について調査を始めた．NCEEA におけるエネルギ
ー溢れる膨大な研究活動の全体像を把握するために，バージニア大学内に存在
する教育経営大学協議会（UCEA）の本部を 3 度にわたって訪問した．当時の
専務理事であったミッシェル・ヤング氏と面談するとともに，資料室にある数
百個の段ボール箱に収められている資料を調査させてもらった．ヤング氏及び，

おわりに

調査に協力してくださったスタッフに心からの感謝を申し上げたい.

『学校管理職の基準』を,関連する文献だけを頼りにして研究を進めることに限界を感じて,その主筆であるジュセフ・マーフィー教授をバンダービルト大学に訪ねた.マーフィー先生は,公表された研究業績もない筆者が,紹介状もなしで訪問したにもかかわらず,あらかじめ送っておいた質問集に基づいて重要と考えられる参考文献を机上に山のように積み上げて,筆者を待ち受け,細かい質問にも丁寧に答え,示唆し,図を書いて説明するなどの指導をしてくださった.その後2回の訪問を行っている.『学校管理職の基準』の深みに分け入れたのは,実にマーフィー先生のお陰であると深く感謝するものである.

東京大学では,勝野正章教授,大桃敏行教授(現学習院女子大学長),村上祐介教授に,ご指導を受けた.高齢者で,ビジネス経験が長く,ビジネス風の文章に凝り固まっている筆者の指導は大変だったであろうと想像している.本書で,「すべての子どもは学べる」という重要な言説を述べてきたが,この言説を地で行く,すなわち,「高齢者も学ぶことができる」と信じて指導して頂いたものと想像している.「教育」とはこういうものではないかと,先生方に指導頂きながらいつも感じていたし,今も感じている.論文とは何か,歴史研究はどうあるべきか,など基礎から指導して頂いたお陰で,博士論文らしいものになってきたと考え,感謝に堪えない.

特に勝野先生には,博士課程入学時から,こうして出版に至るまでに,筆舌に尽くせないご指導を受けた.日本の校長について研究するために,某中学校の第三者委員として参加させてもらったり,埼玉県の8高校の調査に参加させてもらったりして,研究のチャンスを与えて頂いたのも勝野先生であった.また一時期,指導教員となって頂いた大桃先生からは,先行研究に語らせよ,という指導を受け,またややもすると研究を広げてしまい焦点を見失いがちな筆者を押しとどめて頂いた.大桃先生のご指導がなければ,博士論文にまとめ上げることは出来なかったと,深く感謝している.村上先生には,文章表現に適切なご指摘とご助言を頂いてきた.先生ご自身のご研究内容とは異なる筆者の研究内容にも理解を示され,学術論文とは何かを,常に柔らかくも鋭く指摘して頂いた.筆者に「博士論文を成功させてあげたい」という先生のお言葉によって筆者の背中を何度も押して頂いた.

京都大学経済学部の同期生で，名城大学名誉教授である森川章氏にも改めて心から御礼を申し上げたい．森川氏からは，論争的な内容から細かい「てにをは」に至るまで，改善点の指摘や，学術書としてのレベルアップにつながるような示唆や助言を頂いた．

東京大学大学院博士課程の学校開発政策コースの研究室では，研究テーマも，研究の方法も，考え方も異なる，個性豊かな 5 人の同期生に恵まれた．彼らは論文を違った側面から率直に，鋭く批判し，また同時に示唆もしてくれるという，まさしくよき学友であった．大きな年齢差があり，理解や学びのスピードの遅い筆者を，先端を行く新進気鋭の研究者たちと差別することなく，同列に扱ってくれたことに感謝している．中でも櫻井直輝氏（現放送大学准教授）と，福嶋尚子氏（現千葉工業大学准教授）からは，博士論文と本書を仕上げるについて，計り知れない教示や示唆を得てきた．改めて深謝したい．例えば，福嶋氏には，本書の重要なキーワードとなっている「リスクのある生徒」の定義をどうすべきか悩んでいた時に，筆者が考えている「リスクのある生徒」とは，「現在すでに困難を抱えた子どもだけではなく，これから何かしらの問題に直面するかもしれないリスクを抱えた子どもを含めた子どもたち」ではないかという重要な示唆を頂いた．この語句を定義とすることで，論文を適切に書き進めることが出来たと感謝に堪えない．一方，櫻井氏には，筆者が捉えていない最新の教育政策の動向に関する情報を常に頂いたし，博士論文や本書の仕上げに深く関わって，数多くの示唆を頂いた．本書を刊行できるのは一重に櫻井氏の助言があってのことであると深謝している．

本書は，独立行政法人日本学術振興会令和 6（2024）年度科学研究費助成事業（科学研究補助金）（研究成果公開促進費）課題番号 24HP5139 の交付を受けて，また同時に 2024 年度東京大学学術成果刊行助成を受けて刊行される．東京大学出版会には出版を快く引き受けて頂き，後藤健介氏に編集を担当して頂いた．後藤氏に多大なるご協力・ご支援を頂いたことを深く御礼申し上げる．

令和 6 年 6 月

津 田 昌 宏

人名索引

ア 行

アーノット，M.（Arnot, M.）　390, 393

アイヤーズ，W.（Ayers, W.）　7

アドラー，M. J.（Adler, M. J.）　41

アレキサンダー，L.（Alexander, L.）　43, 354

アンセス，J.（Ancess, J.）　177

アンダーマン，E. M.（Anderman, E. M.）　397

池田寛　413

石井英真　184, 228

今村令子　75, 112

イングリッシュ，F.（English, F.）　245, 246, 248, 250

ウィーレス，J. G.（Weeres, J. G.）　395

ウィギンス，G.（Wiggins, G.）　132

ウィグフィールド，A.（Wigfield, A.）　397

ウィッティ，G.（Whitty, G.）　114

ウィルソン，B.（Wilson, B.）　390

ウィルソン，W. J.（Wilson, W. J.）　84

ウエイク，K.（Weick, K.）　116

ウエーバー，G.（Weber, G.）　96, 179, 258

上森さくら　281

ウォーターズ，T.（Waters, T.）　321

牛渡淳　258

ウッド，P.（Wood, P.）　319

エセックス，N. L.（Essex, N. L.）　295, 296

エドモンズ，R.（Edmonds, R.）　16, 41, 74, 96, 97, 258, 275

エニス，R. H.（Ennis, R. H.）　228

エルメスキー，R.（Elmesky, R.）　392, 393

エルモア，R.（Elmor, R.）　136, 137, 139, 140, 173, 188, 269

遠藤貴広　187

オア，M.（Orr, M.）　367

大竹晋吾　9, 335

大野裕己　3

大桃敏行　79, 162

岡東壽隆　5

奥村裕一　345

小島弘道　3, 5, 7

オデイ，J.（O'Day, J.）　156, 168, 187

オバマ，B. H.（Obama, B. H.）（第44代大統領）　261, 342, 343, 344, 350, 351, 353
　　──候補　343

オリバー，M.（Oliva, M.）　7

カ 行

海津亜希子　333

ガットマン，A.（Gutmann, A.）　334

勝野正章　116, 332

苅谷剛彦　413, 414

カルバートソン，J. A.（Culbertson, J. A.）　19, 54

川口俊明　114

川島啓二　19

ギボニー，R. A.（Gibboney, R. A.）　66, 192

キム，J.（Kim, J.）　297, 298, 300, 301

キューバン，L.（Cuban, L.）　78, 108

吉良直　290

クーパー，B. S.（Cooper, B. S.）　61

クックソン，Jr. P. W.（Cookson, Jr. P. W.）　165-167

クライン，A.（Klein, A.）　354

グラブ，S.（Grubb, S.）　321

グラント，C.（Grant, C.）　283-284, 374

グリックマン，C. D.（Glickman, C. D.）　51

グリフィス，D. E.（Griffiths, D. E.）　4, 5, 19, 54, 55, 57, 61, 65-67, 70, 72, 76, 194, 196, 197, 226

クリントン，B.（Clinton, B.）（第42代大統領）　47, 55, 106, 107, 152, 153, 155, 158-160, 162-168, 181, 182, 264, 290, 339

グリーンフィールド，T. B.（Greenfield, T. B.）　4, 19, 20, 26, 57, 58, 75, 76

グリーンフィールド，W. D.（Greenfield, W. D.）　62

クルーグマン，P.（Krugman, P.）　319

グレン，C.（Glenn, C.）　46

クロッペンバーグ，J. T.（Kloppenburg, J. T.）　349

河野和清　3, 19

コールマン，J.（Coleman, J.）　79, 95, 96

コゾル，J.（Kozol, J.）　209

コルベット，D.（Corbett, D.）　390

コンレイ，D. T.（Conley, D. T.）　120, 121, 135, 137, 139-141, 180, 214

サ 行

サージオバニ，T.（Sergiovanni, T.）　4, 26, 192, 193

サイザー，T. R.（Sizer, T. R.）　122, 125, 254

サイモン，H.（Simon, H.）　21, 27

佐藤三郎　112

佐藤仁　257

サラップ，M.（Thrupp, M.）　114

サンダーマン，G. L.（Sunderman, G. L.）　297, 298, 300, 301

サンデル，M. J.（Sandel, M. J.）　257

ジェイ，E.（Jay, E.）　229

ジェイコブソン，S. L.（Jacobson, S. L.）　52, 66, 67, 73, 192

シェークシャフト，C.（Shakeshaft, C.）　61

シェード，B. J.（Shade, B. J.）　387, 394

ジェニングス，J.（Jennings, J.）　106, 115, 116, 161, 186

ジェンクス，C.（Jencks, C.）　80, 95, 96

シップマン，N.（Shipman, N.） 212,
217-219

篠原岳司 344

清水貞夫 145, 333

ジャクソン，B.（Jackson, B.） 61

シャンカー，A.（Shanker, A.） 46,
50, 55, 66

シューリッヒ，J. J.（Scheurich, J. J.）
194, 195, 274, 275, 277

シュルツ，T. W.（Schultz, T. W.）
35

シュワルツ，P.（Schwarz, P.） 126

ショーズ，R.（Shouse, R.） 399

シルバー，P.（Silver, P.） 55

ジョンソン，L. B.（Johnson, L. B.）（第
36代大統領） 78, 255, 421

スカーラ，L.（Skrla, L.） 273-275,
277

スコール，B.（Scoll, B.） 163, 164

スターラット，R.（Starratt, R.）
207, 234

スタインバック，R.（Steinbach, R.）
249

スタウト，R. T.（Stout, R. T.） 57

ストライク，K. A.（Strike, K. A.）
206

スプリング，J. H.（Spring, J. H.）
67

スペリング，M.（Spelling, M.） 300

スマイリー，M.（Smylie, M.） 367,
368, 380, 381, 402, 406, 421, 438

スミス，M.（Smith, M.） 104, 156,
163, 164, 168, 187

スラビン，R. E.（Slavin, R. E.） 41,
74, 170, 186

スリーター，C. E.（Sleeter, C. E.）
68, 283, 374

セイラー，G.（Seiler, G.） 392, 393

曽余田浩史 4, 19

タ 行

ダーハム，R. E.（Durham, R. E.）
293

ダーリング＝ハモンド，L.（Darling-
Hammond, L.） 133, 134, 168,
169, 171, 172, 176, 184, 185, 268, 269,
286, 287, 289, 301, 327, 343, 411, 436

ダンカン，A.（Duncan, A.） 352,
411

チャイルズ，J.（Childs, J.） 405,
406

ツァイヒナー，K.（Zeichner, K.）
281, 282

柘植雅義 333

土屋恵司 333

露口健司 8, 23, 103, 114, 256, 373, 413,
435

ディール，A. D.（Deal, A. D.） 314

ティッシュマン，S.（Tishman, S.）
229

デイビス，S.（Davis, S.） 321

テオハリス，G.（Theoharis, G.）
306, 307, 311, 374

デューイ，J.（Dewey, J.） 227

トムソン，S. D.（Thomson, S. D.）
254

ドレイク，T. L.（Drake, T. L.） 32,
73

トンプソン，G. L.（Thompson, G. L.）
391, 393
ドンモイヤー，R. I.（Donmoyer, R. I.）
193, 194

ナ 行

中留武昭　371
鍋島祥郎　80
ニューマン，F. M.（Newmann, F. M.）
167, 173, 174, 400
ネイサン，J.（Nathan, J.）　38-40
ノディングス，N.（Noddings, N.）
42, 206, 210

ハ 行

パーキー，S.（Purkey, S.）　104
パーキンス，D.（Perkins, D.）　226,
227
ハーグリーブス，A.（Hargreaves, A.）
256
バーシン，A.（Bersin, A.）　265
バース，R.（Barth, R.）　55
バーレル，G.（Burrell, G.）　60, 75,
305, 333
バイデン，J.（Biden, J.）　342
ハウ，K. R.（Howe, K. R.）　208, 407
浜田博文　2, 9, 44, 45, 185, 241, 254,
255
葉養正明　267
ハリンガー，P.（Hallinger, P.）　99,
102, 103, 168, 170, 204
バレンシア，R.（Valencia, R）　274,
275
ピッカリング，D. J.（Pikering, D. J.）

228
ピポ，C.（Pipho, C.）　34, 35
ピントリッチ，P. R.（Pintrich, P. R.）
397
ファーカス，G.（Farkas, G.）　293
ファーマン，G.（Furman, G.）　6,
188, 234, 301-306, 328, 372, 373
ファーマン，S. H.（Fuhrman, S. H.）
318
ファーレイ，A.（Farley, A.）　405,
406
ファイアーストーン，W. A.（Firestone,
W. A.）　105, 106
ファデル，C.（Fadel, C.）　414
フィン，C. E.（Finn Jr., C. E.）　75
フォアマン，B. R.（Foorman, B. R.）
296
フォーシス，P. B.（Forsyth, P. B.）
57, 62, 66
フォスター，W.（Foster, W.）　60,
68, 72
フスク，S. B.（Husk, S. B.）　154
ブッシュ，G. H. W.（Bush, G. H. W.）
（第41代大統領）　152, 162, 165,
181, 264
ブッシュ，G. W.（Bush, G. W.）（第43
代大統領）　338, 353
フットレル，M. H.（Futrell, M. H.）
37, 46, 50, 270
ブライク，A（Bryk, A.）　399
フラッター，J.（Flutter, J.）　388
フラナリー，R. A.（Flanary, R. A.）
13, 322, 335
ブランコウム，L. M.（Branscomb, L.

人名索引　　　505

M.)　50

ブルーム, B. S.（Bloom. B. S.）　41

ヘアー, T.（Hehir, T.）　331

ベイツ, R. J.（Bates, R. J.）　58

ヘス, F. M.（Hess, F. M.）　75, 245

ベッカー, G.（Becker, G.）　35, 332

ベック, L. G.（Beck, L. G.）　45, 207, 208

ベネット, W.（Bennet, W.）　105

ベル, T. H.（Bell, T. H.）　31

ボイド, W. L.（Boyd, W. L.）　61

ボイヤー, E. L.（Boyer, E. L.）　81, 82, 254

ポプリン, M. S.（Poplin, M. S.）　395

マ　行

マーシャル, C.（Marshall, C.）　7, 271-273, 278, 279-281, 332

マーネン, R.（Murnane, R.）　269

マーフィー, J.（Murphy, J.）　13, 34, 45, 67-70, 99, 102, 103, 108, 109, 111, 136, 137, 139, 140, 142, 143, 145-151, 168, 170, 180, 185, 196, 203-205, 207-212, 214, 215, 217-219, 230, 233, 234, 236, 244-247, 251, 254, 358, 359, 366-368, 372, 380, 381, 385, 387, 397, 399, 400, 402, 406, 408, 424, 433

マイヤー, D.（Meier, D.）　126, 176, 179

マエロフ, G. I.（Maeroff, G. I.）　51, 90

マクローリン, M. W.（McLaughlin, M. W.）　133, 396

マッカーシー, M. M.（McCarthy, M.

M.)　61, 271, 367

マッキンタイヤ, D.（McIntyre, D.）　395

マックデル, E. L.（Mcdill, E. L.）　81

松尾知明　283-285

マルザーノ, R. J.（Marzano, R. J.）　228, 257

マルタダ, K.（Murtadha, K.）　303, 304

マレイ, F.（Murray, F. B）　49

マレシャル, G.（Marechal, G.）　334

ミラー, J.（Miller, J.）　136, 153

ミロン, L. F.（Miron, L. F.）　396

モーガン, G.（Morgan, G.）　60, 75, 305, 333

元兼正浩　10, 11

ヤ　行

山崎雄介　9, 10, 335

ヤング, M. D.（Young, M. D.）　319

ラ　行

ラーソン, C. L.（Larson, C. L.）　303, 304

ライアス, P.（Reyes, P）　195

ライアブル, J.（Liable, J.）　194, 195

ライト, P. W. D.（Wright, P. W. D）　112, 333

ライリー, R.（Riley, R.）　83

ラグ, C. A.（Lugg, C. A.）　35

ラップ, D.（Rapp, D.）　307

ラビッチ, D.（Ravitch, D.）　23, 80, 186, 296, 297, 326, 339, 355, 408, 413

ランド, D.（Land, D.）　81

リー, A. S.（Lee, A. S.）　197

リーズ, K. A.（Lees, K. A.）　305

リースウッド, K.（Leithwood, K.）
204, 249, 254

リーバーマン, A.（Lieberman, A.）
168

リトル, J. D.（Little, J. D.）　185

ルーズベルト, F.（Roosevelt, F. D.）
335

ルドック, J.（Rudduck, J.）　388

レーガン, R. W.（Reagan, R. W.）（第
40代大統領）　165, 263

レイノルズ, D.（Reynolds, D.）　93,

97, 98

レーニア, J.（Lanier, J.）　55, 66

ロウ, W.（Roe, W.）　32

ローリア, M.（Lauria, M.）　396

ロールズ, J.（Rawles, J.）　257, 306,
406

ロスマン, R.（Rothman, R.）　113

ロモッティ, K.（Lomotey, K.）　194,
195

ワ 行

ワイズ, A. E.（Wise, A. E.）　151,
313

事項索引

ア　行

アーカンソー州　　34, 113

『明日の教師』　49-50, 53, 66

アメリカ学校改善法（IASA）　　162-164, 166, 181, 264, 290

アメリカ学校管理職協会（AASA）　　75

アメリカ教育学会（AERA）　54, 412

アメリカ教育協議会（ACE）　86

アメリカ再生・投資法（ARRA）　344

『アメリカの学校のリーダー（*Leaders for America's School*）』　189, 213

ESEA 弾力化プログラム（ESEA Flexibility Program）　351

ウィスコンシン州　14

　　──マディソン　13, 14

ウェルビーイング　1, 12, 18, 48, 110, 233, 359-363, 367, 369, 375, 379-383, 385, 386, 401-405, 408-410, 417, 421, 427, 431, 436

　　──を促進することの意味　426-427

　　──の定義　23-26

　　日本社会に根差した──　2, 23

英語指導プログラム　295

エッセンシャル・スクール連盟（CES）　122, 125, 177, 180, 251, 252

オハイオ大学　286

カ　行

カーネギー教育財団　112

カーネギー財団　50, 52

改革への青写真　351

解釈主義　26, 76

学業上の成功　1, 12, 25, 48, 71, 233, 312, 355, 367, 369, 375, 379-381, 386, 393, 405, 409, 410, 418, 421, 427, 428, 431

「学業上の成功の促進」の意味するもの　422-426

学業成績指標（API）　265

学習者中心（Learner-centered）　17, 126, 148, 169, 170, 171, 179, 180, 218, 420, 424

　　──主義　124, 125, 180, 425

　　──のアカウンタビリティ　176-178, 182, 421

　　──のリストラクチャリング　181

学習障害者（learning disabilities）　331

学習への圧力（academic press）　233, 257, 344, 382, 383, 386, 398, 400, 401, 410, 426

学力　1, 11, 18, 95, 149, 255, 269, 309, 358, 409, 417, 434

　　──改善／向上／増進　12, 18, 71, 93, 109, 178, 182, 266, 280, 290, 291,

297, 322, 324, 328, 333, 338, 347, 354, 359, 361, 377, 408, 417, 419

——格差　7, 17, 35, 92, 291, 294, 327

——向上のプロセス　354

——水準　97, 256

——成長　268

——低下論　413

——テスト　114, 265, 354

——テスト体制　432

——の「計量可能性」　327

——不振／不足　91, 284

——を上げるという国家目標　152

——を規定する要因　80

標準——テスト　133, 265

学力評価のスタンダード　264

価値を考慮しない

——（value-free）科学　58

——科学的研究　20

——実証主義　247

——実証主義パラダイム　248

——リーダーシップ観　248

学校改善運動　105

学校改善（improvement）研究　83, 96, 98, 103-106

学校参加　45

学校選択　44, 45-47, 75, 117, 119, 179, 419

学校を基盤とした教育経営（SBM）　9, 44, 143, 146

カリフォルニア州　34, 132, 237, 265

官僚的アカウンタビリティ　171

『危機に立つ国家』　14, 32, 34, 35, 37, 41, 78, 81, 87, 88, 155, 157, 158, 263, 297, 419, 424

機能主義　2, 5, 185, 325, 413

——理論　61

機能的非識字　91, 129

逆向き設計　170, 187, 188, 329

教育委員会　2, 36, 37, 73, 120, 332, 434, 435

——制度　354

学区——　266, 354

教育改革

——の第 1 の波　31, 34-42

——の第 2 の波　31, 42-52

——の第 3 の波　31, 52-70

教育機会均等調査　79, 93

教育経営大学協議会（UCEA）　6, 53

教育経営の卓越性に関する全米委員会（NCEEA）　9, 53, 189

教育サミット　136, 150, 152-157, 160, 184, 264

『教育上のリーダーに期待される行動結果とその指標』　324

教育上不利な状態にある生徒　83, 432

教育振興基本計画　2, 23, 431

教育的に剥奪された子どもたち　79

教育における個人権利財団（FIRE）　313

教育における卓越性　90, 110

——に関する全国協議会　31

——の定義　37

教師の専門基準の全国委員会（NBPTS）　50

教師への権限移譲　16, 117, 131, 134, 143, 147, 151

教職の専門性　2

「教職の転換」に関する合意　349

共通学習基礎州スタンダード（CCSS）
338-340, 408

共通善（common good） 232, 234-235

協同学習 149, 150

クモの巣状の人間関係 221

グリフィス—グリーンフィールド論争
（G-G 論争） 19, 54, 55, 247

ケア 363, 400-401
　——の倫理 207-209, 225, 254

ケアリング 9, 62, 65, 72, 142, 210, 218, 234, 272, 313, 315, 316

経済開発のための委員会の調査政策委員会（CED） 88

経済協力開発機構（OECD） 24

『結果を出す時』 16, 43-48, 106, 155

欠損（deficit）をベースとする学校教育
364

欠損思考（Deficit Thinking : DT）
261, 307, 309, 329, 331, 387, 391, 423

「効果のある学校」研究 11, 16, 17, 29, 47, 77, 78, 84, 92, 97, 150, 174, 186, 214, 217, 252, 259, 369, 376, 391, 414, 417, 418, 423

構成された学習 383, 386, 391, 410, 426, 432

構成主義 113, 185, 217, 425
　——心理学 217, 376, 425
　——的学習観 170, 184, 218, 392
　——的な学習法 17, 180, 251, 252, 376
　——的な教育理論 424
　——リーダーシップ論 305

校長組合（The Council of Supervisors

and Administrators） 51

公平性，公平さ（equity） 37, 60, 71, 81, 97, 312, 373-375, 380, 381, 398, 405, 406, 422
　——の格上げ 421
　——の定義 38, 74
　分配上の—— 84, 97
　リストラクチャリングと—— 149

功利主義の倫理 208-209

公立学校アカウンタビリティ法
（PSAA） 265

コールマン・レポート 79, 80, 95

国家教育目標 152, 153, 155

国家的学力調査 333

コネチカット州 113, 238

コロラド州 113

コロンビア大学 316

サ　行

サウスカロライナ州 83, 113

作業する人
　教師が主たる—— 124, 147, 219
　生徒は—— 124, 125, 147, 185

参画的授業 382, 383, 386, 410, 426, 429, 432

実証主義 5, 18-21, 26, 55, 58, 60, 67, 71, 72, 76, 194, 196, 198, 226, 251, 253, 327, 376, 377, 409
　——的 61, 75, 113, 199, 247, 254, 315, 327, 365, 377, 384, 409, 415
　——的手法 197
　——と主観主義の二項対立 55
　——理論 21, 60, 67, 196
　論理—— 27, 67, 76, 196

社会改造主義（social reconstruction-ism）　282, 285, 287, 374

社会正義の倫理　208, 209

社会正義を志向する教育　281-283

周縁化　280, 281, 304, 307, 308, 332, 364, 407, 427, 428, 433

　　——された／したグループ　289, 326, 374

　　——した家族　310

　　——した子ども（たち）　7, 312, 375, 432

州間互換スクールリーダー免許協議会（ISLLC）　212

州間新任教師評価支援協議会（INTASC）　213

州議会関係者の協議団体（NCSL）　297

州教育長協議会（CCSSO）　85, 119, 121, 147, 179, 182, 212, 252, 320, 328, 337, 338-340, 341, 342, 349, 350, 352, 353, 356, 358, 367, 407, 420

　　——が期待する学校管理職像　352-353

　　——からの「基準」改定の提案　320-323

　　——のリストラクチャリング運動　126

主観主義　5, 18-21, 26, 55, 58, 60, 67, 71, 72, 76, 194, 196, 198, 226, 251, 253, 327, 376, 377, 409

　　——的（な）　6, 199, 226, 247, 253, 315, 365, 377, 384, 409

　　——理論　21

障がい者教育法　79, 112

障害のある者の教育に関する法律（IDEA）　295

初等中等教育法（ESEA）　78, 79, 115, 150, 264, 291, 337, 341, 345, 421

新基礎五科目　36

真正の学習（学び／勉強）　173-176, 182, 184, 256, 394-395, 414, 421

真正の学力　173

人的資本論　35, 73, 74, 88, 284, 332

新連邦主義　165, 187

　　NPM 型の——　167

　　教育上の——　166

スタンダード　10, 22, 38, 71, 74, 160, 174, 175, 184, 269, 290, 322, 345, 352

　　——化　11, 395, 433

　　——・アカウンタビリティ運動　304

　　——・テスト　41, 106, 116, 181, 265, 343

　　——・テスト・アカウンタビリティ　117, 119, 134, 152, 157, 161, 163, 182, 187, 261, 290, 326, 407, 420

　　——の定義　22-23

　　教育——　339

　　州——　350

　　政策——　323

　　ナショナル——　339

スタンフォード大学　286

すべての障害のある子どもの教育に関する法律（EAHCA）　295

すべての生徒が成功する法（ESSA）　354-355

すべての生徒は学べる　17, 41, 42, 71, 108, 111, 112, 130, 202, 223, 231, 233,

275, 277, 288, 314, 316, 329, 372, 392, 414, 422, 428

性向（disposition）　8-11, 211, 222, 223, 225, 226-235, 237, 240, 244, 253, 259, 321, 323-328, 334, 415, 417

──に関する批判　248-250

──をめぐる全面戦争　→第5章第3節

精神の習慣（habit of mind）　122, 124, 125, 140, 141, 178, 226-229

全国エデュケーショナル・リーダーシップ養成プログラム基準―学区レベル（NELP）　401-407

全国知事会（NGA）　16, 106, 126, 151, 190, 339

全障がい児教育法　79

全米学力調査（NAEP）　293

全米教育協会（NEA）　37, 213, 338, 340-341, 346, 347-348

全米教育協議会（ECS）　33, 84, 86

全米教育行政政策委員会（NPBEA）　9, 70

全米教員養成大学認定協議会（NCATE）　236, 241, 312

全米初等学校長協会（NAESP）　75

専門職（profession）　146, 361

──における倫理の問題　205-210

組織文化　3-5, 104

『備えある国家』　49-52, 54

タ　行

多階層教授モデル（RTI）　296, 333

卓越性に向けた行動：我が国の学校を改善する総括プラン　33

多文化教育　68, 283, 284

知識基盤　17, 68, 70, 174, 192-196, 198, 202, 203, 205, 206, 249-251, 312, 369, 376, 383, 384

知識ブローカー　67

地方教育行政の組織及び運営に関する法律（地教行法）　3

中央教育審議会　2, 434

中退　23, 81-83, 128-130, 167, 294, 343, 388

──率　74, 83, 89, 91, 105

頂点への競争（RTTT）　344, 345, 346, 347, 350, 411

連れ出し（pull-out）プログラム　150, 164, 309, 312, 413

テスト体制　157, 161, 355

トラッキング　76, 140, 208, 209, 216, 255, 288

ナ　行

『2000年のアメリカ』　155-158, 181, 187

2000年の目標―アメリカを教育する法（Goals 2000）　162, 164, 166, 181, 264, 290

ニューディール政策　335

ニューヨーク州　52

認証　59, 314

──権　313, 319

校長養成プログラムの──　191

ハ　行

バーモント州　132

パラダイム

索　　引

──革命　27

──転換　4, 61, 67

──論争　4, 9, 15

実証主義──　　4, 5, 27, 248, 419

主観主義的──　　3-5, 8, 11, 15, 48

新興──　4

多様性──　67, 197

複数──　5, 8,　11, 15, 60, 61, 67, 68,
71, 72, 194, 196, 197, 251, 419

PISA 調査　24

一人ひとりの子（ども）　12, 41, 71, 170,
210, 278, 309, 351, 352, 385, 386, 391,
418, 422

批判理論　68, 75, 76, 203, 254, 255

平等の DNA　162

貧困との闘い　78, 186, 255, 421

不登校の生徒　2

不登校傾向にある生徒　2

フロリダ州　34

負をベースにした学校教育（deficit-
based schooling）　423

ペンシルベニア州　113

ホーキンス・スタッフォード修正法
115

保守派ムーブメント　319

凡庸性　35, 37, 81, 87, 109

マ　行

マサチューセッツ州　239

ミシシッピ州　35

ミズーリ州　132

ミネソタ州　113

ヤ　行

4 つの学習理論　385

ラ　行

楽観主義　22

リーダーシップ　1, 2, 11, 14, 15, 17, 18,
29, 38, 39, 48, 53, 63, 71, 78, 107, 199,
200, 214, 222, 252-253, 262, 367-381,
409-410, 417, 419

──像　65, 67, 290, 320, 368

──の具体的内容　180

──の道徳的目的　303

──は何のためか　302

──理念の浸透　401

エデュケーショナル・──　18, 401,
431, 432

価値──　3

環境──　205

機能的──　198

教育上の──　248

教授上およびカリキュラム上の──
215

教授的──　8, 16, 17, 32, 33, 39, 48,
65, 71, 73, 84, 100-103, 106, 112, 221,
223, 238, 267, 361, 362, 373, 375-378,
381, 385, 404, 405, 409, 410, 425-430,
432

共同──　307

効果的な──　214

構成主義的──　6, 428

子どものための──　418-421

コミュニティ・──　224, 373, 378-
380, 385, 429

事項索引

社会正義——　6-8, 373, 428
社会正義（のための）——　278, 385
　伝統的な——養成　279
　道徳的——　6, 62, 214
　内部——　204
　一人ひとりの生徒のための——　421-426
　批判的人道主義——　6
　文化的——　3-5
　分散型——　6, 145, 180, 224, 256, 385, 405, 429
　変革的——　203
　倫理的——　224
リーダーシップ構成員協議会（ELCC）　241
リーダーシップ論　13, 15, 62, 118, 189, 200-205, 222, 326
　——に関する研究状況　3
　——の到達点　337
　新しい——　5, 214, 302
　新しい領域の——　1
　エデュケーショナル・リーダーの——　373
　機能主義的な——　8, 305

『結果を出す時』の——　47
実証主義と主観主義とを統合した複合パラダイムに基づく——　327
社会正義——　301, 306, 311, 328-329
社会正義と公平性に関わる——　278
主観主義的な——　4, 199
人道的——　305
道徳的——　4, 5, 305
批判的——　305
分散型——　306
4次元——　405
「リスクのある生徒」　1, 11, 15, 16, 29, 54, 78, 119, 150, 179, 252, 330, 380, 417
　——が抱える問題研究の拡充　432
　——が抱える問題　29, 77, 78, 308
　——が抱える問題への取組み　121-134
　——支援提言　84-92
臨時教育審議会　3
労使の全米教育改革会議（労使会議）　346

略語索引

AASA（American Association of School Administrators）　75

ACE（American Council on Education）　86

AERA（American Educational Research Association）　54, 196, 271

API（Academic Performance Index）　265

ARRA（American Recovery and Reinvestment Act of 2009）　344

CCSSO（Council of Chief State School Officers）　85, 119, 121, 147, 179, 182, 212, 252, 320, 328, 337, 338-340, 341, 342, 349, 350, 352, 353, 356, 358, 367, 420

CCSS（The Common Core State Standards）　338-340, 408

CED（The Research and Policy Committee of the Committee for the Economic Development）　88

CES（The Coalition of Essential Schools）　122, 125, 177, 180, 251, 252

EAHCA（Education for All Handicapped Children Act）　295

ECS（Education Commission of the States）　33, 84, 86

ELCC（Educational Leadership Constituent Council）　241

ESEA（The Elementary and Secondary Education Act）　78, 79, 115, 150, 264, 291, 337, 341, 345, 421

ESEA Flexibility Program　351

ESSA（Every Student Succeeds Act of 2015）　354-355

FIRE（Foundation for Individual Rights in Education）　313

Goals 2000（Educate America Act: Goals 2000）　160-163, 165, 166, 181, 264, 290

IASA（Improving America's Schools Act of 1994）　162-164, 166, 181, 264, 290

IDEA（Individuals with Disabilities Education Act）　295

INTASC（Interstate New Teacher Assessment and Support Consortium）　213

ISLLC（Interstate School Leaders Licensure Consortium）　212

NAEP（National Assessment of Educational Progress）　293

NAESP（National Association of Elementary School Principals）　75

NBPTS（National Board for Professional Teaching Standards）　50

NCATE（National Council for the Accreditation of Teacher Education）

略語索引 515

236, 241, 312

NCEEA（National Commission on Excellence in Educational Administration）　9, 53, 189

NCLB 法（An Act to Close the Achievement Gap with Accountability, Flexibility, and Choice, so that No Child Left Behind）　→第 5 章第 2 節
　──の問題点　296

NCSL（National Conference of State Legislature）　297

NEA（National Education Association）37, 213, 338, 340-341, 346, 347-348

NELP（National Educational Leadership Program Standards-District Level）401-405

NGA（National Governor's Association）

16, 106, 126, 151, 190, 339

NPBEA（National Policy Board for Educational Administration）　9, 70

OECD（Organization for Economic Co-operation and Development）24

PSAA（Public School Accountability Act）　265

RTI（Response to Intervention / Instruction）　296, 333

SBM（School-Based Management）　9, 44, 143, 146

TAAS（Texas Assessment of Academic Skills）　269, 273

UCEA（University Council for Educational Administration）　6, 26, 53

著者略歴
津田 昌宏（つだ まさひろ）
1966 年　京都大学経済学部卒業
2004 年　京都大学大学院教育学研究科修士課程修了
2018 年　東京大学大学院教育学研究科博士課程単位修得
2020 年　博士（教育学）取得

アメリカの校長のリーダーシップ
生徒一人ひとりの学力とウェルビーイングを高める

2025 年 1 月 31 日　初　版

［検印廃止］

著　者　津田　昌宏

発行所　一般財団法人　東京大学出版会

代表者　中島隆博

153-0041 東京都目黒区駒場 4-5-29
https://www.utp.or.jp/
電話 03-6407-1069　Fax 03-6407-1991
振替 00160-6-59964

印刷所　株式会社三陽社
製本所　誠製本株式会社

Ⓒ 2025 Masahiro Tsuda
ISBN 978-4-13-056243-0　Printed in Japan

JCOPY〈出版者著作権管理機構 委託出版物〉
本書の無断複写は著作権法上での例外を除き禁じられています．複写され
る場合は，そのつど事前に，出版者著作権管理機構（電話 03-5244-5088,
FAX 03-5244-5089, e-mail: info@jcopy.or.jp）の許諾を得てください．

ジェニングズ著 吉良　直 大桃敏行訳 髙橋　哲	アメリカ教育改革のポリティクス 公正を求めた50年の闘い	A5	5600円
佐久間亜紀著	アメリカ教師教育史 教職の女性化と専門職化の相克	A5	10000円
東大教育学部 同研究会 編	グローバル化時代の教育改革 教育の質保証とガバナンス	A5	3200円
葛西耕介著	学校運営と父母参加 対抗する《公共性》と学説の展開	A5	11000円

ここに表示された価格は本体価格です．御購入の
際には消費税が加算されますので御了承下さい．